全国金融系统
思想政治工作和企业文化建设
优秀调研成果(2014)

中国金融思想政治工作研究会
中国金融企业文化促进会　编

中国财政经济出版社

图书在版编目（CIP）数据

全国金融系统思想政治工作和企业文化建设优秀调研成果．2014/中国金融思想政治工作研究会等编．—北京：中国财政经济出版社，2015．8

ISBN 978－7－5095－6206－2

Ⅰ．①金… Ⅱ．①中… Ⅲ．①金融业－政治工作－中国②金融企业－企业文化－中国 Ⅳ．①D412．62 ②F832．3

中国版本图书馆 CIP 数据核字（2015）第 086143 号

责任编辑：付克华　　　　责任校对：黄亚青

封面设计：嘉信一丁

中国财政经济出版社出版

URL：http：//www.cfeph.cn

E－mail：cfeph @ cfeph.cn

社址：北京市海淀区阜成路甲 28 号　邮政编码：100142

发行电话：010－88190406　财经书店电话：010－64033436（传真）

涿州市新华印刷有限公司印刷　各地新华书店经销

787×1092 毫米　16 开　39 印张　540 000 字

2015 年 8 月第 1 版　2015 年 8 月北京第 1 次印刷

定价：50．00 元

ISBN 978－7－5095－6206－2/D．0380

（图书出现印装问题，本社负责调换）

本社质量投诉电话：010－88190744

打击盗版举报热线：010－88190492、QQ：634579818

没有调查，没有发言权。

不做正确的调查，同样没有发言权。

毛泽东

我们办事情，做工作，必须深入调查研究，联系本单位的实际解决问题。

邓小平

坚持做好调查研究这篇文章，是我们的谋事之基、成事之道。

江泽民

领导干部要到基层调查研究，尤其是到矛盾多的地方、困难大的地方、条件差的地方，了解群众想什么、盼什么。

胡锦涛

调查研究不仅是一种工作方法，而且是关系党和人民事业得失成败的大问题。

习近平

目　　录

（一）

（二）

新形势下青年干部思想政治状况调查研究报告

天津证监局团支部课题组*

在新的时代条件下，以网络、移动终端为载体的新兴媒体日益成为思想、信息和社会舆论的主要集散地，西方政治模式及其所谓的“普世”价值观正在通过网络大为传播，在青年的意识形态领域与我们展开了激烈争夺。青年同志意识活跃，勤于接触新思想和新事物，容易造成政治思想动摇的问题，切实加强教育引导工作显得尤为重要。另一方面，证监会系统大力推进监管转型以来，对提高监管效能提出了更高要求。证监会主席肖钢同志曾指出：“监管转型，关键在人”，加强监管干部尤其是青年干部的思想政治建设成为落实监管责任的重要保障。在此背景下，我们组织开展了本次调研，希望通过对青年干部的思想政治状况进行调查，了解其理想信念、价值观念，其对组织和单位的认同感、归属感，其对工作和生活的满意度等问题，及时把握其思想动态和价值取向，有针对性的开展教育工作和青年活动，努力发挥青年干部的积极性和创造性，更好地服务于监管工作。

一、调研形式和调研对象

（一）调研形式

本次调研采用无记名调查问卷的形式进行，共发出问卷36份，收回有效问卷35份，回收率达97%。调研过程中团支部多次召开讨论会，经反复推敲和修改设计了本次调查问卷，共包含37个题目，其中单选题34个、多选题2个、主观题1个，涉及青年干部的“基本信息”、“思想状况”、“社会及单位认同感”、“工作、学习、生活情况”、“对青年工作的意见建议”等五大方面内容，力求准确、完整地反映出天津证监局青年干部在思想、工作、学习等方面的真实状况。

* 课题组成员：田德水、边燕、张少琛、王锐、宁华、孙芬、张辰、刘颜颜、申靖、徐立龙；本文获2014年全国金融系统思想政治工作和企业文化建设调研成果一等奖。

(二)调研对象

本次调研的对象为天津证监局40岁以下青年干部,共有36名,占全部职工的比例超过61%,涵盖全部8个职能处室、从科员到处长各个职务层级、各年龄段及不同教育程度的青年干部,具有较为广泛的代表性。在年龄结构上,25~30岁17人,占比47%;31~35岁13人,占比36%;36~40岁6人,占比17%。政治面貌上,共产党员32名,占比89%;群众4名,占比11%。学历上,本科12人,占比33%;研究生24人,占比67%。专业分布上,法律专业14人、会计专业11人、财经类专业5人、计算机类4人、其他专业2人。天津证监局青年干部普遍具有较高的学历和丰富的专业背景,是一支年轻化、专业化的监管干部队伍,是天津证监局监管工作的生力军。

二、调查反映的天津证监局青年干部思想政治方面的总体情况

(一)具有坚定明确的理想信念、积极向上的价值取向和强烈的集体意识

1. 理想信念坚定明确。在对信仰状况的调查中,超过97%的青年干部选择了"共产主义",无一人选择"实用主义"、"宗教"或其他。超过97%的青年干部赞同"马克思主义基本原理揭示了人类社会发展的必然规律,仍然具有强大的生命力"。调查反映了天津证监局青年干部整体上坚定共产主义的远大理想,高度认可马克思主义的基本原理。

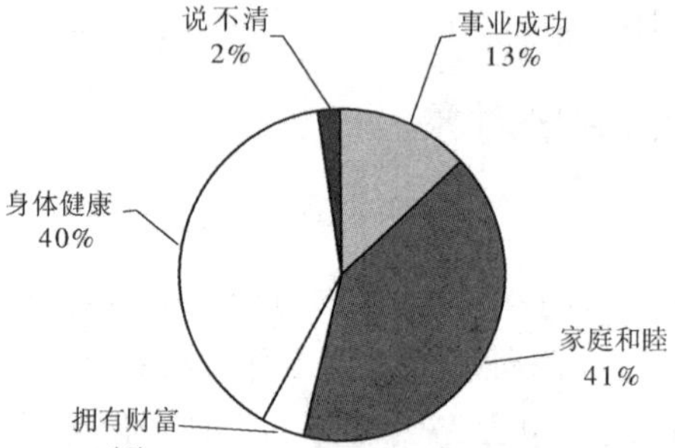

图1-1 对个人来说最重要的事项

2. 价值取向积极向上。在对个人认为哪项才是最重要事项的调查中,仅有4%的青年干部选择了"拥有财富",选择"家庭和睦"、"身体健康"的比例均超过了40%,另有超过13%的青年干部选择了"事业成功"(见图1-1)。调查反映了绝大部分青年干部能够树立正确的价值观、财富观,同时又具有

强烈的家庭意识和健康意识。事业有成是家庭幸福的重要基石,家庭幸福和身体健康也是事业成功的重要保障,在实际当中天津证监局也已经在注重调动青年干部工作积极性的同时,关心、关注青年干部的家庭与身体状况,以引导青年干部做到两促进、两不误。

3. 集体意识较为强烈。在如何处理集体利益与个人利益的冲突方面,选择"为了集体利益可以牺牲个人利益"的比例达到94%,选择"在不损害个人利益的情况下维护集体利益"的占6%。在面对他人为了个人利益作出违反原则的事情将采取什么态度的选择上,选择"及时向组织反应"的占20%,选择"批评指正"、"以此为戒反省自己"的比例均达到了40%(见图1-2)。调查反映了天津证监局青年干部拥有强烈的集体意识和团队精神,敢于对违反原则的行为说不,切实维护大家的集体利益。

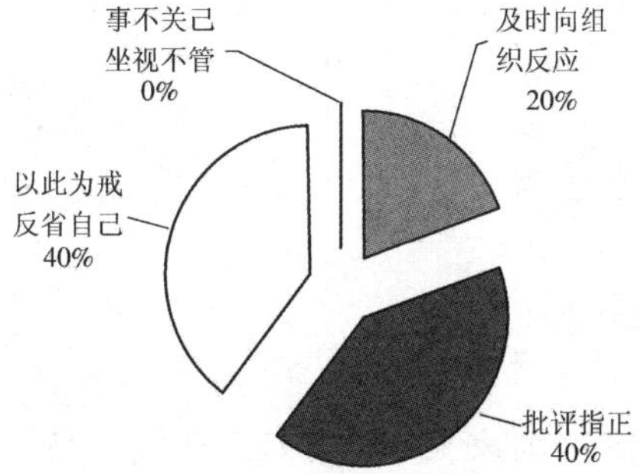

图1-2　面对他人违反原则的行为选择什么样的态度

天津证监局始终坚持对思想政治教育工作常抓不懈

理想是人的一种追求、向往和奋斗目标,它对人一定时期的生活和活动,甚至一生都会产生重大影响。共产党人的最高理想是共产主义,既是作为党的整体的共同理想,也应该是每一个共产党员个人的理想。多年来局党委对思想政治工作常抓不懈,组织参观了平津战役纪念馆、梨园监狱等教育或警示基地,组织观看了《永远的焦裕禄》、《天上的菊美》等主旋律教育影片,坚持每月定期召开局党委中心组专题学习报告会,邀请了多位专家讲解党建、舆论宣传、国防军事等各方面的知识,既注重业务学习也不放松思想政治教育。天津证监局团支部也发挥紧密联系青年的特点,邀请天津市委党史研究室的专家在青年干部中开展了党史教育活动,组织了"我与我的中国梦"专题座谈会、"我的中国梦——与资本市场共奋进"等主题团日活动。这些工作都促进天津证监局青年干部形成了良好的价值取向,提高了党性修养,坚定了对中国梦、对中华民族的伟大复兴和共产主义远大理想的共同信念。

(二)主动关注国家大事,具有较为活跃的思想意识和一定的网络空间参与度

针对青年人信息获取渠道丰富、自主意识强烈、思想意识活跃但又容易被各种思潮所左右的特点,本次调研特意对青年干部时事热点关注度、主要关注途径、网络空间参与度等问题进行了调查研究。结果表明,97%的青年干部"经常关注"时事政治、经济改革等国家大事,超过84%的青年干部主要通过"网络"关注时事热点新闻(见图1-3)。在最常关注的时事热点内容上,48%的人选择了"经济体制改革",26%的人选择了"政治体制改革"(见图1-4)。

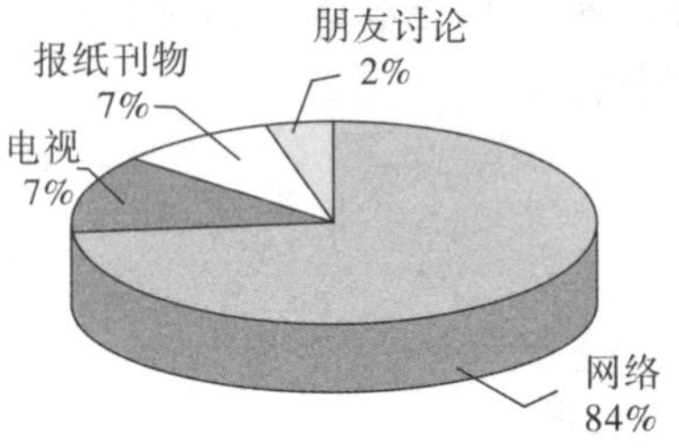

图1-3　关注时事热点的主要途径

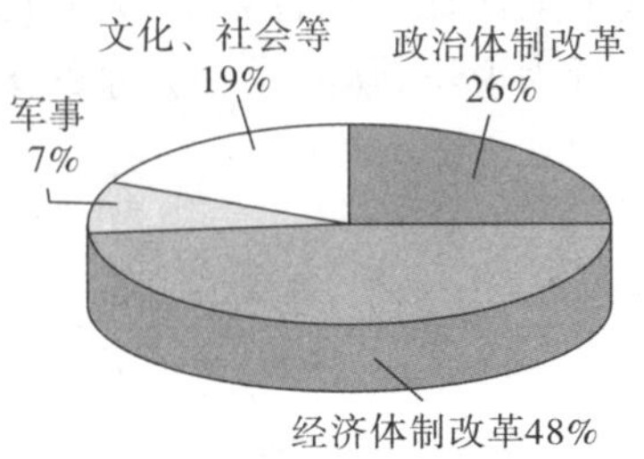

图1-4　最常关注的时事热点内容

面对时事政治、经济等国家大事,青年干部也保持了一定的网络空间参与度。调查表明,超过10%的青年干部对时事热点新闻经常在互联网空间公开发表评论,积极表达想法,近74%的青年干部虽然不常参与网络评论或表达,但是也常与朋友同事进行探讨。同时,不同年龄段网络空间的参与度也呈现出不同的特点,30岁以下的青年干部网络空间参与度更高,达到了13%,31~35岁次之为8%,36~40岁则基本不主动参与网络评论或表达(见图1-5)。

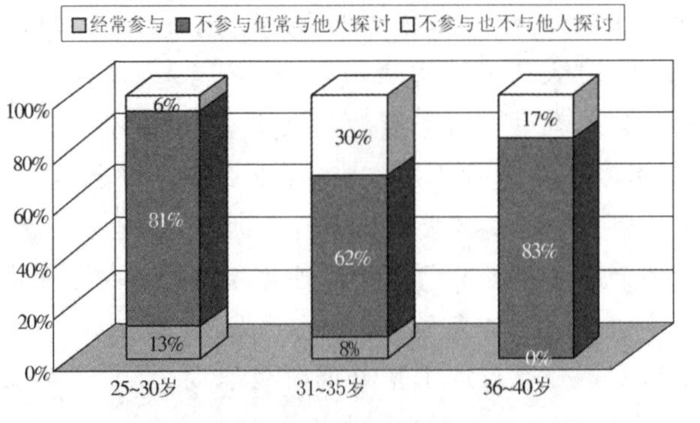

图1-5　网络空间参与度的年龄段分析

本次调研表明，天津证监局青年干部保持了青年同志应有的积极性、活跃性，在政治理想信念坚定的基础上，主动关心关注时事政治、经济改革等国家大事。尤其是年龄段较小的青年同志，思想意识更为活跃，敢于公开发表自己对时事政治等热点的看法。

（三）热爱证券期货监管事业，对单位有强烈的认同感和归属感

1. 热爱监管事业，高度认可证监会党委制定的基本政策。在对从事的监管事业与自己的兴趣爱好是否一致的调查中，100%的被调查者选择了“完全一致”或“基本一致”。92%的被调查者认为“目前在资本市场领域大力推进监管转型非常有必要，以此，资本市场才能更好地适应经济发展需要”，另外，8%的被调查者认为“监管转型确有必要，但目前资本市场发展尚不成熟，不能急于放松管制”。调查结果表明天津证监局青年干部高度热爱从事的监管事业，对会党委提出的大力推进监管转型的基本政策有较为统一的思想认识。

2. 积极评价工作氛围和发展空间，具有强烈的认同感和归属感。在对天津证监局工作氛围的评价中，57%的人认为“非常好，工作氛围轻松，同事之间团结友爱、互帮互助”，43%的人认为“比较好，工作氛围比较轻松，同事之间比较团结”。在对个人发展空间的评价中，32%的人认为“非常大，单位提供了非常好的成长机会”，68%的人认为“比较大，单位提供了一定的成长机会”。在对薪酬福利待遇的满意度上，26%的人感到“非常满意”，65%的人感到“基本满意”（见图1－6）。调查反映了绝大部分青年干部认为天津证监局具有良好的工作氛围，同事之间能够团结互助，对薪酬福利待遇感到满意，并都能对在天津证监局的发展空间做出积极评价。

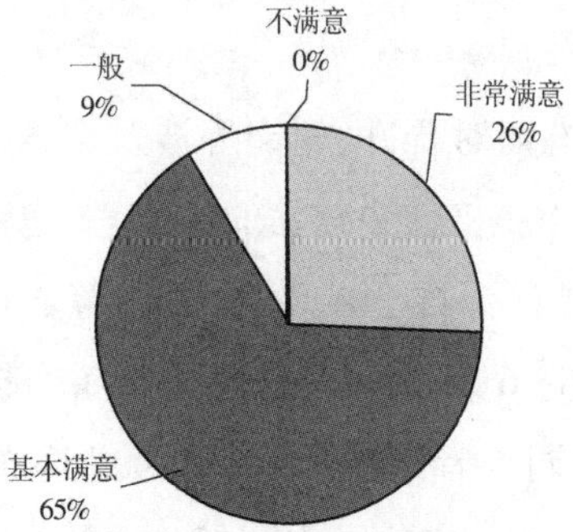

图1－6　薪酬福利满意度

有认同感才有凝聚力，有凝聚力才有归属感

一段时期以来，天津证监局围绕在资本市场领域大力推进监管转型展开了大讨论，局领导带头深入各处室了解大家对监管转型的认识看法，听取好的意见建议，逐渐形成思想共识。天津证监局坚持每季度定期召开业务学习交流会，人人当老师、人人参与学习，打破了各处室之间的业务界限，促进大家全面掌握监管业务知识，为监管转型做好知识准备、能力准备。另外，天津证监局主要负责人还与每一位干部都进行了一对一的沟通交流，听取大家的心声，拉近了与大家之间的距离。正是在局党委的坚强领导下，天津证监局形成了认真严谨、奋发有为、高效廉洁、团结协作的机关文化氛围，提高了大家的凝聚力，给每一位同志尤其是青年同志带来了强烈的认同感和归属感。

(四)满意自己的岗位，具有较高的工作热情和积极的工作态度

1. 岗位满意度较高。40%的被调查者对自己目前的工作岗位感到“非常满意”,60%的被调查者感到“基本满意”。认为自己的能力在目前的工作岗位中“基本已发挥”的比例达到63%,认为自己的能力“能够充分发挥”的比例达到37%。调查结果显示，天津证监局青年干部对自身的工作岗位有较高的满意度，普遍认为自己的业务专长和工作能力能够得到较为充分的发挥。

2. 工作态度积极，工作热情较高。调查结果显示，当面对加班等与个人安排相冲突的情况时，52%的被调查者选择了“只要工作需要可随时加班”,48%的被调查者选择了“如果工作紧急可先加班，再处理个人事情”。表明了天津证监局青年干部以大局为重，不斤斤计较个人利益的良好心态，均能以积极的态度和较高的热情面对工作。

3. 能够以良好的心态面对晋升、轮岗等涉及个人利益的重大事项。青年干部往往具有较高的工作积极性和较强的进取心，也更加关注晋升或轮岗等方面的事情。在对“如果认为自己在晋升、轮岗等方面没有如愿时将会选择什么态度”的调查中，超过61%的被调查者选择了“能够正确面对，不会影响工作积极性”,25%的被调查者选择了“没有考虑这方面的事情”,另外14%的被调查者虽然选择了“有一定的影响”,但是也认为有一段时间就能自我恢复(见图1-7)。

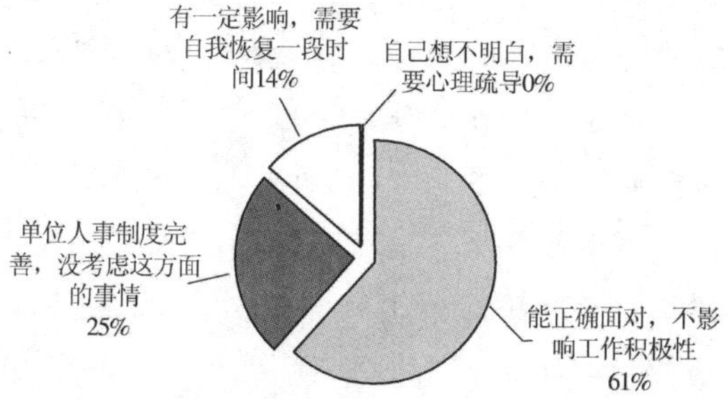

图1－7　对待晋升、轮岗等涉及个人利益事项的态度

创建“一流大局”已成为全体干部的共同目标

近年来，局党委提出创建“一流大局”的奋斗目标，并开展大讨论活动，在全局形成了广泛共识，创建活动取得了显著成效。“一流大局”作为一个长期的、共同的奋斗目标，已经扎根在每一个监管干部的心中，不管处在什么样的岗位，都甘于奉献，不计较个人得失，力争在自己的岗位上开创一流业绩。局党委也从监管干部全面发展、综合锻炼等多方面考虑制定了《天津证监局干部内部轮岗暂行办法》，进一步提高了大家的工作积极性。2013年底，天津证监局还组织了处级领导干部竞聘上岗工作，保证了竞聘过程的公开、公平、公正，为有资质、有能力、追求进步的广大青年干部提供了非常好的展示舞台和成长进步的良好机遇。这些都促进大家以更加饱满的热情、积极的心态投入到监管工作中去。

（五）积极参与活动，为进一步做好青年工作献言献策

调研中，86%的青年干部认为“很需要”在青年干部中开展思想政治教育活动，大家一致认为做好青年工作在“服务系统监管转型”、“提高青年思想和业务素质”、“丰富青年文化生活”等方面都能发挥很好的促进作用。大家还对如何进一步做好思想政治工作和青年工作积极建言献策，普遍提出“青年活动开展方式需进一步丰富”、“选取各领域的前沿热门问题，采取讨论会、实践活动等多种方式开展活动”、“开展形式多样的素质拓展训练，培养青年团队协作能力，加强不同年龄层次同事的交往”、“多关心外地青年同志，了解他们的思想生活状态，切实帮助解决遇到的实际困难”等意见建议。反映出青年干部对天津证监局思想政治工作和青年工作的认同，对开展丰富多彩青年活动的希望，也为我们做好下一步工作提出了很好的意见建议。

青年活动丰富多彩卓有成效

青年同志是天津证监局监管工作的生力军,团支部作为局党委坚强助手是做好青年工作的重要抓手。多年来,在团支部组织开展的"积极行动起来"主题座谈会、"我的中国梦"主题实践教育活动、"岗位大练兵　争做服务明星"等活动中,天津证监局青年同志积极参与,勇于表达,互动交流,各项活动的覆盖面和影响力逐步扩大。同时,局领导也十分重视青年工作,多次出席各项活动,与青年同志交流谈心,提出殷切希望和工作要求,更加带动了大家的积极性。在近两年中,天津证监局先后获评"证券期货监管系统五四红旗团组织"、"全国金融五四红旗团支部"等荣誉称号,进一步激发了青年同志的进取心和集体荣誉感。

图1-8　活动中局领导向青年干部赠书

在天津证监局开展的以"佩团徽、授团旗、立团训、唱团歌"为主题的纪念"五四"青年节系列活动中,两位局领导亲自出席,与青年干部一起重温了团历史、共唱了团歌,为天津证监局青年干部确立了"学习研究　创新实干"的团训要求(见图1-8)。

三、调查反映出的主要问题

(一)学习的主动性和系统性尚待加强

调查结果显示,52.9%的人学习新知识最主要的途径是读书,但仅有11%的人平均每天花两个小时以上的时间用来读书,60%的人平均每天读书时间不超过2小时,26%的人选择"想起来就读,想不起来就不读",还有3%

被调查者根本不读书。这表明,除了单位组织集体学习外,青年干部个人自学的积极性、主动性不够,不利于自身素质和业务能力的提升。

同时,在政治理论学习方面,也存在学习不够系统和深入的问题。在对马克思主义经典读物阅读情况的调查中,仅有23%的被调查者选择"经常读",60%的被调查者选择"偶尔看",还有17%的人选择"只在单位组织的集中学习中读过"。这表明,一方面由于工作忙碌等原因,青年干部政治理论学习的持续性、系统性不够,另一方面政治理论学习效果有待提升,学习内容并未被青年干部完全内化。

(二)参与网络舆论的方式及意识尚待进一步引导

调查数据显示,仅有23%的被调查者认为"网络舆论环境很好,发挥了正向引导作用",超过66%的人认为"网络舆论仍需要进一步规范和管理",有11%的人认为"网络舆论环境较差,产生一定的负面影响"。选择的多样性也正是我国当前网络舆情复杂性的写照,虽然整体向好,但是也充斥着片面、非理性、偏激等舆论声音。对于主要通过网络关注时事热点的青年干部而言,网络环境的复杂性很容易映射到其思想状况中去,从这点而言,适当引导青年干部正确看待网络舆论是很有必要的。尤其是在当下各种社会思潮激荡、网络空间舆论极为复杂的背景下,更应该对青年群体做好思想政治教育和引导工作。

(三)工作压力和业余文化生活之间的平衡尚待调节

资本市场监管领域大力推进监管转型以来,各项工作任务明显加大,对监管干部的要求也越来越高,高强度的工作、频繁的出差或加班已经成为工作的常态。调查数据显示,有超过88%的被调查者认为目前的监管任务"很重"或"较重"。在面对较重的监管任务大家精神状态的调查中,仅有29%的青年干部选择了"精神饱满,处理事情游刃有余",65%的青年干部选择了"偶尔感到很累,但能够及时调整",也有6%的青年干部选择了"经常感到压力很大,难以高效高质完成工作任务"(见图1-9)。

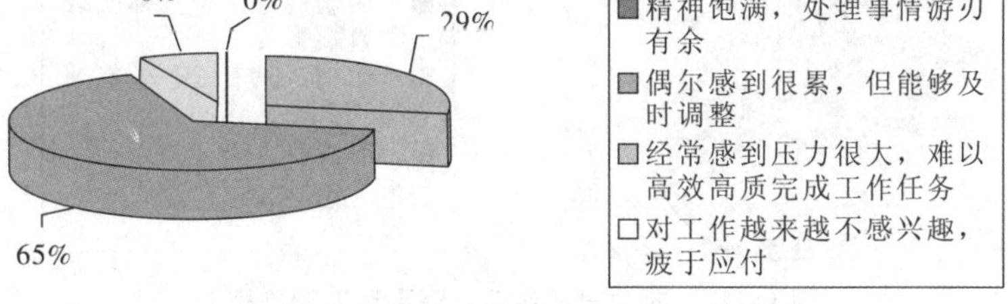

图1-9　面对繁重监管工作任务时的精神状态

在对工作压力来源的调查中,超过52%的青年干部选择了“自我的要求”,23%的青年干部选择了“领导的期望”,20%的青年干部选择了“工作的强度”(见图1-10)。

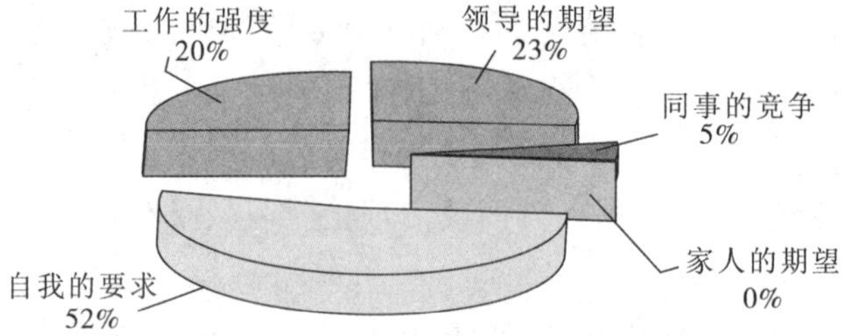

图1-10 工作压力的主要来源

调查结果表明,虽然天津证监局青年干部普遍感觉目前监管工作任务较重,但整体上并没有影响大家的工作效能和积极性,绝大部分青年干部能够及时调整,并以饱满的热情投入工作中去。对压力来源的调查也表明,大家对自我的要求普遍较高,这也反映出大家积极主动工作、努力追求进步的心态。但我们也不能忽视高强度的工作和较大的压力对大家的心理造成的影响,需要在工作和丰富的业余文化生活之间构建很好的平衡,通过各种趣味的文化活动调节工作节奏,及时舒缓紧张的心理,排解大家的压力。

(四)职业发展规划尚待进一步引导

在“对自己的职业生涯是否有明确规划”问题的调查中,虽然有超过71%的被调查者选择了“有明确规划,正按部就班朝目标努力”,但是仍有近26%的人选择了“不明确,只着眼于做好领导交办的工作”,另有3%的人选择了“暂时没有,需要指点”(见图1-11)。调查结果表明,虽然整体向好,但是仍有部分青年同志对自己的未来发展没有明确的规划,需要我们在各项工作中适时加以引导,促进青年干部在做好当前工作的同时,用长远的奋斗目标引领自己勇往前行。

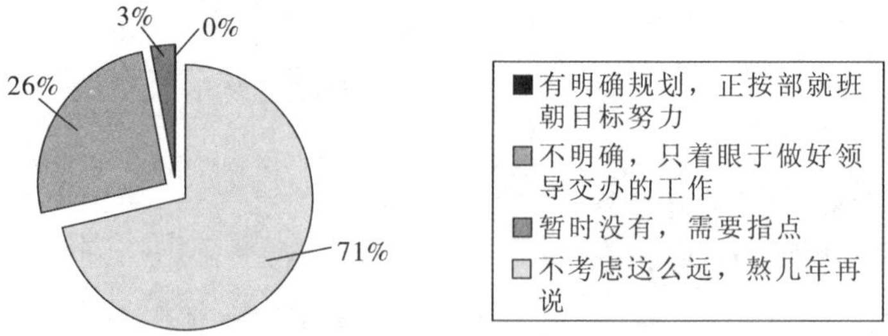

图1-11 对自己的职业生涯是否有明确规划

四、加强青年干部思想政治工作的对策建议

本次调研结果反映出，天津证监局青年干部思想政治状况在整体上理想信念坚定、心态积极向上，普遍具有前卫性和可塑性，加强对青年干部的思想政治工作对于引导广大青年干部坚定理想信念、保持饱满的工作热情、树立正确的价值观都具有重要意义。现结合本次调研，提出以下几点对策和建议：

（一）与时俱进，创新思想政治教育工作的载体

思想政治工作本身具有政治上的理论性和严肃性，传统说教型的教育方式所发挥的作用已越来越有限，开展形式多样的教育活动，运用与时俱进的教育模式，对于提升教育水平、取得良好的教育效果大有裨益。

1. 结合青年干部兴趣点与思想政治工作重点，有针对性地开展学习班、交流会。根据调研结果，青年干部多具有高学历、高知识水平，且对证券行业具有浓厚的兴趣，思想教育工作的开展要紧紧结合资本市场发展和监管实际，用理论知识武装青年头脑，使思想政治学习不空洞、接地气、有高度、有指导意义。

2. 重视党团组织地位与作用，丰富教育形式，寓教于乐。目前，年轻队伍结构逐渐多样化，具有丰富多样的背景和创新的思想，要发挥党团组织的堡垒作用，主动作为，团结青年干部，以大家喜闻乐见的形式，如文体活动、座谈会、参观教育基地等创造青年干部沟通交流的机会，调动青年干部主动学习、主动思考、主动交流的积极性，切实提升思想教育的效果。

3. 积极开展各种基层实践活动。在基层实践工作中培养青年干部谦虚、务实的品德，陶冶自我情操的同时提升个人思想境界，摒弃“假大空”的工作作风，脚踏实地、实事求是。

（二）立学为先，营造深入思考与交流的良好氛围

在当前正处于一个信息爆炸的时代背景下，青年干部在工作生活中主动阅读变得越来越少，主动学习、独立思考的能力正面临被动式信息灌输的严峻挑战，通过读书，能有力帮助青年干部提升思想层次，树立正确的世界观、人生观和价值观。

1. 组织开展“兴趣小组读书会”活动。选择思想深刻、视野开阔的经典书籍，定期公布书单推荐大家阅读，并召开读书会供青年干部交流读后感，在思想

碰撞中产生智慧的火花,提升青年干部的自我素养(见图1-12)。

2. 利用局内网、会内网、图书室、学习论坛等平台,为大家提供优质的学习资料。划分不同兴趣板块,不断更新新形势下的新知识和新动态,为大家提供充足的精神食粮。

图1-12　天津证监局"青年学习论坛"读书会

(三)以人为本,增强思想政治教育工作的亲和力

在调研中我们发现,随着资本市场的发展壮大、监管任务的日益繁重,以及社会环境的日新月异,无论在工作,还是在生活中,青年干部都面对较大的压力,关注并解决青年干部在生活与工作中的困惑,有利于激发青年干部的工作热情,有利于青年干部树立正确的金钱观、政绩观。

1. 领导干部"一岗双责",密切关心、爱护青年干部。各级领导干部要经常参与到青年干部的活动中去,平等对话,真诚沟通,了解青年干部的思想动态,及时引导青年干部树立正确的价值观念,理性化解压力。

2. 组织开展团体活动,在关注个体的同时,注重培养互助、团结、友爱的干部队伍。当前青年干部具有较高的自我要求和责任感,强调自我价值的实现,但又要注意到个体只有在集体中才能实现思想、才干的全面发展。在丰富多彩的团体活动中,帮助干部培养形成健康的心理状态和健全的人格修养。

3. 关注并帮助解决青年干部工作、生活中遇到的实际困难,让大家充分感受到组织的温暖。充分发挥工会和党团组织作用,从实际出发,在细节处关怀,让青年干部信得过、靠得住,建立健全完善的人文关怀机制(见图1-13)。

图1－13　天津证监局青年干部赴天津蓟县山区学校开展“爱心图书捐赠”活动

（四）实事求是，引导青年干部在新媒体平台上的价值观走向

随着互联网、微信、微博等新媒体平台的逐渐壮大，已经成为广大青年干部接触信息、交流思想的主要方式。在思想教育工作中，既要充分利用新媒体平台的影响力，又要避免网络平台舆论环境尚不完善所带来的弊端。

1. 主动创建互联网论坛、微信平台，充分利用新媒体平台做好教育引导工作。建设正式的互动交流平台，通过更贴近青年干部日常生活和阅读习惯的方式，定期推送时政要闻，引领正确的舆论导向和主流价值观取向。

2. 注意甄别网络舆论的正确性和合理性。既要注重弘扬正能量，又要敢于批评和指正社会不良风气，坚定青年干部的理想信念。要引导青年干部培养独立思考的能力，发表负责任的言论，全面、客观理性的分析问题，在大是大非的问题面前保持正确、坚定的立场。

金融企业党员干部示范效应调研报告

——以中国进出口银行浙江省分行为例

中国进出口银行2014年度重点课题调研组*

为深入了解自中国进出口银行浙江省分行开展党的群众路线教育实践活动以来党员干部示范效应的情况，探索如何结合金融企业的特点，更好地发挥党员干部的示范效应，进一步推进金融企业作风建设，更好地贯彻落实党的路线、方针、政策，以党员干部的示范效应带动广大群众进一步坚定理想信念，改进工作作风，开拓进取，以认真负责、奋发勇为、乐于奉献的精神努力工作，分行结合自身情况，以中国进出口银行浙江省分行的员工为调研对象，在行内各处室就金融行业党员干部特别是党员领导干部坚持党的群众路线、培育和践行社会主义核心价值观的示范效应开展了调研，了解分行党员领导干部示范效应的具体情况，分析存在的问题，提出对策和建议。本次调研主要采用调查问卷、文献研究等形式，涉及浙江省分行党员干部“示范效应评价”、“示范影响”、“活动满意度”以及“机制发挥”四大方面，涵盖考察指标31项，共发放问卷67份，回收有效问卷54份，有效率80.59%。

一、党员干部示范作用总体效应及贯彻实施情况

浙江省分行党员干部，特别是党员领导干部坚持党的群众路线，坚持民主集中制，以社会主义核心价值观指导工作，加强班子的团结和思想作风建设，注重发挥党员干部的示范作用，培养了公道正派、勇于担当、乐于奉献的文化氛围，形成了社会主义核心价值不断深入，理想信念更加坚定，政治素养不断提

---

* 调研组成员：徐建华、李悦、杨辰；本文获2014年全国金融系统思想政治工作和企业文化建设调研成果一等奖。

升，业务水平长足发展的良好格局。员工对示范效应总体评价的满意度达到91%，其中，处级干部对示范效应的评价满意度最高，达到了100%，科级干部和一般员工的评价满意度均达到90%，总体来看成绩显著。在针对坚持党的群众路线，培养和践行社会主义核心价值观的必要性调查中，98%的受访者认为必要。无论是从受访者职位、身份还是所在部门来看，对必要性的认识都趋于一致，说明总体上党员干部和群众对于示范效应的作用都具有充分的认同度。通过调研，我们认为浙江省分行党员干部的示范性建设有以下几个成效：

（一）以党员干部思想教育的示范性，带动员工思想认识的提升

孔子云"其身正，不令而行；其身不正，虽令不从"。党员干部所处的特殊角色、地位，决定其道德状况有很强的示范效应和辐射作用，引导着整个单位的道德风尚。分行党委历来重视通过加强党员干部的思想教育工作，营造良好的政治舆论氛围，传递正能量。分行党委以党委中心组学习、支部学习和党课教育为抓手，党委与支部联动、分期与集中结合，形成多层次、全方位的学习格局。并通过中心组学习机制，将参加学习的范围扩大到分行副处级以上党员干部。通过组织召开"十八大精神宣传"、"传递正能量，凝聚中国梦"、"增强党性，弘扬党风，严守党纪"等各类专题讲座，深入学习中央各项方针政策，用先进理念引领分行各级党员干部，在学习中不断锤炼党性、坚定理想信念，增强组织纪律性，提高党员干部的政治素养，以及用科学发展观的立场、观点、方法解决实际问题的能力，同时也帮助广大员工更好地理解党的路线、方针、政策。分行制定出台"行长谈心日"工作机制，每月10日、25日由一位行领导约谈员工或接受员工约谈，畅通党群干群联系渠道，倾听群众声音。对于谈心过程中反映的困难和问题，件件有落实，事事有结果（见图2－1）。

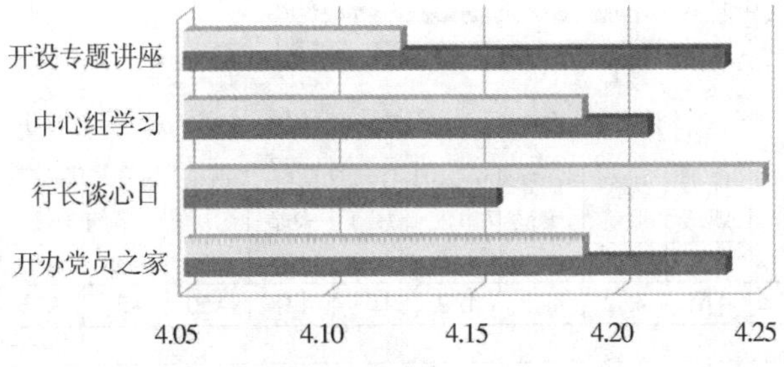

	开办党员之家	行长谈心日	中心组学习	开设专题讲座
■群众	4.19	4.25	4.19	4.12
■党员	4.24	4.16	4.21	4.24

图2－1　思想教育示范活动满意度调查

在全行党员干部示范效应的影响下，员工的思想认识水平也不断提升。据调查显示，受访者对“开设专题讲座”、“实行中心组学习”、“行长谈心日”、“开办党员之家”等4方面的满意度均在4分①以上，即满意。特别在“行长谈心日”中，群众的满意度更是达到了4.25分，“行长谈心日活动”得到了党员干部和群众的一直认可。

（二）以党员干部的作风改进，营造全行廉洁从业的良好氛围

分行党委坚持党的群众路线，加强同群众的血肉联系，充分发挥党员干部的示范带头作用，落实党风廉政建设。对内，拓宽下情上达的渠道，通过民主测评、员工座谈会、支部专题组织生活会、“意见箱”等形式与干部员工真诚沟通，征求意见；对外，向省金融办、商务厅、人民银行、省银监局、10个地市政府及80家企业征求意见，召开企业廉政义务员座谈，真正做到广开言路、广纳民意。

调研组分别从“行为规范”、“为民服务”、“清正廉洁”、“领导作风”、“按规办事”、“实事求是”、“严格公务用车”、“推行勤俭节约”、“严格公务接待”等9个方面对党员干部廉政建设示范机制产生的影响进行考察，整体情况良好。

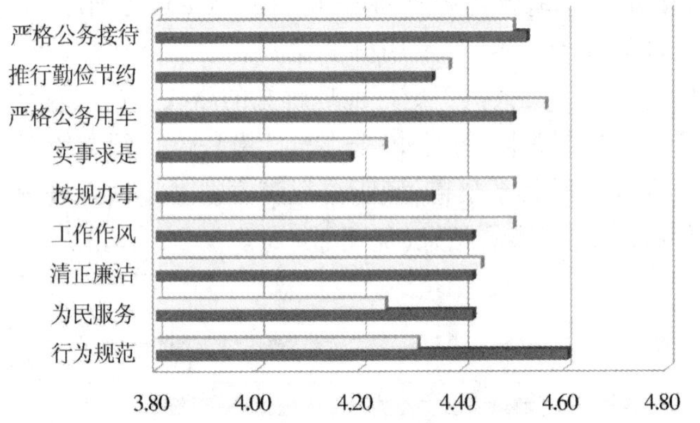

	行为规范	为民服务	清正廉洁	工作作风	按规办事	实事求是	严格公务用车	推行勤俭节约	严格公务接待
群众	4.31	4.25	4.44	4.50	4.50	4.25	4.56	4.38	4.50
党员	4.61	4.42	4.42	4.42	4.34	4.18	4.50	4.34	4.53

图2-2　廉政建设示范效应影响调查

① 本调查问卷采用里克特量表分析法，将等级分为“非常满意、满意、一般、不满意、非常不满意”五等，并分别赋予“5、4、3、2、1”的分值，得分越高表示效应越显著。

据图2－2所示，党员干部和群众，均受到党员干部示范效应的显著影响，在“严格公务接待”等9个方面的影响程度中，评分都高于4分，其中，“党员行为规范”更是达到了4.61的峰值，示范效应非常显著。

分行通过加强公务用车管理，修订分行车辆管理办法，对公务车辆进行统一调度管理，2013年公务车辆相关管理费用同比下降8.3%，使得满意度达到4.5以上。在勤俭节约方面，分行严格执行《党政机关厉行节约反对浪费条例》，从节水节电节纸等细节入手，加强消耗性物品的用度管理，规范办公用品、电子设备等物品管理，合理采购，按需领用，责任到人，杜绝浪费。除此之外，分行严格公务接待管理，原则上以食堂餐为主，提倡食堂“光盘行动”，确需在外用餐的，以自助餐为主，严禁赴高档餐饮场所用餐。这些措施赢得了党员干部和群众的一致认可，评价满意度均为4分以上，即满意。

另外，通过调研我们发现：不同的党员干部示范行为也使得不同部门受影响的程度出现差异，就总体受影响情况而言，中后台部门优于前台部门。其差异主要集中在“严格公务接待”、“实事求是”和“按规办事”三个方面。党员干部在“严格公务接待”情况方面，对前台营业部的示范效应更大，为4.54分。党员干部的示范效应使得前台员工受其影响显著，以为企业和客户服务为代表，前台严格按照接待标准，在业务往来中厉行节俭，获得良好的效果。而在“实事求是”、“按规办事”两个方面，党员干部的示范效应则对中后台部门有更大的影响，平均高出前台部门2.18个百分点，说明在党员干部的带领下，中后台部门更加注重思想建设和制度建设，并取得良好效果。

无论是党员还是群众、前台部门还是中后台部门，党员干部在涉及党风廉政建设的指标方面的示范效应都达到了4.18分以上，结果显著。表明党员干部的廉政示范行为对全体员工带来了非常好的正面影响，党风廉政效应得到了良好的发挥，提高了全行员工在各个方面的综合素质，促进了分行思想政治和企业文化建设。

（三）以党员干部的求真务实，带动各项工作的有效推进

调研发现，针对2013年开展群众路线教育实践活动以来员工普通提出的问题，分行党委认真落实好“三严三实”的要求，坚持边学边改、边查边改、边整边改，以求真务实的精神，从解决实际问题入手，以实实在在的工作成绩，做出了示范，有效地推动各项工作的改进。2013年，在分行教育实践活动领导小组

办公室组织的民主评议中,分行干部员工对党委班子及成员各个环节的活动开展满意度均高于全行的平均水平,有98.4%的干部员工认为分行党委班子整改落实情况达到“好和较好”,高于全行1.4个百分点,对分行的作风整改工作成效给予了高度肯定。

本次调研针对一些具体问题的整改成效进行了调查,了解了大家的满意度,其中对“办公自动化”、“整合业务流程”、“精简会议审批”、“考核考评机制”等4个方面的满意度均在4分以上,即满意。

1. 在提高工作效率方面,分行采取了精简会议审批,整合业务流程,推行办公自动化,增设放款中心等措施。针对分行部分制度落后于业务发展、部门制度规定不清晰的问题,根据业务操作实际,相继修订了分行授信发放与贷款支付审核操作手册、评估审查管理手册、法律咨询工作操作手册;制定了不良贷款管理操作手册、合同类文件法律审查操作手册、非诉讼法律事务外聘律师管理操作手册、转授权管理工作操作手册等,以制度建设为抓手,梳理整合业务流程,做到合规、高效两不误;精简行政审批,梳理建立了公文流转、会务管理、物品领用、新员工报到、计算机服务等10余项行政办公管理操作流程图,便于员工查询;推广使用办公自动化系统,把人力成本和时间成本从传统的纸质办公流程中解放出来。这些工作收到了良好的成效,除对“增设放款中心”满意度为3.94外,对其余工作的满意度均达到4分,即满意(见图2-3)。

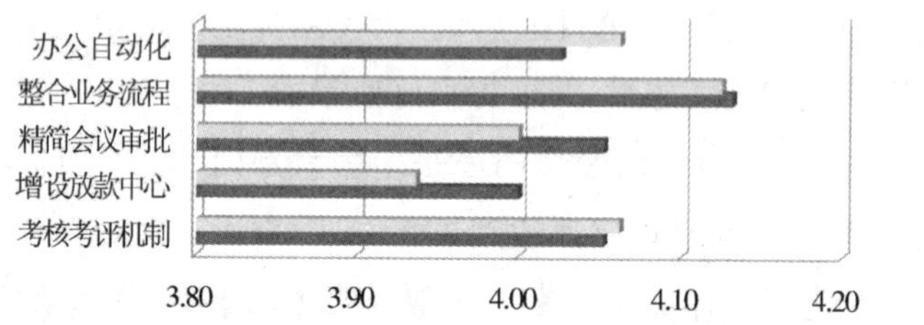

	考核考评机制	增设放款中心	精简会议审批	整合业务流程	办公自动化
群众	4.06	3.94	4.00	4.12	4.06
党员	4.05	4.00	4.05	4.13	4.03

图2-3 示范活动创新满意度调查

2. 在优化资源配置方面,分行以考核考评机制激励员工的工作主动性和积极性,党员干部起示范带头作用。于2014年年初试行分行客户经理主办、协办选聘工作管理办法,并通过轮岗机制培养一专多能的多面手,2013~2014年处级干部轮岗共13人，一般员工轮岗52人次，促进了党员干部和群众的紧密联系。在分行推行考核考评机制的调查中，党员和群众的满意度分别为4.05和4.06，即满意。

总体来讲，无论从级别、部门、身份等各个维度来看，浙江省分行的党员示范效应均取得了不错的效果（均为显著和非常显著），不存在“一般”或“不合格”的情况。说明分行党员干部特别是党员领导干部在发挥金融企业示范效应，坚持党的群众路线、培育和践行社会主义核心价值观方面取得了良好成绩，有效地改善了金融行业党群干群关系、党员干部作风、行政服务质量和工作效率等方面的问题。

（四）以党员干部的工作实绩，带动政策性金融优势的发挥

近年来，随着整体经济形势的下行压力的加大，浙江省金融环境日趋严峻，2014年以来尽管面临资金成本高、部分行业风险凸显、区域性风险突出、“两链”风险仍在积聚、表外业务隐藏风险等困难，分行党委坚持以习总书记系列重要讲话精神，统一思想、凝聚力量，指导改革发展稳定的各项实践工作，党员干部积极发挥示范作用，带领广大员工一起坚定信心、以攻坚克难的勇气创造性地开展工作。

调研中，分行有关“政策执行”方面示范效应的影响力平均达到了4.46，仅次于“行为规范”和“厉行节俭”的影响力，说明分行在执行国家产业政策，承担政策性银行的职责方面的示范作用非常大。除此之外，分行党员干部在“基层调研”、“企业调研”和“服务基层”三个方面的示范效应的影响度平均达到了4.42，有效地发挥了政策性银行自身的优势，服务国家战略和省重点项目建设，助推浙江经济稳中有升，转型升级（见图2-4）。分行政策性金融优势的作用进一步得到重视，外部影响和品牌效应进一步提升，获得了各方面的支持和肯定。2013年，分行工作先后三次获得浙江省政府领导的批示肯定，2008~2012年连续5年获得浙江省支持地方经济发展“二等奖”、“三等奖”。2014年，分行被中国金融工会授予“全国金融五一劳动奖状”荣誉称号。2013年，浙江省获批开展的义乌市国际贸易综合改革试点和温州市金融综合改革中，均将分行纳入工作小组成员或与分行开展业务合作。2013年，随着分行在舟山地区业务和影响的扩大，在舟山市政府及相关监管机构多次期望和要求下，分行在舟山设立工作组，经过一年的发展，至2014年末舟山地区贷款余额较2013年增长23.6%，得到当地政府的充分肯定。

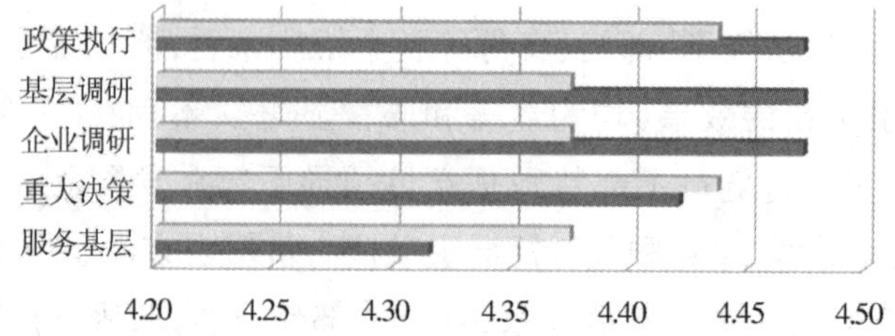

	服务基层	重大决策	企业调研	基层调研	政策执行
群众	4.38	4.44	4.38	4.38	4.44
党员	4.32	4.42	4.47	4.47	4.47

图2－4　政策优势发挥调查

至2014年年末，分行支持省重点项目达38个，余额266亿元（较2013年增长60%），占比32.8%，贷款结构进一步优化。优化整合小（微）企业平台贷款。加强银政、银银、银企合作，以政策性示范效应带动金融同业扩大对小微企业的服务力度。至2014年12月末，累计搭建服务平台13个，贷款余额15.5亿元，帮助近500户小（微）企业缓解了融资难、融资贵的困境，使之对浙江省“个转企、小升规、规改股、股上市”政策的支持力度不断加强，政策导向作用明显。

坚持三项并重，助力浙江经济转型升级

中国进出口银行浙江省分行自2006年5月成立以来，坚持速度与质量并重，规模与效益并重，发展与管理并重，各项工作取得长足的进步。至2014年末，支持外贸进出口贷款余额501亿元，带动企业外贸合同额343亿美元，占同期全省外贸总额的9.8%，在浙江省累计投放贷款504亿元，本外币贷款余额690亿元，增幅19%，高出全省11个百分点。作为政策性金融机构，浙江省分行在业务开展中牢记自身所背负的国家使命和社会责任，契合浙江实际开展业务，充分发挥政策性金融的导向作用和示范作用，有效提升了社会、经济影响力，实现了规模、效益、质量、结构的稳步协调健康发展，并于被中国金融工会授予“全国金融五一劳动奖状”。

二、分行示范效应机制的发挥及存在的问题

（一）示范效应机制的发挥

浙江省分行党委以群众路线教育实践活动的“四风”整改工作为切入口，密切联系群众，抓实建章立制，通过健全风险管理规章制度、优化信贷指导和业务操作流程、完善信贷评审制度规程、建立健全干部人事制度、健全理性节约制度办法、建立健全改进工作作风的制度办法等6个方面31项制度的建立和修订，建立了以行政干部为基础，以党团员为主体的思想政治工作的长效机制，形成了“一把手亲自抓，主管领导具体抓，各部门协调配合，全行员工自觉参与”的企业文化建设格局，把企业文化和社会主义核心价值观渗透到业务经营的各个环节，实现了管人、管事、管思想的三统一，形成良好的示范效应机制。

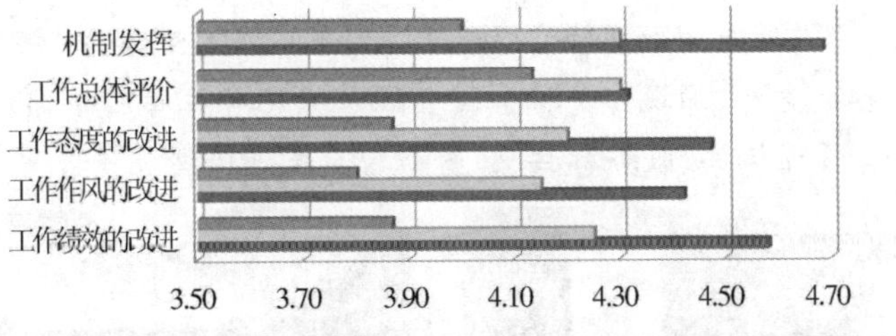

	工作绩效的改进	工作作风的改进	工作态度的改进	工作总体评价	机制发挥
一般员工	3.87	3.80	3.87	4.13	4.00
科级	4.25	4.15	4.20	4.30	4.30
处级	4.58	4.42	4.47	4.32	4.68

图2－5　示范效应机制调查

从图2-5可以看出,党员领导干部的示范带头作用得到了显著地发挥。处级干部认为示范机制对自身在“工作绩效改进”、“工作作风改进”、“工作态度改进”以及“工作总体改进”方面的作用均超过了4.3,对于整个“机制发挥”的评价更是达到了4.68。据调查显示,在党员干部示范效应的作用下,党员领导干部带头,科级干部和一般员工紧随其后,在工作作风、态度等方面不断向党员领导干部学习,成效显著。其中科级干部认为示范机制的发挥使得自身在“工作绩效”、“工作作风”、“工作态度”以及“工作总体”方面的改进达到4.15以上,而一般员工认为示范机制的发挥对其在工作各个方面的改进也均超过3.8,远高于社会学习理论的平均学习程度。除此之外,无论是科级干部还是一般员工,都认为示范机制发挥情况良好,分别就“机制发挥”打出了4.0和4.3的高分。总体来看,示范效应机制起到了显著效果,有效地影响了基层员工。整个示范效应呈现出随着层级关系的扩张而逐步减弱的趋势,与班杜拉的社会学习理论结论一致。说明要进一步提高基层员工示范效应的显著性,就必需不间断的加强党员干部的示范作用,并不断完善示范渠道,通过示范效应机制的发挥,影响并提升分行员工的工作态度、工作作风、工作绩效和总体情况。

坚持群众路线　发挥示范效应

中国进出口银行浙江省分行坚持走群众路线,不断密切党群干群联系,积极构建有效的上情下达、下情上陈渠道,夯实持续健康发展的组织基础和队伍保障。先后开展“传递正能量凝聚中国梦”、“实现中国梦,青春勇担当”座谈会,组织“弘扬雷锋精神　凝聚崇德向善”征文演讲比赛、“我和我的祖国”诗歌朗诵比赛等系列活动,开展党建共建、徽杭古道徒步走、爱国主义基地教育、“行万里路　读万卷书”系列读书会等活动。在党员领导干部的带领下,发起组织了“创新金融服务,支持经济发展”、“红旗集体”评比、“百日劳动竞赛”等各类竞赛,涌现出一批全国金融系统优秀共青团干部、全国金融青年岗位能手、管理标兵、服务标兵、优秀个人等先进典型。

（二）示范效应中存在的不足

1. 思想认识有待进一步提高。从调查情况来看，虽然认为示范作用“必要”的占到了9成以上，但是选择“非常必要”的为67%，在一般员工中，选择“非常必要”的仅为27%。部分党员干部和基层员工，对思想政治工作的重要性认识不足、重视不够，认为思想政治工作是“看不见、摸不着”的工作，“生命线”意识不强。有的只重视业务工作，没有时间和精力抓思想政治工作，有的简单地以经济手段代替思想政治工作，认为收入提高了，思想工作也就做好了，还有的投身思想政治工作的热情不高，没有承担起自己的职责，没有把思想政治工作当作自己的事业，反而当成了“负担”。在示范效应机制问题上，有9.26%的人选择了“重视度不够”，反映出目前该问题还存在进一步改进的地方。

2. 示范行为贴近基层有待进一步加深。在针对金融企业党员干部脱离群众的主要原因的调查中，有44.44%的受访者认为“一些党员干部工作上只愿意做易出政绩的大事，而不愿做服务群众的小事”是造成党员干部脱离群众的主要原因。有61.11%的受访者提出党员干部缺乏开拓创新精神主要表现为“教条主义思想严重，讲话、办事首先找依据，没有依据不敢越雷池半步”。说明部分党员干部与基层群众结合还不够紧密，在工作办事中，缺乏服务群众的意识和开拓创新精神。在针对群众的调查中，受访者对示范效应总体工作评价的满意度达到4.13，普遍对示范效应机制的发挥表示满意。但在回答“党员干部在履职过程中的示范带头作用对您的影响如何”时平均得分为3.94，说明群众对党员干部个体的满意度与对整体示范效应的满意度还存在一定的矛盾，个别党员干部在履职过程中的示范行为还有待进一步加强。

另外，在调查中我们还发现党员领导干部与一般员工对示范效应机制发挥的满意度的评价存在差异，党员干部对于示范效应机制发挥的满意度要高出群众1.37个百分点左右，说明分行示范机制还有进一步延伸的空间，示范效应程度有待进一步提高。虽然党员领导干部在示范带头作用中做出了很好的表率，但是示范机制的发挥还受到辐射范围和可模仿程度的影响，在影响过程中，随着层级的递减效益逐步降低，因此，要进一步提升基层员工的受影响程度，就要不断疏通传播渠道，提升示范作用的发挥机制。

3. 示范机制创新有待进一步加强。目前来说，对金融企业示范效应的工作效益没有一个综合性的评估标准，如精神成果与物质成果、经济效益与社会效益、个体效益与群体效益等进行综合的检测与评估没有准确的衡量标准。调研中,当问及目前金融行业党员干部示范效应存在的问题和需要完善的机制时,有40.47%的人选择了“监督机制不健全”,有59.26%的人选择了“完善问责机制”。另外,在金融企业党员干部的示范机制中,开设讨论会,学习文件精神还是思想工作的主要手段,使得示范活动缺乏一定的吸引力,示范作用的效果打了折扣。在调研中,有33.33%的受访者提到,“要突破惯例、摆脱经验,提高工作的积极性和主动性”;有31.48%的受访者提出“要认真开展调查研究,结合工作实际,发挥示范作用”。要注重示范效应的形式、丰富示范活动内容,使员工能真正参与其中,施加影响,以增强互动性,提高效果。

4. 对外影响力有待进一步扩大。由于分行成立时间短,宣传力度较为不足,加上金融产品维度还不够丰富,使得对外影响还有待进一步扩大。目前,分行已跨出单一的开办出口买方信贷、对外优惠贷款等业务,将支持领域从出口延伸到进口,支持范围从资本品出口延伸到农产品出口及旅游、科学、技术、文化等服务贸易领域,支持客户从行业骨干延伸到中小企业、港澳台资企业,支持手段从信贷延伸到担保、资金、咨询、中间业务等综合金融服务。但是信贷产品的多样性还有待进一步发掘,维度还有待进一步加强。党员干部要充分发挥创新型示范机制,不但要在示范活动上创新,也要在产品设计上创新,使全行的创新工作氛围进一步提升。

三、加强和改进党员干部示范效应的对策与建议

不断加强和改进分行党员干部的示范效应是今后工作的重点,也是分行企业文化建设的核心任务和题中之义。在调研中,有38.89%的受访者提出要形成良好的思想政治工作和企业文化环境,有29.63%的人提出要对查找出的问题提出有针对性的改进措施,建立长效机制。因此,根据调研情况,结合工作实际,提出以下对策和建议:

(一)加强和改进党员干部示范效应,思想教育是基础

思想是行动的先导,要更好地发挥党员干部的示范性,就必须始终坚持加强对各级党员干部的思想教育,以身正令行。

一是要坚定不移地开展理想信念教育,加强马克思列宁主义、毛泽东思想、邓小平理论、“三个代表”重要思想、科学发展观教育,推动党员干部真正把理想信念牢固地建立在马克思主义的科学基础上;深入学习党的十八大精神和习近

平总书记系列重要讲话精神，学习中国梦的重大意义和精神实质，从根本上解决好举什么旗、走什么路、实现什么样的奋斗目标和以什么样的精神状态推进发展的问题，切实增强中国特色社会主义的道路自信、理论自信和制度自信。

二是加强政治纪律教育，分行党委领导班子要带头遵守党的各项纪律，引导和督促广大党员和干部员工讲政治、顾大局、守纪律，自觉抵制各种错误思潮舆论的干扰，增强政治敏锐性和政治鉴别力，把学习社会主义核心价值体系与增强党性锻炼结合起来。对违反政治纪律的行为要严肃查处，以更好地维护党员干部先进形象，发挥党员干部示范效应。

三是加强艰苦创业、反腐倡廉教育。作为政策性银行的分支机构，与其他金融同业相比，我们拥有一些稀缺的、特殊的信贷资源。这些信贷资源，会成为从业人员手中的一把“双刃剑”——用之有道，可以成为政策方向，引导企业科学发展、服务社会；用之无度，就会成为以贷谋私的温床，贪污腐化的深渊。因此，党员干部必须提高艰苦创业的思想认识，增强拒腐防变的能力，带头守住底线，代表人民掌好权、用好权，多奉献，少计较，严格遵守中央的“八项规定”，引导党员、干部牢固树立正确的世界观、人生观、价值观，着力培养为民、务实、清廉的品质和作风。

（二）加强和改进党员干部示范效应，群众路线是途径

调研发现，党员干部的示范效应随着层级的递减，效益逐步降低，因此要进一步提升基层员工的受影响程度，就要紧握群众路线这一方向，不断疏通传播渠道。

一是要建立和完善以了解普通员工及群众意愿为目的的党员干部沟通制度。建立领导干部联系群众的长效机制。对群众提出的事项，按照“谁主管，谁负责”的原则，能解决的及时解决，不能解决的要解释清楚，不能及时解决的要制定解决方案，并明确责任人。

二是要坚持从实际出发，从实际着眼，多办群众期盼的实事。大家普遍认为做好干群关系，有效发挥党员干部示范性重在深入基层，确实为群众解决危难险重问题；办些群众盼望的事，着力解决群众关心关注的问题；要广泛听取群众意见，解决群众最关心的现实问题。

三是要发挥好中层党员领导干部的桥梁承接作用。要提高中层党员领导干部的沟通协调能力，中层党员领导干部要及时准确地将党的路线、方针、政策、总分行的要求传达到每一位员工，及时做好宣传指导，也要将员工普遍反映

的问题及时向上级领导反映,寻求解决。要以自身坚定的理想信念影响人,以踏实的工作作风带领人,以过硬的专业素质指导人,带好队伍,充分发挥党员干部的先锋模范作用。

(三)加强和改进党员干部示范效应,工作实绩是关键

无论干什么事业,只有党员干部“起而力行”,带头扑下身子,躬行实践,群众才能心悦诚服地跟着干,抢着干,才能形成“九牛爬坡,个个用力”的局面。

一是党员干部首先要有开拓精神,责任意识和担当意识,要有想干事、干成事的愿望,要有锲而不舍、勇往直前的“精气神”。面对严峻的市场环境,不能有畏难情绪,要解放思想、坚定信心、大胆作为、勇于创新。

二是党员干部要服务于民,针对严峻外贸形势,要主动问计于地方、问需于企业,通过调整授信、评级、担保等政策让利于企业,帮助企业克服困难。针对国际船市低迷,我们要重点加大对高新技术、高附加值船型和海洋工程装备出口的支持力度,助力航运企业走出困境。针对经济转型压力,我们要大力支持“三农”、服务业、中小企业、节能环保、内陆沿边地区开发开放等瓶颈领域和薄弱环节,为国家“稳增长、调结构、促平衡”贡献力量。通过实践不断为政策性金融赋予新的内涵,彰显政策性金融在发挥逆经济周期调节作用上的独特优势。

三是党员干部要以身作则,走在前、想在前、干在前,带领广大员工不断开拓进取,积极推进业务创新,扩大业务支持范围,扩大金融服务手段,进一步增强中国进出口银行在国内外金融市场的影响力,逐渐解决产品不够多样,维度不够丰富的现状,带领从单一支持出口的机构向国际经济合作银行转型,使之对内成为促进经济结构调整、支持外贸增长方式转变的基础工具,对外成为服务经济外交、推动国际经济合作、促进和谐世界建设的有力抓手。

(四)加强和改进党员干部的示范效应,机制建设是保障

党员干部的示范机制是一项长期的持续性的工作,不可能一蹴而就,也不可能一劳永逸,必须建立加强党员干部示范效应的长效机制,使党员干部特别是党员领导干部的示范作用成为一项经常性工作。

一是要进一步完善党员领导干部监督约束机制。加强党风廉政建设责任制建设,通过明确党委的主体责任、纪委的监督责任,班子成员的分工责任,坚持“党委统一领导,党政齐抓共管,纪委组织协调和监督,部门各负其责,依靠群众支持和参与”的党风廉政建设领导体制和工作机制,把党风廉政建设贯穿于分行工作始终,做到党风廉政建设和业务工作同布置、同落实、同检查、同考核。

从制度上为党员干部示范效应的落实提供有力保障。完善责任追究机制，以严格的他律，促使各级党员干部遵守党的各项规章制度，慎用党和人民赋予的权力，杜绝党员干部“不想为、不敢为、不能为”的消极思想，以好的作风带动各项工作的开展。

二是进一步完善示范效应学习机制。要充分发挥每个党员的作用，一个党员一面旗，一个带动一个，要通过加强对党员干部的教育，带动广大群众，提高群众对党员干部在“履职情况”示范效应中的满意度。通过创新学习方式，坚持理论联系实际的学风，着眼于学习理论，解决问题。结合业务特点，学理论，找差距，学业务，比作风，通过创新中心组学习、支部学习、党员学习的形式，丰富学习内容，提高学习效果。

三是完善体现群众路线和核心价值观要求的领导干部综合考核评价机制。把领导干部工作作风作为综合考核的重要内容，细化、量化考核指标，推行领导干部工作作风记录制，实现定量考核与定性考核、临时考核与经常性考核的统一。

金融企业“80后、90后”青年员工思想政治工作调查研究

熊婉芳　张帆*

一、调查背景与意义

时代更迭,备受关注的“80后、90后”日益成为金融企业的主力军,作为银行未来接班人的青年员工已经逐步踏上了他们的职业生涯舞台,并开始慢慢绽放出光芒。他们充斥在银行业的各个重要岗位,不仅在网点一线岗位有业务骨干岗位,乃至中、基层管理岗位,这个群体在行业中扮演着越来越重要的角色。诚然,每个时代都有着不可避免的时代烙印,而这些青年员工置身在社会化分工日益精细的今天,所接受的教育水平普遍提高,思想呈现多样化发展,视野更加开阔,较多地按照个人的意志判断、确定的人生目标,去实现自我价值。

“80后、90后”青年员工充满活力、求知欲强、成就感强烈,但与此同时,他们生活阅历和工作经验尚浅,心理不够成熟,承受压力与自我管理能力较差。如何从人文关怀和心理疏导的方面开展思想政治教育工作,充分激发银行业青年员工的内生动力,让他们转变工作态度,激发工作积极性,努力自觉地为银行金融机构的长足发展做出贡献就成为银行业思想政治教育工作的重点。

本文从银行业青年员工思想政治工作为重心出发,着重强调以“以人为本”的理念开展金融业思想政治工作。只有抓住了这个工作重心,将每个员工的潜能得以最大化地开发和利用,金融业才能在日益复杂的国际形势和激烈的竞争中得以长久地发展壮大。为了更好地了解新形势下金融企业青年员工的社会

* 中国工商银行湖北分行;本文获2014年全国金融系统思想政治工作和企业文化建设调研成果一等奖。

心态和思想状况，为金融企业开展思想政治工作和构建企业文化体系打好基础，更加有效地促进金融企业业务经营指标进位赶超，充分调动青年职工的积极性和创造性，激励他们在自己的岗位上成人、成才，我们以工商银行湖北省分行营业部为样本开展了新形势下金融企业"80后、90后"青年员工思想政治状况的调查研究。

二、调查数据分析

中国工商银行湖北省分行营业部现有青年员工1 321名，占职工总人数的26.8%，其中各级管理人员237名，占青年员工总人数17.5%。本次调研采取网络调查和问卷调查、访谈相结合的方式。从年龄组成来看，25～35周岁118人，占88.72%；24岁以下15人，占11.23%。从岗位组成来看，管理类13人，占9.77%；专业类9人，占8.27%；营销类36人，占27.07%；运行类75人，占56.39%。

（一）感受工商银行

1. 青年员工对工商银行总体感受评价较高。

（1）青年员工对工商银行经营状况基本了解。从统计结果来看，绝大部分青年员工对工商银行经营状况比较了解，同意的人数占到40.37%，比较同意的比例为34.86%，只有0.92%的人不太同意和1.83%的人不同意（见图3－1）。

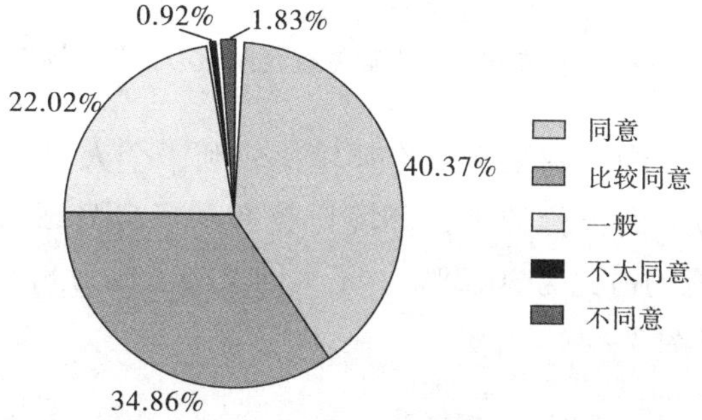

图3－1　青年员工对工商银行目前经营状况了解程度

（2）工商银行员工具有较强的凝聚力和向心力。统计结果显示，大部分青年员工认为工商银行具有较强的凝聚力和向心力。其中28.44%的青年员工完全同意，35.78%的青年员工比较同意，不太同意和不同意的占比分别为8.26%、5.5%（见图3－2）。

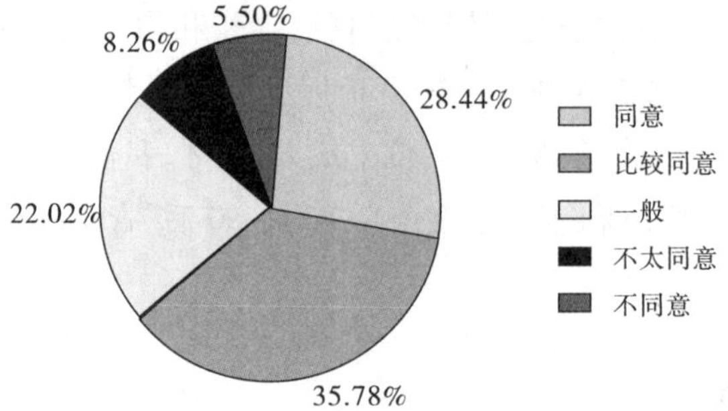

图3－2　青年员工对工商银行凝聚力与向心力的评价

(3)青年员工对工商银行企业核心文化认同。从统计结果来看,绝大部分青年员工对工商银行企业的核心文化完全认同。其中同意的占比为44.95%,比较同意的为32.11%。不太同意的为5.5%,不同意的占比为1.83%(见图3－3)。

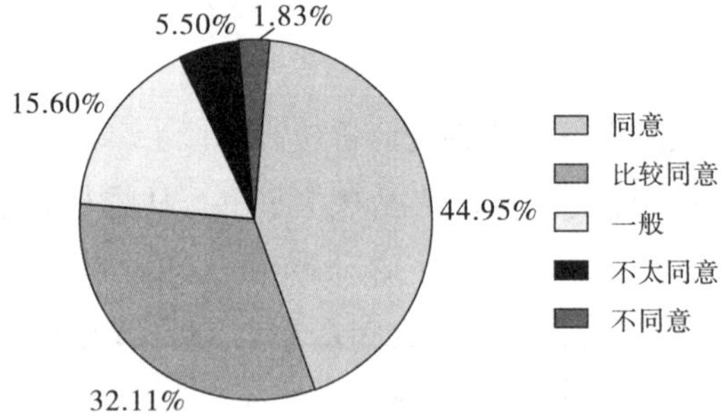

图3－3　青年员工对工商银行企业核心文化认同度

(4)青年员工认为工商银行工作环境比较利于个人成长。从统计数据来看,青年员工认为工商银行的工作环境比较有利于自身成长,同意的占比为23.85%,比较同意的占比为30.28%。不太同意的占比为8.26%,只有4.59%的员工不同意(见图3－4)。

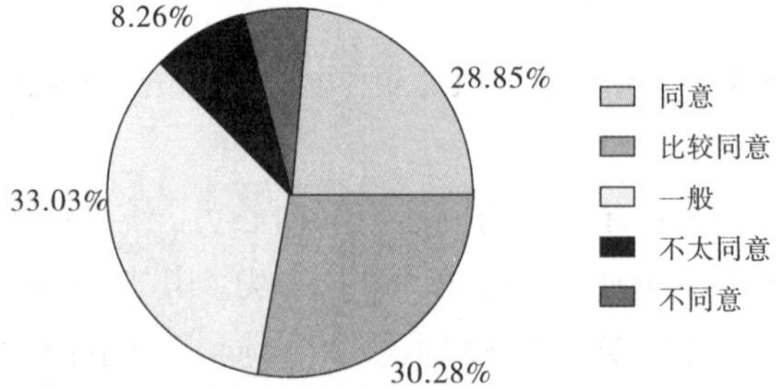

图3－4　青年员工对工商银行是否利于个人成长评价

由统计结果可以看到,工商银行青年员工对工商银行目前的经营状况基本了解,对工商银行未来的发展比较有信心,对工商银行的发展目前基本明确,对工商银行的企业核心文化基本认同,而且认为工商银行具有较强的凝聚力和向心力;不过大部分青年员工都认为工商银行的个人工作业绩与待遇不是很般配。

2. 青年员工对工商银行员工职业发展机制评价较高。从对工商银行员工职业发展机制评价的统计结果可以看到,青年员工对工商银行的职业发展机制评价较高,大部分员工都认为工商银行的员工职业发展机制完善、比较完善或一般。对青年员工认为工商银行的员工职业发展机制不够完善的原因分析:原因一,职业发展环境不够公平公正;原因二,职业发展通道不够宽畅;原因三,机构层级和职务层级对员工职业发展有限制;原因四,为基层一线干部员工提供的发展机会太少;原因五,中高等级岗位向市场一线倾斜的力度不够(见图3-5)。

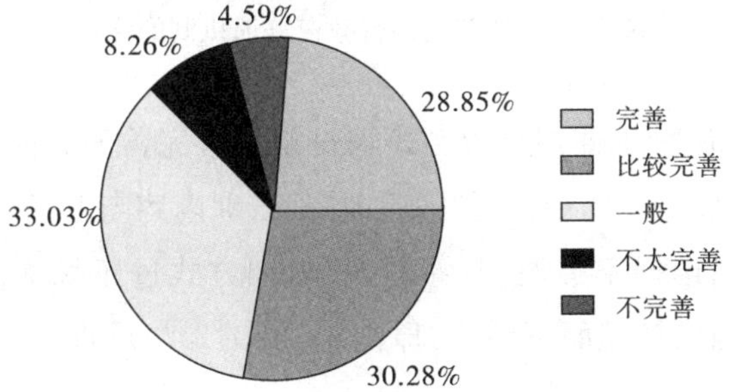

图3-5　对员工职业发展机制的评价

从统计的数据结果来看,工商银行员工认为职业发展机制的主要原因是职业发展通道不够完善以及为基层一线干部员工提供的发展机会太少。

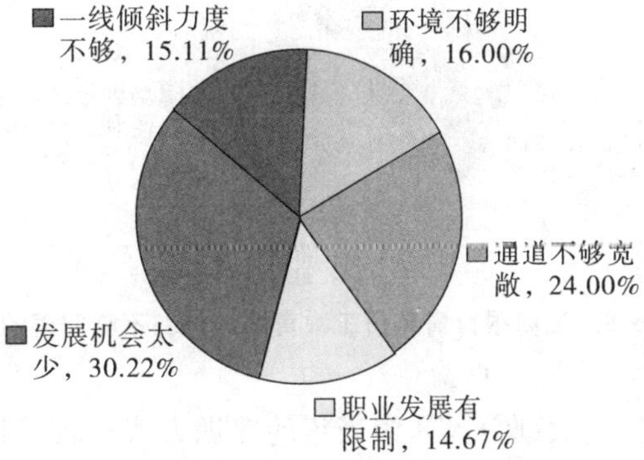

图3-6　工商银行员工职业发展机制不够完善的原因

3. 青年员工对工商银行教育培训机制认可。从青年员工对工商银行教育培训机制评价的统计结果来看,工商银行的教育培训机制得到了青年员工的普遍认可,有20.30%的青年员工认为工商银行的教育培训机制完善,27.82%的青年员工认为工商银行教育培训机制比较完善,仅3.01%的青年员工认为工商银行的教育培训机制不完善(见图3-7)。

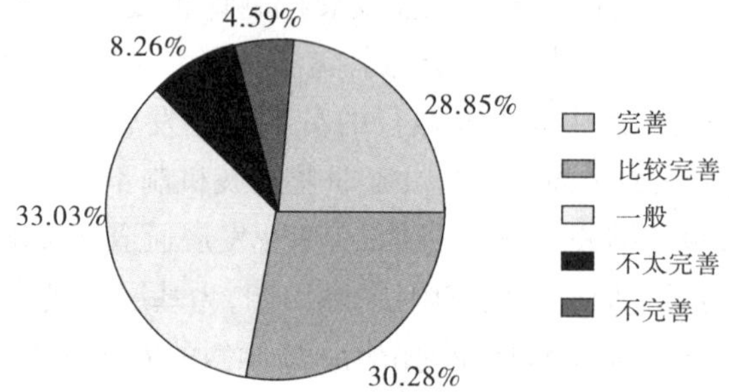

图3-7　对工商银行教育培训机制的评价

对青年员工认为工商银行教育培训机制不够完善的原因分析:原因一,培训项目与全行发展战略的衔接不好;原因二,培训内容与业务发展不相适应;原因三,培训形式的选择不够便利;原因四,培训方式过于呆板,不够生动;原因五,分类培训机制的覆盖面不够广;原因六,员工参与培训的积极性不够高,学习氛围不够浓(见图3-8)。

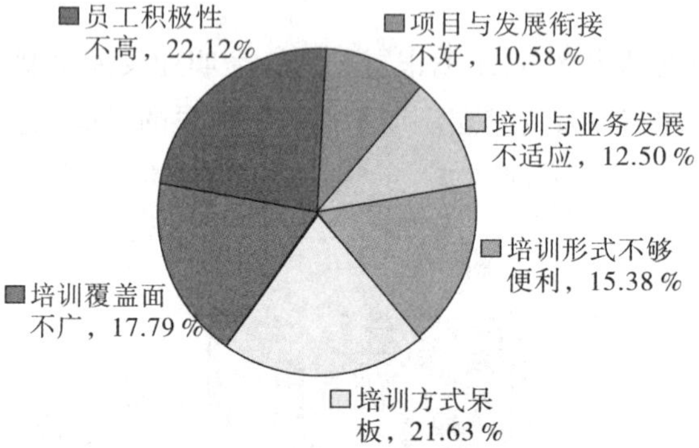

图3-8　工商银行青年员工教育培训机制不够完善的原因

从调查结果来看,大部分人认为当年的培训方式比较呆板,不够生动,员工参与培训的积极性不够高,学习氛围比较差。

4. 青年员工渴望岗位交流。由统计结果可以看到(见图3-9),青年员工对岗位交流有十分强烈的需求，73.13%的青年员工表示渴望参加岗位交流，仅3.73%的青年员工表示不希望参加岗位交流。工商银行青年员工对岗位的交流需求强烈，因此，在安排岗位交流时，应充分考虑青年员工的岗位调动意愿。

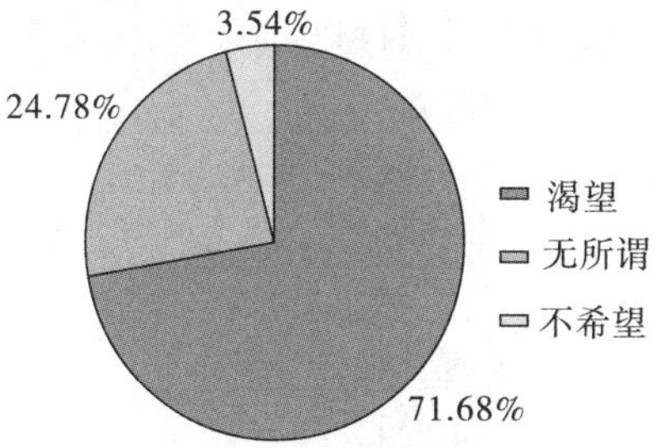

图3-9　对岗位交流的需求

对青年员工认为工商银行员工轮岗机制不完善的原因分析：原因一，壁垒较高；原因二，渠道不畅；原因三，力度不够；原因四，节奏不合理；原因五，平台不公正；原因六，激励约束力度不够（见图3-10）。

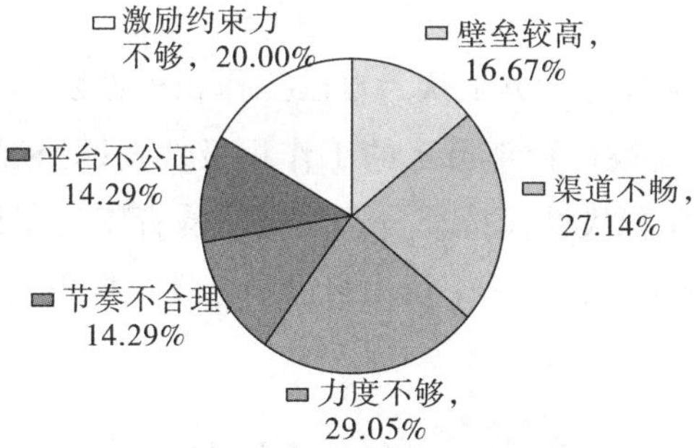

图3-10　工商银行员工轮岗机制不够完善的原因

从调查结果来看，青年员工普遍认为工商银行的壁垒较高，渠道不畅，当前轮岗的力度不够以及节奏不合理。建议可以建立横向岗位交流和轮换的培养模式，在实施周期内，至少安排2个及以上岗位轮换，每个岗位工作时间原则上不少于一年；辖内轮岗由所在支行和部室负责安排，报营业部人力资源部备案。在进行新的岗位轮换时，员工要对在前一个岗位上的工作情况进行总结。

（二）感受自我

调查内容主要包括员工就自身而言最关心的问题、员工的工作压力状况、干群关系情况和才智发挥情况；另外还包括其工作积极性发挥情况、职业发展目标与行动计划情况、学习时间与适合的学习方式情况、知识水平与工作的适应情况和单位对自身的支持培养情况。

1.工商银行青年员工较为关心收入状况和职业发展前景。调查数据显示,当前工商银行青年员工最关心的两个问题就是收入状况和职业发展前景。同时部分人认为晋升渠道以及培训机会,少数人认为职位稳定比较中重要(见图3-11)。

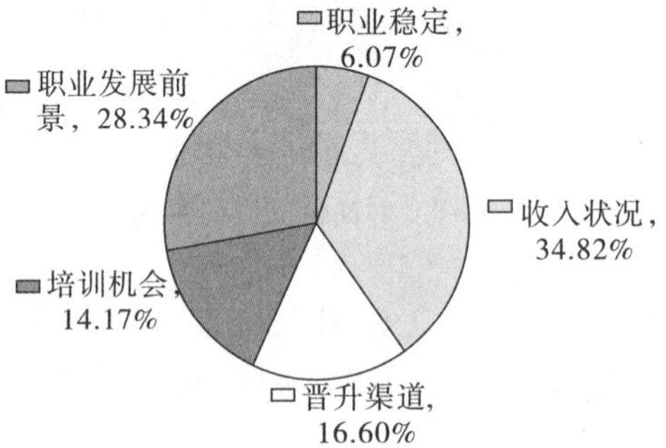

图3-11　就自身而言最关心的问题

2. 工商银行大部分青年员工认为自己工作积极性发挥一般。统计结果显示(见图3-12),工商银行青年员工的工作积极性发挥情况良好,37.6%的青年员工认为自己工作积极性发挥充分,55.64%的青年员工认为自己工作积极性发挥一般,仅6.77%的青年员工认为自己积极性发挥不充分。

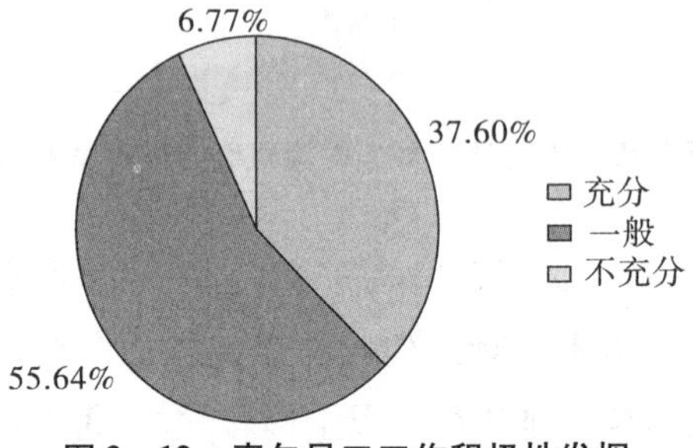

图3-12　青年员工工作积极性发挥

相当部分青年员工的积极性没有得到有效发挥。调查还看到,青年民主参与的积极性很高,但是实际参与决策的机会普遍较少,而且渠道不够畅通。

工商银行青年员工认为影响自身工作积极性发挥的原因分析:原因一,领导支持;原因二,业绩考核;原因三,收入分配;原因四,工作自主性;原因五,同事关系;原因六,职位的稳定性(见图3-13)。

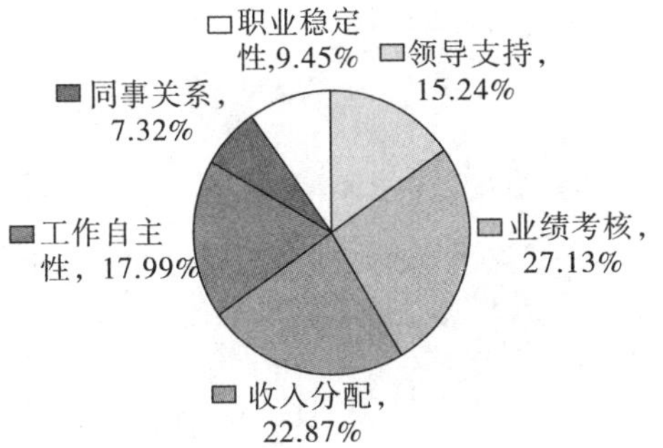

图 3－13　影响青年员工工作积极性发挥的原因

从调查的结果来看,工商银行青年员工认为影响自己积极性发挥的主要原因是业绩考核,收入分配以及工作自主性。

3. 工商银行青年员工职业发展目标与行动计划较明确。从统计结果来看(见图 3－14),工商银行绝大部分员工有较为明确的职业发展规划,占比为 49.98%,也有一部分员工没有行动计划,占比为 37.5%,还有少部分人完全没有目标,占比为 12.5%。

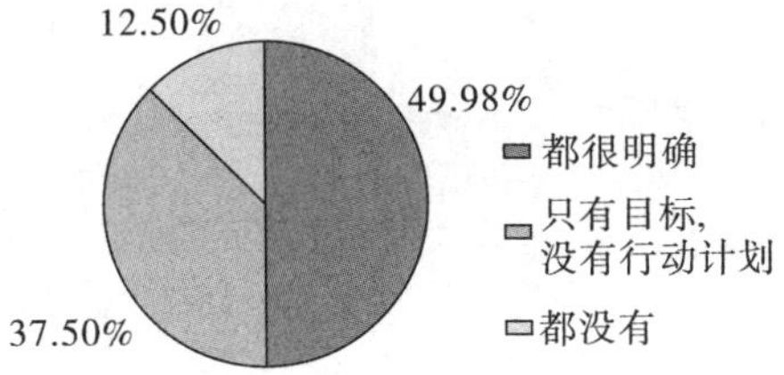

图 3－14　明确的职业发展目标与行动计划

工商银行很多青年员工仍有部分处于职业探索期。无论是当前职业与未来发展方向的匹配,还是在制定详细的分阶段职业发展计划上,均有待提高。这种现象在当前社会非常普遍,尤其是青年员工正处于职业的探索期,他们对自己的潜力认识不足,对自己真正的需求不清,在这一时期内容易出现追随社会热点、先就业再择业的现象。后者表明大部分员工并没有为自己的职业生涯仔细地规划过,缺乏明确的职业目标。

4. 工商银行青年员工工作压力较大。从统计结果来看(见图 3－15),当年工商银行青年员工认为自己的工作压力还是比较大的。认为压力比较大的占比为 51.13%,同时 33.08% 的人认为压力很多大。只有 2.25% 的人认为没有压力。

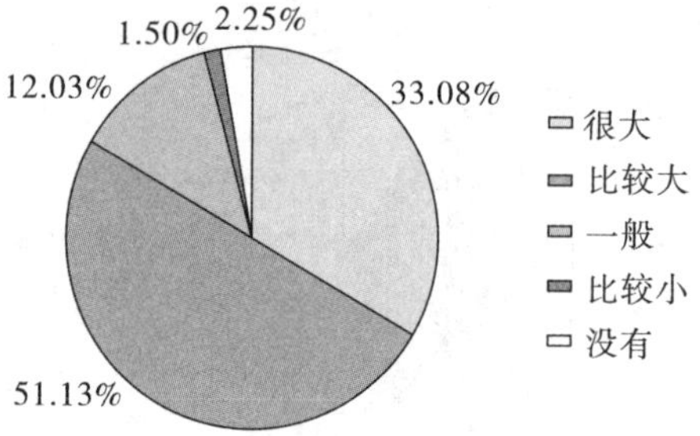

图3-15　工商银行青年员工认为当前的工作压力

对工作压力的来源分析:来源一,业绩指标的考核压力;来源二,风险控制的管理压力;来源三,同业竞争和业务拓展的市场营销压力;来源四,员工队伍管理的压力;来源五,单位(机构、部门)的生存压力;来源六,人际关系的协调压力(见图3-16)。

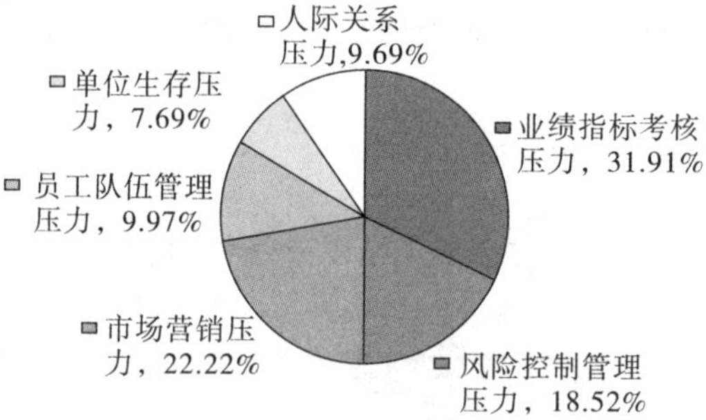

图3-16　工商银行青年员工认为工作压力主要来源

从图表来源看,当前工商银行青年员工面临着很大的业绩指标的考核压力和较大的风险控制压力。职业发展通过访谈也了解到前景是青年员工的主要压力源之一。数据显示,有近50%的员工认为工作压力主要来源于职业前景不明朗,而职业前景上的不明朗与员工职业规划不到位有紧密的联系。因此,从这个意义上说,职业规划是个人发展的起点,是每位青年员工都不能忽视的工作。

对工作压力过大造成的影响分析:影响一,对工作缺乏兴趣;影响二,工作效率降低;影响三,同事关系不够和谐;影响四,工作失误增多;影响五,身心健康状况不佳(见图3-17)。

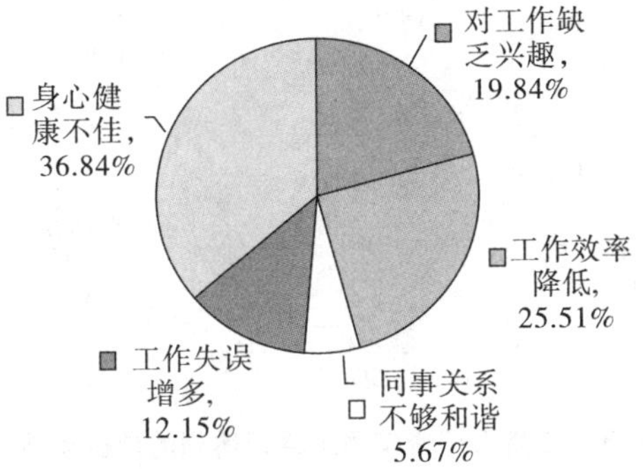

图 3－17　青年员工认为压力对自身造成的影响

从统计数据来看,大部分青年员工认为工作压力导致自己工作效率比较低,同时身心健康状况不佳。

调查访谈来看,很多员工感觉精神高度紧张,生怕业务范差错。另外在做好柜面服务之外,还要挤出时间和精力去应付各种检查。另外业绩考核压力较大。在目前市场竞争十分激烈,考核指标不断增加的情况下,部分临柜员工由于自己认为现行的考核制度存在“不够科学”和“缺乏公正”等问题,使得员工的积极性和主动性没有得到充分发挥。

5. 青年员工希望得到我行的支持和培养。调查数据显示,40.71%的青年员工在成长过程中经常得到单位的支持和培养,42.48%的青年员工在成长过程中偶尔得到单位的支持和培养,仅13.27%的青年员工在成长过程中得到单位的支持和培养,3.54%的青年员工在成长过程中从未得到单位的支持和培养。

工商银行青年员工希望在哪些方面得到单位支持和培养的分析:(1)领导经常谈话,鼓励和支持您做好工作;(2)能够帮助您解决成长和工作中遇到的困难;(3)提供学习进修和参加培训的机会;(4)提供实践与锻炼的机会,经常把重要的任务交给您;(5)提供职务或职称晋升平等、公正的竞争机会(见图3－18)。

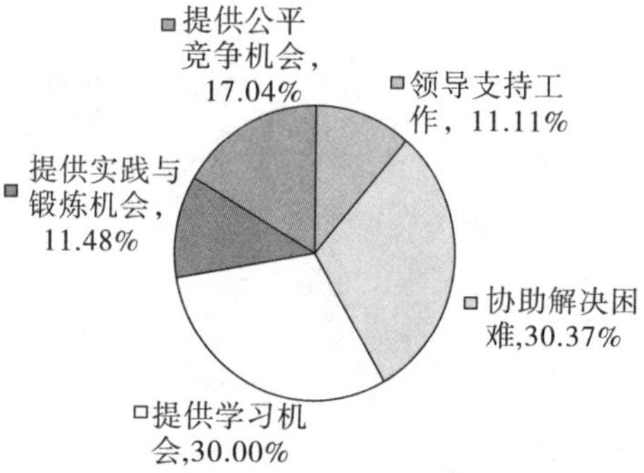

图 3-18　工商银行青年员工希望得到的单位支持和培养

从统计结果来看,大部分青年员工希望单位其解决诚征和工作中遇到的困难,另外提供进修和参加培训的机会,其次希望能有一个晋升平等、公正的竞争机会。

对青年员工为提高业务能力最希望参加哪方面培训内容的分析:(1),管理能力培训;(2),操作流程与制度规范培训;(3),岗位资格培训;(4),新产品新业务培训;(5),营销与服务技能培训;(6),心理健康培训;(7),职业发展培训(见图 3-19)。

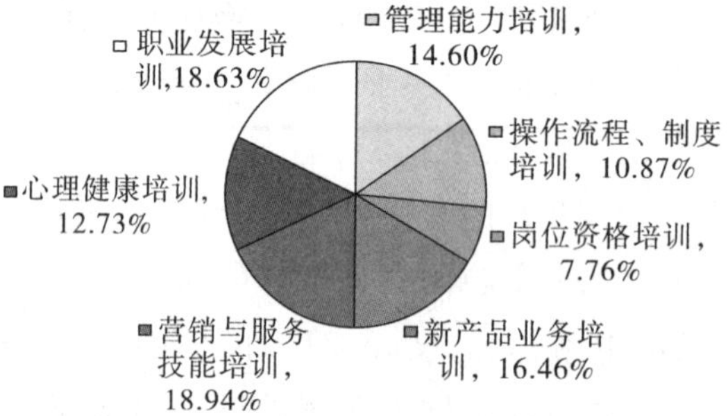

图 3-19　工商银行青年员工希望参加的培训

从统计数据来看,目前青年员工最愿意得到营销与服务技能的培训和职业发展培训。

对于“80 后、90 后”青年员工来讲,他们的职业生涯才开始。他们不满足于自身本职的工作,更希望单位能够从关心员工的成长和发展的角度出发,进一步加大培训力度,努力跟上新知识、新业务的发展步伐,为提升员工综合素质和岗位竞争能力创造条件。大部分员工希望自己能参加上级行组织的系统性专业知识与技能培训,以便进一步拓宽视野,提升工作能力,拓展发展空间。

（三）青年员工的发展诉求

1. 工商银行青年员工希望有较高的薪酬，工作富有创造性。我们设计了8种能使员工干劲十足的最有效的激励方式：(1)，奖金福利很高时；(2)，领导非常关心时；(3)，同事高度评价时；(4)，自己能做主时；(5)，干好干坏差别很大时；(6)，工作富有创造性时；(7)，干不好会被解聘时；(8)，很有可能提拔重用时（见图3-20）。

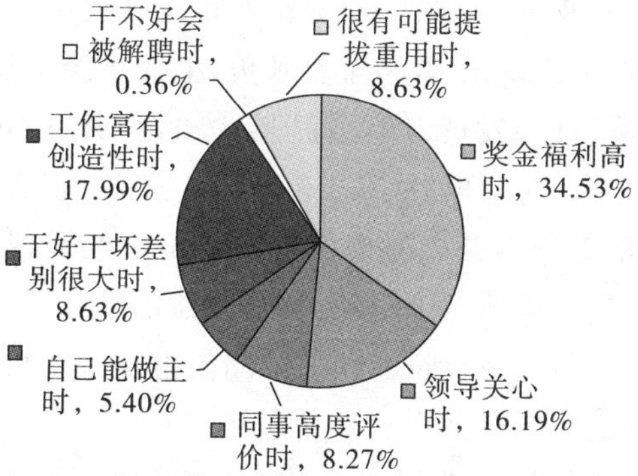

图3-20 工商银行青年员工认为最有效的激励方式

从统计数据来看，当员工认为奖金福利很高以及领导关心的时候，还有工作富有创造性的时候，自己会工作干劲十足。

2. 工商银行青年员工希望公平竞争和学习进修。调查中，我们给出了最理想的部门环境的5个不同方面：(1)平等公正的竞争机会；(2)上级领导的器重；(3)单位提供学习进修的机会；(4)较多的信息渠道；(5)和谐的人际关系。工商银行青年员工就个人的发展而言，除自身努力外，认为最理想部门环境的调查结果如图3-21所示。

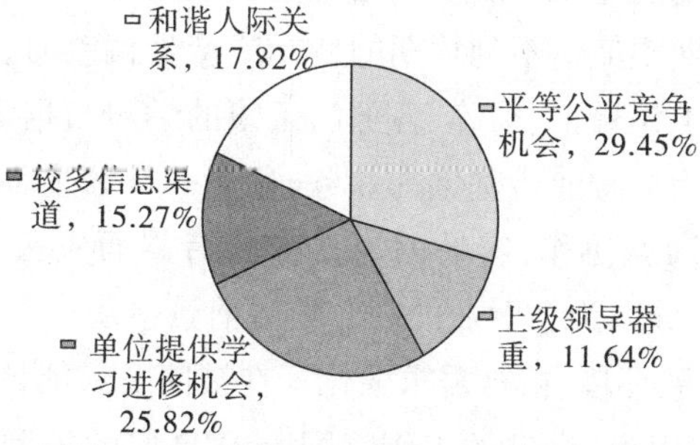

图3-21 青年员工最理想的部门环境

以上调查结果显示,工商银行青年员工认为,就个人发展而言,除自身努力外,最理想的部门环境是平等、公正的竞争机会和单位提供学习进修的机会。在被调查者中,有29.45%的人认为平等、公正的竞争机会是最理想的部门环境之一,有25.82%的人认为单位提供学习进修的机会是最理想的部门环境之一。

(四)工商银行青年员工思想现状及特征

1. 关注工商银行发展,集体意识较弱。调查显示,工商银行员工对于切身利益较为关注,如机构改革、人事改革、分配制度改革等都是员工密切关注的焦点。基层青年员工对政治理论、经济金融政策、上级行经营理念的关注不够,说明员工关心宏观政策、社会发展、经营管理趋势的意识还不强。部分青年员工对发展前景持迷茫心态,对时事、世事少闻少问,对现实状态无所适从。青年员工中一部分人在日常工作中首先考虑的是自我价值的实现。在过分强调个人价值实现的同时,淡化了集体意识,不愿参加公益活动,比较浮躁。有些人急于在工作中有一番作为,然而没有长期在平凡岗位上实干的精神,出升级心切,难于静下心来,认真的面对本职工作。

2. 渴望实现自我价值,职业规划不明晰。青年员工思维活跃,用于创新,喜欢接受新事物。在不同工作任务的压力下,广大青年员工看到了自身知识上的差距,提高业务水平的重要性和紧迫性。从金融青年职工的综合情况来看,其学历层次普遍较高,不少职工拥有海外学习的背景,在工作能较快适应岗位需要,达到甚至超出金融的实际需要,而同时这些人员中大多数艰苦奋斗的观念淡薄,其爱岗敬业、吃苦奉献的责任感不强。近年来,随着机构撤并、竞聘上岗、人员分流等改革的深化,很多青年员工思想观念有很大程度的转变,更加珍惜岗位,努力工作。调查表明,大多数青年员工对自己的岗位基本表示满意。

“80后、90后”青年员工通常对自身的期望值较高,渴望工商银行为其搭建一个既能发挥自己的特长和兴趣,又能通过实践合理定位自己职业规划的平台。但当理想中的期望值达不到预期的目标或产生偏差时,失望或不满的情绪便会滋生。金融业工作繁忙、琐碎,各部门条线的学习与培训繁多,青年员工初入职场所接触的均为金融业最基础的业务,日复一日繁重、琐碎的工作之时,要兼顾与其他员工的沟通协作,容易因为工作的劳累而失去职业发展规划的理想,被繁琐的工作误导以为金融业的职业发展前景迷茫。

3. 关注生存发展环境、精神需求弱化。在被问及最能调动自己工作积极性的因素时,很多员工提出“和谐的工作氛围”和“良好的福利待遇及个人发展空间”。这充分表明,绝大多数员工对生存发展环境的关注度在上升。但是调查发现,少数员工在对企业内部环境关注度和追求度日益提高的同时,对精神激励的需求不如以往强烈,正在逐步淡漠,部分员工的价值观念与工商银行的改革发展相悖,主要表现在“两化”:一是政治需求弱化。部分员工未把自己的理想目标融入到工商银行的发展中来,缺乏奉献精神和长远眼光。二是物质要求强化。当前青年员工生活方式更偏向物质化,对工商银行高速发展后收入却未见“与时俱进”产生不理解情绪。

三、工商银行青年员工思想政治工作存在的问题及其面临的挑战

青年员工各方面政治思想的产生是工商银行机制、管理、环境等内外、主次因素在一定程度上的矛盾聚集和加剧、管理冲突的集中表现,其原因是多方面、深层次的,既有个人性格特征、价值观念、社会阅历等内源性,又有社会环境、企业文化、管理体制等外生性,主要原因集中在以下几个方面:

(一)思想政治工作缺乏新的载体和有效手段

虽然部分管理者风险防范意识和自我保护意识明显加强,但是思想政治工作的概念正在逐渐淡化,思想政治工作在业务发展过程中能起到的作用越来越小。一些人认为思想政治工作说起来重要,做起来次要,忙起来不要,主要表现在以下两个方面:

一是任务观念和处罚代替思想政治工作。有的支行以业绩评价员工德和能现象,存在着重业务指标考核、轻思想引发诱导;重物质利益趋动、轻榜样带动作用;重传统正面灌输、轻真情互动交流的偏向。

二是缺少正确引导员工思想的有力措施。面对当前员工思想浮躁、士气低落等复杂情况,一线支行就如何提高员工士气、树立克服困难的必胜信心等问题上,缺少有力的引导措施和方法。

(二)竞争压力加剧,青年人才同业流动速度加快

由于市场竞争日趋激烈,股份制改革日益迫切,其不但给基层行带来了严峻考验,同时也给员工带来了压力和挑战。竞争给员工带来的工作压力加大、福利待遇的下降、生活保障的不稳定等危机感、忧患意识,使员工思想出现了较大的触动和变化,一方面员工要考虑身心健康等应对挑战问题的同时,另一方面还要考虑“饭碗”保障等不稳定因素问题。

(三)沟通渠道不畅,工作现状与发展愿景存在差异

一直以来,工商银行上下沟通、同级沟通、信息共享、行务公开层级较多,信息渠道的不对称,上下沟通的不畅通,交流沟通平台的不搭建,使员工无法了解工商银行政策和领导意图,由于缺乏宣传阵地、沟通平台、诉求渠道,使员工呼声无法表达,情感无法释放,权益无法维护。在面对企业陷入思想危机、员工思想大面积疲惫时,有些员工就缺乏应对架构,束手无策。

青年员工普遍期望能够在较短时间内得到组织认可进而得到职务晋升,实际情况与心理期望值反差较大,对职业生涯的漫长性缺乏充分认识,进而一些青年员工出现自感前途迷茫的认识。当前面对激烈的市场竞争,部分青年员工尤其是一线营销和柜面服务部门的青年员工,工作任务重,管理要求高,面临较大的工作压力,在一定程度上超出了这些青年员工对银行工作的美好期望,对于爱好广泛、思维活跃的青年员工来说,他们中的一部分人就显得难以适应。在当前就业压力增大的背景下,能够成为一名银行员工都有一种自豪感和成就感,因而部分青年员工安于现状,缺乏进取心。

四、对策建议

(一)做好青年思想政治工作的原则和宗旨

1. 坚持以人为本。“以人为本”是现代企业文化的精髓。第一,要尊重每个青年员工的价值,肯定其在全行改革发展中的作用。第二,要经常深入基层,主动倾听广大员工的呼声,重视对优秀人才的培养和使用。第三,抓住人力资源提升项目,对本行各类专业人才目前所从事的工作和岗位进行一次摸底和评估,本着自愿、双向和有利于发挥特长的原则,把合适的人才及时调整到合适的岗位上,真正做到人尽其才。第四,让员工成为企业文化建设的主体,多渠道为员工创造施展才华的舞台,强化其工作成就感,用企业文化所产生的强烈归属感和精神信念来激发员工的积极性、创造性和主动性,进而形成推进改革与发展的合力和动力。

2. 坚持与时俱进。随着金融体制改革的不断深化和同业竞争的日益加剧,工商银行的思想政治工作正面临许多新的问题和挑战。我们不仅要及时转变观念,与时俱进,更应在创新上下功夫,突出思想政治工作的实效性,大胆探索,勇于实践,充分发挥思想政治工作在推进工商银行改革发展中的促进和保障作用。在新的形势下,要以身作则,通过日常的“小事”去引导员工潜移默化地形

成正确的人生观、价值观和道德观，树立责任意识、大局意识和团队意识。

3. 坚持“三个结合”。一是解决实际问题与解决思想问题相结合。不断加强和改进思想政治工作，必须要倾听员工的呼声，关注员工的情绪。针对员工普遍关心的难点问题和焦点问题，认真做好沟通说服工作，尽最大诚意争取员工的理解和支持。开展思想政治工作的目的就在于释疑解惑、平衡心理、理顺情绪，更好地服务于全行的改革发展大局，发挥思想政治工作暖人心、得人心、聚人心、稳人心的重要作用。

二是思想政治工作与业务经营工作相结合。员工的思想波动，情绪起伏，大多与服务工作和业务发展密切相关。因此，思想政治工作必须有的放矢，同步渗透到业务、管理、服务以及激励和分配等各个环节，紧紧围绕业务发展和客户服务去做。要坚决克服在部分领导干部中存在的重业务发展、轻思想政治工作的问题，认真落实领导干部一岗两责制度，充分发挥党支部的细胞作用，坚持把做好人的工作放在突出位置，做到与业务工作齐抓共管，真正做到两手抓，两手硬。

三是思想政治工作与企业文化建设相结合。企业文化建设则可以把这两者有机地结合起来。因为思想政治工作、业务经营和企业文化建设三者有一个共同的特点，即都离不开人。思想政治工作以人为教育对象，业务经营以人为管理重点，企业文化以人为中心。

（二）做好青年思想政治工作的方法和措施

1. 构建多维的“综合激励体系”。思想政治工作作为精神范畴的工作手段，始终离不开物质激励的共同作用。商业银行的薪酬政策必须构建多维度的综合激励机制，确立自身差异化、人性化的薪酬竞争优势。在员工的绩效考核上，坚持条线负责、统一协调、突出重点、注重贡献的原则，不断优化、完善综合绩效考核、专项考核和劳动竞赛协调互补的“三位一体”考核体系，有效激发员工的潜能。在行政职级通道之外，可以细分职位体系，提升职位晋升频度、细化专业职位序列，尤其要更加重视规范员工技术职务的地位和待遇，有了成长空间，就能有效提高青年员工特别是业务骨干的忠诚度。

除薪酬激励之外的激励机制。可分为三个部分：一是目标激励，确定适当的目标，诱发员工的动机和行为，调动员工的积极性。二是荣誉激励，从人的动机来看，人人都具有自我肯定、争取荣誉的需要。对于一些工作表现比较突出、具有代表性的先进员工，荣誉奖励是非常有效的精神激励方法。三是晋升激励。提升激励是对表现好、素质高的员工的一种肯定，应将其纳入“能上能下”的动态管理制度中。

2. 提供更多的“创新空间”。创新是企业发展的灵魂,金融行业在经济社会飞速发展变化的过程中,更是离不开创新。以政策为导向推出新产品,以客户为中心提供新服务,以市场为依托采纳新营销。当前我行面临着互联网的冲击与挑战,这为青年员工发挥聪明才智、开展金融创新,提供了广阔平台。

当前的重点是通过创新实现“两个领先”:要拓展产品创意、创新空间,体现产品与服务领先。可以青年员工创新为抓手,开展“青年员工财务顾问方案设计大赛”,为客户提供涵盖各个金融领域的财务顾问方案,以客户需求为中心提供综合化服务。要拓展流程银行创新空间,体现运转效率领先。产品与服务的创新还需要流程银行的高效率运转进行支撑,在管理条线梳理银行业务管理流程,高效率地支撑产品服务创新。

3. 开展切实有效的员工继续教育培训活动。多鼓励和支持青年员工全面提升自我综合能力,不断加强文化知识水平、与人沟通技巧、组织协调能力。

首先,在进行基本业务技能培训时,让在岗青年员工务必参与到业务技能培训中来,让培训方式丰富多样,增强互动环节,让培训内容深入浅出、鞭辟入里,更适合青年人的心理和习惯。其次,开展专题培训。银行将合适的青年员工与金融业本机构短缺人才类岗位配对,进行专门的教育和培训,让青年员工在进入金融业机构初期就有明确的努力方向和前进路径,并鼓励其以此为目标而努力,只有每位进入金融业岗位的青年员工都以饱满的工作激情和热情来对待每日繁重的工作压力,金融业才能得到长足的发展。

(三)结语

我国金融改革与经济结构调整步伐的加剧诱发了银行业员工各类思想波动。新时期复杂的市场经济矛盾和多元的社会意识形态,使得银行员工的思想观念与价值观念也在持续变化。对于银行工作而言,青年职工的思想教育工作对银行的长远发展具有积极意义。本文以工商银行“80后、90后”队伍发展现状为基础,从企业文化融入、企业文化传承着手,全方位、多角度地了解当前青年员工思想动态与诉求,从影响员工工作满意度的各因素出发,根据其影响程度的不同,制定规划,采取措施,加强银行的人力资源管理工作,提高青年员工的工作满意度和忠诚度,加强青年员工潜能的开发,切实提高员工的激励效果,结合当前金融市场竞争激烈的格局,提出了工商银行在新时期新发展的指导思想。我国银行从业人员思想政治教育是一个重大而深远的课题,对于金融业来说,如何进一步做好从业人员思想政治教育工作压力更大,任重而道远,值得深入研究。

金融企业一线科技员工人文工作环境和心理需求的调查研究

——中国工商银行软件开发中心杭州研发部员工职业压力评估与EAP路径探索

中国工商银行股份有限公司软件开发中心杭州行政部*

随着全球经济的高速发展,企业间竞争日趋激烈,生产任务越来越艰巨,工作标准越来越高,工作节奏越来越快,员工职业压力也与日俱增。这些压力如不能得到有效疏导,很容易导致消极、焦虑、挫折、抵触、倦怠和抑郁等不良情绪,危害员工的身心健康,影响企业的整体绩效和长远发展。

员工援助计划(EAP)是组织向员工提供的一套系统的、长期的支持项目,经过国内外众多大型企业的多年实践,被证明是疏导员工工作压力的有效方法。该计划通过专业心理团队的评估、培训、指导和咨询,向全体员工普及心理学基础知识,帮助解决员工的各种心理和行为问题,提高员工的工作绩效,建立和谐的劳动关系。

作为国有控股大型金融机构,近年来中国工商银行业务发展迅速,机构遍布全球,形成了以商业银行为主体,综合化、国际化、信息化的经营格局。作为信息化建设的核心力量,工商银行软件开发中心承担着"科技兴行"的重大任务,一线员工工作负荷较为繁重,职业压力较大,本次调研项目以软件开发中心杭州研发部为试点,探索员工职业压力评估与员工援助计划的实施路径。

一、杭州研发部EAP项目背景与前期调研

(一)项目背景

中国工商银行股份有限公司软件开发中心成立于1996年6月,隶属于中

* 调研组成员:李旭东、章倩;本文获2014年全国金融系统思想政治工作和企业文化建设调研成果一等奖。

国工商银行总行,是集软件开发、技术研究、技术培训、软件产品应用支持等任务于一体的高新技术产业基地,担负着全面提高工商银行电子信息化应用水平重任。软件开发中心在珠海、广州、上海、北京、杭州分设5个办公基地。其中杭州研发部前身为浙江省分行信息科技部,2001年7月正式成立,2006年纳入软件开发中心,下设7个部门(4个开发部门、1个测试部门、2个职能部门),现有员工650余人,主要承担资产管理、金融市场、中间业务、非银行金融等业务线系统研发工作,获得多项国家级企业管理创新成果、人民银行科技发展奖、工商银行总行创新开发奖。

随着工商银行科技事业的高速发展,研发团队所承担的项目日益繁重,员工压力与日俱增,近年来,杭州研发部的员工队伍体现出以下3个特点。

1. 学历高、年龄低、成熟度不足

杭州研发部全体员工都具备本科及以上学历,其中38.34%具备硕士研究生及以上学历。员工平均年龄为26.5岁,平均行龄3.9年。管理类岗位占3.2%,专业类岗位占96.8%,绝大多数的员工职级在经理(二级)及以下(如图4-1至图4-4所示,取2012年5月数据)。员工队伍呈现出“学历高、年龄低、成熟度不足”的特点。

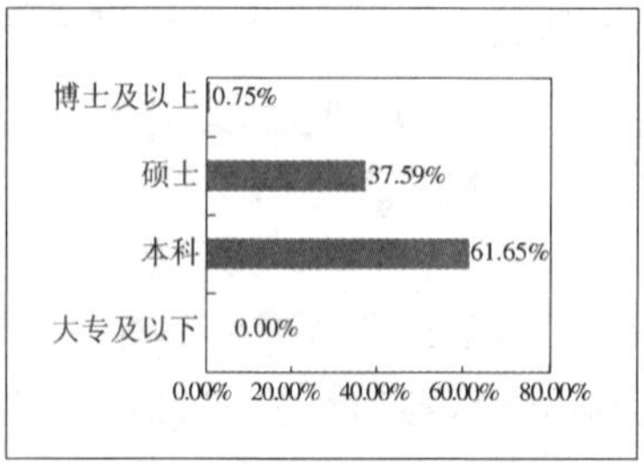

图4-1　员工文化程度分布图

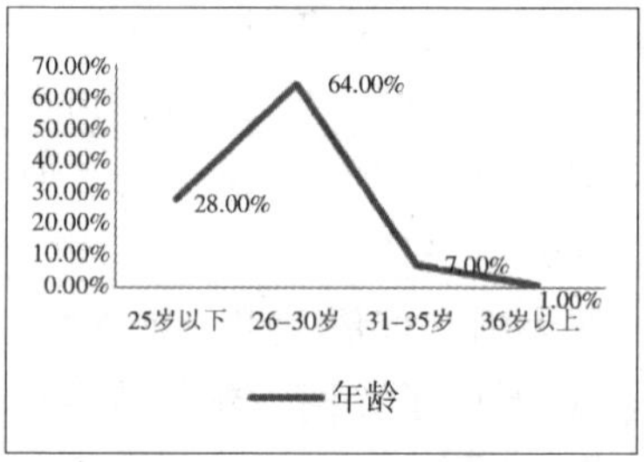

图4-2　员工年龄分布图

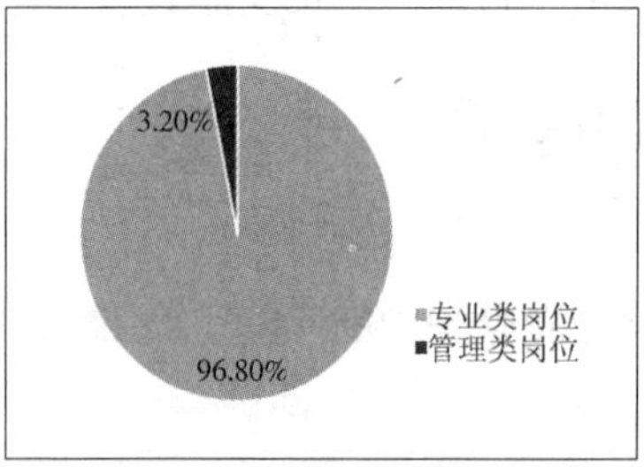

图4-3　员工岗位类型分布图

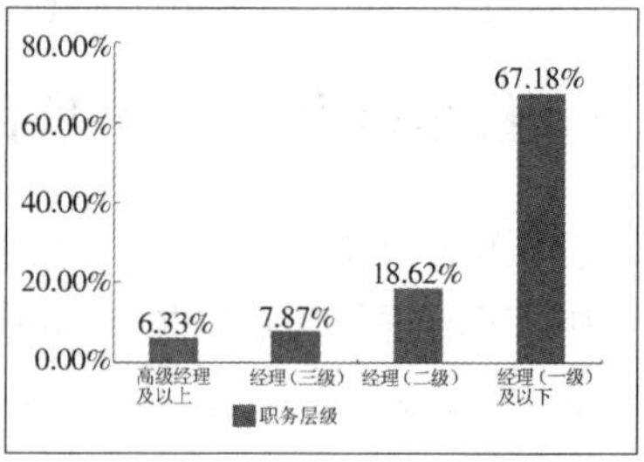

图4-4　员工职务层级分布图

2. 员工加班时间多、工作压力大

考勤系统数据显示，2010 年杭州研发部员工人均每月加班 34.91 小时，2011 年人均每月加班 29.67 小时。从月度趋势来看，除每年 2 月份（春节期间）稍低外，其余月份的员工人均加班时间都处在较高水平（见图 4 –5）。

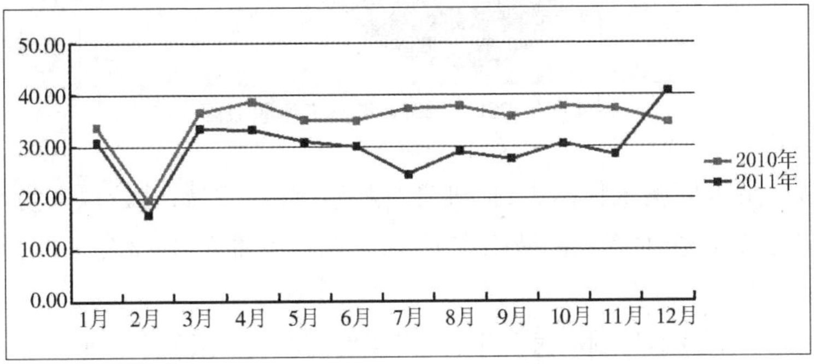

图 4 –5　2010 ~2011 年员工人均月加班曲线图（单位：小时）

3. 离职人数逐年递增

随着工作压力的增大，离职人数不断上升。自 2007 年以来，离职人数逐年递增，并在 2011 年达到高峰（见图 4 –6）。

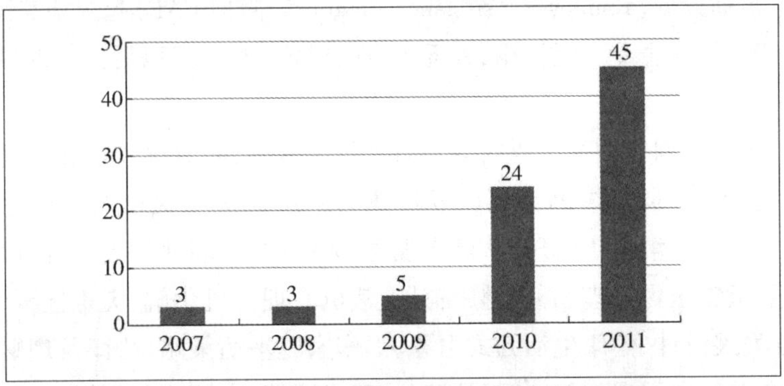

图 4 –6　2007 ~2011 年员工离职人数曲线图（单位：人）

分析历年离职人员的离职原因，49% 的离职人员提到“家庭原因”，23% 的人员提到“工作压力和强度较大”，8% 的人员提到“职业发展不明朗”，6% 的人员提到“薪酬不满意”，另有 14% 选择“其他原因”。说明近 1/3 的员工因为工作压力和职业发展离职（见图 4 –7）。

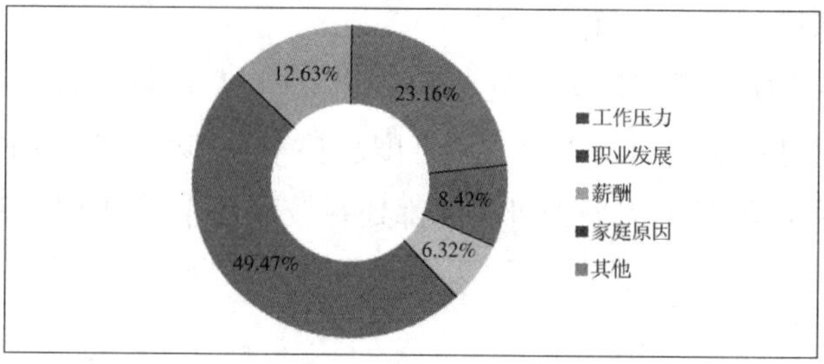

图4－7　2007～2011年员工离职原因

为帮助员工舒缓工作压力,促进身心和谐、健康发展,营造以人为本、全员关爱的文化氛围,全面提升团队工作绩效,杭州研发部于2012年6月份启动了员工援助计划。

在实施员工援助计划的过程中,杭州研发部结合工作实际,通过全面调研、评估员工压力状况,组织全员培训普及心理健康和压力疏导知识,多措并举探索员工援助计划体系:一是实施员工心理健康援助;二是实施员工身体健康援助;三是实施员工生活困难援助;四是实施员工职业发展援助。

(二)员工援助计划及基本内涵

员工援助计划(Employee Asisstance Programs,简称EAP)起源于美国,20世纪60年代开始被企业广泛采用,并逐步走向成熟,80年代以后在全世界范围迅速推广。

员工援助计划最初的主要内容是防止员工酗酒,而后逐步拓展到提供心理咨询服务。如今,员工援助计划已发展成为组织对员工提供的一种综合性服务,旨在帮助员工解决工作压力、健康观念、人际关系、职业发展等各方面问题,具体包括:员工压力管理、心理健康辅导、裁员心理危机化解、灾难性事件处置、职业生涯发展设计、健康生活方式引导、工作家庭平衡策略、法律及理财问题指导,甚至包括饮食习惯纠偏、减肥帮助、戒毒戒酒等,全面改善组织氛围,解决员工的各种心理和行为问题,提高员工工作绩效。

众多研究和实践证明,员工援助计划对企业提高劳动生产率以及形成健康积极的企业文化有着显著的作用,已被世界各大知名企业所广泛接受,成为现代企业人力资源管理的重要手段。据统计,80%以上的世界500强企业都建立了员工援助计划服务体系,而美国本土近1/4企业的员工享受到了员工援助服务。

在我国,由于文化适应等原因,员工援助计划起步较晚,许多员工援助策略还需要不断地改良以适应中国国情。起初是外资企业在中国的分支机构率先实施，随后有几家大型国企尝试引进，近年来也有一些金融机构实施了员工援助计划，做出了积极的探索，并取得了一定的成效。

（三）项目前期调研

2012 年 6 月份启动员工援助计划之后，杭州研发部联合国家 EAP 课程发展中心浙江大学项目组，在员工群体中开展了全面调研，旨在评估员工心理健康、情绪压力、职业发展等问题，制定有针对性的员工援助方案。

本次调研在 7 个部门共发放问卷 422 份，回收有效问卷 416 份，有效回收率 98.6%。问卷包含员工状态评估、工作压力评估、团队氛围评估、培训需求评估共 4 大项 12 个小项。

1. 员工状态评估：

(1) 员工心理状态评估。通过心理状态问卷评估员工心理情况，包括“我会因工作负担过重而感到情绪低落”等 12 个问题，数据显示 34% 的员工在长期工作压力下产生了不同程度的消极心理（见图 4－8）。

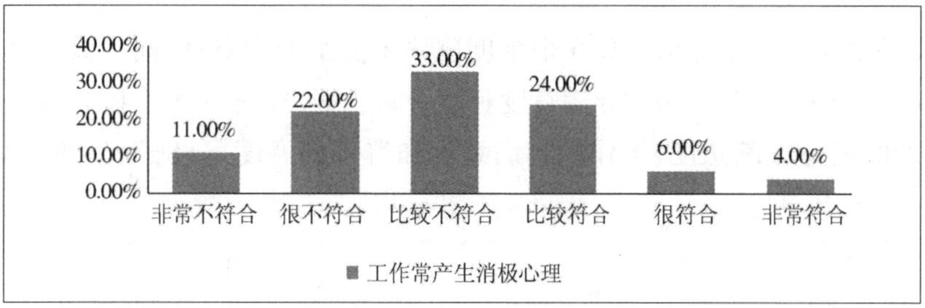

图 4－8　员工心理状态评估结果

(2) 员工生理状态评估。通过生理状态问卷评估员工健康情况，包括“感到异常疲劳或体力透支”等 6 个问题，数据显示 45% 的员工容易因工作压力产生身体的不良反应，尤其其中 18% 的员工经常出现不适情况，说明压力已经一定程度地影响了员工健康（见图 4－9）。

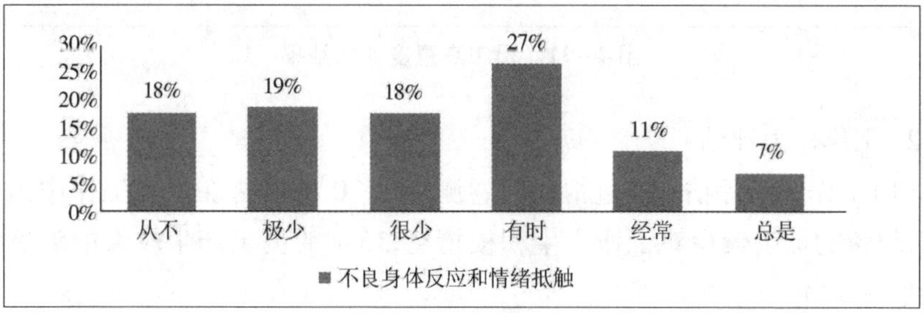

图 4－9　员工生理状态评估结果

(3)员工心理资本评估。心理资本是个体在成长和发展中表现出来的一种积极心理状态,主要包含4个维度:自我效能、乐观、希望、韧性,它与个体的抗压能力、工作满意度、工作绩效、组织承诺都有显著的正相关关系。数据显示,82%的员工自我效能较好,75%的员工自我期望值较高,77%的员工韧性较强,69%的员工比较乐观。但仍有30%左右的员工心理资本较低(见图4-10)。

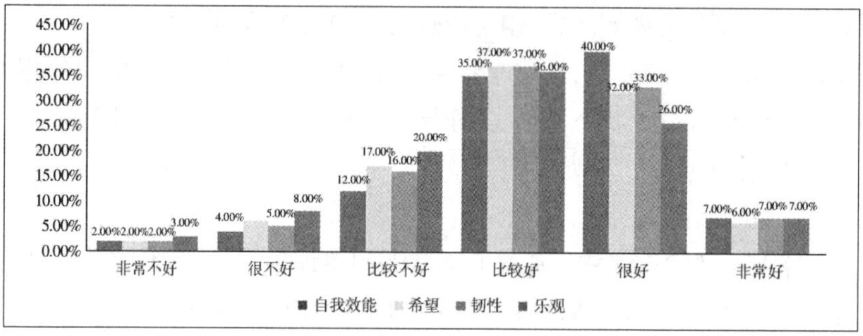

图4-10 员工心理资本评估结果

(4)员工满意度评估。分6个维度测评了员工的满意度,同事满意度数值最高,达到83%。其次是领导满意度和酬劳满意度,分别为79%和71%。满意度最低的是单位满意度、工作内容满意度和晋升满意度,分别为64%、62%和58%(见图4-11)。

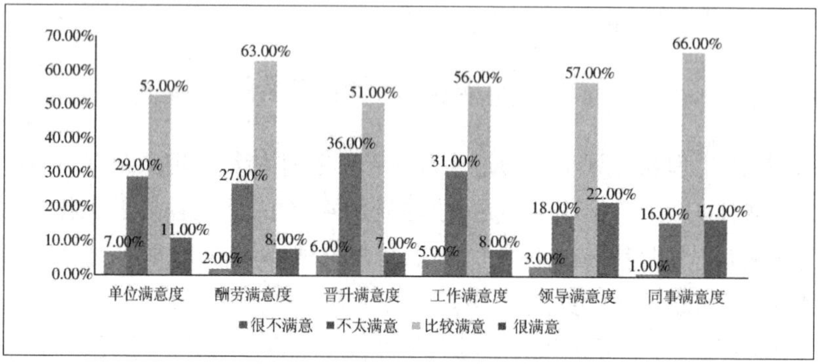

图4-11 员工满意度评估结果

2. 工作压力评估:

(1)工作情绪评估。通过情绪问卷测量了20种情绪在员工工作中出现的频率,32%的员工较少对工作产生积极情绪,15%的员工产生较大的消极情绪(见图4-12)。

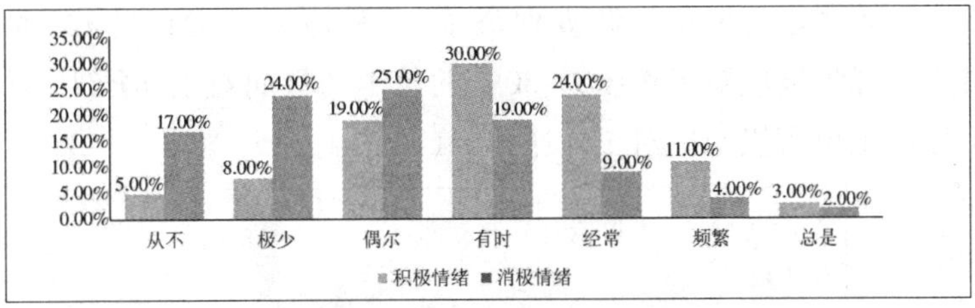

图 4－12　工作情绪评估结果

(2)工作状态评估。工作状态问卷包含 12 个问题,可归纳为“缺乏工作活力”、“质疑工作价值”、“相信工作能力”3 个维度。数据显示 44% 的员工缺乏工作活力,37% 的人质疑自己的工作价值,16% 的人对自己的工作能力表示怀疑(见图 4－13)。

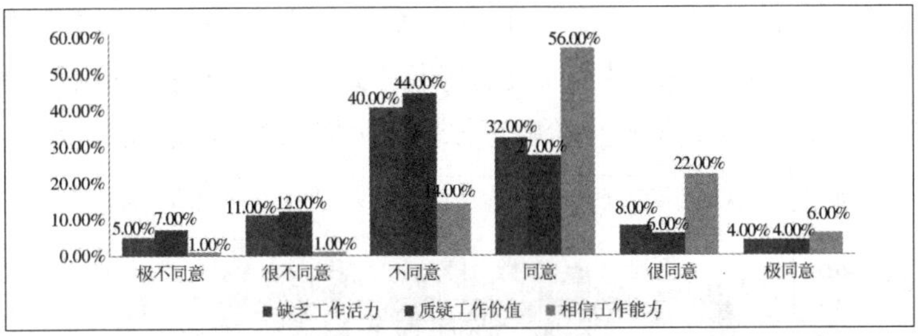

图 4－13　工作状态评估结果

(3)压力源评估。调查列举了 11 种工作压力源,涵盖大部分工作情境中可能导致压力的原因。大部分员工的压力源集中在工作压力和职业生涯方面:约 60% 的员工反应工作压力较大“工作任务量大”、“感受到时间紧迫”;约 40% 的员工对发展感到担忧“我的职业生涯好像停滞不前”(见图 4－14)。

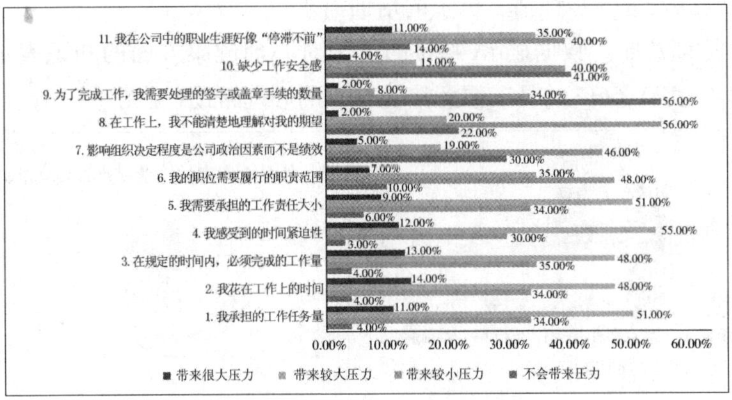

图 4－14　工作压力源评估结果

(4)压力应对方式评估。调查列举了 14 种应对压力的方式,数据显示,67% 的员工选择积极应对工作压力,30% 的员工消极面对工作压力。员工援助计划将引导员工更积极地应对工作压力。(见图 4 - 15)

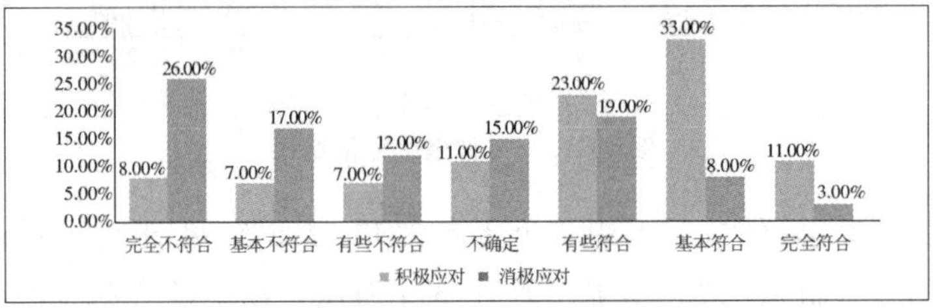

图 4 - 15 压力应对方式评估结果

3. 团队氛围评估。员工的团队信任和团队凝聚力整体较强,但仍有 12% 的员工感到有人际冲突,21% 的员工感到有任务冲突,35% 的员工心理安全感较弱。人际冲突主要源于部分一线科技人员的沟通方式和技巧有待改进,任务冲突主要源于工作负荷过大,不安全感主要源于未来职业发展的不确定性(见图 4 - 16)。

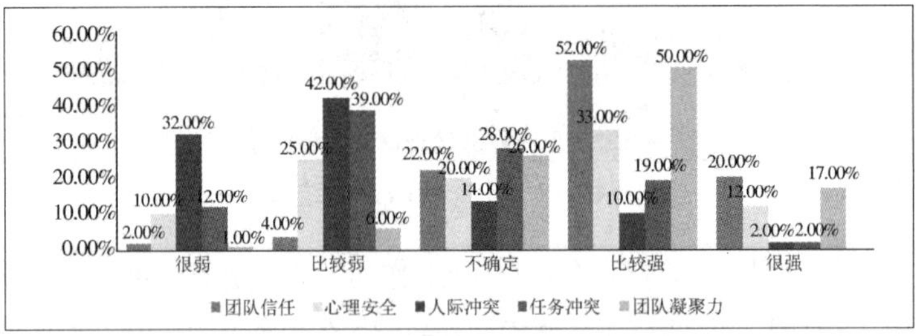

图 4 - 16 团队氛围评估结果

4. 培训需求评估。为使培训更有针对性,在评估完员工状态、工作压力、团队氛围情况后,进一步评估了员工的培训需求。

(1)培训意愿。数据显示,44% 的员工对心理健康方面的知识表示不太了解(见图 4 - 17),66% 的员工愿意接受专业的心理帮助(见图 4 - 18)。

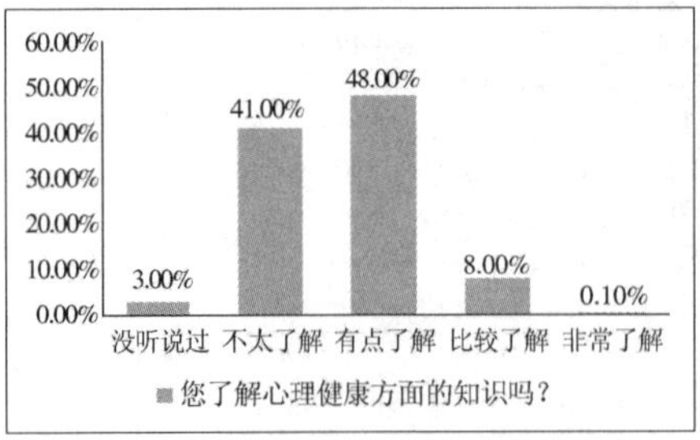

图 4 - 17 员工了解心理知识的情况

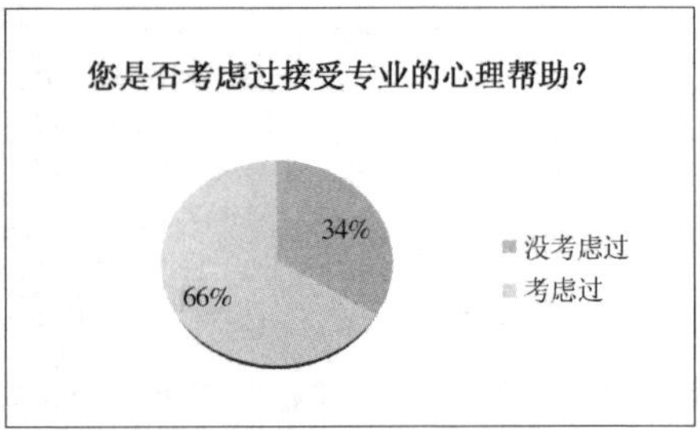

图 4 - 18 员工接受心理帮助的意愿

（2）培训内容。大部分员工希望员工援助计划能够提供沟通技巧、压力疏导能力、工作—家庭平衡等方面的培训（见图4－19）。

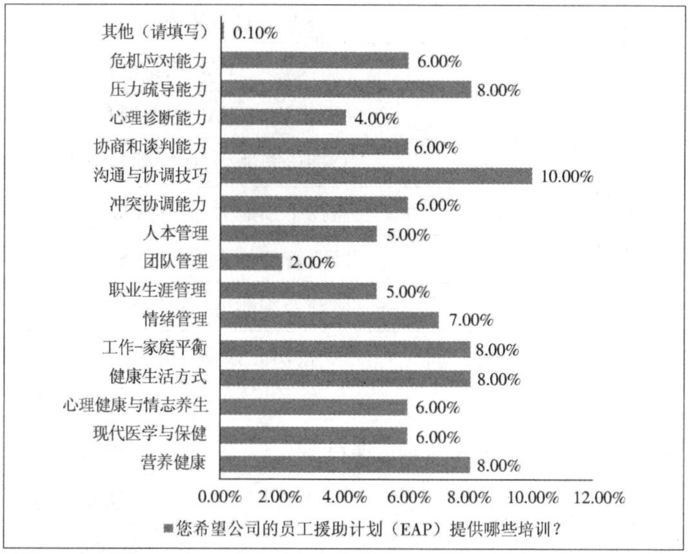

图4－19　员工希望提供的培训内容

（3）培训方式。关于培训方式，20%的员工倾向于户外拓展训练，19%的员工倾向于阅读书籍，17%的员工倾向于公开课。不难看出，年轻员工更乐于选择互动式的学习方式（见图4－20）。

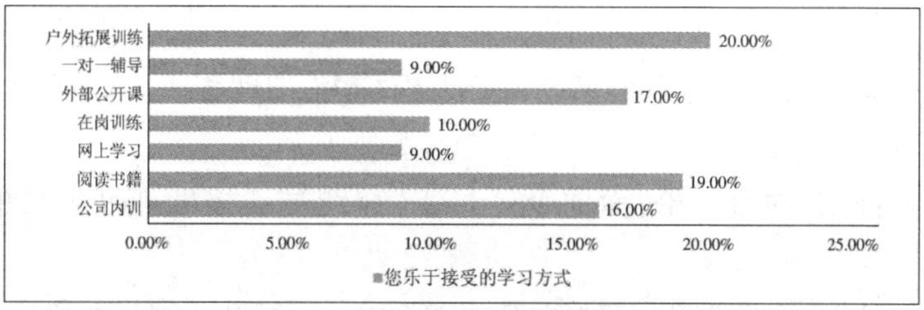

图4－20　员工乐于接受的培训方式

二、员工援助计划（EAP）项目实施过程

（一）开展员工援助计划全员培训

前期调研评估较为全面地展现了杭州研发部员工队伍的生理状态、心理资本、满意度、工作情绪、压力源与压力应对方式、团队氛围及培训需求。依据调研情况，2013年3～6月份，杭州研发部联合国家EAP课程发展中心浙江大学

项目组共同实施了员工援助计划(EAP)全员培训(见表4－1)。

表4－1　员工援助计划系列培训课程内容

培训对象	课程内容	
全体员工	模块一:EAP 项目总论	
中高层管理人员、人力资源、行政管理人员党群、工会人员	模块二:EAP 专业课程	
	心理诊断能力、职业辅导能力	
	监控干预能力、心理疏导能力	
	冲突管理能力、团队建设能力	
	协商谈判能力、危机应对能力	
全体员工	模块三:EAP 通用课程	
	心理调适课程	压力管理能力
		情绪管理能力
		心理危机应对
	个体发展课程	沟通协调能力
		冲突管理能力
		职业规划能力
	团队建设课程	团队心理建设
		社会心理调适
	活动	幸福沙龙活动

员工援助计划(EAP)系列培训由三大模块18项课程组成,共举办13期系列培训,合计67.5课时。

模块一:EAP项目总论,面向全体员工,介绍员工援助计划项目的概念和意义;

模块二:EAP专业课程,面向中高层管理人员、行政人员,讲授对员工进行日常心理辅导和危机干预的技巧;

模块三:EAP通用课程,面向全体员工,讲解心理健康和压力疏导的相关知识,帮助员工解决在工作、生活中遇到的实际问题,激发员工的正向心理能量。

EAP系列课程设计本着"密切联系实际"、"注重案例分析"和"职业能力定向"三大宗旨,根据实际需求选取形式多样、生动活泼的授课形式:公开课、专题讲座、案例探讨、团体游戏、心理辅导、沙龙活动等,深受员工欢迎。

图 4－21　项目启动会

图 4－22　公开课

图 4－23　专题讲座

图 4－24　案例探讨

图 4－25　团题游戏

图 4－26　心理辅导

(二)探索员工援助计划系统机制

员工援助计划是一个系统项目,在开展 EAP 全员培训的同时,杭州研发部结合工作实际多措并举、循序渐进,在以下几个方面积极探索,形成较为系统的员工援助计划体系。

1. 员工心理健康援助。一是开展人力资本测评,提高员工满意度,通过“工作基本要素”、“业绩价值”、“归属感”、“共同成长”4 个方面评估员工满意度,发现应用研发岗、入行时间短、硕士以上学历员工是满意度较低的重点群体,并提出针对性建议。二是开展心理健康宣传和培训,通过与国家 EAP 课程发展中心浙江大学项目组合作,开展员工压力管理、危机应对、情绪管理、团队协作、沟通能力、职业成长等系列课程培训,帮助员工提高心理资本,增强对心理问题的抵抗力。三是构建宽容和谐的管理环境,在工商银行企业文化框架之内,联合浙江大学管理学院开展《管理理论与实践》培训项目,针对中基层管理人员强化领导力、领导方法和管理心理学的培训,构建良性的内部组织环境。四是营造积极向上的团队文化,开展"我的产品我的团队"、党员学习、志愿者服务、团队拓展等正能量活动,评选表彰明星员工、十佳员工、优秀版本等奖项,提升员工荣誉感和归属感。五是拓宽员工表达意见的渠道,通过全员绩效面谈、座谈会、职代会等形式加强领导干部与基层员工的交流,对于员工在内部论坛上发表的意见和建议,做到立即答复、尽快解决,并加以适当引导,营造和谐的工作氛围。

2. 员工身体健康援助。一是开展工作负荷调研,减轻一线员工工作强度,通过工作日志和员工访谈的方式,掌握基层科技人员的各项工作用时,经过数据分析寻求减轻负荷的关键点,减轻员工工作量。二是开展"健康年"系列活动,组织"环西湖定向快走"、登山比赛、趣味运动会、各项球类竞技、拔河比赛、工间操竞赛等体育活动,引导青年员工积极参加体育锻炼,养成正确生活方式,告别亚健康状态。三是定期开展员工健康体检,在此基础上举办各类健康讲座和养生知识培训,为员工提供健康帮助。

3. 员工生活保障援助。一是做好新员工生活指引,梳理《新员工帮助指南》,从衣食住行方方面面给予指引,并通过电话、邮件、微博等年轻员工乐于接受的分渠道解答疑问,帮助新员工尽快适应新生活。二是开展员工生活技能培训,针对员工比较年轻、普遍不擅长做家务、缺乏生活自理能力的现状,组织厨艺、茶艺、西点培训,帮助员工掌握基本技能,提高生活水平。三是组织青年联谊活动,科技人员工作繁忙、交际面窄,杭州研发部积极与属地各企事业单位联系,定期举办联谊交友活动,帮助青年员工成家立业。四是做好后勤保障工作,通过各种方式改善员工的办公环境,做好停车、就餐、医疗保险、生育慰问、生日慰问、新婚祝贺等服务工作。五是做好困难员工救助和慰问工作,采取摸底、评议、上报的形式,定期救助困难员工,帮助他们渡过难关。

4. 员工职业发展援助。一是推行新员工导师制,新员工入行之初,首先开展银行业务和技术技能系列培训,然后指定导师一对一进行"师傅带徒弟",在实践锻炼中实现新员工的快速成长。二是帮助员工做好职业发展规划，通过与国家 EAP 课程发展中心浙江大学项目组合作，开展职业发展能力培训，帮助员工明确职业目标和发展方向。三是强化员工的培训与教育，通过组织各类业务培训、技术培训、文化讲座、职业技能竞赛、应知应会课程考试，全面培养员工的综合素质和业务技能。四是做好岗位交流与体验，每年选派员工赴总分行业务部门、数据中心、开发中心内部部室交流，拓宽员工视野。

三、员工援助计划（EAP）项目效果评估

（一）员工援助计划培训效果评估

EAP 系列培训整体满意度为 82.39%，特别是心理危机能力、冲突管理能力、危机应对能力，满意度达到 90% 以上（见图 4－27）。

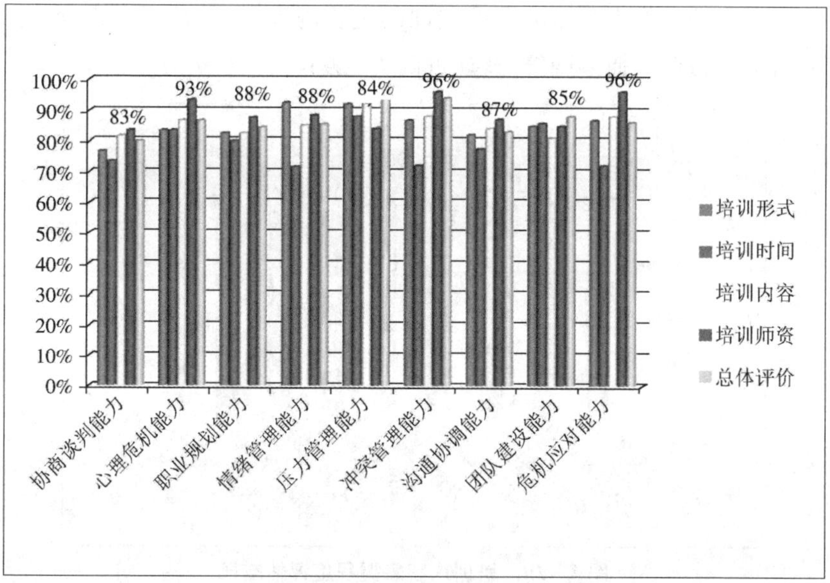

图 4－27　培训满意度评估结果

培训参与度评价结果显示，历次课程中 80% 以上的学员能积极参与到培训中，与授课老师进行有效互动（见图 4－28）。

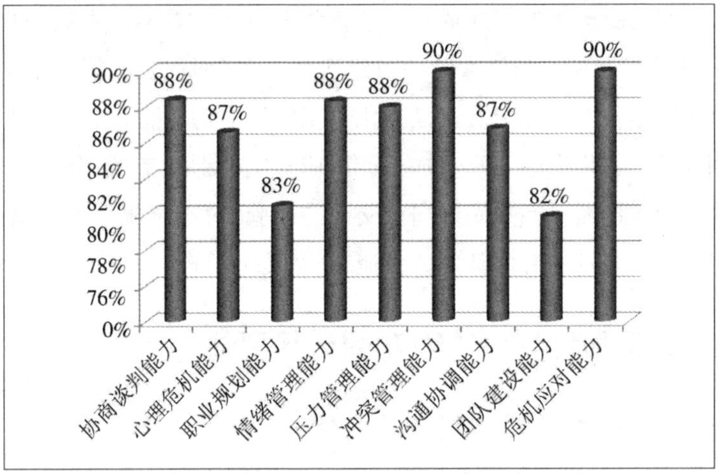

图 4－28　培训参与度评估结果

70% 以上的学员表示能够掌握授课的主要内容，尤其是压力管理、心理危机干预、冲突管理、沟通协调等内容（见图 4－29）。

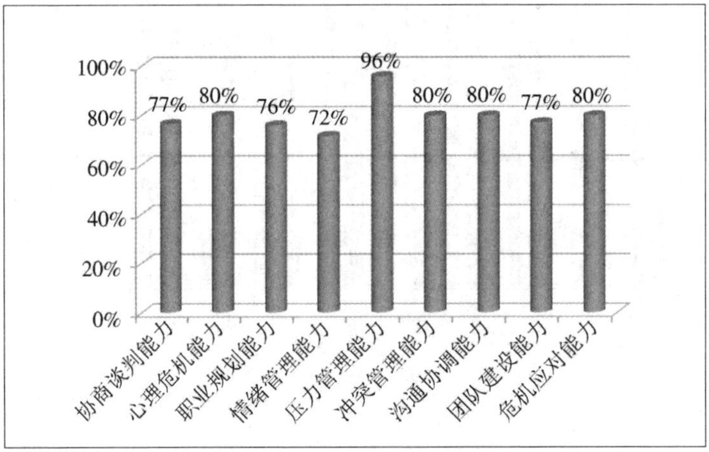

图 4－29　培训内容掌握程度评估结果

75% 以上的学员认为心理危机干预、职业规划、情绪管理、沟通协调、团队建设课程有帮助，80% 以上的学员认为协商谈判、危机应对、冲突管理、压力管理课程有帮助（见图 4－30）。

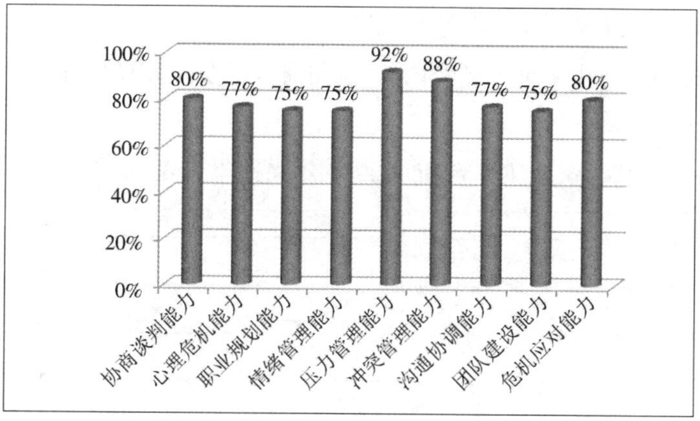

图 4－30　培训对工作生活的帮助程度评估结果

当问及学员是否会在今后使用培训中所学内容时，80% 以上学员表示会较多使用，特别是有高达 92% 的学员认为压力管理培训是实用的，有效地实现了员工援助培训的主要目标（见图 4－31）。

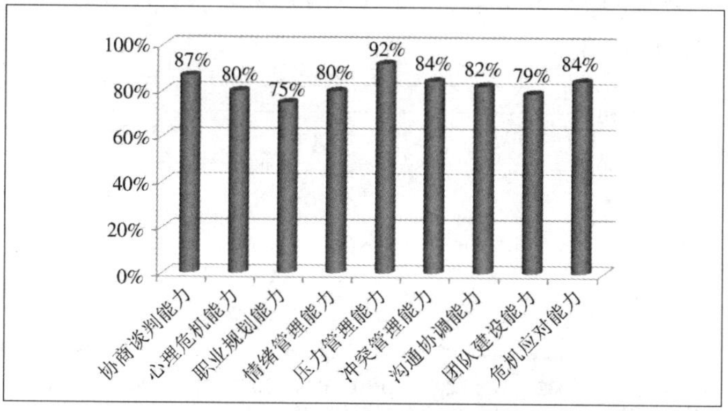

图 4－31　培训实用程度评估结果

为充分反映参训学员对本次培训的意见与建议，在问卷末尾还设计了开放式问题：针对本次培训的改进意见或建议、对未来培训的期望或要求。经过对反馈的文本进行内容分析，员工主要有以下几点建议：增加视频内容，课程形式进一步多样化；增加行业相关的案例分析，结合论证内容进行讲解；多开展户外活动，增加课程的互动性和趣味性，这些建议都为后续 EAP 培训工作提供了有益的思路。

(二)员工援助计划综合效果评估

员工援助计划实施至今已经两年,杭州研发部员工团队的压力状况有了较为明显的改观。

经过持续改善,员工工作负荷自2012年来逐年下降(见图4-32)。

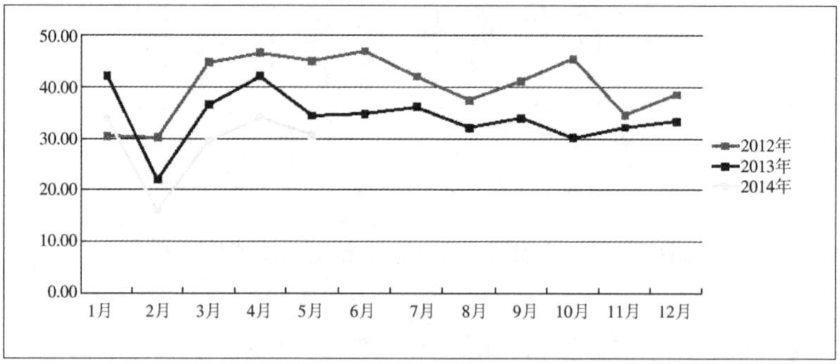

图4-32　2012~2014年杭州研发部员工人均月加班情况(单位:小时)

员工离职情况自2011年达到顶峰后,已有明显的回落,近3年离职率保持在3%左右(见图4-33)。

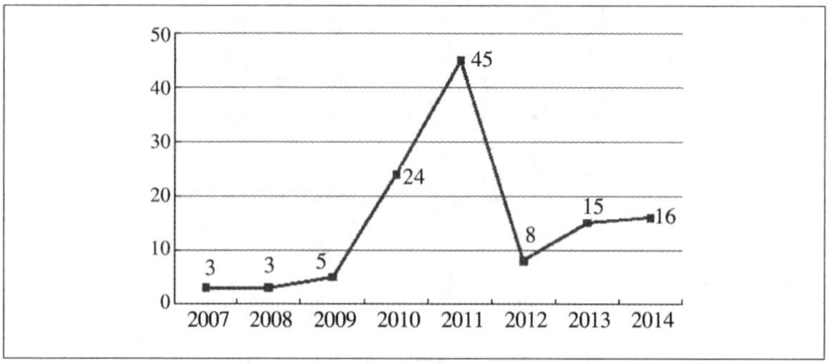

图4-33　2007~2014年杭州研发部员工离职情况(单位:人)

2014年2月,杭州研发部组织了人力资本调研,分4个维度12个问题测量员工工作满意度。数据显示"工作基本要素"、"共同成长"、"归属感"3个维度满意度较高(分别为75.20%、73%、72.60%),"业绩价值"维度满意度稍低(65.60%)。说明大部分员工认为工作任务明确,人际关系良好、团队归属感较强,工作中有较多的学习成长机会(见图4-34和图4-35)。

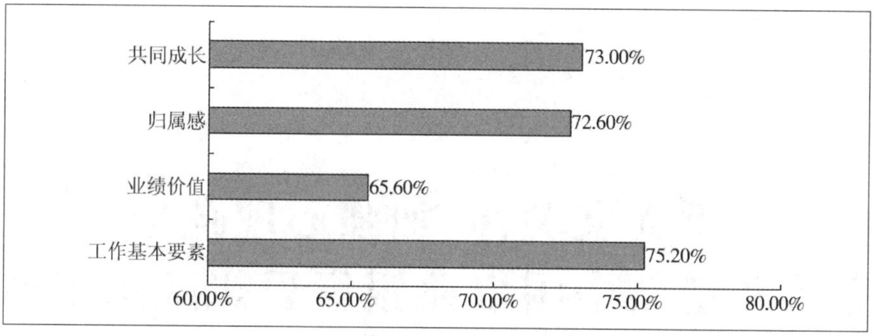

图 4－34 人力资本调研结果(4 维度)

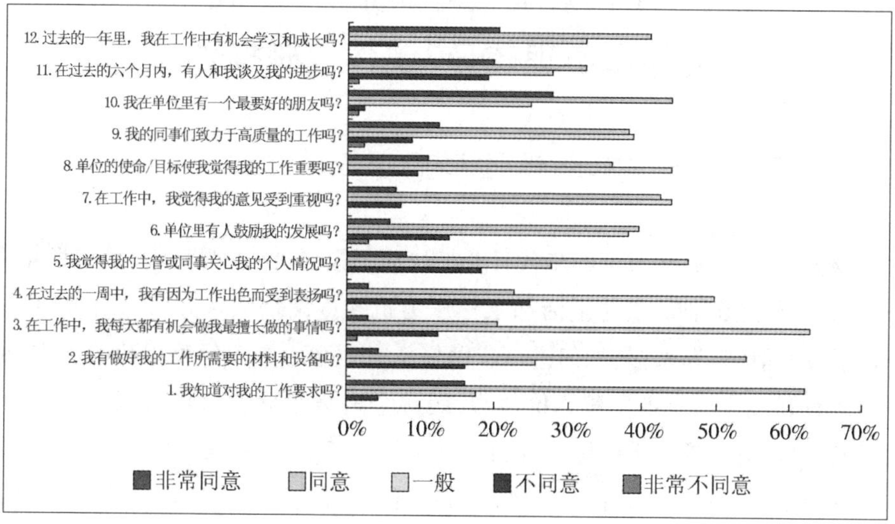

图 4－35 人力资本调研结果(12 问)

四、结论

综上所述,员工援助计划(EAP)项目作为一项全面系统的组织层面减压策略,在杭州研发部取得了良好效果:它能够有效地帮助一线员工缓解工作压力、改善工作情绪、提高工作积极性、增强自信心,进而为组织带来各项非财务收益,例如提升团队士气、改善沟通氛围、培养优秀文化,这些也正是我国金融思想政治工作和企业文化建设的共同目标。做好员工援助计划是一项长期系统工程,需要不断地评估、总结、改进、提升,在探索中前进,逐步形成适应大型国有金融机构实际情况的员工援助计划体系,提升员工心理素质和人力资本,进而推动我国金融行业的深远发展。

注重人文关怀,加强心理疏导,完善和创新中国农业银行思想政治工作

——中国农业银行北京分行"人文关怀和心理疏导"工作调研报告

中国农业银行北京分行课题组*

当前,社会发展和改革的步伐日益加快,利益格局深入调整,金融市场竞争日益激烈,金融企业员工的生活和工作压力也在逐渐增大,随之而来的心理问题、思想问题也日渐增多,如何进一步做好新时期金融企业的思想政治工作,更好地培育和践行社会主义核心价值观,缓解金融企业员工的心理压力,促进心理健康,已成为一项重大课题。注重人文关怀,加强心理疏导,是进一步完善和创新新时期思想政治工作的必然要求,是确保思想政治工作取得实质成效的根本保障。为了进一步了解农业银行北京分行系统内员工当前思想、工作、生活和心理压力状况,掌握系统内人文关怀和心理疏导工作有关情况,中国农业银行北京分行政研会成立专门调研组深入开展调研。

一、调研基本情况

本次调研主要采取匿名问卷调查的方式,在农业银行北京分行系统内选取24家支行280家网点,进行了问卷调查。发放问卷2500份,收回有效问卷2317份,问卷有效率92.7%,被调查的2317名员工的基本情况详见表5-1。本次问

* 课题组成员:孙智涛、李长杰、王蕊。本文获得2014年全国金融系统思想政治工作和企业文化建设调研成果一等奖。

卷调查的样本选择广泛而全面，重点关注基层一线员工，并兼顾前台、后台各个岗位，基本能够反映农业银行北京分行系统基层员工的整体情况。

表 5－1　被调查员工基本情况统计表

项目	类别	人数	百分比（%）
性别	男	893	39%
	女	1424	61%
年龄	20～30 周岁	959	42%
	30～40 周岁	604	26%
	40～50 周岁	658	28%
	50 周岁以上	96	4%
政治面貌	中共党员	1186	51%
	团员	530	23%
	民主党派	4	0%
	群众	597	26%
文化程度	中专、高中及以下	101	4%
	大学专科	531	23%
	大学本科	1422	61%
	硕士及以上	263	12%
工作岗位	网点负责人	297	13%
	运营主管	273	12%
	支行机关普通员工	466	20%
	客户经理	510	22%
	大堂经理	229	10%
	柜员	542	23%

二、当前农业银行员工思想和心理压力状况

员工思想状态和精神状态总体较好，“爱岗敬业”、“努力工作”等观念是农业银行员工思想的主流，由工作而带来的心理压力较大，身心健康问题值得关注。

(一)在工作方面的压力情况

表5-2 员工在工作方面的心理压力感受情况

内容	是	基本是	一般	不是
任务重、压力大	39%	26%	26%	9%
加班频繁	28%	23%	35%	14%
工作过于枯燥,对工作缺乏兴趣	21%	21%	40%	18%
工作出现差错导致的严重扣罚	22%	17%	34%	27%
工作环境条件差	16%	14%	37%	33%
客户不满、不友善	18%	15%	40%	27%
人际关系复杂,难以与同事交流	8%	9%	41%	42%
领导不赏识	10%	11%	43%	36%
收入报酬低	26%	25%	36%	13%
银行职工的职业道德及规范要求过高	15%	17%	40%	28%
工作缺乏成就感	19%	20%	40%	20%
职业发展与晋升机会渺茫	22%	22%	38%	18%
现有知识和技能不能适应工作需要	12%	14%	43%	31%
由于工作带来的职业病或身体的不适	22%	22%	36%	20%

1. 营销任务重,考核压力大

调查表明,有65%的员工感觉"任务重、压力大"给其带来较大心理压力(见表5-2);超过6成的员工认为"任务考核指标压力过大"是当前最担心的问题(见图5-1);有49%的员工认为本单位的业务考核指标设置严重不合理(见图5-2)。

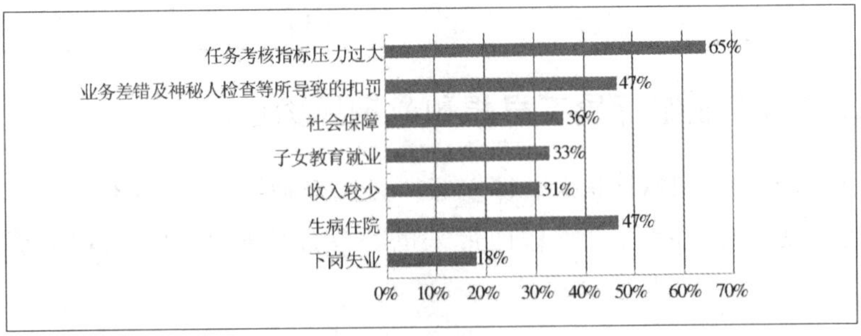

图5-1 员工最担心的问题占比情况

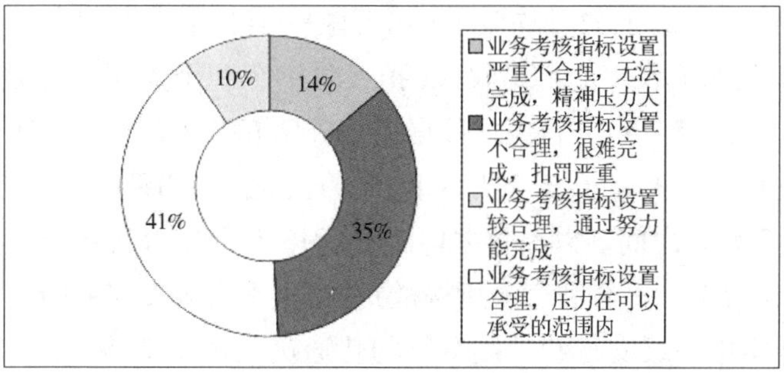

图 5－2　员工认为考核指标设置是否合理的占比情况

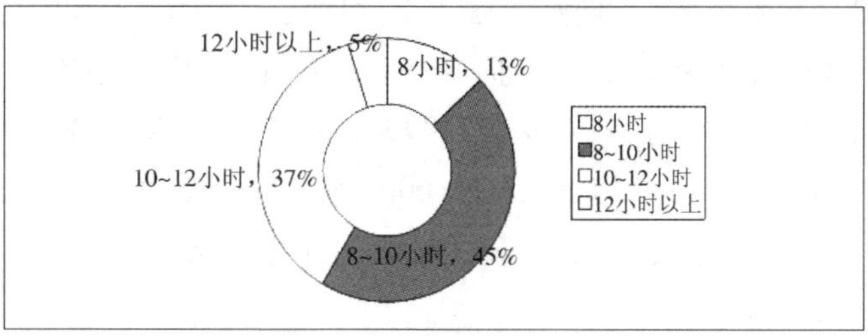

图 5－3　员工平均每天工作时间的占比情况

2. 工作时间长,加班是常态

调查表明,仅有 13% 的员工平均每天工作时间为 8 小时,87% 员工平均每天的工作时间在 8 小时以上,甚至有 5% 的员工平均每天工作时间在 12 小时以上(见图 5－3)。有 51% 的员工认为“加班过于频繁”导致其心理压力过大(见表 5－2)。

3. 收入分配机制有待进一步完善

收入分配还需进一步向基层倾斜,基层一线柜员、大堂经理、支行机关普通员工的收入水平仍需进一步提高。

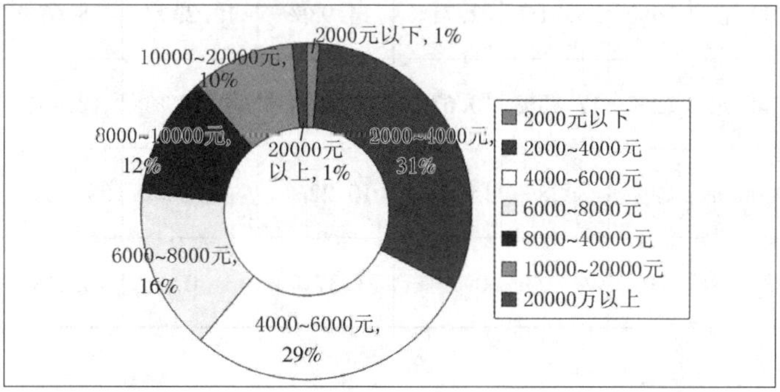

图 5－4　员工月均收入占比情况

调查表明,6成员工的月均收入(扣五险一金和个人所得税后)在2000~6000元之间;约两成员工的月均收入(扣五险一金和个人所得税后)在6000~8000元之间(见图5-4)。将上述数据换算成含五险一金和个人所得税的年收入后,6成员工年收入介于3.5万~10.3万元之间,约两成员工年收入介于10.3万~13.7万元之间。以上数据均低于2013年北京分行系统内员工平均年收入19.8万(含五险一金和个人所得税)。由于本次调查问卷的样本重点选取基层员工,样本中一级支行和二级支行的普通员工占比75%,这说明支行层面的普通员工收入水平低于分行总体平均水平。

通过对"月均收入水平"调查数据按不同岗位进行筛选统计(见表5-3和图5-5),可以看出,柜员、大堂经理、支行机关一般员工月均收入处于2000~4000元区间的占比分别为54.79%、37.99%、34.12%,高于其他三类人员,也高于样本平均水平(31%);月均收入处于6000元以上的占比均低于其他三类人员。这表明,柜员、大堂经理、支行机关一般员工总体收入水平低于客户经理、运营主管和网点负责人。

表5-3 不同岗位类别的员工各收入水平的占比情况

	样本平均	网点负责人	运营主管	客户经理	大堂经理	支行机关普通员工	柜员
2000元以下	1%	0	1.09%	0.98%	0	1.07%	2.76%
2000~4000元	31%	3%	12.45%	27.11%	37.99%	34.12%	54.79%
4000~6000元	29%	19.53%	37.36%	29.08%	36.24%	26.18%	27.49%
6000~8000元	16%	23.91%	22.71%	14.93%	12.23%	18.67%	7.38%
8000~10000元	12%	17.85%	10.62%	16.31%	9.17%	12.45%	5.35%
10000~20000元	10%	28.28%	15.02%	10.22%	4.36%	7.30%	2.03%
20000以上	1%	7.41%	0.73%	1.37%	0	0.21%	0

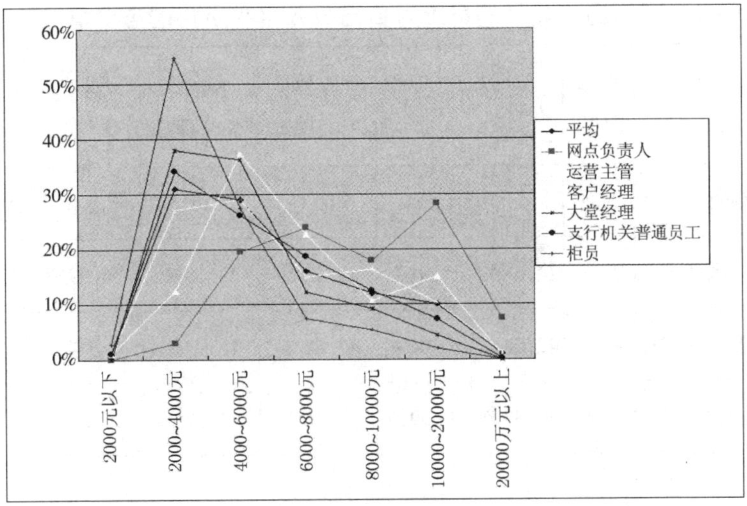

图 5 -5　不同岗位类别的员工各收入水平的占比情况

员工对目前收入水平的满意度情况总体还可以,不同岗位类别员工对收入的满意度情况存在差异,基层员工工资福利待遇与同业同类别岗位相比有一定的竞争力。

调查表明,仅有 34% 的员工对自己目前的收入水平表示满意和比较满意(见图 5 -6)。在关于"与其他金融机构的同类别岗位相比较,农业银行的工资福利待遇水平情况"的调查中,有 61% 的员工认为"与其他金融机构相比农业银行工资福利待遇相同或相对较高"。

通过对"员工对目前收入所持的态度"的调查数据按岗位类别进行筛选统计(见表 5 -4 和图 5 -7),可以看出,对收入表示满意和比较满意的占比情况按照支行机关普通员工、柜员、客户经理、大堂经理、运营主管、网点负责人的顺序依次递增。支行机关普通员工和柜员对收入水平的满意度情况相对较差。调查表明,有 31% 的员工认为"收入较少"是当前最担心的问题(见图 5 -1);有 26% 的员工认为"收入报酬低"给其带来的心理压力较大(见表 5 -2)。

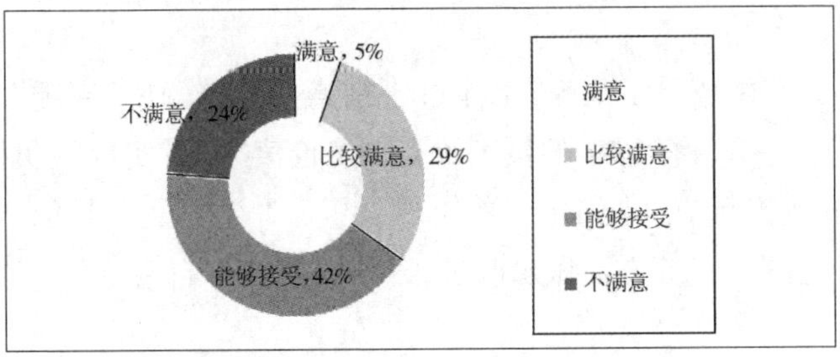

图 5 -6　员工对目前收入水平所持态度占比情况

表5－4　不同岗位类别的员工对自己收入水平所持的态度情况

	样本平均	支行机关普通员工	柜员	客户经理	大堂经理	运营主管	网点负责人
满意	5%	3.43%	4.06%	5.29%	6.12%	7.33%	9.10%
比较满意	29%	24.68%	24.91%	25.10%	29.69%	36.99%	43.43%
不太满意,但能接受	42%	42.06%	40.04%	47.45%	41.92%	41%	36.70%
不满意	24%	29.83%	30.99%	22.16%	22.27%	15.02%	10.77%

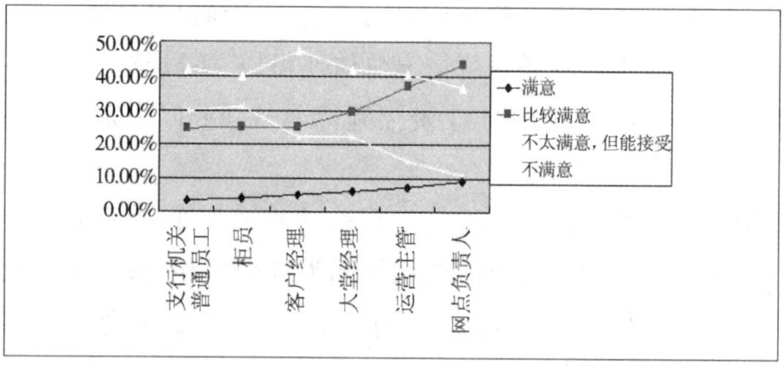

图5－7　不同岗位类别的员工对自己目前收入所持的态度情况

4. 业务风险高,差错扣罚重

调查表明,39%的员工认为“工作出现差错导致的严重扣罚”会给其带来的较大心理压力(见表5－2);近半数员工认为“业务差错及神秘人检查等所导致的扣罚”是当前最担心的问题(见图5－1)。

5. 部分员工认为工作枯燥、对工作缺乏兴趣、缺乏成就感、自我实现程度较低

调查表明,有两成员工认为“工作过于枯燥,对工作缺乏兴趣”、“工作缺乏成就感”(见表5－2);有12%的员工认为自身价值“没有实现”(见图5－8);多数员工认为农业银行应从“优化工作岗位设置”、“为个人发展创造机会”、“帮助员工提升综合素质”等方面做出改进,以帮助其发挥自身才能,实现自身价值(见图5－9)。

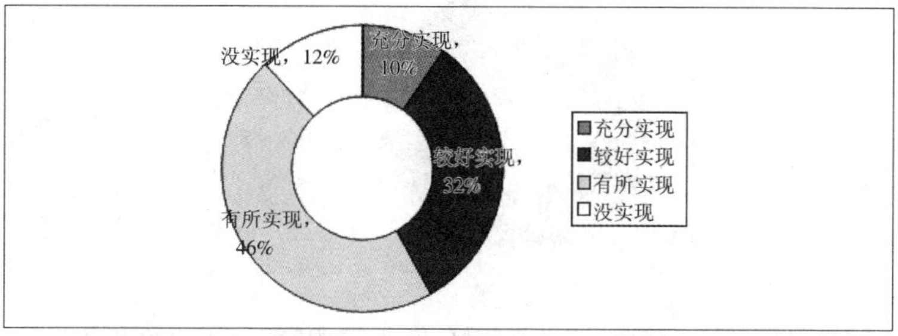

图 5 -8　员工自我价值实现程度的占比情况

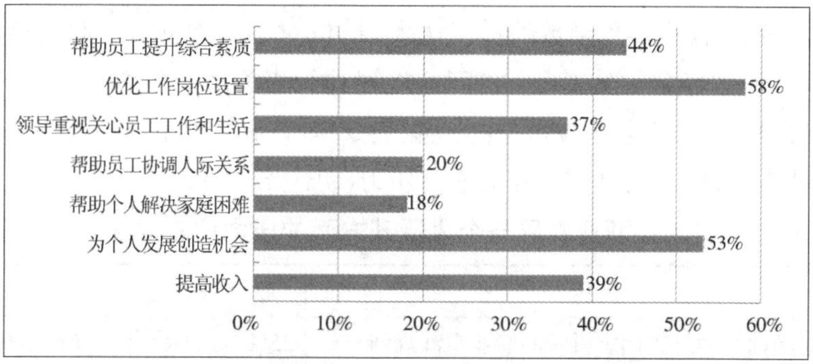

图 5 -9　提升员工价值实现程度的因素占比情况

6. 精神状态总体情况较好，个别员工经常出现消沉、焦虑、恐惧等负面情绪

调查表明，精神状态良好和较好的员工占比 61%（见图 5 -10）。半数以上员工在工作中出现过情绪消沉、心情不好、焦虑、恐惧等负面情绪（见图5 -11）。

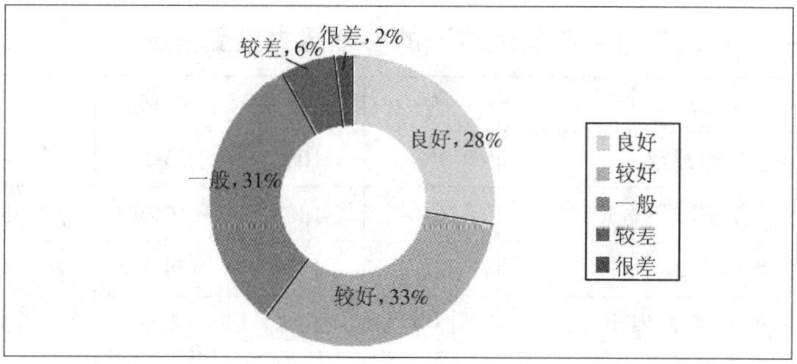

图 5 -10　员工精神状态占比情况

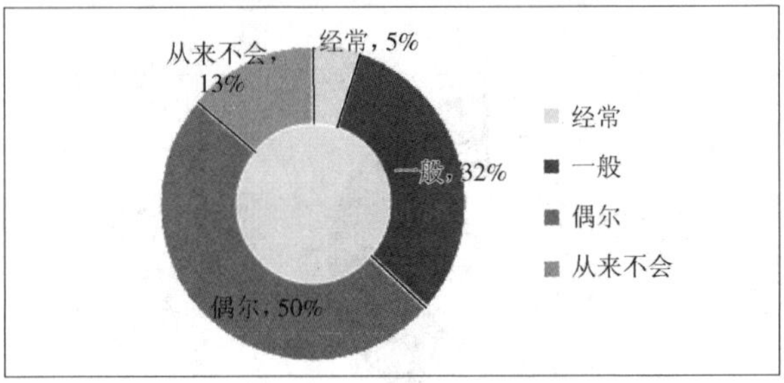

图5－11　员工出现消沉、心情不好、焦虑、恐惧等负面情绪的占比情况

7. 职业发展规划工作还需进一步加强

调查表明,仅有不到半数的员工认为“单位对不同类型员工制定科学的职业生涯规划”、“经常对员工个人的职业规划进行相关培训和指导”、“晋升机制公平,晋升机会多,有较大发展空间”(见表5－5);有22%的员工认为“职业发展与晋升机会渺茫”给其带来较大心理压力(见表5－6)。

表5－5　员工在职业发展与个人晋升方面的压力调查情况

内容	是	基本是	一般	不是
单位对不同类型员工制定科学的职业生涯规划	25%	21%	39%	15%
经常对员工个人的职业规划进行相关培训和指导	23%	22%	40%	15%
晋升机制公平,晋升机会多,有较大发展空间	22%	20%	40%	18%
学习新知识、新技能的机会较多	26%	24%	40%	10%

(二)在领导、管理及人际关系方面的压力情况

表5－6　员工在领导与管理方面的心理压力感受情况

内容	是	基本是	一般	不是
领导不能接受合理建议	8%	10%	35%	47%
领导制定的奖惩制度不合理	10%	13%	40%	37%
领导对员工过分挑剔、批评太多	8%	11%	34%	47%
利益分配不科学、不合理	13%	16%	36%	35%
领导不重视、不关心员工	8%	9%	35%	48%

1. 个别员工在“领导和管理”方面存在心理压力

调查表明,大约有两成员工认为“领导不能接受合理建议”、“领导制定的奖

惩制度不合理”、“领导对员工过分挑剔、批评太多”、“领导不重视、不关心员工”给其带来心理压力；有三成员工认为“利益分配不科学、不合理”给其带来心理压力（见表5－6）。

2. 部分员工在人际关系方面存在心理压力，个别员工之间、员工与领导之间不同程度地存在冲突、不愉快和关系疏远现象

调查表明，有3成员工认为“在生活方面的人际关系问题”、“与领导（下属）、同事关系疏离，彼此有距离”、“同事之间竞争激烈，各自防备”给其带来心理压力（见表5－7）。

表5－7　员工在人际关系方面的心理压力感受情况

内容	没有	轻度	中度	重度
与领导（下属）、同事发生冲突、不愉快	79%	17%	3%	1%
与领导（下属）、同事关系疏离，彼此有距离	71%	23%	5%	1%
同事之间竞争激烈，各自防备	72%	21%	5%	2%
生活方面的人际关系问题	62%	29%	7%	2%

（三）在生活方面的压力情况

表5－8　员工在生活方面的心理压力感受情况

内容	没有	轻度	中度	重度
婚姻问题	79%	13%	5%	3%
住房问题	57%	16%	14%	13%
子女教育问题	58%	24%	11%	7%
收入问题	26%	32%	25%	17%
经济负担重	40%	30%	19%	11%
身体健康问题	38%	35%	18%	9%
精神文化生活单调	33%	34%	23%	10%
很少有机会和时间与家人及朋友交流	45%	31%	14%	10%

表5－9　员工身体状况占比情况

员工身体状况	人数	占比
身体健康	1064	46%
亚健康	753	32%
体检有小问题，不影响生活	421	18%
大的潜在疾病	63	3%
已发现较大疾病	16	1%

调查表明（见表5－8和表5－9），员工在生活方面的心理压力主要来自：住房问题、收入问题、经济负担重、身体健康问题、精神文化生活单调、很少有机会

和时间与家人及朋友交流等。近半数员工认为“生病住院”是当前最担心的问题(见图5－1)。

三、农业银行在人文关怀和心理疏导方面的工作情况

(一)当前人文关怀和心理疏导工作进展情况

近年来,农业银行北京分行十分注重人文关怀和加强心理疏导,在完善和创新思想政治工作方面狠下功夫,积累了一些好的经验。

1. 梳理完善制度,缓解员工压力

一是完善制度建设,对现行制度进行全面梳理和分析,使制度更贴近基层,适应现有运营管理模式的要求;通过优化绩效考核体系,简化考评指标数量,协调好部门间、部门与网点间的关系,避免考核层层加码、多头管理。

二是优化业务流程,整合上收部分业务。通过减轻柜员填单信息录入量,优化机具、调整软件功能和整合回单打印交易、上收现金贵金属及重要空白凭证的存储配送等工作,减轻网点工作压力。

三是精简文件会议。严格会议审批制度,进一步控制会议数量和会议规模。严把公文核稿关,进一步控制文件数量。

四是配足配强基层员工队伍。贯彻落实北京分行《关于严格控制支行机关人员数量、充实和稳定基层一线人员队伍的通知》要求,做好充实营销人员的配备工作。

2. 增加薪酬分配,投向基层一线

根据总行制定出台的《加强基层员工工资管理的意见》,制定分行《加强支行员工工资管理的指导意见》。一是优先保证基层工资增长,原则上基层网点工资增幅要高于支行机关工资增幅。二是合理确定基层员工每月税前工资水平,严守最低工资标准的底线。

3. 关心员工发展,提供成长平台

一是重视员工职业生涯规划。加强对基层网点岗位设置的研究,加强职业发展多通道建设,构建“横向流动、纵向晋升、多维发展、动态调整”的基层员工职业发展新格局。

二是建立重视基层、崇尚实干的用人导向。新招收录用的应届毕业生入行后全部安排在网点工作,原则上时间不少于两年。把基层工作经历作为干部提拔使用的重要条件。大力实施“金鹰计划”和“千人工程”后备人才库建设和中年员工续航计划,提高员工综合素质。

三是加大培训力度,加强培训基地建设和管理。依托农银大学、网络学院积极开展业务培训和岗位轮训。统一对京桥、天筑两个培训基地进行管理,扎实做好培训工作。

4. 了解员工诉求,提供帮扶救助

一是了解职工诉求,提供服务帮助。分支行工会积极接待职工日常求助,协调有关方面对职工在工作和生活中遇到的困难提供帮扶,实施"四帮"工程。

二是建立"农银爱心基金",出台《农银爱心基金管理办法》,成立基金管理委员会,推动帮扶工作的规范化、制度化、常态化。将"农银爱心基金"的使用与工会"送温暖"活动结合起来统筹考虑,形成合力。

三是关爱基层员工身心健康。合理安排劳动时间,优化劳动组合,创造条件和安排基层员工休息、休假。组织员工体检,完善补充医疗保障。密切关注员工的心理状况,开展心理调适、心理咨询等,缓解职工心理压力。

四是继续推进职工之家和职工小家建设工作。开展先进"职工之家"和先进"职工小家"评选和表彰活动。

(二)当前"人文关怀和心理疏导"工作的不足之处

1. 个别支行"重形式主义,轻工作实效"的做法,导致"人文关怀、心理疏导"相关政策未能很好的贯彻执行

当前,金融市场竞争十分激烈,个别基层行将完成业务指标当作一切工作的重心,对思想政治工作不够重视,在"人文关怀、心理疏导"工作方面,存在"重形式主义,轻工作实效"的错误做法。调查表明(见表5-10),"重形式主义,轻工作实效"、"系统性和延续性不足,未形成长效机制"、"领导认识不到位,对该项工作不够重视"是人文关怀和心理疏导工作存在的主要不足。

表5-10 员工认为我行人文关怀和心理疏导工作方面的不足

题目	问题	人数	百分比
您认为农业银行思想政治工作在人文关怀和心理疏导方面存在的不足	重形式主义,轻工作实效;	834	36%
	内容不具体,缺乏针对性,未贴近职工实际,在推动实际问题解决方面乏力;	741	32%
	形式单一、方法陈旧,缺乏载体创新;	788	34%
	系统性和延续性不足,未形成长效机制;	857	37%
	工作职能、内容、定位不清晰,存在理想与现实失衡;	718	31%
	领导认识不到位,对该项工作不够重视;	625	27%
	思想政治工作者队伍素质和能力不足。	533	23%

2."人文关怀和心理疏导"工作载体创新力度还需加强,"谈心谈话和心理咨询"工作的开展与员工需求之间存在供需矛盾

调查表明(见表5-10),"形式单一、方法陈旧,缺乏载体创新"是人文关怀和心理疏导工作存在的不足之处;近五成员工反映本单位主要采取"培训学习和座谈会"开展人文关怀和心理疏导工作(见表5-11)。越来越多的员工尤其是青年员工更喜欢通过微博、微信、QQ群、BBS等平台发表看法和观点,然而调查数据显示,选择"创办人文关怀和心理疏导新媒介、新平台(微信、微博、BBS等)"方式的仅占25%;选择"录像、电影等视频素材"方式的仅占20%。

表5-11 您所在单位人文关怀和心理疏导工作的典型做法统计情况

题目	选项	人数	百分比
您所在单位人文关怀和心理疏导工作的典型做法有哪些?	培训学习和座谈会	1041	45%
	订购相关图书杂志	701	30%
	录像、电影等视频素材	459	20%
	创办人文关怀和心理疏导新媒介、新平台(微信、微博、BBS等)	569	25%
	开展员工家访活动,架起绿色"心桥"	374	16%
	开展各种形式的谈心活动,用真诚让职工打开心扉	950	41%
	开展困难职工慰问活动,温暖工程入户入心	2270	98%
	丰富职工业余活动,促进职工的身心健康	1090	47%
	开展劳动竞赛,将人文关怀和心理疏导引入工作之中	501	22%
	开展员工心理健康体检普查,关心员工心理健康	690	30%
	邀请心理咨询师对员工进行心理健康培训,让员工达到自我心理检验、自我调整的目的	451	19%
	目前没有任何好的做法或我不是十分清楚	650	28%

"谈心谈话和心理咨询"工作的开展与员工需求之间存在供需矛盾。调查表明,有49%的员工需要心理疏导;而在实际遇到压力时,却有73%的员工选择"自我承受、自我消化",53%的员工选择"和朋友、亲人交流",而选择"寻求领导、同事的帮助"的员工占比仅为24%,选择"寻求心理咨询等专业机构或人

员的帮助”的员工占比仅为6%。之所以员工选择自我承受压力,是因为我行提供的关于“谈心谈话和心理咨询”的服务还有待进一步加强,在关于“您所在单位人文关怀和心理疏导工作的典型做法有哪些的”调查中(见表5－11),“开展各种形式的谈心活动,用真诚让职工打开心扉”的占比仅为41%,“开展员工心理健康体检普查,关心员工心理健康”的占比仅为30%,“邀请心理咨询师对员工进行心理健康培训,让员工达到自我心理检验、自我调整的目的”的仅为19%。

3.“人文关怀和心理疏导”工作的职能定位和内容还需与解决员工实际问题紧密结合,其工作效率和成效有待提高

调查表明(见表5－10),3成员工认为“内容不具体,缺乏针对性,未贴近职工实际,在推动实际问题解决方面乏力”、“工作职能、内容、定位不清晰,存在理想与现实失衡”是人文关怀和心理疏导工作存在的主要问题。近期,北京分行在“提升工资福利待遇”、“缓解任务指标压力、工作压力和心理压力”等方面已经做了很多工作,采取了很多措施,然而,在关于“目前,您迫切希望在哪些方面得到农业银行的关怀和帮助?”的调查中,希望“缓解任务指标压力和工作压力”的员工占比仍高达67%,希望“提升工资福利待遇”的员工占比51%,希望“缓解心理压力”的员工占比49%,希望“提供个人发展机会”的员工占比48%。以上调查数据表明,上述问题仍然是当前员工最迫切需要解决的问题,由此可见,解决员工实际问题和诉求的工作效率和成效仍有待进一步提高。

四、对策与建议

“加强和改进思想政治工作,注重人文关怀和心理疏导,培养自尊自信、理性和平、积极向上的社会心态。”党的十八大报告中的这一论述对新时期下如何完善和创新思想政治工作有着重大的指导意义。注重人文关怀、加强心理疏导既是思想政治工作理念和观念的创新,也是思想政治工作方式和方法的创新。因此,在实际工作中,我们只有将思想政治工作与人文关怀、心理疏导有机结合起来,与培育和践行社会主义核心价值观有机地结合起来,与党的群众路线教育实践活动有机地结合起来,才能在新时期下开创思想政治工作的新局面。

(一)建立健全“人文关怀和心理疏导”工作机制,确保思想政治工作有效开展

1. 加强组织领导,明确工作责任

建立健全“人文关怀和心理疏导”责任机制,明确具体部门和具体人员的工作责任。各单位、各部门要充分认识人文关怀和心理疏导工作的重要意义,把这项任务摆上应有位置,把握方向,制定政策,切实负起政治责任和领导责任。同时要明确具体部门和具体人员工作分工和工作责任,确保“人文关怀和心理疏导”工作相关要求及时贯彻落实。

2. 强化考核督导,推动工作落实

建立健全“人文关怀和心理疏导”考核制度,将工作成效纳入各级领导干部的年终个人考核,加大奖惩力度。学习党的群众路线教育实践活动的成功经验,成立“人文关怀和心理疏导”督导组,明确基层单位联系点,对各级行和各单位的工作进展和贯彻落实情况进行全程检查和督导,确保“人文关怀和心理疏导”工作取得成效。

3. 凝聚多方力量,形成工作合力

充分发挥党工团等群体的桥梁纽带作用,努力形成党委统一领导,有关部门各负其责、干部员工积极参与的工作格局,从员工最关心、最迫切需要解决的问题入手,动脑筋、想办法,注重人文关怀、加强心理疏导,切实开展好新时期下的思想政治工作。

图5－12　2014年5月召开中国农业银行北京分行职代会

(二)丰富“人文关怀和心理疏导”工作载体，完善和创新思想政治工作方式方法

1. 解放思想与时俱进，转变传统工作理念

“人文关怀和心理疏导”工作不能仅仅做些诸如：开座谈会、征集意见建议等表面文章，而是要灵活运用“心理咨询与疏导法”、“实践锻炼”等多种专业方法，从员工最关心、最直接、最现实的利益问题着手，推进思想政治工作向“心理疏导型”、“人文关怀型”和“解决问题型”转变。

2. 创新工作方式，丰富工作载体

首先，积极探索员工喜闻乐见的载体和形式，将人文关怀和心理疏导工作与文体活动紧密结合，并确保文体活动和劳动竞赛的科学性和合理性，避免竞赛太多、任务太重反而给员工带来精神负担。适当减少诸如征文比赛、演讲比赛、技能比赛等竞争性比较激烈的活动，增加诸如爬山、骑车、采摘等户外心理减压拓展训练，让员工真正抛开工作的压力和烦恼。其次，通过开通“人文关怀和心理疏导”微信群、QQ 群、BBS、健康咨询热线等渠道，开辟了解员工思想、关心员工诉求的新阵地，形成管理者与广大员工充分沟通、交流、互动的良好氛围。最后，充分发挥内部报刊杂志、内部网和农银大学等内部资源的优势，设置“人文关怀和心理疏导”专题版块，广泛吸引员工积极参与。

图 5－13　农业银行北京分行“庆三八”女职工健步走比赛

分行积极开展女工工作

农业银行北京分行女工委员会认真践行党的群众路线教育实践活动,密切联系女职工实际,充分发挥女职工自身优势,以争先创优为抓手,不断提升素质,创建学习型、服务型、创新型女工组织工作不断推进。分行长年开展创建“女职工文明示范岗”活动,2014 年,新评选 16 个单位为分行级“女职工文明示范岗”先进单位。分行每年开展女职工庆“三八”主题活动竞赛,进一步提高工会女职工组织的服务创新能力,为打造“学习型、服务型、创新型”工会组织增辉添彩。分行还注重人文关怀,做好单亲困难女员工的帮扶工作,解决她们的实际困难和问题,把组织的温暖送到女员工的心中。2014 年,分行慰问单亲特困女员工 9 人次,发放慰问金 4.7 万元。

3. 关注员工精神需求和心理健康,做好“精神培育”和心理辅导工作

第一,培育社会主义核心价值观和践行企业文化核心理念,是农业银行加强党建和思想政治工作的应有之义。因此,各单位、各部门要认真学习贯彻习近平总书记系列重要讲话精神,以价值观培育和企业文化践行为出发点,并紧密结合工作实际,在党建、班子建设、员工管理、工青团妇等工作中,有针对性地把培育和践行社会主义核心价值观及农业银行企业文化落实到具体工作中去,使之融入一切经营管理活动和员工的精神世界,培育好员工的价值观、人生观和世界观。第二,定期对员工思想状况、精神需求和心理状态开展调研,及时了解员工所思、所困、所惑,并根据调研中发现的问题,有针对性邀请有关部门领导、心理专家对员工进行分门别类的心理讲座和辅导。第三,积极探索心理健康内训师选拔和培养制度,在条件允许的情况下,各单位至少培养出 1 名合格的心理健康内训师,专门针对员工的心理压力、烦恼和问题进行专业的授课和指导。第四,为员工购买相关医学书籍和保健资料,普及心理健康知识,引导员工养成自我心理疏导和缓解心理压力的良好习惯。

(三)明确“人文关怀和心理疏导”职能定位和工作内容,推动思想政治工作在解决好员工实际问题上取得成效

1. 科学制定考核指标,优化劳动组合,减轻员工任务压力和工作强度

首先,结合基层单位实际,有区别、有针对性地制定科学的任务考核管理办法,降低基层一线员工的营销压力。科学制定奖惩制度,多用“正激励”措施,少用“负激励”措施,针对业务差错、神秘人检查等涉及基层员工个人利益的检查

和处罚，建议以“初犯不惩罚”、“再犯轻惩罚”、“屡犯重惩罚”为原则，设置差错和失误容忍度，给予员工改过和提高的机会，缓解员工经济和心理压力。其次，优化劳动组合，根据业务发展需要、工作需要，因地制宜地合理安排前后台各岗位员工数量，在大力充实前台营销人员的同时，也要注重后台人员的科学配备。科学核定前后台各个岗位的具体职数，避免基层单位因“一人多岗”、“一岗多责”、一人应对上级多个条线”的人员安排，而导致基层员工不堪负重。最后，积极探索实施网点周六日轮休制度，建议缩短网点在“小长假”和周末时的营业时间；推迟晨会开始时间、优化并压缩网点晨会流程、压缩晚例会的时间和次数、减少柜员考试频度等，真正缓解网点人员工作压力。

2. 完善收入分配机制，继续贯彻落实“薪酬收入向基层行倾斜”的政策

首先，继续贯彻落实“薪酬收入向基层行倾斜”的政策。建立科学的、动态的工资增长机制，将基层员工工资增长与全行的利润增长和效益提升紧密结合起来，确保每位员工共享我行发展成果。其次，防止收入两极分化。针对调查数据发现的柜员、支行机关一般员工收入水平较低等现状，建议采取措施，适当提高该部分人员的收入水平。此外，通过“调高”、“提低”等措施，避免不同单位之间收入的两极分化。

3. 关心员工职业发展，拓宽员工发展通道

首先，建议制定新员工培养方案和具体规划，开展针对性、个性化的职业生涯辅导。明确新员工基层锻炼岗位和锻炼时间，严格控制期满时间，避免基层锻炼时间过短或过长。建立期满动态择岗机制，给基层锻炼期满的大学生，提供发展机会和平台。其次，研究制定上下轮岗、横向轮岗机制，允许员工定期在分行机关、支行机关、网点之间以及部门之间进行交流和学习，培养员工全面的业务知识和综合素质。结合员工在分、支行机关和网点交流期间的工作表现，从基层员工中择优调入分、支行机关工作，从分行机关中择优调入到支行或网点挂职锻炼，形成上下、横向锻炼和培养人才的联动机制，满足不同类型人才发展的需要。最后，明确相关责任主体，认真检查和督导关于“员工发展”的相关政策的贯彻落实情况和进展速度，设立人事政策督办表，提高政策制度贯彻落实的效率。

（四）扎实推进第二批党的群众路线教育实践活动深入开展，狠抓问题整改落实，转变工作作风、密切干群关系

1. 践行群众路线，狠抓整改落实

党员干部要针对第二批党的群众路线教育实践活动前两个阶段征集的各方面意见、建议和自身对照检查中发现的问题、差距和不足,围绕为民务实清廉要求,制定整改措施,加快整改进度,狠抓整改落实,坚持做到将思想政治工作与为职工办实事、办好事及解决实际问题相融合,确保群教活动和思想政治工作取得实质性效果。

分行认真做好劳模工作

农业银行北京分行在深入开展“中国梦·劳动美”主题教育活动中,大力开展劳模工作,引导职工树立正确的人生观、价值观,培育自尊自信、理性平和、积极向上的社会心态。积极树立先进典型,开展评选“最美基层员工”、“寻找身边的榜样”等活动,在工作中不断发现典型、树立典型,充分发挥新时期劳模在各岗位的标杆作用。平时,分行通过举办劳模座谈会、开通劳模建言直通车等形式,使他们对全行工作积极建言献策;同时大力弘扬劳模精神,充分利用办公网络、自办刊物、外部媒体,宣传先进人物的事迹,打造人人学劳模、人人当劳模的比学赶帮超氛围。此外,分行加强人文关怀,对特困劳模、困难劳模的工作、生活等方面开展全方位帮扶。

2. 密切干群关系,关爱基层员工

针对调研中发现的“员工对‘领导和管理’总体满意度不高”、“同事和领导之间存在冲突”等问题,当前十分有必要进一步强化领导干部联系群众制度,建议将领导干部与员工的交流机制常态化、制度化、细致化,党员干部要进一步提高自身思想认识、增强群众观念,建立健全“请上来”、“走出去”和“面对面”三位一体的征求意见体系,放下姿态、俯下身子,主动深入基层,积极走进员工,通过开展座谈、单独谈心谈话、设置意见箱、设立热线电话、家访困难员工等形式,广泛征求员工意见和建议,密切与基层的联系,密切与群众的联系,增进互信和了解,解决困难和问题,化解矛盾和冲突,激发、凝聚、释放建设一流商业银行和实现中华民族伟大复兴中国梦的宏伟力量。

当前农业银行员工的思想特点和幸福农业银行建设的研究与思考

中国农业银行山东省分行课题组*

在我国银行体系中，由于历史原因，农业银行基层网点多、战线长、包袱重，点均人员少，还承担着服务三农的重要职责，基层员工劳动强度大，工作环境比较艰苦，工作压力相对要大。在新的形势下，如何有效做好员工思想政治工作，稳定员工队伍，全面提升员工队伍综合素质，对于农业银行的改革发展至关重要。本文试图以确立思想政治工作最佳路径和建立有效载体为突破，对当前农业银行思想政治工作的创新进行系统思考。

一、当前农业银行员工队伍思想特点及存在的问题

为全面了解基层行员工的思想现状，课题组采取问卷调查的方式对部分行的基层员工进行调研。调研对象为二级分行机关、基层网点及直属单位，调研样本适当兼顾柜员、大堂经理、网点主任、部门经理等各类人员的比例。调研发放职工问卷3 650份，回收有效问卷3 600份。问卷涉及理想信念、职业道德、价值观、幸福农业银行的体验与期盼等方面内容。通过调研，深入了解了当前我行员工的思想特点，并为下一步如何创新思想政治工作的载体打下了基础。从调研情况看，当前基层行员工呈现以下几个特点：

（一）青年员工逐渐增多使整个员工队伍思想更活跃

从年龄结构上趋于年轻化，70年代、80年代、90年代员工占64.2%，这些年轻员工，他们的成长环境、文化程度、生活观念、个性追求等明显区别于他们

---

* 课题组成员：胡晓毅、郑家圣、题召栋、郇恃田、陈磊。本文获2014年全国金融系统思想政治工作和企业文化建设调研成果一等奖。

的父辈,呈现出鲜明的时代特征和年龄阶段特征,需要引起思想政治工作者的关注。在各种思想观念的碰撞中,员工人生态度总体积极向上,95.3%的人强烈希望企业兴旺、国家昌盛,自觉支持和投身各项改革。赞同“人活着就是为了挣钱、享受”的职工仅有8.2%;93.5%的员工赞同“人生追求不仅需要物质财富享受,而且需要精神文化生活的充实。”85%的人认同我行核心文化价值体系(见图6-1),98%的人对我行良好前景抱有信心(见图6-2)。

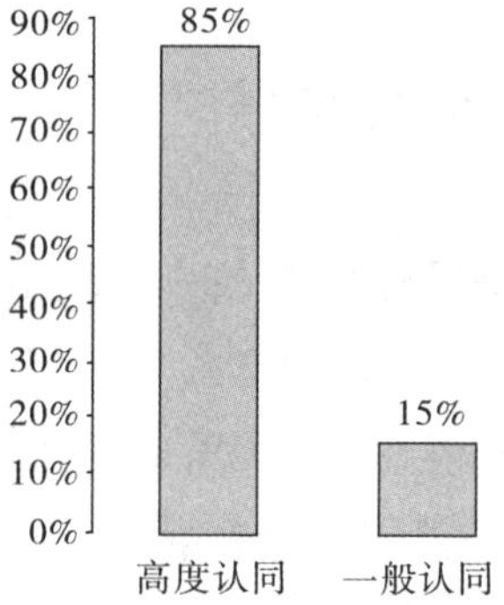

图6-1　您对农业银行核心文化价值体系的认同感

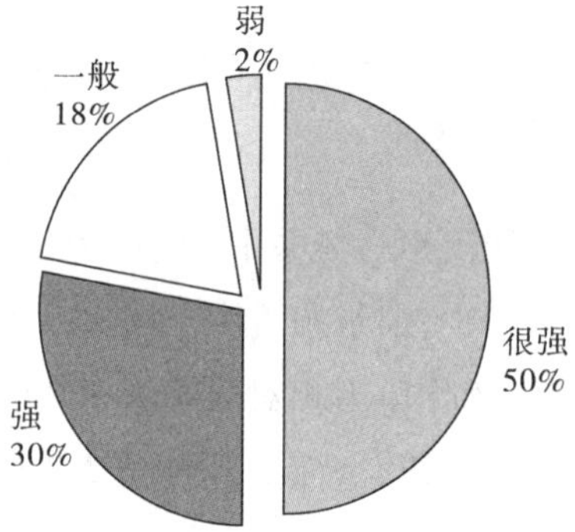

图6-2　您对农业银行良好前景的信心程度

(二)价值观趋向多样化且更理性和现实

开放的社会形态和社会经济成分、组织形式、生活方式的多样化,促使职工价值取向多元化。员工在理想追求、价值判断、精神需求上表现出较大的差异,呈现出多元、开放、包容、创新的新特点。整体上,物质利益原则得到普遍认同,价值取向更加理性和现实,人们更加关注自身利益。据问卷调查显示,在“您个人最担心的问题中”83.7%的人担心个人收入减少,80.3%的人担心子女教育与就业问题,78.7%的人担心生病住院问题(见图6-3)。

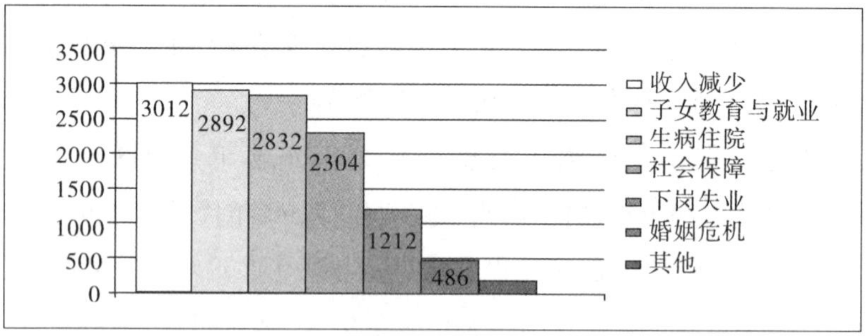

图6-3　目前您最担心的个人问题

（三）独立意识、自我意识增强但对企业归属感下降

经过市场经济大潮的洗礼和利益格局的调整，员工的独立意识和自我意识明显增强，88.4%的人想通过自身奋斗来改变自己的经济地位和生活状况。同时，随着单位用工制度的改革，使不少员工产生雇佣思想，特别是有的员工"这山望着那山高"，仅把农业银行当作过渡的"跳板"，一旦学有所成或另有机会，另谋栖地。当前就业的不稳定性，造成员工在不同行业、不同企业间频繁流动，降低了员工对企业的依附感和归属感。据问卷调查显示，"如果您在单位得不到重用，您是否会选择跳槽"，65%的人选择跳槽，只有35%的人选择继续努力，等待机会。

（四）生活水平有所提高，但对生活状态评价不高

经济社会的发展，给广大员工带来了经济实惠，但经济发展的不确定性、考核的压力、收入差距的影响，导致员工的心理负担却在加重。许多员工表示，与几年前相比，自己的生活水平有了较大幅度的提高，但是生活和工作的压力（见图6－4）也在加大。65.7%的员工认为近年来自己生活水平有所提高，但员工对自己目前生活评价一般，一般幸福的占62.1%，不太幸福的占9.8%，很不幸福的占1.1%。

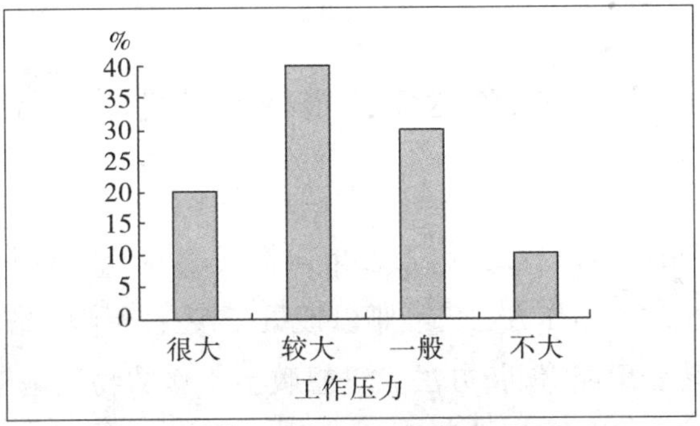

图6－4　您感到目前的工作压力程度

（五）从调研情况看，员工思想现状存在的主要问题和期盼

一是员工的心理预期高。随着员工的文化水平不断提高，思想不断开放，思维日趋活跃，对劳动和社会保障权、发展权和人格尊重等方面，都有更高的期待。他们追求体面劳动和生活品质，希望被关注、被重视、被重用。他们要交友、要上网、要寻求精神享受，他们普遍希望自己很快脱离基层，进入机关工作，

希望增加收入,买得起房,开得起车等。

二是员工的发展愿望强。随着经济的发展和社会的转型,人力资源管理改革逐步加深,多数员工产生了危机感和紧迫感。为此,他们积极参与竞争,主动参与各项组织活动,希望抓住身边的每一个机会。他们期待农业银行能详细规定各个岗位所需的学历、能力、资历和业务技能,找准目标,为之努力。

三是员工的耐受力差。很多年轻员工才走出校门3~5年,职业生涯处于起点阶段,没有经历过职场的大风大浪,没有体会过复杂的人情事故,一旦自己的愿望不能实现或遇到挫折,就会产生埋怨、不满、牢骚、逃避等情绪。

四是员工的归属感不强。调查中发现,一是有些员工把经济利益放在择业标准第一位,一旦发现有比自己企业收入高的单位,就会"用脚投票",跳槽走人;二是年轻人一直是"温室里的花朵",注重物质享受,缺乏吃苦精神,企业管理上严一些,工作强度大一些,往往会滋生换一家的念头;三是面对错综复杂的经济金融环境以及内外部的压力,员工的思想动态不稳定,缺乏长远的职业规划和发展目标。五是员工的精神期盼更强烈。随着经济的发展和社会的进步,广大农业银行员工不满足简单的吃饱穿暖,而是追求精神文化层面的高质量生活。他们注重陶冶情操,爱好广泛,崇尚体面劳动、快乐生活,渴望融入更多的社会生活圈子。

二、理论与实证分析:幸福农业银行建设是新时期思想政治工作的最佳路径

从上述调查情况可以看出,员工思想面临利益诉求多样化、观念多元化等特点,传统的思想政治工作方法已经难以被员工接受,影响工作成效,迫切需要我们解放思想、转变思路、创新方法。思想政治工作的物质基础主要来自于业务发展,但是即便业务超常规发展也并不意味着队伍稳定性和凝聚力的增强;实现可持续、更稳健的长效发展,离不开资源运作的正确导向,但当前在物质资源的科学运作与人力资源潜力的挖掘之间,还依然存在着资源不匹配、政策制度不相适应的矛盾。这是摆在我们面前亟需深入研究并认真解决的理论问题和现实问题。因此,在这样的时代背景下,如何把握当前员工的思想特点,打破传统思想政治工作方式,创新思想政治工作的载体,成为当今思想政治工作者亟需研究的一个新课题。

（一）传统思想政治工作的不足

传统的思想政治工作存在以下不足：一是思想政治工作有所错位。满足于传统观念和手段，至今还存在空洞的理论说教，忽视、轻视或无视基层一线的诉求，将员工价值观、人生观、世界观放置于空中楼阁来塑造，其结果是事倍功半乃至心理逆反。二是思想政治工作有所失位。强调思想政治工作的务虚性，加强思想政治工作的规划、目标、措施等往往停留在讲话里、文件里、总结里，付诸实施远远不够；大多业务出身的高管、骨干习惯于纯粹绩效式的管理，缺乏做耐心细致思想政治工作的意识和手段。三是存有“两张皮”现象。作为追求利润最大化的企业，考核基层干部能力的主要标准是经营业绩。这样就导致部分领导干部只注重业务发展而忽视了群众工作，把业务经营与思想政治工作割裂开来，造成“两张皮”的现象。

（二）理论分析：关于幸福企业的科学含义、典型案例及其启示

1. 幸福企业的基本含义。卢俊卿在幸福企业浅探一文中说，广义的幸福企业就是能够为人类创造幸福的企业；狭义的幸福企业就是能够满足员工幸福感的企业。满足员工的幸福感，就是满足员工不断增长的正当需要。因此，简单的讲，幸福企业就是以人为本的企业；形象的讲，幸福企业就是充满微笑的企业；具体的讲，幸福企业就是和谐友爱、快乐工作、共同富裕、协同发展、受人尊敬、健康长寿的企业。因此，创建幸福企业的基本点应该是生活、工作在企业的员工感到幸福，即企业很幸福，员工也很幸福。从上述定义，我们可以得出建设幸福企业的三点重要启示，以提升员工的幸福感：第一，要倡导“体面劳动、快乐生活”的理念，把追求快乐、创造幸福作为企业经营管理的重要战略目标。第二，要使员工的行为同农业银行的企业文化相适应，同农业银行的价值观相契合，践行农业银行与员工共同成长。第三，要深入细致地做好思想工作，引导员工用心做事、精细行事，在工作和生活中帮助员工树立良好的心态和健康的人格。

2. 优秀企业的幸福哲学。

（1）海底捞——以家甲天下。海底捞以贴心、周到闻名于世。海底捞各项深入人心的服务主要来源于员工的创意。海底捞创始人张勇说：“我要让我的员工快乐地工作，因此，能为员工想的、做的，我都会努力去做。平等的意识激发出他们更多的工作热情让他们把海底捞当作自己的使命来做。”作为一家充

满创造性的服务型企业,海底捞为我们提供了一个鲜活的案例,对创建幸福企业的风尚,具有参考价值。

(2)新东方——创造希望。在因落后、保守、机械式的压榨而被人们大量诟病的中国教育界,新东方教育集团的成功显得尤其光彩夺目。新东方的成功在一定意义上是人文的成功,尤其是创造希望与确立信念的成功。俞敏洪说:“新东方精神就是这么一小块砖头,使每一个学生,在他最艰苦、最艰难、最疲惫的时候,我们给他垫上一块砖头,他不至于在一跳的时候掉到沟里去。我们就是这快砖头,这块垫脚石,让他们顺利地跨过这个沟坎。”

(3)阳光财险——用关爱创造幸福。阳光财险的关爱文化,按照关爱对象划分为三个方面。一是对员工的关爱:关注员工的成长、薪酬及家庭。二是对客户的关爱:视客户为衣食父母。三是对社会的关爱:不拘一格献心、献策、献财。在阳光财险,关爱是一种质朴的高尚情操,一种潜在的伟大力量,一个创造价值并最终创造幸福的关键因素。

研究杰出的企业,就会有一种感觉,那就是杰出而长青的企业都有一套伟大的理念。他们有比创造顾客或利润更高级、更复杂的目的和意义,这些目的是多样化目的的一个集合,用一个词语来表达,就是“创造幸福”。

(三)实证分析:农业银行山东省分行“幸福家园”工程建设的实践成果及剖析

2013年初,农业银行山东分行深入贯彻落实党的十八大精神,领会中国梦的深刻内涵,全面部署和启动“幸福家园”工程建设。“幸福家园”工程是为构建“幸福农业银行”而启动的一项长期性、系统性、全行性的民生工程,坚持以人为本,以“让员工生活的更加美好”为目标,以实施“亲情关爱”“权益保障”“素质提升”三项计划为重点,扎实推进“幸福家园”工程建设,提升员工的满意度和幸福指数,实现员工与农业银行共同成长。幸福农业银行建设的实践成果如下:

1. 定性分析。人是生产力中最活跃的因素。思想政治工作根本上就是做好人的工作,就是如何调动和发挥好员工的积极性,把员工的思想行为同农业银行的价值观相契合,同农业银行的企业文化融为一体。山东分行在“幸福家园”工程实施过程中,始终坚持以人为本,把员工的需求作为工作的出发点和落脚点,统一规划、因地制宜,循序渐进。

“幸福家园”工程

党的十八大以来，习总书记围绕实现中华民族伟大复兴的中国梦，发表了一系列重要讲话，指出：“要把实现好、维护好、发展好最广大人民根本利益作为出发点和落脚点，坚持以民为本、以人为本，树立以人民为中心的工作导向。”为贯彻党的十八大精神，农业银行山东省分行2013年在全行全面实施“幸福家园”工程，以“让员工生活的更加美好”为目标，以员工的需求和期盼为工作的出发点和落脚点，通过实施“亲情关爱”“权益保障”“素质提升”三项计划，尊重员工、关爱员工，成就员工，通过体制、机制创新，培育员工先进的、积极的幸福观，使员工在对物质需求、精神需求、尊重需求、自我价值实现需求追求中，得到满意的心理体验和美好的心理期许。在解决实际问题中解决思想问题，在人文关怀中解决管理问题，做到发展依靠员工、发展为了员工、发展的成果由员工共享。

首先从解决员工最基本、最迫切的需求入手。加强基层网点的职工之家建设，改善员工的工作和生活环境；集中解决基层营业机构高柜区空气不流通的问题；建立“爱心基金”，为困难员工送去温暖；在各级行成立不同类型的兴趣小组，扩大基层行员工的参与面，丰富他们的精神文化生活。目前，具备条件的网点均建设了小食堂、小休息室，2013年以来累计发放爱心基金379万元，兴趣小组活动覆盖面达到80%以上。员工的工作环境明显改善，精神生活不断丰富，凝聚力和向心力不断增强。在抓好基础工作的同时，逐步加大保障员工权益、尊重员工创造、实现员工合理财富分享、实现员工主人翁地位等工作力度。完善以职工代表大会为主要形式的民主管理工作机制，保障和实现员工的民主权益；对基层营业网点员工建立和实施差异化年功津贴制度，实施基层员工最低工资保障制度；实施青年英才工程，加大基层行青年干部的培养和使用。人的需求的最高阶段是自我价值实现的需求，在“幸福家园”工程开展过程中，山东分行也采取一系列措施，畅通员工的职业发展通道，优化员工成长环境，最大限度地帮助员工实现自身价值。一是加大教育培训的工作力度。先后举办了“十八大精神”高管培训班、专业条线轮训培训班、县域支行行长培训班和青年英才工程培训班，对不同岗位、不同区域的员工有计划、有步骤地进行针对性培训。二是开展青年员工的读书活动。每季度向青年员工推荐书目，组织开展读书心得报告竞赛，交流心得体会。同时匹配一定的资源，作为读书活动经费，鼓励员工多读书、读好书。三是启动了青年员工“梦想起航”工程,从员工的教育培训、职业规划、工作环境等多方面入手,为青年员工的成长成才搭建平台。四是实施了青年英才开发工程,择优遴选了146名优秀青年员工作为培养对象,认真实施轮岗培养、交流任职、项目实践等重点培养,搭建了优秀青年英才脱颖而出的“快车道”。

经过一年多的实践,山东分行员工能够明显感觉到周围工作环境的变化,感受到农业银行组织的关怀和温暖。广大员工对农业银行企业文化的认同感不断增强,幸福感和归属感不断提升。

2. 定量分析。幸福企业理论的奠基人卢俊卿指出:“如何评判一个企业是不是幸福企业呢?我建立了五项指标:①快乐工作(建立一套科学的机制与文化,激励员工始终积极主动、充满激情的工作)。②共同富裕(员工、管理者和股东减少收入的差距,共同分享企业利润增长的成果,做到员工收入与企业利润同步增长)。③共同发展(企业在发展壮大的同时,为员工提供提高素质、施展才能、实现价值的机会)。④受人尊敬(企业得到社会的认可和尊敬,有较高的知名度和美誉度,使员工有一种自豪感和被尊敬感)。⑤健康长寿(企业健康可持续发展),这五项指标所得分值的高低决定着一个企业幸福指数的高低。其中,快乐工作是幸福企业的基础,共同富裕和共同发展是幸福企业的核心,受人尊敬是幸福企业的关键,健康长寿是幸福企业的保障。”员工对幸福农业银行的体验与期盼,决定了下一步幸福农业银行建设的方向。在对“您的幸福农业银行的体验与期盼是什么?您认为最优先的是什么?”,我们从幸福企业五项指标中提出了60个具体指标供员工选择,并从答案中选取了大家认为最优先的前30项。针对员工选出的上述30项指标,让员工根据自己的心理感受对各项评分,最终取平均分,满分是100分,综合得分越高,说明幸福农业银行建设得越好。

调查研究中发现,员工认为“总的来说,现在感到幸福”的占78.7%;对“您觉得您比周围的人更幸福吗”的回答,认为“不如人”的仅占9.3%。按幸福感的分布:高幸福感(90~100分)有11.2%、中等偏高幸福感(80~90分)有46.8%、中等偏低幸福感(60~80分)32.2%、低幸福感(60分以下)仅有9.9%。从各项指标的综合得分来看,均在80分以上,这表明,总的来说,我们在幸福农业银行的建设方面取得了可喜的成绩。

表 6-1　员工对幸福农业银行的体验与期盼

序号	一级指标	二级指标	被提及频次	占比(%)	综合得(分)
1	快乐工作	退休保障	3215	89.3	92
2		家庭幸福	3193	88.7	
3		人际关系	2750	76.4	
4		欣赏肯定	2653	73.7	
5		默契合作	2624	72.9	
6		兴趣与爱好	2405	66.8	
7		快乐满足	1724	47.9	
8		个人时间支配	1570	43.6	
9		压力适当	1307	36.3	
10		灵活工作方式	1267	35.2	
11	共同富裕	全面薪酬	3190	88.6	86
12		福利待遇	3128	86.9	
13		付出得到回报	2783	77.3	
14		绩效考核	2394	66.5	
15	共同发展	意见表达	3114	86.5	84
16		培训与反馈	3031	84.2	
17		公平竞争	2934	81.5	
18		成长与发展	2891	80.3	
19		激励机制	2275	63.2	
20		发展空间	1207	33.6	
21		职业规划	911	25.3	
22	受人尊敬	尊重与关爱	3125	86.8	90
23		单位知名度	2819	78.3	
24		领导认可	2786	77.4	
25		社会地位	2480	68.9	
26		价值体现	1631	45.3	
27	健康发展	企业发展前景	2963	82.3	89
28		经济效益	2711	75.3	
29		企业文化	2387	66.3	
30		企业环境	2045	56.8	

(1)从表 6-1 中可以看出员工对幸福农业银行的体验与期盼中比较靠前的是退休保障、家庭幸福、全面薪酬、福利待遇等问题，这些问题都是关乎员工切身利益的问题，充分证明了当前农业银行员工思想中更加理性和现实的特点。同时，如果这样的需求若能得以适当的满足，对幸福农业银行的建设是很有帮助的。

(2)人际关系、欣赏肯定、默契配合和意见表达四个子因素所占权重分别列于前列,在一个相互协作的企业内部,员工之间的配合不仅是流程制度的约束,更需要相互的欣赏肯定、赞美鼓励、默契配合以及真诚的意见表达,这些影响因素是企业内部人际关系和谐的润滑剂,也是分散和减轻工作紧张压力的缓冲剂,若这些需要能得到及时地满足,那么幸福农业银行的建设就会得到很好的提升。

(3)个人时间支配、压力适当、灵活工作方式占比比较低,体现了农业银行员工目前生活和工作压力比较大。发展空间、职业规划占比比较低,是当前员工职业稳定性差的原因。同时也体现了广大员工期待农业银行能详细规定各个岗位的员工从进入开始的所有可以选择的职务、职位,与之对应的能力和经验以及对应的各种激励措施,然后凭本事、靠奋斗取得成功。培训与反馈、公平竞争、成长与发展、企业发展前景占比高体现了当前员工思想上发展愿望强的特点。兴趣与爱好、企业文化精神方面的需求占比也比较高,充分说明了当前农业银行员工思想上精神需求更加强烈。

(4)员工期待得到尊重和关爱。调查问卷中,反映此类意见、建议的在调查对象中占比86.8%。内容主要为:一是希望有良好的工作环境;二是能够尊重员工的合理诉求;三是能够建立畅通的上下沟通渠道;四是能够完善排班和休假制度,缓解工作压力。

三、对策思考:通过全面推进“幸福农业银行”建设健全完善思想政治工作的有效载体

从当前农业银行的思想政治工作现状看,大部分方式方法较为传统,流于形式、流于口号、流于浅层,且各级行领导干部重业务发展、轻人文管理,使思想政治工作边缘化,人文关怀和心理疏导工作进展缓慢。因此,要改变传统的说教式、谈心式思想政治工作方法,必须摆脱单纯就思想政治工作论思想政治工作的传统思维,大胆创新,为思想政治工作创造新的载体,赋予实质性的内容,这就需要通过“幸福农业银行”建设的各种政策、制度和措施,把思想政治工作融入到农业银行业务经营管理和员工的日常行为中,从而提高思想政治工作的有效性和针对性,实现好、维护好、发展好员工的根本利益,更好地调动好、发挥好员工的积极性、主动性、创造性。

而“幸福农业银行”建设不是一蹴而就的,是一个长期、可持续的课题,由于

各级行发展不平衡,不同地区的员工思想文化差异较大,基础不同,因此需要循序渐进、因地制宜地推进,找准适合本单位员工的方式、方法,完善相应的政策制度。总体来说,做好思想政治工作,使员工的思想行为同农业银行的价值观和企业文化相融合,关键就是要通过"幸福农业银行"建设,增强员工的归属感、荣誉感、认同感和幸福感。具体来说,要分三个阶段开展:

(一)第一阶段:建章立制打基础阶段

重点围绕员工最急需、最迫切的需求,建章立制,做好"幸福农业银行"建设的基础性工作。

加强"职工之家"建设,增强员工的归属感。"职工之家"与员工的工作生活息息相关,温馨舒适的小食堂、小伙房、小休息室、小菜园有利于为员工营造"家"的温馨。一是要制定"职工之家"建设的整体规划。坚持高标准定位、高层次设计、高质量建设,从源头抓起。在规划中要明确建设的基本原则、任务目标、资源配置、检查验收等,把每个符合条件的基层营业机构都建成合格的"职工之家";二是要分层推进、因地制宜。对于建家基础较好的单位,要提高建设层次,在网点"软环境"建设上下功夫;而对于建家基础薄弱的,要重点解决好基层员工的就餐和午休问题,满足员工的基本需求;三是要丰富"职工之家"的内含。坚持党工共建,一家多用,把职工之家建设成为"员工幸福之家""民主管理之家""党团活动之家"和"客户联谊之家"。

加强员工人文关怀和心理疏导,建设员工的精神家园。思想是行为的先导,思想认识的偏差,心理情绪的积聚,精神世界的匮乏,都容易导致员工的人生观、价值观和世界观发生扭曲,因此我们要加强员工特别是青年员工的思想引导、心理疏导和人文关怀,将人文关怀精神和心理疏导方法,创新和改革传统的思想政治工作,真正做到"春风化雨、润物无声"。一是要创新与员工沟通交流的载体。着手建立员工思想行为动态调查分析系统,及时掌握员工思想状况;利用微博、微信、qq 群等新媒体,畅通上下交流的渠道;大力推广经常性的谈心制度、行长接待日、员工家访、农业银行开放日等行之有效的做法,使农业银行、员工和员工家庭三方之间实现无障碍的有效沟通;二是关注员工的心理健康。通过聘请心理顾问、建立心理辅导团、开通心理咨询热线、成立心理辅导室等,及时为员工提供心理服务,缓解心理压力;尝试引入 EAP(员工援助计划),为员工提供心理咨询、培训和幸福力构建,全方位帮助员工及其家庭成员解决心理和行为问题;三是完善特殊群体的帮扶机制,让员工感受到家的温暖。建立特困员工动态档案,明确帮扶目标,提高困难员工救助标准,集中力量办大事。尝试试行即时救助办法,对遭受意外灾害、大病治疗等需要专门救助的员工,在自身无力承担的条件下,要及时进行重点救助,真正做到为员工"雪中送炭"。四是建设员工的精神家园。让员工享有健康丰富的精神文化生活,不断满足员工更高层次的精神需求,能够促进员工的全面发展,进一步提高员工的幸福水平。要加强基层员工文体活动阵地的硬件建设,尽可能多的开展群众性文体活动。要不断规范和提升员工文体活动的层次,认真研究新时期员工求知、求美、求乐、求新的文化需求,逐步改变员工文化活动分散化、无序化的状态,将各类文体活动制度化、人本化、经常化、普及化,让员工开心地工作、快乐地生活,使全行员工文化活动形成区域有特色、系统成系列的新格局。

(二)第二阶段:持续提升上层次阶段

通过第一阶段的努力,在各级行"幸福农业银行"建设初级阶段趋于平衡后,重点围绕保障员工的政治、经济、参与、知情等民主政治权益,切实提高员工的主人翁地位,不断增强员工的尊重感和认同感。

1. 要保障和实现员工的民主权益

民主渠道不畅通,职工的合理诉求就不能得到充分表达,会使各种矛盾不断积聚。在当前形势下,一是要创新职工代表大会的形式,丰富职代会内容,不断扩大基层员工特别是一线员工在职工代表的比例,提高基层员工的政治地位。二是落实好职代会的决议,履行好职代会的审议建议权、审议通过权、审议监督权,确保职工的提案及时答复,并得到落实。三是提高职工代表的政治地位,发挥他们的作用。要探索建立"职工代表巡视制度",组织代表在本选区进行定期常规巡视,代表针对特定事项进行集中巡视督导。四是保障职工的知情权和监督权,对涉及全行的重大决策、业务经营管理、员工切身利益等相关事项进行公开。五是推进民主监督机制建设,创新民主监督方式,逐步扩大民主监督的范围,使民主监督成为党内监督、行政监督、纪律监督的有效补充。六是要尊重员工创造,激励员工参与经营管理。要通过有效的约束激励机制,鼓励员工参与经营管理,参与业务创新。探索建立"金点子奖",对在业务流程、风险控制、产品创新等方面,具有重要参考价值的合理化建议给予重奖,最大限度地激发员工参与经营、关心改革的激情和活力。

2. 要依法保障职工的经济权益

收入分配是员工最关心、最直接、最现实的利益问题,是员工劳动经济权益的核心问题,也是影响员工工作积极性和主动性的关键问题。一是要优先保证一线员工工资合理增长。要按照“效率优先、兼顾公平”的原则,加强基层员工工资管理,建立与现有工资水平相适应的行内最低工资制度,进一步提高员工每月实发工资水平,优先保证基层员工工资合理增长。同时应控制机关工资增长,确保基层一线员工工资增幅高于机关员工工资增幅。二是要围绕创建“劳动关系和谐企业”,严格落实集体劳动合同和女员工专项集体合同,逐步建立工资集体协商机制,使薪酬分配制度得到广大员工的认可。三是要加快薪酬改革步伐。薪酬分配要坚持效率优先、兼顾公平,逐步完善以岗位价值为基础,绩效考核为依据,内具公平性、外具竞争力、高度契合战略的薪酬体系,不断开创员工心系发展和发展成果由员工共享的新局面。四是落实好带薪休假制度,足额为员工办理法定社会保险,逐步提高员工福利保障水平。

(三)第三阶段:日臻完善成特色阶段

根据马斯洛需求理论,人的需求最高层次是自我价值实现的需求。在经过第一、二阶段的建设后,员工的基本需求得到满足,工作的硬件、软件环境逐步完善,因此在这一阶段重点就是通过逐步深化人力资源改革、畅通职业发展通道、优化员工成长环境,最大限度地帮助员工实现自身价值。

马斯洛需求理论

马斯洛需求层次理论是行为科学的理论之一,由美国心理学家亚伯拉罕·马斯洛 1943 年在《人类激励理论》论文中所提出。马斯洛理论把需求分成生理需求(Physiological needs)、安全需求(Safety needs)、爱和归属感(Love and belonging)、尊重(Esteem)和自我实现(Self - actualization)五类,依次由较低层次到较高层次排列。

1. 深化教育培训改革,强化学习型组织建设,持续提升员工整体素质

员工培训是企业风险最小,收益最大的战略性投资,也是员工不断成长的动力与源泉。一是制订全面的培训计划,从分类培训、创新、组织、考核、激励方面做出具体的制度安排。根据职业生涯新任期、发展期、成熟期的不同培训需求,有计划、有步骤地进行针对性培训。创新培训方式方法,充分利用现有资源,如开办农业银行夜校、网络学院等方式组织举办基础知识和综合素养培训。二是深入开展“创建学习型组织,争当知识型员工”活动,把“创争”活动作为提高员工素质的抓手和平台,建章立制,引导各级各类学习由传统的灌输式、孤立

式学习,向研讨式、共享式、团队式学习方式转变,形成党政负责、工会实施、各方参与的格局。三是加强教育培训和学习考核激励机制建设,将培训考核效果与领导班子考核、综合绩效考核、教育培训资源配置挂钩,将学习培训纳入幸福家园工程和评选“关心员工的好行长”考核,激励各行关心员工成长、关心员工素质提高。四是研究制定员工培训积分管理办法,将培训学习情况纳入员工信息库,将员工培训积分与评先表彰、绩效考核、职称评审、职务晋升挂钩,充分调动员工参与学习培训的积极性、主动性。图 6 – 5 为山东农业银行举办的第二届读书心得报告竞赛。

图 6 – 5　第二届读书心得报告竞赛

2. 深化人力资源改革,优化干部选拔方式,畅通员工的职业通道

一是优化岗位管理。提高柜员岗位等级,提高岗位管理的灵活性和人岗匹配度。制定基层员工岗位晋升实施细则,合理设置支行及以下员工岗位晋升、晋级条件,实现同等条件下网点员工岗位晋升快于支行机关,支行机关快于二级分行机关的格局,引导广大员工扎根基层、机关员工向基层流动,从机制上解决基层“失血”问题。二是加大青年干部的培养力度。要在县域行实施青年英才开发工程,择优遴选优秀青年员工作为培养对象,认真实施轮岗培养、交流任职、项目实践等重点培养,搭建了优秀青年英才脱颖而出的“快车道”。三是要做好青年后备干部的培养。可以尝试在县域重点发展支行和重点推进支行开展行长助理配备工作,加快县域支行年轻干部培养。

3. 深入开展劳动竞赛，持续推进岗位练兵，促进员工岗位成才

坚持突出重点、注重实效的原则，围绕中心选择对单位发展推动作用大、覆盖面广的重点业务领域开展劳动竞赛，使劳动竞赛更加注重推动业务发展、更加注重提高员工队伍素质。要立足经常，将劳动竞赛与开展岗位练兵有机结合，动员全员参与，将劳动竞赛和岗位练兵切实落实到基层单位，落实到员工岗位。严格落实劳动竞赛有关政策，并积极探索建立岗位练兵结果与柜员等级分类、绩效考核挂钩机制，激发员工参与岗位练兵的主观能动性。图 6－6 为山东农业银行开展第八届柜台业务技术比赛。

图 6－6　开展第八届柜台业务技术比赛

4. 发挥先进典型模范带头作用

坚持“少而优”的原则，减少评选数量，加大奖励力度，对在农业银行改革发展中做出突出贡献的给予重奖，并与岗位积分、薪点设置、岗位晋升挂钩，使先进典型能够真正珍惜荣誉，最大限度地激发员工争先创优的激情和活力。同时对先进典型持续跟踪，实行动态管理，建立优胜劣汰机制；通过典型事迹宣讲、制作典型风采录像等形式，加大先进典型的宣传推广力度，用真实、平凡的事迹感动和激励员工。坚持物质奖励与精神激励相结合，建立健全评先表彰、疗休养、培训考察等多维度的激励表彰模式。各级行要建立劳模档案、落实劳模政策、维护劳模合法权益，对有困难的要重点帮扶。

四、机制建设:完善长效机制,为幸福农业银行建设提供制度保障

“幸福农业银行”建设是一项长期、可持续性的工程,要想贯彻好、实施好、建设好,必须有坚强的制度保障。靠制度去管人、管事,去贯彻落实好各项工作措施。一是要完善目标责任机制。各级行要把幸福家园工程纳入全行的总体发展规划,逐级分解任务、落实责任、持续推进。二是要完善考核评价机制。“幸福农业银行”建设开展的好坏,关键在员工的评价,关键在政策、措施是否受到员工的拥护。因此,要定期对各级行建设情况考核评价,采取定量指标考核和员工主观测评相结合的方式,全面客观地评价幸福农业银行的建设成果。对推进较好、员工反映好的单位,要通过现场会、交流会的方式推广经验;对进展缓慢、工作不力的单位,要重点调度、公开通报批评。三是要完善表彰激励机制。在“幸福农业银行”建设过程中,能否有效推进,关键看“一把手”是否重视。因此在表彰激励环节,要重点从调动各级行“一把手”的积极性做起。要开展“关心员工的好行长”评选活动,对获得“关心员工好行长”称号的领导干部颁发证书,并给予一定物质奖励,大张旗鼓的表扬,以此推动各单位“一把手”重视群众工作,鼓励各级单位关心、关爱员工。四是要建立宣传推广交流机制,加强宣传引导,开辟专题专栏,大力宣传幸福农业银行建设的重要意义、创建内容、政策措施,并把涌现出的先进典型和创新做法予以总结推广。

浅谈如何做好金融行业“80后、90后”青年思想政治工作

郄振雷*

“80后”这个词由少年作家恭小兵提出，本来是文坛对1980——1989年出生的年轻作家的称呼，后普及到各个领域，泛指20世纪80年代出生的年轻人。目前，“80后”青年已经成为金融从业人员中的重要组成部分，“90后”在近两年也开始陆续加入。这些年轻人不仅在金融一线员工队伍中占有较大比例，而且正逐渐成为金融行业的中坚力量。作为金融业的未来，他们的成长进步，在一定程度上影响着金融行业的发展。因而，在当前银行业改革发展关键期，充分认识“80后、90后”青年员工队伍的特性，准确把握他们的群体心态，有针对性地加强和改进思想政治工作，具有现实而长远的意义。着眼于此，我们选取一家规模较大(拥有员工1 565人)的某二级分行为样本，对其中的623名“80后、90后”青年员工开展了一次较大规模的调查研究，就如何做好他们的思想政治工作进行了初步的探讨，该行的具体情况如图7－1、图7－2和图7－3所示。

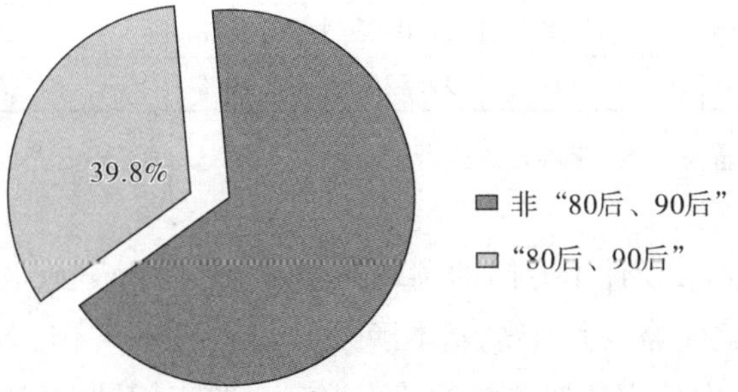

图7－1　某二级银行“80后、90后”青年员工占比图

* 中国银行河北省分行；本文获2014年全国金融系统思想政治工作和企业文化建设调研成果一等奖。

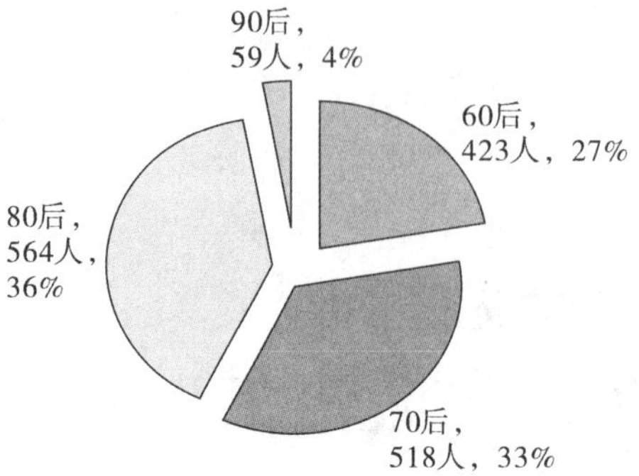

图7-2　某二级行人员年龄结构图

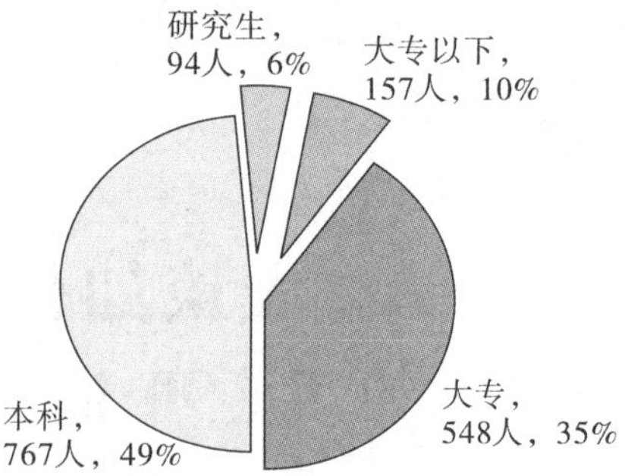

图7-3　某二级行人员学历结构图

一、调研形式和内容

本次调研主要采取问卷调查、专题座谈、微信群讨论、短信沟通等形式，调查对象为该行“80后、90后”，共发放问卷580余份，收回有效问卷516份；召开座谈会6次，参加人员100人，发言人员89人；设青年微信群1个，参与人员150人，积极沟通人员128人；发送短信620余条，接收回复597条，有效率为96.29%。本次调查形式多样，充分考虑了青年员工的特点；调查对象分布合理，兼顾了不同岗位、不同文化、不同政治面貌，具有普遍性和代表性。表7-1所示为对该二级分行青年员工的各项指标的调研统计情况。

表7-1　某二级行青年员工调研统计表

项目	覆盖人数	有效人数	覆盖率	有效率	占青年员工比率
问卷调查	580	516	93.10%	88.97%	82.83%
专题座谈	100	89	16.05%	89.00%	14.29%
微信群讨论	150	128	24.08%	85.33%	20.55%
短信沟通	620	597	99.52%	96.29%	95.83%

注：覆盖率=覆盖人数/青年员工人数；有效率=有效人数/覆盖人数；青年员工占比=有效人数/青年员工人数。

在调研内容上，设计了专门的调查问卷，涉及工作感受、成长需求、发展愿景、其他问题和建议等多个维度，基本涵盖了员工思想、工作、学习、生活的各个层面。针对调研中他们普遍关注的热点、焦点、难点问题，又通过专题座谈、微信群讨论等形式，与部分青年员工进行了比较广泛、深入的交流，引导他们畅所欲言，说真话、说心里话，对他们的所思、所想、所忧、所盼等思想动态进行了比较全面的了解。

二、群体特点和状况

从总体看,“80后、90后”成长在中国社会的转型时期,历经改革开放带来的思想碰撞,市场经济对原有价值观的冲击,信息化浪潮对生活习惯和工作方式的影响,与以往几代人比,有四个突出特点,即学识“优”、思维“新”、个性“强”、期望“高”。经过几年的实际工作,大多数能融入所在单位,有的开始成为中坚骨干,但有一部分在内心深处出现了四个心理落差,即理想愿景与现实工作的落差、工作岗位与所学专业的落差、发展空间与目标期望的落差、企业愿景与就业观念的落差。在这种情况下,有的青年面对多元的价值取向,明显增多的金融同业,也会出现归于平淡、频频跳槽两种思想倾向。

(一)四个突出特点

1. 学识“优”

该行现有的“80后、90后”员工中,教育程度普遍较高,本科及以上学历占90%,其中硕士及以上学历占17%,拥有AFP、CFP等较高职业资格人员占40%,且91%的青年注重自身的成长进步,他们希望能继续学习、不断深造,这些比例均远高于以往。同样,在文体特长上,78%的青年拥有一项以上特长,62%的青年有两项以上爱好,89%的青年渴望单位有丰富多彩的文体活动。

图7-4、图7-5、图7-6给出了80后、90后与非80后、90后的学历以及职业资格的对比情况。

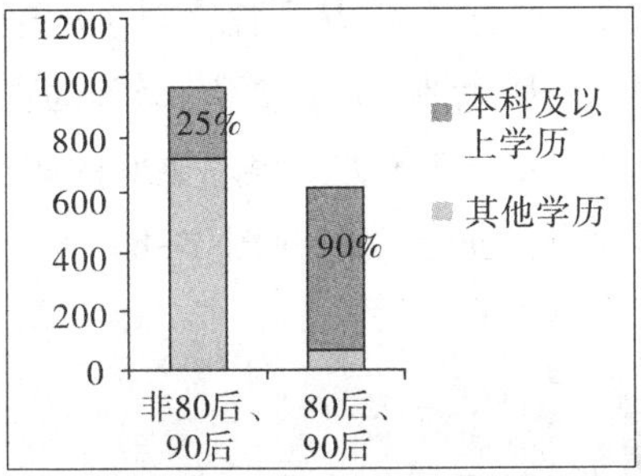

图7-4 本科及以上学历占比图

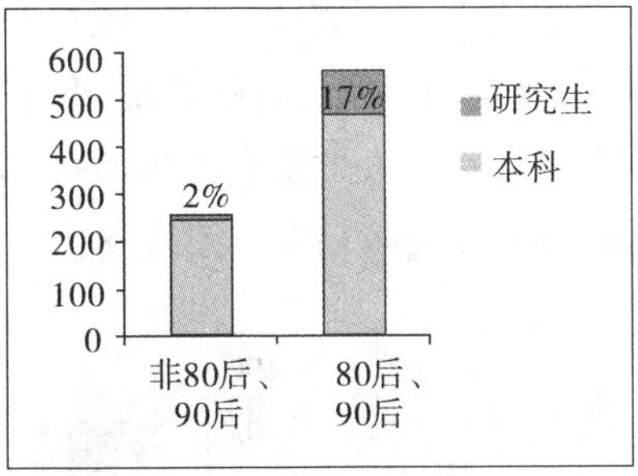

图7-5 本科及以上学历中研究生占比

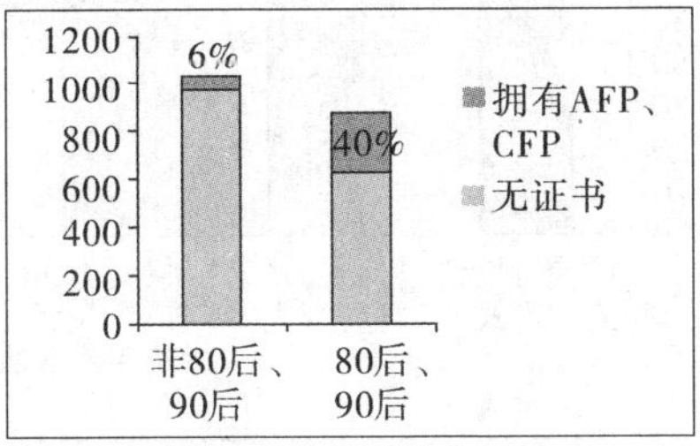

图7-6 拥有AFP、CFP等资格占比

2. 思维“新”

从调查座谈来看,“80后、90后”青年思想多样化,思维丰富多彩,对全行发展、对本职工作、对个人生活,都有全新的想法和规划。例如,87%的青年对本职工作有改进建议,81%的青年愿意参与单位的创新活动,75%的青年希望单位的教育管理更符合时代特点(见图7-7),仅从此次调查看,青年员工在微信群调研中,发言更踊跃;在分行组织的活动中,对各类创意比赛更感兴趣。

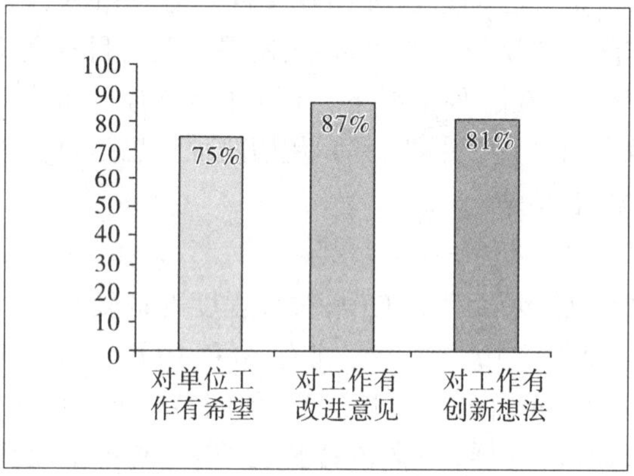

图7-7 “80后、90后”新思维

3. 个性“强”

“80后、90后”青年大都有较强的竞争意识、自主意识,从不讳言对个人理想的向往,更注重自我目标的实现,不愿被陈规陋俗所束缚。从调查看,85%的青年能够接受考核到人的模式,87%的青年愿意通过公开竞争方式谋求更好的职位,72%的青年更愿意采取小团队或是以个人努力为主进行工作(见图7-8)。

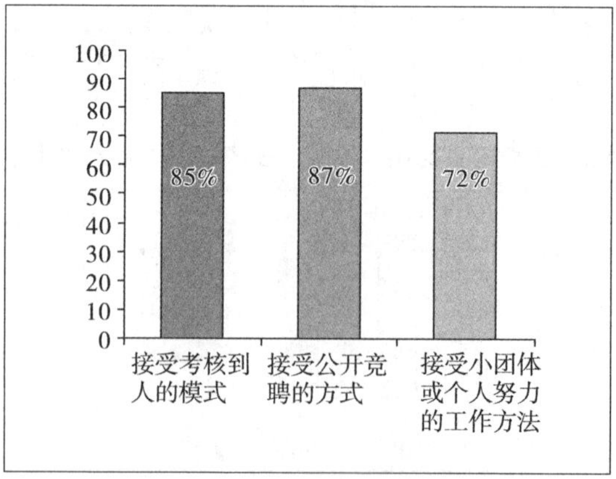

图7-8 “80后、90后”强个性

4. 期望“高”

自走入工作岗位，他们大多怀揣着美好梦想，有改天换地的斗志，希望较短时间内崭露头角，更希望做一番大事业。从调查看，89%的青年为自己设计了较为远大的职业发展目标，76%的青年期望通过三五年努力能上一个台阶，61%的青年有调整工作岗位的想法（见图7-9）。

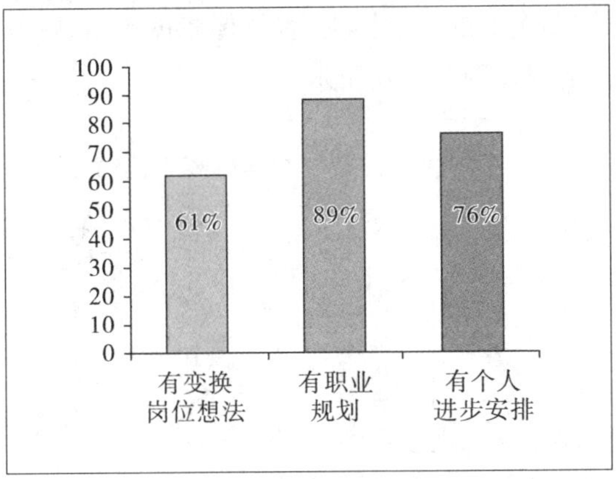

图7-9 “80后、90后”高期望

（二）四个心理落差

随着入职时间的增加，部分“80后、90后”青年面对现实中的不如意，在思想上出现了四个心理落差。

1. 理想愿景与现实工作的落差

“80后、90后”青年中，大多数在一线营销和柜面服务岗位，直接面对激烈的同业竞争，工作任务重，管理要求高，心理压力大，再加上银行业务具有单一性和枯燥性的普遍特点，大大超出了这些青年人对银行工作的美好期望。时间一长，对现实的难以适应，取代了初为银行员工时的自豪感和成就感，有些员工对工作现状开始不满，或不安心工作，或无所适从，或安于现状缺乏进取心。

2. 工作岗位与所学专业的落差

从校门进入工作单位，有些青年员工专业不对口，所从事的工作不是所学专业，感到学非所用，惆怅失落，得过且过；有的甚至认为自己学了这么多年专业知识，或是拥有那么高的学识水平，却只能做一线最基本的简单工作，根本无法发挥自己的特长，思想浮动，怏怏不快。

3. 发展空间与目标期望的落差

有些青年员工渴望能够在较短时间内得到组织认可，进而得到职位晋升，而金融行业的实际情况与心理期望值反差较大,对职业生涯的客观性、规律性缺乏充分心理准备,进而自感前途迷茫。

4. 企业愿景与就业观念的落差

部分青年员工,家庭条件优越,消费对他们来说已不仅是生存需求,同时也是一种生活方式和精神追求。在这样环境中长大的年轻人,适应“忠诚敬业”企业文化的过程较长,对企业的发展历史、目标愿景的理解认同需要较长时间。4个心理落差的调查情况如图7-10所示。

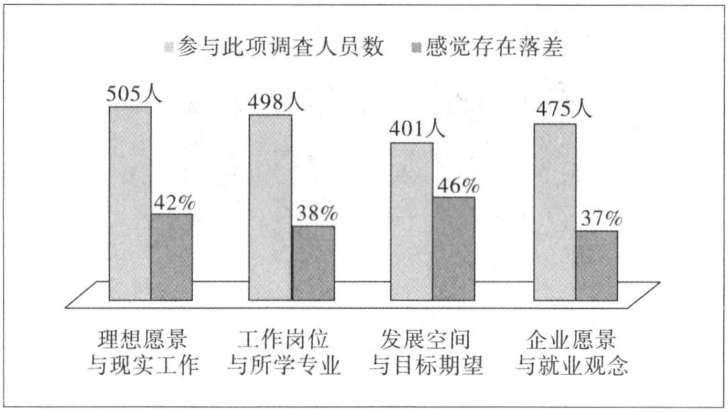

图7-10 青年员工出现的四个落差

(三)两种思想倾向

从调查看,面对四个落差,绝大部分青年能够立足岗位、主动调整、积极适应,但有部分青年出现了归于平淡、不思进取的思想倾向,出现了工作浮躁、频频跳槽的思想苗头。

1. 归于平淡、不思进取

面对日复一日、年复一年的重复工作,有的青年员工开始在思想上安于现状,工作上得过且过,发展上满足于过得去;有的滋生凡事讲实惠、处处求利益的片面思想,份内事情不做好,份外事情不愿做;有的自觉前途渺茫,缺乏自我提升想法。但深入看,这部分青年思想及言行并非一致,有的相对进步,也有的相对落后,如果拉一把,大部分会成为积极向上型,放一放便会成为消极落后型。

2. 工作浮躁、频频跳槽

尽管各家银行都在创造各层面青年员工成长的平台,但无法满足全部青年职工渴望成才的愿望,面对一时的不如意或者波折,部分青年职工出现失落、愤懑与不平心理,开始思考调整岗位或单位。再加上近两年,股份制银行加速向

二、三线城市扩张，城市商业银行纷纷谋求跨区域发展，这为部分青年员工“跳槽”提供了平台，从而形成了“吃着碗里的想着锅里的”的不安心工作状态。

三、工作方向和措施

（一）工作方向

针对“80后、90后”青年员工，传统的“说教式”方法收效甚微，在拥有高学历青年员工群体的金融行业尤其如此。只有根据他们的特点，围绕他们的所思、所想、所盼，创新思想政治工作方式方法，才能在他们的成长历程中，不断注入正能量，进而引导他们，立足本职，建功立业。

（1）**定位**：把员工思想工作列入重要议事日程，与发展、管理、服务同计划、同安排、同考核，使其经常化、规范化、制度化。不断改进思想工作方式方法，坚持“尊重、理解、启发、关心、激励、塑造”的原则，一把钥匙开一把锁，有针对性地做好每个人的思想工作。

（2）**目标**：激发“80后、90后”青年员工的青春活力，使其成为加快业务发展和加强内部管理的中坚力量，成为市场营销和客户服务中最活跃的因素，成为提升核心竞争力和促进银行稳健经营的重要保障。

（3）**方式**：针对“80后、90后”青年员工的特点，摆脱自上而下、说教式的单向灌输，坚持多样性和灵活性相统一，整体性和协调性相统一，达到“随风潜入夜，润物细无声”的效果。把握思想政治工作个性化的方向，坚持寓教于娱乐，以丰富多彩的文体活动培养员工的团队精神；寓教于学习，以切实有效的学习培训提高员工的工作技能；寓教于引导，以深入人心的精神文明理念培育员工的爱行敬业意识；寓教于管理，以规范的业务操作流程和严格的日常监督，提高员工的工作执行力，使各项制度得到有效落实；寓教于交流，积极营造员工之间坦诚、互助的和谐氛围，创建优秀企业文化，增强员工职业荣誉感，创造良好发展环境。

（二）工作措施

1. 搭建四个平台

（1）搭建素质提升平台。以“创建学习型组织、争当知识型员工”为目标，强化青年员工职业素质考核，如业务培训、技能练兵等，重点培训业务操作流程、新产品知识、业务营销技巧和技能练兵等方面内容。鼓励员工参加各种形式的专业技术和科学文化知识学习，特别是AFP、CFP等与职业密切相关的从业资格，在紧张忙碌的工作中尽可能为员工创造宽松的学习环境，提供必要的学习条件,以及时间、资金、教材等有力支持。

(2)搭建业绩提升平台。倡导青年员工在各自的工作岗位上奋勇争先,比服务质量、比工作业绩、比遵章守纪,在全行上下营造积极向上的劳动竞赛氛围,培养其强烈的责任意识,激发工作积极性,挖掘每个人的内在潜力,引导青年员工在勤奋工作中规划职业生涯、实现人生价值。

(3)搭建快乐工作平台。经常性组织青年员工开展登山、摄影、篮球、羽毛球比赛等文体活动,活跃业余生活。对积极参加各项活动的青年员工给予表彰,在绩效评价中给予适当倾斜,树立样板典范作用。

(4)搭建和谐生活平台。坚持"五必访"制度,即对青年员工做到节假日上班必访、红白喜事必访、员工及家属生病必访、家庭有矛盾必访、有思想问题必访,努力形成一种民主、和谐、平等、互助的良好氛围,使青年员工感到领导与同事的可信、可靠、可亲、可爱,进一步提升员工的归属感。

2. 落实四项权利

(1)扩大参与权。在制定各项经营措施、发展规划时,充分征求青年员工的意见,倾听青年员工的意愿,依靠青年员工实施。

(2)赋予知情权。及时通报上级经营决策、本单位发展形势以及财务管理、年度考核结果、评先创优结果、福利使用、人员岗位调整、重大奖励、处罚情况,将阳光操作融入日常管理之中。

(3)广赋监督权。在保证青年员工参与权与知情权的同时,赋予相应的监督权利,将青年员工满意度作为工作健康开展的重要指标,方便他们提出各种意见和建议。

(4)尊重表达权。围绕中心工作、业务风险防范工作,与青年员工切身利益相关难点热点问题,鼓励青年员工关心单位建设,对其中具有建设性、具有实际意义的意见和建议做到事事有回音,件件有落实。

3. 构建四个体系

(1)思想建设推进体系。把青年思想政治工作中定性因素进行有效量化,从最能反映青年员工现状和其普遍关心的"个人生活指数、个人收入指数、未来职业发展指数、内部人际环境指数和外部综合环境指数"入手,构建一整套思想建设考核指标,准确了解青年员工对工作生活的真实期望与感受。对不同学历、不同身份、不同岗位的员工思想、行为、期望等有更全面细致的把握,以此衡量青年员工个人发展与单位发展之间的相互适应度,把握青年员工的整体发展趋势,推进青年员工思想建设与构建和谐银行的相互促进。

(2)绩效管理激励体系。围绕“以满意的员工赢得满意的客户”这一目标，着力构建以“沟通、激励、关爱、协作、进步”为主题的绩效文化，突出三个特点：一是牢牢把握公开、公平、公正原则，从制定考核办法到推进考核过程，再到考核结果评定和运用，不仅体现多劳多得，更要增进队伍团结；不仅充分发挥员工个人能力，更要强调岗位、团队间的相互协调配合；不仅体现贡献度，更要体现员工劳动量；不仅考虑到岗位性质不同，更要考虑对发展全局的具体作用。二是严格推进绩效管理操作流程，以绩效目标设计落实为基础，以辅导与沟通为关键，以考核与反馈为保障，以结果运用和薪酬兑现为动力，营造相互理解、相互支持、凝心聚力谋发展的工作氛围。三是丰富细分职位体系，增加技术职位，提升职位晋升频度、细化专业职位序列，尤其要更加重视规范员工技术职务的地位和待遇，有了成长空间，才能有效提高青年员工特别是业务骨干的忠诚度。

(3)工作创意支撑体系。青年员工是创新意识和创新思维最活跃的群体，也是金融机构赢得竞争的有力武器。因此，要从思想上放手让青年员工主动创新，一是要着力拓展产品创意空间，为青年员工立足本职发挥聪明才智、为开展金融创新提供广阔舞台。二是要着力拓展流程创新空间，鼓励青年员工围绕提升管理运转效率提出合理化建议，并根据创新成果的实际效应进行推广。青年员工的想法得到了尊重，工作得到了支持，激情得到了保护，就有了主观能动性的不断提升，干劲也就自然而然地不断增长。

(4)日常沟通保障体系。定期沟通是做好青年思想政治工作，特别是解决青年员工思想中存在问题的不可缺少的重要手段。要注重加强沟通的互动性，鼓励青年员工与主管、与各级领导的主动交流，各级领导应该敞开大门倾听下级、基层青年员工的意见和建议。在沟通中重点把握“导向、激励、成长”三个效应：根据经营形势和思想变化及时跟进、有效辅导，从而通过跟踪整个经营管理过程和阶段性成果来不断总结和改进各流程中的缺失，同时及时将阶段性考核结果反馈给本人，在坦诚交流中实现相互理解和信任，从而创造时时进步、人尽其才的履职空间。对那些在工作中表现积极、业绩突出的青年员工，在坚持多劳多得原则的同时着重树立榜样作用，通过优秀员工、营销能手、服务标兵等评选表彰，全面体现个人价值以及对集体的重要贡献；另一方面则引导他们认识到中国银行集体对个人业绩的承载与保障作用，从而正确处理集体利益与个人利益的关系。对一些缺乏工作主动性、业绩一般、收入落后的员工，通过辅导他们解读考核办法，分析自身不足，找出与先进员工的差距，制定具体措施，明确下一步的方向。

基于微博的中国银行品牌宣传

中国银行苏州工业园区支行2013年新员工课题调研组*

一、前言

近年来,以各种新兴社会化媒体为平台的网络经济得到快速发展,日益焕发出强大的商业价值。惯于通过传统媒体宣传推广其严肃、理性形象的银行企业,也日益青睐于具有更好传播性、交互性、快捷性的微博等营销平台。中国银行作为银行业微博营销的领航者,其官网微博和电子银行微博粉丝数已分别达到349万和586万(见图8-1)。

图8-1 中国银行微博百度检索截图

微博文字简练、网状传播、易于共享,有助于企业更好地服务客户、推广业务。作为银行业而言,微博平台最重要的作用是通过与客户的互动交流,掌握

* 调研组成员:石晴、黄晨曦、徐浩然、倪舜烨、薛雨亭;本文获2014年全国金融系统思想政治工作和企业文化建设调研成果一等奖。

最全面、最直接的客户诉求,并将其整合到自身的营销和宣传体系中。2013 年,中国银行将微博定位于重要的品牌宣传举措,经营管理模式转向客户驱动的外向思维,品牌形象得到显著提升,企业效益也有大幅增长。值得注意的是,银行作为高风险行业,在使用微博平台时同样面临着负面新闻传播快、危机公关要求高的新要求,如果使用不当,将很有可能给企业品牌形象造成严重损失。

本文以中国银行基于微博的品牌宣传工作为研究对象,通过问卷调查分析的方法,主要目的是探索分析影响银行业微博宣传和营销的因素有哪些,以及这些因素对客户选择银行品牌具有怎样的影响。意义在于深化中国银行企业微博营销的理论研究,为我行借力微博平台宣传品牌和开展营销提供策略和借鉴。

二、研究方法

(一)问卷设计

本文的调查采用自编问卷的形式,小组成员通过对周围经常使用微博的客户进行访谈,并对新浪、腾讯、网易部分关注银行企业微博的认证会员进行了电邮访谈,最终确定了客户最为关注银行企业微博的 6 个预测变量因子,分别是:博文内容、微博活动、微博活跃度、交互程度、微博达人参与、高管微博知名度;以及 4 个结果变量因子,分别是:多次购买意愿、为其推荐意愿、延伸购买意愿、价格容忍意愿。经过不断调整完善,确定了以下调查内容。

预测变量反映的是影响客户对银行企业微博态度的不同因素,设计项目见表 8-1。

表 8-1 调查问卷预测变量设计表

变量	测量项目
博文内容	该银行发布的微博内容丰富多彩
	该银行发布的微博内容真实可信
	该银行发布的微博内容条理清晰
微博活动	该银行发起的微博活动独具特色
	该银行发起的微博活动能让我获利
	该银行发起的微博活动能够产生社会公益
更新频率	该银行的微博表现非常活跃
	该银行的微博经常关注热点话题
	我经常跟随该银行的微博参与热点话题讨论

续表

变量	测量项目
交互程度	该银行的微博能够及时回复并评论粉丝留言
	该银行能够在微博上及时解决粉丝提出的问题
	该银行与粉丝的交互动作增加了我对其微博的信赖
微博达人参与	我经常关注微博达人的微博
	我因为微博达人的参与而关注该银行的微博
	微博达人的参与增加了我对该银行的信赖
高管微博知名度	我经常关注该银行高管的微博
	我认为高管代表了该银行的形象
	该银行高管的微博影响了我对该银行微博的信赖

结果变量反映的是企业微博对客户选择银行品牌和产品造成的影响,设计项目见表8-2。

表8-2 调查问卷结果变量设计表

变量	测量项目
多次购买意愿	因为该微博而愿意多次购买该银行品牌的金融产品
	当需要再次购买同类金融产品时,对该银行优先考虑
	该款产品到期后,我还会追加或重新购买
为其推荐意愿	愿意向他人推荐该银行企业品牌和产品
	遇有涉及该银行品牌或产品的话题时,我会积极参与
	建议别人关注该银行微博
价格容忍意愿	该银行金融产品的费用在我承受范围内时就会购买
	其他银行有同类产品且略便宜时,我也不会购买
	我更关注该银行的产品或服务质量,较少在乎价格
延伸购买意愿	愿意购买该银行品牌推荐的其他金融产品
	认可该银行的整体品牌,并因此认可其所有产品和服务
	会经常关注该银行推出的适合自己的新产品和服务

(二)抽样方法

本次调研主要采用问卷调查法。主要通过向已经成为银行企业客户且关注该银行企业微博的人群发放问卷,同时使用“问卷星”向随机抽取的新浪、腾讯、网易微博上关注银行企业微博的认证会员发放电子问卷,共收回问卷326份,其中有效问卷共283份,有效率约87%。从问卷的统计结果来看,此次调查真实有效,基本能够反映银行企业微博用户的使用需求。

(三)问卷分析

在完成数据搜集工作后,首先针对确定的调查内容拟制题目,并使用SPSS19.0进行数据的描述性分析、信度分析以及回归分析等工作,并结合office软件进行数据表格的制作,对银行企业通过微博进行品牌宣传进行实证研究,为中国银行开展相关业务工作提供可靠的意见建议。

三、调查结果分析

(一)用户特征分析

本小组收到的283份有效问卷中,反映用户特征的基本统计信息如表8-3所示。

表8-3 用户基本特征信息表

变量	指标	数量	百分比
性别	男	145	51.00%
	女	138	49.00%
年龄	16~23岁	39	14.00%
	24~30岁	176	62.00%
	31~36岁	40	14.00%
	37岁及以上	28	10.00%
学历	大专及以下	68	24.00%
	本科	147	52.00%
	硕士研究生	62	22.00%
	博士研究生	6	2.00%
月支配收入	500~1 500元	23	8.00%
	1 500~2 500元	45	16.00%
	2 500~3 500元	34	12.00%
	3 500元以上	181	64.00%

续表

变量	指标	数量	百分比
日平均微博使用时间	0.5 小时以下	28	10.00%
	0.5~1 小时	37	13.00%
	1~2 小时	63	22.00%
	2~3 小时	113	40.00%
	3 小时及以上	42	15.00%
日平均微博登录次数	0~1 次	11	4.00%
	2~3 次	54	19.00%
	4~5 次	93	33.00%
	6 次及以上	125	44.00%

分析认为,受访者具有以下基本特征:

(1)受访者男女数量为51∶49,性别比例相对均衡。

(2)受访者年龄分布在30岁以下的占76%,远高于30岁以上的占24%,可见微博受众以年轻人为主,且关注银行企业微博的用户多为年轻人中的已就业群体。

(3)受访者学历主要为本科,占总人数的52%,硕士和博士研究生学历合计占总人数的24%,这说明微博用户以高学历群体为主,该类人群易于接受和掌握新事物,他们的看法也更具代表性。

(4)受访者月可支配收入在3 500元以上的有128人,占总人数的64%。这说明关注银行企业微博的人群多具有一定的经济基础。

(5)受访者中日平均微博使用时间在2~3小时的占总人数的40%,日平均登录微博次数在6次以上的占总人数的44%。可以认为,本次调查对象基本满足经常使用微博的条件。

(二)用户选择银行品牌的动机分析

这部分内容是本文的重点,主要分析的是用户通过微博认知银行品牌,认同银行产品的过程中,有哪些是促成这一行为的因子,这些因子又产生了怎样的影响。也就是说,问卷题目中各预测变量与结果变量之间具有怎样的相关性。这些内容,将揭示中国银行在开展基于微博的品牌宣传时应当从何发力。

本小组选择了SPSS19.0统计软件,结合方差分析表对调查数据进行统计,主要判定F值的概率值ρ,预测变量与结果变量的显著相关性,以及拟合度水平

R_2 和显著性水平。我们根据前人的相关研究认为，$R_2>0.5$ 且显著性水平小于 0.01 的情况是可以接受的。

第一步，对问卷数据进行信度分析，以确定调查结果的稳定性和一致性。结果如表 8－4 所示。

表 8－4　问卷样本数据信度分析表

变量	题号	Cronbach's Alpha 值
博文内容	1～3 题	0.946
微博活动	4～6 题	0.946
更新频率	7～9 题	0.946
交互程度	10～12 题	0.951
微博达人的参与	13～15 题	0.951
高管微博知名度	16～18 题	0.953
多次购买意愿	19～21 题	0.946
为其推荐意愿	22～24 题	0.945
价格容忍意愿	25～27 题	0.944
延伸购买意愿	28～30 题	0.949

设定的 10 个变量的 Cronbach's Alpha 值都比较高，说明量表一致性较高，搜集获得的数据可以进行进一步分析。为简便起见，在本文的统计中，各变量按照所属三个题目得分的平均数进行赋值。

第二步，对设计变量之间进行相关性分析。结果见表 8－5。

表 8－5　问卷样本数据相关性分析表

项目	指标	博文内容	微博活动	更新频率	交互程度	微博达人参与	高管微博知名度
多次购买意愿	Pearson 相关性	.850**	.799**	.779**	.695**	.701**	.946**
	显著性（双侧）	.000	.000	.000	.000	.000	.000
	N	283	283	283	283	283	283
为其推荐意愿	Pearson 相关性	.814**	.810**	.866**	.527**	.563**	.951**
	显著性（双侧）	.000	.000	.000	.000	.000	.000
	N	283	283	283	283	283	283

续表

项目	指标	博文内容	微博活动	更新频率	交互程度	微博达人参与	高管微博知名度
价格容忍意愿	Pearson 相关性	.828**	.786**	.857**	.691**	.590**	.946**
	显著性(双侧)	.000	.000	.000	.000	.000	.000
	N	283	283	283	283	283	283
延伸购买意愿	Pearson 相关性	.741**	.824**	.724**	.540**	.642**	.949**
	显著性(双侧)	.000	.000	.000	.000	.000	.000
	N	283	283	283	283	283	283

由表8-5结果可见,6个预测变量与4个结果变量呈显著正相关性。

第三步,分别对6个预测变量对结果变量的影响建立回归模型,按照上述方法进行分析。分析结果见表8-6至表8-11。

表8-6　博文内容对结果变量的回归分析表

结果变量	R^2	非标准化系数		标准系数	t	Sig.	F	Sig.
		B	标准误差					
多次购买意愿	.722	.785	.035	.850	22.699	.000	515.252	.000
为其推荐意愿	.663	.837	.042	.814	19.728	.000	389.184	.000
延伸购买意愿	.685	1.031	.050	.828	20.740	.000	430.164	.000
价格容忍意愿	.549	.761	.049	.741	45.533	.000	241.273	.000

表8-7　微博活动对结果变量的回归分析表

结果变量	R^2	非标准化系数		标准系数	t	Sig.	F	Sig.
		B	标准误差					
多次购买意愿	.639	.790	.042	.799	18.720	.000	350.437	.000
为其推荐意愿	.656	.892	.046	.810	19.450	.000	378.291	.000
延伸购买意愿	.618	1.049	.059	.786	17.909	.000	320.723	.000
价格容忍意愿	.678	.905	.044	.824	20.429	.000	417.350	.000

表8-8　更新频率对结果变量的回归分析表

结果变量	R^2	非标准化系数		标准系数	t	Sig.	F	Sig.
		B	标准误差					
多次购买意愿	.607	.685	.039	.799	17.504	.000	306.382	.000
为其推荐意愿	.750	.848	.035	.866	24.398	.000	595.274	.000
延伸购买意愿	.734	1.017	.043	.857	23.390	.000	547.089	.000
价格容忍意愿	.524	.695	.049	.711	14.225	.000	202.356	.000

表 8-9　交互程度对结果变量的回归分析表

结果变量	R^2	非标准化系数		标准系数	t	Sig.	F	Sig.
		B	标准误差					
多次购买意愿	.484	.503	.037	.695	13.614	.000	185.354	.000
为其推荐意愿	.428	.527	.043	.654	12.619	.000	148.085	.000
延伸购买意愿	.478	.675	.050	.691	13.649	.000	181.422	.000
价格容忍意愿	.292	.435	.048	.540	9.039	.000	81.708	.000

表 8-10　微博达人参与对结果变量的回归分析表

结果变量	R^2	非标准化系数		标准系数	t	Sig.	F	Sig.
		B	标准误差					
多次购买意愿	.491	.498	.035	.708	14.096	.000	185.354	.000
为其推荐意愿	.338	.455	.045	.587	10.044	.000	100.889	.000
延伸购买意愿	.348	.560	.055	.590	10.275	.000	105.586	.000
价格容忍意愿	.296	.425	.047	.544	9.118	.000	98.432	.000

表 8-11　高管微博知名度对结果变量的回归分析表

结果变量	R^2	非标准化系数		标准系数	t	Sig.	F	Sig.
		B	标准误差					
多次购买意愿	.386	.426	.037	.645	11.157	.000	124.457	.000
为其推荐意愿	.421	.479	.047	.621	11.785	.000	138.578	.000
延伸购买意愿	.388	.568	.050	.687	11.245	.000	125.543	.000
价格容忍意愿	.228	.688	.048	.478	7.683	.000	58.674	.000

由表 8-6、表 8-7、表 8-8 可知，博文内容、微博活动、更新频率与客户多次购买、为其推荐、延伸购买、价格容忍之间具有正相关性，且对应拟合度水平 $R_2>0.5$，回归模型通过了 F 检验和 T 检验。

由表 8-9、表 8-10、表 8-11 可知，交互程度、微博达人参与、高管微博知名度与客户多次购买、为其推荐、延伸购买、价格容忍同样具有正相关性，但对应拟合度水平 $R_2<0.5$。

基于以上分析，我们得出以下结论：

增加微博内容的吸引力，发起客户喜爱的微博活动，提高微博的活跃度，是吸引客户、关注银行品牌、认同银行产品的显著因素。长期以来，普通群众对银行企业的认知存在陌生感、隔阂感、距离感，精彩纷呈的博文内容、丰富有趣的微博活动、经常更新的微博活跃度易于消除这些负面感觉,在一定程度上能够增加客户对银行企业的亲近感,以及对银行品牌的认同感。

微博与客户的交互程度对银行品牌宣传作用不显著。我们认为,这是银行企业本身的业务特性造成的。由于银行客户的业务往来多涉及金钱,具有一定的风险性,因此他们更习惯于通过营业网点、电话银行、网银和手机银行等途径来解决问题,了解银行产品和服务,这也是银行企业开展微博宣传必经的一个起步过程。

而微博达人参与、高管微博的知名度等因素也表现出不显著的相关性,这主要是由于关注银行企业微博的客户群体多具有独立的思辨能力,不易受到微博达人意见的影响。而客户群体多通过身边人、身边事了解银行品牌和产品,对银行企业高管并不关注。

(三)用户对中国银行微博的反映

在本次调查中,我们专门加入了与中国银行微博相关的问题,以进一步了解用户对中国银行微博的思想反映,结合3.2节的分析,对照梳理中国银行基于微博的品牌宣传的有效途径。

调查显示,有80%的受访者对中国银行微博的开通表示支持,有75%的受访者认为通过中国银行的微博能够更加了解其产品,增进对中国银行品牌的认同。同时,我们对受访者年龄与其对微博的支持率进行分析,发现二者呈负相关。即在年龄较大的受访者群体中,对中国银行微博能够起到品牌宣传作用的支持度最低,4名认为"微博对中国银行品牌推广没有任何作用"的受访者年龄都在30岁以上。我们认为,这是随着受访者心理的成熟和社会阅历的增长而产生的差异。

在对中国银行微博内容的关注上,调查结果排名前三位的内容可以归结为金融产品、活动信息、企业文化的宣传。我们认为,对企业文化的关注是客户主动的表现,而这种主动关注是与中国银行微博内容的设置分不开的。无论是签名背景页醒目的"担当社会责任,做最好的银行"LOGO,还是焦点区"每日市场点评""中银微刊""我们让世界精彩"等小栏目,中国银行在微博上全方位流露出它的服务理念,迎合了该银行客户关注社会责任,关注金融理财的群体定位,吸引了客户经常关注中国银行微博,并从中获取认同的共鸣。

在调查中,受访者普遍满意中国银行微博的发展。中国银行微博于2012年开始运行,在同类企业微博中起步较晚,但其粉丝数目前已处于领先水平,有的微博转发和评论数都达到10 000人以上(见图8-2),这也是用户对该企业微博的一种肯定。

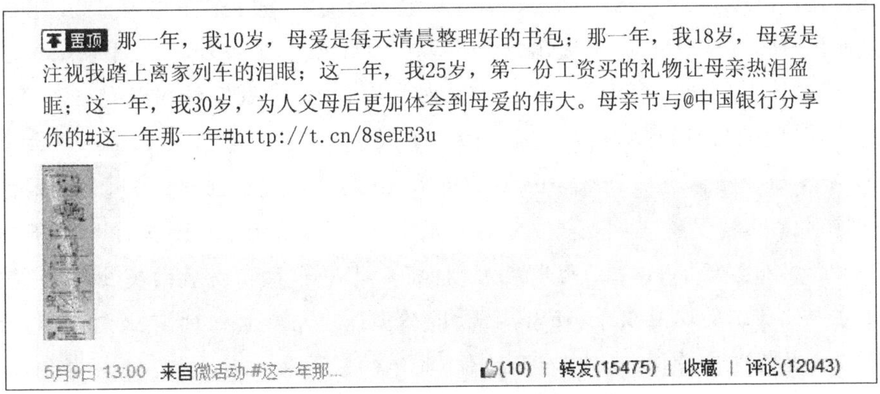

图 8-2　中国银行微博部分内容检索截图

四、对中国银行基于微博的品牌宣传建议

（一）加强微博内容建设

我们在调查分析中得出结论，微博内容是银行企业微博的核心，中国银行要想通过微博对自己的品牌和产品进行宣传推广，首先要加强微博内容建设，包括发布什么微博内容、怎样发布微博内容两个主题。

发布什么微博内容，本质上是企业想树立怎样的微博形象的问题。就中国银行而言，其主打的是出国金融服务，以及各类大众理财产品，但我国民众有相当一部分对出国金融服务知之甚少，或者缺乏必需的理财知识，也难以接受刻板教条的理论灌输。因此可以通过图文结合、案例分析等灵活生动的途径，塑造富有亲和力的微博形象，拉近与客户的距离。同时，在策划微博内容时，应注意把握好“新鲜、有趣、有用”的基本原则与自身品牌、产品、行业的关联性，把握好信息内容的真实性和可靠度，维护好自身企业形象。

怎样发布微博内容，关键是在发布时间的选择上。根据微博风云榜对 394 个金融服务企业微博账号进行的调查显示，信息发布高峰为每天上午 9 时至 12 时，下午 14 时至 17 时，这与工作时间相符，说明微博发布是作为一项业务工作来进行的。而对于客户来说，上下班路上以及晚上休息时段，是其关注微博的峰值时间。因此我行的微博管理人员在选择微博发布时间时可以注意这一问题，适当选择错峰发布等办法，提高博文内容的关注度。

圆融共兴 人才领先

2014年7月18日,中国银行苏州工业园区支行迎来了20周年诞辰。20年来,园区支行始终秉承着“争做区域内最好银行、争做系统内最佳支行”的发展愿景,从无到有,从一家仅有13人的小支行发展至今天近350人的大家庭,从各项业绩零突破到综合指标位居系统内、区域内前列,与苏州工业园区一起创造了起步腾飞、繁荣昌盛的发展奇迹。20年来,园区支行始终贯彻“出人才、出经验、出绩效”的发展原则,将人才培养放在发展的突出位置,关注每一位员工的职业前景、业余生活、道德塑造。培养员工的职业素养,陶冶员工的思想道德情操,营造和谐、协作、共享的家园文化是我们园区支行不懈的追求。

图8-3 中国银行苏州工业园区支行

(二)加强微博活动策划

微博活动是吸引客户的另一个重要因素。通过发起微博活动,企业微博可以发挥社会化应用平台的作用,提升企业注重社会责任的良好形象,更可以吸引更多的潜在客户。以新浪微博为例,其在页面上设置有“微活动”的页面应用,为用户组织开展活动提供了方便。近年来,招商银行的“春节回家出行易”促销推广活动,兴业银行的“我为山区孩子点亮一盏灯”社会公益活动等都赢得了良好的口碑,通过微博平台提升了企业的品牌形象,非常值得借鉴。

中国银行应当结合时下热点,多类型的策划和开展微博活动。具体而言,可以结合时事热点、重要节庆、企业内部重大活动、新产品上市等开展微博促销活动，普及金融知识。针对国内外焦点事件、自然灾害、贫困地区、弱势群体等开展具有一定持续性的公益活动，使客户看到中国银行不仅有良好的经营业绩，更有积极的责任担当的良好形象。需要注意的是，微博活动应当找准活动与企业自身服务、产品的结合点，不能单纯地为了提高关注度而搞活动。

员工培养　携手共进

新员工课题调研活动作为中国银行苏州工业园区支行培养新员工的一个重要举措，已连续举办了两届，均取得了较好的成绩。由2011年、2012年新员工撰写的部分优秀课题调研报告不仅在苏州分行评选活动中崭露头角，在江苏省金融学会评选中也名列前茅。新员工课题调研活动以支行每年通过校园招聘新入行的员工为参与对象，采用分组调研、收集数据、撰写报告的形式，充分发挥广大新员工的积极性和参与性。同时注重员工间的知识经验分享，定期组织培养工作推进会，由老员工分享心路历程，传授工作及课题调研的成功经验。该活动注重实践，从实际出发，为新员工更好掌握行业动态，深入了解专业领域知识技能开辟了新通道。

图8-4　新员工课题调研活动

（三）加强话题营销宣传

通过调查分析我们发现，微博更新是否经常，话题讨论是否活跃，对客户的关注度具有十分显著的影响。新浪微博在页面中也为用户设置了“微话题”功能，粉丝可以从中了解到微博近期开展的话题，并检索和参与相关内容，找到激发兴趣的信息和保持对微博的新鲜感。

因此,建议中国银行在开展微博宣传和营销时,将企业产品和活动、服务和文化与微话题结合起来,充分利用好话题营销这一传播功能。粉丝在直接参与和互动交流中,评论、转发该行新产品,了解该行新理念,还可以更加直观地了解微博内容和活动,进一步加快了银行品牌形象的传播。

(四)加强微博服务质效

我们在调查分析中发现,微博互动与客户对银行企业品牌的认知具有正相关性,但交互程度并不十分显著。其原因主要在于金融行业产品服务具有一定风险性、专业性,以及微博平台发展尚不成熟造成的。因此,加强微博平台的功能发挥,还要在提高微博服务意识,拓展微博服务功能上下功夫。

建议中国银行可以充分利用微博功能,通过建立粉丝群组、分类应用标签、借力第三方分析软件等途径,细化微博粉丝的构成和需求,有针对性地开展服务和宣传,在现已开通电子银行微博的基础上,还可以尝试开通其他职能部门,以及地市分公司的微博,建立起功能完善、响应及时、体系科学的服务机制。

(五)加强微博精准营销

在传统营销模式中,银行企业与客户缺少主动沟通,业务发展依靠客户惯性。而在我们的调查中,微博用户呈现出鲜明的高学历、高收入、年轻化等特点,这些客户易于接受新事物,喜欢通过电子商务平台完成个人消费及投资,也正是银行企业新兴的目标客户群体。因此,在通过微博平台进行宣传及营销时,必须加强企业的精准营销水平,以品牌化驱动自身发展。

基于微博达人、企业高管的号召力对银行企业微博客户影响力较小的特点,建议中国银行可以采取线上线下结合的方式,开展以草根明星、理财高手等为主要内容的微博粉丝票选活动,企业高管通过线下讲座、研讨等面对面接触,以自身的人格魅力和专业知识博得粉丝的认可,而后再开展微博宣传,以此提高宣传效果,树立企业良好形象。

五、总结

微博为企业提供了更为宽广的宣传渠道,实现了与客户的直接接触交流,以微博作为平台的企业品牌宣传更成为新的营销模式。本文通过调查分析,初步完成了对影响客户关注企业微博诸因子的研究,为下一步实践工作提供了借

鉴。但由于本小组成员能力所限,文章中仍存在一些不足,将在下一步的学习和工作中加以克服。具体来说,主要有以下三个方面:

一是调查分析的预测因子和结果因子的选取还不尽完善。由于基于微博的品牌宣传这一课题内容较新,影响因子的选取多由访谈得出,其全面性和有效性尚待考证。

二是本文受访对象都是银行企业的个人客户,缺少对企业客户的调查,这势必对调查结果产生影响。

三是本文以银行企业为研究对象,旨在为中国银行开展微博宣传提供有益借鉴。但研究的银行企业数量、类型有限,内容过窄,难以对我行的微博品牌宣传提供更为全面的帮助。

交通银行女员工思想发展状况调研分析报告

交通银行工会委员会*

一、调研背景

为全面了解女员工的思想发展状况,发挥工会组织的维权职能,进一步加强女员工专项劳动保护工作,总行工会开展了2014年女员工思想发展状况调研活动。4~6月,在全国45个分支机构开展了包括调查问卷、座谈会等多种方式的调研活动,共有近9 000名女性员工参与了此次调研,在对调研数据、座谈信息进行整合、分析、评估的基础上,形成《交通银行女员工思想发展状况调研分析报告》。

报告主要围绕以下四个方面进行分析:一是女员工对待工作、生活的基本态度,了解女员工岗位成才需求和工作生活中面临的各种压力;二是了解女员工对社会热点问题的基本观点,分析影响女员工队伍稳定,特别是思想稳定的潜在因素;三是各单位女员工组织建设的现状及工作开展情况;四是需求聚焦分析,解析女员工对女工劳动保护工作的需求和建议。通过多角度的分析,并基于交通银行女员工面对的压力和实际需求,提出具有针对性的管理优化建议,为交通银行工会开展女员工专项劳动保护工作提供决策支撑。

(一)调研目的

(1)了解女员工工作、学习、生活状况,研究分析存在的问题,提出对策和建议,为制定和完善《交通银行女职工专项保护集体合同》提供依据。

(2)推动各单位贯彻落实相关法律法规,总结推广工会女职工工作中的好经验、好做法。

---

* 本文获2014年全国金融系统思想政治工作和企业文化建设调研成果一等奖。

（二）调研策略

1. 调研内容

交通银行女员工思想发展状况调研主要包括以下三个方面：

（1）工作生活：主要包括工作观念、岗位满意度、爱岗敬业情况以及学习职业技能、技术情况；在女员工专项劳动保护方面的情况以及在工作生活中面临的各种压力等。旨在了解女员工对待工作、生活的基本态度，以及女员工岗位成才需求和工作生活中面临的各种压力，为从女员工切身利益出发，联系实际进行宣传教育提供依据。

（2）社会热点：主要包括女员工对收入、物价、就业、住房、教育、医疗、社会保障、劳动关系等问题的态度和反映。旨在充分了解女员工对社会热点问题的基本观点，分析影响女员工队伍稳定特别是思想稳定的潜在因素，为做好女员工思想工作提供参考。

（3）女工工作：主要包括所在单位女工组织建设情况和工作情况。通过调研，进一步了解女职工劳动保护工作基本情况、主要经验及做法、女职工劳动保护工作中存在的问题及原因、影响女职工劳动保护规定落实的因素、对加强和改进女职工劳动保护工作的意见和建议。

2. 调研方法

本次调研，采取抽样调查和典型调查相结合的方式，发放调查问卷、召开座谈会、深入有关单位等形式开展，各单位工会结合实际，确定调查方式，全面了解和反映本级和本辖区单位工会女员工思想发展状况情况，并上报调查报告。具体如下：

通过问卷调查，了解女员工对待工作、生活、学习的态度，面临的压力，看待社会问题的观点，以及目前单位女工工作的开展情况；通过座谈会和深入有关单位，了解女员工劳动保护工作的经验和做法，以及女员工的实际需求和建议。

（三）调研样本

本次问卷调研通过各单位自行组织评测，后期汇总统计的方式进行，测评除基本信息外包括三部分内容，女员工工作生活情况、社会热点问题以及女工工作开展。共有45家单位提交了问卷数据，其中有效问卷数为8 162份，有效问卷率达90.7%，具体信息见表9－1。

表9-1 部分问卷情况汇总

单位部门	计划抽样人数	实际抽样人数	有效问卷
北京市分行	100	100	100
天津市分行	100	150	100
河北省分行	100	100	100
山西省分行	100	100	100
内蒙古区分行	50	70	70
辽宁省分行	100	100	100
大连分行	50	50	50
吉林省分行	100	439	100
黑龙江省分行	100	100	100
上海市分行	100	305	305
江苏省分行	100	100	100
无锡分行	50	50	50
苏州分行	50	280	280
浙江省分行	100	100	100
宁波分行	50	52	52
安徽省分行	100	120	108
福建省分行	100	100	100
厦门分行	50	62	62
江西省分行	100	100	100
山东省分行	100	100	100
青岛分行	50	55	55
河南省分行	100	113	113
湖北省分行	100	100	100
湖南省分行	100	1 012	1 012
广东省分行	100	116	116
深圳分行	100	593	593
广西区分行	100	100	100
海南省分行	100	118	118
重庆市分行	100	721	721
四川省分行	100	100	100
贵州省分行	100	100	100
云南省分行	100	100	100
陕西省分行	100	110	110

续表

单位部门	计划抽样人数	实际抽样人数	有效问卷
甘肃省分行	100	108	108
宁夏区分行	50	60	54
新疆区分行	100	551	551
青海省分行	50	79	75
武汉金融中心	200	200	200
南宁金融中心	100	372	101
交银施罗德	20	21	21
交银国信	20	20	20
交银租赁	20	21	21
交银康联	20	116	20
信用卡中心	200	1 469	1 468
交银服务公司	8	8	8
总计	3 838	8 996	8 162

二、样本分析

(一)年龄结构分析

参与此次调研的女员工年龄结构分析结果见图 9－1。

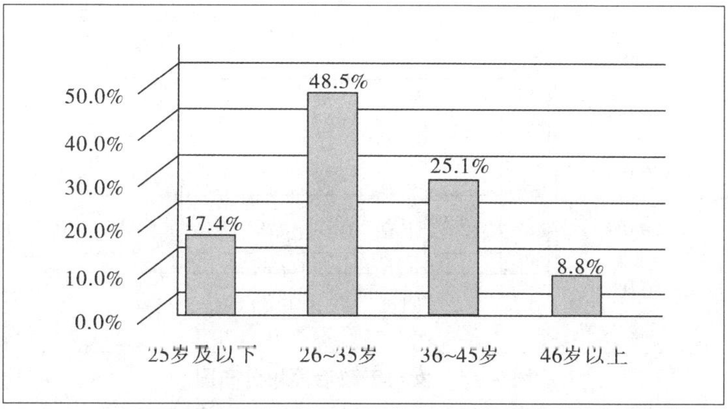

图 9－1　女员工年龄结构分布图

由图可知,参与此次调研的女员工以 26～35 岁的青年员工为主,占比近一半;其次为 36～45 岁的员工,占比近 1/4。

(二)学历结构分析

参与此次调研的女员工学历结构分析结果见图9－2。

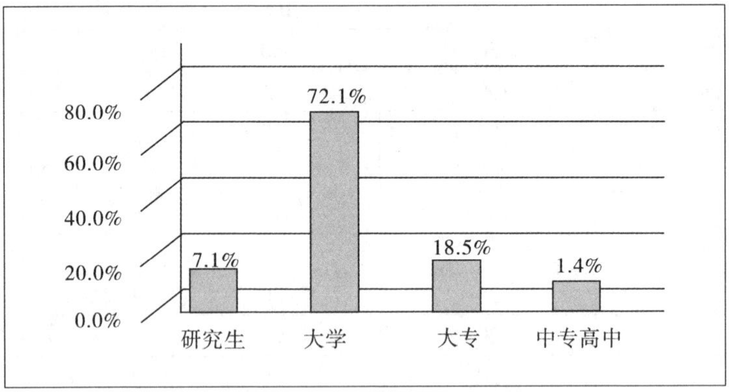

图9－2　女员工学历结构分布图

由图可知,本科女员工是交通银行的主力军,近7成女员工是大学本科毕业。

(三)政治面貌分析

参与此次调研的女员工政治面貌分析结果见图9－3。

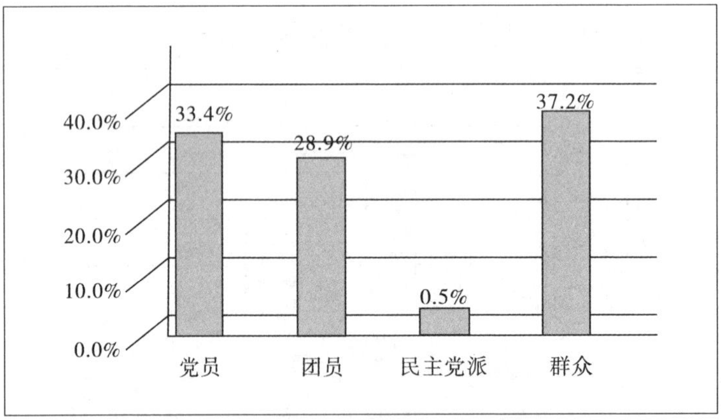

图9－3　女员工政治面貌分布图

由图可知,女员工中群众和党员的数量均占1/3左右,相对而言,群众的数量略多于党员数量。

(四)职级结构分析

参与此次调研的女员工职级结构分析结果见图 9 -4。

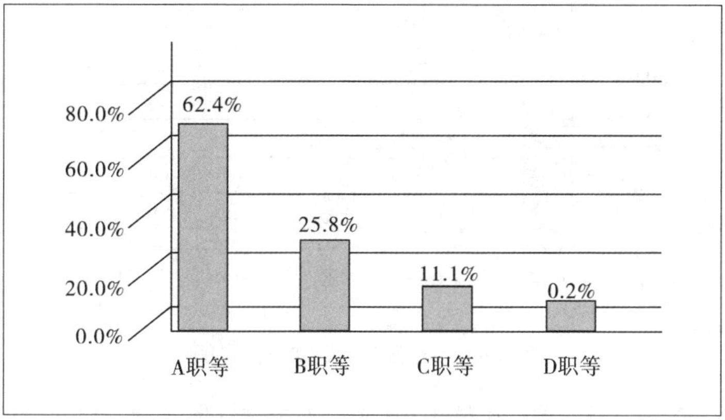

图 9 -4　女员工职级结构分布图

由图可知，参与调研的女员工中，A 职等的员工最多，占比 62.4%，等级越高，女员工数量相对越少，参与调查的女员工中，仅有 0.2% 达到了 D 职等。

(五)岗位结构分析

参与此次调研的女员工岗位结构分析结果见图 9 -5。

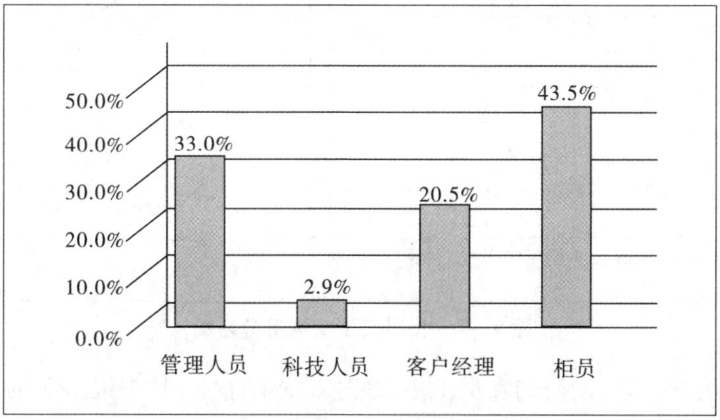

图 9 -5　女员工岗位结构分布图

由图可知，参与调研的女员工中，柜员占比最大，达 43.5%；其次为管理人员，占比约 1/3；另有 2 成的女员工是客户经理。

(六)婚姻状况分析

参与此次调研的女员工婚姻状况分析结果见图 9 -6。

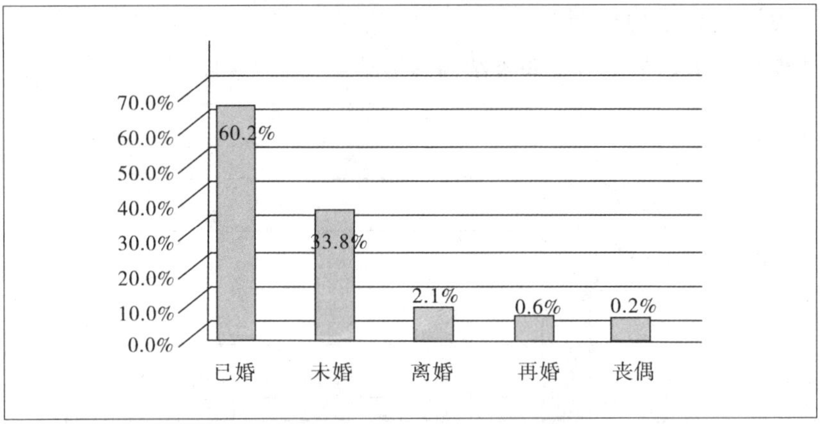

图9-6　女员工婚姻状况分布图

由图可知,参与调研的女员工中,近6成已婚;但仍有1/3左右的女员工未婚。

（七）子女状况分析

参与此次调研的女员工子女状况分析结果见图9-7。

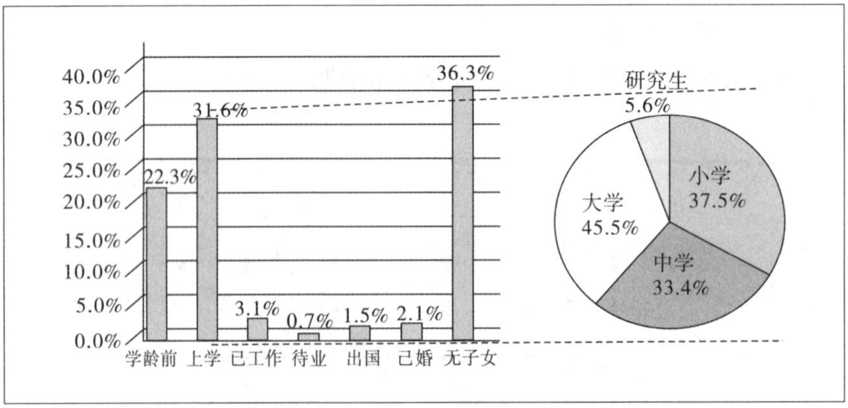

图9-7　女员工子女情况分布图

由图可知,参与调研的女员工中,超过6成有子女,其中近1/3的女员工子女已上学,以子女上中小学的居多;有2成女员工的子女处于学龄前阶段。

三、调研结果与分析

（一）工作生活情况调研结果

第一部分测评共包括9道题,从工作观念、岗位满意度、爱岗敬业情况、学习职业技能/技术情况以及应对问题的方式等方面进行调研,具体结果如下。

1. 工作观念

工作观念主要是了解女员工面对市场竞争的心态,以及在交通银行工作的创新意识。

面对日趋激烈的市场竞争,近6成的交通银行女员工都选择要“努力提高自己的本领”,有13.4%的女员工表示“敢于竞争”,但也有19%的女员工会因此感到“有压力感”。具体分析结果如图9-8所示。

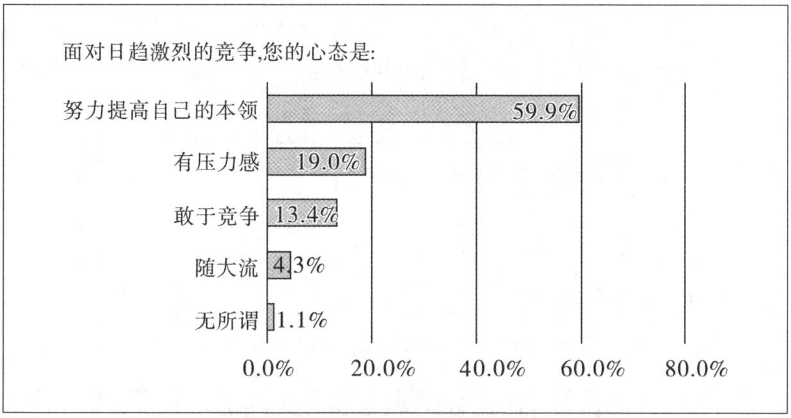

图9-8　女员工面对竞争的心态

创新是交通银行的灵魂,近8成的交通银行女员工都有创新意识:4成女员工表示创新意识很强烈,但还有近4成的女员工表示“有这个意识,但是受主观条件限制实现不了”;同时,有少数女员工对此表示无所谓。具体分析结果如图9-9所示。

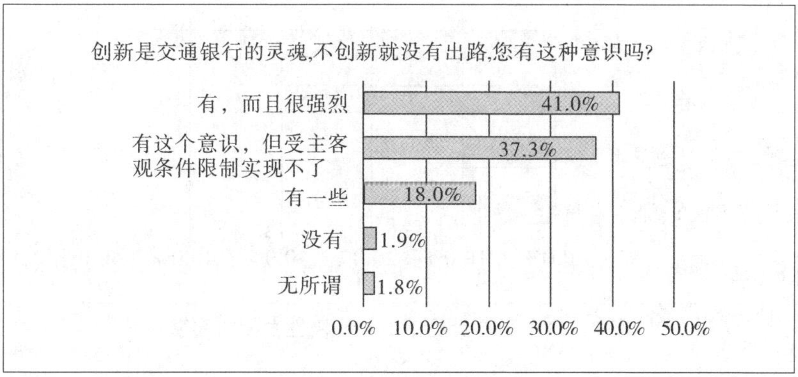

图9-9　女员工的创新意识

2. 爱岗敬业及岗位满意度

这一部分主要是了解女员工在本职工作上的工作积极性,以及对目前岗位的适应性和满意度。

在爱岗敬业方面,有28%的交通银行女员工认为自己充分发挥了工作积极性,超过一半的女员工认为自己的工作积极性属于“比较发挥”的程度。需要关注的是有近2成的女员工觉得自己的工作积极性没怎么发挥甚至根本没发挥。具体分析结果如图9-10所示。

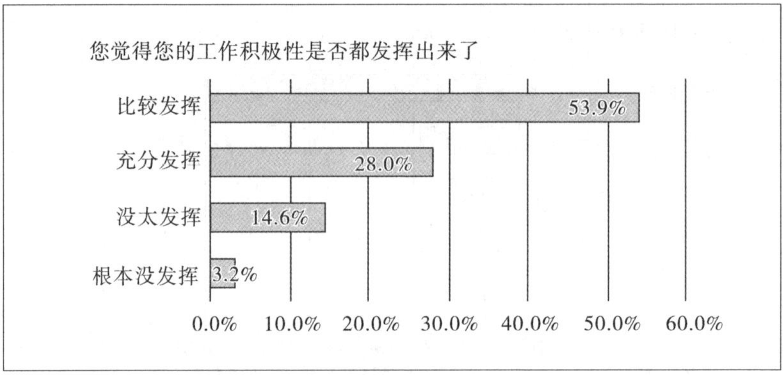

图9-10　女员工的工作积极性发挥情况

由图9-11可知,对于工作积极性没有充分发挥的原因,近一半的女员工进行了自我归因,认为是自己努力不够导致的。需要关注的是工作条件和领导的重视度也是影响女员工工作积极性发挥的重要原因。

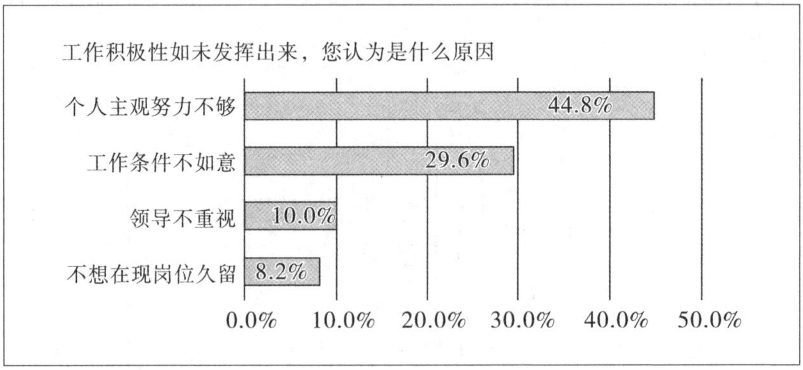

图9-11　影响女员工工作积极性发挥的因素

在岗位适应性方面,有1/3的交通银行女员工认为自己的素质和能力完全适应目前的岗位需要,超过一半的女员工认为自己基本适应。但也有部分女员工更认为自己不太适应或者很不适应岗位需要。具体分析结果如图 9 – 12 所示。

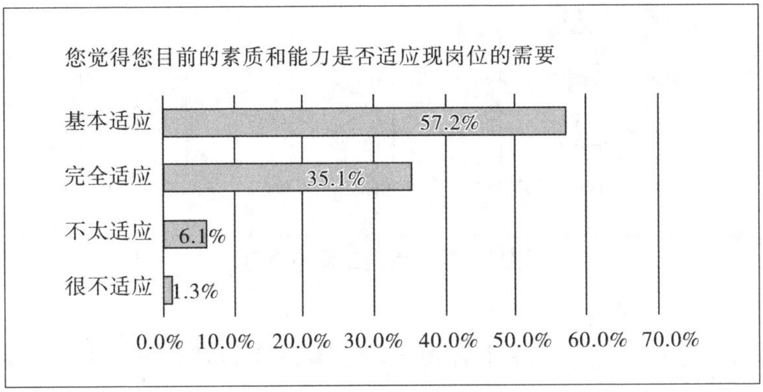

图 9 – 12　女员工适应岗位需要情况

在岗位满意度方面,有近 20% 的交通银行女员工对自己的工作很满意,认为自身价值和作用得到了充分体现,近 6 成的女员工认为目前的工作基本体现了自己的价值。但也有近 2 成女员工对目前的工作感到不是很满意,觉得自己的价值没有得到太大的体现和认可。具体如图 9 – 13 所示。

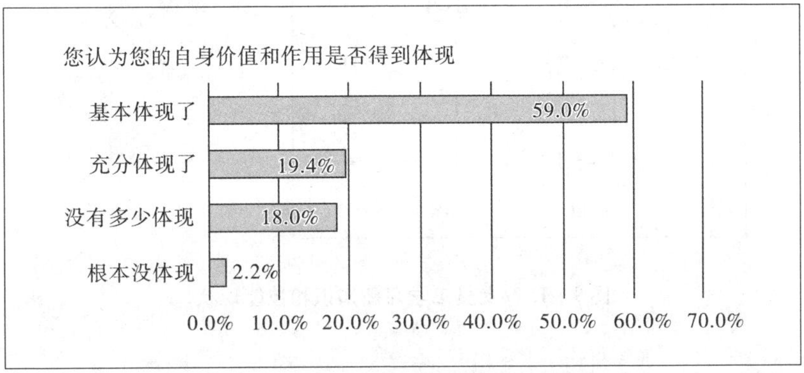

图 9 – 13　女员工自身价值和作用的体现程度

3. 学习职业技能/技术情况

这一部分主要是了解女员工继续学习的意愿和目前的自主学习情况。

77% 的交通银行女员工都有积极的主动学习意愿,10.3% 的女员工则认为不学不行,还有 13% 左右的女员工暂时没有学习的意愿。具体见图 9 – 14。

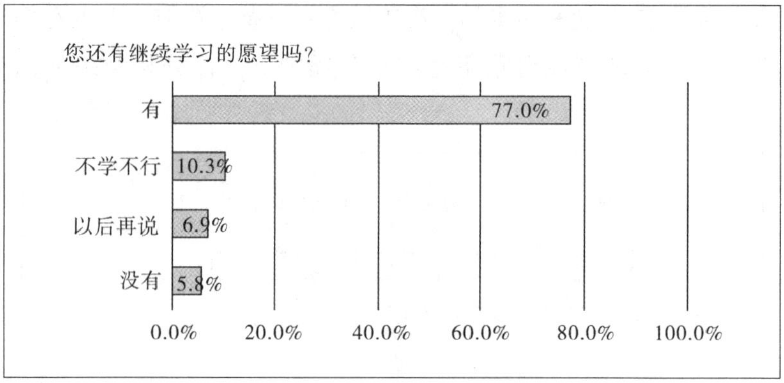

图 9-14　女员工学习意愿

对于目前的学习情况,在主客观环境的要求下,77% 的交通银行女员工正在学习新的知识和技能,16.7% 的女员工则是因为压力,被动学习新知识和技能;还有 4.4% 的女员工目前没有进行学习活动,这一部分女员工主要认为学了没用。具体分析见图 9-15。

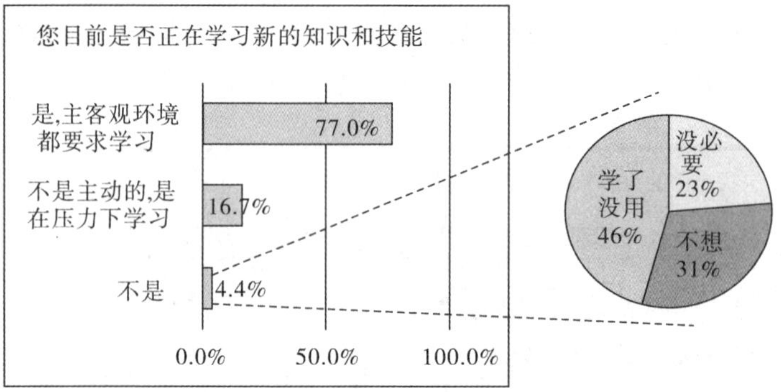

图 9-15　女员工学习新知识和技能现状

4. 问题应对方式

这一部分主要是了解女员工遇到困惑或问题时的处理方式。

近一半的交通银行女员工在遇到困惑时,会选择找同事或朋友,有近 3 成的女员工更多是自己面对,2 成左右的女员工会通过向上级领导请教的方式解决。具体见图 9-16。

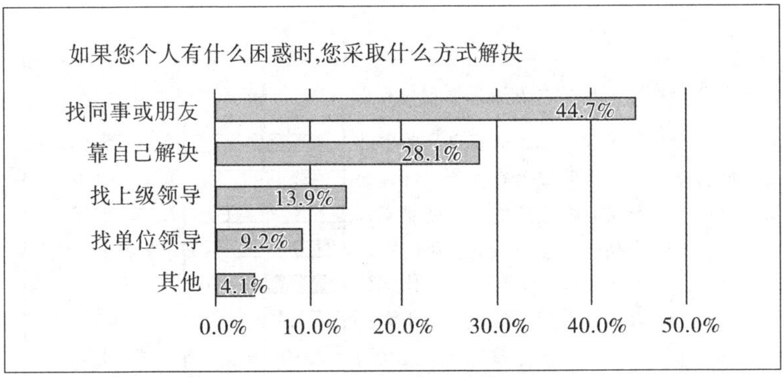

图 9-16　女员工解决困惑的方式

5. 小结

(1)交通银行女员工在工作生活方面,基本树立了正确的人生观和价值观,面对竞争能够采取积极向上的态度,秉承交通银行的文化和精神进行创新。

(2)半数以上的女员工发挥了工作积极性,认可自身的工作和价值,并努力追求不断超越自我。

(3)绝大多数女员工对自身不断提高学习都有很高的诉求,对培训的质量和频率要求提高。

(4)女员工面临着来自工作、家庭、自我成长等多方面的压力,更多是通过找朋友和同事进行压力释放和缓解。

(二)社会热点问题调研结果

第二部分测评主要包括女员工对收入、物价、就业、住房、教育、医疗、社会保障、劳动关系等问题的态度和现状,具体结果如下:

1. 自我定位

主要了解在当前大环境下,女员工如何进行自我定位。超过 6 成的交通银行女员工认为女人一定要有自己的事业,超过一半的女员工认为要事业和家庭两不误,“既要干好事业也要做个好妻子、好妈妈”。具体见图 9-17。

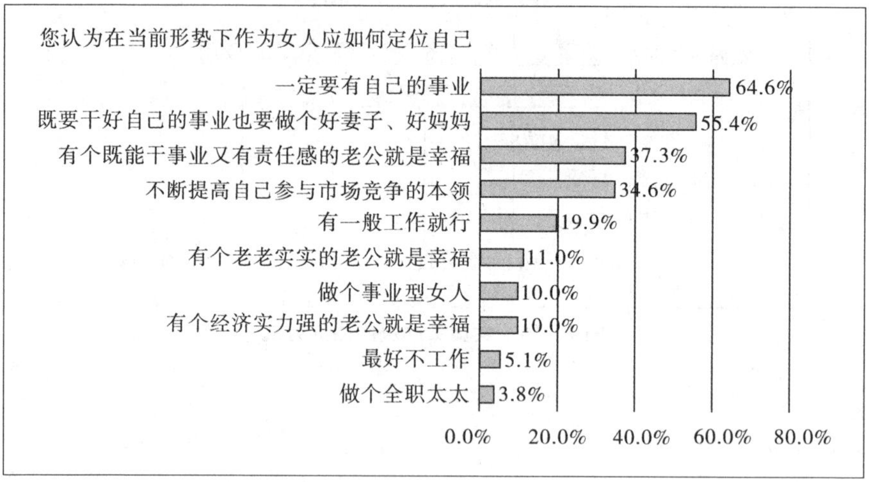

图 9－17　女员工自我定位

2. 收入问题

有关回报与收入方面,超过一半的女员工认为自己的付出基本得到了匹配的回报,收入与5年前相比虽然有所提高,但没有让女员工觉得生活很宽裕,半数女员工认为自己的生活处于一般水平。女员工的支出排在前五位的分别是:饮食、服饰、文化教育、旅行和应酬(包括婚丧嫁娶等)。具体分析见图9－18至图9－21。

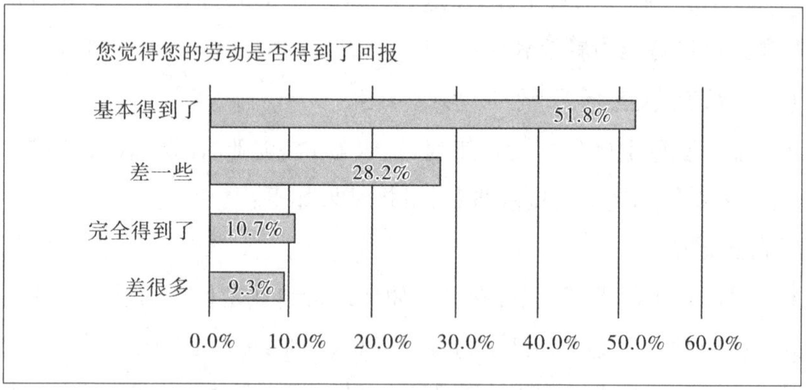

图 9－18　女员工的劳动回报匹配程度

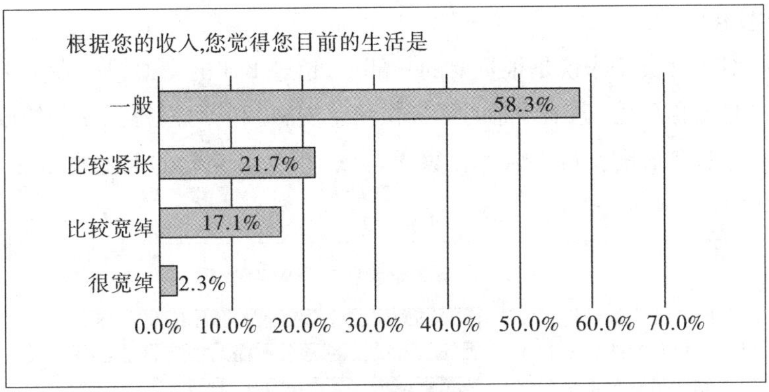

图9－19　女员工收入和生活情况

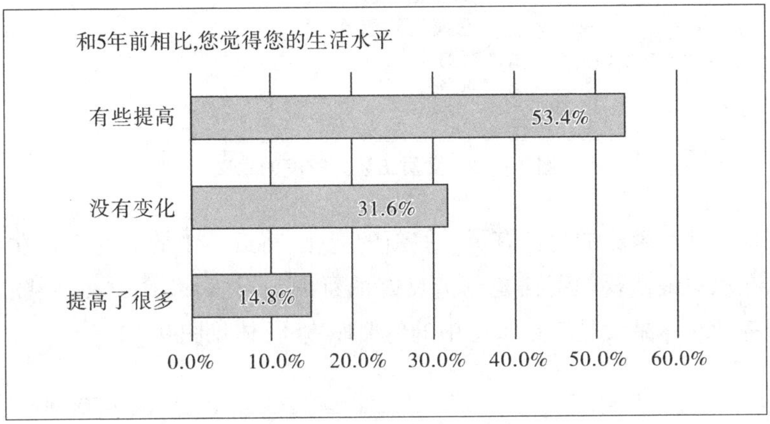

图9－20　女员工与5年前生活对比情况

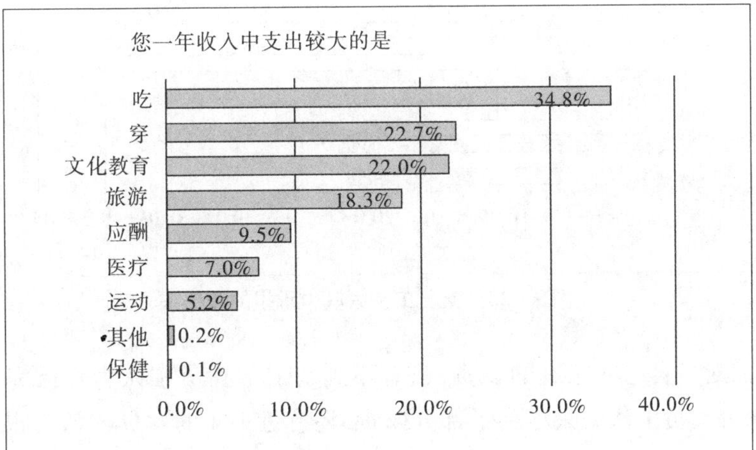

图9－21　女员工主要支出情况

3. 家庭生活

家庭对于女员工来说是很重要的一部分,超过1/3的交通银行女员工认为家庭的最主要的意义是“遇到困难时能提供情感安慰”和“可以得到充分的放松和休息”,还有超过2成的女员工认为在家里可以“享受最充分的天伦之乐”。具体见图9－22。

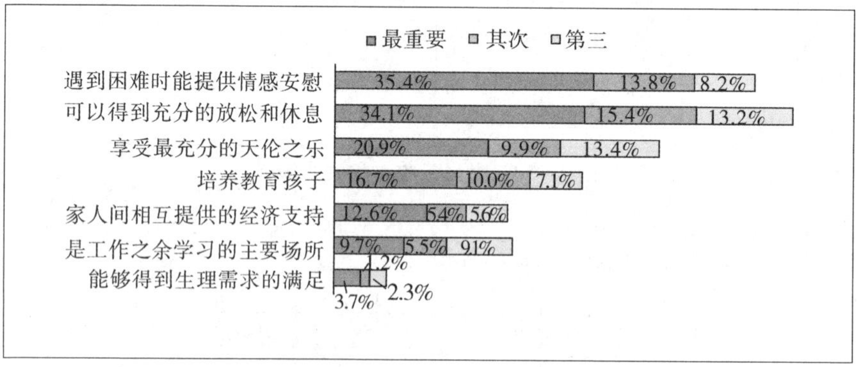

图9－22　女员工认为家庭的意义

现代女性在家庭的角色有了一些新的变化,将近一半的交通银行女员工认为自己在家里最重要的责任是创造良好的氛围。当然,教育子女、照顾老人和一些家务活仍然是女员工在家庭中的主要职责,具体见图9－23。

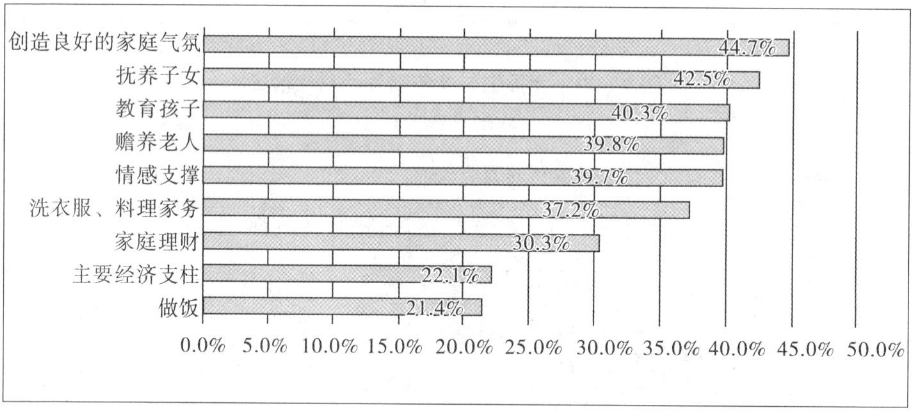

图9－23　女员工在家庭中承担的责任

然而对于自己在家庭的职责,只有不到2成的女员工认为自己完全做到了,大部分女员工认为只尽到了部分职责,还有近1/4的女员工认为很多时候都没有尽到自己的职责。究其原因,超过7成的女员工是因为工作太忙,而疏忽了家庭。具体见图 9－24、图 9－25。

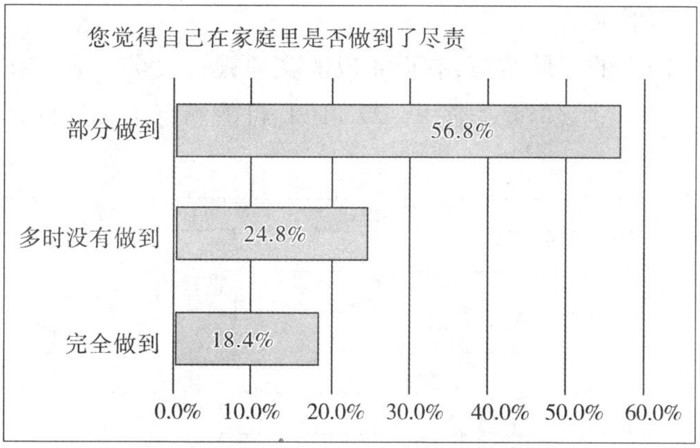

图 9－24　女员工在家庭的尽责情况

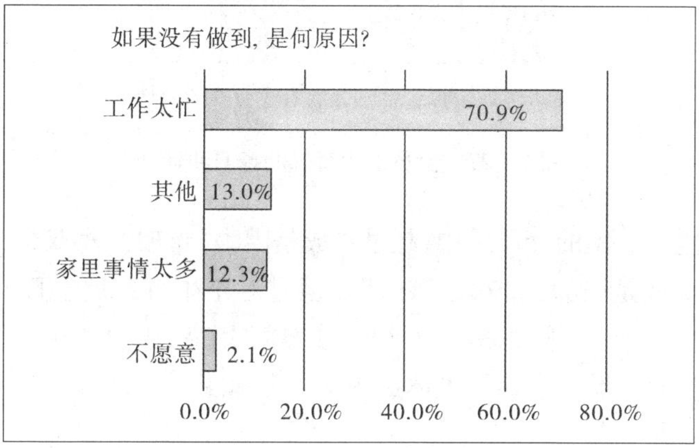

图 9－25　女员工在家庭未尽责的原因

尽管工作繁忙会导致女员工对家庭的照顾不够，但是由图 9－26 可知，对于现在的工作和生活，超过 7 成的女员工还是比较满意的。

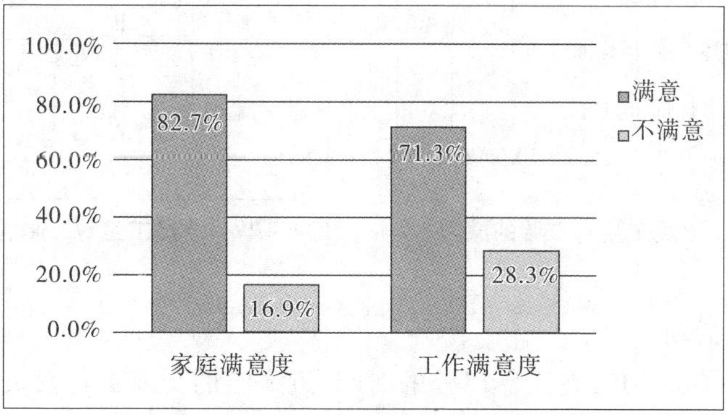

图 9－26　女员工家庭、工作满意度

4. 生育二胎问题

面对现在国家的二胎政策,有近4成的交通银行女员工表示在政策允许的情况下,会考虑生二胎,但是由图9-27可知,目前已有生二胎计划的女员工仅有2成左右。

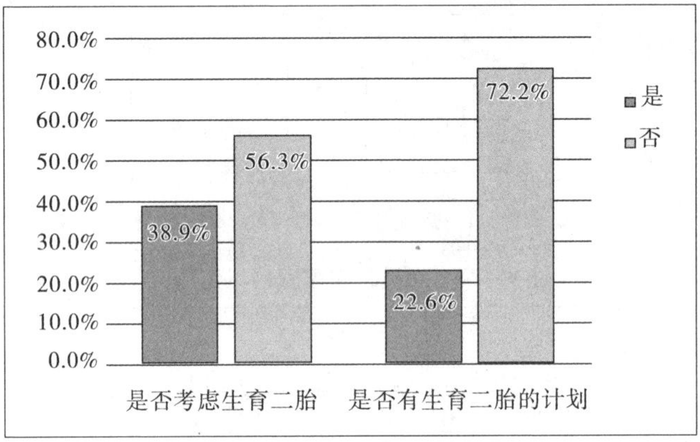

图9-27　女员工生育二胎意愿和计划

考虑要生育二胎的女员工中,超过4成是因为"希望儿女双全,年老多个依靠",还有近3成是因为"喜欢小孩子"。但是对于生育二胎会面临的问题,近1/3的女员工认为最大问题是工作太忙,其次费用高、压力大和年龄问题,也影响了女员工生育二胎的意愿。具体见图9-28和图9-29。

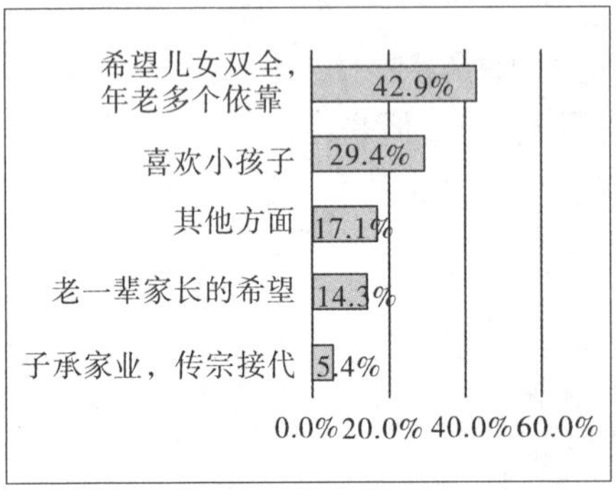

图9-28　女员工生育二胎的原因

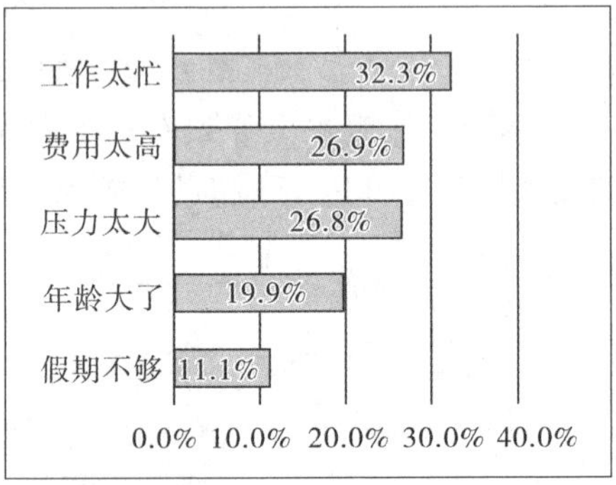

图9-29　女员工生育二胎遇到的主要问题

5. 业余活动

由图9-30可知,在工作以外的时间,近一半的交通银行女员工主要时间花在了做家务上,除此之外,女员工的业余活动排在第2~5位的依次是:和朋友聚会,看电视剧,看新闻,逛街。

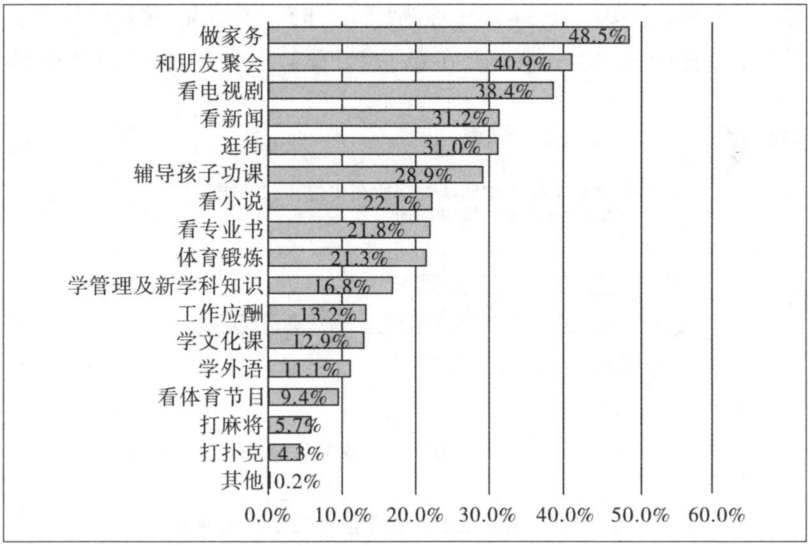

图 9-30　女员工主要业余活动

6. 小结

(1)现代社会要求女员工要担起“半边天”,所以女员工对于自我的定位和要求也越来越高,事业和家庭的双丰收是大多数交通银行女员工的心声。

(2)尽管收入较之 5 年前有所提高,但是受到物价水平、子女教育、身体健康以及照顾和赡养老人等因素的影响,女员工对生活水平提升需求日益显现。

(3)大多数女员工在家庭生活中扮演多种角色,子女教育、老人养老等生活压力日益增加,使很多女员工力不从心。如何平衡好工作与家庭之间的关系、努力工作之余兼顾好家庭生活的责任,是大部分女员工都面临的困惑。

(4)在生育二胎的问题上,只有 1/3 左右的女员工表示有相应计划,大多数女员工因为工作忙、费用高、假期少、年龄大等原因,搁置或者放弃了生二胎的想法。

(5)由于工作生活的双重压力,女员工的业余活动也相对比较贫乏,多局限于在家做家务、看电视、辅导子女等,外出的活动多为和朋友吃饭逛街聚会;发展个人兴趣爱好的活动相对较少。

(三)女工工作调研结果

第三部分测评主要包括各单位女工组织建设情况和工作情况,具体结果如下:

1. 女工工作开展情况

对于所在单位“女职工劳动保护特别规定”的开展情况，超过7成的女员工给出了好评，其中近1/4表示所在单位该项工作做得很好。具体结果见图9－31。

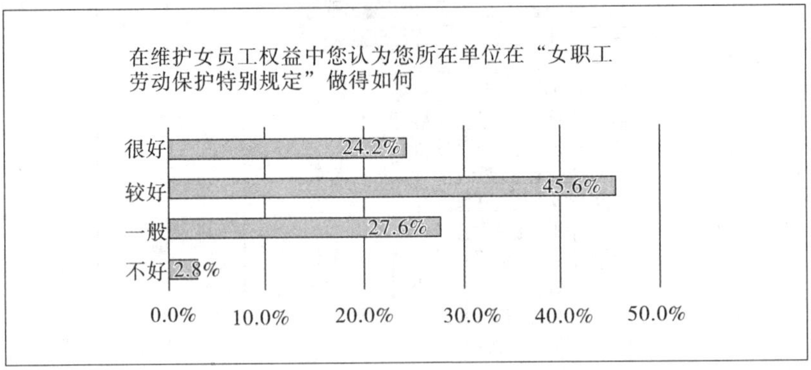

图9－31　女员工对所在单位女工工作的评价

同时交通银行女员工反映，根据“女职工劳动保护特别规定”，所在单位有过在女职工怀孕、产期、哺乳期，降低其基本工资或解除劳动合同的情况，占比为12.1%，这是需要引起关注的。

2. 女工工作需求

交通银行女员工对于今后工会女职工委员会的工作也提出了一些建议和需求，其中女员工最希望的是多开展一些健康讲座和文体活动。具体见图9－32。

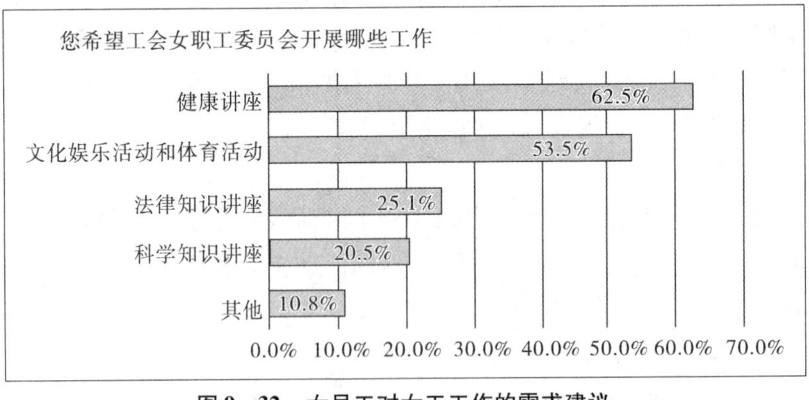

图9－32　女员工对女工工作的需求建议

3. 小结

(1)大多数女员工对于工会女工工作的开展表示满意,但是偶有出现的在女职工怀孕、产期、哺乳期,降低其基本工资或解除劳动合同的情况,仍需要关注。

(2)女员工对健康最为关注,同时娱乐活动需求较多,希望借此缓解工作生活带来的压力。

四、结论与建议

(一)报告结论

通过调研数据和座谈信息,可以得知,交通银行女员工在工作生活方面,有积极的人生观和价值观,但是也存在一些消极倾向。

1. 积极表现

(1)面对经济下行期,绝大部分女员工以积极的心态和精神面貌对待目前面临的困难,对交通银行发展的关切度不断提高,形成了与企业同呼吸、共命运的共识,对我行未来的发展充满信心。

(2)团队意识不断加强,参与管理、决策,为业务发展出谋划策的热情比较突出。

(3)人生价值观更趋实际,多数女员工有比较正确的理想信念、人生追求和健康的生活方式,认可自身的工作和价值,并努力追求不断超越自我。

(4)有着积极的自我认识和定位,承担多种责任,努力寻求能平衡好工作与家庭之间的关系,在工作之余兼顾好家庭生活的有效方式。

2. 消极倾向

(1)矛盾心理。对目前正在进行的诸多改革方案充满疑虑,怕改革给自己带来不利,心理压力加大,缺少安全感。另外,部分女员工心中存在的一些矛盾心态,也直接造成了现实的工作和精神压力。如有的既希望在用人机制、激励机制上体现公平、公正,又怕自己在竞争中失利淘汰;有的在表面上支持改革、支持公平竞争,但当改革到自己身上的时候,却又竭力维护自己的既得利益,总认为自己的情况特殊,希望单位能为自己网开一面等等,表现在个人的价值取向上举棋不定、顾虑重重。

(2)恐惧心理。随着时代不断进步,一些上了年龄的女员工,学习的程度和效率赶不上新员工。跟不上时代步伐,害怕被新员工所取代,产生了明显的恐惧心理。

(3)失衡心态。女员工普遍觉得缺少一种“安全感”和“稳定感”,认为自身价值和作用没有得到体现,对学习的愿望不够强烈,对目前的收入认为一般,对交通银行改革发展存在着较高的预期。如何正确认识和对待这种预期,已成为我们面临的一个十分重要而又必须面对和解决的现实课题。

(4)来自于客户投诉的精神压力。一方面,随着人们生活水平的日益提高,广大居民对银行提供个性化、差别化金融服务的需求越来越多,对服务的时间、效率、质量乃至服务的环境、设施、形象等各方面的期望也越来越高,对银行人员的各项素质和要求提出了很高的要求。另一方面,由于客户自我保护意识的不断提高,加上有的在处理服务投诉问题上存在简单化、刻板化的现象,一线员工感到了前所未有的服务压力。

(5)来自家庭的心理压力,一些女员工在事业上的忙碌导致对其家庭的疏忽,让家人不理解,进而滋生矛盾。心力憔悴,压力倍增。

(二)提升建议

各单位通过座谈会、深入走访等形式,了解女员工目前工作生活中面临的问题和压力,并总结了各单位女员工对于工会相关工作的建议和需求,为日后更好地开展女工关爱工作提供了支撑。

由图 9-33 可知,在提交调研报告的 35 家单位中,近 3/4 都提到了需要为女员工提供针对性的培训和学习项目,既是满足女员工自我成长和发展的需要,同时也缓解目前存在的岗位业务能手及业务骨干短缺的问题。

除此之外,女员工对于开展丰富的业余活动、文体活动,身心健康的关注以及人际沟通方面的需求也比较高。

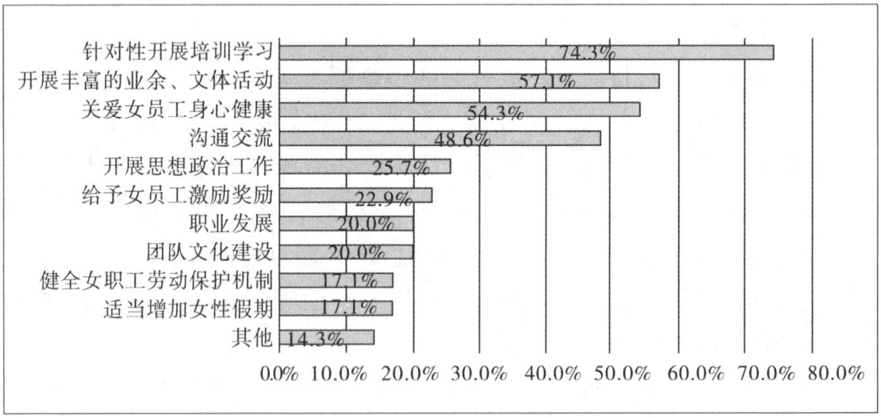

图 9-33 女员工需求建议

根据调研结果和座谈反馈，可以从以下几方面入手，提高女工工作的质量，提升女员工的工作满意度和幸福感。

1. 完善工作机制，保障女员工的权益

女员工权益的保障是一切工作生活的基本要求，一些女员工希望所在单位能切实帮助她们解决好家庭矛盾和生活困难，解除后顾之忧，从而使她们能够积极投身到工作中去。因此，需要完善相应的女员工权益保障机制，以保障女员工的权益。

首先，要加强制度建设，学习贯彻和执行好《女职工劳动保护特别规定》，修订《交通银行女职工专项保护集体合同》，健全女职工劳动保护专门机构，使女职工劳动保护做到有章可循，申诉有门。

其次，要成立专门的咨询监督部门，督查女职工劳动保护情况，使藐视与侵犯女职工合法权益的人和单位无立锥之地。

再次，要提升各层级管理者对女工工作的重视度，建立和完善女员工关怀和心理疏导责任制度。责任到人、层层负责、层层开展、层层落实，将员工、工会小组长、基层工会主席连成一线，工会小组长负责了解女员工思想情况动向，做出心理疏导措施，对有实际困难的员工提出人文关怀意见并上报工会负责人，对出现较大心理问题而又无法自行调节的员工要直接上报工会办公室并进行主动干预。

最后，要加大对中层女性管理者的关心关爱。支行行长、部门负责人是一个单位的中间层次，上接单位领导，下接广大员工，是承上启下的中坚力量，是一个单位各项工作任务推进和落实的重要环节和有力保证，更是交通银行“两化一行”发展战略的重要践行者。据不完全统计，全行中层女管理者比例超过了50%，且单亲家庭占一定比例。由于女性在社会、家庭、单位的特殊角色，造成心理压力普遍较大，由此影响她们的健康成长，更应引起足够重视。因此要多关注中层女性管理者，加强对她们工作、生活上的关心，经常开展谈心谈话，讲求批评艺术，关心和支持其工作，同时要注重对其心理上的引导，如：在中层干部培训内容中，适当增加心理调适课程；每年聘请一些心理咨询师，定期或不定期的与中层女性管理者进行“一对一”式沟通解压；安排身心疗养等。

2. 提供各类培训学习机会，帮助女员工实现个人成长

由此次调研结果可知，企业员工的自我发展、自我实现的愿望就会日趋强烈，社交、尊重和自我价值实现的需求无疑成为激励员工工作积极性与主动性

的重要因素。所以应关注员工自我提升、自我发展、实现自我价值的需求,实现员工与企业共同发展、共同提升,推进企业可持续发展的需要。

各级工会要充分考虑女员工特点,避繁就简、高效安排各类竞赛和学习,提高女员工的业务技能素质。各级女工委要为女员工搭台,组织开展各种劳动竞赛活动,使她们互相学习、互相借鉴,扩大活动效果、展现女工风采。采取走出去、请进来的办法,让女员工多参加知识培训,及时"充电",尤其是健康养生、情商提升、情绪管理、育儿经验、化妆礼仪等女性关注的课程;建立小型图书馆,提升女员工的专业素质和文化修养;设立针对女工学习的奖励机制,给广大女员工提供施展才能、超越自我的平台;常态化开展思想问卷调查、代表提案征集、员工满意度调查、合理化建议等工作,让女员工参与企业的民主管理,为交通银行发展献计献策。

3. 加强企业文化定位,营造和谐的人文环境

倡导"团结、奋进、友爱"的团队精神,激励女职工为了一个共同的目标为企业的发展和繁荣而努力,健康向上的企业文化能创造出一种进取、奋发、向上的工作氛围和人文精神,为全体员工塑造强大的精神支柱。营造和谐的人文环境的主要途径是丰富多彩的文艺娱乐活动,如演讲比赛、体育竞技、文艺表演等。本次调研数据显示,能够加强人文建设又能被员工广泛接受的排名前几类活动:旅游类、运动类、联谊类、文化特长类、公益类等。

各单位要通过搭建文化平台,开展各类寓教于乐的文化体育活动。根据本次调研反馈,活动形式可包括:插花、游泳、徒步、健美操、球类比赛、周五便装日主题比赛、歌咏比赛、手工作品展览、书法绘画展、献爱心活动等。通过这些活动的开展,使女员工在活动中得到心灵的感染和精神的愉悦,在参与和互动中交流思想、增进友情,既提升了企业的凝聚力,又培养了员工的团队精神,切实增强女工为交通银行事业奋斗的热情和信念。

4. "以人为本",关注女员工的身心健康

当前社会,女员工肩负的责任和面对的压力日益加大,随之而来的身体和心理的健康问题也日益凸显。不管是企业还是员工个人,都开始关注员工身心健康问题,这是一个刻不容缓的课题。对于女员工的身心健康,可以通过开展各类讲座、组织进行身心健康体检、加强员工关爱等方面开展。

在身体健康方面,每年要定期组织体检,增加女员工的体检项目,重视女性疾病的预防治疗。针对女性生理期、保胎期、孕期、哺乳期等特殊时期,制定相

应的休假和工作调配制度。为员工购买健身卡、游泳卡，寻找合适场地并邀请专业老师开展瑜伽、舞蹈练习，减缓员工压力。

在心理健康方面，每年要进行心理健康普查，了解女员工的心理资本状况，有针对性地制定策略，提升她们应对问题和压力的能力。针对女员工面临的婚恋关系、亲子教育、婆媳相处等方面问题，开展相应的讲座培训和咨询服务，帮助员工了解和掌握科学有效的心理调适技能和沟通方法。探索建立女员工心理危机预案、预警机制，针对重点人群或特殊人群，建立动态评估机制，通过女员工微信群、个别约谈、座谈会等形式，关注女员工的心理健康，疏导女员工各方面的精神压力，提高女员工的幸福感。

此外，还可以借助专业机构及时了解和掌握员工的心理健康状况，聘请心理咨询师或有关专业人员对个别员工的情绪障碍进行矫治，帮助女员工实现人格的健康成长。同时，可以通过设置心理放松室、发泄室，建立员工心理档案，帮助员工缓解紧张情绪，克服身心疾病，建立完善的心理疏导与救助机制，尽早针对发现的问题采取有效的干预措施，帮助员工排解心理压力，缓解心理失衡，通过提高女员工的心理健康程度，提升工作效率，促进企业良性发展。

5. 从细节上给女员工提供生活关爱

交通银行是员工的第二个家，很多员工每天在公司工作的时间比在家还多，这也让很多女员工的工作与家庭有了失衡现象，因此，要从细节上给予女员工及其家人更多的生活关爱，帮助女员工协调好工作和家庭的关系，得到家人的理解和支持。

具体措施包括：根据不同地区、不同群体（如孕妇）的气候、体型等，为员工定制合适的行服；设立特殊时期休息室、哺乳室等，为女员工在特殊时期提供一个相对便利的环境休息；设立育儿基金，为女员工子女的养育与发展提供更多支持；为全行女员工购买意外伤害和大病医疗保险，为女员工直系亲属提供商业保险等。

各级领导应定期或不定期地与女员工进行面对面的交流谈心，有计划地开展女员工家访。对女员工的工作生活，积极地给予引导、分析，找出对策，提出建议，使女工感受到来自组织的关心，扎实有效地提升女员工的归属感。

招商银行一线员工人文环境状态与工作满意度相关研究

招商银行总行培训中心课题调研组*

商业银行一线员工是业务发展最直接的开拓者,处在经营最前线,高素质一线员工的工作满意度直接决定了商业银行的竞争力。商业银行的一线员工属于典型的知识型员工,其所处的人文工作环境,包括员工所感受到的组织支持感和员工心理需求的满足,会对工作满意度产生最直接的影响。因此本研究以招商银行为例,重点研究一线员工所处的人文环境状态与工作满意度的相关关系,探索提升员工满意度的关键因素。

一、理论背景

(一)构建符合知识型员工心理需求特征的激励模式

管理大师彼得·德鲁克说过,知识社会的基本经济资源,不再是资本、自然资源或劳动力,它现在并且将来也是知识。企业中,知识型员工是指那些通过自己的创意、分析、判断、设计给企业带来价值的人,是企业不可或缺的重要资源和核心能力。对于商业银行而言,一线员工队伍素质整体水平较高,从事的工作多是需要独立思考、创造性和团队协作的工作,属于典型的知识型员工,具有独特的群体特征:具有专业特长和较高的个人素质,具有实现自我价值的强烈愿望,高度重视成就激励和精神激励,具有很高的创造性和自主性,强烈的个性及对权势的蔑视,工作过程难以实行监督控制,工作选择的高流动性。

基于上述特征,知识型员工也具有独特的心理需求,并需要相应的激励方式进行满足。知识管理专家玛汉·坦姆仆经过大量研究后认为,激励知识型员

* 调研组成员:罗开位、成龙;本文获2014年全国金融系统思想政治工作和企业文化建设调研成果一等奖。

工的前四个因素分别是：个体成长（约占总量的34%）、工作自主（约占31%）、业务成就（约占28%）、金钱财富（约占7%）。中国人民大学劳动人事学院的研究表明，中国知识型员工的激励因素为工作报酬与奖励，个人的成长与发展，有挑战性的工作，公司前途、有保障和稳定的工作。中科院黄攸立研究国企知识型员工，发现收入、个人成长、业务成就、工作自主是最为重要的四个激励因素。

结合商业银行的经营实践，我们总结出本研究商业银行一线员工最主要的心理需求包含四个内容，分别是个人成长与发展的需求、工作自主性的需求、工作成就感的需求以及薪酬和公平感的需求。

（二）组织支持感与工作家庭冲突构成员工感受的人文环境

人文环境是当今最时髦、最常用的一个词汇，它的产生和广泛使用适应了人类社会文明进步的客观需要，实际就是指人们周围的社会环境。对于企业来说，一线员工所感受到的人文环境和企业文化，则主要来自于最直接接触的上级和同事之间所产生的组织支持感，以及处理工作与家庭的冲突。

艾森伯格在1986年就提出了组织支持感的概念，将其定义为员工对组织如何看待自己的贡献和关心其利益的全面看法。国内学者将中国文化背景下的组织支持感定义为员工能感觉到组织对其工作的支持、利益的关心和价值的认同，工作支持是满足其成长的需要，关心其利益是满足其生存的需要，价值认同则是满足其尊重的需要。研究中国文化背景下组织支持感，上级往往扮演着组织代理人的角色或被员工感知为组织的代理人，员工会把上级支持的程度看作组织是否关心自己利益的信号，并形成一个整体的认识。

因此，本研究将组织支持感定义为工作支持、价值认同、上级支持、同事支持和利益支持五个维度组成的整体结构。

工作家庭关系是工作压力的重要来源，也是员工所感受的人文环境的重要因素。国内外大量研究表明，员工的工作倦怠现象普遍存在于企业中，而尤其是在要求员工在高压、高强度、高竞争的以知识产业为主导的企业中，员工所体验的压力尤为明显。工作家庭冲突是一种角色间的冲突，是工作和家庭的需要由于争夺个人有限的时间和精力资源，不可协调时出现的矛盾。工作—家庭冲突应该是双方向的，应该包括工作家庭冲突和家庭工作冲突两个方面。前者是指工作对家庭的侵入和干扰，后者指家庭对工作的侵入和干扰。工作—家庭冲突包括三种形式的冲突：基于时间的冲突、基于压力的冲突和基于行为的冲突。基于时间的冲突指将时间投入于满足一个领域的需求会减少投入于满足其他领域要求的时间，这种占据可能是心理上的，也可能是身体上的，或者二者兼而有之的。基于压力的冲突指一个领域内产生的压力(例如,紧张、焦虑、疲惫等)会导致对另一个领域的消极情感性溢出,影响在另一个领域的表现,从而使另一个领域的角色任务难以完成。基于行为的冲突,往往指一个领域内的角色行为与另一个领域的角色行为矛盾,在一个领域内的角色行为无法同时和另一个领域的角色要求行为相容,并且个体在领域间变换时无法调整行为。

(三)工作满意度直接决定离职倾向的水平

工作满意度是员工对其工作或工作经历评估的一种态度的反映,具有主观性和评价的倾向性。工作满意度作为一种态度,具有行为、认知和情感三个要素,其中认知是个体对待事物或客观状态的总体倾向,认知决定了行为和情感,也决定了态度。认知通过对待其他人或事物的情感及行为所体现出来,展现个人的满意度。企业的实践当中,也往往对工作满意度进行监测,以了解员工的实际感受。

离职倾向是指工作者在特定组织工作一段时间,经过一番考虑后,蓄意要离开组织的意图,属于主动离职的范畴。离职倾向与离职行为不同,前者强调一种态度倾向,后者则是实际发生的行为,二者之间尚有一定距离。西方很多学者认为研究离职倾向要比研究实际的离职行为更有意义,认为实际的离职受很多因素的影响,非常难以预测;实际的离职行为随时间状况而变化;离职倾向是离职行为发生的最直接先兆,二者有很强的相关关系;离职倾向要比实际的离职行为更容易反映组织实际的管理水平。

(四)人文环境是影响员工工作满意度的重要因素

程序公平和组织支持感在组织人力资源实践和组织承诺间起中介作用,员工的组织支持感水平越高,其组织承诺水平越高。较高的组织支持感可以使员工产生较高的组织归属感、组织责任感和积极的情绪体验来提高员工对企业的情感承诺,同时会减少离职意愿。同时,研究表明工作家庭冲突与工作绩效和工作满意度均表现出负相关,也与离职倾向有关。

二、研究设计与研究方法

(一)研究目的

本研究基于招商银行一线员工的实际调研,从人文工作环境的角度,探究知识型员工组织支持感和工作家庭冲突对工作满意度和离职倾向的影响模式,了解其内在作用机制,力图对商业银行一线员工的激励方式提出理论指导。

（二）研究构思

根据研究目的，基于以往的研究文献和实践经验，本论文提出研究构思框架（见图 10－1）。

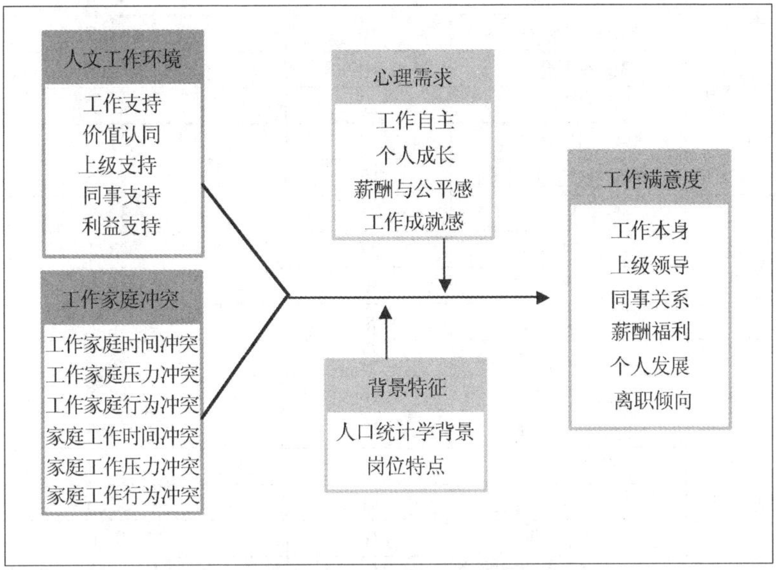

图 10－1　研究构思框架图

（三）研究方法

本研究采用案例研究与问卷研究相结合的方式进行。

1. 案例研究。案例研究采用行为事件访谈的方式，针对一线员工的直接上级，同时也是其组织的代理人和人文环境的主导者，支行行长，进行案例构建。

2. 量表编制。在测量工具的编制上，本研究依据部分成熟的心理测量文献和被广泛采用的适合国内管理实践的测量工具，根据招商银行实践，进行修订和测试，采用李克特五点量表测量被测试的主观反应。

3. 样本。本研究样本取自招商银行各级分支行的一线员工，有效样本数量 96 人。

三、研究数据结果与分析

（一）测量对象样本结构分析

样本问卷中的人口统计学变量包括年龄、学历、行龄、婚育状况、先前工作经验和工作岗位。进行描述统计后得到的样本基本特征，如表 10－1 所示。

表 10－1　样本基本资料统计表

变量	样本分布	样本数	所占百分比
年龄	23 岁及以下	12	12.5
	24～27 岁	34	35.4
	28～35 岁	40	41.7
	36 岁及以上	10	10.4
学历	专科	6	6.3
	本科	78	81.3
	硕士及以上	12	12.5
行龄	1 年及以下	31	32.3
	2～4 年	27	28.1
	5～8 年	30	31.3
	9 年及以上	8	8.3
婚育状况	未婚	41	42.7
	已婚未育	18	18.8
	已婚,有小孩	37	38.5
先前工作经验	学校毕业	56	58.3
	金融同业	31	32.3
	其他行业	9	9.4
工作岗位	公司	13	13.5
	理财	9	9.4
	个贷	10	10.4
	风险	2	2.1
	小企业	1	1.0
	储蓄	24	25.0
	会计	24	25.0
	大堂	1	1.0
	综合管理	8	8.3
	其他	4	4.2

调查对象中,就年龄层次而言,主要分布在 24～35 岁之间,共占总人数的 77.1%,从年龄层次看,样本基本上代表了招商银行一线员工的年轻群体。就学历层次来看,招商银行一线员工普遍接受过高等教育,本科及以上者占 93.8%,且没有专科以下学历者,表明参与调研的员工完全符合知识型员工的特征。就行龄分布来看,一年及以下的新员工占比 32.3%,2～4 年占比 28.1%,5～8 年占比 31.3%,超过 9 年的仅占 8.3%,数据也反映了知识型员工的另一个特征,即较高的流动性。就婚育状况来看,已婚和未婚的比例基本接近。就工作岗位而言,也基本覆盖了主要的业务岗位和条线。样本具有较高的代表性,

且表现出知识型员工的显著特点。

(二)人文环境、工作家庭冲突、工作满意度及离职倾向水平

本部分对参与调研员工对各因素的整体评分进行分析。评分最高为5分,最低为1分,分数越高,表示该项水平越高。

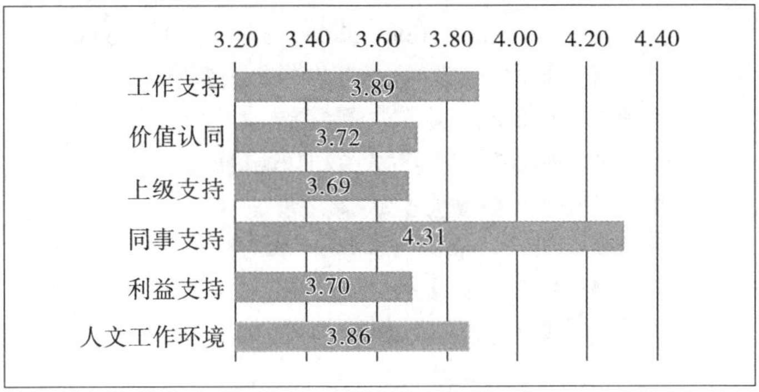

图10-2　人文工作环境整体评价

由图10-2可以看出,员工对所处人文工作环境的各维度评价具有较大的差异。整体水平3.86分,处于中等偏上的水平。其中评分最高的维度是同事支持和工作支持。而评分最低的维度是上级支持和利益支持。较好的同事关系和工作支持水平,是招商银行员工感受到最大的支持,对更好的工作绩效和满意度有重要的影响,体现了招商银行的工作氛围和员工素质。但员工最需要的上级支持和利益支持,则表现出相对较低的水平,而这两方面也是影响员工对整体人文环境感受的重要因素。这两方面需要进一步加强。

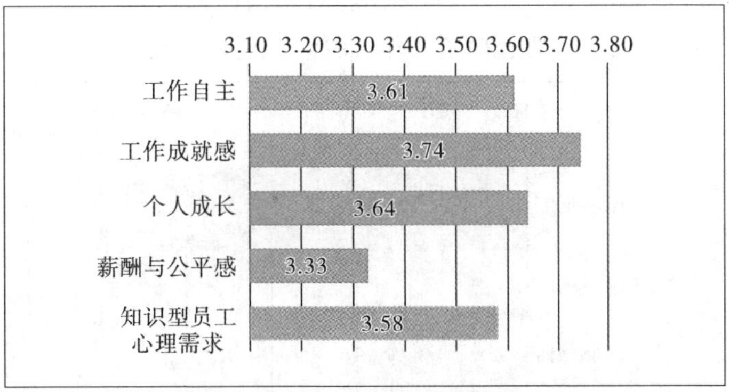

图10-3　员工心理需求整体评价

由图10-3可以看出,整体上员工对心理需求的满意程度并没有达到较高的水平,仅为3.58。评价最高的是从工作中获得的成就感,最低的是薪酬与公平感,工作自主性和个人成长评分处于中间水平。薪酬与公平感的需求,虽然

并不是知识型员工最重视和关注的因素,但却是影响工作满意度和离职倾向的关键因素之一。招商银行本身的工作环境、价值和对于个人发展的优势,是能够满足知识型员工最重要的心理需求的。但在制度方面,薪酬激励结构的进一步优化,可以有效的提升员工的整体心理需求满意度。

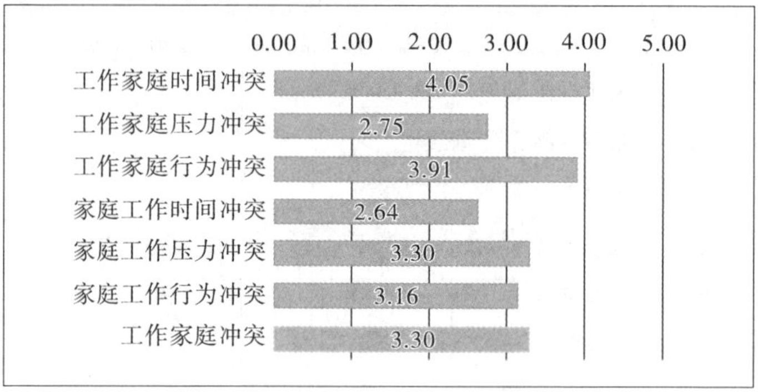

图 10－4　工作家庭冲突整体评价

由图 10－4 可以看出,整体上员工感受到的工作家庭冲突水平相对较低,只有 3.30。工作家庭冲突描述了因为工作对家庭产生的影响,家庭工作冲突则描述了因为家庭而对工作产生的影响。因素内部各维度的差异较大,感受到的最大的冲突点在工作家庭的时间冲突和行为冲突,即员工为工作牺牲了家庭的时间,影响到了员工对家庭的行为贡献。对于商业银行激烈的竞争经营环境,员工牺牲家庭时间、牺牲对家庭的贡献,是行业的普遍现象。但数据同样表明,员工并没有因为家庭的需要去影响工作。对于招商银行的一线员工而言,在工作和家庭当中,员工更多的选择了工作,而部分牺牲了家庭。

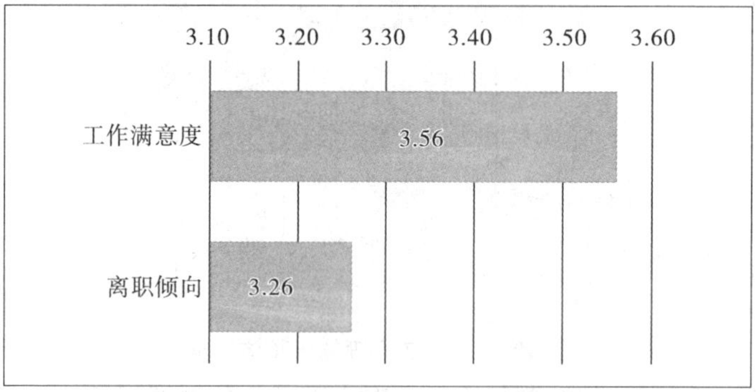

图 10－5　工作满意度和离职倾向整体评价

由图 10－5 可以看出,员工评价整体的工作满意度水平相对较高,而离职倾向则处于较低的水平，表明整体上招商银行一线知识型员工的工作满意度和对工作的认可程度处于较高水平。

（三）样本的聚类分析

参与调研的员工在各项人口统计学变量方面均有差异，直接对每个指标进行差异检验，容易造成以偏概全的结果。因此，本研究首先对样本进行聚类分析，根据年龄、学历、行龄、先前工作经历和婚育状况等5个指标，通过K－means技术，进行聚类。具体聚类结果如表10－2所示。

表10－2　样本聚类分析结果

类别	年龄	行龄	婚育状况	先前工作经历
第1类	28岁以上	均有	已婚有小孩	金融同业
第2类	24～35岁之间	2～8年	均有	学校毕业
第3类	27岁以下为主	1年以下	未婚	学校毕业为主

三个类型的员工（见表10－3）分别占总人数的33.3%，38.5%和28.1%，接近平均分布。

表10－3　三个类型员工的特征描述

命名	特征描述
已婚已育的同业跳槽者	来自同业或其他行业，均已婚且有小孩，年龄均在28岁以上
招商银行培养的骨干员工	学校毕业直接到招商银行工作，平均行龄5年，年龄分布在24～35岁之间
刚参加工作的单身青年	年轻的学校毕业直接到招商银行的新员工，行龄在1年以下，单身未婚

后续将按照聚类的结果进行分析。

（四）各因素之间的差异分析

本部分基于聚类分析的结果，对三类人群在各个调研维度上的评分进行差异分析。

1. 人文工作环境方差分析

采用方差分析的方法，对三类员工在人文工作环境各维度上的评分进行方差分析，结果如表10－4和图10－6所示。

表10-4　三类员工在人文工作环境各维度上的评分

检验变量	员工类型	人数	均值	标准差	F	显著性水平
工作支持	已婚已育的同业跳槽者	32	3.68	0.72	1.711	0.186
	招商银行培养的骨干员工	37	3.97	0.91		
	刚参加工作的单身青年	27	4.04	0.76		
	整体	96	3.89	0.82		
价值认同	已婚已育的同业跳槽者	32	3.56	0.88	0.709	0.495
	招商银行培养的骨干员工	37	3.76	1.04		
	刚参加工作的单身青年	27	3.84	0.82		
	整体	96	3.72	0.93		
上级支持	已婚已育的同业跳槽者	32	3.51	0.83	1.451	0.240
	招商银行培养的骨干员工	37	3.86	0.91		
	刚参加工作的单身青年	27	3.68	0.74		
	整体	96	3.69	0.84		
同事支持	已婚已育的同业跳槽者	32	4.23	0.60	1.033	0.360
	招商银行培养的骨干员工	37	4.41	0.62		
	刚参加工作的单身青年	27	4.25	0.54		
	整体	96	4.31	0.59		
利益支持	已婚已育的同业跳槽者	32	3.41	0.77	3.207	0.045
	招商银行培养的骨干员工	37	3.91	0.95		
	刚参加工作的单身青年	27	3.76	0.75		
	整体	96	3.70	0.86		
人文工作环境	已婚已育的同业跳槽者	32	3.68	0.63	1.726	0.184
	招商银行培养的骨干员工	37	3.98	0.81		
	刚参加工作的单身青年	27	3.91	0.61		
	整体	96	3.86	0.71		

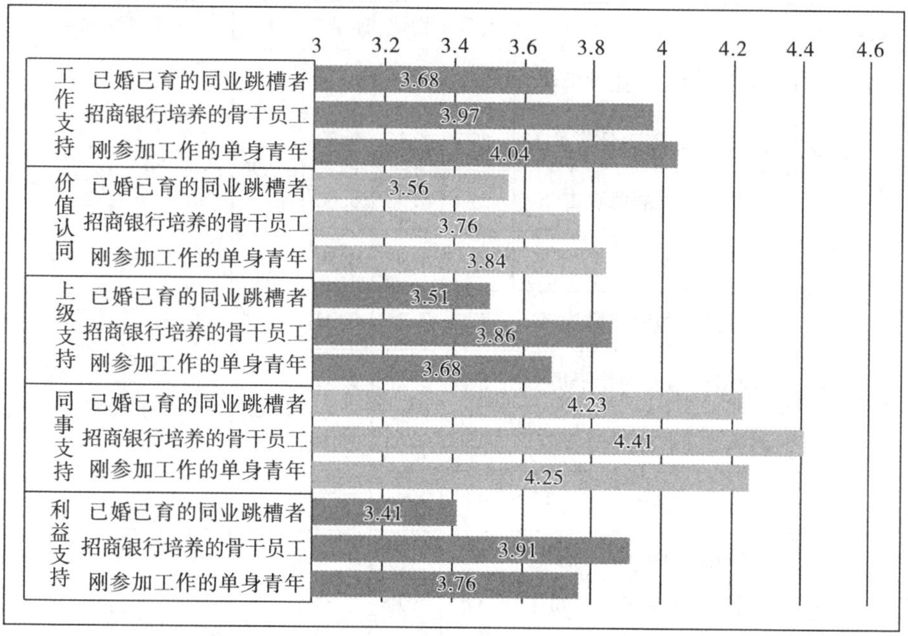

图 10－6　三类员工在人文工作环境各维度的均值

由图 10－6 和表 10－4 可以看出，在人文工作环境方面，三类员工的感受还是表现出明显的区别。在所有的子维度上，已婚已育的同业跳槽者的评分都是最低的。这一方面与工作环境的转换有关系，另一方面也与银行间不同的工作环境氛围的适应有关系。相反，在上级支持、同事支持和利益支持方面，招商银行培养的骨干员工的评分都是最高的，尤其是在同事支持方面，由于骨干员工平均行龄在 5 年以上，所以评价最高。刚参加工作的单身青年，因为平均行龄仅为 1 年，因此在有些方面的评价不如老员工高，但在工作支持和价值认同方面，评价最高。

2. 工作家庭冲突方差分析

采用方差分析的方法，对三类员工在工作家庭冲突各维度上的评分进行方差分析，结果如表 10－5、图 10－7 所示。

表 10－5 三类员工在工作家庭冲突各维度上的评分

检验变量	员工类型	人数	均值	标准差	F	显著性水平
工作家庭时间冲突	已婚已育的同业跳槽者	32	3.96	0.74	6.695	0.002**
	招商银行培养的骨干员工	37	4.36	0.73		
	刚参加工作的单身青年	27	3.72	0.66		
	整体	96	4.05	0.76		
工作家庭压力冲突	已婚已育的同业跳槽者	32	2.34	0.94	4.923	0.009**
	招商银行培养的骨干员工	37	3.20	1.39		
	刚参加工作的单身青年	27	2.62	1.04		
	整体	96	2.75	1.20		
工作家庭行为冲突	已婚已育的同业跳槽者	32	3.82	0.98	3.150	0.047*
	招商银行培养的骨干员工	37	4.17	0.84		
	刚参加工作的单身青年	27	3.64	0.73		
	整体	96	3.91	0.88		
家庭工作时间冲突	已婚已育的同业跳槽者	32	2.36	1.06	3.553	0.033*
	招商银行培养的骨干员工	37	3.03	1.30		
	刚参加工作的单身青年	27	2.42	0.99		
	整体	96	2.64	1.17		
家庭工作压力冲突	已婚已育的同业跳槽者	32	3.17	0.81	4.094	0.020**
	招商银行培养的骨干员工	37	3.61	1.04		
	刚参加工作的单身青年	27	3.01	0.72		
	整体	96	3.30	0.91		
家庭工作行为冲突	已婚已育的同业跳槽者	32	2.98	0.83	4.355	0.016*
	招商银行培养的骨干员工	37	3.53	1.15		
	刚参加工作的单身青年	27	2.85	0.93		
	整体	96	3.16	1.02		

续表

检验变量	员工类型	人数	均值	标准差	F	显著性水平
工作家庭冲突	已婚已育的同业跳槽者	32	3.11	0.72	5.939	0.004**
	招商银行培养的骨干员工	37	3.65	0.92		
	刚参加工作的单身青年	27	3.04	0.68		
	整体	96	3.30	0.83		

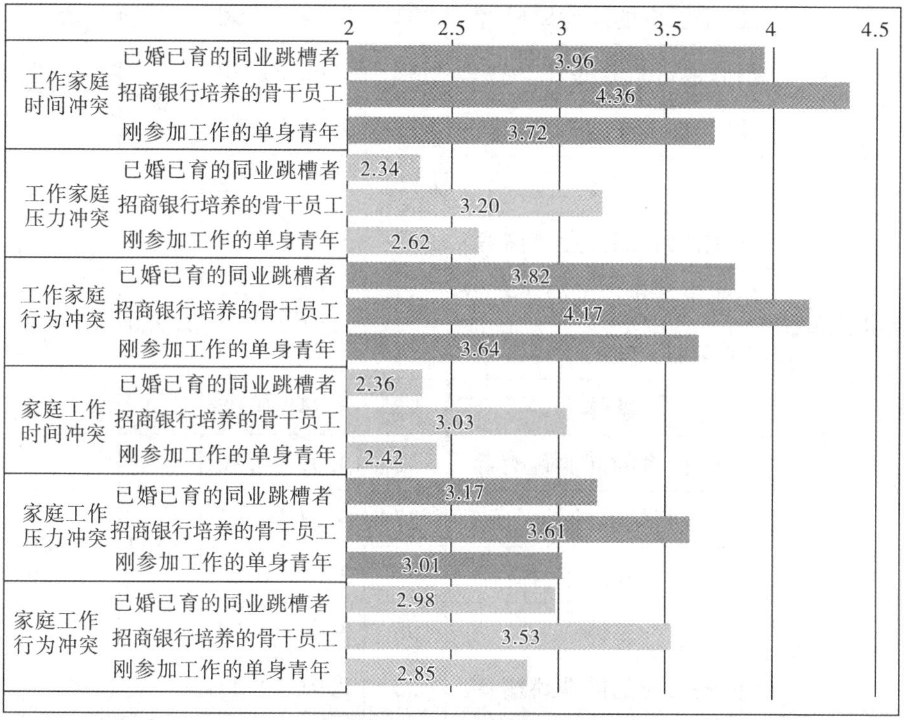

图 10-7　三类员工在工作家庭冲突各维度的均值

由图 10-7 和表 10-5 可以看出，在工作家庭冲突的评价方面，三类员工的感受还是表现出明显的区别。方差分析表明 6 个子维度上均表现出显著差异。对照数据分析图可以看到，在所有 6 个子维度上，招商银行培养的骨干员工的冲突感都是最强的，尽管他们并非均为已婚已育，但平均超过 5 年的行龄，以及在行内的骨干地位和重要性，都导致在工作与家庭的平衡方面受到最大的挑战。对于刚参加工作的单身青年而言，只有感受到的压力冲突相对较大，而时间冲突和行为冲突都最低。因此，对于只有 1 年行龄和工作经验的高校毕业生而言，工作方面带来的压力感最大，但他们在时间和行为上，相对可以为工作做更多的妥协,并没有感受到很大的冲突。

3. 知识型员工心理需求方差分析

采用方差分析的方法,对三类员工在心理需求各维度上的评分进行方差分析,结果如表10－6、图10－8所示。

表10－6　三类员工在心理需求各维度上的评分

检验变量	员工类型	人数	均值	标准差	F	显著性水平
工作自主	已婚已育的同业跳槽者	32	3.44	0.96	0.695	0.502
	招商银行培养的骨干员工	37	3.68	1.20		
	刚参加工作的单身青年	27	3.72	0.82		
	整体	96	3.61	1.02		
工作成就感	已婚已育的同业跳槽者	32	3.47	0.90	1.980	0.144
	招商银行培养的骨干员工	37	3.86	1.13		
	刚参加工作的单身青年	27	3.92	0.78		
	整体	96	3.74	0.98		
个人成长	已婚已育的同业跳槽者	32	3.09	0.96	7.562	0.001
	招商银行培养的骨干员工	37	3.93	1.07		
	刚参加工作的单身青年	27	3.89	0.84		
	整体	96	3.64	1.04		
薪酬与公平感	已婚已育的同业跳槽者	32	2.91	1.11	3.699	0.028
	招商银行培养的骨干员工	37	3.62	1.22		
	刚参加工作的单身青年	27	3.41	0.87		
	整体	96	3.33	1.12		
知识型员工心理需求	已婚已育的同业跳槽者	32	3.23	0.84	3.633	0.030
	招商银行培养的骨干员工	37	3.77	1.09		
	刚参加工作的单身青年	27	3.73	0.67		
	整体	96	3.58	0.93		

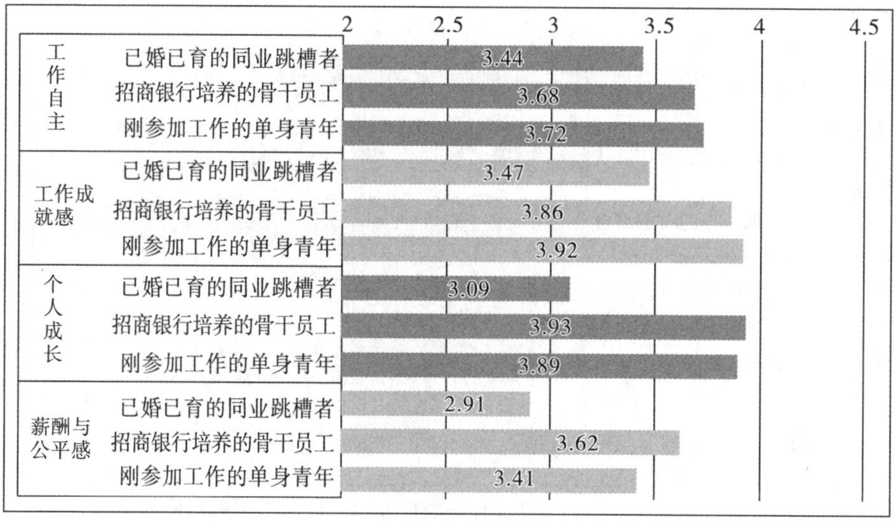

图 10－8　三类员工在心理需求各维度上的均值

由图 10－8 和表 10－6 可以看出，在知识型员工的心理需求评价方面，三类员工的感受也表现出明显的区别。首先，已婚已育的同业跳槽者在所有 4 个子维度上均评分最低。尤其是对于薪酬与公平感和个人成长的评价。由于具有同业的工作经验，以及家庭和年龄的负担，跳槽者对这两个方面最为看重，但显然他们的需求也更不容易满足。对另外两类员工而言，差异并不显著。

4. 工作满意度与离职倾向方差分析

采用方差分析的方法，对三类员工在工作满意度和离职倾向方面的评分进行方差分析，结果如表 10－7 所示。

表 10－7　三类员工在工作满意度和离职倾向方面的评分

检验变量	员工类型	人数	均值	标准差	F	显著性水平
工作满意度	已婚已育的同业跳槽者	32	3.21	0.80	4.646	0.012
	招商银行培养的骨干员工	37	3.74	0.97		
	刚参加工作的单身青年	27	3.73	0.50		
	整体	96	3.56	0.84		
离职倾向	已婚已育的同业跳槽者	32	3.20	0.59	0.725	0.487
	招商银行培养的骨干员工	37	3.36	0.72		
	刚参加工作的单身青年	27	3.20	0.59		
	整体	96	3.26	0.64		

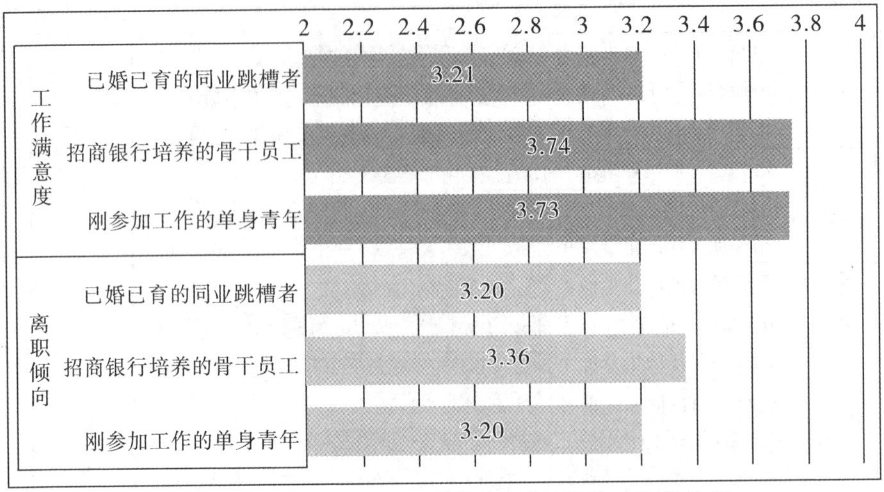

图10-9　三类员工在工作满意度和离职倾向方面的均值

由图10-9和表10-7所知,不同类别的员工在工作满意度和离职倾向上也表现出一定的差异。工作满意度方面,已婚已育的同业跳槽者评价最低,但离职倾向方面,招商银行培养的骨干员工的离职意向最明显。可以看出满意度的高低并不一定直接影响离职倾向,招商银行自己培养5年以上的员工,尽管满意度最高,但随着能力和水平的提升,其寻求更好的发展的愿望反而更加强烈。

(五)各因素间相关分析

相关分析是对变量之间关系的紧密程度进行描述的测度,本研究利用皮尔逊(Pearson)相关分析法对各变量进行分析,这一研究法也可用于显著性检验。当相关系数小于0.4时,两变量呈现弱相关关系;当相关系数介于0.4和0.6之间时,两变量呈现中度相关关系;当相关系数介于0.6和0.7之间时,两变量呈现中强度相关关系;当相关系数大于0.7时,两变量呈现强度相关关系。

表10-8　各因素的相关分析

	人文工作环境	工作家庭冲突	心理需求	工作满意度	离职倾向
人文工作环境	1	0.034	0.840**	0.765**	0.079
工作家庭冲突	0.034	1	0.041	0.029	0.459**
心理需求	0.840**	0.041	1	0.859**	0.013
工作满意度	0.765**	0.029	0.859**	1	0.039
离职倾向	0.079	0.459**	0.013	0.039	1

注:** 表示在0.01水平(双侧)上显著相关。

由表 10 - 8 相关分析可知：离职倾向只与工作家庭冲突表现出显著的相关性，而并没有受到其他因素的影响。人文工作环境与心理需求和工作满意度三者之间具有非常高的相关性，可以看出他们之间的一致性和因果关系。较好的人文工作环境和对心理需求的满足程度，直接导致了较高的工作满意度。工作家庭冲突与其他变量之间尽管表现出一定的相关关系，但相关水平都相对较低。

（六）心理需求的调节效应分析

本部分以工作满意度和离职倾向为因变量，工作家庭冲突和人文工作环境为自变量，心理需求为调节变量，进行多因素方差分析，探索心理需求在其中的调节效应。根据平均分对各自变量进行高低分组，通过 T 检验发现各分组均差异显著。

首先以工作满意度为因变量进行分析。多因素方差分析结果显示，心理需求主效应显著，$F(1,92)=109.2$，$P<0.01$，工作家庭冲突主效应不显著，$F(1,92)=0.027$，$P>0.05$，人文工作环境主效应不显著。心理需求与工作家庭冲突交互作用显著，$F(1,92)=6.72$，$P<0.05$，结果如图 10 - 10 所示。

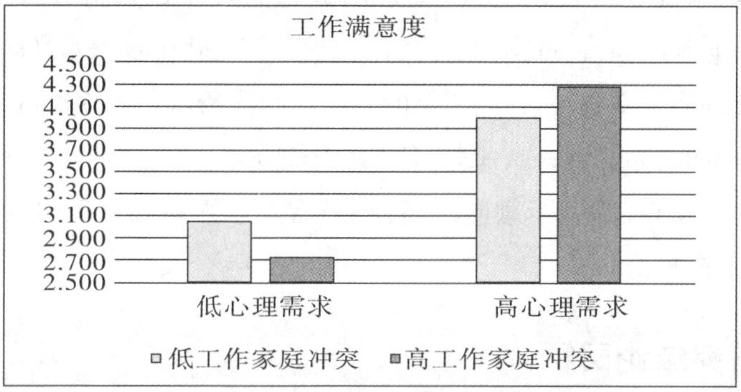

图 10 - 10　以工作满意度为因变量的分析

然后以离职倾向为因变量进行分析。多因素方差分析结果显示，心理需求、工作家庭冲突和人文工作环境三个变量的主效应均不显著，三者的交互作用显著，$F(1,88)=6.03$，$P<0.05$，结果如图 10 - 11 所示。

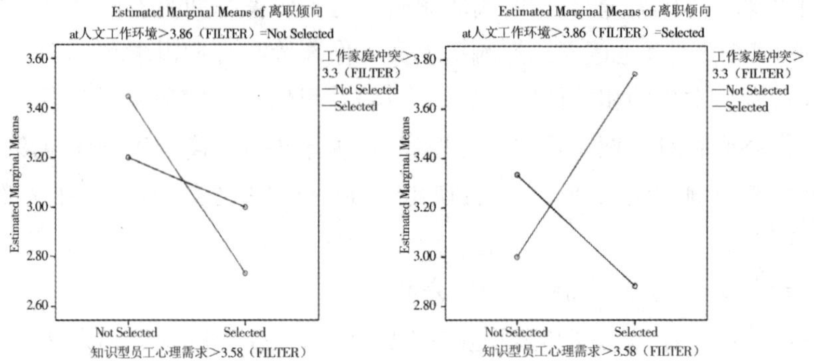

图 10－11　以离职倾向为因变量的分析

对于工作满意度而言,数据表明,心理需求高的员工其工作满意度也较高,反之较低。对于低心理需求者而言,工作家庭冲突越高,其工作满意度越低;而对于心理需求较高者而言,工作家庭冲突越高,其工作满意度越高。可以认为,心理需求较高者,可以忍受更高的工作家庭冲突,工作所带来的成就感和个人成长,能有效提升工作的满意程度。然而心理需求较低者,工作所带来的成就感和个人成长较低,当工作家庭冲突水平高时,他们对工作的满意程度就更低。

对于离职倾向而言,数据表明,当人文工作环境处于较低水平时,心理需求与工作家庭冲突水平越高,其离职意向越低。心理需求与工作家庭冲突水平越低,其离职倾向越高。当人文工作环境处于较高水平时,心理需求水平与工作家庭冲突水平越高,其离职意向越高,心理需求水平越高,而工作家庭冲突越低,其离职意向越低。

四、研究结论回顾

(1)招商银行一线员工具有典型的知识型员工特征。

(2)一线员工期望得到更多的上级支持和价值认同。

(3)一线员工为工作牺牲了部分家庭时间和对家庭的义务。

(4)商业银行能满足知识型员工的心理需求,同时公平感需要制度的保障。

(5)招商银行一线员工工作满意度较高,离职倾向相对较低。

(6)良好的人文环境和员工心理需求的满足是工作满意度的重要影响因素。

(7)工作家庭冲突是影响员工离职倾向的主要因素。

(8)处于人生与职业发展不同阶段的员工所感受到的人文工作环境水平、工作家庭冲突、心理需求满足感、工作满意度以及离职倾向均存在显著差异。

(9)工作满意度和离职倾向受到多因素的交互影响,需要针对不同的对象进行针对性分析。

五、发展建议

(一)商业银行一线员工心理需求的满足与激励

商业银行一线员工具有典型的知识型员工的特征,其心理需求与一般工作者有明显的差异,追求工作自主、成就感和个人成长的优先级远高于对薪酬的要求,但薪酬福利的公平性也是他们关注的重点。如何更好的把握一线员工的特点,针对性的进行激励,是商业银行管理水平提升的关键挑战。以下给出一些相关的管理建议。

(1)尊重人性,以人为本,真正将一线员工视为银行发展的核心队伍。现代管理理论强调激励、信任、关怀和情感,不能简单的使用命令和强制进行管理。尤其是对于知识型员工,薪酬对其满足生存需求有积极作用,但更重要的是重视其自我实现和获得尊重的精神层次需求。为其提供具有创造性的工作,帮助其获得内在的激励,激发出员工内心的责任感和忠诚度,进而使员工个人价值的实现和组织的发展统一起来。

(2)提升工作授权和员工对经营管理事务的参与程度。知识型员工追求独立自主的工作状态,希望自己能够决定工作的方式,授权则是最有效的解决方案。适当的工作授权,加上为员工独立承担工作提供其所需要的工作资源和支持,保障其工作的顺利进行。同时需要上级管理者对其进行教练式辅导,促进员工充分参与到管理事务的决策中。

(3)重视行内教育培训,关注员工职业发展。教育培训应改变原来的福利和辅助地位,对知识型员工而言,个人发展是内在的重要驱动,企业通过构建适合员工需求的培训体系,为员工提供个人发展所需的知识、教育、学习资源,创造良好的学习氛围,起到员工实现自我发展与提升的推进作用。

锻造金牌讲师　传承招银精神

2014年第二届招商银行“金牌讲师”实战演练赛，有2 000余名兼职教师参与选拔，30个行部的96名优秀兼职教师参与大赛，8 200余名员工参与网络投票。5月15日至9月10日，经过“初入江湖”30个行部各具特色的预选赛、“群雄争霸”专家评审10个维度17项指标公平公正公开的评分、“谁与争锋”2天2夜课程优化辅导工作坊和1天试讲PK，以及“华山论剑”1天1晚授课呈现辅导工作坊和巅峰对决，最终产生了10名“金牌讲师”和5门“精品课程”。此外，10强选手代表招银赛区参加了由中国人力资源和社会保障部主管、中国职工教育和职业培训协会主办的《中国培训》杂志社举办的全国“我是好讲师”大赛，荣获全国30强1名，最佳课件奖1名，全国百强2名。

图10－12　2014年招商银行“金牌讲师”实战演练赛

(二)商业银行人文环境的构建

商业银行员工所感受到的人文环境更多体现在组织支持感和工作家庭的平衡方面。

组织支持感的提升，需要有自上而下的统一认识。组织层面上，需要通过合理的管理设计、工作设计和薪酬福利设计，展现对员工的人文关怀，提升对员工贡献的认可和对员工发展的支持。管理层面上，直接上级管理者往往被理解为组织价值和要求的传递者，提升管理水平，应用教练技术等现金管理理念，促进对员工的主动支持，发挥员工的积极性。工作氛围层面上，建立团队的信任，树立一致的价值观，构建团队发展愿景，可以有效提升员工的组织认同感。

工作家庭的平衡状态，能够有效促进工作质量的提升和工作满意度的水平，同时降低员工的离职意愿。商业银行的竞争环境，导致员工必须面对工作家庭中时间、压力等各种冲突，企业通过有效的管理机制，可以帮助员工化解这些冲突。如采用EAP员工帮助计划，通过专业人员为员工及其家属提供指导、咨询，帮助员工及其家庭成员解决各种心理问题。相对适当的弹性工作安排，为知识型员工提供更合理的工作时间安排，协调家庭与工作之间的矛盾，也可以起到相应的作用。传统的员工福利制度改善，提供医疗保险、社会保障等方式，也可以解决员工的后顾之忧，增加工作中的积极性。

营造乐学氛围　打造职业员工

“乐学计划”项目内涵为“乐在其中，学以致用”，是以提升招商银行员工职业素养为目的选修课学习计划，项目特点为变“要我学”为“我要学”，学员根据自我的学习与发展需求，通过在线抢位获得学习机会。乐学计划围绕新趋势、新技术、新成长三大学习主题设计课程内容；采用大讲堂、面授课、微学习、读书会等多种员工喜闻乐见的学习形式；运用招银大学APP学习管理平台实现自主报名、开班提醒、学员签到、满意度评估及课后学习跟进的“无纸化”轻型学习管理；更运用“乐学VIP”卡，促进学习效果转化，调动全行员工主动学习氛围。自2010年在招商银行总行启动该项目以来，已累计实施41期，学员1 660人次，成为一线员工“最抢手”的培训项目。

图10－13　乐学计划

企业员工忠诚度影响因素的实证研究

——以国内A金融机构的调研为例

可钦锋　曾凯　张旭　王介奎*

一、研究背景

现如今,员工与企业之间的关系犹如婚姻,“闪婚闪离”般的跳槽行为让企业忧心重重,人才的普遍流动也让企业培训的机会成本大大提高。员工作为企业最重要的资源,其忠诚度就像一双无形的手,牵动着企业的业绩和利润。除了吸引人才的流入之外,设法留住员工也是企业人力资源管理中的重要组成部分。据有关调查,2013年中国员工平均流动率为15.9%,在全球处于高位,在所有行业中高新技术企业和金融企业员工的流动率较高,特别是那些优秀的员工更容易跳槽。较高的流动性,严重影响到企业的正常发展,为企业带来不小的损失。

经过十几年的发展,A金融机构已成为多平台多功能的集团企业,随着公司多元化、国际化的大力发展,支撑企业发展的人力资源需要引起公司的广泛关注。本文的研究目的,即在清晰该公司员工忠诚度现状的基础之上,挖掘出公司员工忠诚度的相关影响因素,摸清公司满意度与忠诚度之间的关系,以便凝聚员工队伍,有针对性地培养造就具有较高忠诚度的员工群体,使之能够在公司发展的关键时期为公司追求新的事业梦想而努力奋斗。本文研究以国内外关于员工忠诚度研究为立足点,通过科学的调查方法对公司员工忠诚度进行

* 中国信达资产管理股份有限公司天津分公司;本文获2014年全国金融系统思想政治工作和企业文化建设调研成果一等奖。

分析研究，在理论研究和实证分析的基础之上，探讨员工忠诚度的影响因素，进而提供有关提高员工忠诚度的策略建议。

二、企业员工忠诚度的影响因素

所谓员工忠诚度，是指员工对于企业所表现出来的行为指向和心理归属，即员工对所服务的企业尽心竭力的奉献程度，它是一个量化的概念。当然，对于员工忠诚度的定义，目前还没有一个统一的认识。有学者认为，忠诚不仅仅是一种品德，更是一种能力，一种需要靠企业去培养的能力。纵观前人的研究，影响员工忠诚度的因素主要体现在员工个人因素、企业因素和外部因素三方面。

（一）员工个人因素对忠诚度的影响

员工个性及品质因素、职业及技术因素、员工年龄与婚姻状况、员工对企业人力资源管理制度的满意度和公平感、员工在工作中获得的成就感和安全感以及员工对工作环境和工作条件的满意度都对员工忠诚度有着不同程度的影响。而员工的满意度、成就感、公平感、安全感等主观因素在员工忠诚度中占有重要地位。只有当员工能够对企业的各项制度感到满意时，他们才会对企业表示认同，从而表现出对企业忠诚，为企业作出贡献。

（二）企业内部因素对员工忠诚度的影响

企业内部各大因素是影响员工忠诚度的核心因素，企业因素主要是指企业的福利政策、薪酬、管理制度、工作环境、企业文化、企业领导、员工培训机会、自我发展与实现的机会等等。一般来说，企业经营状况越好，规模越大、越容易提高员工对企业的忠诚。因为大公司有较大的发展机会，企业发展稳定，员工工作也相对稳定，能够受到较好的职业训练等；有美好发展前景的公司，企业领导能以人为本，充分尊重、信任员工，同样能赢得员工忠诚；如果企业拥有积极灵活的薪酬、福利政策，完善的管理制度，公平的工作环境，以人为本的企业文化，并且员工能从中得到较大的自我发展与实现，这样的企业同样较易培养出忠诚的员工。唯有如此，员工的忠诚度在企业才有生长点，愿意长期为企业发展努力工作，贡献自己的力量，以高度的忠诚始终为企业发展尽心、尽力、尽职、尽责。

（三）企业外部因素对员工忠诚度的影响

员工忠诚度体现在面临外单位比本单位有更好的经济待遇时，仍然会选择继续坚持留在本单位工作，且工作中表现出较强的积极性和主动性。因而外在的诱惑在很大程度上影响并检验着员工的忠诚度。从文献分析看，丰厚的薪酬和优越的物质工作环境；较为轻松的发展空间以及“感情式”的管理都可能成为影响企业员工忠诚度的外部诱因。同时，社会的诚信现状，思想观念的变化，市场化的就业机制，社会约束机制和国家政策导向也是影响员工忠诚度的外界因素。

三、员工忠诚度培养的价值分析

员工对企业的忠诚度是反映企业人力资源管理水平的重要指标，也是关系到企业能否获得永续发展的大事。员工忠诚度对企业的影响主要表现在正反两个方面。第一，员工的忠诚度有利于企业的生存和发展。员工的高忠诚度意味着员工热爱企业，愿意在企业中积极努力工作，为企业的发展献计献策，因而在很大程度会更加有力地促进企业的发展。第二，员工忠诚度与员工在企业的稳定性和积极性发挥着密切关系，具有高忠诚度的员工他们在处理单位内成员之间的问题时通常坚持单位内的规范和信条。同时，他们在面临外单位比本单位有更好的经济待遇时，仍然会选择继续坚持留在本单位工作，且工作中表现出较强的积极性和主动性。当企业有困难时，员工能积极救助，并且员工愿意与企业共创未来、共渡难关。第三，员工忠诚度可以为企业带来可观的回报。其中包括降低员工招聘、培训等方面的成本，提高生产率，创造更多的利润。反之，员工缺乏忠诚度对企业会带来很大的负面影响。第一，极大地损害企业的形象，影响顾客的忠诚度，造成顾客的流失；而且会导致企业的工作连续性受到严重影响，商业机密外漏；同时，人心不稳，无法形成稳定的企业文化，使企业缺乏凝聚力和战斗力等。第二，造成员工工作缺乏主动性，责任心差，甚至损公肥私，收受回扣，如果低忠诚度员工占据企业中的一些重要岗位，那将成为企业的一种隐患。第三，导致企业人才流失，其结果将导致企业招聘、培训和生产效率降低，人力资源管理成本增加，核心竞争力受到威胁。

四、员工忠诚度调查与分析

（一）调查问卷设计

本次研究针对 A 金融机构部分下属公司员工进行了随机抽样的问卷调查，被调查对象范围涵盖了管理层、普通员工，也包括前台和中后台岗位。在编制完初始问卷后，作者随机选取了部分员工进行了预调研，目的是验证问卷设计

的合理性,在反复修正问卷后,最终确定了正式的调查问卷,该问卷主要包括以下三部分内容:

第一部分:问卷的基本资料调查。该部分主要包括影响忠诚度的员工个人因素,包括性别、婚姻状况、年龄、工龄长短、文化水平等,该部分问题的答项设置为单选题,用于了解被调查者自身的基本信息,为文章后面的分析提供数据来源。

第二部分:工作满意度量表部分。该部分设计的工作满意度问卷参考了 Smith. Kendal Hulin 等人发明的工作说明量表,由此设计了工作满意度问卷的五个维度:报酬满意、晋升满意、领导满意、同事满意以及工作满意,对应了影响忠诚度的企业因素中五个方面:报酬因素、晋升因素、领导因素、同事因素和工作因素。上述每题均采用 Likert 量表进行赋值,从非常不同意到非常同意一次增加分值,即从 1 分到 5 分。得分越高则说明在该问项下被调查员工的工作满意度越高,离职意愿就越小。

第三部分:个人离职意愿部分。该部分设计主要考察了员工的个人离职意愿,离职意愿和忠诚度是一个问题的两面,当离职意愿强时,忠诚度较低。该部分包括四个问题,每题均采用 Likert 量表进行赋值,得分越低则说明被调查员工的离职意愿越低,即忠诚度越强。

(二)调查问卷的发放与收集

本文调查问卷的发放采用了网络问卷调查平台、网上在线答题的方式,成功回收 74 份,全部有效,有效回收率为 100%。

(三)调查问卷的信度分析

信度是用来衡量调查问卷问项测量结果稳定性与一致性的重要指标,问卷的信度越高,其测量误差也就越小,最终的观测值稳定性也越好。本文问卷问项测量指标的信度具有等值性、稳定性及内部一致性三个方面的特征。在本文的研究过程中,采用了在学术界广为使用的 Cronbach 内部一致性系数(α 系数),Cronbach α 系数的使用标准如表 11 -1 所示。

表 11 -1　Cronbach α 系数使用标准

信度范围	参考标准
Cronbach $\alpha < 0.35$	信度很低
$0.35 \leq$ Cronbach $\alpha < 0.7$	信度尚可接受
$0.7 \leq$ Cronbach $\alpha < 0.9$	信度较好
Cronbach $\alpha > 0.9$	信度非常好

对本文的调查问卷做信度分析,得到的结果如表 11－2 所示。

表 11－2　本文信度分析结果

可靠性统计量		
Cronbach α	基于标准化项的 Cronbach α	项数
0.937	0.936	15

本文调查问卷的 Cronbach α 系数为 0.937,说明了该问卷的可信度非常高,即问卷的稳定性和一致性程度非常高,能够满足本文研究的需要。

(四)被调查对象基本特征统计

通过对调查问卷的分析,本文采用统计学方法对调查问卷数据进行了汇总,首先统计出被调查对象的总体样本情况,详见表 11－3。

表 11－3　被调查对象的总体样本情况

项目	类别	样本数	所占比例
性别	男	46	62.16%
	女	28	37.84%
是否结婚	是	36	48.65%
	否	38	51.35%
年龄	25 岁以下	8	10.81%
	25～30	34	45.95%
	31～40	6	8.11%
	41 岁及以上	26	35.14%
工龄	1 年以下	8	10.81%
	1～3 年	26	35.14%
	4～5 年	8	10.81%
	6～10 年	4	5.41%
	10 年以上	28	37.84%
文化程度	高中(中专)及以下	0	0.0%
	本科	46	62.16%
	硕士及以上	28	37.84%

续表

项目	类别	样本数	所占比例
工作类型	前台人员	46	62.16%
	中后台人员	28	37.84%
职称	业务经理及以下	34	45.95%
	业务组长	16	21.62%
	部门副主管	8	10.81%
	部门主管	16	21.62%

从以上统计数据可以看出,参与本次调查的男性较多,为62.16%。从婚姻状况来看,已婚和未婚人数基本持平。从年龄分布看,25~30岁以及40岁以上的人居多,分别占了45.95%和35.14%。另一个类似的调查方面为员工的工龄情况,1~3年工龄以及10年以上工龄的员工占比较大,分别为35.14%、37.84%。在员工的文化程度方面,高中及专科学历的人数为零,说明我公司员工的整体文化程度较高,参与调查的人中本科占了62.16%,硕士以上学历占37.84%。参与调查的人员中前台岗位的人较多,占62.16%。从员工职称分布来看,参与调查的业务经理及以下较多,为45.95%,部门主管级以上的人数为16,占比为21.62%。

(五)被调查员工工作满意度分析

根据设计的问卷,本章基于报酬满意、晋升满意、领导满意、同事满意以及工作满意五个维度对其工作满意度进行分析。

1. 报酬满意度分析

目前,公司员工的月薪主要包括基本工资与绩效工资两部分。问卷调查结果表明,对于“我满意公司的基本薪资与奖金”这一问项中,选择非常同意和同意的员工占比为45.95%,为34人,选择非常不满意和不满意的员工占比27.02%。说明公司薪资奖金基本上能够得到员工的认可。

作为员工薪酬的一种有效补充,福利在员工的生活中占有重要地位。而本次调研的结果表明,员工对公司的福利较为满意。其中,选择非常满意和满意的员工占比47.30%,选择非常不满意和不满意的员工占比22.97%。

表11-4所示为员工对公司的基本薪资与奖金以及公司的福利的满意度调查。

表 11-4　对基本薪酬与奖金以及公司福利的满意度调查

我满意公司的基本薪酬与奖金			我满意公司的福利		
认可情况	人数	百分比	认可情况	人数	百分比
非常同意	14	18.92%	非常同意	15	20.27%
基本同意	20	27.03%	基本同意	20	27.03%
无所谓	20	27.03%	无所谓	22	29.73%
不同意	10	13.51%	不同意	10	13.51%
非常不同意	10	13.51%	非常不同意	7	9.46%

马斯洛的需要层次理论表明,满足人类生理的需求是需要层次中的最低级标准,能否获得与之相匹配的薪酬是满足这一需求的基本保障。倘若失去了薪酬这一人类生存的基本物质保障,即使有更高层次的精神需要,那也只是经不起推敲的空中楼阁。此外,公平理论还强调公平待遇的重要性,员工会经常以自身薪酬与同事进行对比,以此评价其是否获得了公平待遇,且这一评价会对他们以后的工作态度与工作行为造成影响。即当员工感觉自身受到不公平待遇时,其工作的努力程度就会降低,也会放弃对公司的信任,最终导致公司人才的流失。

2. 晋升满意度分析

根据马斯洛的需求层次理论,自我价值实现是人类的最高层次追求。是否有广阔的发展前景,能否实现自身价值也成为许多人的择业标准。本文的调查表明,超过一半的员工对当前公司的晋升制度和晋升机会感到满意和认可,具体见表 11-5。

表 11-5　对公司晋升制度以及晋升机会的满意度调查

我满意公司的晋升制度			我满意公司的晋升机会		
认可情况	人数	百分比	认可情况	人数	百分比
非常同意	8	10.81%	非常同意	10	13.51%
基本同意	30	40.54%	基本同意	28	37.84%
无所谓	13	17.57%	无所谓	15	20.27%
不同意	15	20.27%	不同意	14	18.92%
非常不同意	8	10.81%	非常不同意	7	9.46%

由此可以看出，被调查员工中超过50%的人认为公司有较好的晋升制度和晋升机会，但仍有30%的人不认可公司的晋升制度和晋升机会。同样，对于问卷中“我认为在公司有较好的发展前景”这一问项的认可程度和满意程度也较高，其中，选择“非常同意”和“同意”两项的员工所占被调查总数的58.11%，而选择“不同意”与“非常不同意”的比重为24.32%。据此可以得出，多数员工认为，在企业发展的升值空间较大，晋升机会较多，职业前景较好。

3. 领导满意度分析

本文设计的“领导满意度”问项共包括“我认同直接主管的领导风格与管理方式”“我与直接主管领导的沟通是有效的”“直接主管在工作中能给我适度的人文关怀”三个方面。

调查对上述3个问项的五种认可程度做了最终的汇总统计，最后得出了3个问项认可程度的平均值，具体见图11-1。其中，选择“非常同意”和“同意”两项的员工所占被调查总数的62.16%；选择“无所谓”的员工仅占总数的20.27%；而选择“不同意”与“非常不同意”的则比重非常小。

由此可见，被调查员工中近六成以上的员工对公司领导的领导方式、沟通方式、做事风格、人文关怀等认可，满意度很高，这也反映出该公司中层领导及高层领导在公司的管理方面做的非常好。

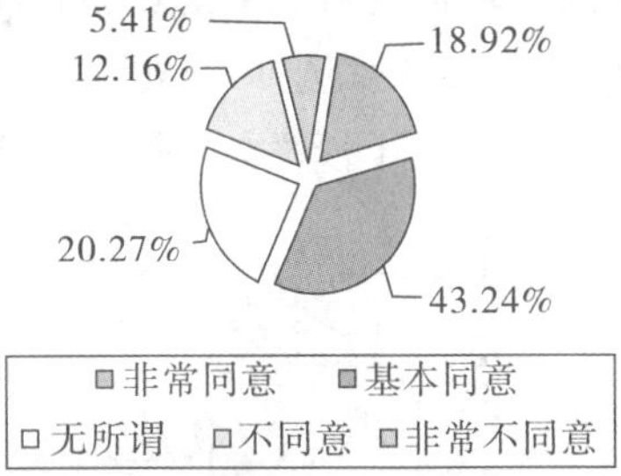

图11-1　三个问项(领导满意度方面)认可程度的平均值

4. 同事满意度分析

本文设计的“同事满意度”问项共包括“我与同事间的关系相处融洽”“工作中与同事具有较好的分工合作精神”“我感觉公司同事间相处融洽、气氛和谐”三个问项。根据调查结果，本文对上述三个问项的五种认可程度分别做了最终的汇总统计，最后得出了三个问项认可程度的平均值，具体见图11-2。

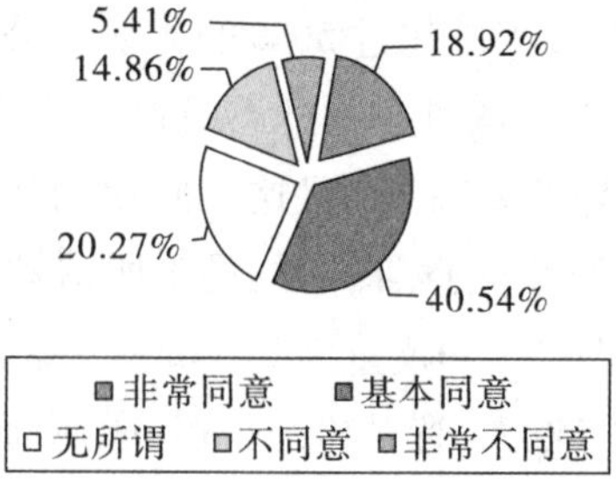

图 11－2　三个问项(同事满意度方面)认可程度的平均值

在图 11－2 中,选择“非常同意”和“同意”两项的员工占总体人数的 59.46%;选择“无所谓”的员工占 20.27%;而选择“不同意”与“非常不同意”的则为全部人数的 29.27%。可见,大多数被调查员工对所在企业的同事具有较高的满意度,同时也对和谐的同事关系与合作关系具有较高的认可程度。

5. 工作本身满意度分析

本文设计的“工作本身满意度”共包括“我认为我当前的工作有意义”“我认为我当前的工作具有挑战性”“我对当前的工作感到满意”。

本文对“我认为我当前的工作有意义”“我认为我当前的工作具有挑战性”两个问项的五种认可程度的平均值进行了汇总(见图 11－3),选择“非常同意”和“同意”两项的员工占比为 40.54%;选择“无所谓”的员工为总数的 29.73%;而有 29.73% 的被调查者选择了“不同意”与“非常不同意”选项。

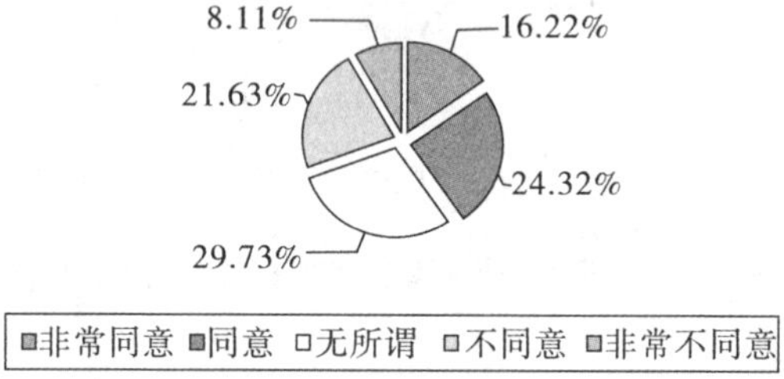

图 11－3　两个问项(工作本身满意度方面)认可程度的平均值

本文对“我对当前的工作感到满意”问项的汇总结果表明,选择非常同意、基本同意、无所谓、不同意的和极不同意的员工分别占总数的 18.92%、40.54%、21.62%、13.51%和 5.41%,详见图 11－4。

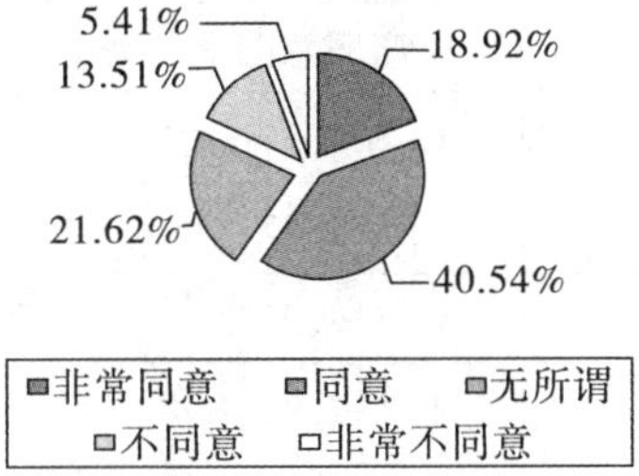

图 11－4 “我对当前的工作感到满意”问项汇总结果

由图 11－4 可以看出，被调查的员工中有 59% 以上的人对公司当前工作表示满意，认可程度较高。但还有近 20% 的人选择了不满意和非常不满意自己的当期工作，鉴于这部分人群对所在公司的满意度太低，他们有可能成为我公司中员工流失的主要部分。

五、员工忠诚度影响因素的实证分析

本文将员工忠诚度的影响因素分为三大类：员工个人因素、企业环境因素、企业外部环境因素。其中，员工个人因素包括性别、婚姻状况、年龄、工龄、学历、工作岗位、职称等七个因素，本文采用统计学中方差分析对上述因素与员工忠诚度之间关系进行实证分析；企业环境因素包括报酬因素、晋升因素、领导因素、同事因素和工作因素等五个因素，本文采用多元线性回归方法对其进行实证分析；企业外部环境因素因涉及企业外部的调查，调查过程较为困难，本文暂不对其进行实证研究。本文数据分析使用统计学软件 SPSS22.0。

（一）员工个人因素分析

一般而言，性别、婚姻状况、年龄、学历、职务、工作年限等个体背景变量会对组织承诺水平等员工忠诚的变量产生影响，研究者也通过实证研究证明了这些因素的影响作用。因此，我们有理由相信在 A 金融机构也会在这些方面对员工忠诚度产生影响。本文中从性别、婚姻状况、年龄、工龄、学历、工作岗位、职称等七个方面分析对员工忠诚度的影响，根据调查问卷统计结果，本文汇总了不同性别、婚姻状况、年龄、工龄、学历、岗位、职称情况的离职意向平均值，得分越高表明离职意向越强烈。具体如表 11－6 所示。

表 11-6　不同因素下离职意向平均值

项目	类别	离职意向率	方差分析(P 值)
性别	男	2.55	0.904
	女	2.57	
是否结婚	是	2.22	0.051*
	否	2.99	
年龄	25 岁以下	3.63	0.008***
	25~30	2.93	
	31~40	2.25	
	41 岁及以上	1.85	
工龄	1 年以下	3.63	0.011**
	1~3 年	3.04	
	4~5 年	2.63	
	6~10 年	1.88	
	10 年以上	1.91	
文化程度	高中(中专)及以下	0	0.216
	本科	2.53	
	硕士及以上	2.63	
工作类型	业务人员	2.78	0.122
	非业务人员	2.21	
职称	业务经理及以下	3.03	0.007***
	业务组长	2.63	
	部门副主管	2.38	
	部门主管及以上	1.63	

注: * * * 表示在 1% 的水平下显著, * * 表示在 5% 的水平下显著, * 表示在 10% 的水平下显著。

(1)性别对员工忠诚度的影响分析。以往的研究认为,相对于男性而言,女性的忠诚度更高一些,主要的原因是:女性离开组织所要付出的代价比男性更多些。而且,女性更加容易安于现状,因此不会轻易地选择离开公司。但方差分析的结果却显示员工忠诚度不受性别的影响,可能的解释是随着社会的发展，女性工作能力和工作观念都会随之发生变化，性别对我公司员工的忠诚度并没有显著差异。

（2）婚姻状况对员工忠诚度的影响分析。一般而言，有配偶的已婚人士因为要扛起家庭责任的重担，需要一份较为稳定的工作，跳槽的几率会较小，对公司也相对忠诚。本文方差分析的结果显示员工忠诚度亦受婚姻状况的影响。

（3）年龄、工龄对员工忠诚度的影响分析。一般认为，员工忠诚度会随员工年龄的增长而提高，因为越是年老的员工，随着时间的推移，就越会对企业产生感情，进而忠诚度不断提高。通过实证研究，本文发现员工对企业的忠诚度会随年龄的不同而存在显著差异，25～30 岁年龄段员工及 25 岁以下的员工离职意向平均值较高，说明公司员工流失人群中年轻人占大多数，人员流失与年龄之间呈现出一定的负相关关系，即年轻员工流失率较高，而年龄稍长的员工则较为稳定。究其原因，主要是年轻员工家庭责任较轻，其学习能力也相对较强，离职时所付出的沉没成本相对较少，年轻员工跳槽现象普遍出现；工龄在 1 年以下和 1～3 年的企业员工离职意向平均值比较高分别为 3.63 和 3.04，而工龄在 10 年以上的职工的离职意向平均值仅有 1.91，这说明企业中工作时间越长的员工，所经营的人际关系以及对环境的熟悉程度使其不愿意放弃在该公司所能获得的利益，也意味着为企业服务时间越长的员工留职的意向越强烈。

（4）学历对员工忠诚度的影响分析。Mathiue & Zajac（1990）指出，随着员工的学历增高，他们对组织的承诺不但不会增加，反而会降低。因为他们认为自己有足够的能力，可以很轻易地去其他单位工作。Mow day（1979）同样指出，员工的教育程度与组织承诺呈现负相关关系。就本文而言，对员工学历划分为高中、本科、研究生及以上三个等级，研究结果显示，员工对企业的忠诚度没有因学历不同存在显著差异，原因可能在于在金融这一特殊行业里，能力比学历更加重要，员工已不把拥有高学历当成跳槽时的筹码。

（5）工作岗位对员工忠诚度的影响分析。在问卷设计中，将员工岗位分为前台人员和中后台人员，一般而言，相对于中后台人员，前台人员接触外界环境较多，受到的利益诱惑较多，故离职意向率较高。当其他企业对员工进行利益诱惑时，员工若能坚持留在原单位，且仍有较饱满的工作状态和较高的工作效率，这便是员工忠诚。实证分析结论表明，员工对企业的忠诚度没有因岗位不同存在显著差异，前台人员和中后台人员的离职意向率较接近。

（6）职称对员工忠诚度的影响分析。在实证研究方面，本文将员工职务依次分为四个不同等级，分别为：业务经理及以下、业务组长、部门副主管、部门主管及以上。结果显示，员工的忠诚度会随职称不同而有显著差异，职称为业务经理及以下的员工离职意向率较高,为3.03,而部门主管及以上的人员则离职意向率为1.63,表明部门主管及以上人员基本不会离职。原因在于职称在业务经理及以下的员工刚刚参加工作,在公司工龄较短,离职的机会成本较小,而职称较高的员工,尤其是部门主管及以上的员工在公司已经是部门以上领导,离职意向就小。

综上所述,在员工个人的众多因素中,A金融机构员工的年龄、工龄、职称是影响员工忠诚度的重要因素,对员工忠诚度起到重要作用,性别、婚姻状况、学历、岗位并不是影响员工忠诚度的主要因素。

(二)企业内部环境因素分析

根据上文归纳影响员工忠诚度的企业因素,再结合国内外研究,我们认为在影响员工忠诚度的企业因素中,科学合理的薪酬制度、晋升通道,良好的领导管理风格、同事间人际关系以及工作本身的趣味性和挑战性,都会增加员工的忠诚度。故本文实证研究假设:报酬制度、晋升因素、领导因素、同事因素、工作本身都与员工忠诚度间存在正相关的关系,即与员工离职意向存在负相关关系。本文分析采用多元线性回归方法对其研究,实证结果如表11-7所示。

表11-7 各变量多元线性回归结果

变量	非标准化系数	标准化系数	T值	P值	回归整体情况
常数项	5.704		7.291	.000***	$R^2=0.691$ 调整后 $R^2=0.612$ $F=16.544$, Sig=0
报酬因素	-0.468	-0.475	-2.600	0.020**	
晋升因素	-0.391	-0.494	-1.834	0.076*	
领导因素	-0.246	-0.260	-1.365	0.082*	
同事因素	-0.494	-0.493	-2.220	0.034**	
工作因素	-0.233	-0.222	-1.626	0.036**	

注: ***表示在1%的水平下显著,**表示在5%的水平下显著,*表示在10%的水平下显著。

通过线性回归分析研究表明:报酬因素、晋升因素、领导因素、同事因素、工作本身都与员工离职意向呈负相关,而且P值均小于0.05或0.1,达到了显著性水平,这也表明上述因素都与员工忠诚度呈现正相关关系,其中报酬因素、晋升因素和同事因素与员工忠诚度关联性最强。众所周知,良好的物质条件是绝大多数员工全身心投入公司工作的基本保障。没有充足的物质保障,员工对公司的忠诚就无从谈起。本文的实证结论也证实了这一点。适当的薪酬和福利体系能够使员工们在企业中更加有竞争意识,高效率的完成任务,然而这是不够的,上述结果表明良好的晋升渠道和机会也是影响员工忠诚度的重要因素,俗话说“不想当将军的士兵不是好士兵”,如果说合适的薪酬制度是短期提高员工忠诚度的重要手段,则良好的晋升渠道和机会是中长期提高员工忠诚度的重要手段。此外,良性的人际关系也是影响员工忠诚度的重要因素,员工每天都要上班,与之打交道最多的是其工作的团体,同事间的个体行为反映了他们的道德原则,俗话说道不同不相为谋,良好的同事关系更容易产生强大的凝聚力,有效地增强员工的归属感和忠诚度。领导因素也是影响忠诚度不可忽视的因素,本文研究表明员工的忠诚度跟上级领导的管理风格有着密不可分的关系,有些领导具有很好的能力,能使员工信服,愿意为他效力,好的领导能力能使员工对公司的依赖程度上升,增加对公司的忠诚度。

六、提升员工忠诚度的建议

(一)建立科学合理的人才筛选体系

从个人特点来看,数据表明,已婚比单身更忠诚,年龄越大、工龄越长越忠诚,职称高的比职称低的忠诚。因此,企业在招聘人才以及提拔员工时,要在符合实际需求情况的基础上,考虑到以上因素,选择对企业忠诚度越高的人对企业的隐形利润和长远发展都有着不可忽视的重要作用。

(二)建立科学合理的薪酬体系

薪酬是企业激励员工的核心,是企业保留人才的关键,合理的薪酬能充分体现员工的价值,满足员工的成就感,换来员工对企业的认同和满意度,因此科学合理的薪酬制度是必不可少的。科学合理的薪酬体系应当包括员工工资、奖金、绩效及相应福利,科学合理的薪酬体系应体现公平公正,公平不仅体现在公司内部员工之间的公平,还应体现于同行业间的公平。同时, 还要建立一个上诉系统, 当员工对考核结果不满意时, 可以有地方申诉。

(三)组建高效的领导梯队

本文研究表明,公司领导尤其是员工直接领导对员工的忠诚度和满意度有很大的影响力,高效的领导团队能够充分展示企业的管理水平和发展前景,能够充分调动员工工作的积极性和创造力,能够充分体现企业工作氛围的魅力。因此,公司应该注重高效团队的组建和培养工作,采取有效的方法(如通过培训等)提高领导者的理论水平和管理技巧,这既能增强领导者的个人威信,对提高员工的忠诚度和满意度也将产生很好的影响。

(四)优化企业工作环境

本文研究表明,良好的人际关系和工作环境能够影响员工的忠诚度,除了最基本的物质需求之外,员工更追求文化需求方面的满足,寻找其在社会生活中的群体归属感和认同感,希望能够实现员工的个人价值。员工是否具有较高的人生理想和价值追求,在很大程度上取决于公司是否具有良好的企业文化。因此,公司应打造良好的企业文化,营造和谐的人际关系氛围以激励员工奋发向上的动力,最终提升员工对公司的认同感。

(五)畅通员工职业生涯发展通道

为激发员工的工作积极性,公司须依据不同工作性质的员工进行职业生涯的差异化设计。企业还应该清醒地认识到,员工中的一部分希望通过努力晋升为管理者,另一部分则希望在专业上有更多的提升。因此,企业应该采取针对性的双重职业规划途径,来满足员工不同价值观的需求,并保证这些发展通道的畅通。

把握形势，转变思路开创思想政治工作新局面

——宁波证监局思想政治工作研究报告

宁波证监局*

思想政治工作是党的优良传统，是实现党领导的重要手段，是确保完成各项工作任务的根本保证。随着证券期货监管系统各项改革不断深入、人才引进和工作人员招录工作的推进，派出机构工作人员的年龄结构、学历结构等发生了较大变化，思想观念、个人信仰、道德标准、生活方式等也呈现了多元化的特点，而思想政治工作在树立理念、凝聚共识、增加信心等方面发挥的积极作用，是促进监管工作有效开展的重要保障，也是顺利实现监管转型的重要基础。课题组以宁波证监局工作人员为对象，通过座谈讨论、问卷调查等方式，全面掌握工作人员思想动态，对存在的问题进行分析，为领导决策和开展下阶段思想政治工作提供依据。

宁波证监局简介

中国证券监督管理委员会宁波监管局为证监会36个派出机构之一，1999年成立，前身为成立于1994年的宁波市证券和期货监督办公室，负责对辖区内上市公司、证券期货经营机构、证券期货投资咨询机构和从事证券业务的律师事务所、会计师事务所、资产评估机构等中介机构的证券期货业务活动进行监管；依法查处证券期货市场违法、违规案件，打击辖区非法证券期货业务活动，维护投资者合法权益以及证监会赋予的其他职责。全局共有正式在编人员38人，平均年龄38.2岁，共有硕士研究生及以上学历10名，占比

* 课题组成员：吴志华、王珺、陈云。本文获2014年全国金融系统思想政治工作和企业文化建设调研成果二等奖。

26.3%,大学本科学历26名,占比68.4%。

图12-1　宁波证监局团队

一、宁波证监局工作人员概况及调研开展情况

随着证券期货监管系统改革的不断深化,人才引进和人员招录工作的不断推进,宁波证监局的人员年龄结构、专业结构等发生了明显变化。为确保思想政治工作的科学性、有效性和针对性,充分发挥思想政治工作在树立理念、凝聚共识、增加信心等方面的积极作用,2014年,在副局长陆意琴同志带领下,宁波证监局成立课题调研小组,采取座谈会、问卷调查等方式开展调研工作,力求充分了解工作人员思想动态,为宁波证监局思想政治工作促进监管工作提供决策支持。

截至2014年8月,宁波证监局共有在编在职工作人员38名。从年龄结构看,50后(1955~1960年出生)2人,占5.26%;60后(1960~1970年出生)8人,占21.05%;70后(1970~1980年出生)15人,占39.47%;80后(1980~1990年出生)13人,占34.21%(见图12-2)。从学历结构看,硕士研究生及以上学历9人,占24%;本科学历27人,占71%,大专及以下2人,占5%(见图12-3)。

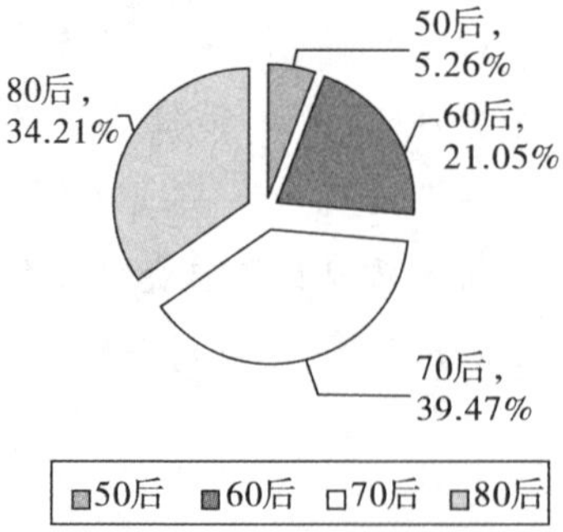

图12-2　年龄结构图

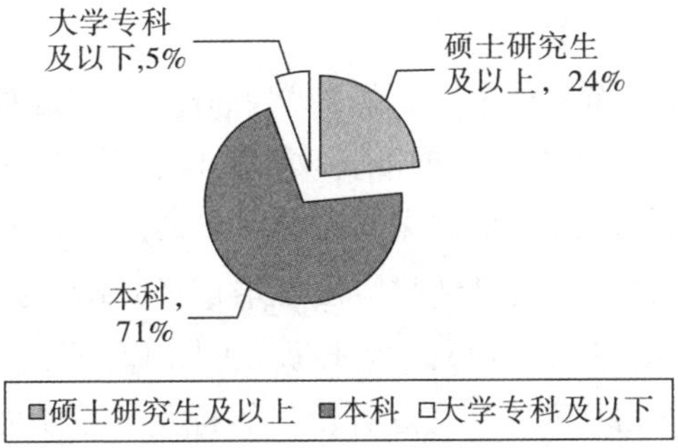

图 12－3　学历结构图

本次研究采取座谈讨论和问卷调查的方式开展。座谈讨论共邀请 13 人，其中 60 后 2 人、70 后 3 人,80 后 8 人。问卷调查面向所有工作人员发放,除部分人员参加培训、病休外,共发放 33 份,回收 31 份,回收率为 93.94%。

二、问卷调查结果分析

调查问卷分为基本情况、工作状况、生活状况和思想状况四个方面。通过对调查结果的全面分析,我们认为主要有以下几个方面的特点：

（一）基本情况方面

工作人员年轻化、高学历和籍贯多元化的特点明显。随着系统人员通过国家公务员考试招录和公务员转任工作的落实与推进,一大批来自全国各地的高学历年轻干部进入宁波证监局(见图 12－4)。在接受调查的 15 名 35 周岁以下工作人员中,有 67% 的人来自宁波大市范围外的市县或其他省份;15 名工作人员都拥有本科以上学历,其中硕士及以上学历的占 33.3%。

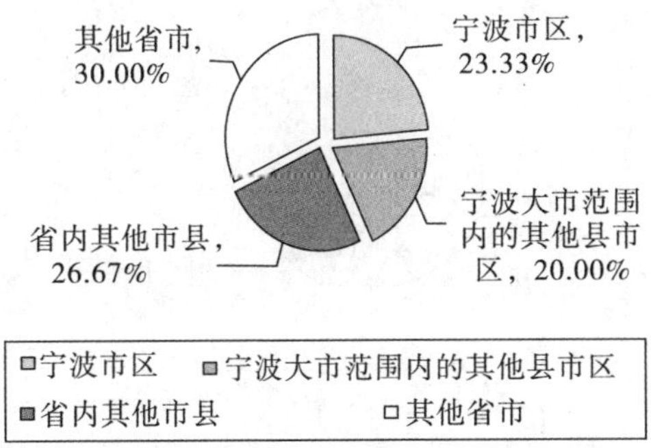

图 12－4　工作人员籍贯结构图

(二)工作状况方面

(1)宁波证监局工作人员具有积极的学习心态。一是对学历有较高追求,有55%的工作人员表示正在攻读或准备攻读更高学历;二是对培训需求较为强烈,对业务技能和政策法规的培训需求尤为突出,其中93.5%的人希望得到业务技能培训,74.2%的人希望得到政策法规培训,58.1%的人希望得到宏观形势培训,41.9%的人希望得到人文历史培训(见图12-5),培训形式希望以证监会统一培训为主的占93.5%;三是有较强的自我学习能力,所有调查对象都表示会利用业余时间读书。说明宁波证监局在鼓励工作人员学习方面的工作发挥了积极作用。

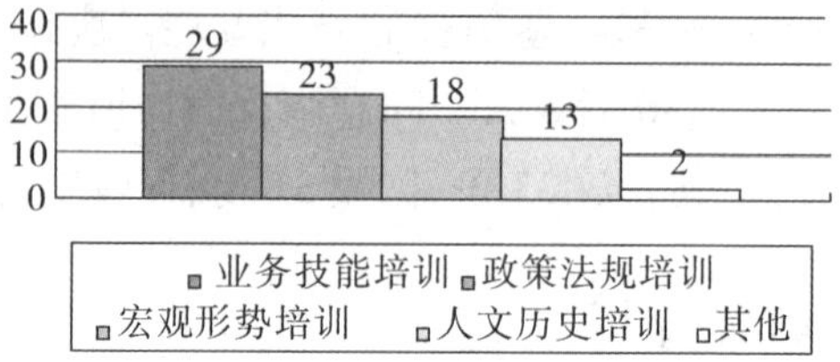

图12-5　培训需求图

(2)宁波证监局工作人员总体认为自身素质与岗位匹配度较高。大部分工作人员认为目前的岗位适合自己,同时自己也很喜欢目前的岗位,且对岗位的熟悉程度较高。问卷中,有27%的调查对象不想轮岗、56%无所谓,但也有17%的工作人员希望尽快轮岗,且都为40周岁以下,其中35周岁以下3人,36~40周岁2人,这5人中有3人目前在业务岗位、2人在其他岗位(见图12-6)。同时,多数工作人员认为轮岗时间以3~4年为宜,占58%;另有29%的工作人员认为轮岗时间5年及以上较适宜,也有4名工作人员认为2~3年或其他时间较适宜。

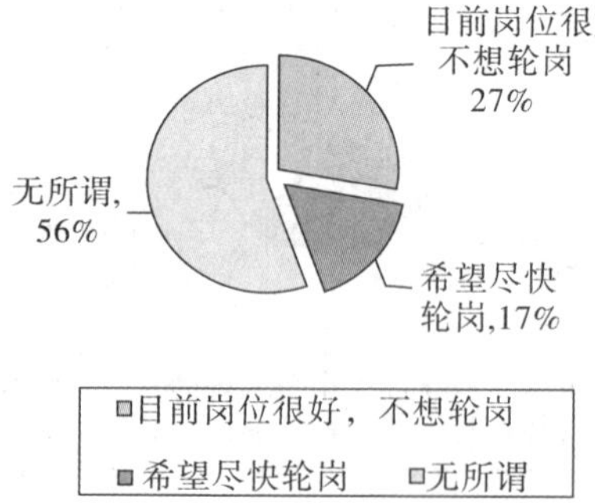

图12-6　轮岗需求图

(3)宁波证监局工作人员具有较强的奉献精神。在监管转型的重要阶段，派出机构承担着大量一线执法监管工作，人力资源不足和监管任务繁重的矛盾将长期存在。经统计，94%的人需要加班，其中经常加班的占42%，偶尔加班的占52%。在对加班问题的看法上，所有人均表示可以忍受（见图12-7），体现出了较强的奉献精神。

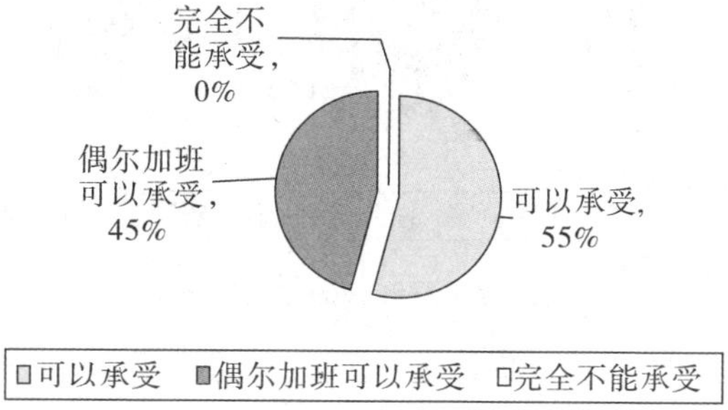

图12-7　工作人员对加班的忍受度

(4)不同岗位对个人能力要求有区别。总体上看，大部分人认为在工作中个人能力和团队协作都发挥着重要作用，其中77%的人认为个人因素发挥重要作用，同时也需要大家合作完成；23%的人认为个人因素较小，大量工作仍需要合作完成。在对个人能力要求上，大家认为不同处室领导对下属能力要求有侧重，如综合岗位领导更看重下属的材料撰写能力，业务岗位领导更注重下属的业务检查能力。而在自我认定中，认为表达能力、业务能力和综合能力重要的人超过执行能力和创新能力（见图12-8）。说明近几年宁波证监局通过组织开展提升素质各项活动，工作人员已认识到综合能力的重要性。

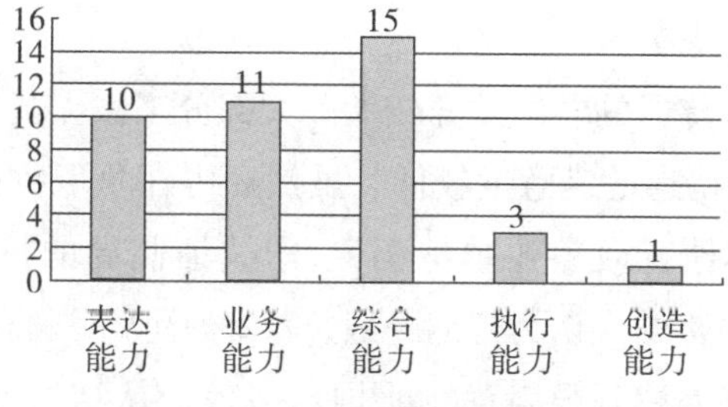

图12-8　工作中最重要的能力

(5)局内氛围和谐，上下属之间、同事之间沟通较为顺畅。工作人员普遍认为局内氛围和谐，直接领导非常重视自己的工作，同事间相处较为融洽。其中，53.3%的人认为与领导沟通顺畅，仅有1人认为不顺畅（见图12-9）。有97%的人认为工作中与同事之间沟通顺畅,也仅有1人认为不好说(见图12-10)。当与同事在工作中产生分歧时,大家普遍选择积极主动的方式进行沟通。

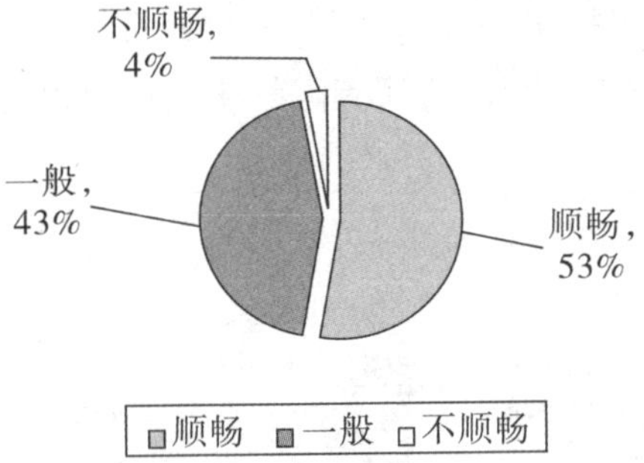

图12-9　与领导的沟通顺畅度

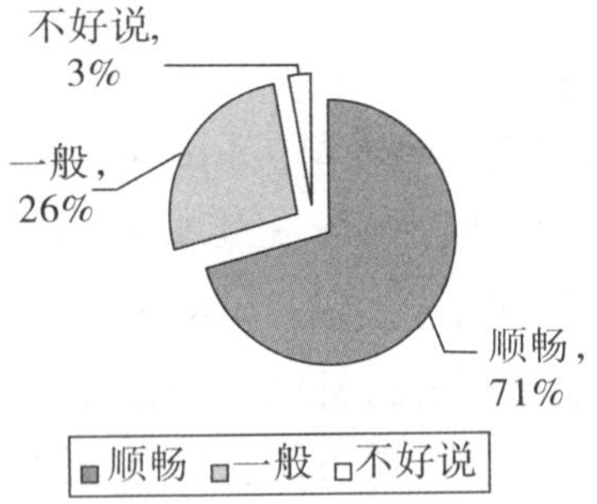

图12-10　与同事沟通顺畅度

(三)工资福利方面

(1)年轻干部对待遇的看法差异较大。大部分工作人员认为目前工作环境符合个人预期,但对待遇的满意度较低。虽然局内在争取提高待遇方面做了较多工作,但与宁波其他行政事业单位相比,宁波证监局的待遇仍有一定差距。因此,问卷中有61.3%的人认为待遇一般,32.2%的人明确表示对待遇不满意,仅有6.5%的人对待遇感到很满意(见图12-11)。从结构上看,选择对待遇很满意的均为35周岁以下工作人员;认为待遇一般的工作人员中,35周岁以下有8位,36~40周岁3位,41~45周岁4位,46~50周岁2位,50周岁以上2位;对待遇不满意的10人中,35周岁、36~40周岁各5位。这说明在待遇方面,35岁以下年轻干部看法差异较大。

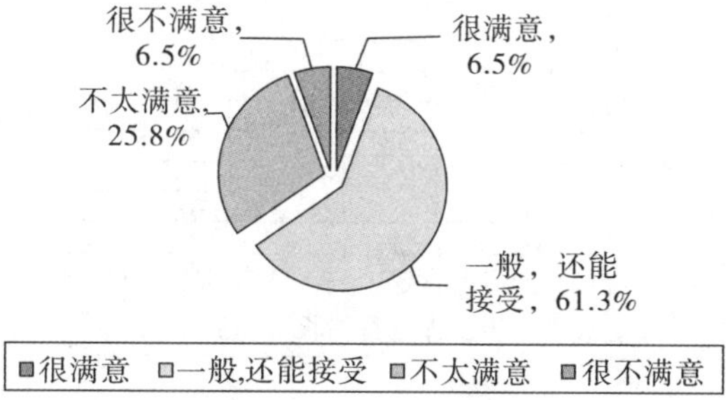

图 12－11　待遇满意度

（2）工作人员对考核的看法较为客观。调查对象普遍认为考核应当注重发挥激励和导向作用。2013 年下半年，宁波证监局在征求全体工作人员意见的基础上，对局内考核制度进行了修订，获得了大部分工作人员的认可，有 68% 的人认为合理，仅有 6% 的认为考核制度不合理（见图 12－12）。

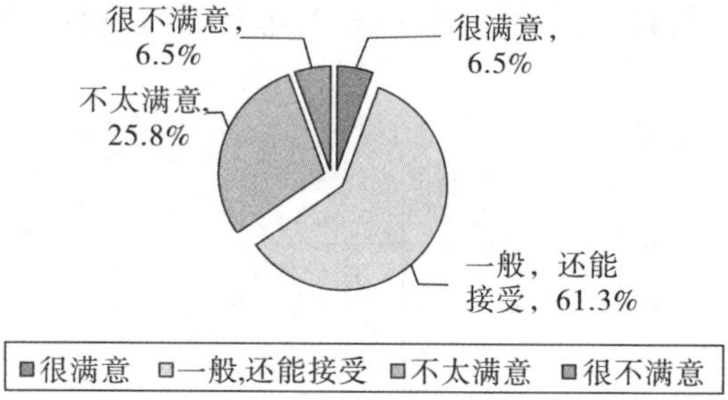

图 12－12　对考核制度的看法

（四）思想状况方面

（1）调查显示人格尊重和更好的物质待遇是争取晋升的主要原因。近两年，宁波证监局不断加大干部培养力度，通过竞争上岗等手段提拔了 5 位副处级干部、3 位正处级干部。在对待职务晋升的看法上，大家普遍认为对自身能力的肯定和工资待遇的增加是争取晋升的主要原因，也有人认为晋升后可以进一步发挥自身特长（见图 12－13）。大家也希望将晋升作为激励的主要形式，明显高于领导鼓励、评选先进、培训、休假等其他方式的选择比例。

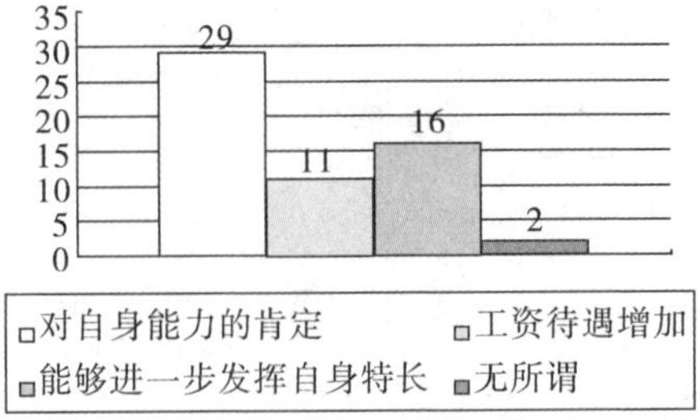

图 12－13 对职务晋升的看法

(2)面对挫折感,工作人员普遍以积极的心态应对。在日常工作中,有90.3%的人认为存在挫折感,其中经常有挫折感的占12.9%,偶尔有挫折感的占77.4%。社会认同感太弱和工资福利太低成为挫折感的主要来源(分别占41.9%和29.0%),高于晋升空间太小、无法施展个人能力等其他选项(见图12－14)。当感到挫折时,大部分人能够选择积极进取的方式摆脱不良情绪,或通过主观努力来克服客观不利情况,也有人选择通过理性分析降低目标,从而消除挫折感。

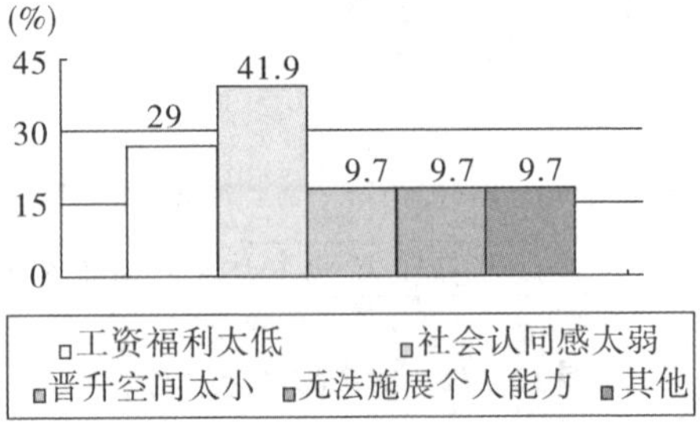

图 12－14 挫折感的来源

(3)大部分工作人员存在思想压力。工作压力、生活压力和学习压力,成为工作人员思想压力的主要来源(见图12－15),其中生活压力主要为经济问题和子女就学问题(分别占45.2%和41.9%),明显高于身体原因、婚姻问题等带来的压力。当遇到思想压力时,依靠自我消化和通过运动等方式转移、释放是工作人员最常用的方式,分别占58.1%和45.2%,明显高于找他人倾诉等其他方式。而在选择倾诉对象时,大家更愿意选择亲友和同学,选择领导、同事作为倾诉对象的仅占9.7%。说明在遇到思想压力时,组织发挥的积极作用还比较有限。

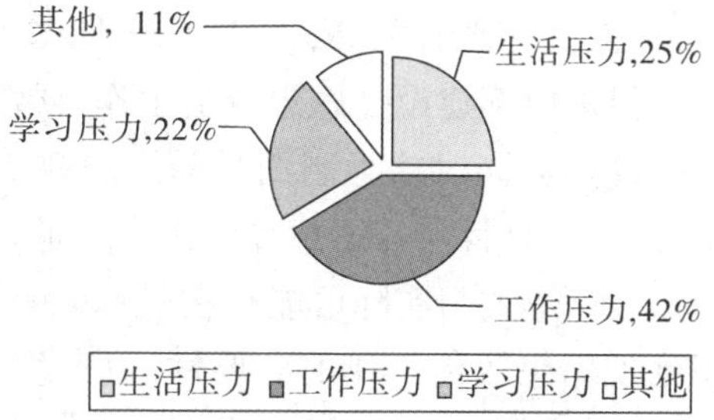

图 12－15　思想压力的来源

(4)在工作认同感上,自我与外界看法不同。在对工作的自我认同感中,有60%的人认为自己所做的是基础性工作,对资本市场建设的积极意义不大,33.3%的人认为自身工作对资本市场建设有意义,促进了市场发展。这与周围亲戚朋友的看法不同,有41%的亲戚朋友较为认同调查对象的工作,其中非常认同的占16%,基本认同的占35%。说明自我与外界的评价出现了不一致的现象。

(5)工作人员对单位具有较强的归属感。在对单位的归属感中,有93.5%的人选择有归属感,其中54.8%的人感觉非常有归属感,38.7%的人选择有归属感(见图12－16),同时,80%的人满意集体对个人的关心、爱护和尊重。但单位在帮助解决工作人员实际困难方面还可以发挥更大的作用,对单位能否帮助解决工作和生活中的困难问题,仅有27%的人明确表示单位能帮助解决,选择不能和看情况的分别占20%和43%。

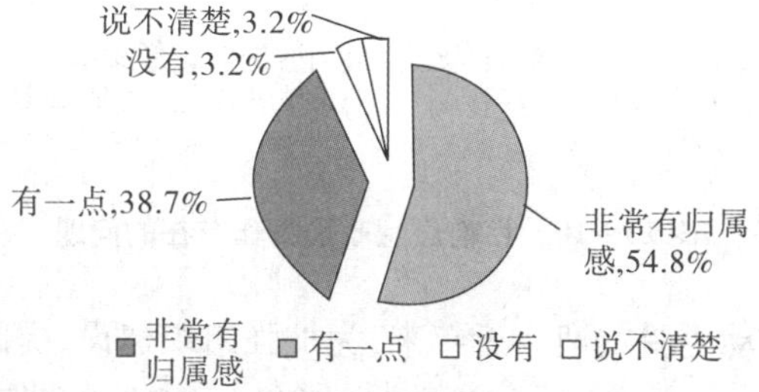

图 12－16　对单位的归属感

(五)思想政治工作开展方面

(1)工作人员普遍认为思想政治工作具有现实意义,对个人有帮助。在对思想政治教育的看法上,93.6%的人认为思想政治工作具有现实意义,其中45.2%的人认为非常有意义;25.8%的人认为有意义,但很小;22.6%的人认为在部分领域有意义;仅1人认为没有意义,占3.2%(见图12-17)。大家认为调动工作人员积极性和促进内部建设是思想政治工作有效性的体现,对我局思想政治工作整体评价较高。但同时认为制约目前思想政治教育整体作用发挥的原因主要包括四个方面:一是目前的思想政治教育大道理多,离自己太远;二是内容老旧,形式单一;三是形式与实际可能存在脱钩;四是无法从思想上引起重视。说明大家认识到了思想政治工作的必要性,也产生了一定的作用,但内容老旧、形式单一等情况制约了其发挥更大的作用(见图12-18)。

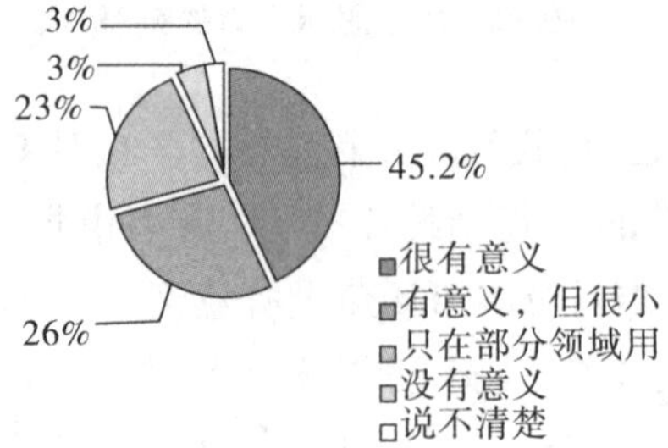

图12-17　思想政治工作的现实意义

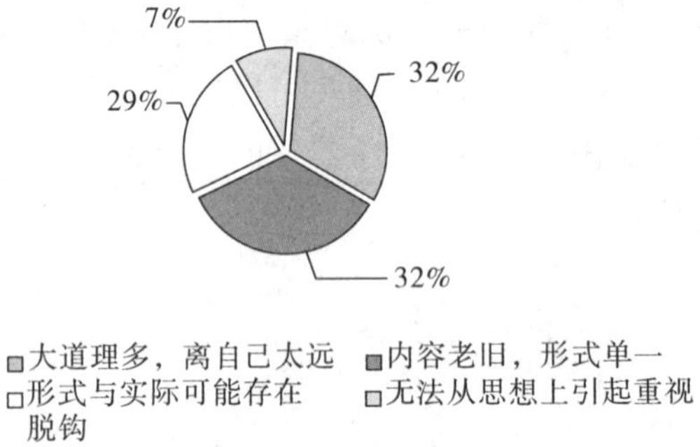

图12-18　目前思想政治工作存在的问题

(2)轻松的活动更受欢迎。近年来,为加强组织建设,提高工作人员的归属感,我局组织开展了形式多样、内容丰富的活动。统计中我们发现,在各类活动中,野外活动、趣味运动会、阿拉讲坛等相对较为轻松的活动更受工作人员欢迎,分别占调查总人数的87.1%、48.4%和45.2%,联欢会、茶话会及体育兴趣小组等也获得了较好的欢迎,而演讲比赛等需要花费较多时间准备的活动仅有9.7%的人表示喜欢参加。对于组织开展的读书活动,74%的人表示有必要开展,但希望不要过多,而19%的人明确表示没有必要。说明工作人员对于需要花时间准备的活动并不十分欢迎,对较为轻松的活动表现出了很高的热情。

我局依托工会、团委等平台，积极开展趣味运动会、羽毛球兴趣小组等娱乐性、趣味性较强的活动，通过活动不断促进工作人员的归属感、荣誉感，强化凝聚力和向心力，为更好地开展监管工作打下良好基础。

三、对调查结果的思考

（一）关于干部队伍特性的进一步分析

在确定了工作人员基本特征的基础上，经过分析，我们认为应该注意到目前干部队伍尤其是年轻干部中存在的以下问题：

（1）年轻干部对思想政治工作的重要性认识不足。年轻干部普遍现象为工龄低、社会经历少，加上目前学校、社会思想政治宣传相对薄弱等原因，导致年轻干部对思想政治工作的重要性认识不足，认为思想政治工作比较“虚”，对自己的帮助较小，直观表现为缺少坚定信仰、自我认同感弱、易受社会不良思想影响。此外，工作人员来自全国各地，多样性的文化和生活背景在一定程度上增加了产生文化共识的难度。比如工作人员能够了解我局机关文化，但年轻干部的人员结构和思想观念的差异性，容易造成对机关文化内涵和要求的理解不一致，一定程度上会影响对机关文化的认同，无形中也增加了做好新形势下思想政治工作的复杂性。

（2）年轻干部对工资福利的要求更高。结合思想政治工作开展过程中发现的情况，近年来通过公务员转任、国家公务员招考等方式录用的年轻干部较多，许多干部来自于外市，甚至外省，面临在宁波购房、结婚等压力，而宁波高房价、高消费的现状又加剧收入与支出的矛盾；此外，证券期货行业从业人员，特别是监管对象高管人员高收入现象，也容易导致年轻干部有一定的比较思维，对现有机关事业单位工资福利的不满。

（3）部分年轻干部希望多岗位接触业务。在座谈讨论中，部分年轻干部对接触各类监管业务表现出较强的兴趣：一是由于岗位间的差异，导致不同岗位的要求不同。例如部分岗位需要经常出差、部分岗位需要经常加班等，使部分谈婚论嫁的年轻干部在生活中与岗位要求产生冲突。二是不同岗位对个人能力的培养有差异，年轻干部对自身业务知识、能力的培养需求相对更强，更多希望通过挂职锻炼、联合调研、参与检查或轮岗等多岗位锻炼方式培养自身的全面能力。

（4）年轻干部更容易受到挫折。根据年轻干部自尊心强、社会资历浅等特点，当其在生活、工作中遇到困难时，由于应对经验的缺乏，容易产生手足无措的情况，进而演变为对自身的否定，强化负效应对自身的影响，需要进一步加以引导。

（5）说理式的教育很难真正打动年轻干部。年轻干部普遍思想活跃，对新事物的接受能力很强,但同时对相对较“虚”的事物存在抵触心理,一些经验、道理都懂,但却不真正入心。要真正发挥思想政治工作的作用,就必须以“动之以情”为目标,“晓之以理”为手段,使思想政治工作真正“入脑、入心、入髓”。

(二)关于如何在新形势下开展思想政治工作的思考

在资本市场改革进入“深水区”和证券期货监管系统监管转型不断推进的大背景下,结合目前监管队伍年龄结构、学历结构等特点,我们认为,思想政治工作与干部日常工作、生活等休戚相关,如婚姻、户口、子女就学等问题,尽管看似与思想政治工作无关,但实际影响较大,因此原有内容老旧、形式单一、离教育对象远等思想政治工作方式,已很难适应工作人员的思想变化和需求,这些老方式、老方法已严重制约了思想政治工作作用的发挥,应该转变思路,将思想政治工作的“虚功”做实,根据目前所面临的新情况创新教育方式和手段,切实发挥思想政治工作的引导作用。

四、对新形势下开展思想政治工作的几点建议

(一)加强思想政治工作,培养“三感”,引导工作人员树立正确的理想信仰

信仰主宰人的行为方向,对人生和社会发展方向有着重大影响。习近平总书记在十八届中共中央政治局第一次集体学习时把理想信念比喻成共产党人精神上的“钙”。他说,没有理想信念,理想信念不坚定,精神上就会“缺钙”,就会得“软骨病”。检视一些被腐蚀的党员干部,无一不是把理想信念抛到了九霄云外,“骨头”变软了,最后滑向犯罪的深渊。树立了共产主义信仰和为共产主义事业奋斗终身的远大志向,就会有大视野、宽胸襟、高境界,就会“不畏浮云遮望眼”,做到“任凭风吹浪打,胜似闲庭信步”。可见树立正确信仰,对一个人,尤其是对监管一线的工作人员具有极为重要的作用,是开展各项监管工作的基础。要通过思想政治教育工作,引导工作人员树立正确的信仰,帮助工作人员建立把工作当作事业的思想理念,增强个人的自信心,进而强化对单位的归属感、成就感和荣誉感,让信仰在学习中确立,在实践中印证,在追求中升华。

(二)创新思想政治工作方式方法,力争更近、更实

要解放思想、实事求是,调查了解新情况、新问题,认真研究新形势下思想政治工作的特点和规律,开辟新途径,探索新方法,创新新经验。目前的思想政治工作,许多时候仍然停留在读文件、讲道理的说教式阶段,理论化、机械化过于严重,难免让人产生“离自己很远”,甚至是“假大空”的感觉,不但可能达不

到教育目的，也有可能适得其反。要根据目前人员队伍学历高、素质高、思维活跃等特点，创新思想政治工作方式方法，让工作人员主动参与、乐于参与到思想政治教育工作中来。可以通过树立榜样、接触反面典型等方式，以直观的感受，拉近与思想政治工作的距离，让思想政治教育成为看得见、摸得着、感受得到的实体，将原有思想政治工作造成的个人负担转化为内在需求，不断提升思想政治工作的科学性和有效性。

（三）将群众满意作为思想政治工作的首要目标

让群众满意，是党的群众路线教育实践活动的出发点、着力点和落脚点。群众满意度上升了，保持党的先进性、纯洁性，巩固党的执政基础和执政地位就有了广泛、深厚、可靠的群众基础。在党的群众路线教育实践活动要求的指引下，开展思想政治工作也需要将群众满意作为首要目标。思想政治工作作用不能完全发挥，与工作人员内心有抵触、认为单位无法帮助自己有直接关系。邓小平同志曾说过："革命精神是非常宝贵的，没有革命精神就没有革命行动。但是，革命是在物质利益的基础上产生的，如果只讲牺牲精神，不讲物质利益，那就是唯心论"。在无法提高工资福利待遇的大环境下，了解和帮助职工切实解决工作、生活中遇到的实际问题，如子女就学问题、配偶工作调动问题等，是达到群众满意最有效的路径，也是通过思想政治工作强化单位凝聚力和向心力比较有效的路径。

（四）注重沟通和交流，动态掌握工作人员心理变化

著名组织管理学家巴纳德认为"沟通是把一个组织中的成员联系在一起，以实现共同目标的手段"。在思想政治工作中，沟通有其不可或缺的存在价值，单位和个人、领导与下属、同事与同事各个层面都需要沟通来掌握信息、交流思想，从而使全局内部成员之间互动地把握自己与他人、与总体的动态联系，从而推动全局工作的发展。可以建立工作人员动态心理档案，通过"局长谈心日"、座谈会、茶话会等平台，辅以日常沟通，及时掌握不同年龄、不同种类岗位和不同职务级别工作人员的心理和思想变化，并对集体性、苗头性、倾向性问题及时做出反应，使思想政治工作贯穿于监管工作始终。

（五）充分发挥工会、团组织作用，形成思想政治工作合力

思想政治工作不仅仅是党委的工作，也不仅仅是某个职能处室的工作，而是全局工作人员共同参与的一项工作。工会、团组织应当发挥其独特的优势，深入工作人员，组织开展一系列形式活泼、内容向上的活动，一方面不断开拓工作人员的视野，提高个人综合素质；另一方面让工作人员在活动中感受到集体的温暖，不断强化集体归属感和集体荣誉感。通过发挥工会、团组织的作用，形成思想政治工作合力，开创宁波证监局思想政治工作新局面！

银行基层员工思想行为调研报告

施光军　郑斯文　廖超国　程长乐*

工商银行作为一个庞大的服务社会的经济组织,经营规模大、覆盖区域广、管理链条长、员工人数多,各地实际情况不同,管理的差异也有所显现。但无论怎么特殊,贴近基层、关注员工、注重人员的思想行为分析,仍是管理职责的重要内容。而且,随着改革的不断深化,各种热点、难点问题伴随着改革的逐步深入开始逐渐显现,尤其同业竞争激烈而带来的诸如薪酬激励制度的变化以及员工职业发展规划方面的问题,给员工带来了一定的思想波动,有的甚至产生了一些模糊的思想认识。在这种情况下,如何及时了解和掌握员工的思想脉搏,切实有效地对员工做好解惑释疑、理顺情绪、化解矛盾工作,无疑是新时期我们员工管理工作的又一重要课题。为此,我行组织力量,在全行开展了一次员工思想行为动态调研分析活动。现将调研情况报告如下:

一、调查的方法及基本情况

为了全面了解和正确把握当前我行员工的思想动态,我们于近期通过问卷调查、召开专题座谈会以及全员交心谈心等形式,结合平时了解和掌握的情况,对当前我行员工的思想动态进行了分析和诊断。问卷调查面向全辖 31 个支行 75 个网点。问卷分管理层卷和员工卷。调查范围:管理层为行长、副行长、支部成员、网点负责人、现场管理员、行长助理、县市支行部门负责人,分行本部部门负责人。员工包括:一线柜员、客户经理、大堂经理、理财经理、服务支撑人员。座谈对象包括一线柜员、网点负责人、大堂经理以及新入行的大学生等。本次调查共发放问卷工 1 532 份,回收有效问卷 1 470 份,回收率达到 96%。在接受调查的 1 470 名员工中,男、女员工的比例分别为 49.99% 和 50.01%;从年龄结

---

* 中国工商银行湖北分行;本文获 2014 年全国金融系统思想政治工作和企业文化建设调研成果二等奖。

构看,35 岁以下的员工占 17.53%,36～46 岁的员工占 57.78%,47 岁以上的员工占 24.69%;全行员工的平均年龄为 42 岁。从学历结构看,研究生占2.19%;大学本科以上学历占 24.37%,大专学历占 45.1%,大专以下学历占 28.34%;从调查对象的结构来看,临柜员工占 41%;现场管理员占 7%;大堂经理占 4%;网点负责人占7%。客户经理占25.64%。从政治面貌看,中共党员占49.88%,共青团员占 4.06%,群众占 44.35%,民主党派占 1.71%。

按照“分级管理、辖内负责、点面结合、重点突出”的原则,组织各支行行长、副行长、网点负责人、分行部门负责人与辖属员工交心谈心,在岗员工谈心1 426人,谈心面 93%,机构网点面达到 100%。通过深入基层网点,与员工“零距离”的接触,“面对面”的沟通,“心贴心”的交流,“实打实”的答疑,使我们感触良多,深受启发。

中国工商银行荆州分行是湖北省分行下辖二级分行,现有员工 1 671 人,辖75 个物理网点。2014 年末各项存款 331 亿元,各项贷款 152 亿元,净利润 3.42 亿元。图 13－1 为中国工商银行荆州分行办公大楼。

中国工商银行荆州分行

中国工商银行荆州分行是湖北省分行下辖二级分行,现有员工 1 671 人,辖 75 个物理网点。2014 年末各项存款 331 亿元,各项贷款 152 亿元,净利润 3.42 亿元。图 13－1 为中国工商银行荆州分行办公大楼。

图 13－1　中国工商银行荆州分行办公大楼

中国工商银行荆州分行高度注重企业文化建设,秉承“工于至诚,行以致远”的文化内涵,大力倡导“以盈利为核心的经营文化,以拼搏为核心的竞争文化,以责任为核心的管理文化,以制度为核心的合规文化,以贡献为核心的绩效文化,以人本为核心的和谐文化”。

我们深深的体会到,业务的重心在基层,工作的重点在一线,特别是二级分行,经营管理的好坏全系于基层。经营的活力在员工,管理的智慧在实践。只有深入基层一线调查研究,深入到员工中去问需求教,问计于民,才能深入了解员工所思所想、所企所盼、所望所忧、所烦所苦、所难所闷,从而真正找准服务经营发展的良策,破解工作难题的良方,不断提高科学管理水平。

我们深深的感受到,没有落后的员工,只有没有引导好的员工。感化员工最大的力量是组织的温暖,感动员工最好的方式是领导的关怀。组织离员工多近,员工就对组织有多亲,管理者把员工放在什么位置,员工就会把集体放在什么位置,只要我们以心换心,员工就会以情报情。我们只有尊重员工、理解员工、相信员工、关爱员工、依靠员工,才能取得更好的经营业绩。

我们深刻的认识到,必须建设一流的团队,包括一流的管理团队,一流的营销团队,一流的操作团队。团队的核心是人,所以,要调动全员投入到三年跨越发展的事业中,我们必须全力调动员工的积极性和创造性,把员工的所思所想作为我们的所作所为。

二、当前员工思想行为的表现形式、主要特点及成因分析

通过问卷、走访、谈心等活动的进行,总体上看,经历多年改革的历炼,经过多次重大变革的洗礼,我行员工经受住了考验,基层员工的思想状态是积极向上的,对工商银行发展前景充满信心和良好期望,更注重自身素质的提高和自我价值的实现,在他们身上更多体现出的是心系工商银行、珍惜岗位、充满自信、严格要求、开拓创新、追求进步的思想主流。与此同时,激烈的同业竞争和考核压力,对员工在经营理念、薪酬分配、职业发展等方面的冲击是全方位的,员工的思想难免处于碰撞、磨合期,加之社会大环境的影响,某种程度上也呈现出复杂性、矛盾性、多样性、多变性等特点。

(一)员工思想行为的表现形式

(1)员工所思:工商银行经营发展。基层绝大多数员工思考的重点放在工商银行的经营发展上。大都以积极进取的态度对待工商银行的事业。对工商银行的前景充满了希望,相信工商银行的明天会更美好。他们以饱满的工作热情,克难攻坚的勇气,扎实的工作作风,完成岗位工作任务。对改革过程中出现的一些调整,不是一味消极抱怨,而是主动地去适应。当被问及“你对工商银

行目前发展前景的看法”时,98.13%的员工对工商银行未来的发展充满了信心。这其中问到“你对工商银行荆州分行主要经营指标取得同业市场份额第一的信心如何?”时,回答“充满信心”的高达95.86 %。在回答“你是否清楚你所在支行的经营目标和任务”时,很清楚的占82.77%。这些问题的回答结果表明,基层大多数员工的心思是放在关心工商银行的经营发展上。

(2)员工所想:个人业绩提升。目前,基层行普遍实行的是“产品换分配,绩效换收入”的分配办法,所以,大多数员工非常关心自身业绩的扩大,这意味着收入的增加,也是个人能力和价值的体现。正如调查中员工所言“无论是为了票子还是为面子,我们都要把业务做好做大”。员工主观上为收入,客观上促进了业务的发展。员工要想自己的业绩扩大,就要注重市场营销,同时还要加强团队之间的合作。因为目前体制下,有些产品非一人能完成,只有团队合作才能完成营销。

(3)员工所企:共同成长进步。工商银行通过这些年的发展,已步入世界500强之列,成长为全球市值最大、盈利最多、客户最广的银行,这无疑是广大员工所乐意看到并引以为自豪的。员工在关注工商银行快速发展和追求企业效益、创造社会财富的同时,也十分关心个人职业生涯和自身价值的实现,希望个人能与工商银行一起共成长、同进步。

(4)员工所盼:酬薪收入提高。近年来,工商银行员工的收入虽然逐年在增加,但员工想得最多的还是个人收入问题,他们盼望共享工商银行改革的成果,提高工资收入和福利待遇。员工这一想法的产生,主要是因为,一是近年来工商银行的利润总额连年大幅增长,但员工的收入和工商银行的盈利水准不相称,他们希望建立员工收入逐年增长的薪酬制度,使员工的收入增长与银行经营效益增长保持同步。二是从考核分配来说,实施人力资源管理提升项目后,员工更加关心自己的收入,对考核分配办法的科学性、合理性要求更高,有的认为目前工资分配过于倾向管理层,差距过大。

(5)员工所望:自身能力改善。调查显示:当前我行员工队伍的素质和能力结构参差不齐的现象也比较明显,岗位业务能手及操作骨干结构性短缺的问题比较突出。广大员工对参加培训和再学习的愿望十分迫切,大部分员工不仅仅满足于做好自身的本职工作,更希望组织上能够从关心员工的成长和发展出发,加大培训力度,努力跟上新知识、新业务的发展步伐,为提升员工综合素质和岗位竞争能力创造条件,以便进一步拓展业务视野,提升工作能力,拓宽发展空间。所以,调查中尽管有94.32%的员工认为自己目前基本能够适应现有的工作岗位,但仍有92.66%的员工十分希望能参加上级行组织的系统性专业知识与技能培训。如何既能确保业务发展需要,又能较好地满足临柜员工实现自我提高的需要,已成为摆在我们面前必须重视和解决的一项重要课题。

(6)员工所忧:竞争能力不强。由于前些年的机构减缩和人员分流的改革,对部分县域市场特别是农村乡镇市场的退出,致使工商银行在部分县域市场中处于不利的地位。近年来,虽然作为战略调整加大了县域市场的多渠道建设,但由于竞争实力所限,同业市场份额还没有迅速改变,大多数基层员工对经营指标落后当地同业非常着急,他们忧心营销赶超不了同业,关注经营指标的同业市场份额升降,担心单位业绩下滑,业务发展萎缩,势必导致个人收入下降。

(7)员工所烦:各种压力缠身。目前,随着改革转型的不断深化,机制与体制的变革与我们每个员工的关系更为密切,而且,这样的变革是"脱胎换骨"和"刻骨铭心"的,无论是对整个工商银行还是对基层行的每一位员工来讲,都将带来巨大的冲击。调查显示,随着我行各项改革的不断深化和同业竞争的不断加剧,有高达94.33%的员工感受到了前所未有的工作和精神压力,这种压力集中来自于以下三个方面:一是来自于风险控制的管理压力。调查中,有87.95%的员工感到自己象坐在"火山口"一样,整天提心吊胆,担心哪笔业务出现差错受到处罚。还要应对各种检查,整天疲于应付,精神高度紧张,根本没有时间去思考如何把工作做好、做细。二是来自于业绩指标的考核压力。在目前市场竞争十分激烈,考核指标逐年大幅增长的情况下,尽管大多数一线员工对完成今年支行下达的业绩考核指标有信心,但仍有44.71%的员工感受到了"越来越大的压力",他们对上级行现行的一些目标任务下达和业绩指标考核的方式不能完全接受,对其科学性和公正性存有异议,致使工作积极性和主动性受挫。三是来自于客户投诉的精神压力。随着客户对银行提供个性化、差别化金融服务,对服务的时间、效率、质量乃至服务的环境、设施、形象等各方面期望的越来越高和我行对服务投诉处罚力度的不断加大,这对员工的各项素质和要求提出了更高的标准和要求,有74.32%的一线员工感到了前所未有的服务压力。

(8)员工所苦:晋升渠道过窄。员工反映,我行人力资源管理提升项目实施以来,员工职业发展配套机制未及时跟上,尤其是基层行非管理类员工晋升通道不够宽泛,特别是年龄较大的员工表示进步希望不大,不利于调动员工的工作积极性和主动性。希望上级行更加关注员工个人职业生涯的健康发展,为员工展示个人才能,实现自我价值提供畅通的渠道。

(9)员工所难:业务流程繁杂。员工普遍反映,我行的业务流程比其他国有股份制商业银行烦琐和复杂,风险管理文化氛围过浓,条条框框太多,手续复杂、效率不高,与同业竞争往往不能抢占先机。基层网点客户排队或投诉的原因,也主要是由于我行的业务流程过于复杂,操作环节过多,改革尚未完全到位引起的。如实施远程授权改革后,需要先审查、后授权的业务,与过去相比,增加了拍照、传输、授权等环节,办理不少业务时,客户等待时间较长,难以理解。一线员工呼吁总行借鉴他行的经验,尽快完善适合工商银行业务发展需要、简洁高效的业务处理流程。

(10)员工所闷:文化生活单调。大部分员工反映单位开展文体娱乐活动设施不足,文体娱乐活动太少,工作压力得不到缓解。同时,员工在过重的工作压力下,也没时间、没精力、没心情去参加文体娱乐活动,致使员工之间必要的交流、沟通不够,心理处于封闭状态,对人际交往、家庭关系等方面产生不同程度的负面影响。

(二)员工思想行为的主要特点

上述10个方面的表现形式从整体上代表了当下基层员工的所思所想、所企所盼、所望所忧、所烦所苦、所难所闷。这些表现形式的主要特点体现在:

(1)思考的积极性。员工思想虽然非常活跃,但思考的出发点以及思考的重点还是围绕着本行的业务经营管理,大家关心的主要是业务发展,思考着如何拓展业务,营销产品,维护客户,提高同业市场份额,赢胜同业。思考着怎样才能加强内部控制管理,防范各类金融风险;扩大自己的经营业绩,提高个人收入水平,这些思考的主流显然是积极的。

(2)层次的差异性。我们在调研中发现,因为每个员工所处的岗位不同,个人所担当的角色不一样,思考的侧重点也不一样。基层员工最关心的还是和自己收入直接相关的一些问题;基层网点的负责人关心更多的则是通过团队业绩的提升来扩宽自己的职业发展通道,着眼于职业发展;年青员工注重自己能力的锻炼,年纪大员工考虑的重点更多是政策的连续性及变化对自己后期的影响。

(3)问题的集中性。调查走访发现,基层反映的问题具有相对的集中性,这些问题都直接关系到员工的切身利益。普遍发映的问题按集中的程度排序:一是绩效分配收入,要求分配办法更科学;二是职业生涯发展,要求拓宽晋升通道;三是业务流程繁杂,要求减化环节;四是各类压力过大,要求积极疏导减压;五是业余文化单调,要求及时丰富改善。这些问题的集中度相对较高,是我们下一段员工管理需要研究的重点。

(4)成因的复杂性。员工思想行为表现出的一些倾向,其产生的原因相当复杂,既有现实因素的影响,又有历史因素的沉淀;既有外部因素,又有内部因素;既有主观因素,又有客观因素。这些问题的产生既正常也有合理性,为我们今后的员工管理指明了重点,我们要围绕这些问题来研究管理措施,以实事求是的态度解决问题,正确引导员工,化消极因素为积极因素,进一步调动员工的工作积极性。

(三)员工思想行为倾向产生的原因

我们认为上述员工思想行为表现的形式以及特点,其产生的主要原因有以下几个方面:

(1)社会环境的影响。我国已经进入经济成分和经济利益多样化、社会生活方式多样化、社会组织形式多样化、就业岗位和就业方式多样化的阶段,各种价值思潮风起云涌,使本来复杂的社会环境变得更为复杂。社会现象的多重化、价值观念的多元化、信息传递快速化,必然引起企业员工思想行为的多样化,社会上的问题也必然会波及到企业中来。由于大量的信息泥沙俱下,往往使员工无法回避、无法选择,目前在各层面员工中,因工作、生活、家庭、经济、人际关系等问题,都会产生许多心理矛盾,思想行为呈现多样性和复杂性。

(2)思想工作的弱化。由于工商银行的业务转型,基层工作的重点主要以业务经营为主,特别是基层机构负责人因为同业竞争的激烈和经营指标任务的压头,不自觉的放松了员工思想行为的教育,用制度管理代替思想教育,用业绩考核代替行为管理,存在着“三重三轻”的现象,即“重业务指标完成,轻精神文明建设,重经济利益驱动,轻说服教育引导,重行政命令和经济处罚,轻思想教育和精神激励”。过去传统的、有效的政治思想工作的作法和作用在基层被弱化,即使上级行要求开展的员工行为规范教育活动,也只是搞形式,走过场,应付过关,没有真正下功夫,深入细致做好工作。造成这种局面的原因:一是对思想政治工作重要性的认识不足;二是对新时期思想政治工作方式方法的探新不力;三是基层管理人员对员工思想行为教育的疏忽。

(3)经营转型的冲击。业务经营转型突飞猛进,新产品、新知识,新信息、新办法、新要求对员工提出新挑战,对员工的思想行为造成很大的冲击,这就要求员工加强学习，迅速适应新的发展变化。但部分员工由于年龄偏大，长期习惯性的思维成分较重，对新的经营模式和增长方式在转型过程中表现出自我的不适应，带来问题的产生。

(4)配套机制的欠缺。工商银行整体改革有条不紊的大幅度推进着，但部分领域的配套机制尚未完全跟上，特别是员工思想行为教育管理方面尤显突出，既没有专门的部门，也没有专职人员来主管主抓。我们认为，基层管理的重头在于员工的教育管理，应该有专门的部门和人员来思考、研究、布置、落实员工思想行为管理工作，这样就可以改变目前思想教育滞后，教育的针对性和时效性较差，“说起来重要、干起来次要、忙起来不要”的现象，改善当下教育内容传道有余而解惑不足，教育方式方法滞后于员工思想变化的状况，使员工思想行为管理工作跟上整体的改革发展步伐。

三、员工思想行为管理的建议与对策

(一)加强教育引导，思想领先，用发展愿景凝聚人

在推进经营转型和发展方式转变，加快建设现代金融企业的过程中，员工的思想意识、价值观念、行为取向必然会发生变化，如果不加以正确的舆论引导，势必会让他们产生心理矛盾，发生思想上的混乱。面对更加激烈的市场竞争，要引导全行员工坚决落实“三不”“四把”：“不为定式所困，不为视野所限，不为艰难所阻”；“把思想统一到业务发展上，把精力集中到开拓市场上，把功夫花费在发展客户上，把时间安排在狠抓落实上”，着力强化价值观引导，重点引导解决好观念、决心、作风、落实等四个方面的问题，全面提升网点竞争能力，以“争一口气”的态度和决心解决“差一口气”的问题。在个人利益与集体利益、个人价值与社会价值发生碰撞的时候，更要引导员工在关注个人利益、实现个人价值的同时，以实现社会价值为人生目标，自觉地将个人利益统一于集体利益之中。

(二)改善内外环境，人文关怀，用真情实感体贴人

要通过正确的舆论、良好的风气、规范的要求等软环境建设对员工进行长期的影响，使员工全面适应群体的要求，促进员工个体行为与群体趋向保持一致。要坚持“以人为本”这一根本原则。随着临柜员工的工作压力、竞争压力以及业绩考核压力的不断增大，给员工的精神和工作等诸多方面带来很大影响，

各级管理人员和工会、青年组织要更加关心他们,理解他们,体贴他们,多做换位思考。对于员工存在的不足或出现的差错,不能一味地批评或简单以行政处罚了事,而是应和员工一起查找和分析原因,帮助员工改正问题、解决问题。要主动了解员工的处境,倾听他们的呼声,体会他们的心情,激发他们爱岗敬业的热情。各级组织要通过人文关怀来爱护员工,让员工感到受尊重、有地位。在提高企业经营效益的同时,不断改善员工的薪酬水平和福利待遇,使企业在同业保持较强竞争实力的同时,保证员工的收入增长,让员工感觉到“效益年年增、薪酬年年涨”,从而提高员工对企业的忠诚度和归宿感。

图 13-2　全行员工趣味运动会

(三)注重培养锻炼,强化素质,用工作实践提升人

现代企业的竞争归根结底是人才的竞争,以人为本,最重要的就是要做好员工的培养与使用这篇大文章。首先,要树立人人都是人才的观念。要关注每个员工的价值,不管员工在哪个岗位,从事什么工作,只要他是企业的一员,就要尊重他的价值,肯定他在改革发展中的作用,这就要求我们根据每个员工的专长和意愿,结合组织需要,合理安排使用每一个员工,不断提高人岗匹配度,保持人力资源的动态优化配置。其次,要加强培训,努力提高每个员工的综合素质。员工的素质不提高,企业就不可能有大的发展。对青年员工要提供多岗位、多业务的实习锻炼机会。对中年员工要减少灌输式培训,提高针对性、实用性,采取岗位轮换、适岗培训、脱产学习、网络培训等方式,增强培训效果。当前要特别重视支行和基层网点负责人等直线管理者的培训,提高他们关注员工利

益诉求,做好员工思想政治工作,解决员工实际困难,发挥员工聪明才智的能力和水平。第三,要重视优秀人才的培养和使用。要面向内部发现人才,不拘一格使用人才,跳出唯资历、唯学历、唯年龄的旧框框,坚持把品德和能力作为人才使用的重要依据。

(四)完善考评机制,体现公平,用科学办法激励人

激励是管理的核心,一个企业要调动员工的积极性、主动性和创造性,必须在公平、公正、公开的原则指导下,让员工付出有回报、晋升有空间。首先,要进一步健全绩效管理体系,发挥好绩效管理这个战略工具的作用,以绩效管理激发员工干事创业的热情。要抓好绩效考核办法出台前广泛征求意见和出台后宣传讲解两个环节,使绩效考核办法的制定过程成为一个广泛征求意见、汇集员工智慧、统一员工思想的过程,使员工清楚明白自己要达到什么绩效,应该付出什么样的努力,完成什么样的目标,从而使员工有目标、有追求、有方向、有重点。同时,要强化绩效考核结果的综合运用,将绩效考核结果作为员工劳动合同续签和待岗管理、岗位竞聘和调整、员工岗位等级和工资档次调整以及员工培训方案制定等工作的重要依据,充分发挥绩效考核结果对员工的全面激励功能,在促进员工个人发展的同时,实现组织整体绩效的提升。其次,要加快员工职级体系建设,拓宽员工职业发展空间。让员工成为企业建设的主体,多渠道为员工创造施展才华的舞台,提高他们的劳动价值感,强化他们的工作成就感,培养他们的职业忠诚度,用事业发展所产生的强烈归属感和精神信念来激发员工的积极性、主动性、创造性,进而形成推进改革与发展的合力和动力。

(五)解决实际困难,实施帮扶,用真诚态度温暖人

员工思想行为动态表现出来的一些倾向,既是实际的,也有一定的合理性。一定要既讲原则又讲人情,做到正面疏导和有效帮扶相结合,时刻把员工的困难和冷暖挂在心头,对员工反映的最关心、最直接、最现实的问题一定要用心思花精力去研究和解答。对能解决的问题要迅速解决,对一时不能解决的问题要拿出解决的思路办法。员工管理工作要坚持贴近群众、贴近实际、贴近生活,针对员工关注的热点和难点问题,正面引导、释疑解惑、平衡心理、理顺情绪、弘扬正气、压倒邪气。要注意发扬民主,多一些宽松、宽容和宽厚,少一些指令、指示和指责;多一些尊重、理解和帮助,少一些压服、训斥和伤害。要充分相信和依靠员工,想问题、做决策、办事情都要以员工的利益为重,坚持以员工的情绪为

第一信号。

(六)不断求实创新,与时俱进,用全新办法感化人

员工思想行为管理的方法要与时俱进,提高针对性和实效性。针对员工中普遍存在的工作压力和精神压力较大的问题,要从和谐银行建设的高度,创新方法,重视做好对员工的心理疏导和减压工作,定期在员工中开展心理健康教育,确保五个到位:一是心理疏导到位。要把心理健康教育纳入经常性的思想政治工作之中,经常研究和深入分析员工的心理状态、压力强度及其成因,并通过开辟心理健康咨询通道、组织专题辅导讲座、参加野外拓展训练以及开展各类文体活动等多种形式,及时对员工进行心理疏导,解决员工的心理障碍,确保员工的心理健康。二是交心谈心到位。要充分利用党员责任区、一岗两责以及班会和晨会等多种形式,广泛开展交心谈心活动。尤其是在推进改革、调整岗位、受伤患病、家庭变故、工作受挫以及受到客户的不公平指责时,要及时对员工进行谈心帮助,做到对症下药,及时缓解员工的精神和工作压力,提高心理疏导的效果。三是正面引导到位。要坚持典型引路、正面激励,及时把发生在员工身边的感人事迹和先进典型发掘出来,推广出去,用身边的先进事迹激励人、感召人、鼓舞人。四是个别教育到位。对于重点教育和疏导对象,要通过讲道理、摆事实的方法进行说服,不仅要用先进模范人物进行典型引导,还要用反面典型进行警示,做到动之以情、晓之以理、引之以利,真正把思想工作做实、做细、做活。五是文化熏陶到位。党支部要联合工会、共青团组织根据不同时期的中心工作和形势任务,经常组织一线员工开展健康向上的文体活动,积极开展岗位练兵和技术比武,鼓励员工参加行内外各类资格培训和考试,广泛开展读书读报活动,通过组织各类寓教于乐、积极向上的活动,努力营造和谐银行,温馨家园的良好氛围,增强员工的归属感和自豪感,从而使员工的思想得到升华,心灵受到感染,压力得到缓解。

(七)培植企业文化,价值引导,用先进理念引导人

企业文化是一种潜在的巨大力量,是企业的第一核心竞争力,是不易复制的软实力。必须从企业文化抓起,树立“以人为本、和谐发展”的理念,建立“员工支撑发展,发展成就员工”的特色文化,实现企业、客户和员工的共同成长、共同进步的最终目标。这种具有特色的企业文化具体体现在“六种精神、六项文化”之中,即“弘扬敢为人先、勇于求变的精神,摒弃畏惧变革、因循守旧的意识;

弘扬实事求是、求真务实的精神,摒弃贪图安逸、得过且过的意识;弘扬自觉营销、主动行商的精神,摒弃待客上门、小富即安的意识;弘扬不断进取、永不止步的精神,摒弃消极懈怠、固步自封的意识;弘扬以行为家、爱岗敬业的精神,摒弃淡漠责任、敷衍塞责的意识;弘扬客户第一、市场为先的精神,摒弃淡漠服务、效率低下的意识”。创立“以盈利为核心的经营文化,以拼搏为核心的的竞争文化,以责任为核心的管理文化,以制度为核心的合规文化,以贡献为核心的绩效文化,以人本为核心的和谐文化”。在全行广泛开展企业文化的学习和推广,不断将企业文化建设向纵深渗透,使所有员工在潜移默化中加深对价值理念的理解,用先进的理念引导员工,提升全行的凝聚力和战斗力。

对一线员工思想动态调查与加强思想政治工作的思考

熊亚彬*

思想政治工作是企业文化的重要组成部分,也是企业经营管理的重要内容。做好员工思想政治工作,对于激发广大员工的工作热情和创造活力,推进和谐银行建设,凝聚发展正能量具有十分重要的意义。特别是对内江分行这类欠发达地区银行来说,研究如何通过思想政治工作调动员工积极性,使业务发展突破当地经济发展制约,具有更加深远的现实意义。本文在对目前内江分行一线员工思想动态深入调查的基础上,对如何更好地做好当前新形势下员工思想政治工作进行了思考和探索,以期把握特点和重点,增强员工的凝聚力和创造力。

一、一线员工的思想状况调查

通过问卷调查和员工座谈等方式,内江分行对行内296名一线员工的工作环境、心理需求、职业生涯、社会保障、收入状况等方面内容进行了调查。具体如下:

(一)一线员工数量和年龄结构情况

截至5月末,内江分行全辖员工534人,一线人员296人,占比55.4%。其中35岁(含)以下员工数量141人,占比47.6%(见表14-1)。

* 中国工商银行四川内江分行;本文获2014年全国金融系统思想政治工作和企业文化建设调研成果二等奖。

表 14 -1　员工年龄结构表

年龄	人数	占比
28 岁(含)以下	111	37.5%
29 -35 岁(含)	30	10.1%
35 岁以上	155	52.4%

(二)学历及政治面貌情况

一线员工中,中共党员人数 82 人,占比 27.7%(见表 14 -2),具有本科及以上学历的人数 104 人,占比 35.2%(见表 14 -3)。

表 14 -2　员工政治面貌结构表

政治面貌	人数	占比
党员(含预备)	82	27.7%
群众	213	72%
其他民主党派	1	0.3%

表 14 -3　员工学历结构表

学历	人数	占比
硕士研究生	2	0.7%
本科	102	34.5%
大专及以下	192	64.8%

(三)岗位类别和人员类别情况

一线员工从事柜面工作的客服类人员比较高(见图 14 -1 和图 14 -2)。

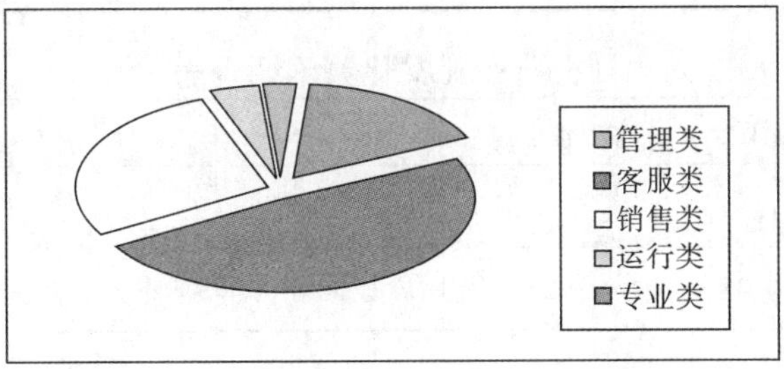

图 14 -1　岗位类别

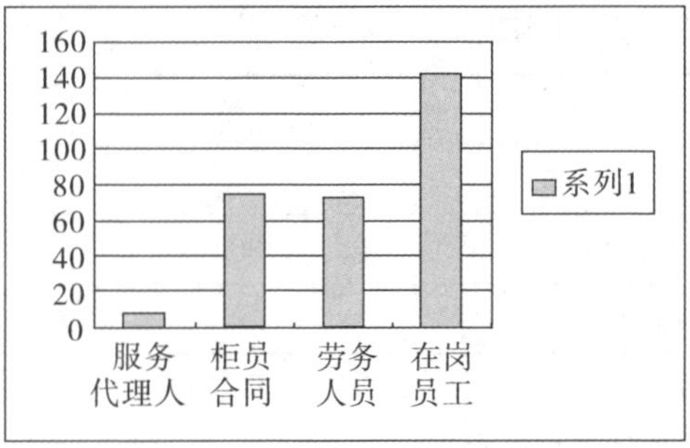

图 14－2　人员类别

（四）人文工作环境情况

从对抽取的各岗位类别 125 名一线人员进行的问卷调查分析发现，55.2% 的一线员工认为工商银行的业务操作流程规范、严谨，但不够便捷；对工商银行未来发展充满信心的员工占到 68.8%，对企业文化氛围感到融洽的占比为 48%。在工商银行的哪些因素对员工最具吸引力的调查中，“升职机会”对一线员工的吸引力较低（见表 14－4 至表 14－7）。

表 14－4　工商银行的业务和服务流程调查表

您认为工商银行的业务和服务流程？				
A. 科学、规范、高效	B. 规范、严谨、但不方便	C. 能够满足客户需要	D. 有待完善	E. 很不科学、不受客户欢迎
14	63	2	29	17

表 14－5　员工对工商银行未来发展的信心调查表

您对我行未来发展的信心如何？			
A. 充满信心	B. 信心一般	C. 没有信心	D. 无所谓
86	34	3	2

表 14－6　员工对内江分行企业文化氛围调查表

您认为内江分行目前的企业文化氛围是？				
A. 以人为本	B. 比较融洽	C. 一般	D. 缺乏人情味	E. 缺乏凝聚力和战斗力
22	38	23	30	12

表 14－7　工商银行吸引员工的因素调查表

您认为工商银行的哪些因素对您最有吸引力？（限选 3 个）											
A. 收入水平	B. 良好的工作环境和氛围	C. 升职机会	D. 可以施展才华	E. 工商银行在社会上的口碑好	F. 领导个人魅力	G. 工作挑战性	H. 职业稳定性	I. 同事之间的和谐关系	J. 公司发展前途	K. 其他	L. 没有
37	50	14	15	35	7	22	69	27	24	0	5

（五）心理需求和职业生涯调查

从问卷调查中看出，希望企业坚持“以人为本”的经营理念是员工选择度最高的选项，收入待遇提高和职位晋升是一线员工最为关切的事项（一线员工关心收入的比例达到 84%），同时希望加强职业规划培训需求较为迫切。并认为薪酬待遇低、人才稳定政策不完善、在工作中感到压抑等因素是一线员工选择跳槽的主要因素（详见表 14－8 至表 14－12）。

表 14－8　员工对企业价值取向调查表

您希望所在的企业有什么样的价值取向？											
A. 优胜劣汰	B. 团队精神	C. 严守商业秘密	D. 以人为本	E. 客户至上	F. 股东利益第一	G. 人尽其才	H. 服务社会	I. 充分考虑员工利益	J. 服务制胜	K. 不断创新	L. 其他
10	53	3	75	15	1	22	4	48	4	12	0

表 14－9　企业对提高员工积极性和创造性的影响因素调查表

您认为下列哪些方式能够更好的提高您的积极性和创造性?						
A. 收入提高	B. 福利改善	C. 职位晋升	D. 挑战性	E. 培训机会	F. 领导认可	G. 其他
100	96	56	13	34	44	0

表 14－10　企业人员流失调查表

您认为人员流失的主要原因是?								
A. 薪酬太低,另觅工资待遇更好的工作	B. 没有好的人才稳定政策	C. 在别的企业会获得更好的发展机会	D. 没有重视对人才的培养	E. 认为这里没有发展前景	F. 在部门受到排挤	G. 缺乏归属感和安全感	H. 在工作中感到压抑	I. 对企业的激励机制感到不合理
75	60	37	26	23	6	47	58	26

表 14－11　关于开展了解员工职业特点和职业发展规划活动的调查表

您是否希望我行开展一些有助于员工了解自己职业特点和职业发展规划的活动?		
A. 希望	B. 不希望	C. 无所谓
107	3	15

表 14－12　关于对员工培训内容的调查表

您迫切需要哪些方面的培训?							
A. 公司文化	B. 心理抗压能力	C. 岗位知识	D. 管理技能	E. 营销和服务	F. 组织协调与沟通	G. 职称、学历	H. 其他
20	37	49	35	46	39	9	0

二、当前一线员工的思想状况分析

通过以上的调查数据和平时与员工座谈掌握的信息,可以清楚地看到一线员工面对较大的工作压力,对组织存在较大的依赖和期盼。

（一）从员工工作现状分析，存在两个“不适应”

（1）对工作环境不能完全适应。一方面，部分一线员工对现在从事的岗位不够适应，感觉到工作任务重、要求高、节奏快，尤其是一些新入行的一线临柜员工，与入行前的心理预期存在较大落差，这种不适应感表现得尤为突出。另一方面，对持续改革不适应，随着工商银行业务运营改革的持续推进，业务处理流程、服务模式改进频度加快、变化增大，新推出的业务品种也在不断增加，习惯于按部就班、缺乏工作激情、学习不主动的部分员工觉得难以适应。

（2）对工作考核模式转变不太适应。近年来，随着同业竞争的加剧和需要，我行加大了转型发展、加快发展的力度，在创新开展经营管理的同时，加大了对业绩与绩效的挂钩考核力度，特别是对处于营销一线的客户经理分配方式有了重大改变，“收入靠贡献”和“契约精神”成为员工管理的重要支撑，并得以在全行贯彻。考核力度的加大，对乐于享受“平均主义”，对市场缺乏冲刺精神和驾驭能力的部分员工心理压力增大，难以适应。

（二）从员工思想心态分析，表现出两个“不稳定”

（1）员工队伍不够稳定。相对于二线员工队伍，一线员工的流动性较高，稳定性不够。部分员工或因工作强度高，缺乏吃苦耐劳精神选择辞职；有的员工眼高手低，好高骛远，认为自己在工商银行“坐柜”没前途，有着失落心理、雇用心理，把工商银行当作“跳板”，一有机会便选择跳槽。根据对去年以来流出人员的统计，一线员工的辞职人数占辞职总人数的比例达到64%。

（2）思想状况不够稳定。一线员工中青年员工占比高，而当代青年人的价值取向普遍多元化，追求自我价值的愿望强烈，个人利益的思想相对严重，当个人利益与集体利益发生冲突时，容易把个人利益放在第一位。另外，受到社会不良风气的影响，价值观出现偏差，“拜金主义”与“享乐主义”对年青员工存在一定影响，增加了思想波动。这些想法和行为，给我们的思想教育工作提出新的挑战。

（三）从员工心理需求分析，一线员工有“四盼”

一盼企业发展，提高收入水平。大多数一线员工对能够在工商银行工作感到比较满意，作为世界500强企业，经营实力雄厚，薪金水平相比当地其他行业要高，有更好的保障。但与同业和系统内比较，收入水平仍然偏低，广大员工迫切希望加快业务发展，提升员工工资水平。

二盼心理减压，舒缓工作压力。网点一线员工尤其是柜员直接与各类客户零距离接触和提供服务，普遍感到工作时间长、工作强度较高，尤其在客户相对集中、等候时间较长的时间段,更觉得心理压力大。部分员工反映节假日太少,与家人相聚时间不多。这些都反映出一线员工盼望心理"减负",希望适当控制工作时间,多开展有益身心的活动,舒缓工作压力。

三盼信任理解,畅通晋升渠道。有的员工对于岗位压力有一定的适应能力,但也有不少员工产生厌倦心理,尤其是柜面员工感觉到工作相对单一、枯燥,对业务发展缺乏主人翁精神,对职业生涯缺乏规划,看不清楚自己在银行的前途,认为自己再努力也是打工的身份,归属感不够强烈。

四盼学习培训,提升综合素质。近年来,员工对参加各类培训活动的热情逐年增长,在大部分员工看来,培训学习既能增长业务知识和能力才干,又能为今后从事其他工作做好更充分的知识储备。但鉴于一线员工的工作性质和时间,工学矛盾相对突出,多数员工对利用晚上时间参与集中式培训的方式存在异议,参与积极性不够,效果不理想。盼望能够采取切合一线员工实际的培训方式,提升员工参与培训效果。

三、做好一线员工思想政治工作建议

工商银行经过股改上市以来的改革和创新发展,已迈入世界领先大银行之列,进入了建设国际一流现代金融企业的新阶段。与此同时,工商银行所处的社会环境、经营环境也正在发生着深刻的变化,员工队伍结构呈现出许多新特点,员工思想观念日趋多元化。与新形势、新任务及新要求相比,一线员工思想文化工作还存在许多不足和薄弱环节,如工作推动力度不够、工作方式方法还比较简单、创新意识还有待增强、队伍综合素质能力有待进一步提高等。这就迫切要求我们从维护改革发展稳定大局的高度,充分认识加强和改进新形势下员工思想政治工作的必要性和紧迫性,进一步增强做好员工思想政治工作的责任感和使命感。

(一)把握一线员工思想政治工作特点

做好一线员工思想政治工作,必须结合一线员工队伍特征,有的放矢地开展工作:

一要针对一线员工队伍年轻化趋势展开工作。我行一线员工中,80后、90后员工占比达到48%,整体上是一支较为年轻化的一线员工队伍。因此,要牢牢把握当代青年人思维活跃、追求自我价值等思想特点,因势利导,展开富有针对性和富有成效的思想政治工作。

二要针对一线员工的价值多元化取向展开工作。伴随着经济全球化进程的日益深入，潮水般涌入的各种文化思潮和价值观念的冲击，不少青年人不同程度地存在理想信念模糊、价值取向扭曲的问题，从六七十年代的“只贡献，不索取”到八九十年代的“按劳取酬”，实现自我价值，进而以追求利益为终极目标，反映出现代青年多元化的价值取向。因此强化一线员工的理想信念教育，引导员工树立正确价值观，是当前员工思想政治工作的一项重要内容。

三要针对一线员工的诉求展开针对性工作。要将听取一线员工诉求、维护一线员工的权益作为政治思想工作的出发点，认真收集他们的合理诉求，畅通青年员工正当诉求反映的渠道，并及时加以解决，进而增强员工的凝聚力、向心力。

（二）按照“一二三”思路，即：“一条主线”“两个转变”“三个重点”有效推进员工思想政治工作

（1）围绕“一条主线”：在一线员工的思想政治工作中，牢牢把握“关心、关爱一线员工成长，激发员工主人翁责任感”这一工作主线，任何时候都不能偏移，将这一主线坚持贯穿始终。否则，我们所做的工作就容易偏离方向，也会失去意义。

（2）促进“两个转变”：员工思想政治工作方式上要积极促进由“虚”向“实”转变和由“短”向“长”转变。

①由“虚”向“实”转变。员工政治思想工作要务实。要本着员工喜欢、乐于接受的原则，我们的管理工作者要把宣传工作由“虚”变“实”，把落实工作由“虚”变“实”。

②由“短”向“长”转变。在实际工作中，员工思想政治工作不能只顾眼前，追求短期效应，要引导员工把眼光由“短”变“长”，把利益由“短”变“长”。具体讲，就是要建立和完善三大工作机制：一是组织领导机制。要坚持不懈地抓好员工思想政治工作，形成以党委班子为核心，行政部门密切配合，党政工团齐抓共管的工作格局。二是责任机制。要进一步完善“一岗双责”的责任目标体系，切实把员工思想政治工作的责任目标细化到具体工作中，并将其纳入到企业文化和文明创建考核的重要内容，使员工工作逐步形成经营管理工作的内在要求，营造浓厚的思想政治工作氛围。三是保障机制。员工思想政治工作必须要有一定的财力、物力作为保障，尤其在宣传教育手段、活动载体建设、网络教育平台等软、硬件建设上予以加强，为思想政治工作的顺利开展发挥积极作用。

（3）突出“三个重点”：要以回应一线员工的诉求和让员工满意为出发点，突出一线员工思想政治工作的三个重点：

①弘扬社会主义核心价值观,引导员工树立正确的价值导向。习近平总书记在今年五四青年节发表的重要讲话中强调:青年的价值取向决定了未来整个社会的价值取向,而青年又处在价值观形成和确立的时期,抓好这一时期的价值观养成十分重要。这就像穿衣服扣扣子一样,如果第一粒扣子扣错了,剩余的扣子都会扣错。我行一线员工中,35 周岁以下青年员工占了近一半,如何打造一支有理想、有道德、守纪律、富有朝气的青年员工队伍,我们必须坚持用社会主义核心价值观去教育和引导青年员工,努力把核心价值观的要求变成员工的日常行为准则,进而形成自觉奉行的信念理念。

一要加强宣传教育,促进内化于心。利用 LED 滚动字幕屏、宣传墙报、组织学习、简报等多种形式开展全方位的宣传活动,让员工深刻理解社会主义核心价值观的内容和精神实质,增强社会主义意识形态的吸引力和凝聚力,真正内化于心,在心灵中产生共鸣,激发全辖员工践行社会主义核心价值观的主动性和自豪感。二要积极实践养成,促进外化于行。要把培育和践行社会主义核心价值观贯穿到工作实践中,与基层一线员工服务客户、服务社会、爱岗敬业、助人为乐等相互融合,从小事做起、从本职岗位做起,在实践中感知、在行动中领悟,使符合社会主义核心价值观的行为受到鼓励,使违背社会主义核心价值观的行为受到制约,积极营造践行社会主义核心价值观的浓厚氛围,使社会主义核心价值观成为员工思想的指引、精神的追求、价值的坐标。

②大力推进和谐团队建设,满足员工精神层面需求。一要以丰富多彩的文体活动舒缓员工工作压力。主动和全面地分析员工职业发展中的压力来源和起因,实施有效的压力管理方法。通过组织员工开展各种文娱、体育活动等员工喜闻乐见、具有浓厚企业文化气息的活动项目,陶冶员工情操,增强员工自信心。二要注重培养员工的团队精神。要积极营造员工之间坦诚、互助、零距离的和谐氛围,增强管理工作的透明度,让员工积极行使民主权利,增强相互之间的信任感,激活员工的思维,发挥员工的聪明才智,激励员工积极进取,提高员工的团队意识,增强思想政治工作的凝聚力。三要积极为员工提供心理咨询和辅导。聘请专业人员为员工提供心理咨询和辅导,普及压力自我管理知识,使员工能够掌握心理调节的基本方法,及时进行自我调适,关心关爱员工,及时解决和消除员工因工作压力带来的压抑、焦虑等心理障碍,增强员工心理承受力,保持身心健康。

内江分行参加省分行职工艺术团文艺比赛决赛荣获三等奖

为丰富员工业余文化生活，内江分行工会牵头，党委宣传部、团委倾力配合，在青年员工中选拔人才组建了职工艺术团。分行副行长、工委主任熊亚彬多次组织召开相关工作会议，并亲自审稿和到排演现场指导，全力组织创新节目的编排和落实后勤保障工作。全辖相关部门和网点通力配合，参加节目排练的演职人员不辞辛劳，通过连续20多个晚上加班加点的排练，该行音乐小品《真情无限》在全省32个节目中脱颖而出，最终夺得“庆祝建国65周年、工商银行成立30周年”全省职工艺术团文艺比赛决赛三等奖，受到省分行表彰奖励，有效鼓舞了员工士气，为该行经营发展营造了健康和谐的良好文化氛围。

图14－3　熊亚彬副行长与演员们合影

③帮助青年员工设计好职业生涯，增强员工的归属感和职业满足感。一线网点临柜员工大多为刚跨出校门、初入银行工作的年轻员工，抓住今天、规划好明天，做好职业生涯的设计是新时代员工立足岗位成长成才的需要，有利于明确人生未来的目标，有效把握成功的机会，实现自我价值。要通过畅通员工晋升通道、引导员工加强学习和技能提升、引导员工立足岗位融入企业等方式帮助员工做好职业生涯规划，增强员工的归属感，清晰未来的奋斗目标和定位，激发员工的工作动力。

（三）把加强思想政治工作与加强网点服务工作结合起来

（1）加强营业网点管理工作。积极探索在产品服务、人员配备、资源配置、考核评价、营运管理和业务培训等方面进行精细化管理，使各类网点客户定位更为清晰,功能分区更为合理,人员配备更为高效,考核评价更具激励性。主要应抓好四个方面的工作:一要建立有效的网点管理模式。积极研究有效网点渠道管理机制,优化目前对城区网点多线管理的格局,进一步明确职能部门的各类责任,有效防范操作风险,提高对网点的管理效率和质量。二要完善网点的绩效考核。继续加大对一线网点的绩效考核力度,完善以业务拓展、市场占比及核心竞争力为主要考核评价指标的绩效考核方式;利用先进的绩效管理工具,以业务量为主要内容,实现网点临柜人员科学、合理的考核评价,有效激发一线员工的工作积极性,提高服务工作效率。三要配齐、配强网点负责人,确保将素质好和能力强的干部配备到网点负责人岗位,提升网点凝聚力、战斗力。四要建立上下联动的营销机制。着力构建部门、网点上下联动营销机制。加强与网点营销工作的沟通协调,尤其是对重点业务推进或重要客户的营销;要切实加强联动,定期召集相关网点负责人召开综合营销例会,研究具体的营销工作方案,共同抓好服务营销工作;要定期督促、通报网点指标完成情况,评价网点营销开展效果,开展网点帮促工作;要加强横向协调,加强公私联动,形成前台整合,形成客户资源共享、营销方案共商、中后台支撑的保障机制和工作联动机制。

(2)加强一线客户经理队伍管理考核。一是优化网点客户经理,尽可能将业务精、能力强、素质高的人员吸纳到客户经理岗位上,逐步调整和完善客户经理的年龄结构和知识结构,扩大高素质客户经理队伍规模。二是抓好客户经理队伍培训。积极鼓励一线员工参加 AFP、CFP 等认证培训;抓好日常培训、举行营销技能培训,开展业务竞赛,加强对客户经理的能力锻炼,提升客户经理市场冲击力;关心客户经理职业生涯发展,提升客户经理岗位认同感和职业归属感,激发一线客户经理的工作活力。

图 14－4　熊亚彬副行长为优秀员工颁奖

（3）要统筹利用好营运网点内现有柜面、大堂经理、客户经理、自助设备及先进的业务系统平台等各类渠道资源，更好地服务客户，提高服务质量和效率。一要根据网点服务功能提升的需要，做好网点综合功能的开发工作。优化资源配置，兼顾个人业务和对公业务发展需要，全力推进网点综合化经营工作，进一步转变网点服务发展方式，完善网点服务功能，不断提升网点营销能力、服务能力和持续发展能力；按照"简单业务自助化、复杂业务低柜化、优质客户个性化"的要求，推动一线网点服务模式的优化，落实网点分区服务流程，突出抓好非现金柜台运行，努力发挥大堂经理服务引导作用；加强网点内部自助设备种类与数量的科学配搭，增加网点自助机具的投放量，加大自助渠道的营销力度，着力提升自助设备对柜面业务的替代作用，由此调整柜面员工，充实客户经理队伍，实现大多数一线员工转型发展的愿景。二要结合网点工作实际，通过艰苦细致、持之以恒的思想政治工作，打造标杆网点、样板网点，充分发挥网点营销渠道作用，全面落实"五位一体"的客户服务流程，以营业网点为客户服务大平台，大堂经理、柜员、营业经理、网点客户经理和网点负责人为主体，从满足客户需求出发，通过识别引导、实施分类服务等手段，识别优质客户、发现潜力客户、分流一般客户并实现差别化服务，提升营业网点综合竞争力。三要把思想政治工作与大力提升服务工作效率和水平结合起来。要坚持不懈地抓好规范化服务工作，以解决网点服务不规范、业务办理效率不高等问题为主，理顺工作机制，完善服务架构，进一步增强服务工作的组织推动；坚持奖励与处罚同步、检查培训并举，提升服务效率，进一步完善服务投诉处理机制，定期分析客户投诉，加大对服务违规违纪行为的处罚力度；强化服务工作培训，增强服务意识，大力提升员工素质，使服务标准内化于心，外化于行，保证服务品质的持久稳定，使网点服务质量得到有效改善，客户满意度、社会美誉度和品牌形象得到有力提升。

（四）引导员工树立正确的风险控制意识，贴近基层员工制定切合实际的考核管理办法

银行的经营性决定了银行的高危行业性质，银行的经营既要为自身的资金安全负责，更为重要的是要为广大客户的资金安全负责。所以，银行业务必须稳健经营，也是总行的企业文化之一。稳健经营，就必须有严谨规范的制度约束，既约束业务办理过程，也约束办理业务的人。同时，从行内外发生的案件来看，绝大部分是由一线人员作案造成。所以必须加强员工的合规教育，通过案

例警示教育、异常行为排查等方式,引导一线员工主动执行业务规章制度,增强既保护自己、又保护他人的风险意识。同时,针对实际操作过程中手续繁杂、给客户造成不方便的情况,要鼓励一线员工在不违背规章制度的情况下,提出改进建议,以提高工作效率,减少客户投诉。

(五)加强企业文化建设,提升一线员工的文化素养

文化对人的影响可以说是始于无形、发于无声、用于无穷。所谓“一年企业靠运气,十年企业靠经营,百年企业靠文化”,就是这个道理。因此,加强企业文化建设,用“工于至诚、行以致远”的核心价值理念培养、教育、引导一线青年员工意义重大、影响深远。青年的健康成长,离不开企业文化的熏陶和培育。一要用优秀的团队文化教育培养青年,要为青年员工提供创造自身价值的平台,不断激发其参与意识和创新活力,引导青年员工心往一块想、劲往一块使,彼此勉励、团结协作、形成战斗力;二要用高效的执行文化教育培养青年,让青年员工认识到,事业成功,重在执行,难在执行,赢在执行,要不断加强执行力建设,把自觉性和纪律性有效统一起来;三要用严谨规范的制度文化教育培养青年。要在全行营造制度严明、紧张有序的工作环境,可以采取请老员工讲“三铁精神”、请在职员工“以案讲法”等方式,教育引导青年在业务操作、产品营销、贷款发放、资产处置、经营管理等方面,形成严谨扎实的工作作风,培养他们的制度意识、合规意识、风险防控意识;四是教育引导青年树立“以客户为中心”的服务理念,按照客户的需求提供多样性的服务,在接待客户和办理业务的过程中,要做到高效、优质、快捷;五是为青年人才的成长提供土壤、搭建舞台,要大力开展各类技术练兵和比武活动,激发青年的工作热情和创新精神,创造各种机会让青年员工得到锻炼和展示才能的机会;六是各级干部要以身作则,用工商银行的美好前景和共同愿景凝聚青年,引导他们积极作为。“环境影响人,环境塑造人”,领导的一言一行对青年的影响特别大、特别深。各级管理人员(包括网点负责人)切实转变观念,改进作风,发扬艰苦奋斗、勤俭办行的优良传统,模范带头,以自己的实际行动践行工商银行的企业文化精神和各种先进理念,为青年员工树立“公道正派、勤政廉洁、无私奉献、开拓创新、奋勇争先”的良好形象。

(六)切实关心员工的生活,让一线青年员工得到“实惠”

一线员工中青年员工占比达到70%以上,因此解决好一线青年员工的工作、生活问题,让他们得到“实惠”是整个问题的关键。青年员工刚刚踏上新的

人生旅程，开始独立的工作和生活。面对新的环境、新的人际关系，他们迫切需要得到组织、领导、同事的关心支持，哪怕是领导、同事的一句问候、一句提醒，都会让青年员工感到十分的温暖、感到极大的满足。具体来说：一是要在保证业务运营正常运转的同时，不断改善青年的工作环境、办公条件和业余文化、生活条件，为他们提供必备的空调、计算机、网络、教室、书籍、运动器材等基础设施。要为青年婚恋搭桥牵线，为其成家、置业、子女上学等提供方便和指导。对新入行的大学生要多开展“师傅带徒弟”活动，要从技术上、生活上、工作上全方位给予关心帮助；二要进一步提高青年员工福利待遇，健全福利保障体系，继续为全辖青年员工及其未成年子女办理补充医疗保险，做好保险协议签订、投保、申请索赔等各项工作，要提高福利费使用的集约化水平，进一步使广大青年员工更好地享受我行的福利待遇；三要按照规定让青年员工定期休假。对于这个问题，我们在调研中发现，青年员工对休假不落实问题反映较大。在实际工作中，一些单位和部门不讲求科学的用工方法，不能有效掌握工作节奏，往往借口工作忙，剥夺了青年员工的休息权利。要主动关心青年员工的身心健康，根据合理安排劳动组合，工作之余要组织青年员工参加户外徒步健身、红色旅游以及文艺表演、摄影等文体活动，通过多种方式寓教于乐，确保员工身心健康；四要完善青年员工岗位职级体系，要在建立合理的分配制度上多创新、多探索，既要考虑全行的具体实际，也要充分保证广大青年的切身利益，既要维护稳定大局，又要在“合理”拉开差距上狠下功夫，逐步完善固定工资正常增长机制，在梳理员工月度固定工资构成的基础上，通过提高员工实发现金收入，提升青年员工的满意度和工作积极性。

内江分行举行广播体操比赛　增强员工素质

为加强和谐团队建设，增强员工身体素质，内江分行在内江市梅家山体育馆，组织开展了声势浩大的第九套广播体操比赛，全辖共500余人参加。经过1个多小时紧张激烈的角逐，评选出了一、二、三等奖。赛前，各参赛单位利用班前班后休息时间刻苦练习，业务工作和业余锻炼两不误，将“我运动、我健康、我快乐”的工作和生活理念深植于心。比赛当天，各参赛队发扬团结一致、奋发向上的精神，用整齐的步伐、标准的动作、飒爽的英姿体现了工商银行员工的崭新风貌;以振奋的精神、满腔的热情、昂扬的斗志展示了“敢为人先、追求卓越”的拼搏精神。通过比赛,该行员工的集体意识、竞争意识及团队合作意识显著增强。

图 14－5　内江分行广播体操比赛现场

总之,只要我们正确把握新形势下员工思想状态和特点,坚持以人为本,努力运用新方法、新途径,切实把思想政治工作做深、做细、做实,就一定能够激发员工的工作热情和动力,凝聚起科学发展的强大合力,为促进全行转型发展提供坚强的思想保障。

中国工商银行数据中心(北京)青年员工归属感调研报告

徐冰雪　徐行　王亿挥*

随着互联网时代迅猛发展,银行业正遭遇着巨大挑战及机遇。为进一步深入了解青年员工思想政治情况,强化员工归属感,应对新形势挑战,现针对中国工商银行数据中心(北京)青年员工开展调查研究,为企业决策提供参考依据。

一、青年员工归属感调研基本情况

(一)调研背景

数据中心(北京)作为总行信息科技战线的重要组成部分,在全行科技研发、信息安全、产品测试及业务推广等领域发挥着不可或缺的重要作用,尤其是随着大数据、云技术、客户体验、互联网金融等趋势发展加速,更加需要员工尤其是青年员工积极思考并探索创造,发挥主观能动性解决新问题、开辟新阵地。员工的主动性、使命感和责任心是保证组织灵活转型、任务圆满完成的必要条件,而归属感恰恰是其中最关键的坚固基石。此次调研以此为背景,重点调研青年员工归属感情况,探索强化员工归属感、激发使命感、提升战斗力的有效途径。

截止2014年底,共有员工1041人,其中35岁以下青年员工870人,占比高达84%,员工队伍整体呈现出“年龄集中、学历集中、入行集中、专业背景集中”等特点。

* 中国工商银行数据中心(北京);本文获2014年全国金融系统思想政治工作和企业文化建设调研成果二等奖。

(二)调研方法

为保证数据有效性,一是通过发布网上调查问卷收集信息,获得有效问卷527份,占中心在岗青年员工比61.3%;二是通过重点分析年度员工满意度调查结果,统计分析数据信息,内容涉及归属感、工作积极性、组织氛围等。

(三)调研样本概况

本调研对青年(员工)的定义为年龄在35周岁及以下的中国工商银行数据中心(北京)在岗员工。有效样本人数527人,其中男女比例为1.2:1,与中心在岗青年员工男女比例1.1:1分布(下称总体分布)十分接近;其中20~25岁19.9%,26~30岁62.2%,31~35岁17.8%,与总体分布19.7%、60.5%及19.8%基本相近;其中本科48.9%,硕士51%,博士0.1%,与总体分布本科53.7%,硕士46%,博士0.2%基本相近。以上可知,样本分布情况基本符合中心青年员工总体分布情况。

二、青年员工归属感调研结果分析

(一)调查群体基本情况分析

(1)性别结构。中心青年员工男女占比较为平均,体现出男女搭配较为均衡、性别结构较为和谐的特点(见图15-1)。

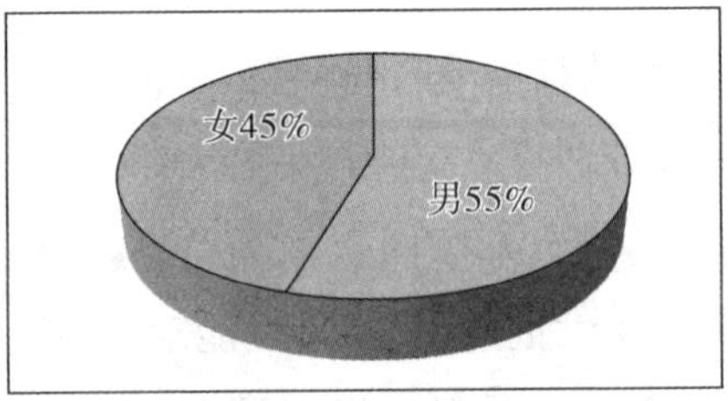

图15-1 性别结构

(2)年龄结构。25~30岁员工占比最大,超过60%,此阶段员工人生价值观和世界观逐步稳定成型、家庭生活及社会生活逐步完善,同时也面临较多价值判断及选择,现实的生活压力及工作压力也逐渐增大(见图15-2)。

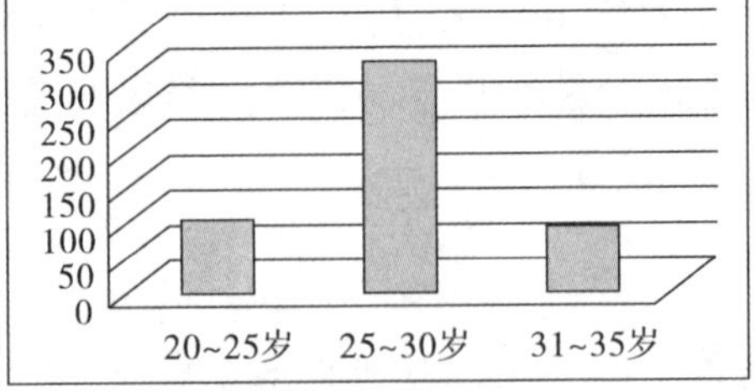

图15-2 年龄结构

（3）专业结构。技术与业务专业分布较为平均，符合中心职能特色与专业分工要求。另外，也有小部分青年员工已承担起管理岗位工作，体现出优秀青年的中流砥柱作用及中心任人唯贤的用人理念，职业发展通道明晰、发展机会公平（见图 15－3）。

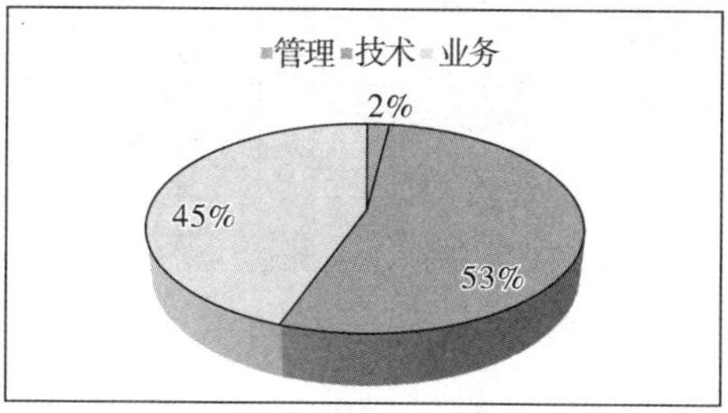

图 15－3 专业结构

（4）教育程度结构。以本科生及硕士生为主，二者占比相对比较平均，体现出中心青年员工队伍整体素质高、能力强的显性特点，同时，也蕴含着青年员工对自身发展期望高、看重自我能力提升及价值体现的隐形特点（见图 15－4）。

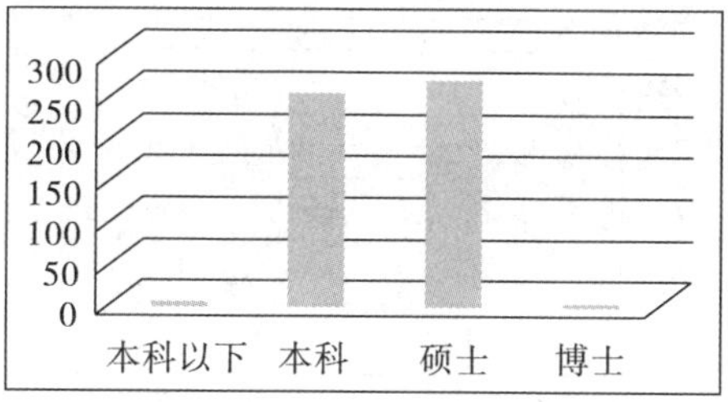

图 15－4 教育程度结构

（5）入行时间结构。入行时间均较短，5 年以下的占比 69%，10 年以上的仅占比 5%，说明青年员工在工作经验积累、一线工作实践上还需提升，同时也反映出青年员工对我行及中心工作的了解程度还需进一步加深，感情纽带还需进一步强化（见图 15－5）。

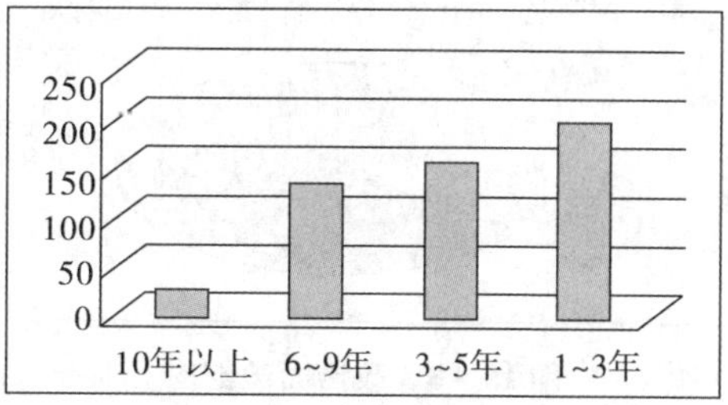

图 15－5 入行时间结构

（6）婚姻结构。单身、有稳定交往对象的人数较为平均，已婚、已婚有子女人数占比稍少。说明中心青年员工未来即将迎来结婚、生子等高峰,生活形态将处于一段时间的调整和适应期中,个人人生观及世界观将发生一定变化并逐步趋于稳定(见图15-6)。

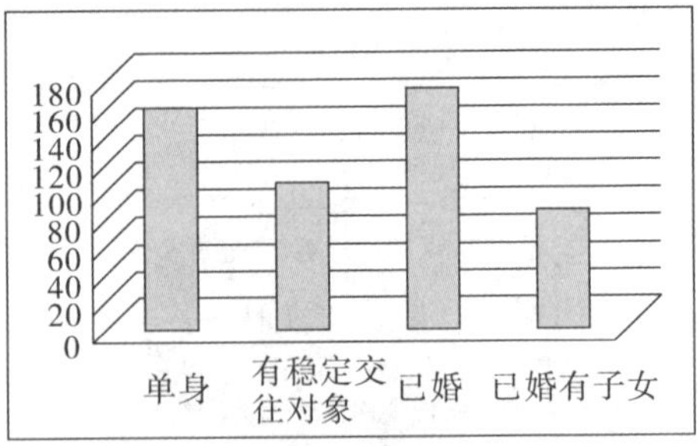

图15-6 婚姻结构

(7)籍贯结构。外地员工是北京本地员工的1.5倍,一方面说明中心员工来源丰富,另一方面也体现出中心外地员工多、生活压力大、归属感需求强烈的特点(见图15-7)。

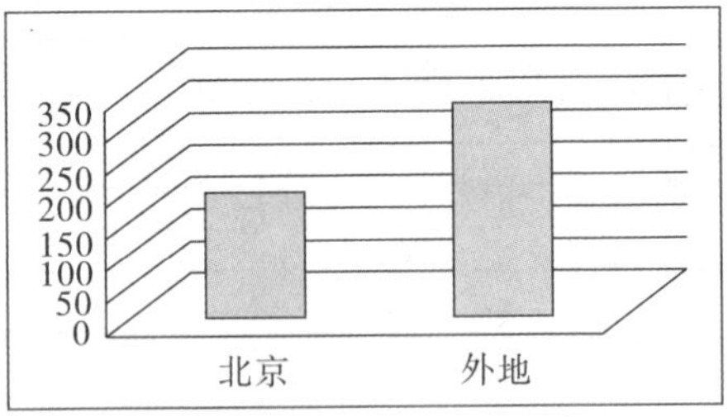

图15-7 籍贯结构

(8)政治面貌结构。党员占比较大,共青团员其次,这与中心整体员工队伍情况一致,体现出中心员工队伍政治觉悟高、凝聚力及战斗力强的特点(见图15-8)。

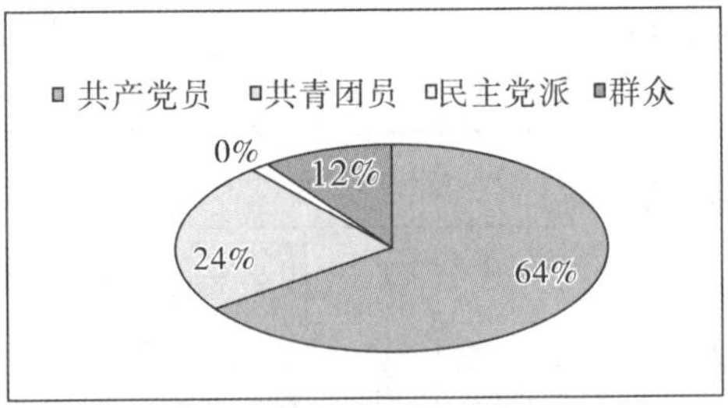

图15-8 政治面貌结构

(9)性格类型结构。"沉默内向"仅占比9%,与印象中"理科生""IT男"的差异较大,说明队伍生机活泼、充满活力。同时,选择"中间型"的员工占大多数，说明青年员工性格可塑性空间大，同时自我认知程度还需进一步提升（见图15－9）。

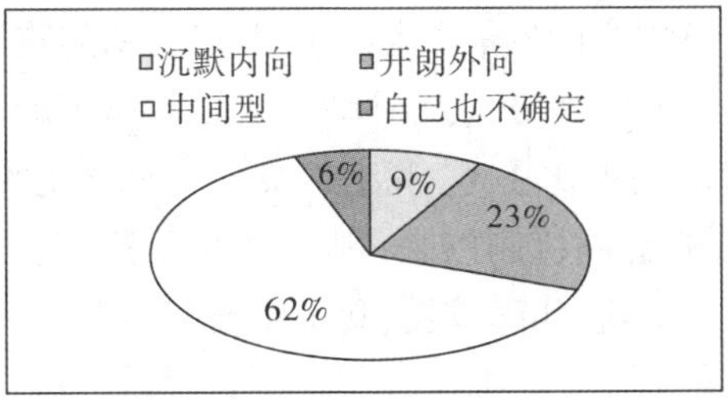

图15－9 性格类型结构

（10）多久探望一次父母。经常探望父母和一年一次探望父母的人数较多，两项之和占测评人数90%以上，结合中心外地员工较多的特点，能够在繁忙的工作间隙坚持探望父母，说明中心青年员工对于家庭和谐的重视以及孝敬老人的德行，也从侧面体现出中心"快乐工作、幸福生活"理念对于青年员工的积极影响（见图15－10）。

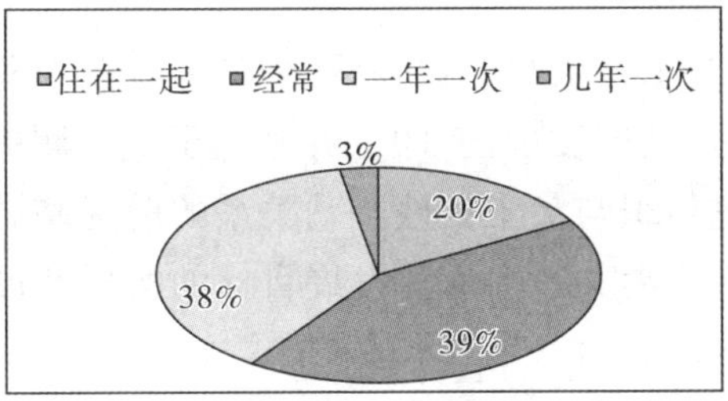

图15－10 多久探望一次父母调查情况

（11）多久参加一次同学朋友聚会。非同事聚会体现青年员工生活丰富性及人际交往的宽度及深度，是个人性格稳定性的评价标准之一。大多数青年员工经常或偶尔参加同学、朋友聚会，选择"从不"的仅占3%，证明大部分青年员工有着较为丰富的人际交往（见图15－11）。

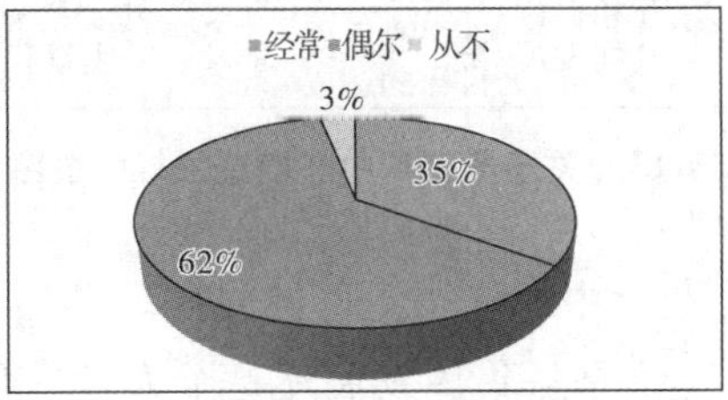

图15－11 多久参加一次同学聚会调查情况

(二)调查情况统计分析

1. 归属感

(1)关于是否了解中心的发展目标?员工归属感的重要来源之一是"与组织同命运、共呼吸",了解发展方向及战略重点是归属感的重要基础。选择"非常了解"及"基本了解"的占比较高,占比93%。说明中心坚持十多年的目标管理理念及六年多的战略解码机制以来,现已基本形成"上下同欲"的良好氛围,青年员工能够体会到与中心共同成长、共同发展(见图15-12)。

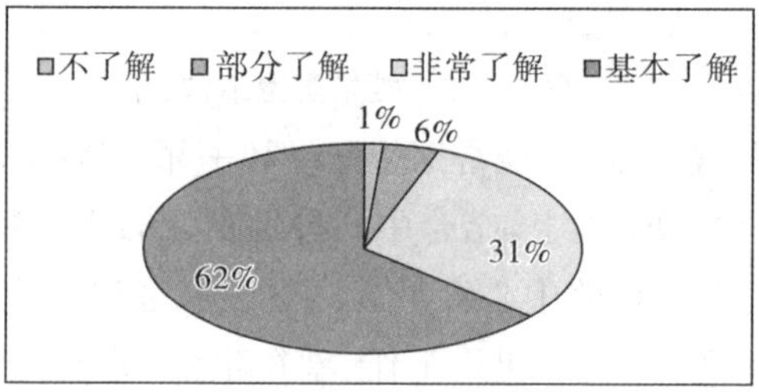

图15-12　关于是否了解中心的发展目标统计

(2)关于员工和中心发展目标的关系。80%的员工觉得自己和中心发展目标的关系是互相促进、共同发展的,印证并延续了上一题的结论——清晰了解组织发展目标是促进组织与员工良性互动关系的前提基础,反之,员工个人及中心发展目标的良性互动关系促进了发展目标的实现及员工个人的成就感及归属感(见图15-13)。

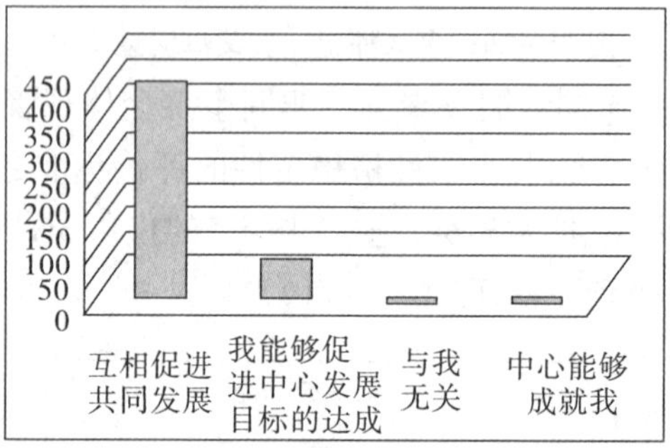

图15-13　关于员工和中心发展目标的关系统计

(3)关于员工是否在意中心能否更好的发展。参加答题的青年员工99%在意中心更好的发展,无论是从集体发展还是个人发展角度出发,足以证明员工与中心的纽带关系非常强烈,员工对于中心发展持正面期望态度(见图15-14)。

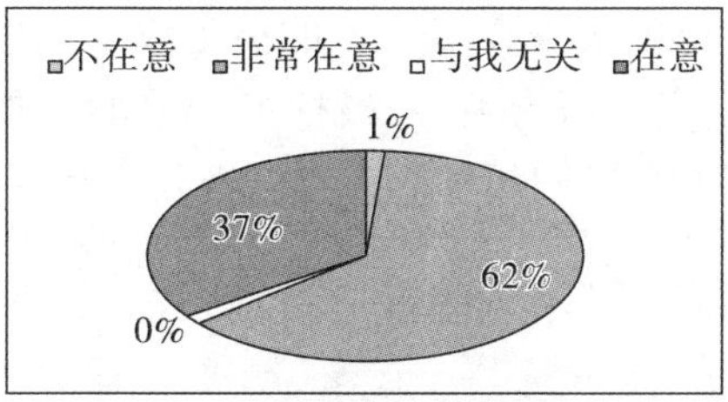

图 15－14　关于员工是否在意中心能否更好的发展统计

(4)关于中心的知名度及给人的印象。此题重点体现员工对于中心美誉度的重视及认可程度,而非中心知名度(应从第三方评价)。约 59% 的员工对中心的美誉度持非常认可态度,约 41% 的员工持认可态度,仅不到 1% 的员工持非常不认可态度(见图 15－15)。

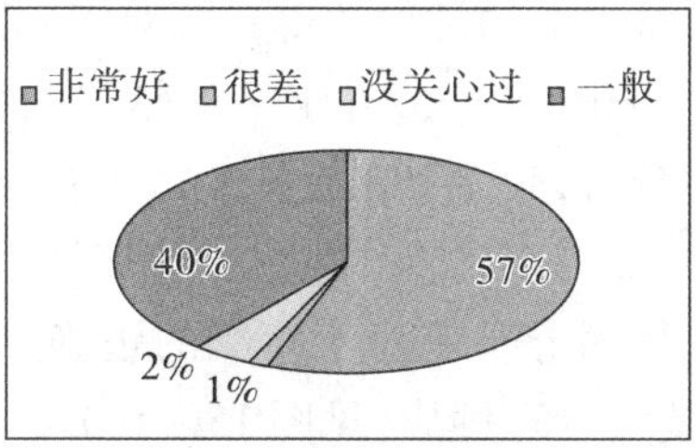

图 15－15　关于中心的知名度和给人的印象统计

(5)关于员工与外界交流时,是否提及中心的人或事。此题与上一题同源,重点考察员工的荣誉感及中心与员工的共振频率,只要曾经提及过,无论是在工作场合还是生活场景中、无论是正面评价或负面建议,均证明中心与员工息息相关,且经常及偶尔提交的员工荣誉感一般较强。93% 的员工在与外界交流时曾经提及中心的人或事,有 7% 的员工从未提及,值得关注(见图 15－16)。

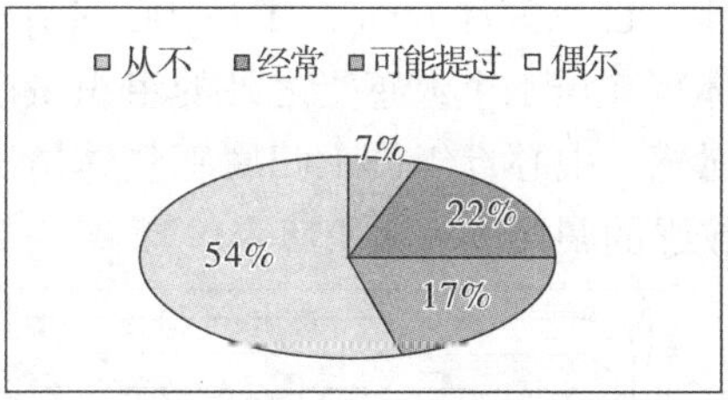

图 15－16　关于员工与外界交流时,是否提及中心的人或事的统计

(6)关于员工与周围同事之间的人际关系。组织行为学多项研究证明,组织中的人际关系软环境(正式及非正式人际交往)将提高员工的敬业度及满意度。同时,将虚拟的人—物关系转化为现实的人—人关系,人际关系的融洽程度会加强员工对于组织的亲切程度,提升归属感。61% 的员工觉得人际关系非常融洽,37%的员工觉得关系融洽,仅2%的员工仅有工作往来或感觉不好(仅1人)。在工作节奏快、竞争压力大、考核标准严格的工作条件下,仍保持高人际关系满意度,对于提升员工归属感而言有着极其重大的意义(见图15-17)。

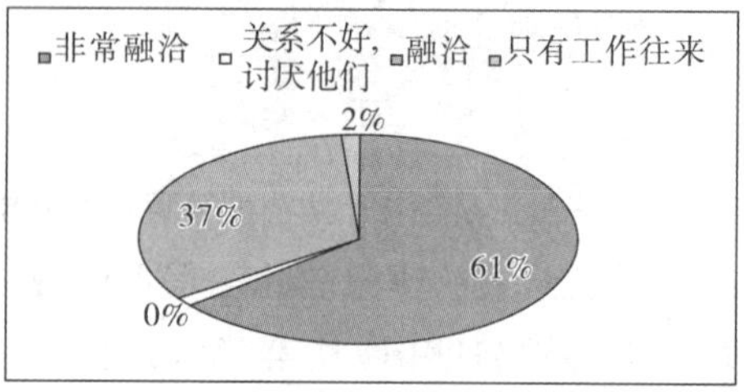

图15-17　关于员工与周围同事之间的人际关系统计

(7)关于薪酬对于员工归属感的影响。此题重点考察员工对于薪酬与归属感相关性的感受强度,99%以上的员工觉得薪酬对于归属感有影响。从客观原因分析,北京大城市的生活压力较大,青年员工较多面临结婚成家、生子、教育等实际问题;从主观原因分析,80后、90后员工对于物质生活丰富性要求较高,薪酬将在一定程度上影响员工归属感。在银行业广泛面临利润结构调整、业务流程重组的关键阶段,如何引导员工对于薪酬的正确认识、树立与企业同甘共苦的使命感成为一项重要的管理挑战(见图15-18)。

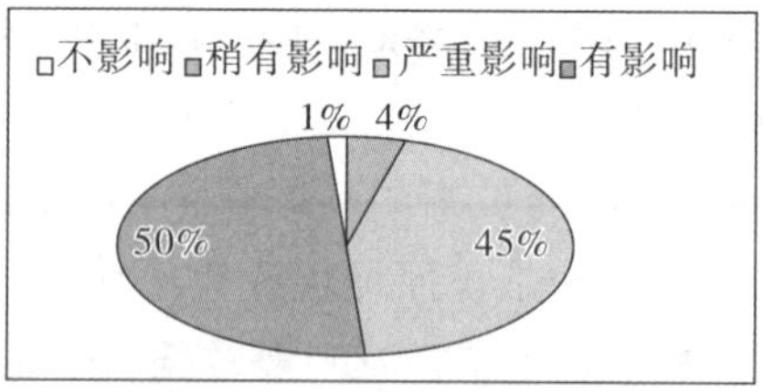

图15-18　关于薪酬对于员工归属感的影响统计

(8)总体上说,关于自己或大部分同事对于中心的归属感。此题强调“自己或大部分同事”,旨在体现除员工个人感受之外的组织氛围,通过评价他人感受客观体现员工队伍归属感。中心青年员工归属感整体情况较好,94%以上的员工有一定的归属感或较强的归属感(见图15-19)。

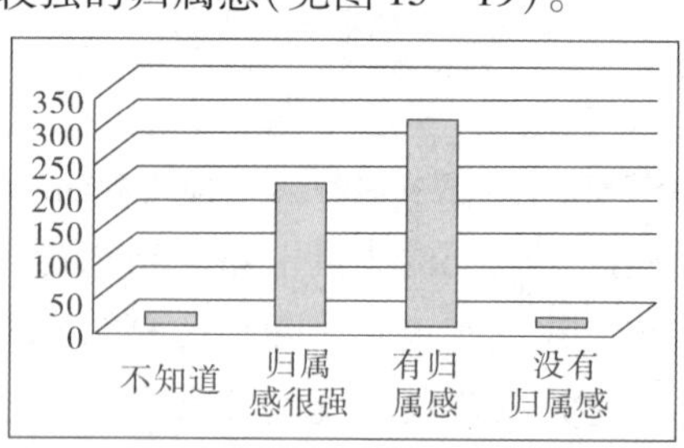

图15-19　关于自己或大部分同事的归属感统计

2. 满意度

此部分借鉴中心员工满意度调研结果(见表15－1),青年员工关注点集中于三方面:一是个人能力在岗位上的充分发挥;二是上级的认可和赞扬;三是职业发展的清晰程度及成就感。

表15－1　员工满意度调查表

题目	得分(满分5分)
中心以人为本的人文环境使我能够感受到中心对个人的尊重和关怀	4.76
中心的制度、流程和手册是规范、有效的	4.67
我希望在目前的专业继续发展下去	4.55
我的个人能力在目前的岗位上得到了比较充分的发挥	4.39
我所在的部门,通过开诚布公地讨论不同的意见来形成决议	4.63
我所在的部门鼓励员工提出创新方法,解决工作上的问题	4.70
我了解中心"勤奋、协作、求实、创新"企业文化内涵,并将其作为日常行为和开展工作的精神力量和思想保障	4.83
当我工作做出成绩时,上级通常会给予及时认可	4.58
在过去的7天里,我因工作出色而受到赞赏和表扬	4.23
中心有良好的学习平台,使我能够得到多层次、全方位的培训	4.69
我认为中心及本部门对新员工的培养方式有利于新人的快速成长	4.68
过去一年里,我在工作中有机会学习和成长	4.65
尽管工作忙碌,但是我能够保持良好的心态	4.49
我很清楚自己在中心的职业发展机会和方向,并可通过努力实现个人的职业发展目标	4.57
在中心工作我能感受到成就与快乐	4.54
整体上,我对中心的管理工作:	4.63
我对中心未来的发展:	4.68

3. 组织氛围

(1)关于员工是否愿意参加中心组织的活动。泛指各类中心组织的工作经验分享、管理者与员工对话及文体活动等活动,选择非常愿意及愿意的青年员工占比达95%,说明员工参与中心各项活动的积极性高,能得到一定收获或满足一定需求(见图15－20)。

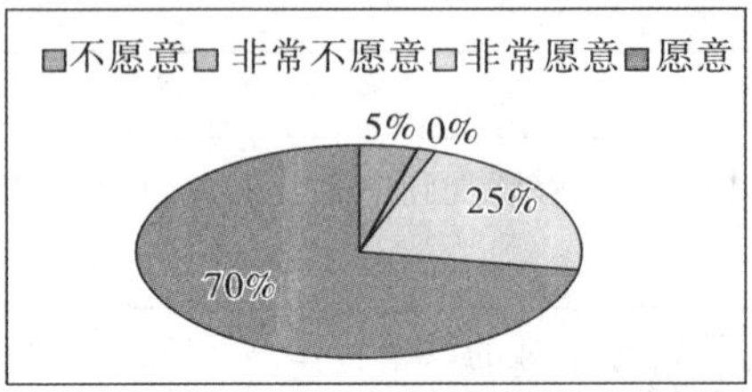

图15－20　关于员工是否愿意参加中心组织的活动统计

(2)关于员工是否参加了中心的社团组织。中心青年员工较多,兴趣爱好较为广泛,中心根据需求成立了摄影协会、足球队、篮球队、羽毛球队、合唱队及戏剧社等社团组织。约95%的员工参加过中心社团组织或推广培训,体现出各类展示舞台及交流平台对于促进青年员工精神文化生活、强化员工自我实现感的重要意义(见图15－21)。

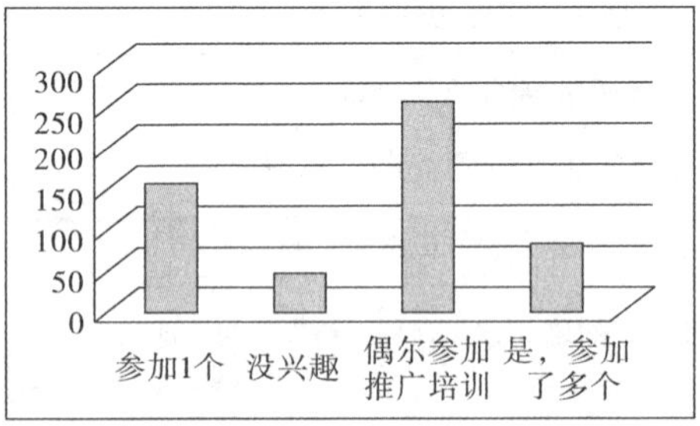

图15－21　关于员工是否参加中心社团组织统计

(3)关于员工一年大概参加几次中心组织的活动。曾经参加过中心活动的青年员工占比高达98%,说明员工乐于并积极参加中心活动,组织氛围整体较好(见图15－22)。

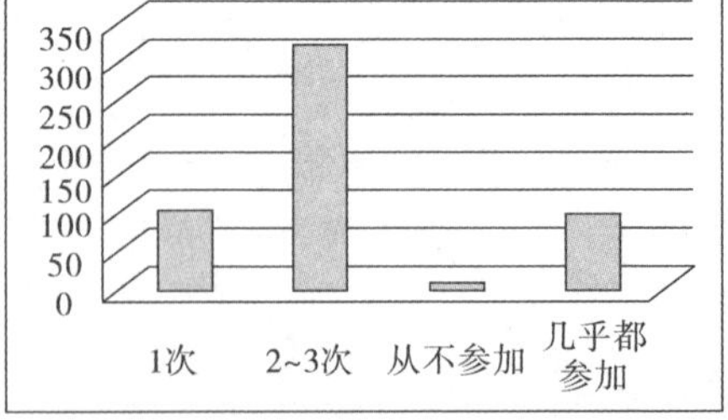

图15－22　关于员工一年大概参加几次中心组织的活动统计

(4)关于员工是否愿意参加部门组织的活动。选择“非常愿意”及“愿意”的人数占比为97%，可见部门内组织的活动也受到员工的欢迎，对于促进工作关系融洽、加强理解协作有着重要意义(见图15-23)。

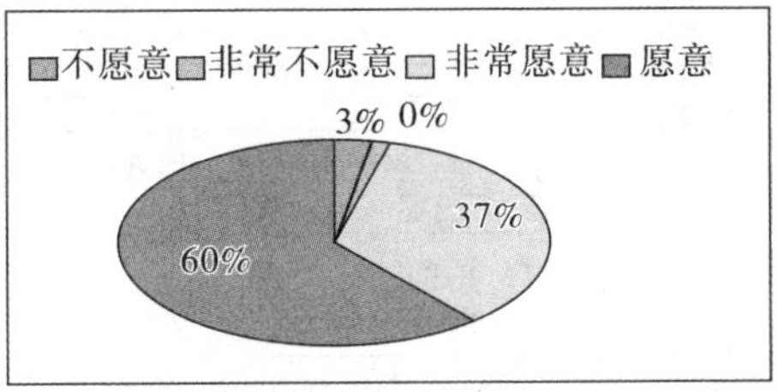

图15-23 关于员工是否愿意参加部门组织的活动统计

(5)关于员工一年大概参加几次部门组织的活动。99%的员工参加过部门组织的活动，部门组织氛围较好(见图15-24)。

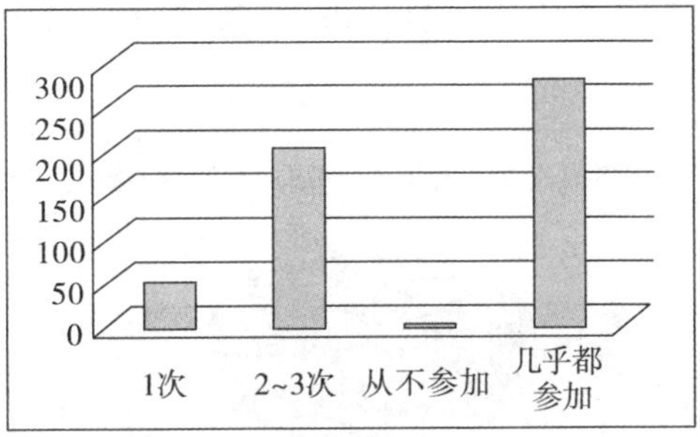

图15-24 关于员工一年大概参加几次部门组织的活动统计

(6)关于员工所在的团队是否有工作之外的交流或者活动。非正式沟通对于减缓摩擦、增强成员团队荣誉感、提升团队凝聚力有着积极作用。选择“经常”或“偶尔”的占比为85%，选择“很少”及“从不”的占比15%，团队非正式活动覆盖面不及中心非正式活动覆盖面，值得关注(见图15-25)。

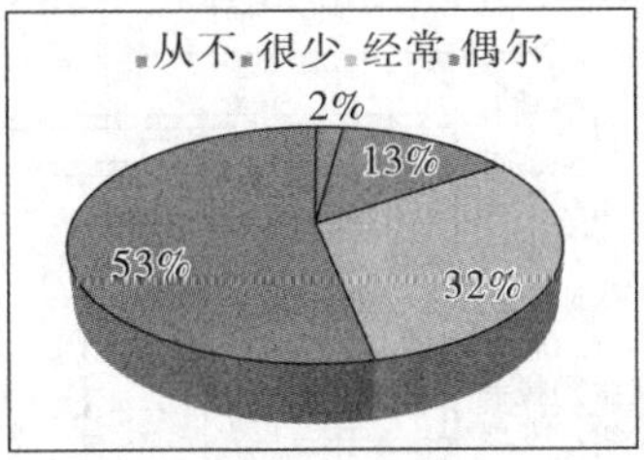

图15-25 关于员工所在的团队是否有工作之外的交流或者活动统计

(7)关于员工所在中心是否交到了要好的朋友。此项内容与员工是否愿意留在企业工作有着较大的关联关系。从图15-26可知，选择“一个都没有”的仅占比0.7%，比例较低，说明员工在组织工作过程中体会到了信任及尊重，并能够在非汇报关系中通过组织提供的平台建立良好的人际交往关系,组织氛围能够满足员工安全需求及社交需求,员工有着较强的归属感。

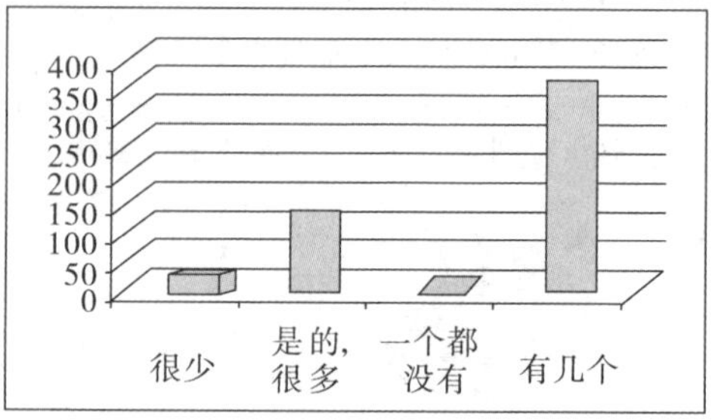

图 15 - 26　关于员工所在中心是否交到了要好的朋友

(8)关于当员工遇到困难时,是否会向中心领导或同事求助。遇到困难求助是人建立深度信任关系的体现。选择非常愿意及愿意的占比为 81%,可见中心员工对于身边领导同事的信任关系极好,能够满足员工的尊重需求(见图 15 - 27)。

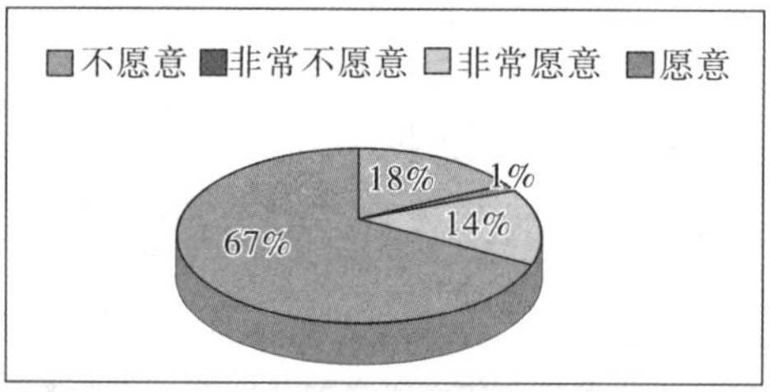

图 15 - 27　关于当员工遇到困难时,是否会向中心领导或同事求助统计

4. 员工建议及意见

此部分为开放式问题。除"无意见"及"已经做得很好"而外,总收到 203 条有效建议及意见。意见分类及数量分布如图 15 - 28 所示。

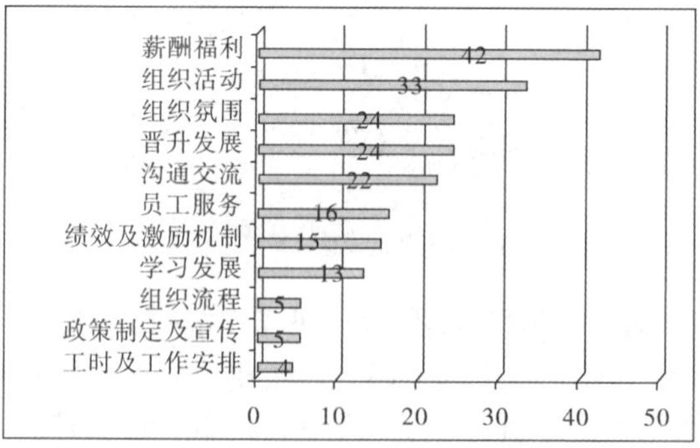

图 15 - 28　意见分类及数量分布

(1)薪酬福利。主要包括:一是提高薪酬福利的竞争力水平;二是保持薪酬福利的公平性;三是增强薪酬福利政策宣传。从我行大背景而言,面临激烈的行业竞争与人才争夺,信息科技条线员工薪酬福利待遇正面临着挑战,需进一步重视并合理解决;从中心内部而言,盘活现有资源,建立与员工贡献相适应的薪酬制度是组织管理中必须重点解决的问题之一。

(2)组织活动。从封闭式问卷中可以得知,中心青年员工对于活动的参加频率及满意度均较高,但在开放性问卷中,员工对集体活动仍有较高期待,主要集中于:更广泛的参与度(打破部室界限、全中心员工参与)、更活跃的氛围(互动沙龙、家属活动)等。

(3)组织氛围。员工建议及意见主要集中于:一是对于工作及自身成长的认可;二是肯定员工价值,获得更多的鼓励和表扬;三是通过沟通增强员工的成就感、使命感及责任感;四是创造更加自由的创新氛围。可见,青年员工较为看重自身价值的认同和肯定,期待从沟通中获得工作成就感及使命感并期待更加自由的创新氛围。

(4)晋升发展。意见集中于:一是扩大职业发展空间、提供更多晋升机会;二是晋升较为激烈、难度较大。可见,青年员工对于晋升空间及机会有一定期待,并已经感受到晋升的压力。因中心青年员工较多,员工梯队层次感不强,且高学历员工较多,员工对于职业晋升及发展的期望较高,是中心面临的挑战及难题之一。

(5)沟通交流。主要集中于:增进更多非正式交流(员工成长困惑、面临的选择难题等)、增进直线管理者的交流(了解员工心声及需求、关注员工思想动态)、增进跨界交流(打破部室壁垒、加强与中心外部的交流)。

(6)其他。员工服务方面主要集中于生活领域,例如子女教育、外地员工户口、健身健康等;学习发展方面主要集中于期待更多培训机会、加强职业规划等;组织流程方面主要集中于员工意见落实及工作流程优化等;政策制定及宣传方面主要集中于政策的连续性、一致性、公平性以及政策的宣传等;工时及工作安排方面主要集中于弹性工作制。

三、现有机制及措施分析

中心坚持“发展依靠员工,发展成就员工”的人本管理理念,通过完善中心各类机制措施,催生青年员工对中心深层次的认同感,逐步提高内部公平感,激发工作使命感和成就感,提升员工满意度,进一步增强青年员工归属感。

(一)精心打造特色文化,加深青年员工对企业核心价值观的认同感

企业核心价值观在青年员工思想建设过程中发挥着重要引领作用,中心通过引导青年员工深入理解文化内涵,加深其对核心价值观的认同感。

一是以集团企业文化为引领,传导工商银行文化愿景及价值观。由中心总经理带头开展层次递进的管理人员文化宣讲,员工培训覆盖率及考试通过率均达100%;中心连续四年将企业文化培训作为新员工必修课内容,截止目前已有400余名员工参加了岗前企业文化培训并通过考试,确保企业文化薪火相传。

二是以科技文化为导向,深入落实“有作为、敢作为”的工作作风。认真总结中心发展过程中五个重要时期的文化因子,摸清文化发展脉络,在科技文化导向下明确“成为全行技术与业务支持的卓越中心”的文化目标以及“勤奋、协作、求实、创新”的八字行动取向,引领组织发展。

三是以和谐文化内涵为核心,结合中心管理特点及员工队伍发展需求,向员工说明文化内容分别“是什么”“为什么”“怎么做”,并建设“我承诺”“我追求”“我卓越”三层级行动标准,以阶梯差异的具体行动内容指明员工行为导向,使员工有标准可对照、有规范可遵循、有目标可追求,有效规范员工行为。

四是以行动手册及故事集为载体,以生动案例传播文化。通过网讯子站、员工社区、电子宣传大屏等虚拟平台及中心文化廊实物平台宣传文化,通过专题板报、每季度《北中心》电子期刊、每年度《足迹》年刊等载体多维度挖掘并呈现文化内涵,通过员工行为规范专贴海报及书签促进点滴改变。

(二)全面完善员工制度,提升青年员工对职业价值体现的公平感

青年员工非常看重个人能力能否在岗位上得到充分发挥、个人贡献是否得到组织的充分认可肯定、个人价值是否得到充分实现,因此涉及员工利益的绩效管理机制、岗位晋升及职业发展机制等对员工的归属感起到极大的影响作用。中心结合员工特点,在绩效管理、岗位晋升及内部沟通方面做出了积极努力。

一是完善绩效管理制度,优化青年员工对考核机制的公平感。中心收集各层级员工意见及建议,深入了解各部门岗位工作特性,结合工作周期及工作内容进一步完善部室绩效考核内容、个人绩效考核周期、考核内容及方式等。修改意见成形后,在中心职工代表大会上进行热烈讨论,广泛听取各方意见,集中心及群众智慧打造更有针对性、系统性的管理体系,营造内部公平氛围,引领组织及员工创造一流业绩。

二是完善晋升积分制度,提升青年员工对职业发展的公平感。优化面向管

理人员的干部成长积分，从“绩效结果积分、团队管理积分、自我管理积分”进行综合性评价，以量化评价标准，引导管理人员主动规划自身职业发展；优化面向专业类员工的专业晋升积分，囊括“工作经历积分、业绩表现积分、导向奖励积分、履职能力积分”，通过规范、精细、开放、有序的管理机制引导专业员工全面发展、重点突出，主动规划成长路径，公开选拔优秀人才。

三是完善层级互动机制，营造公开、自由、诚实、开放的沟通氛围。由中心党委班子成员带头开展“对话”活动，深入一线基层，贴近员工，面对面沟通工作生活话题。每期活动提前在网讯子站公布此期主持人及话题范畴，由员工自行报名并匿名提问。一方面促进了班子成员与员工的交流沟通；另一方面也有助于促进员工对中心文化、制度及机制的认识和理解。通过自由、开放、随和的沟通氛围广泛听取员工对中心发展建设的意见和建议，确保中心各项制度办法的出台更接地气。另外，中心坚持开展“总经理室接待日”“总经理直通车”等活动，使领导干部真正当好员工的贴心人、知心人，更好地服务员工、发展员工、成就员工，实现组织和个人的共同成长。

中心“对话”活动

2014 年 5 月 4 日，中心党委书记、总经理王丽平与青年员工代表“对话青春”，以“抓虫子”游戏活泼开场，以“成长路、职业人、生活圈”三大板块分享人生经验、解答职场困惑、传授生活智慧，鼓舞和引导青年员工以更加积极乐观的心态、更加智慧的方式迎接工作、生活、人生的机遇和挑战。

图 15－29　对话青春

(三)搭建成长成才平台,激发青年员工争优创先的责任感和成就感

职业规划发展、激励机制、创新氛围等因素影响着青年员工发挥主动性、创造性的动力强度,也影响着其对组织的归属感。中心通过强化学习制度及激励制度,激发使命感、塑造成就感。

一是强化学习制度,打造学习型组织。中心坚持建设"学习型中心",打造"知识型员工",建立全方位、多层次的培训体系,按年度培训计划开展分层次、全覆盖的全员培训,通过每周一课、晨读、夜校、模拟实景演练、业务一线实习、知识竞赛等多途径、多形式的培训方式,全面提升了员工的专业知识技能和综合素质。

二是健全人才培养计划和创新奖励基金,推动青年员工成长成才。中心打造"品牌专家"和"产品经理",培育核心人才队伍,锻造"测试特种兵",同时推行工作导师及工作指导制,在知识经验传承的同时,使员工收获工作和育人的成就感。为引导员工自主、科学规划职业生涯,中心实施"员工个人职业规划暨发展计划",引导员工明确岗位发展目标和年度个人提升计划。为发挥年轻员工富有激情和创新精神的特质,中心制定了创新管理办法,设立了创新奖励基金,每年有上百个创新成果涌现,促进中心工作质量和效率的不断提升。

三是强化荣誉激励机制,激励青年员工创先争优。中心创造性推出"岗位业绩""专业技能""创新增效""团队建设""服务客户""服务员工""模范新秀""巾帼典范""风险防控"及"社会责任"十大杰出员工评选,通过部室推荐、中心评选、网上投票、党委审议、中心公示等环节全员参与筛选出各领域模范标杆;通过全员经验交流会、年度展板及网讯子站等充分展现宣传优秀事迹,鼓励广大员工在不同领域创立佳绩、发挥价值,丰富激励范畴。

(四)丰富文化艺术活动,满足青年员工对精神文明发展的强烈需求

青年员工兴趣爱好广泛,中心高度关注精神文化生活,通过"硬实力"和"软实力"建设的有机结合,努力为员工创造文体活动的条件和环境,组织开展丰富多彩的员工活动,满足青年员工对精神文明发展的强烈需求。

一是开展 EAP 活动,搭建员工心灵绿色通道。以"快乐工作、幸福生活"为目标,通过内外合作方式开展了以"和谐·快乐·成就"为主题员工帮助计划活动(EAP),项目期间举办以员工心理健康为主题的 EAP 大讲堂 6 期、体验式专题工作坊 7 期,制作发布了 30 期 EAP 配乐电子贴士、7 期 EAP 每周一贴、4 种 EAP 宣传品,并开通了 24 小时专业心理咨询热线等。项目实施结束后结合实

际情况建立了“一、二、三”长效机制，通过一部24小时热线电话、两份心理专刊、三次工作坊延续心灵绿色通道，缓解员工工作生活压力，持续营造温馨关爱的组织氛围。

二是开展主题文化活动，丰富员工精神文化生活。开展年度系列文化活动，由员工自行选择读书、健身、运动等活动，促进员工身心健康；开展“传承红色经典、牢记使命责任”主题党日活动，模拟革命战争年代场景，体会革命先烈奋斗精神，激励青年使命感及荣誉感；开展社团协会活动，通过摄影协会、足球协会、篮球协会、羽毛球协会、舞蹈队、戏剧社等为员工提供展现才艺、陶冶情操的平台，建立和谐融洽、生机勃勃的大家庭。

三是建立社会责任基地，开展志愿服务活动。筹备中心志愿者协会，定期到打工者子弟小学开展“筑梦行动”，辅导课外课程、维修计算机设备、捐赠图书电扇物资、建立特困奖学金等。通过项目化、制度化和常态化的志愿活动，引导青年员工形成关爱他人、回馈社会的阳光心态。

（五）努力打造幸福家园，强化青年员工对园区生活的归属感

中心始终坚持人本管理理念，把对员工的关爱渗透到每一个细微之处，用心为员工办好事、做实事、解难事，努力打造“幸福家园”，增强青年员工的归属感和向心力。

一是实施暖心工程。中心多方协调帮助调京员工办理北京户口和工作居住证，为员工在京生活解除后顾之忧；成立伙食管理委员会定期收集员工意见和建议，不断完善员工食堂和伙食管理；为怀孕女员工提供午休房、孕妇餐、爱心妈妈房，并开办“小超市”解决员工应急之需；因中心地处偏远，持续优化班车路线、为自驾车员工提供洗车服务；员工生日当天一早会收到中心发来的祝福短信，“三八”妇女节女员工会收到鲜花和温馨小礼物……另外，中心积极建设和谐园区，开展“新春寄语”“喜报传递”“中秋圆梦”“家属同乐”等专项主题活动，受到员工及家属的欢迎，有的员工家长来信对子女能够在工商银行、在中心这样好的环境中工作表示欣慰，并嘱咐员工要好好工作、回报组织。

二是打造爱心工程。多年来中心坚持“三必访”制度，即员工生病住院、女员工生育、员工家属去世时上门慰问员工及家属，让员工在特殊时期能感受到组织的温暖。中心自2009年5月起设立爱心基金，建立人文关怀和员工互帮互助机制，为重大疾病和特困员工提供帮助，增强员工战胜困难的信心。爱心基金自建立以来已收到员工捐款10余万元，共有5名员工得到了爱心基金的资助，充分彰显了组织的关爱，有效提升了中心大家庭的凝聚力。

三是开展“非你不可”的活动，解决单身青年员工交友难的问题。中心自

2011 年自主开发并投产了“非你不可”电子交友信息平台,目前已在我行 11 家在京机构及 6 家京外机构推广使用,注册用户达 7 000 多人,参加征婚的人数约 1 000 人,另有 400 多位“红娘”可在线发布其他单位人员的征友信息。目前已有 40 名单身青年通过该平台成功征友。为促进平台实效,于 2013 年、2014 年连续举办两届线下交友活动,对活动环节及内容进行细致全面的策划和安排,通过活泼生动的游戏环节促进青年交流沟通,取得良好效果。

四、思考和建议

强化青年员工归属感,需契合青年员工特点,紧贴青年员工实际工作及生活情况,既要解决“燃眉之急”,又要考虑“未雨绸缪”,为员工搭建良好的发展通道、沟通通道及心灵通道。结合此次调研结果及措施分析,中心在目标管理、组织人际关系、满意度及组织氛围等方面已获得青年员工的高度认可,后续工作提出优化建议如下供参考。

(一)继续深化薪酬福利及岗位晋升机制

在调研中得知,青年员工希望更多地参与到政策制定当中,更加深入清晰地了解已发布的政策制度。中心可结合青年员工特点,采用更加广泛的措施征求员工意见,采用丰富、生动、简洁的方式进一步宣传中心政策制度,强化员工与组织的共鸣,引导员工正确迎接挑战。

(二)加强组织内部沟通交流

强化直线管理者与员工的正式沟通,针对工作内容、工作进度及工作方法等进行辅导教练;针对工作成果、工作贡献及工作价值等进行及时表扬及肯定;针对优秀经验及有效方法等进行内部宣传,加强员工成就感。强化组织内外跨界非正式沟通,深化中心“对话”机制,加强中心高层管理者与一线员工的交流沟通;加强部室间的沟通交流,打破部室壁垒;加强非正式活动的沟通交流,营造良好的人际交往关系及组织氛围,增强团队凝聚力;加强与外部的沟通交流,拓宽视野,提升工作成就感及自我价值感。

(三)继续深化员工关爱工程,丰富精神文化生活

目前中心各项员工关爱措施得到了青年员工的高度肯定及认可,并对青年员工有着较好的凝聚作用及吸引作用。建议在后续的工作中,结合青年员工现阶段及即将面临的实际挑战,从员工身心健康、家庭子女教育、员工及家属关爱等方面创新工作形式,提升工作实效,帮助解决员工的现有问题及未来担忧,缓解员工压力,促进员工归属感提升。

如何把社会主义核心价值观融入金融企业文化建设

刘崇泗*

“核心价值观是文化软实力的灵魂、文化软实力建设的重点。这是决定文化性质和方向的最深层次要素。一个国家的文化软实力，从根本上说，取决于其核心价值观的生命力、凝聚力、感召力。培育和弘扬核心价值观，有效整合社会意识，是社会系统得以正常运转、社会秩序得以有效维护的重要途径，也是国家治理体系和治理能力的重要方面。历史和现实都表明，构建具有强大感召力的核心价值观，关系社会和谐稳定，关系国家长治久安。”习近平总书记的重要论述，为我们金融行业推进企业文化建设指明了方向。把社会主义核心价值观融入金融文化建设，意义重大深远。

一、正视金融企业文化建设中存在的误区

(1)把金融文化仅仅当作“口号、标语、标识”。有些金融企业在总行层面提出了一些企业文化建设方面的规划，但到了基层分支机构，对金融企业文化这一新兴的管理科学还很生疏，未能正确认识和高度重视，以致简单地认为，抓“金融企业文化”就是提“口号、标语”，就是做政治思想工作等。如，有的基层机构每天晨会集中喊口号，影响周边群众工作生活；有的则每晚开例会，员工筋疲力尽。

(2)把金融企业文化等同于为“亲情化”“家庭化”“庭院式”文化。金融文化建设应着力锻造文化特色、文化优势和文化张力，是亲和力、凝聚力、创新力

* 中国银行江西省分行；本文获 2014 年全国金融系统思想政治工作和企业文化建设调研成果二等奖。

和竞争力的有机统一。然而,一些基层分支机构喜欢把金融文化理解为“亲情化”文化、“家族化”文化、“庭院式”文化。这种文化容易形成小圈子、小集团,容易发生窝案和系统性风险。

(3)把金融企业文化与员工知识教育、文娱体育活动等同起来。金融企业文化建设是一个系统工程,其核心内容是金融机构的精神文明建设。也就是说,加强金融机构的精神文明建设是金融文化内容的具体化,同时,金融企业文化有深广的建设与发展空间。但有的银行基层分支机构或中小银行把企业文化仅仅看成是唱歌、跳舞、打球。显然,这是低层次的。

(4)金融企业文化建设缺乏个性。企业文化既有共性又有个性,但一些企业的企业文化建设却同出一辙,企业间只知拿来引用而忘了与自身的具体情况相结合,缺乏个性化建设。有些企业在企业文化建设中存在着全盘西化的现象,一味迎合西方的现代管理思维和企业文化。

金融企业文化建设存在的上述误区,究其原因,是这些金融企业在文化建设方面没有结合国情,没有以社会主流价值观作为引导,导致主流价值观与企业价值观脱节,导致金融企业文化在发挥凝聚作用、导向作用和激发作用上存在欠缺。这不仅达不到金融企业文化建设所应达到的作用和目的,还可能产生一些负面问题。务必引起重视,加以警醒。

二、社会主义核心价值观融入金融企业文化建设更能发挥文化的独特优势

我国是拥有5 000多年文明史的国家。我们正在建设具有中国特色的社会主义,“富强、民主、文明、和谐,自由、平等、公正、法治,爱国、敬业、诚信、友善”的社会主义核心价值观是我国社会的主流价值观。

(1)一个优秀金融企业,必须以传统价值观为根基,以社会主流价值观为引领,以外来健康有益的价值观为补充,形成本企业的优秀价值观,才能不断增强企业文化的影响力和凝聚力。具体来说,在我国只有符合“富强、民主、文明、和谐”的共同理想,才能更好地统一广大员工的思想和意志,调动其主动性和积极性,焕发出创新激情;只有坚持“自由、平等、公正、法治”的时代精神,才能促进良好企业风气的形成和发展,才能建立广大员工良好的道德行为规范和人生指南;只有奉行“爱国、敬业、诚信、友善”的崇高理念,才能使广大员工自觉激发出爱国主义热情,努力打造企业品牌,推动企业创新发展。

(2)金融企业员工普遍具有较高的文化素养,长期接受先进文化的教育和影响,社会主义核心价值观的养成有其基础。企业的价值观只有以社会主义核

心价值观为基础，结合本企业特点、特色，形成本企业的价值观，才能为广大员工所接受并达成共同意愿。以价值观为主导的金融文化建设自然也要以社会主义核心价值观为指导。只有遵循这个原则，金融文化建设才能为广大员工所接受，才能达到增强企业内部凝聚力，更好地发挥导向和激励作用。否则，金融企业文化建设就会迷失方向，容易产生小圈子、小集团文化，就会导致人心涣散，企业无法健康发展，甚至造成社会混乱。

(3)金融企业也是社会的细胞，面向社会联系各行各业、千家万户。因此，只有自觉地把社会主义核心价值观融入金融企业文化建设，金融企业文化才能与其他行业文化交融，才能为社会所接受，才能使金融企业更广、更深地融入社会各个领域，才能发挥金融企业品牌的影响力，为客户、为自己创造更多的财富，与全国人民一道共圆中国梦。

三、社会主义核心价值观融入金融企业文化建设方法和途径

(1)顶层设计。“顶层设计”是指“从高处着眼的自上而下的层层设计”。社会主义核心价值观融入金融企业文化建设也需要进行“顶层设计”。一要确定金融企业文化建设以中国特色社会主义理论、“中国梦”为指导思想，以社会主义核心价值观“24字”为主线，深入提炼金融企业价值观和企业精神，从而制定金融企业文化建设发展战略规划。二要在总结经验的基础上出台一套操作性很强的金融企业文化建设发展实施方案。三要建立金融企业文化建设各层级的责任制，做到有权有责、权责结合。四要把金融企业文化建设纳入各级机构的绩效考核内容之一。五要建立金融企业文化职业体系，提高金融企业文化建设工作者的积极性、权威性和责任心。

(2)优化资源。目前，有些大型金融机构企业文化建设分布在相关职能部门，如：办公室、人力资源部、监察部、党务工作部、团委、工会等各管一块，也有的专门设立了企业文化部。从实践来看，无论哪种模式都有利有弊，关键是要建立一个层次较高，调研策划能力强，执行有力的“工作机制”。优化资源，组建金融企业文化建设“航空母舰”，就是建立“金融企业文化建设联系会议制度”。一是规定企业文化建设的参与成员部门、主管领导、召集部门(秘书处)。二是确定会议周期及工作机制。三是明确部门工作职责和工作流程。四是会议上，要对金融文化建设发展战略规划执行情况进行分析、评估；讨论、研究、确定当前和今后一段时间企业文化建设的工作重点；审查分支机构提出的行动口号、规章制度等是否符合社会主义核心价值观要求。成员单位来自全行各部门、各

级层,信息量大,代表性广泛,上下结合,形成了企业文化建设的强大合力,具有很强的执行力和推动力,也避免了各部门按本部职能单打独斗做企业文化的现象。

(3)融入培训教育。宣传教育是培育和践行社会主义核心价值观的基本途径。面对新形势,宣传教育培训工作需要改革创新,不断开拓社会主义核心价值观宣导的新局面。金融文化建设要做到"大菜单"宣讲和"小菜单"教育相结合。"大菜单"宣讲,是指在员工入职、入党和提干前的培训学习时,在庆祝"三八""五四""七一"和其他传统节日活动中,在专题党课、团课和道德大讲堂上,旗帜鲜明地以中国特色社会主义的共同理想和社会主义核心价值观,结合企业价值观、企业精神和企业愿景开展宣讲活动。更好地统一广大员工的思想和意志,调动各方面的主动性和积极性,把企业经营好,实现个人理想和企业发展的共同目标,从而建设好祖国,与全国人民一道共圆"中国梦"。"小菜单"教育,是指针对个别员工存在这样或那样的问题,由主管领导开展一对一的思想教育,帮助其提高思想觉悟,树立正确的世界观、人生观、价值观、荣辱观、道德观,积极向上,奋发有为。

(4)融入工作环境。金融企业工作环境包括营业厅、理财室、接待室、会议室、办公室、过道、电梯口、楼道、食堂、职工之家、培训中心等等。这些公共环境,员工每天要进进出出多次,如在这些环境因地制宜,安置一些浓缩了社会主义核心价值观的企业文化建设内容的宣传栏、展板、电子屏、宣传画、书法艺术品,同时注重美观大方,形成对员工视角的直接碰撞,日复一日,这些言简意赅、琅琅上口的企业文化和社会主义核心价值观自然会被入脑、入心。

(5)融入网络传导。互联网深刻改变了社会生产和生活方式。我们可以利用现代网络传播技术来宣导社会主义核心价值观为引领的金融文化。一是通过内部网站、邮箱,以电子刊物的形式进行宣导。二是通过党、团、工会、青联、妇联等组织或主管领导以手机短信方式传导正能量。三是组建或参与员工的qq群、微信群,在其中发挥引导作用。四是请本行业、本系统有影响力的公众人物或先进典型建立微博、微信,主管部门引导员工收看参与。总之,通过合适的网络宣传方式,把社会主义核心价值观为主导的金融文化以恰当的方式、恰当的语言、恰当的时效进行有效传导,可以达到影响、教育广大员工,培植社会主义核心价值观理念的目的。

(6)融入典型引领。发挥典型引领作用,以示范人。员工更多是从现实生活中汲取示范者的价值观念,塑造自己的价值取向。培育和践行社会主义核心价值观,需要从现实生活中的忠实践行者的实际证明和示范引导。一是企业领导者要率先示范，加强世界观改造，坚持理想信念，敬业爱岗、诚信友善，弘扬新风正气，树立良好形象，增强核心价值观的公信力，促进企业员工核心价值观的养成。二是党员、先进人物要身体力行，为践行核心价值观做出表率，为广大员工的价值行为做出榜样。三是广泛开展先进典型评选活动，树立敬业爱岗、诚实守信、尊老爱幼等方面的先进典型，营造学先进、争先进氛围。四是组织先进典型巡回宣讲团开展宣讲活动，通过典型示范引导和辐射带动，让广大员工学有榜样，行有方向，赶有目标，激励广大员工积极践行社会主义核心价值观，促进企业又好又快发展。

（7）融入制度建设。融入金融企业制度建设是社会主义核心价值观践行的有力方式。企业制度建设过程中，要充分将社会主义核心价值观融入企业各项制度，使企业制度体现出社会主义核心价值观的本质要求，成为社会主义核心价值观的有效载体。制度建设要进行全面的调查研究，科学分析，操作性和执行性要得到广泛认同，切合实际，做到企业实际与社会主义核心价值观的有机结合，只有这样的制度才能得到长久的执行。通过制度的执行，社会主义核心价值观得到了贯彻和践行，制度的执行者也从中理解、体会，并接受了社会主义核心价值观。社会主义核心价值观融入金融企业制度建设，就是在制度设计上要体现出社会主义核心价值观的要求，在制度执行上要体现出社会主义核心价值观的色彩。

（8）融入经营管理。经营管理活动是金融企业的中心工作。社会主义核心价值观只有融入企业的经营管理活动，才能在企业层面落地生根。社会主义核心价值观融入金融企业的经营管理活动，一方面要求社会主义核心价值观要推动金融企业的经营管理各个环节的顺利开展。这就要积极用社会主义核心价值观教育广大干部员工，树立正确的价值观，凝聚精神、鼓舞士气；要用社会主义核心价值观增强干部员工的责任感和组织纪律性，保证金融企业各项规章制度得到落实，促进金融企业运行更加有序。还要按照社会主义核心价值观的要求，注重对广大干部员工的人文关怀，促进金融企业人性化管理，帮助职工解决困难，实现职工的快乐工作、幸福生活。另一方面，还要用社会主义核心价值观指导约束金融企业的各项经营管理活动，保证金融企业的经营管理活动符合国家的各项法律法规、符合广大员工的利益、符合社会主义的基本制度、符合社会的发展要求。

（9）融入主题活动。主题活动是指把具有一定特征的某种思想理念通过活动的形式，使其在活动中得到充分体现的一系列思想教育活动。主题活动是社会主义核心价值观教育更生动、更具体的形式。金融企业主题活动多种多样，丰富多彩。如,思想教育、文明单位创建、青年文明号创建、职工之家创建,以及参观学习、业务比拼、制度建设、内控合规、技能比武、风采展示、征文比赛、文体活动、书画联展等,这些活动都是企业文化建设内容。如何把这些活动做好做活做成,达到金融文化建设预期效果,关键是要有一个鲜明的主题。这个主题必须符合社会主义核心价值观的要求,并在整个活动过程做好做实宣导工作,让参加者知道开展这项活动的目的和意义,并有所思、有所想,思想意识得到升华,认知、认同和自觉践行社会主义核心价值观。

(10)融入文化手册。《企业文化手册》是企业文化塑造和设计的最终成果,是企业创造的宝贵文化财富。编制企业文化手册,就是将潜在的文化进行文字化、系统化。《企业文化手册》将在以后相当长的时间里,指导企业的文化实施活动,推动企业的发展。而企业的不断发展也为《企业文化手册》提供不断丰富的文化素材。同理,《金融文化手册》浓缩性地客观、真实记录了金融企业的发展历史、光荣传统、社会荣誉,展现了积极、优良、先进、科学的金融文化理念,从规范管理、科学管理的角度,向所有员工示范性地提出基本的规范要求。社会主义核心价值观融入《金融文化手册》,就是在编写或完善《金融文化手册》时,在首页及各章节、类别插入社会主义核心价值相关内容起提纲挈领的作用。《金融文化手册》成为社会主义核心价值融入金融企业文化建设并固化下来的又一种具体的表现形式。《金融文化手册》作为各级金融机构开展金融文化建设的蓝本,对于各级机构管理层来讲,要认真学习和运用《金融文化手册》,按照《金融文化手册》的指引和要求,加强本机构的金融文化建设;对于新老员工来讲,要通过认真学习和领悟其内容,全面了解金融企业的发展历史、基本管理制度,时刻在岗位上践行其文化理念,从而增强自豪感,增强规范执行管理制度的自觉性,增强谋求共同和谐发展的意识,自觉践行社会主义核心价值。

金融是国民经济的重要支撑,是社会构成的重要组成部分,不仅在国民经济发展发挥着主导作用,而且在培育提升国民素质中也居于重要地位,必须按照“三个倡导”的要求,深入践行社会主义核心价值观,引导金融行业职工队伍努力践行社会主义核心价值观,促进整个社会社会主义核心价值观的培育和形成,早日实现“中国梦”“金融梦”。

招商银行成都分行“80 后、90 后”思想政治工作调查研究

招商银行成都分行思想政治工作课题组*

一、引言

赢得青年，才能赢得未来。青年是银行发展的中坚力量，也是银行的未来和希望，青年人才的竞争是银行之间竞争的重要方面。近年来，随着改革开放和银行业逐步的放开，外资银行逐渐进入中国市场，互联网金融正蓬勃兴起，银行业竞争日趋激烈。激烈的市场竞争、深层次的金融改革，对银行业及其从业人员都产生了巨大的冲击，一些新的矛盾和问题，例如责任意识不够、服务意识不强、职业忠诚度不高等越发突出，这无疑对银行业的思想政治和管理工作提出了新的要求。

思想政治工作同样在经济建设中起到非常重要的作用，尤其是在加快改革、扩大开放的新形势下，如何发挥思想教育工作的作用，不断提高从业人员的综合素质，从而推动银行发展和社会进步，显得更加迫切和重要。一直以来，银行业是就业的热点，“80 后”开始成为职场主力、越来越多的“90 后”逐渐成为职场新人。为此，有必要加强对“80 后、90 后”员工的思想政治工作。

对此，笔者对招商银行成都分行（以下简称“成都分行”）“80 后、90 后”员工思想政治状况进行了调查和研究。调查工作主要采取问卷和实地访谈的方式，共发放调查问卷 576 份，收回有效问卷 526 份，有效回收率为 91.3%。通过

* 课题组成员：郑海啸、范旭、宋大志、冯卫。本文获 2014 年全国金融系统思想政治工作和企业文化建设调研成果二等奖。

对问卷进行分析和实地访谈,笔者认为,成都分行员工思想政治工作和管理工作富有成效,"80后、90后"员工理想信念坚定,集体荣誉感强,人生价值观积极向上,社会道德观符合主流价值取向,爱岗敬业、乐于奉献。

二、样本概况

成都分行共有员工1 290人,其中"80后"有846人,占65.4%,"90后"有106人,占8.2%。"80后、90后"中党员有320人,团员有107人,占"80后、90后"员工的比例为44.9%。本科以上学历的员工有750人。

成都分行党委下辖2个二级分行党委和42个党支部,团委下辖2个团总支和30个团支部。兼职从事思想政治工作有62人,占员工总数4.8%。

此次调查发放调查问卷576份,收回有效问卷526份,有效回收率为91.3%。其中,党员53人,占10.07%;团员473人,占89.92%;本科及以上学历509人,占96.76%;正式人员504人,占95.81%,劳务派遣工22人,占0.41%。

被调查的对象中,自认为经济条件优越的占14.7%,比较好的占24.5%,一般的占47.3%,较差的占13.5%。

三、样本结果统计

调查问卷共分理想信念、价值取向、职业管理、教育管理四大类、近20个问题。根据回收的有效问卷统计,各大类统计结果如下。

(一)理想信念

(1)在问及"您是否了解社会主义核心价值体系?"时,有3.2% 选择"A. 完全了解",24.3%选择"B. 比较了解",55.4%选择"C. 听说过",17.1%选择"D. 不了解"。分布情况见图17-1。

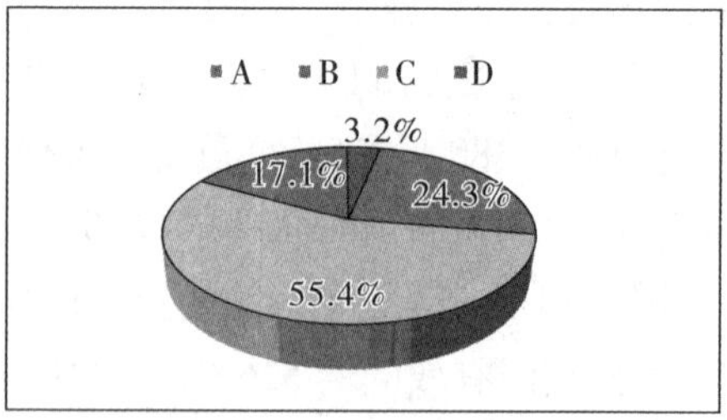

图17-1　对社会主义核心价值体系的了解程度

(2)在被问及"对一部分人所言的资本主义比社会主义各方面都优越,你怎样看?”时,有33.4% 选择“A. 所言差矣! 他们只看到了表象,资本主义有很多不能够解决的问题,之所以认为比社会主义好,那是因为信息不对称,选择性报道等误导了他们”。38.2%选择“B. 社会主义比资本主义优越,比如社会主义更能凝聚人心,关键时刻集中力量办大事”。17.8%的人选择“C. 各有优越性,不能一概而论”。4.3%选择“D. 资本主义比社会主义优越,我或者我的朋友有这样的感受”。6.3%选择“E. 什么主义不主义,与我无关”。分布情况见图17-2。

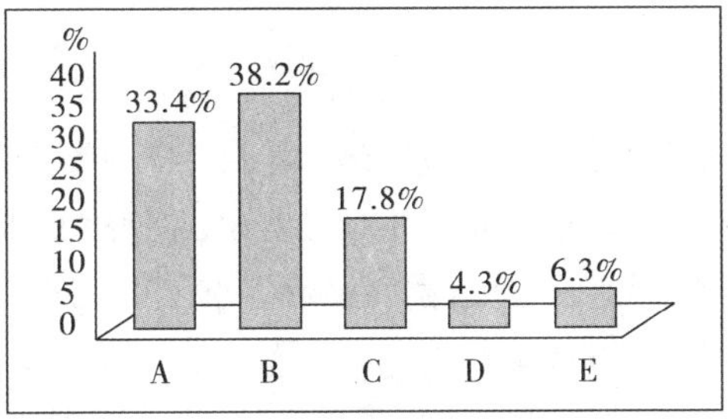

图17-2　社会主义与资本主义的优越性比较

(3)在如何看待中国梦的问题上,有46.8% 选择“A. 中国梦是由每个人的梦想组成的”。30.5%选择“B. 如有需要我愿意为实现中国梦而付出”,17.4%选择“C. 中国梦是国家民族的梦,与我个人无关”。5.3%选择“D. 中国梦仅仅是一个口号而已,不好回答”。分布情况见图17-3。

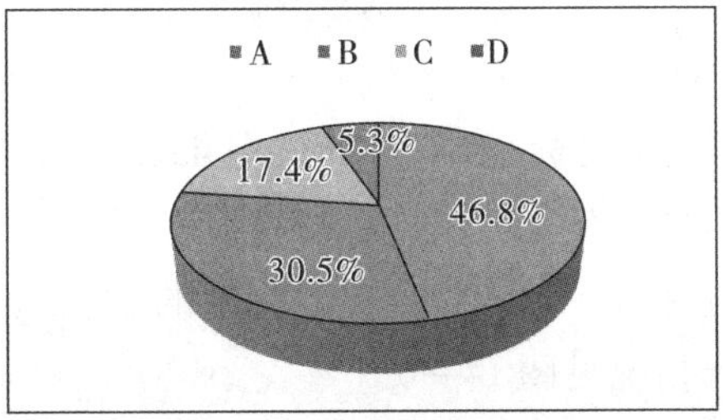

图17-3　如何认识中国梦

(4)在问及“在国家利益、集体利益和个人利益发生矛盾时,你如何处理?”时,有54.2% 选择“A. 为国家利益和集体利益不惜牺牲个人利益”,25.9%选择“B. 权衡利弊,兼顾国家、集体和个人利益”,13.1%选择“C. 照顾身边的具体利益,与自己无关的集体利益不理它”,6.8%选择“D. 个人利益在先,再考虑国家和集体利益”。分布情况见图17-4。

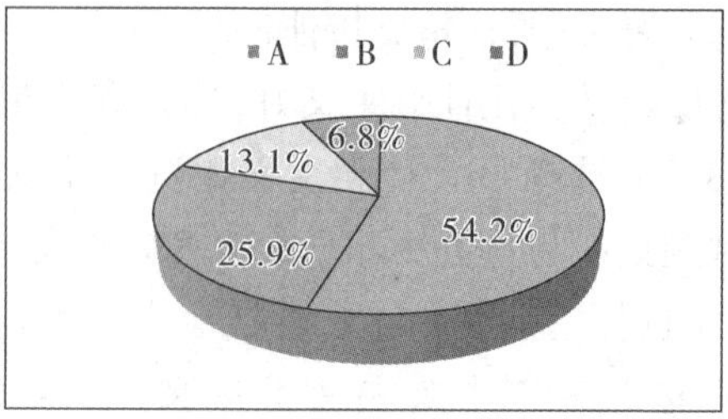

图 17－4　国家利益、集体利益与个人利益的关系

（二）价值取向

(1)在问及"实现人生价值有无意义?"时,有 41.9% 选择"A. 有,我希望为社会做些有意义的事,得到认可和尊重"。28.6% 选择"B. 做我感兴趣的事情,对别人有无价值,我无所谓"。22.3% 选择"C. 我只是沧海一粟,无所谓体现人生价值"。7.2% 选择"D. 没认真思考过这个问题"。分布情况见图 17－5。

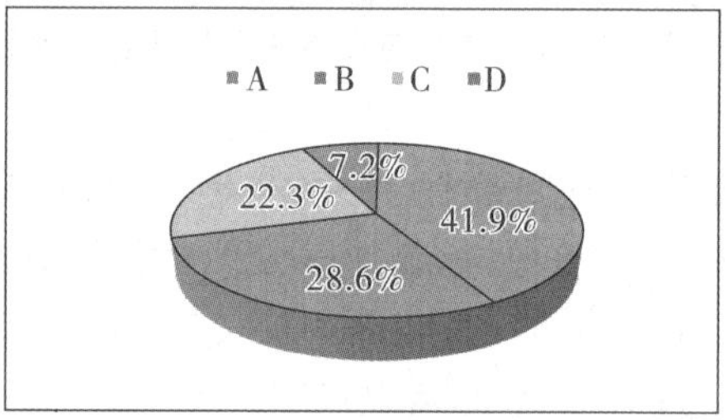

图 17－5　实现人生价值有无意义

(2)当问到"您的人生目标是什么?"时,有 45.3% 选择"A. 拼命赚钱成为有钱人"。26.8% 选择"B. 努力工作,争取较高职位"。7.9 % 选择"C. 荣誉对我最重要"。13.7% 选择"D. 追求符合自己兴趣的生活"。6.3% 选择"E. 与世无争,悠闲度日",分布情况见图 17－6。

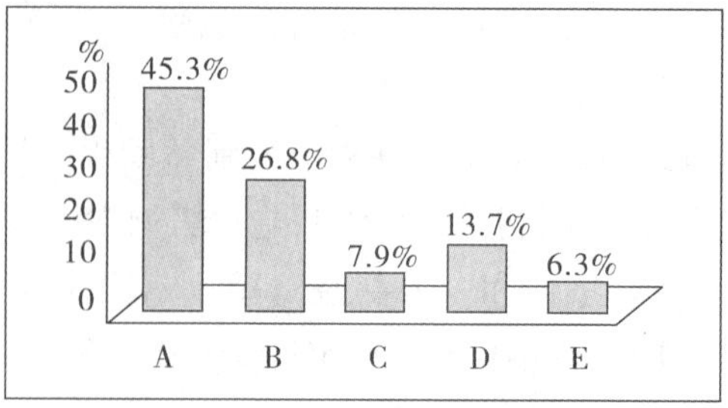

图 17－6　人生目标是什么

(3)当问到“奉献与索取的关系”时,有31.1%选择“A. 人人都讲索取,谁来奉献呢”。有31.2%选择“B. 又要马儿跑,又不让马儿吃草,这怎么行呢”。有37.7%选择“C. 只奉献不索取是不现实的”,分布情况见图17-7。

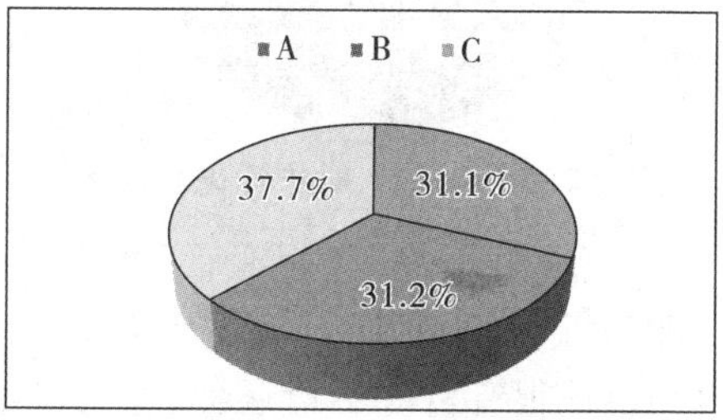

图17-7 索取与奉献的关系

(4)我们设计了一个场景,假如你在买东西时,老板多找了钱,你会怎样处理?面临这个问题,有86.3%选择“A. 本来不属于我的东西,应当主动退还”。有11.4%选择“B. 责任不在我,我不会主动退还。如果问到,我会退还”,有2.3%选择“C. 当面点清,离柜不认,即使老板追上来,也不退还”,分布情况见图17-8。

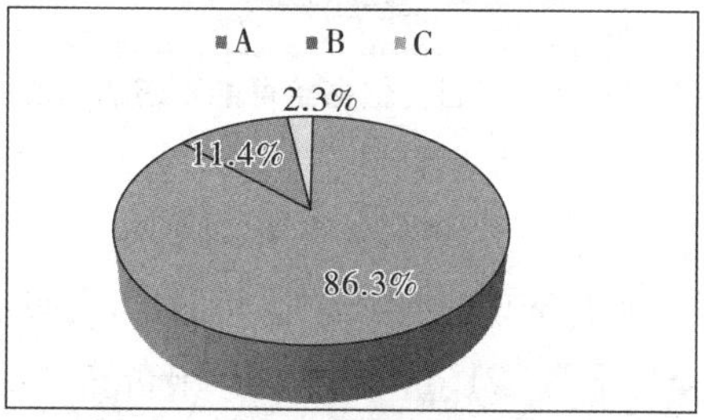

图17-8 是否会退还多找的钱

(5)某地举办展览结束后,展台上的装饰鲜花被路人拿走一支,引起其余鲜花被众人哄抢,你会怎么做?有13.3%选择“A. 别人都在拿,我不拿会吃亏”。有15.2%选择“B. 如果鲜花对我有用处,我才会拿”。有68.3%选择“C. 对这种行为嗤之以鼻,我不抢也不拿”。有3.2%选择“D. 这种行为不对,我会去阻止他们”。分布情况见图17-9。

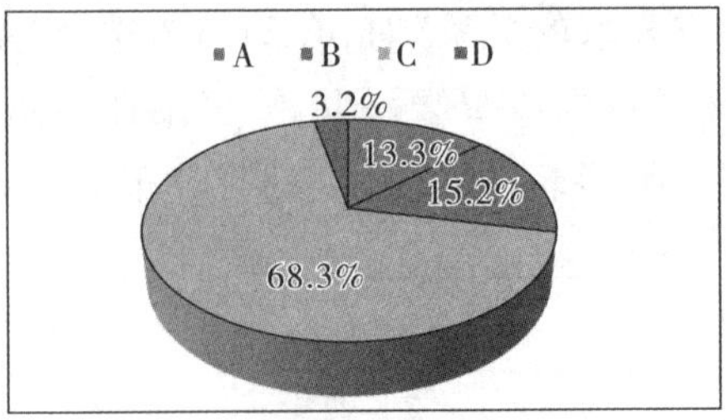

图 17－9　对他人哄抢鲜花的态度

(6)我们设计了一种场景:假如与你关系非常要好的一个朋友找你借一本家传古书(孤本),你也知道他很有可能不再还你,你会借给他吗?有 58.7% 选择"A. 借,即使他不还,我损失一本书换来认清一个人也值"。有 18.2% 选择"B. 借,但是要有具有法律效力的字据",有 23.1% 选择"C. 明知道他可能不还,我不借,朋友做不成也没关系",分布情况见图 17－10。

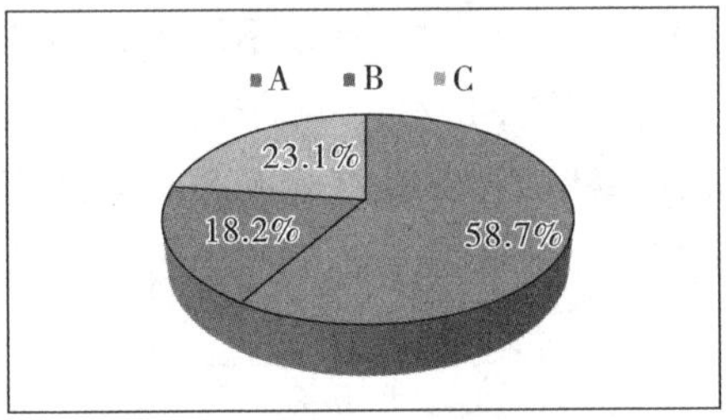

图 17－10　是否会借书给可能不还的朋友

(三)职业管理

(1)在问及"您是如何看待现时代艰苦奋斗的?"问题时,有 6.3% 选择"A. 时代不需要我们艰苦奋斗了"。21.1% 选择"B. 艰苦奋斗是一部分人需要的"。72.6% 选择"C. 艰苦奋斗的内容可能不同,但精神还是要有的"。分布情况见图 17－11。

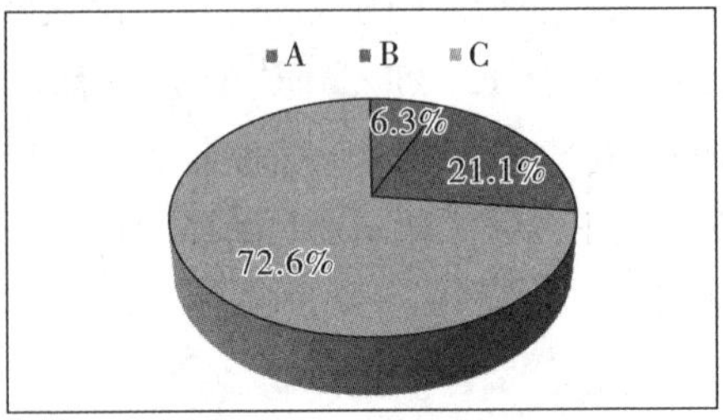

图 17－11　如何看待艰苦奋斗

(2)在问到"单位有紧急任务需要加班时,您的态度是什么?"时,有 26.9% 选择"A. 大局为重,主动参加"。47.7% 选择"B. 领导安排就参加,没啥要求和怨言"。18.3% 选择"C. 可以参加,但应该有加班费或补助等",7.1% 选择"D. 业余时间是自己的,找借口不参加"。分布情况见图 17-12。

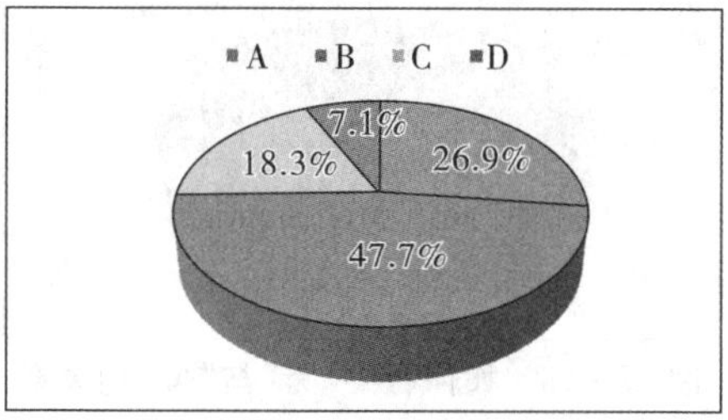

图 17-12　对出现紧急任务加班的态度

(3)当下班时间已到,有 9.7% 的员工会"A. 无论有没有事,转身就走",45.4% 的员工"B. 如果有工作,忙完再走",44.9% 的员工"C. 即使没有工作,也不拒绝在公司多停留一会儿"。分布情况见图 17-13。

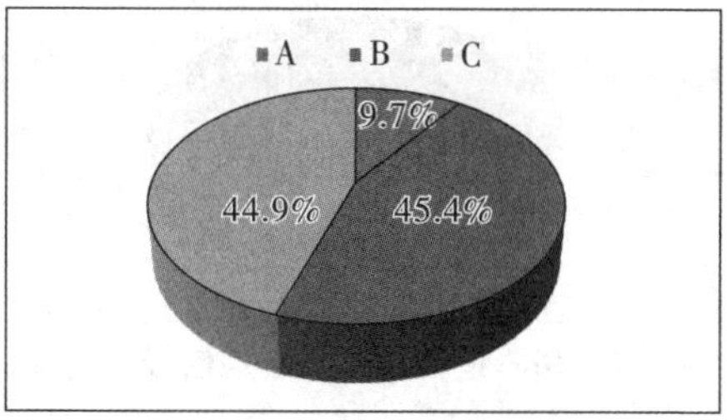

图 17-13　下班时间已到会做的选择

(4)面对职场压力,有 87.5% 选择"A. 有释放压力、缓解情绪的渠道"。有 12.5% 选择"B. 没有或找不到合适的渠道"。分布情况见图 17-14。

图 17-14　有无释放压力的渠道

(5)员工在看待“为”与“位”的关系态度上,有57.3%的员工认为:A.“有为”才“有位”。有24.2%的员工认为:B.“有位”才会“有为”,有13.7%的员工认为:C.“有为”不一定会“有位”,有4.8%的员工认为:D.“有位”未必是因为“有为”。分布情况见图17-15。

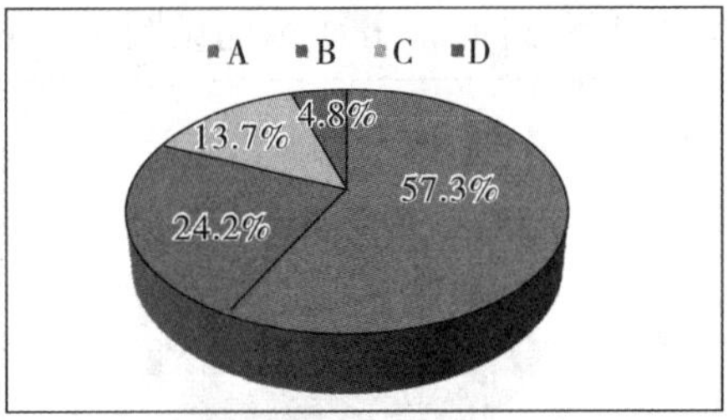

图17-15 如何看待“为”与“位”的关系

(6)当问及“你是否遇到过有朋友想利用你的工作之便违规借钱或贷款的情况?”有0.7%表示:A.“经常遇到”。有18.4%表示:B.“偶尔遇到”。有68.3%表示:C.“几乎没遇到”。有12.6%表示:D.“从来没遇到”。分布情况见图17-16。

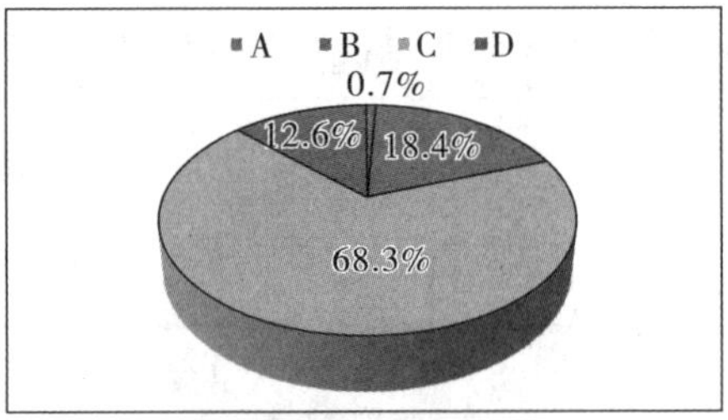

图17-16 是否有朋友违规借钱或贷款

(四)教育管理

(1)当问及“您平时读书和业务学习的时间。”时,选择“A.平均每天1个小时以内”或“B.想起来就学习,想不起来就不学习”的人最多,分别占了57%和35%。选择“C.平均每天两个小时以上”的人很少,仅占8%。分布情况见图17-17。

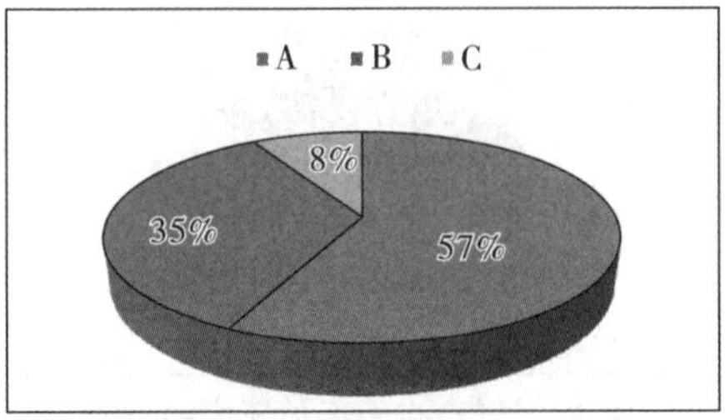

图17-17 平时读书和业务学习的时间

（2）当问及“你单位是怎样开展思想教育的?”时，选择“开例会”的人最多，占了38.6%。其次是“听领导报告”，占了18.8%。其他依次为:组织培训、写读后感、小组学习、参观考察等。分布情况见图17－18。

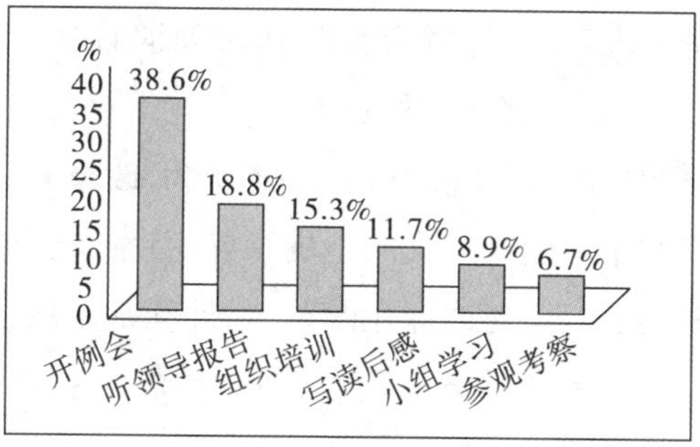

图17－18　思想教育的方式

四、结果分析

按照目前学界和社会各界的一般说法，相对于20世纪70年代或更早时代出生的人群特点而言，“80后”指的是1980～1989年出生的人群。“90后”指1990～1999年出生的人群。相较于“60后”的传统，“70后”的坚韧，“80后、90后”彰显更多的是个性。他们大多是独生子女，出生于改革开放的新时代。随着国际政治多极化、经济全球化、信息网络化进程的加快，国内改革开放力度的加大以及市场经济的不断深入，国内外各种文化思潮相互碰撞，“个人主义”“享乐主义”“拜金主义”等不良思潮对人们产生了巨大的冲击，“80后、90后”员工的思想观念、价值取向也因此受到了一些影响。面对这种情况，成都分行始终坚持两手抓，在坚持抓好经营管理的同时，也注意抓好思想教育工作。近段时间，分行党委按照中央和总行党的群众路线教育实践活动的安排，组织广大党员干部认真学习中央“八项规定”，反对形式主义、官僚主义、享乐主义和奢靡之风，思想政治工作取得了较好的成效。通过对调研结果的综合分析，我们发现成都分行“80后、90后”员工的思想主流是好的，充分展现了当代青年的良好精神风貌。

（一）理想信念坚定

从调查结果看，有38.2%的人认为社会主义比资本主义优越，有33.4%的人认为资本主义不见得比社会主义优越，也有它不能解决的根本问题。另外17.8%的人认为“各有优越性，不能一概而论”。从调查统计结果来看，分行大多数“80后、90后”认同社会主义制度,具有跟党走中国特色社会主义道路的坚定信念。统计数据也表明,这批“80后、90后”思维理性,不盲从,不跟风。而且,他们是关心国家民族的前途命运的,46.8%的人认为中国梦是由每个人的梦想组成的,30.5%的人表示“愿意为实现中国梦而付出”。具有“天下兴亡,匹夫有责”的大气和责任感,实在难能可贵。

访谈中,占绝对数量的“80后、90后”员工认为,改革开放30多年我国取得举世瞩目的成就,得益于中国共产党的正确领导,特别是党的十八大以后,我们国家在党中央的坚强领导下,对内深化改革、对外和平发展,得到全国各族人民的认可。他们认为,反腐和法治并肩前行,对中国崛起和实现中国梦的希望更加坚定。

但是,也存在着少数青年员工理论学习不够的问题。例如,从图表17－1可以看出,对社会主义核心价值体系完全了解的仅为3.2%,比较了解的也只有24.3%,大部分人(55.4%)只是听说过,甚至还有17.1%的人不知道。这可能和我们开展思想教育的方式有关(开例会38.6%、听领导报告18.8%)。对此,我们应该引起重视。

(二)集体荣誉感强

通过调查分析,我们发现绝大多数“80后、90后”员工并不像人们认为的那样“自我”,他们有着较强的集体荣誉感。根据图17－4统计,有54.2%人表示:“愿意为了国家利益和集体利益不惜牺牲个人利益”,有25.9%的人承认:“在权衡利弊的情况下,去兼顾国家、集体和个人的利益”。可以看出,大多数人是识大体、顾大局的,能够做到个人利益服从集体利益和国家利益。根据图17－12的统计,在“单位有紧急任务需要加班,您的态度是什么?”问题上,有26.9%的人选择了“大局为重,主动参加”,有47.7%的人选择了“领导安排就参加,没啥要求和怨言”。可以说,成都分行的“80后、90后”是值得信赖的,是能担当重任的,他们热爱祖国、热爱集体,富有强烈的事业心和集体荣誉感。

由于“80后、90后”员工工作经历相对不长,缺乏必要的业务技能和基层工作经验,加之学习的自觉性不够,仅有5.9%的人每天的学习充电时间在2个小时以上。导致缺乏耐心、眼高手低,显得有些浮躁。

从看待“为”与“位”的关系上也能印证这一点:根据图17－15统计,员工在看待“为”与“位”的关系态度上,尽管有57.3%的员工认为“有为”才“有位”,

可是，也有24.2%的员工认为“有位”才会“有为”。同时有13.7%的员工认为“有为”不一定会“有位”，甚至还有4.8%的员工认为“有位”未必是因为“有为”。这一方面反映出我行在分配机制、绩效管理体系、人才选拔和使用机制需要进一步完善，为青年员工营造一个更加公平公正的工作环境；另一方面也反映出需要加强对青年员工的思想分类引导。

（三）积极乐观向上

通过访谈发现，大多数“80后、90后”进入职场的时间不长，他们面临着结婚、住房、子女就学等诸多现实问题，经济压力较大，让他们无私奉献是不可能的。但是，为了实现人生价值，他们愿意在必要索取的基础上，尽力奉献自我价值。

根据图17－5统计，有41.9%的人表示，希望为社会做些有意义的事，得到认可和尊重。有28.6%的人选择做自己感兴趣的事情，对别人有无价值，我无所谓。这表明成都分行的大多数青年员工具有积极进取、乐观向上的人生价值观。在“奉献与索取的关系”问题上，根据图17－7可以得知，有31.1%的人表示：人生的意义在于奉献，充分说明成都分行的“80后、90后”员工具有爱岗敬业、奉献社会的高尚情操。同时，有31.2%的人认为，既要讲奉献，也要讲索取。另外，还有37.7%的人表示：只奉献不索取是不现实的。这可能和本次调研样本的经济状况有关。前文“样本情况”部分中的数据显示：自认为经济条件一般的占了47.3%，较差的占了13.5%。在自身经济条件不佳的情况下想要“索取”也在情理之中。这同时也解释了当问到“您的人生目标是什么？”时，除26.8%的人选择“努力工作，争取较高职位”外，还有45.3%的人选择“拼命赚钱成为有钱人”（见图17－6）。

根据图17－11显示，在看待“现时代艰苦奋斗”这一问题上，有72.6%的人认为：“艰苦奋斗的内容可能不同，但是精神还是要有的”。在访谈中，不少“80后、90后”员工表达出为实现自己的人生理想，要自立自强、积极进取的愿望。有位青年员工写了这样一幅对联：上联为“苦中自有乐”，下联为“乐在吃苦中”，横批为“勇往直前”。积极、乐观、向上是成都分行绝大部分“80后、90后”员工的主流生活态度。

对于青年员工感到压力较大的情况，我们也做了相关研究。除了经济压力、家庭压力、情感压力、人际关系压力外，相当数量的青年员工感到最大的压力来自于职场和自我发展。

金融工作具有专业性、严谨性、风险性的特点,要求员工专注、耐心、细致。随着近年来金融行业的快速发展,业务种类和考核指标越来越多,对业务质量和客户满意度的要求也在不断提高,工作强度的增大很容易让青年员工感到紧张焦虑、身心疲惫、压力增大。同时,国内银行业盈利方式的特殊性导致媒体和普通民众对银行和银行从业人员是有偏见的,特别是一线柜台员工,经常会受到这种偏见的直接压力,导致部分员工职业荣誉感有一定程度下降。本次调研显示,面对职场压力,有87.5%的人表示,他们有释放压力、缓解情绪的渠道,这说明大多数青年员工能够正视压力、化解压力,将压力转化为动力。但是,还有12.5%的员工没有或找不到合适的渠道。对此,需要引起我们的重视。

(四)诚实守信友善

通过调查分析,我们发现成都分行的“80后、90后”员工的道德规范符合社会主义核心价值观的要求,社会主流文化的“三德”观念,在他们当中依然占据主导地位。主要表现为诚实守信、重义轻利、与人为善。根据图17-8统计,当问到“假如你在买东西,老板多找了钱,你会怎样处理?”时,有86.3%的人选择了“本来不属于我的东西,应当主动退还”,有11.4%的人选择了“责任不在我,我不会主动退还。如果问到,我会退还”。由此可见,大多数青年员工是诚实守信的。

面对市场经济的冲击以及不良风气的影响,社会上出现了重现实、轻理想;重物质、轻精神的现象,甚至有人把讲道德和吃亏等同起来。为此,我们在问卷中设计了这样一个情境:某地举办展览结束后,展台上的装饰鲜花被路人拿走一支,引起其余鲜花被众人哄抢。并且问“80后、90后”:如果当时你在场,会怎么做?根据图17-9统计,有13.3%的人表示:“别人都在拿,我不拿会吃亏”,有15.2%的人表示:“如果鲜花对我有用处,我才会拿”,有68.3%的人表示:“对这种行为嗤之以鼻,我不抢也不拿”,有3.2%的人表示“这种行为不对,我会去阻止他们”。可见,成都分行“80后、90后”员工是非辨别能力较强。

值得注意的是,在明知道对方借书后可能不还,仍有58.7%的人表示要借(见图17-10);这一方面说明成都分行的青年员工愿意相信他人、帮助他人、与人为善;另一方面则表明青年员工缺乏规则意识。如果将这一点和经常遇到(0.7%)、偶尔遇到(18.4%)朋友想利用自己的工作之便违规借钱或贷款的情况(见图 17 - 16)联系在一起进行比较分析,如果本人主观防范意识差、加之不讲制度或者忘记制度,一旦遇到金融风险,就有可能避之不及了。因此,加强员工的法律法规教育,提高风险防范能力也是今后要特别注意的。

(五)敬业勤业乐业

爱因斯坦说过,热爱是最好的老师。热爱是做好任何事情的基础,它能激发人的潜能,调动人的积极性和创造性。通过调查分析,我们发现,成都分行的“80 后、90 后”员工的工作状态是良好的,他们给人的整体印象是:爱岗敬业、勤奋进取、乐于奉献。根据图 17 - 13 统计,在问到“当下班时间已到,您会怎么样?”时,有 45.4% 的员工表示:如果有工作,忙完再走;还有 44.9% 的员工表示:即使没有工作,也不拒绝在银行多停留一会儿。在实地访谈中,也有不少青年员工表示,在竞争激烈的现代社会,成功没有捷径可走,世界上没有不劳而获的事情,唯有自强不息,勤奋地工作,实实在在去付出,才有可能获得成功。总之,绝大多数人是热爱自己本职工作的,对招商银行是有较强认同感和归属感的,他们也愿意为招商银行的发展乐于奉献。另外,除了愿意加班的一部分员工外,还有相当一部分员工在下班后并“不拒绝在银行多停留一会儿”,这种潜意识反映出招商银行的企业文化和氛围是被大家认可的,并不认为停留在银行是多么糟糕的事情,或许比选择去其他地方更愉快。

但是,我们在实地访谈中也发现,部分“80 后、90 后”难敌高薪的吸引和诱惑,有“跳槽”的意向。特别是在遇到完成业务指标的困难、领导的批评时往往想“跳槽”或者是“消极抵抗”,而不是“积极建议”来解决。员工辞职或者跳槽,无论是对员工本人,还是对于银行发展都有巨大的风险。因此,如何留住人才,降低员工跳槽风险,提高职业忠诚度也是今后要重点解决的问题。

五、思考建议

思想政治工作的功效在于澄清和解决人们思想上和认识上的问题,从而达到统一思想、化解矛盾、理顺情绪、振奋精神、激励上进等方面的最终目的。随着改革开放的不断深入,市场经济的快速发展,思想政治工作面临的挑战和问题越来越多,需要我们不断去研究和解决。要做好青年员工的思想政治工作,我们认为,应该重点把握以下几个方面。

(一)加强思想政治工作的队伍建设

要高度重视思想教育工作,建立健全思想政治工作体系,加强思想政治工作者队伍建设。一是要健全思想政治工作体系。建立党委主导,团委、工会负责,青年自组织、广泛参与、硬性与柔性相结合的思想政治工作网络体系。二是要不断增强思想政治工作力量,配齐配强思想政治干部队伍,把德才兼备的优秀人才吸引到兼职思想政治干部队伍中来。三是要加大思想政治干部的教育培训力度,努力提高他们的政治思想素质。

(二)丰富思想政治工作的内容体系

银行从业人员思想政治工作内容体系主要包括理想信念、职业道德等方面。在理想信念方面,要适应改革发展的新形势和新情况,把马克思主义中国化的最新成果融入到思想政治工作当中,切实增强对青年员工的理想信念教育。要以党的十八大、十八届三中全会、四中全会精神,习近平总书记系列重要讲话,大力弘扬社会主义核心价值观,引导广大青年员工坚定理想信念,热爱祖国、艰苦奋斗、爱岗敬业、诚信友善,为实现伟大的中国梦贡献自己的青春、智慧和力量。

在职业道德方面,要结合银行业特点,重点充实以下几个方面的内容:一是加强形势任务教育。要引导青年员工按照总行“以转型引领发展,扎实推进服务升级与打造轻型银行”的要求,把本单位的目标任务转化为青年员工的自觉意识和实际行动。二是加强法制教育,增强员工法律意识,规避银行业金融风险,减少经济犯罪。三是加强团队意识教育。针对“80后、90后”个性张扬的特点,要加强团队意识的培养,让青年员工的思想融入到招商银行企业文化当中,增强员工对招商银行的认同感和归属感,提高他们的职业忠诚度。

积极履行社会责任

招商银行成都分行每年组织员工开展各项活动,积极履行社会责任,多年来,坚持植树造林,积极参加抗震救灾,开展了关心孤寡老人、组织患有自闭症的儿童观看电影等活动,为发展公益事业、完善社会服务、促进社会主义精神文明建设、构建社会主义和谐社会做出了贡献。

(三)创新思想政治工作的方式方法

思想政治工作是改变意识形态的工作,要取得成效,不仅仅要继承和发扬以往思想政治工作的优良传统,更要不断探索适应思想政治工作新形势的新载体、新方式和新手段。一是扎实有效开展青年岗位能手活动、青年文明号活动、青年志愿者行动、“我与祖国共奋进,我和企业同发展”主题教育实践活动等。二是主动运用微博、微信、qq等青年员工经常使用的新媒体,开辟工作专栏、热点讨论、在线咨询等栏目,占领思想政治工作新阵地,线上线下相结合,多领域开展思想政治工作。三是注重新的教育环境下成长起来的青年员工心理特点。充分尊重其人格,适度包容其个性,允许在思想政治工作上求同存异。

(四)强化思想政治工作的管理属性

要做好青年员工的思想政治工作,就要解决好关乎员工切身利益的问题,积极协调和化解各种矛盾。

首先,要构建公平合理的员工成长机制,给青年员工以发展空间。一是健全和完善人才使用和选拔机制。要打破论资排辈、能上不能下的“潜规则”,严格按照岗位公示、双向选择、民主推荐、竞聘上岗的流程做好人才选拔工作,真正做到人尽其才、才尽其用、能上能下,疏通青年员工的晋升通道,让他们充分发挥自身才能,能够看得到发展前景。二是优化人力资源配置。要引导员工做好职业生涯规划,让他们根据自身的优势和特长去选择适合的银行专业和个人成长需要的岗位,做到人岗匹配,实现银行发展与员工成长成才的双赢。三是强化对青年员工的培训。要根据不同岗位,建立有针对性的、系统化的培训体系,在培训内容上要与青年员工的本职工作、成长发展紧密结合,着重开展弘扬招银精神和业务技能的培训;在培训方式上要根据青年参与意识强,追求个性化的特点,多采用体验式、观摩式、互动式、谈心式的教学手段,为青年员工提供更多的学习提升机会。

其次,完善民主管理机制。要维护青年员工的知情权、参与权和决策权,增强青年员工的主人翁意识。对于涉及经营管理、发展规划以及职位晋升、评优表彰等问题,要充分利用职代会、招商银行一事通网站、公开栏等方式向广大员工公开,接受员工监督。同时,充分倾听青年员工的意见和建议。对于涉及员工切身利益的决策事项,例如,绩效分配问题,在方案的出台和调整时,要经过集体商议、民主讨论。可以采取“员工接待日”“行长信箱”“我与行长面对面恳谈会”“员工家访”“我为招商银行献一策”等多种形式。总之,要拓宽民主管理渠道,加强企业管理层与青年员工之间的沟通和交流。

加强企业文化建设

招商银行成都分行长期重视企业文化建设,教育员工树立起“为客户提供最新最好的金融服务”的使命观、“服务、创新、稳健”的核心价值观,大力弘扬“挑战、自省、奉献”的招银精神,不断提升服务,积极开拓市场,多年来稳健快速发展。同时,按照“尊重、关爱、分享”的人本理念,多年来坚持开展家访、谈心、员工座谈,“行长接见员工日”等活动,积极开展了员工运动会、才艺比赛等丰富多彩的文体活动。

图 17-19 企业文化建设

(五)注重思想政治工作的实际效果

要使思想政治工作深入人心,必须做到“以人为本”,要从细微处入手,扎扎实实地为青年员工办实事、解难事,倾情为他们排忧解难,把员工的“心”留住。针对目前“80 后、90 后”工作压力大的问题,企业要充分重视,采取多种形式,及时了解青年员工的思想动态和心理困惑，开展员工减压训练。根据员工的不同情况，可以采取“对大多数员工授之以法、对特殊岗位员工引之以动、对忧郁和心理障碍较为严重的员工助之以疗”的方法，各有侧重，排解员工郁结。此外，还要深入了解青年员工的情感需求和合法权益，让员工充分体会到企业的关爱、关怀，切实做到员工遇到困难有帮助、结婚生日有祝贺、生病住院有看望、亲人去世有安慰、健身娱乐有场所、工作变动有谈心、子女就学有关心等，解除青年员工的后顾之忧。总之，要把解决青年员工的思想问题和工作生活中的实际问题结合起来，只有这样，思想政治工作才能取得实效。

思想政治工作是一个复杂的系统工程，也是一项重大而深远的研究课题。特别是随着改革开放力度的不断加大，社会主义市场经济的进一步发展，从业人员遇到的思想问题和心理困惑会越来越多。对于银行业来说，思想政治工作者的任务将任重而道远。

企业文化建设创新案例研究

——以中国民生银行深圳分行为例

中国民生银行深圳分行企业文化研究课题组*

创新是企业发展的源泉和动力,是企业在竞争中求生存、求发展的关键。著名经济学家魏杰曾指出,企业核心竞争力的培养,主要在于企业制度创新、企业经营战略创新、企业技术创新和企业文化创新四个方面。其中,文化创新是企业形成核心竞争力的根本,制度创新、经营战略创新和技术创新都是在文化创新的大背景下进行的。

由于行业和市场的特殊性,商业银行企业文化既存在一般企业文化的共性,又存在其自身特点。随着利率市场化进程加快、金融脱媒程度加剧、互联网金融冲击加深,中国银行业盈利模式正经受着来自社会多方面的冲击,商业银行不与时俱进、不学会创新,就意味着坐以待毙。要通过文化创新,让商业银行的灵魂赶上社会发展的脚步,让商业银行的员工保持旺盛的生命力和奋斗意识,以企业发展为己任,与企业同目标、同利益、共荣辱、共存亡。唯有如此,商业银行的竞争力才能不断增强,其稳健发展才得以延续,前途才充满活力和希望。

本文采用个案分析法,对中国民生银行深圳分行企业文化建设创新案例进行深入研究,结合深圳分行实际,从理念创新、体系创新、平台创新、管理创新等角度深入研究其企业文化的系列创新举措,探寻创新案例背后的原因及成效,得出一定的结论,以期对其他金融企业文化创新培育提供有益借鉴。

---

* 课题组成员:邓少光 、袁志虹、梁歆梧;本文获 2014 年全国金融系统思想政治工作和企业文化建设调研成果二等奖。

一、民生银行深圳分行企业文化的脉络

商业银行企业文化是带有本行特色并为行内员工所认可的价值取向、行为方式、经营作风、道德规范等的总和，具体可分为物质文化、制度文化和精神文化三个层次。

在充分研究企业文化理论的基础上，民生银行深圳分行围绕总分行经营战略和分行党委提出的“文化强行”观念，以“员工的心，民生的根”为核心理念，以“打造形象鲜明的绿色文化，形成公正开放的阳光生态环境，建设学习型团队、和谐文明的民生家园”为建设目标，构建了包含物质文化、制度文化和精神文化三个层面的企业文化框架体系，即物质文化层面：努力构建充满朝气活力、环境温馨舒适、载体丰富多样、文化气息浓郁的“绿色文化”；制度文化层面：构建制度体系健全、员工行为规范、业务合规运行、职工民主管理、激励机制透明的“阳光文化”；精神文化层面：构建团队和谐凝聚、员工价值提升、快乐工作生活、健康文明和谐的“家园文化”，全面提升分行企业文化建设水平和核心竞争力。

同时，民生银行深圳分行还提出了坚持“以人为本、系统建设、齐抓共建、特色鲜明”的企业文化建设原则，让绿色、阳光、家园的企业文化外化于行、固化于制，内化于心、显化于物，让分行员工及内部各部门间形成强大的凝聚力和战斗力。

总体而言，民生银行深圳分行企业文化建设围绕物质、制度、精神三个层面，形成了理念、目标、原则、框架清晰的建设脉络，以发展的眼光和步伐逐步深化、不断创新、与时俱进，以适应不同年龄段、不同条线员工的接受能力及行为方式，在日新月异的市场环境下，较好地发挥了引领和凝聚作用，助推企业健康快速持续发展。

二、民生银行深圳分行的企业文化力

一般而言，商业银行与普通企业一样，包容、不断创新的企业文化建设能够有效激发团队的“文化力”，“文化力”所具有的强烈归宿感和信念能充分激发员工的积极性、创造性和主动性，以致形成现实的生产力，为企业提供持续发展的动力源泉。具体而言，民生银行深圳分行所具有的企业文化力体现在以下四个方面：

(一)导向力

作为一家经营机构,民生银行深圳分行有其存在和发展的使命与目标,这种使命和目标的实现需要分行每一位员工的共同努力与通力协作。“绿色—阳光—家园”文化体系一经形成,通过企业文化建设推动部门的理念宣导及员工的自行传播,会潜移默化地成为员工共同的价值观与行为准则,成为规范其日常行为的内在标准。在此过程中,员工达成向着统一目标奋斗的共识,并自觉用规章制度规范自己的行为,实现企业文化的导向力。

(二)凝聚力

文化是一种凝聚的力量,它可以让成员在群体中产生认同感和归属感,形成一种无形但惊人的力量。在企业文化的指导下,不同部门、不同年龄性格的员工逐步形成统一的执业价值观;通过企业文化推进过程中的系列举措及日常工作中的协作交往,员工对同事、对组织、对企业形成依赖,凝聚为相互紧密联系、互相依存的“命运共同体”。

(三)激励力

民生银行深圳分行的核心理念和文化体系不仅关注企业目标,也重视个人发展,充分体现了“以人为本”的管理理念。它以文化为手段,让员工尽情享受良好的工作环境和福利保障,让员工时刻感受被人重视和尊重的良好氛围,让员工亲身感受付出、分享与收获,以此来增强员工的荣誉感、参与感,激励大家充分发挥积极性和主动性,为分行发展贡献价值。

(四)创新力

优秀的企业文化会形成员工的共同信念,如对企业发展战略与社会服务目标的认同及自我价值追求。同时企业文化具有极强的包容力和感染力,在社会的不同阶段和企业发展的不同时期,企业文化能够吸收当下的良好风气和优秀元素,激发员工的进取意识和创新行为,推动企业向前发展,反过来又促进企业文化的进步和完善。

三、民生银行深圳分行企业文化创新实践

2013 年以来,民生银行深圳分行因地制宜,从理念、体系、平台、管理等方面持续开展企业文化创新工作,通过营造绿色、阳光、和谐的家园环境,不断提升企业文化力,以增强员工的责任感和主人翁意识,提升员工的凝聚力和战斗力。

（一）理念创新

企业文化建设实践中，有“心力管理”论者，有“心本管理”论者，多出自欧阳修古语“万事以心为本，未有心至而力不能者也”。而优秀的企业文化也必定是能够深入人心的企业文化。中国民生银行深圳分行秉承中国民生银行总行“情系大众、服务民生”的企业文化特质，结合特区发展充分的市场环境和分行经营发展实际，创新提出“员工的心、民生的根”企业文化建设理念，在分行上下耳熟能详。这具有温度的八个字不仅暖心，更凝成一股无形的强大的力量，推动着民生银行深圳分行在鹏城银海中劈波斩浪、勇往直前。

“员工的心，民生的根”——民生银行深圳分行致力于建设一种全员认同的价值观，致力于凝聚一种根植内心的力量，并且把彼得·圣吉在《第五项修炼》中所表述的，“把学习变成员工的自觉行动，激发员工不断自我超越，让创新成为团队的主导意识，共同愿景在团队中传导并实现”作为所追求的团队生态和企业文化建设希望达到的高度。

围绕核心理念，民生银行深圳分行梳理建立了一整套理念，如目标管理理念——用明确目标鼓舞人，用先进文化激励人，用一片爱心感召人；干事业“三心”理念——用心想事、用心谋事、用心做事；风清气正，修身立德——修身是种信仰，修身是种情怀，修身是种担当；做民生好员工——认同民生事业和未来，愿意并能够在自己岗位上尽职尽责，充满不进则退的紧迫感，承担起助推民生事业发展的使命等等。这些理念配以清新形象的民生 LOGO 图案组成的文化画面，连接成民生银行深圳分行的文化走廊，也成为企业一道亮丽特色的文化风景线。

（二）体系创新

台湾著名作家龙应台曾对“文化”有过形象的比喻：“人本是散落的珍珠，随地乱滚，文化就是那根柔弱又强韧的细线，将珠子穿起来成为社会。”那么对于有着民生银行血统、发轫于鹏城大地的深圳分行，“那根柔弱又强韧的细线”是什么呢？基于对企业文化的“物质文化、制度文化和精神文化”三方面要素的理论认知，经过多次网点调研、多场员工座谈后，民生银行深圳分行明确了绿色文化—阳光文化—家园文化的建设体系，制订施行了《中国民生银行深圳分行2013—2014 年企业文化建设实施方案》，从三个层面、多个角度铺陈开深圳民生企业文化建设的长卷。

绿色文化层面，民生银行深圳分行除提炼文化理念，建设分行大厦 18 层文化走廊外,还对40余家支行网点进行了统一的文化装饰,定期编印《家园》报纸,在洗手间布设《家园V报》,在员工餐厅悬挂了“品在民生、爱在民生、赢在民生”的“家园”主题系列装饰画,编印了《16周年行庆团队创意图片册》,拍摄了《民生·记忆——分行2013年建设巡礼》《致零售》《亮剑结算通》等专题宣传片,还通过多媒体海报机、“民生家园”内网和微信平台,全方位、多角度地呈现分行文化生活,宣导家园文化理念。通过可视、可听、可触、可感的一系列物质文化载体,从感官层面带给员工健康活力、温馨亲和、积极向上的感觉,让文化的声、色、形遍布行内,形成对全员视觉、听觉的反复刺激,从而让“绿色”标识及一系列文化形象深入人心。

阳光文化层面,民生银行深圳分行致力于建设规范和约束经营和员工行为的,伴随分行经营发展不断健全、修正、完善的管理规定、操作流程、行为规范等一整套制度体系,并在制度体系保障下形成的科学、民主、高效的管理机制,包括民主议事、集体决策、会议公开等议事决策机制,权责分明、流程清晰、科学高效的业务管理机制,科学引进、公开竞聘、合理退出、多维发展等人才使用机制,奖优罚劣、培训激励、才艺展示等价值提升机制等。

民生银行深圳分行崇尚制度、重视数据、鼓励进步,倡导全员“让阳光洒满心灵”,要求以贡献为导向,让数据说话,不断完善各项管理办法和考核激励制度,努力将各项经营管理行为都纳入制度体系运行,并充分调动团队积极性;打造公正、公平、公开的人才机制,完善干部选拔、任用机制,先后组织三次多场初级、中级管理人员公开竞聘,建立充实分行后备人才库,并实施后备干部导师制培养;创建学习型团队,通过内刊、内网、微信等设立“学习型团队”专栏,搭建学习读书平台;分行先后组织“五大战略工程”、“青年岗位能手”、“五马奔腾续华章”、“七星耀民生”、“出彩运营人”、“做好十件事、建设好分行”等事项的竞技评优表彰工作,优化方案、民主推选、集体评议、公示结果,在不同条线选树优秀典型,传递正能量,营造公开公正、比学赶超、创先争优、阳光积极的发展氛围。

家园文化层面,民生银行深圳分行坚持推行“员工幸福计划”,倡导员工“忠诚敬业、激情投入、锐意创新、敢于胜利”,并且从生活、工作上实实在在地关心员工:为新入职大学生提供免费周转房,为员工宿舍翻新装修、增配电器;改造优化分行就餐环境,提高饭菜质量,特别加大关外、偏远支行食堂建设;关注低级别、低收入员工,为他们提高薪点、增加补助;分类别制定考核办法,缓解大学生入职压力;看望慰问离退休人员、生病住院、婚丧怀孕、特殊困难员工;在“三八”、“五一”、“八一”、母亲节等节日送出慰问信,组织家访聚餐;施行“三大成长计划”,即大学生三年成长计划、后备干部成长计划、技术人才成长计划,努力调动激发各条战线员工积极性。

分行先后组织“五马奔腾·勇攀高峰”三八妇女节登山比赛、“民生儿童慈善基金”成立暨六一“我心飞翔”风筝绘画活动、“致青春”——分行通讯员环保公益徒步活动、“厅堂美天使”服务礼仪比赛、“梦想星主播”主持人大赛等形式新颖、积极向上的团队活动,还通过不间断的瑜伽、球类、登山、摄影等各类俱乐部活动、节庆文艺演出、运动会等体育赛事、集体旅游疗养等一系列凝聚团队、幸福员工、健康有益的文化举措,传播传承、共融共享,不断提高员工幸福指数。

民生银行深圳分行还积极承担践行社会责任,努力营造热心公益的良好氛围,鼓励党支部、工会小组、团支部等基层组织积极发挥作用,自行组织慰问孤寡老人、关注福利院儿童、参与街道办义工活动、开展环保主题团日等小规模的公益慈善活动,在行内形成健康向上、积极达观的良好风气。目前,分行在深圳、珠海、江门设立200余个社区便民网点,与多家老年协会建立长期扶助关系;支持1万多户小微企业,提供资金支持630多亿元;发行珠宝、农批、华强北电子、珠海拱北等特色商户卡7.7万张,聚焦支持区域特色行业,为商圈小微商户提供结算便利和综合服务;2012年,分行15周年行庆期间,向深圳慈善会捐出100万元设立助教基金;2013年,组织“心系灾区、守望相助”向四川雅安捐款活动,全员捐款近30万元,在芦山县龙门乡两所学校设立“民生爱心图书室”和“民生爱心音乐室”,捐赠书籍2 000余册;还为西藏先天性心脏病患儿捐款30余万元,为驻藏官兵捐书寄送1 000余册等等。

民生银行深圳分行构建家园文化,旨在引导员工树立正确的世界观、价值观,积极践行社会主义核心价值观,认同并追求民生银行企业愿景,调动全员爱行如家、奉献社会,树立主动为家园、为社会增光添彩的集体荣誉感,和作为深圳民生人的归属感、自豪感、幸福感,从而促使员工认同、热爱、奉献民生银行,形成文明共建、和谐共赢的精神文化发展合力。

(三)平台创新

随着科技进步和互联网的大力发展,企业文化建设信息宣导和学习交流平台也需要与时俱进,更多地融入互联网基因,通过全方位的信息传导和交流互动将员工凝聚和盘活起来。

1."民生家园"微信公众平台

民生银行深圳分行"民生家园"微信公众平台于2013年9月正式推出,目前已覆盖分行全体员工。该平台贴进员工工作生活,实效性强,每日准点推送分行经营发展管理动态和企业文化活动讯息,以活泼的网络语言和微视频等形式跟踪报道文化活动,开展丰富有益的线上文化活动,已成为分行员工获取家园信息、互动沟通交流的重要来源渠道,同时也给予分行员工更多了解、参与和分享民生家园建设的机会,为员工搭建了一个工作之余交流互动的平台,让员工更积极地关注分行发展。

为深入推进"员工幸福计划",让员工切实体会民生家园的温暖,在常规福利安排、节庆慰问之外,民生银行深圳分行在"民生家园"微信公众平台推出"生日馨7天"专栏,作为员工生日互送祝福的平台。每周一,平台向全员推送本周过生日的员工名单,帮助各单位负责人、综合员掌握支行员工生日情况。同时根据员工回复祝福语的方式,为当天过生日的员工跨单位转达祝福。

对于经营风险的银行而言,对员工进行普法合规教育极其重要。除常规内网、图书、宣传栏宣导守法合规知识之外,每周二,分行利用"民生家园"微信公众平台推出"普法小课堂",以生动丰富的案例为员工讲述《银行业从业人员职业操守》、《中国共产党纪律处分条例》、《中国民生银行违规违纪行为处分办法》(即"行内小法")等法律知识,帮助全行员工建立正确的价值观和事业观,强化其风险意识,筑牢风险防线。

除上述固定栏目,分行还不定期增设"家园悦读帮"、"风险全关注"、"精益微创新"、"速度涨知识"等全新专栏,并邀请行领导语音寄语,在分行乃至总行获得良好声誉。2014年,民生银行深圳分行在"民生家园"微信平台创新推出"家园四季"系列活动,即第一季——"我要找到你"、第二季——"民生达人秀"、第三季——"全能脑力王"、第四季——"直通篰杜鹃"。第一季行动通过有奖推荐关注方式,将行内90%以上的员工纳入关注范围,并赋以极具民生特色的昵称"家粉儿",增强员工的融入感和集体意识。第二季行动则为员工提供一个展示才艺与创意的线上舞台,通过一系列规则设定鼓励员工勇于表现自己、乐于推荐他人,为分行发展献策,为民生家园添彩。第三季行动搭建微信线上学习测试平台,运用该平台顺利完成了"全能脑力王"应知应会知识竞赛、"业精于勤"公司精英挑战赛、"零售贷款答题王"挑战赛等4个在线学习竞赛项目,累计发布 1 200 道复习测试题目,近 500 人次参加线上学习测试,有力地推动了分行学习型团队建设,并且直接和间接地节约培训成本近 10 万元。第四季行动则旨在发掘年内优质创新项目、创意方案及其实践,为分行常设奖项年度创新“簕杜鹃”奖提供项目来源,促进分行创新氛围的营造。

截至 2014 年 12 月底,该平台合计推送微信图文 320 期,近 700 篇信息简报,有效增强了行内信息传递的时效性和趣味性,取得了凝聚员工、提振员工士气、鼓励学习上进的良好效果。2014 年 3 月,“民生家园”微信平台获评民生银行总行管理创新三等奖;12 月,“微信线上学习考试平台”获评分行“簕杜鹃”管理创新铜奖。

2. 洗手间《家园 V 报》

为深化“绿色文化”建设,丰富员工的精神生活,在分行内刊《家园》报及“民生家园”微信平台之外,民生银行深圳分行打破常规,创造性地推出另一文化传播媒介——洗手间《家园 V 报》。作为一种全新的企业文化载体,《家园 V 报》风格活泼时尚,“V 资讯”、“V 电影”、“V 生态”、“VV 笑”、“V 诗词”等栏目,聚焦热点话题、传递节日祝语、普及生活知识,信息发布及时、语言轻快幽默,以轻松有趣的方式传递总分行重要资讯、分享生活乐趣,丰富员工班间文化生活,成为民生银行深圳分行家园文化传播的又一重要渠道。自 2014 年 3 月发布首期至今,《家园 V 报》已推出 30 余期,除在分行大厦各楼层安装更新外,还每期上传民生银行总行家园文化网并纸质递送同城分支机构,形成了民生银行深圳分行又一道独具特色的文化风景,得到广泛好评。

3. 企业文化饰品超市

民生银行深圳分行致力于构建“绿色文化”,注重员工办公环境的持续改造。2013 年,分行对大厦两侧楼梯间设计制作 180 幅文化理念墙,用图文方式展示分行发展历程及重大事件,在楼梯过道间设置形象镜面,提醒员工注重保持良好得体的个人形象。同时,分行还设计一批融合民生元素、特色鲜明的 LOGO 挂件和文化吊旗,布设于支行及小区金融便民店,在美化厅堂的同时,也潜移默化地提升员工及客户对民生银行企业文化的感受及认知,对内触发民生情结,对外塑造民生银行良好的企业形象。

在企业文化建设过程中,民生银行深圳分行也注重工作效率和效益的持续提升。分行企业文化建设推动部门走访全部同城分支机构对网点情况进行摸底,对各网点办公区域建立图片档案,并借助内网“民生家园”专栏,搭建网上“企业文化饰品超市”,分类上传文化理念、文化挂件、《家园》报、家园 V 报等各类文化设计稿,为全行提供装饰画面线上选择服务,省却画面传递时间及沟通成本,共享行内文化资源,保证支行网点装饰工作高效有序推进。

4. 民生书苑图书漂流平台

民生银行深圳分行长期致力于学习型组织的构建,倡导“常读书、读好书”的学习文化。借民生银行总行开展“向驻藏官兵捐赠图书”活动之机,设立“民生书苑”,发起“图书漂流”活动,并建立流动图书角,配置了“一地书香”捐书筐、“书苑有约”登记册、“图书漂流”书签等,发动46个基层团支部的力量,鼓励员工将自己珍爱的好书捐献出来,与分行1 500余名同事共享。通过图书漂流平台,员工可以浏览现有书单、查询书籍受欢迎程度、登记借阅图书、交流读书笔记、分享阅读心得、推荐图书新品等。在行内形成了一个流动的图书阅读分享圈,营造出“学习·信任·分享 阅读·进步·和谐”的良好阅读氛围。

为保证图书的充实度,分行每半个月邀请一位行领导为员工荐书,并补充入漂流图书库。以此为延伸,组建图书分享会等青年自组织,让员工凭兴趣聚集起来,带动跑团、摄影会等分行自组织活动的开展。持续的学习平台创新建设,为员工提供了畅游书海、学习交流的宝贵机会,激发员工好奇心,扩展其知识面,为全面提升员工创造力服务。作为银行企业文化建设主体力量的员工,也在持续的学习和成长中获得质与量的提升,从而迸发出极大的创新活力,让分行的金融创新成为可能。

(四)管理创新

1. 年度创新“簕杜鹃奖”评选

作为一家股份制商业银行,创新是民生银行进步的原动力,也是促进其发展的生命力;作为扎根鹏城的民生银行深圳分行,更兼具特区的创新活力,这种文化活力通过管理创新,渗透激荡在其蓬勃发展的民生血液里。

为鼓励员工的首创精神,民生银行深圳分行特别设立年度创新奖——“簕杜鹃奖”,表彰在制度、流程、渠道、产品、服务、企业文化建设等各方面提出独创性方案或建议的集体或个人,激发各条战线、各个岗位员工的创新活力和分行各部室、各经营单位的创造热情。通过全行参与、群策群力,为分行决策开辟全新视角,提供智囊参考,为分行健康、可持续发展贡献集体智慧。同时,深圳分行还将创新“簕杜鹃奖”与“深圳市金融创新奖”申报工作相结合,给予年度创新“簕杜鹃奖”获奖项目优先申报权,以此来鼓励行内的创新氛围,形成深圳民生特色的创新文化,极大地推动了分行各项业务的发展。

创新点亮智慧金融

簕杜鹃，1986 年被评选为深圳市花，2013 年民生银行深圳分行以象征创新活力的簕杜鹃命名设立年度创新奖项，表彰在产品、服务、管理等方面取得显著成果的创新项目及具有可行性的创意方案，意在汲取深圳创新智慧，鼓励全员学习创新，弘扬锐意创新文化。2013 年，民生银行深圳分行收集了 42 个创新项目，在获奖的 7 个项目中，“移动金融”和“对公速开户”流程创新成果被民生银行总行运用并在全国推广；“深圳通乐活卡”先后获评总行产品创新金苹果奖和总行贺信嘉奖；“16 周年行庆创意方案”得到总行好评被多个兄弟分行借鉴；“二维码收款”创新成果得到总行肯定。2014 年，在申报的 32 个创新项目中，7 个创新成果、4 个创意项目分获“簕杜鹃”金银铜奖。

图 18－1　2014 年度创新“簕杜鹃奖”创意项目

2. 开辟“众创空间”鼓励创意献策

为强化员工创新意识，充分发挥员工智慧及主观能动性，鼓励员工为分行发展献计献策，民生银行深圳分行开展不同类型的创意献策活动，还引申“众筹”概念，在内网专门开辟“众创空间”专栏，就“金融互联网”、“手机银行路在何方”等话题广开言路、鼓励谏言，形成员工当家做主、民主管理的氛围和机制。

2014 年上半年，分行通过职代会征集员工提案 20 余条；通过开展“增收节支做贡献，最强大脑献计策”有奖方案征集活动，收集到 21 个部门机构 49 条建议方案，其中适度削减绿植、关闭南向办公区域灯管、对账单电子化、自助设备调整优化、给闲置行服找个新家等 5 条建议方案付诸实施收到明显成效，上半年同比节约开支约 300 万元，推动“厉行节约、勤俭办行”成为全行共识。同时，

"民生家园"微信平台长期开放,给员工创意献策畅通渠道,不断强化员工主动了解参与分行建设的家园意识和主人翁意识。

3. 为员工提供优惠购物福利

关心员工,除了为其提供公平开放的工作环境、价值提升通道和传统的物质福利外,还应当继续下沉,以员工的幸福为己任,创新思维,为员工的生活谋福利,免除其后顾之忧。当员工感受到来自组织的浓浓温暖,感受到企业的巨大包容力,自然衍生出对企业的极大忠诚与热爱,迸发出更为强烈的奋斗激情。

民生银行深圳分行经过长期的客户开拓及积累,已搭建起广阔的特惠商户平台。以此为基础,分行积极开动脑筋与商户开展合作,一方面为员工谋福利,另一方面也有利于维护和巩固客户关系,实现分行、客户、员工三赢的良性局面。

在具体操作上,分行把面向客户的"民生银行深圳分行"微信平台与面向员工的"民生家园"平台联系起来,将对外平台的特惠商户资源在行内共享。对外平台的优惠活动信息通过"民生家园"平台在行内迅速传播,由员工微信朋友圈转发来通知客户及潜在客户参与活动,扩大对外平台的粉丝数量及客户参与量。而员工通过参与活动,不仅能及时获得第一手优惠信息,更以实际行动支持分行业务开展,将自身利益实现与分行发展有机融合起来。

此外,民生银行深圳分行还利用特定行业群的开发优势,开展各类员工专属优惠活动,如电信手机优惠购、富安娜床品员工特惠专场、海吉星水果团购、黄金珠宝便利购、汽车购买乐享折扣等,补充到员工福利体系,为员工提供切实的便利及优惠,提升员工的幸福感和满意度。

四、企业文化建设创新的实现路径

在学习借鉴优秀企业创新经验的基础上,分析民生银行深圳分行的企业文化建设创新案例,总结出企业尤其是商业银行开展文化建设创新实践的实现路径,具体如下:

(一)以提升企业幸福指数为根本,提高员工满意度

企业文化的构建是一个动态过程,是对特定企业文化形成发展历史的继承与创新,根本在于关注并持续提高企业幸福指数,从而将每一个员工个体的力量凝聚成为企业发展的持续动力。在民生银行深圳分行企业文化创新实践中,

始终围绕“员工的心，民生的根”核心理念，坚持以员工的特点及需求为中心进行各种创新探索，努力营造绿色悦目、阳光公正、家园和谐的发展环境，致力于提高员工满意度，重点把握继承与创新相统一、由借鉴到转化融合的原则，充分发挥文化的吸纳力和包容性，形成了别具一格的民生特色创新文化。

创新激活展业激情

民生银行深圳分行历年的行庆活动别具一格，旨在调动全员参与、激活展业激情、建设幸福家园。2013 年，响应中央及总行党委号召，厉行节约、突出创意，围绕“献礼行庆”主题，通过“团队创意图片 PK 赛”、不同行龄员工创意图片风采秀活动，以及《家园》报纸专刊、纪念图册、文化长廊等不同的载体，充分展示各个团队员工精彩的创意和良好的风貌，表达了员工“爱民生、爱岗位、爱同事”的心意，该项行庆活动方案还获评当年“簕杜鹃”管理创新铜奖。2014 年，通过“我身边的美好”微拍秀、“我与民生共成长”征文主题活动，进一步深化了同事之谊、家园之爱，表达了对民生银行精彩未来的祝福和期待，让所有深圳民生人铭刻于心。

图 18－2　民生银行深圳分行历年行庆

(二)以企业价值观培育为重点,强化员工责任意识

随着全球化进程的加快及现代信息技术的发展,各种思潮如井喷式爆发,商业银行员工原有的价值观日益受到强烈的挑战,此时若不有效采取措施,必然会大大消耗员工的奋斗激情与战斗力,导致企业发展受损。

在此情况下,企业需要及时对员工的思想状况进行调查研究,掌握影响员工工作积极性的重点因素,把握其不断变化的真实需求,并将之融入企业共同价值观的塑造中,激发他们融入团队、奉献岗位、创造幸福的信心与斗志,构造和谐自然的组织文化氛围。

在企业共同价值观的创新发展中,用美好的愿景鼓舞员工,用共同的事业凝聚员工,用科学的机制激励员工,用优美的环境熏陶员工,推动员工思想、道德规范、价值观的统一,催发其奋发向上的自觉行为,形成上下同心、共同前进的良好发展氛围。

(三)以组织平台建设为依托,提升全员参与热情

企业文化的具体实践在基层,创新在基层,活力也在基层。如何充分发挥基层组织的巨大作用,为员工搭建展示才能、充分交流的平台,提升员工对企业文化建设的参与度,是需要长期思考解决的重要问题。

一方面,在发掘与培养人才时,应注重选人用人渠道的拓展,加大市场化、民主化选聘管理人员的力度,加强后备干部人才的培训与充实,建立起各类人才的教育、推荐、任用及评价体系,为员工打通职级晋升通道,创造发展机会。

另一方面,在组织推动企业文化活动过程中,要善于利用科技手段,打造符合现代员工日常行为习惯的活动参与平台,让员工在忙碌的工作过程中,能以快捷轻松的方式参与家园交流,分享事业感悟,激发创业热情,提升家园荣誉感和责任意识。

关注员工、关爱员工、聚合正能量、提振精气神

牟祖珍　苗永萍*

我们往往赞美江河的奔腾、豪放，大海的辽阔、壮观，但浩浩江河海洋是由无数区区水滴汇聚而成并日益壮大的，水滴既能在汇成的江河海洋中找到自己的位置，又能感受到江河海洋赋予的温暖和力量。企业与员工的关系也正如江河海洋与水滴的关系：对个人而言，企业是施展个人才华、实现个人价值的舞台；对企业而言，企业的发展源于每个员工的劳动和创造，员工实现自我价值的过程，就是企业蓬勃发展的过程。因此，在通过员工招聘、人才引进等方式夯实人力的基础上，充分挖掘现有员工潜力，促使其积极性和创造性得到最大限度的发挥，是当前夯实可持续发展基石值得研究的一个重要课题。

从发展角度讲，只有员工的成长和进步才能带动公司全面创新，才能推动公司的不断发展。重庆分公司现有在岗审批员工 50 人，平均年龄 39 岁，分公司希望通过此次调研活动，进一步了解员工目前的工作、思想和生活状况，通过调查分析反思如何更好地建立健全上下沟通协调机制，调动一切可以调动的积极因素，服务公司发展大局。

一、员工基本情况分析

为深入了解员工当前工作、思想、生活状态以及相关诉求和期待，以便摸清脉搏，对症下药，增强整个员工队伍的综合战斗力和凝聚力，在分公司党委的重视和推动下，分公司党委组织部、团委共同配合，采取问卷调查、座谈交流和个别访谈相结合的方式，在分公司范围内开展了一次较为细致、深入的调研活动。

---

* 中国华融重庆分公司；本文获 2014 年全国金融系统思想政治工作和企业文化建设调研成果二等奖。

本次调研活动的对象为分公司目前在岗审批员工(高级经理及以下员工,不包括分公司领导),共发出调查问卷46份,回收46份,有效回收率为100%。在问卷调查的基础上,又有针对性地与部分老员工、青年员工、中层员工分别进行了交流。

(一)从性别上看

参与问卷调查的46名员工中,女性员工16人,占比35%;男性员工30人,占比65%(见图19-1)。

图19-1 性别分布图

(二)从年龄结构上看

受调查的员工平均年龄39岁,以35岁及以下员工居多,占比48%,36~45岁员工占比15%,46岁及以上占比37%(见图19-2)。

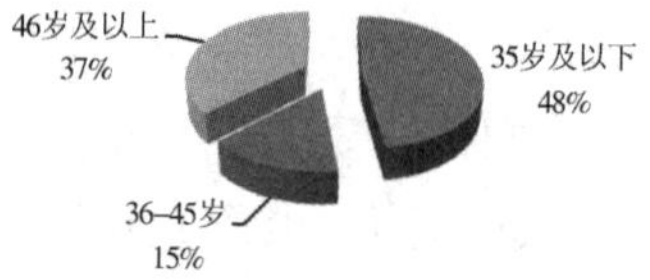

图19-2 年龄结构分布图

(三)从参加工作年限看

22名35岁及以下青年员工中,3年及以上员工占比95%,3年以下仅占比5%,说明大部分员工都有一定的工作经历和较为丰富的工作经验,这对其胜任当前岗位具有很重要的意义(见图19-3)。

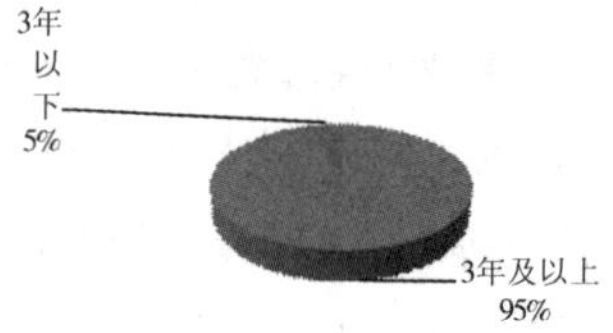

图19-3 青年员工工作年限分布图

(四)从政治面貌的构成来看

中共党员占56%,共青团员占7%,入党积极分子占13%,其余超过10%认为自己目前迫切需要加入中国共产党并已提交入党申请书。由此可见,分公司目前员工绝大多数拥有较高的政治觉悟和素养,对公司“听党的话,跟政府走,按市场规律办事”是拥有较高的认同度的(见图19-4)。

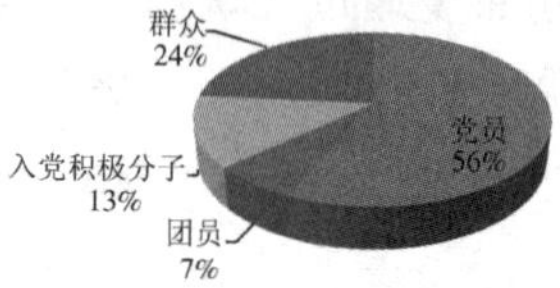

图19-4 政治面貌分布图

(五)从学历、专业及执业资格情况看

本科及以上(含)占比89%,大专及以下11%;经济、金融、法律、管理类及其他与资产管理行业高度相关专业类占比91%,其余占比9%;具有注册会计师、律师执业资格人员占比30%左右(见图19-5)。

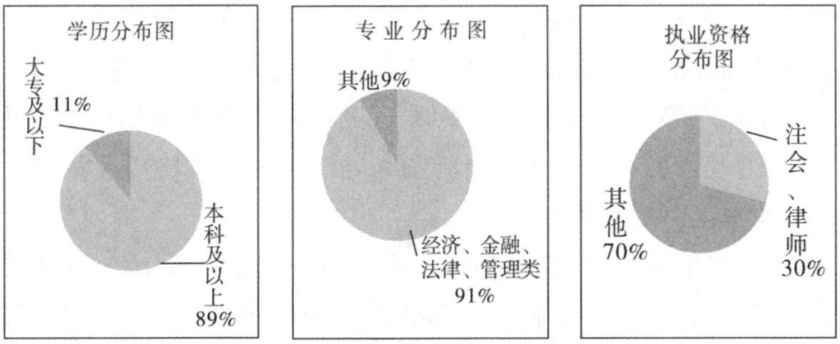

图 19－5　学历、专业、执业资格分布图

（六）从所在部门看

前台部门占比 59%，中台占比 11%，后台占比 30%，前台占比符合公司近年来超常规、跨越式的发展所需，但中台人力还比较弱（见图 19－6）。

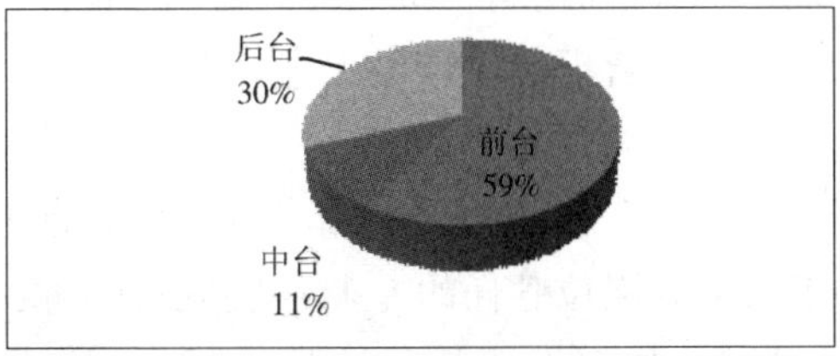

图 19－6　人员分布图

（七）从宗教信仰看

85% 的没有宗教信仰，但也有 15% 对佛教或在其他方面存在着信仰（见图 19－7）。

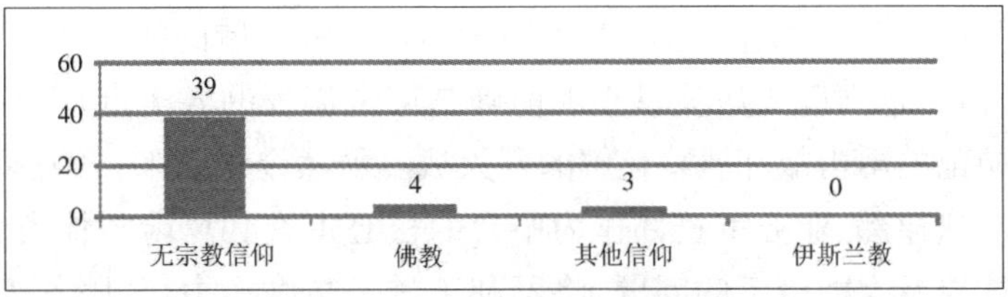

图 19－7　信仰状况分布图（单位：人）

根据目前分公司员工的基本情况分析，笔者认为有以下五个方面值得关注：

第一，男性员工比例已达到一定高位，在今后的员工招聘和人才引进中应注意适当增加女性比例。男性比例已超过女性比例近 30%，这个比例已远超过一个企业男女占比的标准搭配。从资产管理公司业绩压力较大、工作任务较重、专业性较强、工作加班较多的实际情况,男性多于女性应该说是一种较为正常的状态,但俗话说"男女搭配,干活不累",且女性多细致,无论是市场营销、内外沟通协调还是内部项目运作管理、各类审查以及后勤保障都有着男性不具备的一些优势,笔者认为在今后员工招聘和人才引进过程中,在同等条件下,可适当考虑一下性别比例的平衡。

第二,员工的年龄结构呈"哑铃形",两头大,中间小,无法充分满足分公司当前发展所需。近三年来,为满足商业化转型发展所需,分公司招聘和引进了近20余名青年员工,虽然经过了近两年的磨砺和锻炼,这些青年员工已经具备一定的经验,并能够独当一面,日益成长为分公司发展的中坚力量,但仍需一定时日方能完全成才。从企业发展角度来讲,"两头小,中间大"的年龄结构分布是最有利于企业实现快速稳步发展的,但分公司年龄两级分化较为严重,年龄太小的缺乏实践锻炼,年龄较大的工作热情和激情有所消退,知识结构也跟不上当前发展的要求,亟须引进和招聘一批有专业素养、有行业经验、有执业能力的专业人才以及兼懂业务和管理的管理类人才,弥补分公司专业人才和中层骨干的缺口。

第三,现有员工学历、专业和工作经验都具备,但潜能还有待进一步挖掘。虽然分公司当前员工大部分岗位胜任的专业素质比较强,高素质人才已经形成了有效聚集,眼前的关键是如何发挥其所长服务于当前发展所需,而不要太过依赖于新的人力血液的注入,只有"挖掘现有员工潜能+充实人力"、"双管齐下",方能跟上当前分公司业务快速发展的步伐。

第四,中台力量较为薄弱,亟须充实人力至中台部门,做实中台。分公司近年来的业务利润压力较大,亟须业务一线人员开拓市场,打开营销渠道,做大、做响华融品牌,储备一批优质客户,不断增强可持续发展的能力,但风险也正在不断积聚,需要建立健全从项目立项前到结束全流程的各类审查和跟踪监督,打好风险防范的阻击战和风险化解的歼灭战。虽然今年以来,分公司已建立起包括风险与法律部、业务审查部作为中台的核心审查和风险防控力量,但仍存在专业人才以及人力匮乏的问题,将不利于进一步做实中台,服务于分公司稳健经营发展。

第五,分公司员工目前家庭生活状况较为稳定,但仍有20%的未婚员工,不利于其全身心投入工作。分公司大部分员工婚姻家庭生活已较为稳定,可投放较多的精力在工作中。但仍未20%员工目前还未婚,一方面,可能工作中会受一些情绪或琐事上的干扰,心理不够稳定,不能专心寄情于工作;另一方面,分公司加班较多,未婚员工,谈恋爱的没有时间谈恋爱,未谈恋爱的没有更多精力、时间结交朋友,这对其今后幸福生活的建立是较为不利的。因此,分公司团委、工会、党支部等组织机构应对此类弱势群众的思想行为动态加以关注,尽可能帮助协调解决一些具体的实际问题。

二、员工工作状况分析

从组织行为学和心理学角度来看,企业内部影响员工工作积极性的因素很多,也很复杂,从系统论的角度来看对其起影响的因素不外乎外部环境和内部环境两个方面。内部环境就是员工自身因素,自我对工作积极性的调动,这些自身因素包括员工的成就动机、自我效能、自我激励等;外部环境包括工作氛围,包括领导、同事、工作激励、工作压力等。下面,笔者就与分公司员工的访谈、问卷调查、座谈交流情况综合阐述分析如下:

(一)从成就动机方面来看,积极性因素主导

86%的青年员工对自己的职业规划较为明确;与薪酬福利相比,95%的青年员工更看重职业发展;72%的员工愿意做更具有挑战性的工作,70%的员工能加班加点,力求工作质量(见图19-8)。

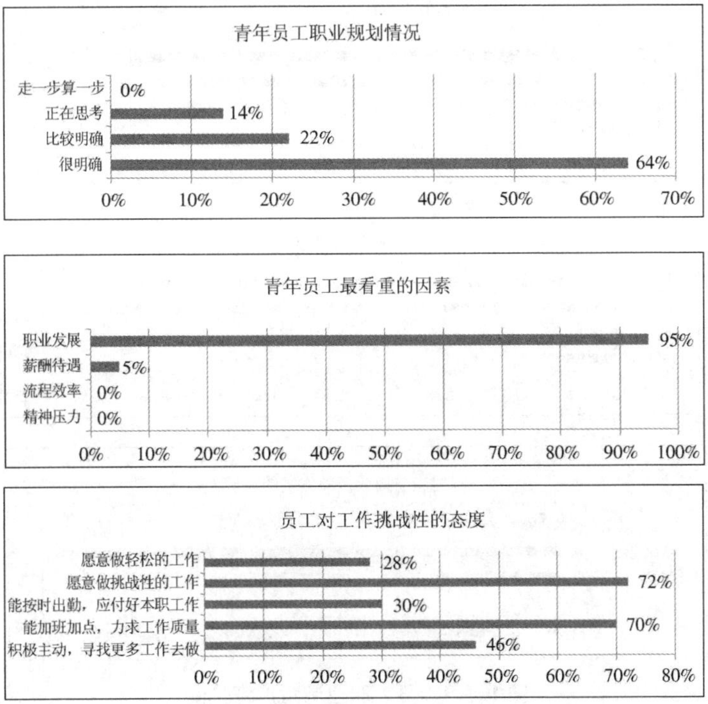

图19-8 员工工作状况分析图

(二)从对当前综合满意度来看,满意度较高

65%的员工目前充满激情和干劲,33%比较有,仅2%缺乏;72%很喜欢目前所在的岗位;91%对目前的工作环境较为满意;89%对当前的个人职务较为满意;92%对当前绩效考评的方式评价较好(见图19-9)。

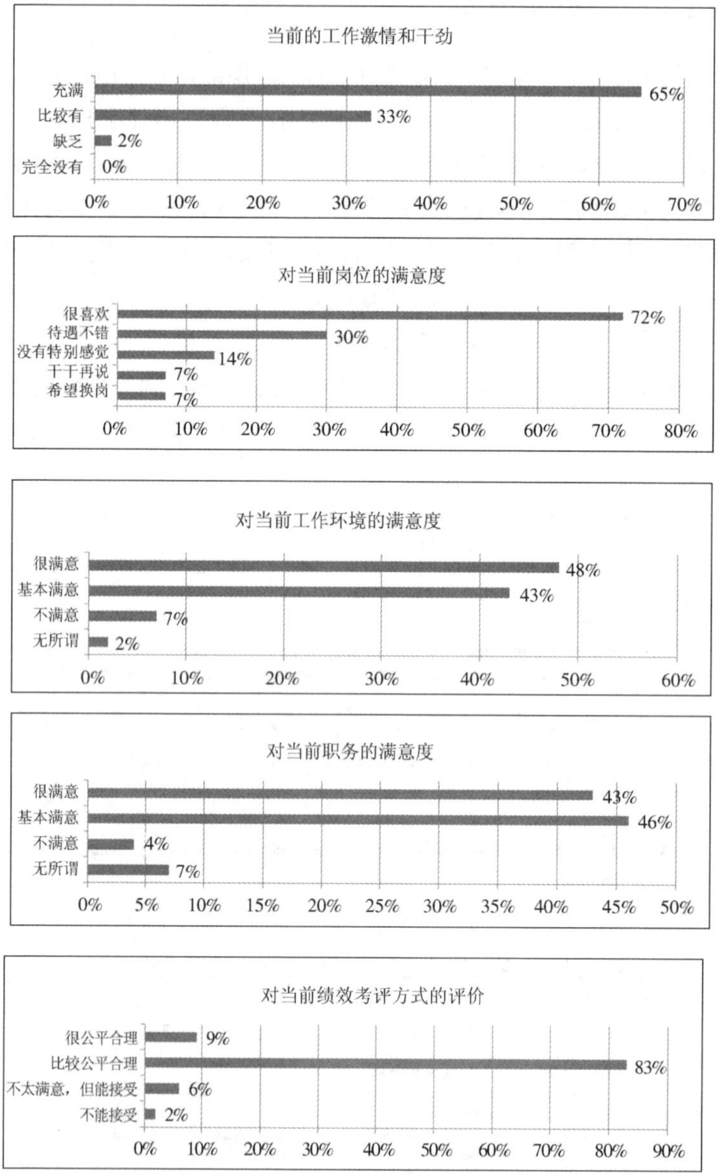

图19-9 员工职业满意度评价图

（三）从关注公司发展情况来看，关注度较高，员工期待个人与公司实现共同发展

68%表示对公司发展很关注，32%比较关注；98%对公司发展情景充满信心或比较乐观；88%对公司的企业文化较为认同；95%希望能够从目前工作中获得业务能力的提升（见图19－10）。

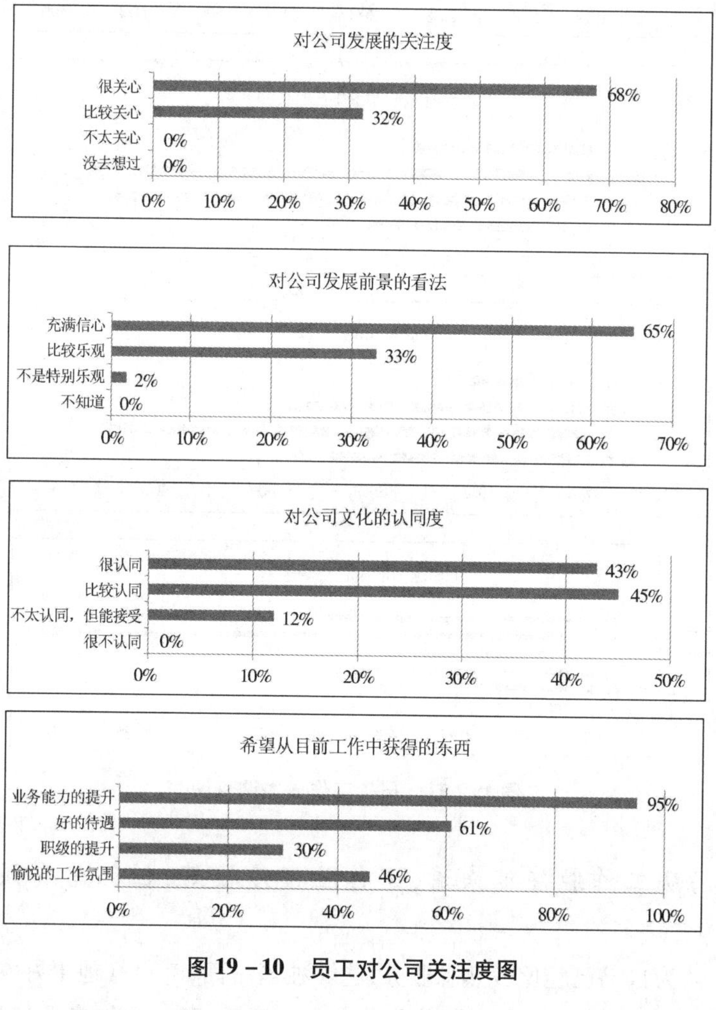

图19－10 员工对公司关注度图

（四）从工作压力来看，员工工作压力普遍较大，主要源自于工作时间较长，缺乏实践经验和业绩压力

79%认为自己压力很大或较大；83%工作时间较长，加班情况较多；65%的员工节假日加班情况较为普遍；73%认为工作压力主要源自于缺乏实践经验或

业绩压力(见图19－11)。

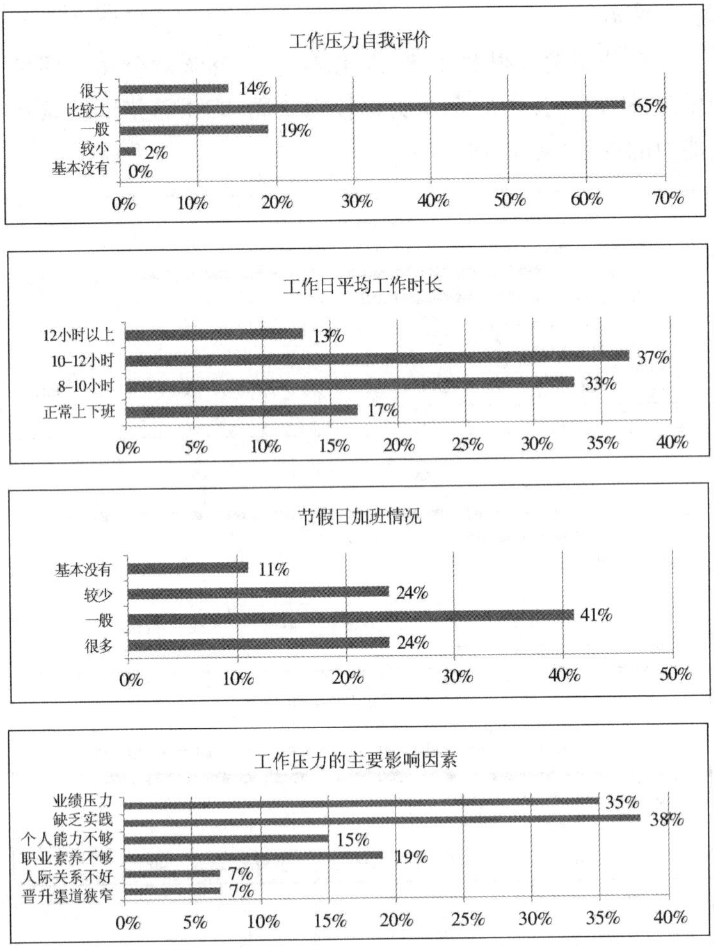

图19－11　员工工作压力调查图

(五)从工作胜任度来看,工作胜任度较好,但仍需要强化相关培训

76%认为自己已经比较熟悉业务,能够独当一面;为更好地干好本职工作,76%仍渴望通过参加专业培训,提升个人业务素质;72%参加专业培训次数较少,大多数希望能够参加业务类、风险类及法律类的相关专业培训(见图19－12)。

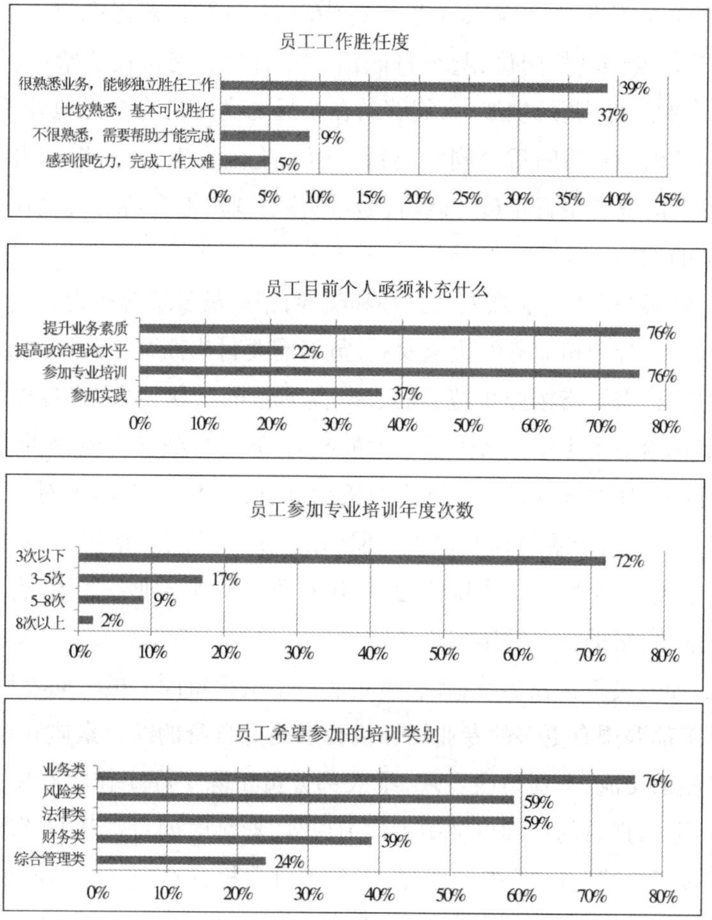

图 19－12　员工工作胜任度调查图

根据目前分公司员工的工作状况分析，笔者认为有以下三个方面值得关注：

第一，深入了解青年员工职业发展诉求，将员工个人职业规划与公司发展有效结合，提升员工工作忠诚度。从“三导”层面，可以从建立目标共识、客观分析短板、设立提升计划、定期总结修正等方式，帮助青年员工进行职业发展规划，从而使员工的个人职业发展同企业发展有效结合，这就对人力资源管理工作提出了更高的要求，而不是再局限于员工职务任免、奖惩、培训、考评等工作范围和内容。人力资源、纪检监察部门要深入了解员工职业发展诉求，建立更为完整、清晰的个人信息，定期对现有人力资源进行总结分析，通过发布联系人邮箱、个别访谈等方式,了解员工思想行为动态。同时,可考虑建立轮岗制度,从这个岗位轮换到其他岗位,甚至打破前、中、后台的岗位设置壁垒,使青年员工在面临新的工作、新的挑战时,能够站在全局的高度更为全面地处理问题、开展工作,避免因为长时间重复同一类行为而产生倦怠感,从而培养出一支视野开阔、专而全的复合型青年员工队伍,通过实践检验,把合适的人放在合适的岗位,干合适的工作。

第二,针对"症结",加强人文关怀和疏导,帮助员工缓解压力。随着市场化竞争日益激烈,分公司业务的快速发展,员工需要付出高强度的脑力劳动,面临经常性的加班,需严格按照规范、高效率、高质量的工作要求,将各项工作执行到位,无疑都给员工工作上带来了巨大的压力,容易导致其产生挫折感,甚至丧失信心等问题,需要建立健全上下沟通机制,以负责人为首,除了对员工的业绩贡献与工作成绩给予薪酬福利以外,还要结合员工的实际情况,通过定期召开座谈会集中疏导、个别访谈真诚关心、加强专业培训提升业务能力、合理调节员工业绩要求等,帮助员工健康成长。

第三,加强员工自我学习意识,建立学习型组织氛围。虽然问卷调查显示,大部分员工都渴望有更多的专业培训机会来提升自身的综合素质和业务素质,但是通过座谈交流、个别访谈发现,绝大部分员工除了在工作实践中去学习以及公司、分公司提供的培训机会中去学习以外,业余时间自主学习情况很少,这说明部分员工自我"充电"被动性强,出现了自我提升意识薄弱的问题,如此下去势必将影响其发展。因此,在组织开展业务培训,给予员工参加更多内外的专业培训的基础上,与公司"岗位大练兵"、"金点子征集"等系列活动相结合,建立每季工作反思机制、业务创新竞赛等形式,督促员工严格自我要求,不断提升自身业务素质。

三、员工思想状况分析

做好员工思想动态分析,既能够使企业坚持正确的舆论导向,使员工认清形势任务,理顺思想情绪,化解各类矛盾,凝聚推动和谐发展的正能量,增强思想政治工作的时效性和针对性,同时,也能为企业出台各种政策、制度、办法提供科学的依据。为全面、客观地了解职工思想状况,准确把握员工思想动态,有针对性地做好思想政治工作。在此次调研中,分公司坚持关口前移、重心下移的原则，多方面、多层次、多视角对员工的思想状况进行全面调研分析，对调查问卷、走访、座谈情况进行了总结分析，梳理出当前员工的思想主流、员工关注的热点及存在的倾向性问题，针对员工思想中存在的问题，提出合理化建议，以便今后有针对性地开展思想政治工作。具体情况如下：

（一）从人生观来看，较为积极，但缺乏进取心和奉献精神

24%的人生目标在于为社会做出自己的贡献，43%为实现自我，受人尊敬；31%为拥有幸福、美满的家庭和知心的朋友；2%为平淡一生；89%目前努力工作，追求理想；9%甘于奉献，乐于助人；2%认为人生苦短，及时行乐；46%认为信仰是一种不可缺少的力量，39%认为应该有信仰，但更多地要靠实际行动，15%认为一个人应该有信仰，没有信仰的人是不幸的人（见图 19－13）。

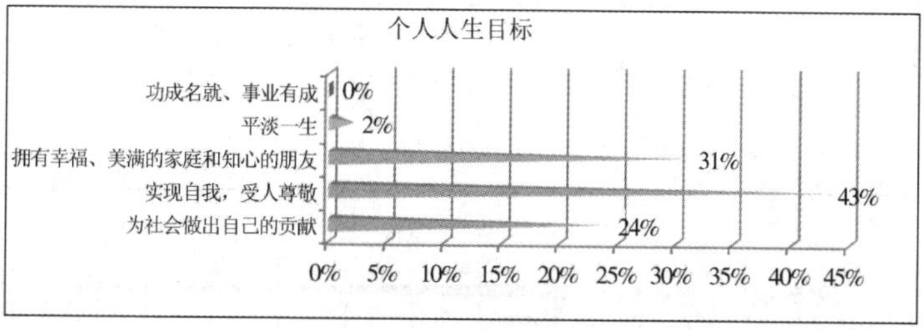

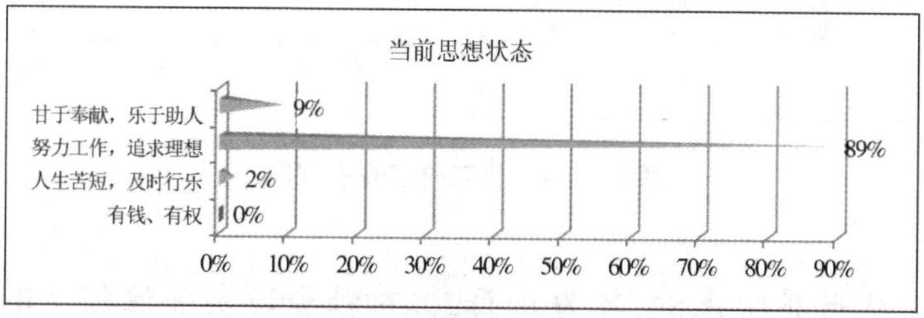

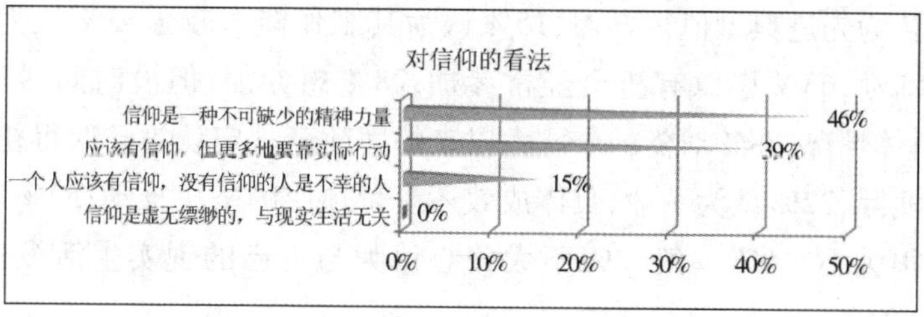

图 19－13　员工人生观表现图

(二)从价值观来看,较为健康,绝大部分员工表现出较高的职业道德素养,值得称赞

65%认为要在公司获得发展,最重要的是立足本职、脚踏实地;31%认为是创造性地开展工作,5%认为是严于律己;80%认为在工作中要多换位思考,愿意体谅别人,15%愿意牺牲自己的利益,帮助别人,5%在不损害自己利益的前提下,愿意帮助别人(见图19-14)。

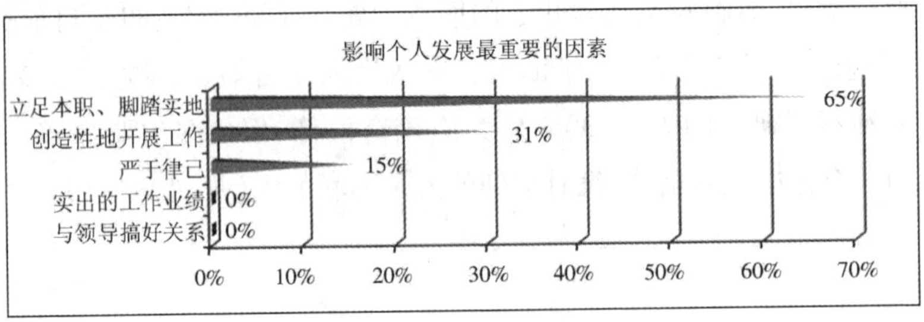

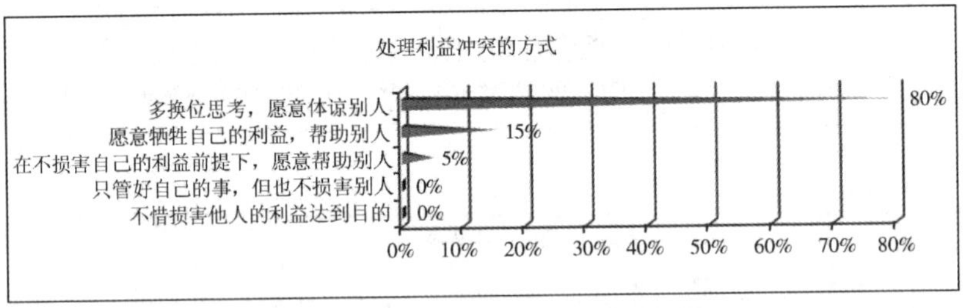

图19-14 员工价值观表现图

(三)从世界观来看,较为正面,但对社会现实关注程度不够

80%认为先进典型值得学习,15%认为其工作能力较强,5%认为一般;对参加公益活动,63%愿意有机会经常参加,28%想参加,但没时间,9%可能参加,要看具体情况;78%对党的十八大以来的廉政新规定认为已取得初步效果,比较符合实际,22%认为一般,具体成效还有待顶层的坚决推动;52%对时政或社会信息很关心,46%一般,2%不太关心认为与自己的现实生活没什么关系(见图19-15)。

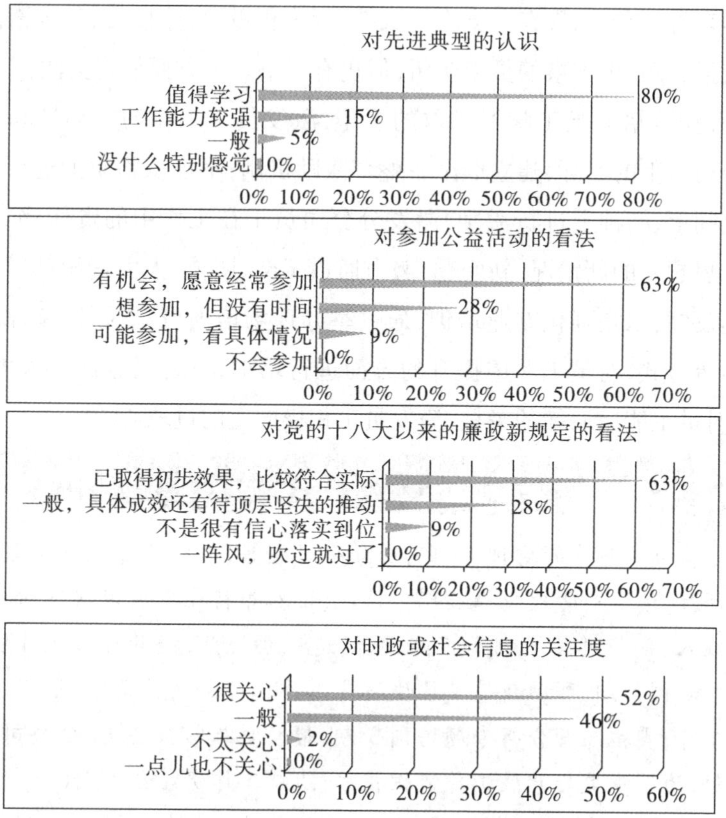

图 19－15　员工世界观表现图

（四）从目前关注的问题来看，最关注工作氛围、晋升渠道、薪酬福利和实践锻炼问题

91%关注好的工作氛围和工作环境，50%关注畅通的晋升渠道，65%关注较好的薪酬福利，52%关注实践锻炼，17%关注减少加班（见图 19－16）。

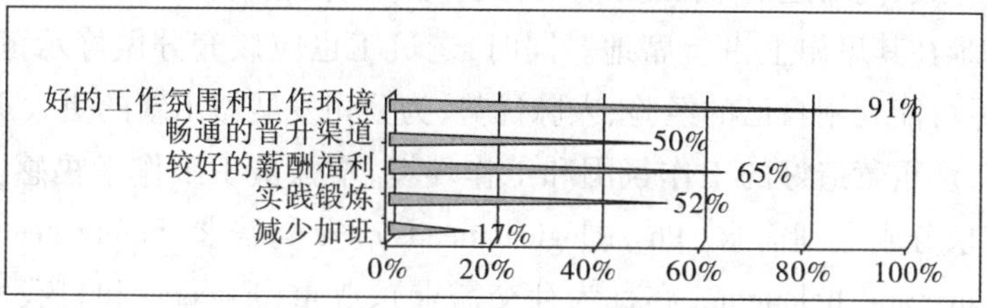

图 19－16　希望公司能够提供的条件

总体来看,分公司现有一支思想成熟、行为积极、自律性强、基本素质较高、可塑性较强、一心想干事的员工队伍,但仍有以下三个方面值得关注:

第一,注重培养员工学习进取的愿望,激发员工工作的主动性和积极性。针对分公司员工的实际,建立健全一整套激励机制,不仅从物质上进行激励,更从发展空间上、精神上进行激励,激发分公司员工在工作中的责任感。一是针对员工在思想上的新情况、新问题,努力通过工会、团委、人力资源部门等平台,加强沟通反馈;二是强化专业培训,通过举办现场培训班、专题讲座、邮件发送相关资料等方式,对员工渴望提升的方面进行培训;三是通过做实人力资源管理,强化对员工能、勤、绩的考核,激发员工积极向上的进取心等。

加强员工培训 提升业务技能

自主举办业务专题培训16期,由分公司领导、部门负责人或业务骨干担任主讲师,解读资产管理、金融租赁、信托、证券等行业发展现状及前景、业务产品及准入,剖析具体案例和产品设计,进一步规范、提升员工操作技能;开展新员工培训5期,帮助新员工尽快适应工作环境和岗位角色,规范、高效胜任本职工作;实施经营分析专题培训3期,帮助员工掌握公司、分公司内外部经营形势,为下步更好开展工作提供指导;组织工作研讨会4期(一季一期),专题研讨经营发展中的重大事项、难点,发展战略、规划,以及业务创新、市场开拓思路等,增强员工的主人翁责任感。

第二,注重培养艰苦奋斗和乐于奉献的精神,促进员工,尤其是青年员工建立起奉献华融、奉献社会的使命。80后、90后的青年员工具有学习、执行、创新能力强的正面特质,同时也具有抗压能力欠缺、“先苦后甜”意识不强、比较自我的负面问题,工作的目的更多在于自我能力的提升或是自我价值的实现,没有与企业共呼吸、同命运的奉献意识,对社会的回报,实现自我价值与社会价值的统一就更难在其思想上占有席地。同时,老员工也应该充分做好示范带头,发挥余热,尽可能利用自己的经验、人脉优势,为公司发展做出新的更大贡献。

第三,注重营造好的工作氛围和工作环境,增强员工工作幸福感。马斯洛理论把需求分成生理需求(Physiological needs)、安全需求(Safety needs)、爱和归属感(Love and belonging,亦称为社交需求)、尊重(Esteem)和自我实现(Self - actualization)五类,依次由较低层次到较高层次排列。随着时代的进步和员工意识的抬头,员工对组织提出了更高的要求,更多的员工不仅仅关注薪酬福利水平，而是更为关注一个好的工作氛围和工作环境。因此，公司可在今后通过举办丰富多彩的娱乐活动、多认可员工的工作、开展各类荣誉称号的评选、定期不定期发放奖励等“精神福利”法来增强员工的工作幸福感，真正做到用事业留人、机制留人、感情留人、适当待遇留人、企业愿景留人。

四、员工生活状况分析

组织中的员工除了过职业生活外，家庭对员工本人有着重大意义，也会给职业生活带来许多影响。工作与家庭间的潜在冲突对职业生活的影响甚至超过个人发展目标对职业的影响。一方面，只有尽可能地解决员工的后顾之忧，员工才有可能全身心地投入到工作当中并创造出让组织满意的业绩水平，这是企业战略目标能否实现的关键；另一方面，实现工作和生活的平衡对于优秀员工的保留也是很重要的，工作生活冲突导致的家庭不和谐、员工生活状态堪忧等状况最终无疑都会变成企业显性或隐性的管理成本。本次调查访谈主要涉及员工生活状态、生活方式和生活态度等方面，比较客观地反映了分公司员工目前的生活状况。

（一）从生活幸福指数和崇尚的生活方式来看，主流积极向上

39% 对当前的生活状况很满意，54% 比较满意，7% 不满意；63% 崇尚健康生活、快乐工作的生活方式，15% 崇尚追求理想、积极进取的生活方式，14% 崇尚老老实实做事、干干净净做人，4% 不争不显不露，4% 坚持自我（见图 19－17）。

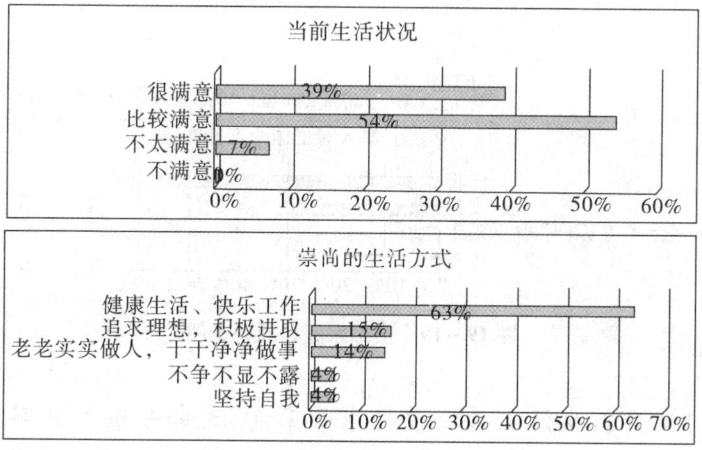

图 19－17　员工生活方式调查图

（二）从生活态度和休闲方式来看，主流平和、健康

37%目前生活态度积极向上，61%心态平和，2%感觉很累；业余时间休闲方式，过半选择运动、旅游，48%愿意在家好好休息，35%选择继续学习充电，9%购物，2%选择上网或打牌（见图19－18）。

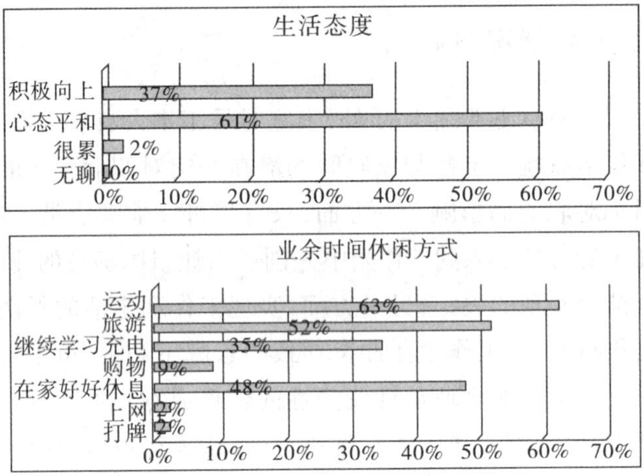

图19－18　员工生活、休闲状况调查图

（三）从家庭成员及相处情况来看，大部分经济稳定、和谐美满

65%自买住房，24%和父母住，4%租房住；63%家人对其工作全力支持，30%比较支持，7%一般，希望能够多花时间在家庭上（见图19－19）。

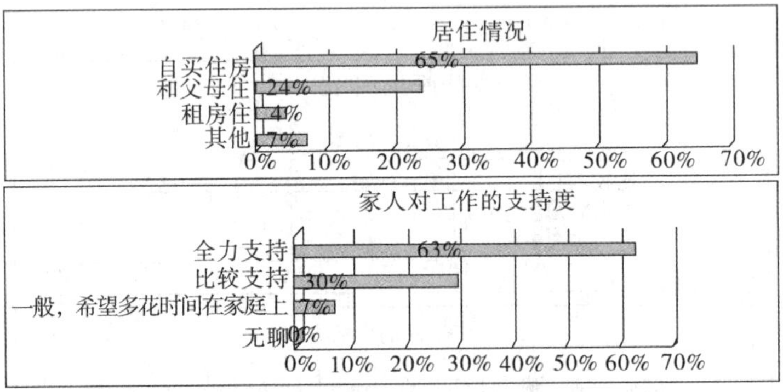

图19－19　员工家庭状况调查图

（四）从目前生活上最需要的东西来看，大部分最关注实践锻炼

61%目前最需要得到更多的锻炼机会，15%最需要得到岗位晋升，4%最需要生孩子，4%最需要结婚，2%需要恋爱（见图19－20）。

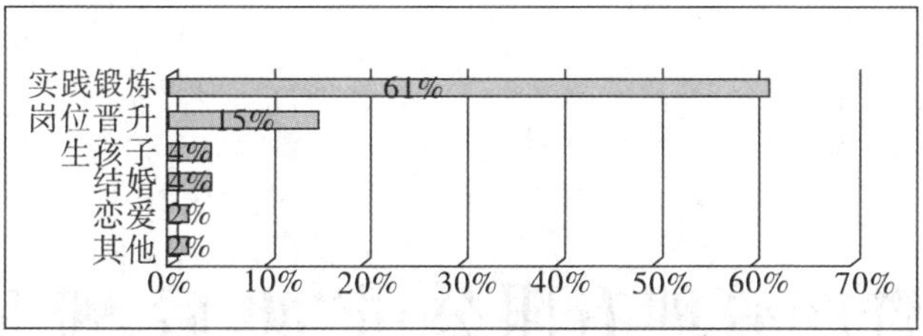

图 19－20　员工目前生活中最需要的东西

综上来看,无论是从物质上,还是从心理上,绝大多数员工当前生活状况都比较好,能够有利于其将更多的精力投注在个人及公司的发展事业上,但通过访谈和交流,笔者认为仍有以下两个方面值得关注:

第一,激发青年员工活力,引导其拥有更为积极向上的生活态度。调查结果显示,目前生活态度积极向上的员工远未过半,大部分都是心态平和,老员工到了一定的年龄,能够发挥余热干好本职,健康生活的平和心态尚可理解,但青年员工的职业生涯、社会生活才刚刚起步,就处于十分平和的状态,这对其个人、公司的发展都是十分不利的。青年员工是公司发展的生力军,应该拥有满满的活力,才可出色地完成工作任务。因此,在组织青年员工参加"岗位大练兵"、"比学赶帮超"劳动竞赛等活动的同时,可以通过多组织拓展训练、开展心理辅导、多组织青年员工之间的交流等,激发青年员工在组织中的活力,鼓励其努力工作,让他们懂得不仅仅是在为公司而干事业,更重要的是要为自己的光明未来而奋斗不止。

第二,"贴心"关心员工实际生活问题,以人为本培育感恩文化。应切实发挥起工会、团委和妇委会的平台搭建作用,做到"三个到位",即心理疏导到位、交心谈心到位、正面引导到位。从访谈情况来看,过半员工孩子还在学龄前或正在上学,照顾起来力不从心,父母也近年迈,有时因病也需要照顾,需要公司在工作安排允许的前提下,允许员工在公休、公假上能够充分给予自由合理安排,对事假等给予充分体谅和理解;对渴望恋爱、结婚、生孩子的员工,了解其目前存在的实际困难;对渴望实践锻炼的员工,多给予实战的机会增长才干,对品质优秀、业绩优良、作风过硬、群众认可的员工,尤其是青年员工,充分给予发挥平台,大胆提拔任用,切实落实赖董事长倡导的"五子登科"等。

作为企业,就是要通过关注员工,关爱员工,坚持用美好的愿景鼓舞人,用宏伟的事业凝聚人,用科学的机制激励人,用优美的环境熏陶人,才能更好地服务于企业自身的发展。这便是思想政治工作和企业文化建设的对企业发展的强大推动力——你给我温暖与力量,我报以激情与创造,公司持续发展、个人茁壮成长、生动活泼的经营局面就能全面形成,企业与个人都能开鲜花,结硕果。

太平资产管理有限公司“80后、90后”青年员工思想政治工作调研报告

徐一鸣*

一、太平资产管理有限公司简介

太平资产管理有限公司(以下简称“太平资产”或“公司”)成立于2006年,是中国太平保险集团有限责任公司依托集团整体资源及境外专业力量,发起并设立的资产管理机构,拥有齐全的资产管理资质,致力于为广大委托客户提供卓越的资产管理服务,是业内管理资产范围最广的机构之一。公司现有员工超过200人,其中80后、90后青年员工占据了大多数。

二、调查的意义

本着落实中国金融思想政治工作研究会的2014年度课题调研的工作部署,调查掌握已然成为公司主力军的“80后、90后”青年员工的思想状况,认真分析研究、准确把握和贴近他们的思维、观念和行为,并行之有效地做好其思想政治工作,增强企业凝聚力和向心力,更好地服务于公司的中心工作,服务于公司的改革发展。

三、调查的基本情况

(1)调查对象:公司1980年以后出生的青年员工;

* 太平资产管理有限公司;本文获2014年全国金融系统思想政治工作和企业文化建设调研成果二等奖。

(2)调查方式:资料调查法、个别访谈法和综合归纳法;

(3)调查内容及处理方法:通过查阅公司"80 后、90 后"青年员工(以下简称"青年员工")基本信息表、近三年来公司青年思想政治工作记录,选取个别青年员工进行访谈,结合自身思想政治工作经验,对以上进行综合归纳和分析,主要了解太平资产青年员工基本情况,掌握其思想和心理特征,找准公司思想政治工作的思路和切入点,明确如何创新性开展当今时代青年员工思想政治工作。

四、调查的主要成果和一般性结论

(一)公司青年员工基本情况统计分析

1. 青年员工人数占比分析

表 20-1　青年员工人数占比分析

	全公司	80 后、90 后	80 前
人数	237	149	88
%	100	62.9	37.1

一般性结论:从表 20-1 中看,公司 80 后、90 后员工 150 人,占公司全体员工的 62.9%,真正成为了公司的主力军,分布于前、中、后台各岗位之上。他们的思想观念、价值取向、人生态度,直接影响到企业的全局和公司的发展。有针对性地做好青年员工的思想政治工作,就真正理清了脉络,把握住了公司思想政治工作的关键。

2. 青年员工学历及职位职级分析(N=149)

表 20-2　青年员工学历及职位职级分析

	学历				职位职级划分			
	专科	本科	硕士	博士	部门级	室主任级	投资经理级以上	其他员工
人数	4	59	83	3	3	7	32	107
%	2.7	39.6	55.7	2	2	4.7	21.5	71.8

一般性结论:从表 20-2 中看,公司员工学历基本都在本科以上,硕士以上比例达到 57.7%,职位划分涵盖部门级以上管理人员、室(二级部)级管理人员和一般员工,投资经理以上职级的业务核心人才占到了近 1/4。显然,公司作为

保险行业资产管理公司,青年员工学历总体水平高,知识结构多样化;他们中的优秀者已经步入了较高管理岗位,也有越来越多青年成为了公司投资一线的骨干、各自岗位上的能手,并被赋予了职业、专业、敬业的标签;他们上进心强、综合素质好、接受新事物快、创新意识强,同时思想观念与价值取向也趋向多元化,科学有效地做好这批高素质青年群体的思想工作,使其更快融入企业,是公司改革发展、事业进步的关键。

(二)公司青年员工思想状况、共性特点及分析

(1)青年员工参与公司思想教育活动的情况。我们认为,青年思想政治工作的核心应以三观教育、爱国主义教育、理想信念教育、职业道德教育等为主;以培养青年员工爱国、爱司、爱岗精神为出发点;以帮助青年员工确立健康向上的人生态度、朝气蓬勃的精神风貌、积极进取的工作态度为根本目标。近年来,公司党工团组织开展了一系列思想教育活动,内容涵盖了争先进位教育、爱党爱司教育、先进典型教育、形势任务教育、廉洁从业警示教育、企业文化和价值观教育、公益教育以及群众路线教育。通过总结上述思想教育活动的参与情况,得出一般性结论:

青年员工仍然是主要参与者和活跃分子,他们既是有针对性地思想教育的受体,又是积极参与、赋予活动新的内涵和生命力的主体,他们对于外出参观、业务交流、公益活动等内容更为感兴趣,对于红色之旅、走访监狱、观看电影等新颖活泼形式和手机微信平台等新兴媒介更为青睐。通过对这些案例的分析,有助于我们了解公司青年群体的特点,从而探索思想政治工作开展的有效途径。

(2)青年员工共性特点和思想动态分析。公司"80 后、90 后"成长在思想解放和文化多元的时代,这是中国经济建设发展最快、社会结构转型最为激烈、科学技术发展最为迅猛、人的思想观念最为解放、价值观也最为多元化的时期,开放、多元的社会为他们充分发挥个性、创新思维开辟了广阔的空间。他们具有很多共性特点:大多是独生子女,生长在和平年代,在衣食无忧、相对优越的环境下成长,对勤俭节约、艰苦奋斗的传统优良作风相对淡然;他们文化素质高,超过 1/4 具有海外留学经历,视野开阔,思维活跃,对事情的态度有着自己的判断和思维方式,但有时过于自傲,不太容易相信别人,听不进其他意见建议;他们讲民主,有自信,注重宣扬自我意识,纪律性相对欠缺;他们不讳言对财富的向往,追求理想,注重自由,积极实现个人价值,渴望得到认同,但团队精神、大局观念不足;他们能够很快融入和享受新科技、新发明的幸福与成果,面

对海量丰富、良莠不齐的资讯冲击,容易陷入思想认识上的迷茫或误区。

基于不同的生长和文化背景,公司有些青年员工的思想和需求与社会现实、公司实际存在一定的差距:

①理想信念不稳,片面讲求物质回报。公司身处保险资产管理行业,行业朝阳、职业光鲜、待遇可以,少数青年员工或心高气盛,或基于对未来婚姻、住房、赡养父母等生活保障方面的担忧,受外界因素干扰过多,习惯选择优于自己的参照物来进行横向比较,且只比物质收入,忽视贡献和付出,物质利益成为其择业、立业的唯一标准,随之产生心理落差,心态失衡,导致事业心和工作积极性打了折扣。

②认识过于自由化,自我意识强烈。公司青年员工群体思想活跃,其中少数人自我意识较强,对现实世界的认识过于自由化和理想化,讲求绝对公平、公开、公正,希望得到公司领导和同事的认可,然而在处理工作和人际关系上,在自身发展空间的要求与当前实际状况存在差异时,显得不够理智和成熟,产生矛盾和问题时片面归咎于他人,面对困难选择"消极抵抗"或"跳槽",更多考虑的是让外界来适应自己,而不是主动地适应外界环境,缺乏人生的磨练。

③思想作风散漫,自律意识不强。公司身处金融资管行业,随着"大资管"时代的到来,市场竞争性日趋激烈,工作节奏快、压力大,少数刚离开大学、走上岗位的青年员工不能迅速适应职场规则,显示出对规则的抗拒;也有个别关键岗位上的有一定资历的青年员工,主观认准"业绩为王"的观念,认为只要业绩做好了,其他方面无所谓,突出表现为不遵守公司规章制度,作风散漫,缺乏自律,这种不良风气颇具传染性,会在公司员工特别是青年员工群体中产生不好的影响。

五、调研的结论与思考

(一)做好公司青年员工思想政治工作的思路

当前金融行业的竞争最终还是体现在人才上的竞争,培养和打造一支思想凝聚、德才兼备、攻坚克难、敢于担当的青年员工队伍,显得尤为重要。面对公司青年员工群体思想政治工作所面临的形势,可以考虑遵从以下思路着手:

(1)强化理想信念教育,引导青年员工树立远大理想。大力宣传"中国梦"、"太平梦",构筑青年员工的精神支柱,引导他们树立远大理想,发奋学习,努力工作,积聚正能量。引领青年员工坚定不移地贯彻执行中央的路线、方针、政策和集团的战略要求,通过组织红色旅游、参观爱国主义教育基地、城市各类博物馆等方式,深入开展爱国爱司教育,引导青年把理想信念落实到实际行动中,落实到企业改革发展的组织实施上,明确方向,坚定信心,把本职岗位职责履行好。开展社会主义道德教育,通过组织参加各类公益活动、参观金融廉洁从业展示点、开展员工家庭关怀活动等形式,塑造青年员工的社会公德、职业道德和家庭美德。严肃开展遵章守纪、守法合规教育,促进青年员工改进工作作风,培育规则意识,增强执行力。持续推进"反对四风"建设,自觉抵制形式主义、享乐主义、官僚主义、奢靡之风和各种腐朽思想的侵蚀,弘扬传统美德,厉行节约、反对浪费,争做引领社会新风尚的实践者。

(2)完善工作机制,搭建青年员工成长平台。适时建立青年思想沟通机制,发挥公司工会女工组织、团组织职能作用,通过已建立的合理化建议平台和定期组织青年员工间的沟通交流,及时了解不同岗位青年的意见建议和实际需求,及时向公司反映青年员工的真实愿望和利益诉求。建立青年员工关爱制度,岗位调整、行为反常必谈心,提拔任用、赢得荣誉必宣传,婚丧生子、家庭困难必知晓,及时了解掌握员工青年动态,缓解心理压力,使其全身心地投入到推动公司发展和各项工作的落实中。大力营造尊重知识、尊重人才、尊重创造的良好氛围,通过完善岗位交流、职务职级、绩效考核等人事制度,打开职业发展通道,积极为青年员工施展才华创造条件,形成青年员工脱颖而出、人尽其才的局面。通过各种形式,向公司党组织择优推荐青年人才,让青年员工有目标、有依靠,引导奋发有为、积极向上。鼓励青年员工通过公司职代会途径参与民主管理与监督,激发责任感,提升其对推动企业发展的参与度和贡献率。

(3)坚持融入业务,寓教育于活动实践之中。加强和改进公司青年员工思想政治工作,归根到底还是体现在促进业务工作上,应把思想政治工作与公司业务有机结合起来,做到同布置、同落实、同督办,思考如何将思想政治工作与业务工作相关联,充分调动青年员工的积极性和创造性,促进各项工作的全面开展。开展健康有益的文体活动是推动思想政治工作的重要途径之一,也是公司的优势和活力所在,而喜好参加活动是青年职工的共同特点,应当服务于其精神文化需求,突出精品创意,抓住结合点,找准切入点,寓教于乐、寓教于活动实践之中,思想政治工作效果才会事半功倍。

(4)创新工作载体,提高服务青年员工的能力。应当紧密结合时代发展要求、公司形势任务和青年员工特点,适应新形势新情况的需要,重视现代社会信息传播方式的变化和传播手段的更新,创新教育内容、形式和载体,多采用参与体验式、隐形渗透式、多元互动式、启发诱导式的教育方式,并将思想政治工作与对青年思想影响越来越广泛的互联网、数字电视、智能手机等紧密结合起来，通过互联网、微信等青年员工乐于接受的方式，传播正确的理想信念和健康向上的生活方式。应以青年员工为本，立足于满足其多层次多样化的需求，尽心竭力办实事、办好事、解难事，赢得青年员工的信任和支持。在开展党员学习和思想教育活动时，可从青年员工普遍关心的理论、实践中的热点难题入手，开展具有特色、解决问题的思想教育活动。

（二）与时俱进，持续创新，提高青年员工思想政治工作的针对性和实效性

每个时代的青年都有所处时代的鲜明特征，不同时代的青年需要不同的教育方式。公司“80后、90后”青年在思想观念、价值取向、人生态度上彰显出来的新变化，促使我们必须更新理念、探索方式、创新方法，不断提高思想政治教育的针对性和实效性。

（1）客观辩证，理性看待青年员工的个性化倾向特征。青年员工表现出强烈的“个性化”倾向，更加注重追求个人兴趣和价值实现，自我意识较强，但同时，他们又富有个性，有想法，有活力，接受新知识、新事物快，也更具创造力。因此，要理性地看待青年员工的“个体化倾向”，一分为二，辩证统一，既要看到“个性化倾向”给公司思想政治工作带来的挑战，如潜意识里抵制传统的“被动式”教育灌输方式，对简单地采取集中学习、听取报告、聘请讲课等目的性较为明显的做法不甚感冒，由此会导致公司思想政治工作越发形式化、边缘化等问题。同时，也要看到，在愈加注重改革与创新、注重市场竞争的时代，青年员工的“个性化倾向”对于企业而言，实质是一笔宝贵的财富，通过有的放矢的正确管理的引导，其积极的、创造性的因素远远大于消极的因素。

因此，问题不在于青年员工的“个性化倾向”这一现象，而在于思想政治工作在面对新的形势，出现新的挑战时，能否主动地做出调整，务实创新。这就需要针对青年员工群体的特点，创新思想政治工作的方式方法与内容，确保企业思想政治工作入脑、入心、见效。

（2）理解包容，科学推进青年员工思想政治工作创新。对于个性鲜明的青年员工群体，要有包容开放的心态，以更加平等的姿态，更加务实的行动，正确对待青年员工思想政治工作创新。对此，要从观念转变做起，以文化融合为抓手，增强情感沟通，科学推动思想政治工作方式方法和内容创新。

①转变观念。要有包容开放的观念与心态。传统的思想政治工作更多地强调共性与统一，对追求个性的青年员工群体，容易忽视他们的合理需求与建

议。对此,既需要凝聚共性的认识,又需要强化尊重个性的认识,既要在工作中坚持弘扬社会主义核心价值体系和集团企业文化核心理念,同时又要尊重青年员工崇尚自由、自主的精神和自我选择的权利,以理解包容来弱化个体倾向。同时,换位思考,准确把握青年员工的个性特征与心理需求,给予更多人文性的关怀,引导青年员工更好地融入组织集体中。

②文化融合。企业文化建设与思想政治工作紧密联系,既相互区别,又互通相融。首先,企业文化建设坚持人本思想,立足于员工的价值融合,追求员工与企业倡导的价值理念在认知、行为上的一致性。青年员工思维活跃,对先进的文化理念认同感更强,以文化融合为抓手,可以更加有效地凝聚青年员工的心力,让员工对企业的认同上升到价值的认同上,进而对企业的思想政治工作产生良好的心理认同感。其次,企业文化往往形式活泼、方式多样,这有利于将企业文化与思想政治工作内容的有机结合,在推动先进的文化理念落地的同时,将思想政治工作的要求融入员工文化中。再者,企业文化建设有自身特有的实现渠道、途径和机制,而要创新思想政治工作,就必须有更加通畅的渠道,这样青年思想政治工作就搭上企业文化建设的快车道,会更加富有成效。

③以情感人。对于更加看重个体价值的青年员工而言,他们更加注重个人在企业中的地位,以及是否在工作中"被重视"、"被尊重",因此在"以理服人"的同时,力争"以情感人"。应更加注重个体需求,探索针对青年员工的情感沟通方式。在沟通中,要主动交心,了解不同的青年员工的思想动态、情绪反应和心理特点,跟踪分析其变化因素,因人而异地采取不同的形式的思想教育工作方法,既需要大公无私、明确观点,又需要潜移默化、润物无声,要以正面表扬鼓励为主,对缺点要加以教育引导。只有切实关心人、理解人和尊重人,以人情味和亲和力影响人、打动人、感召人,青年员工思想政治工作才能贴近到位、融化坚冰、成效显著。

综上所述,"80后、90后"青年们是企业发展中最活跃的因素,青年员工队伍建设关系到公司的现在和未来。当前,"80后、90后"青年员工群体思想出现的诸多新情况、新问题,要求我们准确把握青年们的思想脉搏,认真分析研究,用开拓创新的思路、春风细雨的情感、持之以恒的精神去适应青年思想的变化,研究改进青年思想政治工作的方式、方法,使他们更好地立足岗位、投入工作、发挥才干、创造价值,从而实现"80后、90后"青年员工和企业的共同发展。

“无形”与“有形”的企业文化之道

——兴业证券企业文化建设探索与实践研究

黄德康*

一、绪　论

（一）引言

随着经济全球化趋势的到来，企业文化对企业的生存与发展所起的作用越来越大，成为企业竞争力的基石，决定企业兴衰的关键因素。纵观成功企业的发展，都有深厚的自身文化的积累。但企业文化又是企业管理中最模糊的领域，如何做好企业文化建设，对于每个企业来说最具挑战性的地方。难点在于如何让它有效地反映在企业的价值观、目标、方向中，反映在全体员工的行为习惯中。因此，构建企业文化理念体系，推动企业文化落地，已成为建立现代企业管理体制必不可少的重要因素。

（二）研究方法

从企业文化特性可以看出，企业文化建设受到多种因素的影响。本文选取了兴业证券企业文化理念体系建设和推动企业文化落地的一系列举措作为研究对象，并采用了多种研究方法。

文献研究法：企业文化作为一种管理思想，是在企业管理理论不断发展的基础上产生的，借鉴、吸收前人的理论经验，能够更有效地进行课题的研究。此外，兴业证券内部相关资料的收集，能够更好地了解企业文化建设情况。

问卷调查法：通过问卷调查的方式可以了解企业经营管理，企业文化建设

*　兴业证券股份有限公司；本文获2014年全国金融系统思想政治工作和企业文化建设调研成果二等奖。

及员工群体心态,比较直观、有效。可以提升企业文化建设研究的针对性。

统计分析法:完成调查问卷后,对获得的各类信息进行分类、汇总、分析、得出比较客观的数据,可以为问题分析提供可靠依据。

访谈法:对兴业证券管理层、中层干部和代表性员工进行深入访谈,获得他们对于企业文化建设的认识、意见和建议,对问卷调查的重要补充。

实证体验法:利用工作之便,对兴业证券公司企业文化进行实际参与和总结,是较为直观的研究方法。

分析归纳法:对企业文化理论、所进行的企业文化探索和实践进行归纳,提炼企业文化理论体系和落地举措。

(三)研究意义

企业文化对于企业发展有着重大的推动作用,对于国民经济链条中关键一环的资本市场亦然。作为其重要的因子,证券行业也越来越重视企业文化建设。随着中国资本市场的发展,证券行业经历了草创、规范、发展、创新的阶段,良好的企业文化能为证券公司的发展提供生生不息的源动力,让证券公司回归金融本源,为客户创造价值,为社会创造价值。然而在各大研究网站上搜索"企业文化　证券行业"关键词,很难找到明确涉及证券行业企业文化建设的相关研究报告。这说明,对于证券行业企业文化建设研究还处于较为初级的阶段,证券行业企业文化建设还没有形成较为统一理论基础和实践体系。

兴业证券在其自身发展过程中特别重视对于企业文化的建设,注重对企业文化理念的梳理、整理和更新,形成自身特色的企业文化理念体系,并在推动落地过程中进行了很多的探索和实践,其中有收获也有困惑。鉴于此,本文将兴业证券企业文化理念体系建设和推动落实践作为案例进行研究,希望研究内容能够为证券行业中正在或准备进行企业文化建设工作的证券公司提供借鉴和参考。

二、企业文化与企业发展的关系

(一)企业文化定义

企业文化是在一个企业的核心价值体系的基础上形成的,具有延续性的共同的认知系统和习惯性的行为方式。这种共同的认知系统和习惯性的行为方式使企业员工彼此之间能够达成共识,形成心理契约。企业文化是组织成员思想、行为的依据。

(二)企业文化对企业发展有正向推动作用

(1)凝聚功能。企业文化是企业的粘合剂,可把员工紧紧地团结在一起,使他们目标明确、协调一致。企业员工凝聚力的基础是企业根本目标。企业根本目标选择正确,就能够把企业的利益和绝大多数员工的利益统一起来,是集体和个人双赢的目标。

(2)导向功能。导向包括价值与行为的导向。企业价值观与企业精神,能够为企业提供具有长远意义的和更大范围的正确方向,为企业在市场竞争中竞争战略和政策的制定提供依据。

(3)激励功能。激励是一种精神力量和状态。企业文化所形成的企业内部的文化氛围和价值导向能够起到精神激励的作用,将员工的积极性、主动性和创造性调动与激发出来,把人们的潜在智慧诱导出来,使员工的能力得到充分发挥,提高各部门和员工的自主管理能力和自主经营能力。

(4)约束功能。企业文化及企业精神为企业确立了正确的方向,对那些不利于企业长远发展的行为,常常发挥一种"软约束"的作用,为企业提供"免疫"功能。约束功能能够提高员工的自觉性、积极性、主动性以及自我约束,使员工明确工作意义和方法,提高员工的责任感和使命感。

(5)塑形功能。优秀的企业文化向社会大众展示着企业成功的管理风格、良好的经营状况和高尚的精神风貌,从而为企业塑造良好的整体形象,树立信誉,扩大影响,是企业巨大的无形资产。

三、企业文化"无形"与"有形"

"道",方向,导向,企业文化是一个企业的导向。从字面上看,"道",由首和走字底两个偏旁组成,上面是"首",代表着思想,下面是一个"走",代表着行动。思想和行为相结合,企业文化就是企业之道,即一个企业所崇尚并践行的思想和行为的综合。

"大道无形",万物本源为道,道于无形。企业文化是企业的灵魂,决定一个企业成功的核心要素是它的软件。所谓软件,是以企业价值观等要素为核心构成的企业文化的理念体系。它是一支无形的手,发挥着导向作用。

"大道有形",无形的企业文化如何发挥作用?那就是企业文化要在企业内部达到知行合一,而不是理念与行为"两张皮"——理念在天上飞,行为在地上跑,而是理念与行为的零距离契合。所以光建立起企业文化的理论体系是不够的,更重要的是推动企业文化实现落地,才能有效地发挥它的价值和作用。

企业文化作为一种新的管理思想,实践于日本,欧美总结提炼后,于20世纪80年代引入我国。研究发现,国内外优秀的企业都有优秀的企业文化。它有两个共同的特点:一是理念正确、个性鲜明;二是执行彻底、坚守合一。做好企业文化,就是理念正确和长期坚守,其中要点和难点,是企业文化推动落地。

因此,证券公司要探索和实践企业文化建设,不仅仅要做“思想”,更要“行动”,将“无形”转化为“有形”,让企业文化落地生根,这才是企业文化建设的根本之道。

(一)“大道无形”——企业文化理念体系的建设

“横看成岭侧成峰,远近高低各不同”,企业文化从不同角度而言,有不同的定义。不同的企业,孕育企业文化的土壤不同,自然所形成的企业文化也就大不相同。它是一种无形的力量,是一个企业的DNA,这种文化基因始终伴随着企业的成长。所以,建立企业文化的理念体系,最重要的一点,就是找准属于企业自身独有的文化个性。

兴业证券作为中国证监会核准的全国创新类证券公司和A类AA级证券公司,是福建省财政厅直接控股、海峡西岸经济区规模最大和最有影响力的上市证券公司。公司拥有10家分公司、63家证券营业部、4家控股金融子公司的中大型证券公司,基本搭建起涵盖证券、基金、期货、直接投资和跨境业务等专业领域的证券金融控股集团。目前,公司总资产308亿元,净资产125亿元,客户资产近4000亿元,主要业务和经营指标进入行业20强。

借势于资本市场的发展和整个证券行业的创新,自1991年创业以来,兴业证券自身也得到快速的成长和壮大。这期间,企业文化发挥了潜移默化的推动作用。兴业证券重视企业文化建设,注重对于企业文化理念的总结和提炼,同时也努力地探索实践推动企业文化有效落地,在很多方面都进行了尝试。多年积淀形成了具有自身特色的兴证文化。文化的力量激励着所有兴证人拼搏奋斗,并推动着企业的发展。

“我们是什么?我们做什么?我们如何做?”是兴业证券对自身发展的思考,也是兴业证券对于未来如何更好地完善企业文化建设的思考。

1.兴业证券企业文化形成和发展阶段

(1)1991~1999年创业阶段。企业文化形成阶段,主要体现在创业时期精神,并促进公司从一家地方性券商发展成为全国综合类券商;企业文化基因形成,并成为开疆扩土的基石头。

(2)2000~2008年一次转型阶段。形成系统的企业文化。系统的企业文化理念,规范公司VI、CI,进一步阐释和规范。创办公司内刊等为传播载体的文化媒体,企业精神在一次转型中,起到重要推动作用。

(3)2009年至今二次转型阶段。企业文化传播推广、推动落地阶段。转型时期企业文化特质明显,在组织架构中成立公司文化部,将企业文化的推广与传播专业化运作。

2. 兴业证券企业文化理念体系

(1)核心价值观:提升员工价值、创造客户价值(见图21-1)。

价值观:
- 秉承“艰苦创业、勤勉敬业、廉洁自律、励精图治”的兴业精神
- 坚持“专业化、规范化、市场化”的战略指导思想
- 贯彻“稳健规范、长远发展”的经营原则
- 执行“业务必须增长、管理必须领先、风险必须可控”的内在经营要求

文化特质:
- 责任文化
- 乐业文化
- 创新文化

图21-1　兴业证券核心价值观

(2)兴业愿景:成为中国最优质的金融服务公司。

企业文化理念的形成,不是凭空想象形成的,它是在企业发展过程中不断积淀形成的一种内在气质,并通过总结将其具象地进行展示。兴业证券文化理论体系是由不同企业文化理念组成,而其中每一条理念,都是在其不同发展阶段中形成提炼出来的,每一条理念的背后,都是有其产生的背景和意义。

核心价值观:提升员工价值、创造客户价值。2002年证券市场进入建立以来最迷茫的调整阶段:市场持续低迷,全行业亏损。此时,面对行业和公司遇上的困境,兴业证券开始思考证券公司的本质问题:“我们如何回归金融的本源?我们是什么?我们做什么?我们如何做?”2003年,公司提出了“提升员工价值,创造客户价值”,成为兴业证券核心价值观,核心价值观在兴业证券从“坐商”到“行商”一次转型中发挥了重要作用。核心价值观是“以人为本”经营理念的具体体现,加强对于员工培训、提升员工能力,并为客户资产提升更有效的配置。只有提升员工价值,才能创造客户价值。

秉承“艰苦创业、勤勉敬业、励精图治、廉洁自律”的兴业精神。1993年,兴业证券首次提出将“艰苦创业、勤勉敬业、廉洁自律、励精图治”作为企业文化口号,十六字精神贴切地概括了创业的艰难和兴业人拼搏进取的精神,十六字精神作为公司创业初期提出的口号,从而成为兴证精神,在企业的创业、发展及转型阶段,发挥了重要作用。

坚持“专业化、规范化、市场化”的战略指导思想。2000年12月,兴业证券在年度战略研讨会上明确把“专业化、规范化、市场化”作为公司未来业务发展

的指导思想,标志着兴业证券走向市场化。“专业化”是核心,是生存发展的关键;“规范化”是前提,是可持续发展的基础;“市场化”是手段,是推动组织进步的动力。

贯彻“稳健规范、长远发展”的经营原则。证券行业的特性决定了证券经营具有较大的风险,而券商作为金融服务者的定位又要求拥有持续稳定的利润结构,这一矛盾决定了券商的无论是长远发展还是短期生存都必须保持稳健经营的风格。2003 年兴业证券工作会议上,公司提出继续坚持“稳健规范、长远发展”的经营原则。兴业证券始终把合规经营、稳健运作、加强自律、趋利避害放在重要位置上,致力于建立完善的内控机制和内控制度,规范业务流程,规范各项管理,加强内部风险防范。

倡导社会责任的企业文化。自 1991 年创业以来,兴业证券一直奉行“务实的社会责任践行者”的原则,履行着自己作为企业公司应尽的社会责任。自 1996 年第一所希望小学的建立,到 2009 年成立兴业慈善基金会,标志着兴业证券长期、务实地践行社会责任的文化。对于责任文化的理解,有四个层次的内涵:对员工负有责任,没有员工的成长和发展,企业不可能发展。对客户负有责任,要不断地为客户提供良好的、专业的金融产品与服务,这是存在与发展的根本理由。对股东负有责任,不仅要确保股东投资的安全,还应该为股东创造高于行业的平均回报率。对社会负有责任,一方面,企业持续健康的发展,更好地服务当地经济社会的发展;另一方面,企业将赚取的部分利润用于支持公益慈善事业。持续回报社会,也是企业义不容辞的责任。

建立持续创新能力。兴业证券在 2011 年工作会议上,提出总体战略目标——行业前十。面对证券行业产业升级的大环境,兴业证券提出实现战略目标和二次转型的关键思路,其中重点提出要建立行业领先的持续创新能力。创新是金融发展的灵魂,兴业证券围绕客户需求,把握行业最新的创新动向和趋势,创造出充分满足目标客户需求的产品系列和产品组合,以有效促进市场竞争力的不断提升;在积极参与监管部门主导的系统业务创新的基础上,不断加强公司市场化的自主创新能力,提高自我发展能力和市场竞争能力,使产品与服务的创新能力达到业内一流水平。

致力于学习型组织的建立,提倡从敬业到乐业的企业文化氛围的打造。兴业证券一直很重视专业人才方面的培养以及学习氛围的营造。2001 年,兴业证券提出学习型组织的建立,提出“培训是员工最大的福利”。2003 年,在整个行业危机的情况下,仍然加大对员工培训的投入,在一次转型中,开展了“金牛计划”,为未来打造一支专业的队伍打下了坚实的基础。随着一次转型的成功,兴业证券开始推行小牛计划、金牛计划、金鹰计划、金狮计划等一系列的培训体系,建立“兴证财富管理学院”建立学习型组织的专业队伍。敬业与乐业,是核心价值观“提升员工价值”的文化体现之一。对于乐业文化有三个方面内涵:首先,有共同的目标,共同的信仰;其次,要不断学习,实现自身成长;再次,营造和谐、快乐的家文化;最后,要尊重和谦卑,化压力为动力,不断前行。

兴业愿景:成为中国最优质的金融服务公司。兴业证券在2003年工作会议上,提出“致力于将兴业证券打造成优质金融服务公司”的愿景。并在随后的几年中不断完善愿景,2011年工作会议上,进一步明确了公司的愿景是:成为中国最优质的金融服务公司。兴业证券致力于发展成为中国最具活力与影响力的优秀证券公司,在证券行业加快产业升级的环境下,公司二次战略转型的核心是打造投资服务业务模式的核心竞争力,从“以交易服务”为主的业务模式向“以专业服务”为主的业务模式转变,实现从“坐商”向“服务商”的转变。

(二)“大道有形”——企业文化落地探索与实践

在企业文化工作的实践中,兴业证券一直在探索如何将“无形”的文化,“有形”的落地,让企业文化的DNA真正成为推动企业发展,深入员工内心的价值观与行为准则。其中,企业文化有两个要素,一个是思想,一个是行为。思想,通过建立企业文化体系来完成,而思想产生相应行为的过程,就是企业文化落地的过程。而在企业文化建设过程中,企业文化是否能够落地,是企业文化工作有效性在实践中的投射。企业文化落地有四个层面。第一是认识,在思想上认识即“知悉”,员工对企业文化有全面充分认识,员工与企业就企业文化达成共识 ,谓之“入脑”;二是认知,在观念上接受即相信,员工随时接受企业文化的影响,员工与企业就企业文化达成了默契,谓之“入心”。三是认同,在意识上的赞同即行动。企业文化已经成为了企业员工的一种潜意识,形成了一种不可言传的心里共鸣,员工在行为上以企业文化为导向,谓之入髓;四是自觉,在行为上自觉即习惯,企业的价值观成为员工的价值观,企业的文化理念已成为了员工信仰,融入员工的行为习惯,员工主动按照文化的导向去行动,自觉履行岗位责任,达到知行合一,谓之“见行”。这四个层面有依次递进关系,是企业文化落地的不同阶段。如何推动企业文化有效落地?结合兴业证券探索与实践进行分析。

四、推动企业文化落地探索与实践

企业文化落地是一个系统的工程,如何达到企业文化落地的效果?关键点在于要通过不同的方式、方法和渠道,实现企业文化“有形”。兴业证券从七个角度进行了实践。

（一）设立企业文化内刊

随着中国经济不断发展，中国企业内刊已然从早期不登大雅之堂的"内宣小册子"，成长为承载企业文化"内生"与"外化"的载体，成为企业信息上通下达的沟通渠道和树立企业品牌形象、实现软公关的舆论宣传阵地。1992年《万科周刊》在被誉为"改革开放的窗口"深圳创刊，标志着国内业界真正意义上的第一本企业内刊诞生，10年后，资本市场的快速发展，券商办刊也如火如荼地发展起来。兴业证券则是最早试水的证券公司。

2004年，证券行业正处于市场最为困难的时期，在此时，兴业证券内刊《兴业证券》正式创刊。刊物中融入了兴业证券对于行业、自身走出困境，坚持发展的思考，既是思想的碰撞，又是思想的传播。同时，更多体现的是"以人为本"的人文关怀，像一杯清茶，滋润心田，展现的是企业的气质和魅力。

多年间，兴业证券坚持专业品质和人文价值相结合的原则，向公司员工不断地传递企业战略思想和人文精神关怀，其自身也在不断地发展。如今《兴业证券》创办已走入第十个年头。2013年4月25日，《兴业证券》杂志社正式成立，提出"做中国最好的人文类金融杂志"愿景，在中国企刊界连续多年获得中国优秀内刊、中国内刊事业突出贡献奖、中国梦 优秀文化传播"金桥奖"、2013年度中国优秀内刊"好杂志"特等奖，得到企业内外、行业广泛认可。

内刊对于一家企业的作用不仅仅只是传播的载体，同时还是企业形象展示的平台。兴业证券多年来向客户、合作单位寄送杂志，使企业的知名度得到了大幅度提高，带来了良好的影响力，提升了公司美誉度，让人们在阅读《兴业证券》之时认识兴业证券，从而认可其企业管理理念，在兴业证券从"坐商"到"行商"，从"行商"到"服务商"专业化转型的关键时期，充当了兴业证券与员工、客户、行业之间的强大粘合剂。

（二）建设企业文化传播队伍

企业文化最终落地是实现人的知行合一，推进企业文化落地，人对人的传播是很重要的一点。建立一个自上而下的企业文化组织网络，使企业文化理念和责任能够落实到每一个部门，每一个终端，是企业文化推动落地的最佳保障。兴业证券分支机构分布较广、人员分布较散，是企业文化落地亟须解决的一个问题。

为此，兴业证券2009年成立了公司文化部，具体统筹和推动企业文化建设和落地。并在此基础上，重点从不同维度建设企业文化传播队伍。经过多年的努力已经形成了由青年发展中心、兴证志愿者团队、内刊记者团三个团队组成的文化传播队伍，并发挥着不同的作用。

青年发展中心是兴业证券公司团委提出的青年文化建设体系，以“提升员工价值”为指导思想，通过主题活动、学习交流、争先创优等方式，追求实现青年员工的成长与发展。目前在全国各分支机构建立起了45个团总、支部，并实现团委成员与每个支点自上而下的对接。

兴证志愿者协会秉承“做务实的社会责任践行者”原则，传播兴业证券社会责任文化，目前在全国各分支机构分会34家，志愿者人数超1 500名。

内刊记者团已拥有88名成员，来自于兴业证券各部室、分公司、直属机构、子公司、营业部，均是各单位的核心业务骨干。

兴业证券文化传播队伍，对于推动企业文化落地发挥着重要的作用。其一，传播队伍人员本身，就是企业文化的受众。作为被挑选人员，对于企业文化就有高度的认同，随着对企业文化接触的深入，对于企业文化理解的加强，他们将成为企业文化落地的骨干力量。其二，针对区域性的特点，自上而下，通过传播队伍在区域内的传播，以其点，带其面，实现区域内的企业文化有效落地。

（三）践行社会责任

企业作为社会公民的一员，在为股东创造价值、为社会创造财富的同时，还应当承担起对员工、客户、环境和社会的责任。兴业证券一直将公益慈善作为履行社会责任的重要载体，在自身不断发展壮大的同时，持续倡导责任文化，支持慈善事业，并在企业内部营造人人参与公益的文化氛围。

持续投入公益慈善事业，践行社会责任。自成立以来，兴业证券和员工先后在福建、湖北、四川等省份捐建十多所希望小学，在江西财经大学等多所学校设立扶贫帮困奖学金，并在历次抗灾救灾和社会公益活动中奉献爱心，捐赠总额已接近5 000万元。基于在公益慈善事业中的突出贡献，兴业证券先后获得“环球慈善企业奖”和“中国最具社会责任证券公司”等荣誉。

成立企业基金会，提升履行责任的系统性与可持续性。2009年，兴业证券出资500万元发起成立福建省兴业慈善基金会，开海西证券行业风气之先；2014年，兴业证券董事会通过决议，每年按不超过母公司报表利润总额的1%向基金会捐赠，持续支持公益事业。作为一家专业公益机构，兴业慈善基金会在“多元教育资源提供”和“儿童青少年社工”两大领域开展项目资助，促进留守及流动儿童的身心协调发展，项目覆盖福建近20个县区，受益人数接近5万人，极大地提升了公益慈善行为的系统性和持续性，增强了责任品牌的专业价值。

倡导员工志愿者活动，不断弘扬责任理念。2011年，兴业证券成立志愿者协会,持续组织“给孩子一本好书”、“一对一爱心助学”、“梦想教练志愿者”等志愿者活动,并倡导吸引大量志愿者参与,为山区留守儿童奉献爱心,弘扬了兴业证券务实社会责任理念,增强了员工对责任文化的认同度。

兴业证券通过捐赠公益慈善事业、发起企业基金会、倡导员工志愿活动等形式,务实践行社会责任,不断丰富社会责任文化的内涵,促进了责任文化的有效落地,也收获了员工与社会的广泛认可。实践中认为,优秀的企业应当在创造商业利润的同时承担和履行社会责任,而公益慈善是社会责任的重要载体。企业持续投入公益慈善事业,并带动员工进行捐赠和参与,可以在企业内部营造人人参与的公益氛围,提升员工的责任意识和归属感。而企业基金会的设立,能够聚合并激发企业、员工的公益意愿,保障企业公益的系统性与持续性,增强捐赠行为与公益活动的专业性,促进责任文化的有效落地。

(四)建立完善的公司培训体系

培训是企业文化落地的必要手段。人是决定企业发展的关键因素,对于证券行业来说,是否吸引高端专业人才,如何育人,用人,留人,可以说人才的发展决定了企业的未来。作为现代企业,需要有内生的人才培养能力,以保证未来企业战略目标的实现。

“提升员工价值　创造客户价值”是兴业证券核心价值观,围绕着人才培训,兴业证券践行了长期的投入和系统性的建设。人是决定企业发展的关键因素,任何一个国家或是社会,金融都是国家经济的重要组成部分,因此对金融从业人员也就提出了更高的要求。

兴业证券一直践行着“人才立司”的发展理念,其核心理念在于通过培训提升员工的能力,从而实现客户价值,核心是员工能力的提升。兴业证券成立了业内第一所企业大学——“兴证财富管理学院”,进一步加大对员工培训的战略性投入。

兴证财富管理学院以提高公司员工专业能力、管理能力和营造学习型组织为目标,建立了适合员工需求和自身业务发展的培训体系,并不断予以丰富完善,形成了以“金牛计划”、“金鹰计划”、“金星计划”、“T 计划”、“S 计划”、“E 计划”、“黄埔计划”、“龙腾计划”等一系列品牌培训项目,不定期举办“兴证讲坛”、“兴证公开课”等学习活动,让各类专业技术人才、管理人才等不同岗位的员工在不同的职业发展阶段都能接受良好的学习机会,提倡并践行终身学习,使培训真正成为员工每一步成长的助推器。此外,在学习中积极运用 E - Learning、APP、微信等工具实现碎片化学习、移动学习,让员工可以随时、随地、随需而学,在掌握新知识、新技能的同时获得良好的学习体验。

兴业证券的培训在公司内部员工中得到了很好的认同，在证券行业得到了广泛的关注和赞誉，在培训界也引起了一定的反响，获得了《培训》杂志“2013年度中国人才发展最佳企业”、上海交通大学海外学院“2013 年度中国最佳企业大学”、中国企业大学联盟“2013——中国十佳学习型企业”、《中国远程教育》杂志社“2014 中国 E – Learning 行业评选应用创新奖”等荣誉称号。此外，“金牛计划”、“龙腾计划”、“境外创新研修项目”还分别获得上述机构颁发的“2011——中国企业十佳人才培养实践”、“2012 年度中国企业最佳学习项目”、“2013 年度中国企业最佳学习项目”的奖项。

（五）策划、制作文化产品

企业文化产品是企业文化有形化的体现。企业文化不仅仅停留在思想和想象中，能够通过文字、声音、图像、案例进行全方位的表达，通过不同的方式直观、全面地传递给企业员工，更有助于员工对于企业文化的理解和接纳。兴业证券为此制作了一系列企业文化产品。

制作企业文化手册，企业文化手册是企业文化理念的载体，它承载和体现了企业的经营思路，是企业员工的行为纲领。兴业证券在梳理企业文化理念体系的基础上，制作了企业文化手册《势》。书以企业文化理念为主线，通过不同方面将企业文化进行系统地阐述，一本书看懂兴业证券的文化。《势》也成为了兴业证券新员工培训的固定教材，以帮助新员工更好地理解公司的企业文化。

企业文化系列目视，早在成立之初，兴业证券就以鲜明的视觉形象确认了企业标准色和企业标识，并在企业文化建设中一直重视企业形象方面的基础工作。规范了企业 CI 和 VI。并在 SI 方面进行梳理和统一，统一营业网点装潢标准，导入视觉识别系统加强了企业的外在展示。针对企业文化定位，设计企业文化系列海报，图文并茂地展现企业内涵，并以文化走廊的形式在公司内部进行展示。

推出企业文化视频，制作纪录片《兴路》。真实还原了兴业证券创业二十年的发展历史，是员工了解企业发展、感受企业文化的第一手教材。不仅仅如此，纪录片背后所折射出的也是整个证券行业的发展历程。其中所呈现出的事件、人物都有其深刻的历史背景，能够让员工、客户更加全面地了解整个证券行业的成长与变迁。推出微电影《兴证故事》系列，挑选公司具有企业文化代表性的员工进行拍摄和制作，反映优秀员工的成长轨迹，传播其所代表的企业文化特质。

(六)策划、组织企业文化活动

企业文化活动是企业文化建设的载体之一,是企业根据企业经营、发展的需要,结合企业员工需要和特点所开展的各种文化活动。形式多样、针对性强的企业文化活动能够在企业内部营造良好的企业文化氛围,提升企业员工的凝聚力和向心力。同时,在企业文化活动中融入企业文化元素,能够在潜移默化中提升员工对于企业文化的认知。

兴业证券结合行业和公司特点,建立了较完善的活动体系。作为一年一度重要的员工表彰活动,"光荣与梦想"颁奖仪式,是兴业证券企业文化传播的重要平台,通过表彰年度对企业做出贡献的优秀个人,传递榜样力量,促进企业员工不断进取,追求卓越;青年活动是兴业证券活动体系中的特色。针对兴业证券年轻人占比高的特点,兴业证券从青年人"信仰、素质、生活"三个方面出发策划系列青年活动。其中增强青年员工交流的"和春天的约会"系列活动,融合公司业务开展的"斯密论坛"系列活动,传递正能量的"正能量　青年季"系列活动,帮助新员工快速融入职场"HI 职场"、"小电影　大智慧"活动,建设学习型青年组织的"图书漂流"、"好图书　大智慧"活动不仅在企业内部受到青年员工欢迎,在企业外部也具备较大的影响力。同时,针对特定事件,策划"发现身边美"、20 周年系列活动、上市系列活动、"兴业之魅"系列活动、"20 年 20 人"系列评选等主题性活动,集中地展示、传递兴业证券的人文气质。此外,在公益活动方面,也开展了一系列活动,为企业员工搭建履行社会责任的平台,对责任文化的传播产生了积极的效果。

(七)充分运用新媒体碎片化传播

当下,在互联网与我们工作、生活联系地越发紧密。充分地利用互联网新媒体对企业文化进行线上碎片化、及时性的传播,对推动企业文化落地,能够发挥着重大的作用。

兴业证券在企业文化传播上,除了采用以上几种方式外,很早开始尝试了新媒体传播的方式,除了利用其内部 OA 论坛、OA 邮件,对于战略和企业文化理念、公司热点事件进行传播以外,还利用微信、微博,对企业文化进行碎片式传播等。其中,企业文化微信"兴证文化",根据不同的主题进行了栏目的划分,内容涉及企业文化、行业视野、心灵鸡汤、员工风采、热点事件和理念分享等方面。并根据计划,进行每日推送,形成了系统性的传播。此外,设立文化网盘,用以储存企业文化档案,保证企业文化相关资料的搜集,并通过网络下载,供员工学习和使用。

五、兴业证券企业文化落地情况调研

（一）《战略转型与创新发展调研问卷》

2012年，兴业证券“转型问题研究小组”就“战略转型与创新发展”主题向公司全体员工进行了一次调研。通过其内部平台E－learning系统进行，共发放2731份问卷，收到有效问卷1133份，完成率为41.5%。《战略转型与创新发展调研问卷》中涉及公司战略和企业文化反员工馈情况如表21－1和表21－2。

表21－1　企业核心价值观调查统计

项目	问卷内容	分值				
		1分（非常不同意）	2分	3分	4分	5分（非常同意）
公司战略	我认同公司的战略方向	1%	1%	10%	29%	59%
企业文化	我清楚地认识公司的核心价值观（“提升员工价值，创造客户价值”）的内在含义	1%	0%	11%	34%	53%
	我认同公司的核心价值观	0%	2%	10%	30%	59%
	公司的核心价值观在公司的日常工作中得到真正的贯彻和体现	1%	5%	25%	33%	36%
	公司的文化氛围和价值导向能够支持战略目标的实现	1%	4%	26%	34%	36%

表 21－2　公司战略愿景调查统计

项目	问卷内容	分值				
		非常不足	较差	一般	良好	优秀
公司战略	我认为公司战略愿景	0%	1%	9%	37%	53%
企业文化	我认为公司的企业文化	0%	2%	16%	35%	46%
	共同价值观	1%	2%	23%	36%	37%

通过问卷调查,我们可以直观地看到,在大多数员工的理解中,公司的战略愿景是良好、优秀的,同时也得到了绝大多数公司员工的认同。认为企业文化优秀、良好的居大多数。绝大多数员工清楚核心价值观、认同核心价值观。核心价值观与工作结合度较好,企业文化氛围较好。

(二)兴业证券问卷调研报告分析

2014 年 7 月,兴业证券委托大业堂信息咨询公司就战略规划、组织和流程、人力资源管理、企业文化、员工满意度五个部分进行了一次管理问卷调研,其中涉及企业文化员工反馈内容汇总如下。

(1)您认为兴业证券 3 年前的优秀文化主要有哪些?(见图 21－2)

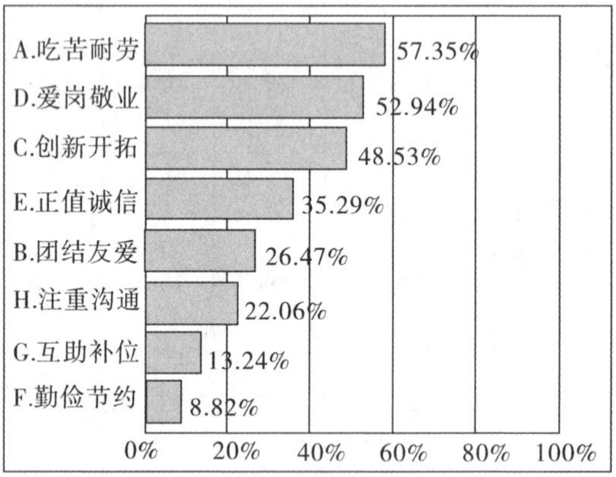

图 21－2　3 年前兴业证券的优秀文化

(2)您认为目前兴业证券所具有的优秀文化主要有哪些?(见图 21－3)

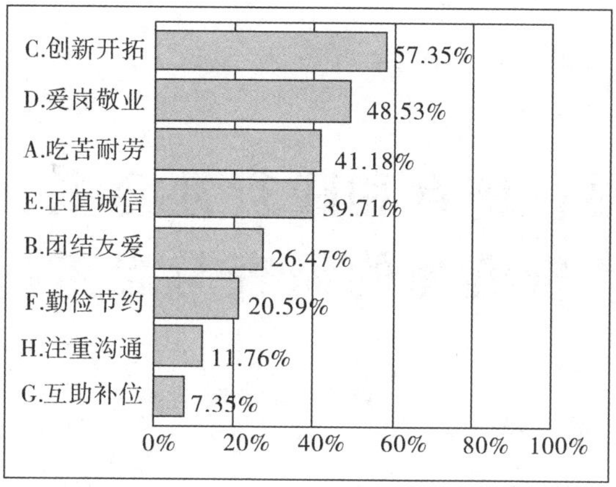

图 21－3　目前兴业证券的优秀文化

通过调查问卷的反馈，我们可以看出，过去三年，企业文化中，“吃苦耐劳”、“爱岗敬业”、“创新开拓”在员工心里是排名前三位的企业文化特质。而随着行业创新和互联网金融等金融创新的发展，在目前员工心里排名的企业文化中，“创新开拓”已上升至第一位，“爱岗敬业”和“吃苦耐劳”分列二三位。因此，创新文化的重要性得到了员工的认同，而爱岗敬业和吃苦耐劳的优秀品质仍不可或缺。

虽然，兴业证券在推动企业文化落地的探索和实践中取得了不错的成效，但也遇到不少瓶颈，存在需要提升的空间：企业文化建设系统性仍需加强；企业文化传播辐射面有待扩大；各分支机构企业文化落地成交参差不齐；建立企业文化机制尚不成熟；企业文化与公司业务开展结合不够紧密；企业文化传播队伍作用不够突出等。兴业证券对于企业文化建设和落地实践依然任重而道远，需要更多的探索与实践。

六、总论

伴随着中国经济体制改革的推进，证券公司作为资本市场的参与的重要因子，对于资本市场的重要性日渐提升。特别是行业创新之后，不断恢复证券公司交易、托管结算、支付和融资等基础功能，尝试为多层次资本市场的完善打开了新的天窗，为投资难、融资难的资本方与融资方嫁接了前所未有的桥梁，促进社会经济真正全然地转型升级，并建立与之匹配的现代金融体系。证券行业的发展将有力地推动中国资本市场的发展。

作为证券公司应当更加重视自身企业文化建设，通过企业文化在企业内部的有效落地，打造起企业自身的核心竞争力。充分利用企业文化“软实力”的力量，明确发展目标和方向，凝聚公司人心，以企业文化带动企业积极、健康地转型与发展，以此共同推动证券行业的持续发展。

杭州银行培育和践行社会主义核心价值观的调查与思考

黄　龙*

培育和践行社会主义核心价值观是一项意义重大而又艰巨复杂的系统工程。杭州银行作为金融企业,一直注重社会主义核心价值观的培育和践行工作,并形成了一套行之有效的经验做法,同时也遇到了一些困难和问题,其探索和实践,将对推动社会主义核心价值观在金融企业落地提供重要启示。

杭州银行成立于1996年9月。经过18年的努力,目前已经发展成为一家员工数6000人,机构网点超140家,初具规模、质地优良、在同业中具有一定知名度和影响力的区域性银行,综合实力在全国140多家城商行中位居前列,各项监管指标达到或超过上市银行的平均水平。2013年末,资产总额3401.89亿元;2012年,按一级资本排名,位列英国《银行家》杂志"全球银行1000强"的第339位,较上年排名提高35位。凭借着在中小企业金融服务方面的良好表现,近年来,先后获得了"全国支持中小企业发展十佳商业银行"、"最佳科技金融服务城商行"等荣誉。近几年来,杭州银行领先同业推出愿景、使命、核心价值等文化要素体系,开启我国金融企业文化建设的先河。如何将社会主义核心价值体系更好地融入杭州银行企业文化建设中,个人结合调研实际谈几点粗浅的认识与看法。

杭州银行企业文化:诚信、创新、效率、尊重、责任

企业文化是企业的灵魂,是企业和谐发展的源泉。杭州银行的企业文化是在成长的历程逐步形成的,凝结出"诚信、创新、效率、尊重、责任"的十字箴言,文化的沃土滋养着实现一次次突破,完成一个个跨越。

---

* 杭州银行风险管理部;本文获2014年全国金融系统思想政治工作和企业文化建设调研成果二等奖。

一、做法和经验

（一）以丰富的学习教育强化对社会主义核心价值观的广泛认同

学习实践活动丰富多彩。杭州银行在探索企业文化、宣传思想与业务深度融合中，尊重人性，围绕员工，每年策划开展一个具有特色的主题实践活动，先后开展了“践行核心价值观，服务合规促发展”、“知行合一，实干兴行”等六个主题活动。在主题活动中，各分支机构创新内容、形式和载体，员工喜闻乐见。

（二）以优质服务和社会责任强化社会主义核心价值观的融合与深植

将核心价值观融入客户服务。杭州银行实施“综合性、多功能、集约化”的发展战略，以创新为动力，大力推进业务转型，积极构建专业化、差别化的客户服务体系，大力发展网络银行、手机银行、电话银行、ATM 和 POS 机等电子化渠道，以及与其他金融机构战略合作等模式，延伸服务终端，提供便捷服务。坚持对特殊困难客户采取人性化服务，对于老弱病残孕等特殊客户开设绿色通道，对于本人不能亲自到网点办理相关业务的，坚持在有效控制风险的前提下，积极做好柜台延伸上门服务。

将核心价值观融入支持经济社会发展。作为窗口服务行业，杭州银行坚持把树立群众观点、坚持群众路线作为经营管理的重中之重，认真贯彻落实中央决策部署，自觉承担社会责任，大力支持和服务民生、“三农”、小企业、文化产业、科技创新等，深入了解市场变化以及实体经济对金融服务的需求，支持经济结构调整和转型升级，注重通过服务创新、产品创新来满足客户需求。依托网点资源优势，累计为 10 万户企业发放 1732.3 亿元信贷资金。通过设立村镇银行，增加农村服务网点，使许多地方农民“人不出村、足不出户”就能享受到现代金融服务。

（二）以严格的内控合规强化对践行社会主义核心价值观的规范约束

以廉洁、合规意识体现核心价值观。杭州银行持续开展以“坚持党性、廉洁从业、依法合规”为主要内容的教育活动，不断强化法律意识、廉洁意识与合规意识。

以约束员工行为践行核心价值观。按照“条线管人、层级管人”的原则，抓住关键环节和风险点,持续强化监督检查和违规惩戒力度,形成长效工作机制。针对违规违法行为易发的“四个重点”,即重点部位(与权、钱、人相关的部门和岗位)、重点环节(存在风险点、容易发生案件的业务环节)、重点机构和人员(基层机构、网点及其负责人)、重点区域和时段(经济活跃、案件和违规问题高发区域和节假日、非营业时间、机构改革、人员调整等时段),抓实日常检查,每年组织3~4次全员行为排查,强化了案件的有效预警与防范。

以完善防控体系践行核心价值观。构建了以委派会计主管、风险经理为主体的基层风险防控平台,加强对基层机构和前台业务风险的直接控制。

(四)以细致的人文关怀强化对社会主义核心价值观的感受和体会

以理想信念教育关爱人生。杭州银行党委高度重视思想政治工作,将思想政治工作、群众路线教育纳入各级党委重要工作议程。党委书记、董事长等总行领导先后两次与青年员工座谈,围绕他们关心的问题,联系党的光辉历史、改革开放以来经济社会巨大变化和建行改革发展,教育引导青年员工坚定理想信念、树立正确的人生观和价值观。各分行每年都针对重点对象和难点问题,开展课题研究,着力解决员工理想信念和价值观方面的深层问题。

以素质能力提升关爱成长。杭州银行制定了员工职业生涯管理与发展规划,实施全员职业培训教育计划,积极探索开展“领导力研究项目”,全面提升干部员工的综合素质和履岗能力。探索建立健全公正的人才培育、选拔、任用机制,2013年,总行先后对部门总经理、副总经理、总经理助理等40多个职位,实施公开竞聘、选拔上岗,有效激励了各级管理人员,释放了强大的正能量。

(五)以身边的典型强化对践行社会主义核心价值观的示范与引领

以典型人物激励人。杭州银行党委高度重视培育和打造先进典型,充分利用行内外网络、报刊、电视、微博等媒体,大力宣传典型人物与事迹,弘扬正气,激励斗志。上海分行庞静芳作为上海分行业务发展三部总经理,她始终坚持“紧抓风险管控与快速发展业务”双管齐下的理念,带领上海分行业务发展三部全体员工在2013年度取得了较为显著的工作成效,其优秀事迹先后在《浴火》等杂志上进行宣传报道。

二、面临的主要困难和问题

培育和践行社会主义核心价值观是一项意义重大而又艰巨复杂的系统工程。杭州银行积极探索和实践，创造了许多成功经验和有效做法，具有一定的学习推广价值，但是也遇到了一些困难和问题，主要体现在：

（一）少数员工对核心价值观的认知认同度有待提高

有的员工特别是少数80后、90后员工，由于在互联网时代成长，受各种社会思潮及思想观念影响较深，表现为政治意识薄弱、理想信念缺失、过分看重物质享受、自我规范约束意识不强等。个别员工对社会主义核心价值观的“三个倡导”表述和我行核心价值理念内容仍未做到熟记在心和理解到位，行动上未能做到自觉践行。

（二）少数管理人员践行核心价值观的表率作用有待加强

少数管理人员文化自觉意识和“两手抓，两手硬”的意识不强，在密切联系群众、自觉践行核心价值观、廉洁自律等方面的示范表率作用还不够到位。由于发展任务重，业务压力大，一定程度上存在着“说起来重要，忙起来次要”的现象；一些管理人员对人本文化和价值观管理的理论学习不够，实践探索不足，因而在培育和践行社会主义核心价值观方面创新点子不多。

（三）对核心价值观培育的途径及其规律的探索有待深入

目前，核心价值观的培育既是一个重点问题，也是一个难点问题。多数员工特别是青年员工，独立自主意识强，价值追求多元化，传统的单向性说教和灌输式教育方式效果欠佳。虽然实践探索取得了一定成效，摸索出了一些规律，但是在对个别员工的健康人格培养、道德自律机制养成、逆反心理矫正及不良情绪化解等方面，还存在着很多难题。

（四）影响信仰和追求核心价值观的不良社会环境亟待改善

员工既是“企业人”，更是社会人，其生存所必需的一切都离不开社会。社会现实冲击着员工理想信念教育的效果，少数员工受社会不良风气、腐败现象等负面现象影响较深，缺乏健康心态。譬如，有的员工认为，在缺乏诚信的社会里，谁讲诚信、守规矩就意味着吃亏；解决吃穿住行、就学就医就业、打官司等问题，只有金钱权力是硬实力，等等。这些错误认识给核心价值观的培育和践行带来一定的挑战和困难。

“创新中国 2014”总决赛暨颁奖盛典

杭州银行作为一家本土银行，以成立浙江省内首家科技支行为起点，在科技金融服务领域，勇于探索、大胆创新，经过 5 年的发展，科技金融业务作为该行战略特色业务，已为全国 3500 多家科技型创新企业提供资金支持，实现创业梦想。该行已是第三次冠名承办“创新中国”总决赛，作为构建与创业者、投资者交流的舞台，承办和参与该项赛事，不仅能更进一步走近、倾听、展望创投世界，也能认识和了解到最前沿的创新项目和大量优秀创业团队的金融需求，进一步探索尝试更新的金融服务手段，为实践创新型科技金融发展注入了新鲜活力，同时也是在创业者中树立前沿科技金融服务品牌的有利契机。

图 22－1　“创新中国 2014”总决赛暨颁奖盛典

三、对策与建议

（一）将培育和践行核心价值观纳入群众路线教育和党风廉政建设，发挥领导干部示范带头作用

党员领导干部是普通群众的标杆。培育和践行社会主义核心价值观，各级领导干部要带头。要把培育和践行核心价值观作为党风廉政建设的重要内容，从培育领导干部的理想信念入手，使之树立正确的人生观和价值观，正确认识

和处理权力、利益与责任之间的关系，做到清正廉洁、务实为民。

（二）将社会主义核心价值观与企业价值观融为一体，以学习教育和制度约束实现“入脑、入心、入行”

社会主义核心价值观统领企业价值观，企业价值观则是社会主义核心价值观的组成部分，将“爱国、敬业、诚信、友善”的社会主义核心价值观与杭州银行“诚信、创新、效率、尊重和责任”的核心价值观融为一体，能够具体化，便于“落地”——深植于员工心中，变为员工自觉的职业行为。从杭州银行的实践效果看，在学习教育和制度约束中，将二者密切联系在一起，同学习、同检查、同考核、同奖惩，增强了实际效果。

（三）将社会主义核心价值观与业务经营深度融合，增强实践性和说服力

通过经营管理制度、机制、流程及各项活动，将社会主义核心价值观深度融入经营管理的全过程。员工立足自己的岗位，在客户服务、产品营销、风险内控、团队管理等日常工作中，就将“爱国、敬业、诚信、友善”落实到实际行动之中，并逐步转化为理想信念和职业道德准则。

（四）将基于互联网等新媒体与传统教育方式方法相结合，进一步增强宣传教育的时代性和实效性

随着互联网和信息技术的快速发展，各种新兴媒体、自媒体如微博、微信、手机报等蓬勃兴起。宣传教育工作要主动适应人们思维方式、生活方式和阅读方式的转变，创新使用新媒体，实现全员“即时共享”、“时时感动”。目前，全行形成了包括企业网站、自办报刊、微博、微信等宣传媒体和中心组学习、主题活动、员工论坛、道德讲堂、网点精神墙、LED 屏等宣传载体。特别是现代新兴媒体的运用，抓住了广大青年员工愿意接受和尝试新媒体、新事物，参与意识强，传播信息快等特点，通过丰富鲜活的一线报道、现场声音、实时画面，增强了双向交流、互动共鸣的良好效果。

新媒体时代银行业思想政治工作方式创新探究

——基于西安银行思想政治工作方式的调查与思考

西安银行思想政治工作课题组*

“新媒体”越来越成为银行业获取知识和各种信息的重要渠道，正广泛而深入地冲击着银行员工们的思想观念、思维方法、生活方式、行为标准和价值取向,也逐渐成为思想政治教育的重要载体,极大地拓展了思想政治工作的空间和渠道,对思想政治工作的影响日益增强。在此背景下,深入了解银行员工思想政治工作方式现状,利用“新媒体”的传播优势在思想政治工作方式网络化方面寻求突破显得颇为必要。

一、“新媒体”概述

(一)“新媒体”含义辨析

关于“新媒体”的含义,国内外专家各执一词,目前学界尚无统一定论。“新媒体”(New Media)于1967年首次出现于美国CBS(美国哥伦比亚广播电视网)技术研究所所长P. 格尔德马克(P. Goldmark)的商品开发计划书中;1969年,美国传播政策总统特别委员会主席E. 罗斯托(E. Rostow)向尼克松总统提交的报告书中多次使用“New Media”,“新媒体”一词从此在美国及全世界得以广泛应用。

各类研究机构、专家或学者分别从不同领域及角度出发对“新媒体”的概念加以界定。联合国教科文组织认为:“新媒体”是网络媒体;美国《连线》杂志认为:“新媒体”是所有人对所有人的传播;华纳兄弟总裁施瓦茨威格认为:“新媒体”是非线性传播出的媒体;《圣何塞水星报》的专栏作家丹·吉尔摩加入了数

* 课题组组长:李富国;组员:魏海燕、柴允红、王永宁;本文获2014年全国金融系统思想政治工作和企业文化建设调研成果二等奖。

字技术概念，认为“新媒体”是数字技术在传播中被广泛应用后产生的新概念；清华大学新闻与传播学院熊澄宇教授认为，“新媒体”是建立在计算机信息处理技术和互联网基础之上，发挥传播功能的媒介综合。

综合以上观点，本文认为，“新媒体”是新的技术支撑体系下出现的媒体形态，如数字杂志、数字报纸、数字广播、手机短信、移动电视、网络、桌面视窗、数字电视、数字电影和触摸媒体等。相对于传统意义上的报刊、户外、广播和电视四大媒体形式，“新媒体”被称为“第五媒体”，其内涵将随着传媒技术的进步而不断发展。

（二）“新媒体”本质属性

与传统媒体相比，“新媒体”具有个性化、数字化、碎片化、即时性、开放性、交互性、虚拟性和超文本性等特点，但“新媒体”的本质特征体现在交互性方面。交互性（Interactive），即相互作用、相互影响之意，也被称为互动性，是“新媒体”区别于传统媒体的重要特征之一，也是网络空间内信息发布的低门槛和信息传播方式灵活性的直接产物。

传统媒体将传播者与受众者进行了不同区分，包括作者与读者、广播者与观看者、表演者与欣赏者，采取“点对面”的方式进行单向线性传播。而“新媒体”则使传者和受者之间的界限变得模糊，受众不再是被动的信息消费者，他们既能根据自身喜好接受信息、发表观点，也能够成为信息的发布者，成为可以自由传播、选择及接受信息的媒体用户。在真正的互动环境中，信息不再依赖某一方发出，而是在双方交流过程中形成。信息的传播没有传者和受者，只有信息的参与者。受众在“新媒体”环境中可以在极大范围内选择自己需要的信息，同时还可以参与信息的传播和发布。不仅实现了“点对面”的传播，也实现了“点对点”或是“面对面”的传播。“新媒体”的交互性使得受众的主导性和自主性得到了空前的增强。

利用交互性标准来衡量目前存在的各种“新媒体”形态，发现许多所谓的“新媒体”仍是以新形式表现的旧媒体，譬如：车载移动电视、户外媒体和楼宇电视等，它们的本质同传统媒体相同，只是以高科技的形式表现出来而已。

二、西安银行员工思想政治工作方式调研与分析

（一）调研方式与方法

本次调研主要采取以无记名问卷调查为主，以现场座谈和讨论为辅的方式

进行,调查对象基本覆盖西安银行总行及123个分、支行网点的大部分员工群体。调查问卷共设计了30个问题,其中,了解员工基本信息的问题5个,了解员工对通过“新媒体”方式开展思想政治工作认识的问题25个。发放问卷516份,收回问卷516份,有效问卷508份,有效问卷回收率98.45%。

本次调查问卷共分为四部分,第一部分为员工的基本信息,包括性别、年龄、学历、政治面貌和工作年限等,以便于对调查问卷进行结构性分析;第二部分为从员工角度了解西安银行思想政治工作方式和对“新媒体”的应用现状;第三部分为主体部分,了解员工对通过“新媒体”开展思想政治工作的认识和看法;第四部分为员工对西安银行采用“新媒体”方式进行思想政治教育工作的期待、需求和建议。

(二)调查问卷分析

1. 员工基本情况

截至2013年末[①],有效调查问卷中,女性占比为61.33%;年龄30岁以下的占比26%,31~40岁的占比31%,41~50岁的占比36%,51岁以上的占比7%;从政治面貌来看,共青团员占比16.35%,共产党员占比32.49%,民主党派占比0.76%,无党派人士占比50.40%;从学历水平来看,大专以下员工占比8.03%,大专员工占比39.18%,本科学历员工占主要部分,占比48.17%,研究生及以上员工占比4.62%;从入行工作年限来看,工作年限3年以下的员工占比21%,4~10年的员工占比14%,11年以上的员工占比65%(见表23-1)。

以上西安银行员工基本信息体现了员工队伍中,女性居多、年龄偏低、党员比例较高、工作经验丰富和学历水平集中于大专和本科的特点。

表23-1　调查对象基本信息表

<table>
<tr><td rowspan="2">性别</td><td colspan="2">男</td><td colspan="2">女</td></tr>
<tr><td colspan="2">38.67%</td><td colspan="2">61.33%</td></tr>
<tr><td rowspan="2">年龄</td><td>30岁以下</td><td>31~40岁</td><td>41~50岁</td><td>51岁以上</td></tr>
<tr><td>26%</td><td>31%</td><td>36%</td><td>7%</td></tr>
<tr><td rowspan="2">政治面貌</td><td>中共党员</td><td>共青团员</td><td>民主党派</td><td>无党派人士</td></tr>
<tr><td>32.49%</td><td>16.35%</td><td>0.76%</td><td>50.40%</td></tr>
<tr><td rowspan="2">文化程度</td><td>大专以下</td><td>大专</td><td>本科</td><td>研究生及以上</td></tr>
<tr><td>8.03%</td><td>39.18%</td><td>48.17%</td><td>4.62%</td></tr>
<tr><td rowspan="2">工作年限</td><td>3年以下</td><td>4~10年</td><td colspan="2">11年以上</td></tr>
<tr><td>21%</td><td>14%</td><td colspan="2">65%</td></tr>
</table>

数据来源:通过问卷调查获取。

① 对党员、民主党派和无党派人士统计的截至时间为2014年8月27日。

2. 问卷调查结果与分析

调查问卷围绕通过“新媒体”方式开展思想政治教育工作的认识和应用而展开,根据问卷调查的目的和倾向,将调查问卷所有内容归纳为七个方面,从不同角度了解西安银行员工对“新媒体”方式的了解、看法、使用情况及建议等,具体如下:

(1)对采用“新媒体”方式开展思想政治工作的认同程度。员工普遍认为,与传统媒体相比,对“新媒体”方式的认同程度更高。在“对通过网络新媒体接受思想政治教育的信任度如何?”的问题中,78%的员工选择“绝对信任”,20%的员工选择“信任”,其余员工选择“一般”,没有员工选择“不信任”或“绝对不信任”(见图23-1)。

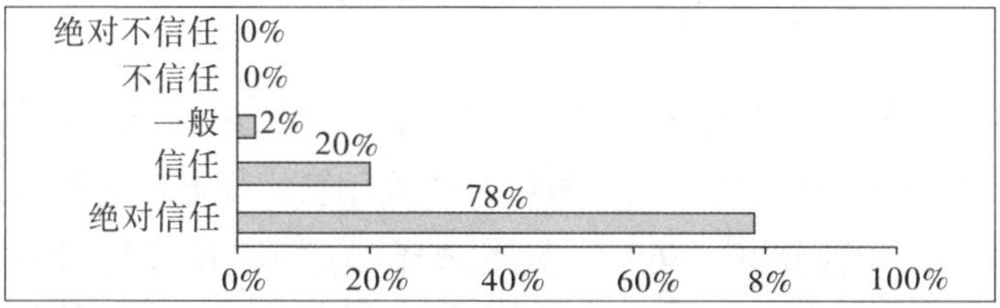

图23-1 对通过网络新媒体接受思想政治教育的信任情况

通过“您更乐于接受何种方式提高员工的思想政治认识水平?”问题的咨询,选择“新媒体”方式的员工占比高达93%,远超选择“传统媒体”方式的员工占比(见图23-2)。

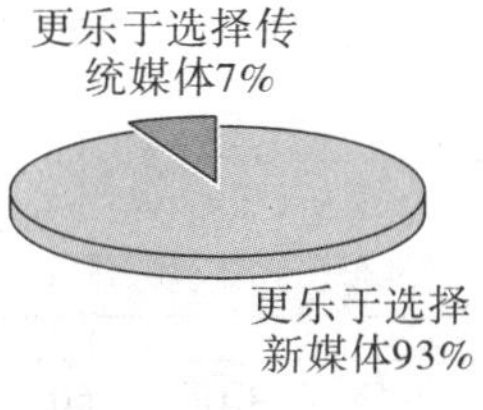

图23-2 更乐于接受何种方式学习思想政治教育内容

以上结果表明,与传统媒体相比,“新媒体”方式得到了员工的普遍认同,应用“新媒体”开展思想政治工作是广大员工更乐于接受的方式。

(2)通过“新媒体”获取新时代思想政治教育内容的情况。为掌握员工队伍获取当前思想政治教育内容主要途径的信息,我们在调查问卷中设计了员工认识当前“中国梦”、“新形势下社会主义核心价值观”、“中国特色社会主义”和“党的路线方针政策”等途径的问题,结果显示,选择通过“网络新媒体”学习的员工比例为68%,通过“电视”学习的员工比例为18%,通过“广播”、“专题教育活动”、“会议”和“文件”学习的员工比例为 14%(见图 23 -3)。

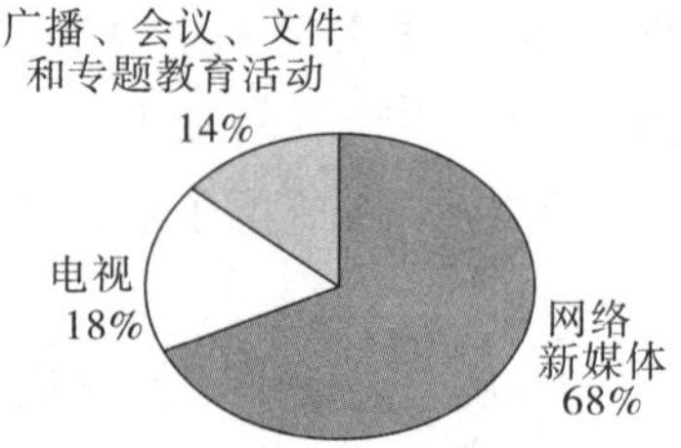

图 23 -3　员工队伍获取当前思想政治教育内容的主要途径

以上调查结果表明,在“新媒体”迅猛发展的新形势下,“新媒体”已不知不觉地渗透在员工的日常生活和工作中,员工通过“新媒体”学习当前思想政治教育内容也许是不自觉的行为,但“新媒体”成为多数员工选择的主要方式已成为客观事实。

(3)对“新媒体”影响思想政治教育工作效果的看法。关于“新媒体”对思想政治教育工作效果的影响,问卷调查显示,在“采用新媒体开展思想政治教育工作的预期成效如何?”的问题中,86% 的员工选择“好”或“较好”,14% 的员工选择“一般”或“较差”(见图 23 -4);在“将新媒体应用于我行思想政治教育中会产生负面影响吗?”的问题中,90% 的员工选择“会”,10% 的员工选择“不确定”,没有员工选择“不会”(见图 23 -5);在“将新媒体应用于我行思想政治教育中的正面影响大还是负面影响大?”的问题中,91% 的员工选择“正面影响大”,9% 的员工选择“不确定”,没有员工选择“负面影响大”或“一样大”(见图23 -6)。

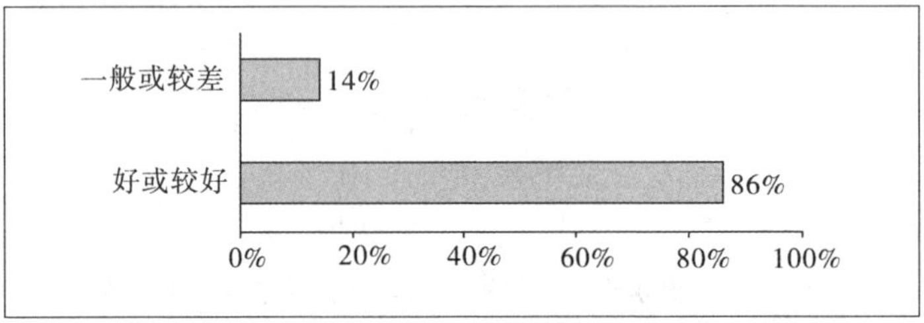

图 23 -4　采用新媒体开展思想政治教育工作的预期成效

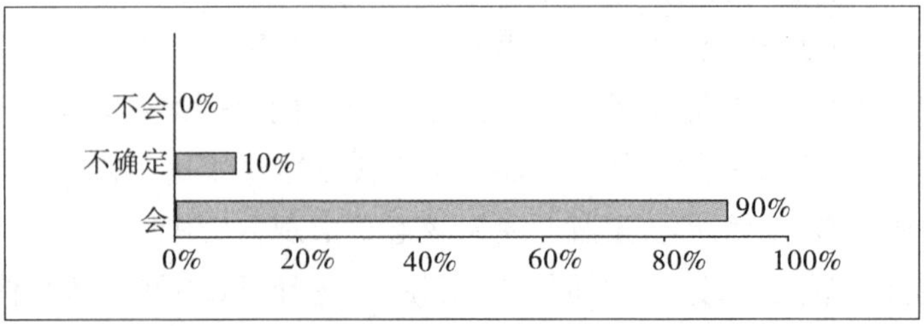

图 23 -5　将新媒体应用于思想政治教育工作中是否会产生负面影响

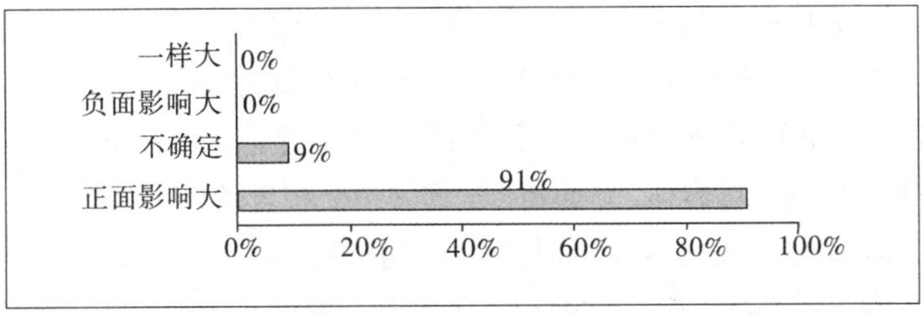

图 23－6　将新媒体应用于思想政治教育中的正负面影响比较

以上结果表明，员工普遍认为，“新媒体”方式对开展思想政治教育工作的影响是双方面的，既会产生积极影响，也会产生消极影响，这一结果也符合事物发展均存在两面性的本质属性。但相比之下，“新媒体”方式所产生的正面效应远超负面效应，采用“新媒体”方式开展思想政治教育工作是更优选择。

（4）西安银行思想政治教育工作中对“新媒体”的应用情况。在“我行开展思想政治工作采取的方式”问题中，40% 的员工选择“新媒体”方式，60% 的员工选择“会议”、“文件”或“其他”方式（见图 23－7）；在“您认为我行利用新媒体进行思想认识提高方面的培训机会如何?”的问题中，74% 的员工选择“少”，18% 的员工选择“较少”，8% 的员工选择“多”（见图 23－8）。

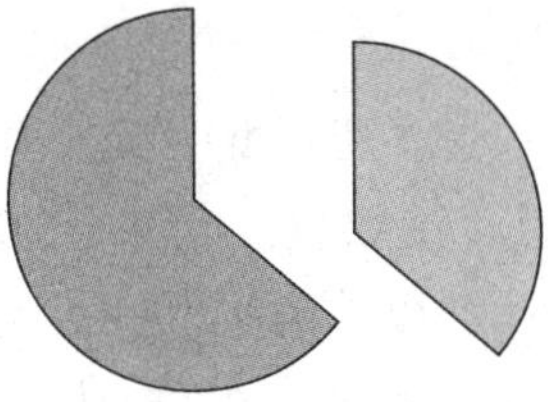

图 23－7　开展思想政治工作更乐于采取的方式

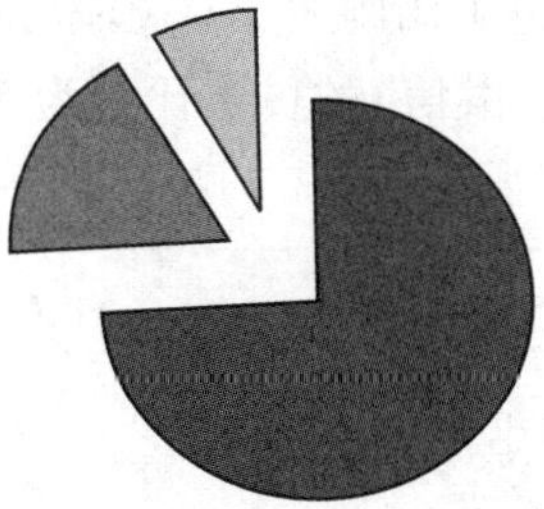

图 23－8　利用新媒体进行思想认识提高方面的培训机会如何

选择“新媒体”的员工比例较问卷中其他题目的比例明显偏低，表明虽然员工期待“新媒体”成为学习思想政治教育内容的主要方式，但“新媒体”尚未成为西安银行开展思想政治教育工作的主要方式,说明当前员工对"新媒体"的应用是不自觉行为,尚未形成有意识的思想政治工作行为。

(5)对西安银行采用"新媒体"开展思想政治教育工作的态度。为了解员工学习思想政治教育内容对"新媒体"方式的接受程度,我们设计了一系列相关问题让员工在多种传统媒体和"新媒体"之间进行选择,问题如:您更乐于西安银行选择何种途径"提高广大党员对'党的群众路线'的认识?"、"对员工进行职业观念、价值观及政治信念等的培训和辅导?"、"有利于员工的思想观念转变?"、"对我行改革、转型、创新等信息的获取"、"对我行核心价值观的理解"、"对员工进行人文关怀和心理疏导?"、"活跃员工团队工作氛围?"和"听取改善我行思想教育方式的意见的反馈?",以上每个问题均有超过70%的员工选择"新媒体"方式,选择不同形式的传统媒体少于30%(见图23-9)。

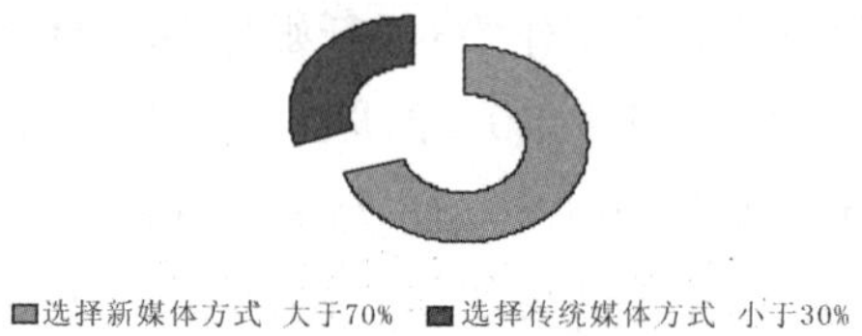

图23-9 对新媒体方式和传统媒体方式的选择情况

以上结果表明,"新媒体"方式受欢迎程度明显大于传统媒体,在此情形下,如果依然采用传统媒体开展思想政治教育工作取得的效果将大打折扣,采用"新媒体"开展工作也是体现民主和"以人为本"的时代教育理念。

(6)对不同"新媒体"方式的接受程度。在"您认为我行当前工作中可利用的新媒体方式有哪些?"的问题中,选择外网的员工比例为29%,选择内网的员工比例为11%,选择电话的员工比例为2%,选择手机的员工比例为48%,选择即时通信(如:QQ、人人桌面、微信)的员工比例为5%,选择论坛的员工高比例为2%,选择其他方式的员工比例为3%(见图23-10)。

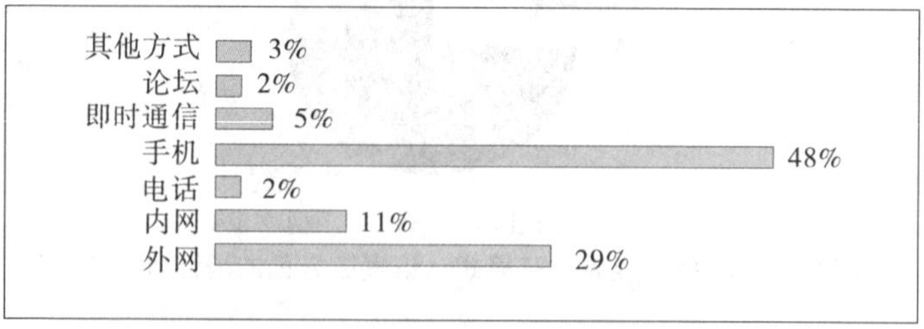

图23-10 对不同新媒体方式的选择情况

“新媒体”属于较为宽泛的概念，包括了诸多不同的具体内容，由于个人偏好不同，乐于接受“新媒体”的员工在选择具体方式之间存在较大差异，且随着“新媒体”形式的不断发展，同一员工在不同阶段选择的“新媒体”内容也会发生相应变化，如在网络手机普及之前，网络电脑的受众程度处于绝对优势，而在几乎人人持有和使用网络手机的当今，网络电脑的受欢迎程度逐渐被网络手机所抢占。

（7）对创新思想政治工作方式的建议。在“您对创新思想政治工作方法有哪些意见和建议？”问题中，选择“加强组织领导”的员工比例为13%，选择“与为群众办实事相结合”的员工比例为12%，选择“多联系实际，加强针对性”的员工比例为10%，选择“多编写普及性学习材料”的员工比例为7%，选择“多通过网络媒体开展思想政治工作”的员工比例为58%（见图23－11）。

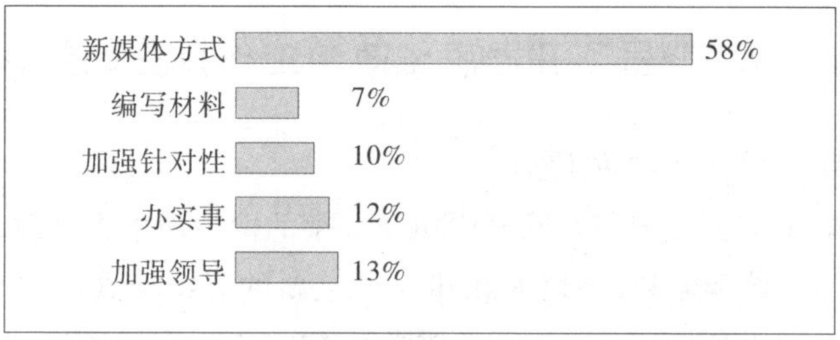

图23－11　对创新思想政治工作方法有哪些意见和建议

以上结果显示，选择前四项的员工比例不超过13%，而选择“多通过网络媒体开展思想政治工作”选项的员工比例高达58%，远超过选择比例处于第二的13%，表明员工对选择“新媒体”开展思想政治工作的强烈愿望。

（三）结论

以上调查问卷结果表明，西安银行员工普遍接受将“新媒体”作为提高其思想认识水平的重要学习方式，并对通过“新媒体”开展思想政治教育工作具有明确的态度和建议。此外，从问卷调查结果中还可得出以下两点结论：

（1）传统思想政治工作方式难以满足新形势的要求。随着“新媒体”的迅猛发展，传统纸质平面媒体方式所通行的思想政治工作方式越来越失去吸引力和影响力。传统思想政治教育工作以“开会”、“报纸”、“标语”、“谈话”和“学习文件”等为主要内容，属于“灌输”式思想政治工作方式，忽视了员工的主动性，使其处于被动服从的地位；新时代员工是一个需求多样化和个性多样化的群体，“新媒体”的出现为其自主吸收时代思想政治内容提供了平台和手段，它是基于网络交流的平等性和交互性,注重灵活运用微信、微博、博客和QQ群等方式促成施教者与受教者平等对话和交流,可以充分发挥员工的主体性作用,使员工自觉地把一些思想准则和道德规范内化为自身的思想品德素质。

(2)银行业思想政治工作方式需与"新媒体"时代相适应。"新媒体"环境下,银行员工的价值观念、思维方式、生活方式和行为方式发生了明显变化,面对新变化,银行思想政治工作方式也需不断创新。思想政治工作具有很强的时代特征,"新媒体"环境下银行思想政治工作需要根据变化了的媒体环境进行有效调整,高度重视信息网络技术的发展对思想政治工作所产生的全面影响,坚持从实际出发,克服传统媒体背景下的一贯思维模式,充分利用"新媒体"的技术优势和传播优势开展工作,构建更为新颖、有效的思想政治工作新形式,灵活多样地开展思想政治工作。

三、"新媒体"背景下开展思想政治工作需正确处理的问题

(一)需辩证认识"新媒体"

"新媒体"的多元优势与互联网中鱼龙混杂的价值观念相碰撞,在带给思想政治教育工作高效和便利,并培养和建立员工新的思维模式的同时,也带来较多消极信息和不良影响,影响员工的正确价值观念,增加了思想政治工作的难度。

一方面,"新媒体"丰富多彩的内容易于调动员工获得信息的主动性,丰富了思想政治工作的内涵,使思想政治工作更加生动形象;"新媒体"的信息共享有利于及时收集和迅速传播健康的价值取向,提高了思想政治工作的时效性;其特有的交互性帮助思想政治工作者随时掌握受教育者的思想动态,及时反馈思想政治工作的效果,缩短了人与人之间的距离。另一方面,"新媒体"的虚幻性、隐蔽性、自由性及腐朽的思想文化和言论,容易给员工的世界观、人生观、道德观、价值观、理想信念、道德伦理和民族认同感等造成潜移默化的扭曲、淡化和消磨,不利于员工对思想政治信息的正常吸收。

可以看出,"新媒体"是把"双刃剑",员工在接受思想政治教育中通过"新媒体"吸收丰富信息的同时,需要提高分辨能力和自我约束能力,避免"新媒体"的负面信息对自身产生的负面影响。

(二)需将继承与创新相结合

思想政治工作方式的继承、借鉴和创新是辩证统一、相辅相成的三种不同

类型的活动，它们共同统一于当前思想政治工作方式的发展之中。思想政治工作对象存在多样性，对传统媒体和“新媒体”具有不同的信任度和接受程度，使得一些传统媒体在思想政治工作中的部分领域仍然承担着不容忽视的作用。因此，开展思想政治工作既要继承和吸收传统媒体的可取之处，又需要适应新的时代要求，及时改革和创新，充分利用“新媒体”的优势提高思想政治工作的效果。

（三）需注重“以人为本”

“以人为本”作为科学发展观的核心，是思想政治工作方式创新的重要原则和趋势，思想政治工作方式创新要体现“以人为本”。在通过“新媒体”对员工开展思想政治工作时，要充分了解员工的生活方式、行为习惯和思想观念等，充分认识每个员工的独特性，关心员工丰富多样的个体需求，并给予不同类型的员工选择“新媒体”思想政治教育方式的空间，激发员工的积极性、主动性和创造性；也要深入了解员工所思、所想、所需，倾听员工的意见和建议，通过合理利用“新媒体”，突出员工的主体地位，使员工思想政治素质不断提高。人力资本是银行的核心资本，一支思想政治积极向上的员工团队是促进银行不断前进发展的动力，因此在开展思想政治工作中采用“新媒体”方式需注重“以人为本”。

四、利用“新媒体”创新思想政治工作方式的对策

（一）建立网络思想政治教育阵地

西安银行内部门户网站是员工获取行内经营与管理新闻、同业动态、时政要闻、财经和金融信息的重要来源平台，在此平台下建立员工思想政治教育阵地，既节约了重新开设网站的费用及成本，也可借力内部网站较高的采访频率，使思想政治工作网络化成效更加显著。在该网站下，开设醒目的思想政治教育窗口，以视频、动画、诗歌和歌曲等多种方式宣传当代思想政治理论体系，使之成为具有德育性、知识性、交互性、仿真性、趣味性和生动性于一体的电子教材；设置交流互动专栏，使员工之间就一些政治理论著作、党的方针政策和国内外大事等热门话题展开讨论和辩论，并针对热点、难点和意见进行引导，通过思想交流，达到提高认识的效果；设置网上问卷调查、民主测评、评优评奖网上公示及重要信息发布等专栏，以增强思想政治工作的实效性。

（二）打造思想政治教育新模式

在建立上述内部门户网站的基础上，充分利用 QQ、微博、微信、E - mail 和论坛等网络资源加强思想引领。当代员工紧跟网络发展，人们经常利用 QQ 群、

微博、微信、E－mail和论坛等网络工具进行网络社交。思想政治教育工作者需要紧跟形势,建立方便员工交流的QQ群,开通微博、微信,注册论坛、E－mail等,参与到员工的学习交流中,拉近与员工的距离,了解员工思想上的关注点和兴趣点,寻求与员工思想的共鸣与共识,并有针对性地实施个别教育或心理辅导,从而潜移默化地教育引导员工,使思想政治教育工作做到“润物细无声”。

日常工作中,思想政治教育工作者可为员工建立个人电子档案,记录员工的思想动态、心理情况、生活困难等特殊问题,了解和帮助员工解决思想、生活和学习上的负担、压力、情绪等问题,使思想政治工作得以进一步升华。

图23－12　社会主义核心价值观宣讲

(三)注重对“新媒体”资源的管理和维护

建立具有较高政治理论水平,具有坚定的共产主义信念和马克思主义世界观、价值观和道德观;能熟练地使用网络、驾驭网络并及时解决网络传播中的问题;建立能够通过网络进行思想政治教育的专业人才队伍。建立健全对计算机及其网络管理有关的规章制度,制定管理和监控办法,加强对计算机及其网络使用的管理,发挥网络的积极作用。思想政治工作者需加强对网络的监控,及时跟踪了解员工的思想动态,以保证网络思想政治教育达到预期的效果。由于网络的开放性和匿名性,难免出现一些不负责任或负面的言论,网络工作者需安排专人负责,对于不良言论及时引导,对于错误信息及时澄清,并制定相应规定,对违反网络道德的人进行严厉惩罚。

新形势下加强和改进基层银监机构思想政治工作研究

中国银监会工会调研组*

“经济建设是党的中心工作,意识形态工作是党的一项极其重要的工作”,习近平总书记在2013年8月19日全国宣传思想工作会议上如是强调。作为银行业监督管理部门,推进银行业改革发展、维护银行业稳健运行是我们的中心工作,而思想政治工作则是确保我们的监管事业不断取得新成绩的根本保障。目前我们的思想政治工作开展得怎样?存在哪些问题和困难?如何才能更好推进思想政治工作的有效开展?带着这些问题,我们来到“红色摇篮”江西,以江西银监局及其辖内10个银监分局、80个监管办事处为重点,深入开展了调查研究。

一、近年来基层银监机构思想政治工作的探索与实践

江西银监局自2003年10月成立以来,在中国银监会党委的正确领导和中国金融工会的正确指导下,针对新机构、新形势、新要求,积极探索和实践思想政治工作新路子,较好地发挥了思想政治工作的引领作用,有效地促进了基层银监机构的和谐稳定发展。

(一)始终坚持红色教育,把握正确导向,让思想政治工作永葆生机和活力

近年来,江西银监局依托地方独特红色资源,搭建以重大历史事件为点、以历史进程脉络为线、以不同的革命根据地为面的“红色培训”大课堂,增强了思想政治工作的吸引力、感染力和震撼力。一是现场教学让思想政治教育看得见、摸得着。通过组织参观“八一起义纪念馆”,重温入党誓词;举办“唱支红歌给党听——庆祝党的生日活动”,营造氛围;邀请井冈山干部管理学院教授进行党史讲座,增进党员干部对党史的了解;组织党委班子成员、机关各部门党支部

---

* 调研组成员:吴国荣、李洪、黎嫣、刘露曦、简金泉;本文获2014年全国金融系统思想政治工作和企业文化建设调研成果一等奖。

书记、各分局党委书记参加“坚定理想信念,永葆先进性”——庆祝建党 90 周年红色主题行活动,进一步增强了对党的认识。二是实践体验让党性教育学得好、用得上。在开展党的群众路线教育实践活动中,把全国道德模范龚全珍、银监会优秀监管干部李建华作为鲜活教材,开展“学先进、找差距、见行动”主题活动,引导党员干部以先进典型作为查摆问题的“一面明镜”,以红色精神作为整改提高的“一剂良药”。在全局系统隆重召开了“身边的榜样”先进事迹报告视频会议,听取“时代先锋朱其健”巡回报告宣讲,通过用身边的事例教育、激励、鼓舞身边的人,进一步推动全局系统形成崇尚先进、比学赶超的良好风气。三是日常融入让党性教育记得牢、管得远。通过组织观看红色题材电影,将党课课堂从室内扩大到户外,瞻仰革命烈士陵园、爱国主义教育基地,接受心灵洗礼,增强了教育活动效果。推出《江西红色教育网上行》专题网站,丰富的内容、精美的制作受到大家一致好评;2011 年参加银监会建党 90 周年文艺汇演,参选节目“十送红军”受到了时任银监会主席刘明康“演得好!”的肯定。

(二)始终坚持解放思想,融入中心工作,让思想政治工作受关注、有作为、见成效

多年来,江西辖内基层银监分局普遍把解放思想、转变观念作为实现银行改革新突破的重要措施,摆在思想政治工作的首位,做到“跳出宣传抓宣传”,引导职工从三个方面解放思想、更新观念:一是围绕如何推进银行业改革发展问题,引导大家破除“求稳”还是“求进”的思想困扰,进一步增强科学发展的自觉性和坚定性,做到突出重点,以点带面,在深化法人机构公司治理改革、加快法人机构改革转型和理财同业业务治理改革方面有所作为。二是围绕如何支持实体经济发展问题,引导大家破除封闭保守思想,强化开放竞争意识,进一步坚定搞好普惠金融的信心和信念,引领“三农”金融服务,不断提升小微金融服务水平。三是围绕如何对待教育、待遇等问题,引导大家破除个人利益的狭隘意识,进一步增强顾大局、讲奉献的崇高信念,不断加强干部队伍建设。

(三)始终坚持开拓创新,凝聚各方力量,让思想政治工作激发兴奋点、展示闪光点、扩大影响力

在实践中,江西银监局充分认识到,思想政治工作要达到预期目的,不仅要以科学的理论为指导,遵循正确的方针和原则,还要发挥党、团、工、妇等部门的作用,实行三个转变:一是尊重员工主体地位,实现由“被动接受”向“主动参与”的转变。紧贴职工思想实际,从内容、形式上注重增强和尊重干部职工的主体地位,在强化教育的同时,广泛开展“青年论坛论文评选”、“监管廉政文化建设”、“书画、摄影展”等系列活动,努力搭建干部职工乐于参与、乐于交流的平

台，在寓教于乐中统一思想、凝聚人心。二是创新工作方式方法，实现由“单向灌输”向“双向互动”的转变。改变“千人一面、百众一调”的“单向灌输”式教育方法，通过典型示范引导、举办报告会、座谈会、主题演讲、网络在线交流等形式，唱响主旋律，形成了争先创优的良好风尚。三是丰富工作内容，实现由“简单重复”向“不断深化”的转变。注重在提高人员素质、启发自觉性上下功夫，通过构建“学习型组织”、争当“知识型职工”、“监管标兵”、“青年岗位能手”，不断强化干部职工过硬的政治素质、顽强的工作精神和严明的组织纪律观念，为银监事业发展提供坚强的人才支撑。

（四）始终坚持问题导向，注重立言立行，让思想政治工作发挥出强大号召力和战斗力

在江西局历任党委领导班子的坚强带领下，全局上下凝心聚力，以科学发展观为统领，牢固树立“风险为本”的监管理念和“以人为本”的管理理念，不断探索优化监管工作机制，改进监管方式方法，加快实施监管人才战略，在建机制、强管理、转作风、带队伍上取得了明显成绩，逐步形成了富有江西特色的良好监管文化，为监管履职的顺利开展营造了和谐氛围，提供了坚实保障（见图24－1）。一方面，加强“职工之家”建设，积极组织送温暖活动，对干部职工反映的实际困难和问题，能解决的都千方百计地去帮助解决。2013 年积极向金融工会上报困难职工 64 名，争取到慰问金 28.8 万余元。另一方面，对暂时难以解决的，都能把道理讲清楚，待条件具备时，再努力去办；对于脱离实际的过高要求，摆事实，讲道理，耐心做好说服教育工作，取得干部职工谅解。这种工作方式使思想政治工作贴近实际、贴近群众、贴近生活，解除了干部职工的后顾之忧。

**图 24－1　江西银监局召开全局系统思想政治工作座谈会
探讨新形势下如何加强和改进基层思想政治工作**

二、新形势下基层银监机构思想政治工作面临的困难和挑战

随着银行业改革转型发展的深入推进,对新形势下基层银监机构思想政治工作提出了更高的要求。但由于存在政工人才缺乏、工作方式方法单一、员工思想多元化、保障激励机制不完善等因素,对基层银监机构在新形势下做好思想政治工作提出了更大的挑战。

(一)政工人才缺乏,制约了新形势下思想政治工作的开展

目前,基层银监机构人员绝大多数是从原人民银行业务岗位转换过来,对思想政治工作认识不足,重视不够,认为思想政治工作只要能随着大局走就可以了,思想政治工作的导向、动力作用得不到充分发挥。新形势下银行业监管任务日益加重,大多数基层银监机构办公室、宣传、工会、共青团等合署办公,政工人员明显配备不足,且都是身兼数岗,客观上存在一人应付多头的局面,影响思想政治工作的做细、做深、做透。

(二)工作方式方法单一,难以适应新形势下思想政治工作的要求

目前基层银监机构思想政治工作较多停留在传统的说教方式上,把思想政治工作简单地等同于理论学习、形势教育,形式单一,缺乏创新,很少触及能引起广大员工共鸣互动的话题,导致思想政治工作的针对性不强。对员工的处境、愿望、心理与性格了解不深入,还没有完全做到思想政治工作服从和服务于银行监管改革发展的需求,凭着经验用老眼光观察新形势,用老方法解决新问题,致使思想政治工作处于被动局面。

(三)员工思想多元化,加大了新形势下思想政治工作的难度

当前,我国正处在一个思想大活跃、观念大碰撞、文化大交融的时代。受社会大环境的影响,基层银监机构员工的思想观念、思维方式、行为方式都发生了深刻的变化,思想活动更具独立性、多变性,对精神需求、文化选择等日益多元化。加上基层银监机构干部职工当前最关心的是发展前景、工资福利、学习培训等涉及自身利益的实际问题,价值取向的个人利益化,充分反映出其关注点越来越凸现其现实性,这就使得思想政治工作的难度加大、复杂性增强。

(四)保障激励机制不完善,影响了新形势下思想政治工作的效果

无论是物质激励保障措施,还是职级、职称激励措施,都存在不配套或落实不到位的现象。使部分干部特别是监管办人员产生失落感,影响积极性的发挥。如监管办已经成立十年了,仍然只有3、4人,办公用房还是租借人民银行,

一种“寄人篱下”的感觉挥之不去,缺乏“家”的归属感。目前系统各级培训多数仅停留在省、分局层面,而对监管办员工的培训力度则相对不足,导致部分监管办员工面对当前监管工作的新要求时常流露出畏难情绪,影响了自身的监管履职能力。

三、新形势下破解基层银监机构思想政治工作难点的思路与方法

俗话说:“千条江河归大海,件件工作到基层”。基层是做好各项监管工作的基础,思想政治工作又是基层各项工作的重点。在当前全面深化改革的时代,银行业的监管与改革工作也是千头万绪,各种矛盾相互交织,特别是基层一线监管机构,任务更艰巨,压力更突出。如何在新形势下进一步发挥思想政治工作的优势带动作用,如何通过思想政治工作达到统一思想、凝聚人心、推动银行监管各项工作取得新成效、实现新跨越,必须要有明确的目标、清晰的思路。

(一)转变观念,把握“以人为本”这一根本

思想政治工作说到底是做人的工作,必须坚持服务人这一根本,即坚持以人为本。既要坚持教育人、引导人、鼓舞人、鞭策人,又要做到尊重人、理解人、关心人、帮助人。只有坚持以人为本,准确把握干部职工的工作情况和思想脉搏,把握干部职工的所思、所想、所愿,进而有的放矢地在办实事中贯穿思想教育,在解决实际问题中解决思想问题,真正尊重人,真情理解人,真诚关心人,才能使干部职工在履行监管职责过程中,思想得到充分表达,能力得到充分发挥,活力得到充分激活,价值得到充分体现。

(二)理清思路,坚持“正面、务实、慢炖”三原则

一是坚持“正面教育”原则。就是要充分利用江西丰富的红色资源,善于抓住主旋律,唱响正气歌,摆事实,讲道理,以表扬和鼓励为主,用先进典型引路示范,以此充分调动广大干部职工的积极性、发挥其主体作用,激发其内在动力,做到自觉学习、自我反思、自我完善、自我提高。二是坚持“求真务实”原则。就是要重心下移、深入群众、分类指导,因地、因人、因时、因事制宜地进行思想政治工作,把工作做深、做细、做活、做实,做到干部职工的心坎上,努力增强思想政治工作的针对性和有效性。三是坚持“文火慢炖”原则。思想政治工作能引导干部职工的思想,能影响监管效能,能孕育和谐的监管氛围,但它不是灵丹妙药,不可能一蹴而就、立竿见影。因此,思想政治工作要注重把握“火候”,善于

把握时机、节奏和力度。

（三）丰富内容，做到“思想、业务、文化”相结合

新形势下的思想政治工作要最大限度地满足基层干部职工日益增长的精神需求，需做到三个结合：一是寓思想政治工作于专业教育之中。在开展思想政治工作时既要重视远大理想、宏伟目标的教育，又要引导干部职工把为共同理想而奋斗与扎扎实实做好本职监管工作结合起来，不断提高实现阶段性目标的能力和本领。二是寓思想政治工作于监管业务之中。坚持思想政治工作与业务工作同部署、同落实，把思想政治工作渗透到工作、学习和生活的各个方面，切实使思想政治工作与监管业务工作相互促进、共同提高。三是寓思想政治工作于监管文化之中。文化具有激励、导向、辐射和带动等功能，加强监管文化建设，是做好基层思想政治工作的一种有效载体。在思想政治工作中融入“责任心、专业性、成就感”这一核心文化理念教育，结合以“坚定信念、艰苦奋斗、实事求是、敢闯新路、依靠群众、勇于胜利”为主要内容的“井冈山精神”，引导干部职工树立正确的价值观、事业观和幸福观，努力使个人行为、思想、情感、信念、习惯和整个组织有机统一起来，培育“心往一处想、劲往一处使，愿意干事、能够干事、能干成事”的良好环境和氛围(见图24－2)。

图24－2　坚持红色教育　把握正确导向　让思想政治工作永葆生机和活力

四、新形势下加强和改进基层思想政治工作的对策与建议

思想政治工作是做好监管工作的思想保证和精神动力。只有不断加强和改进思想政治工作，才能最大限度地达成干群共识，增强全体员工的紧迫感、责任感和使命感，激发监管干部的积极性、主动性和创造性。

（一）整体推进，促进思想政治工作系统化

在新形势下，要注重领导体制、运行机制和机构队伍等多方面整体推进，促进基层思想政治工作系统化。一是要进一步完善基层思想政治工作领导责任制度，建立以党委为主体，横向到边、纵向到底的党政工团齐抓共管的思想政治工作保证体系，实现由“小政工”向“大政工”的转变；二是要认真落实“一岗两责”，健全检查考核制度，把工作成效作为衡量领导班子、领导干部政绩的重要依据，发挥领导干部的表率作用；三要建立思想政治工作联系会议制度、人员思想动态分析制度、工作效果反馈制度等各项制度，落实好考核、监督和激励机制；四要加强思想政治工作队伍建设，选派政治硬、业务精、能力强的年轻同志，充实到思想政治工作队伍中，加强学习培训和岗位交流，改善政工干部的知识结构，使政工干部成为讲政治、精业务、善管理的复合型人才。只有这样思想政治工作才能更好地发挥整体效能，焕发出新的生机和活力。

（二）创新载体，丰富思想政治工作多样性

新形势下，我们要通过不同的活动载体，丰富思想政治工作的新内容和新形式。一是要以争先创优活动为载体，提升思想政治工作有效性。要通过开展创建“文明单位”、“文明科室”、“文明岗位”等争先创优活动，凝聚人心，促进各项监管任务的顺利完成。同时，要树立“小机构大舞台”理念，基层分局人少，尤其是县级办事处，但对外总是一个单位，要从一定的高度去严格要求，努力营造积极向上的工作氛围，树好对外整体形象。二是要注重文化熏陶，提升干部职工整体素质。要积极引导基层干部职工树立终身学习、全员学习、全过程学习理念，不断优化互动学习的组织环境，建设一支学习型、专家型的监管队伍。尤其要根据基层银监机构的实际情况，开展结合业务的查前、查后集中学习，以“多条腿走路”的方式，抓好形成多渠道的学习格局，全面提高干部职工素质。三是要加强局域网建设，拓展思想政治工作领域。要充分发挥网络的及时性、互动性、开放性和多层次性的特点来做好思想政治工作。尤其要针对目前基层办事处党工团组织无法建制的实际，通过电子网页建立网上党支部，开展党的组织生活，抓好职工的思想政治工作，努力营造和提高思想政治工作的亲和力。

（三）讲究方法，提高思想政治工作针对性

思想政治工作要注意采取多种群众喜闻乐见的形式和方法，引起干部职工去感知、理解、思索和实践的兴趣，推动思想政治工作更好地发挥作用。一要方法灵活。注重讲究好“艺术”，具体问题具体分析，在充分了解每个干部职工的不同心理特点、学习情况、人际关系和家庭条件的基础上，对症下药，有的放矢。二要形式灵活。要寓教于文、寓教于乐，把思想政治教育渗透到文化娱乐活动中去,让干部职工成为活动的创造者、参与者、组织者和传播者,在满足审美需求和兴趣爱好的过程中,使干部职工得到哲理的启迪、心灵的感染、情操的陶冶。三是手段灵活。要更加注重用事业造就人、用环境凝聚人、用机制激励人,使每个员工都能实现自己人生的最大价值,将个人"潜能"变为做好监管工作的"显能"。

(四)完善体制,增强思想政治工作实效性

实践证明,为群众排忧解难,为职工多办好事、实事,是最直接、最生动、最有说服力的思想政治工作。一是要多下基层指导工作,倾听最基层员工的呼声和要求,想方设法解决关系到员工切实利益的问题,尽最大努力满足员工的合理诉求,合力引导部分员工的失落情绪,提升基层银监队伍的凝聚力和向心力,调动基层干部员工工作的积极性和主动性。二是要针对目前基层银监机构存在的困难,给予经费、设备、人员配备上的保证,以解决一些实际问题。针对目前县级监管办事处存在的归属感不强、人员偏少、事务较多、队伍老化、队伍战斗力下降等情况,深入调研,提出科学的解决思路,使监管办事处安心地站岗、放哨,提升最基层银监队伍的战斗力。三是要适当减轻基层银监机构的工作负担,调动他们的主观能动性,发挥他们的自身优势。此外,要充分发挥各基层党支部桥梁纽带作用,使党支部真正成为衔接、推动、引领、督促各基层银监机构思想政治工作有效开展的有力组织保障,确保思想政治工作不流于形式、不走过场、不打折扣。

思想政治工作是一项系统性工程,需要持之以恒、坚持不懈的努力。谨希望此次调研能对推动银监会系统尤其是基层监管部门思想政治工作的有效开展提供一点有益的参考和借鉴,进一步增强银监系统的凝聚力、向心力和战斗力,促进中国银行业监管事业不断取得新的更大成绩。

图 24-3　思想政治教育渗透到企业文化建设中

思想政治工作实践与创新路径

农发行湖北省分行课题组*

思想政治工作作为党的优良传统、政治优势，在农发行改革发展的进程中发挥了不可替代的作用，理应也完全能够为全面深化改革提供强大的思想保证和精神动力。本课题以黄冈市分行为样本，结合正在开展的第二批群众路线教育实践活动，探索加强和改进思想政治工作，促进农发行改革发展的路径。

一、思想政治工作凸显“四性”

（一）创新理念，凸显思想政治工作的系统性

2014年初，黄冈市分行党委因时制宜，提出了“追求卓越”的文化理念，要求全行干部职工始终保持“奋发有为、追求卓越”的精神状态，切实增强工作的主动性、高质性、持续性和超前性，推动各项工作的又好又快开展。特别是在党的群众教育实践活动中，市分行把思想政治工作作为党建工作的重点，与党的群众路线教育实践活动协同推进。一是树立“平等”理念，坚持从群众中来，到群众中去，行领导以平视的姿态与职工进行谈心式的交流对话，摒弃那种高高在上、居高临下的垂直式的灌输，积极搭建干群之间双向交流平台，如职工代表大会、青年座谈会、“文化建设大家谈”、行长接待日、项目对接会等。二是树立“尊重”理念，尊重个性、保护个性，在具体工作中做到“三争、三多”：争取上级重视，多开展一些有益于职工身心健康的文化体育活动；争取机会，多给员工特别是青年员工成长、成才的舞台，有意识地引导培养锻炼青年员工；争取支持，多向上级行和上级有关部门推介先进单位和先进个人的典型事例。三是树立“服务”理念。从过去的教育者、管理者的角色转变为服务者的角色，加强人文关怀和心理疏导，成立青年志愿者

---

* 调研组成员：郭善求、甘绍群、秦兴涌、占小生、周志宏；本文获2014年全国金融系统思想政治工作和企业文化建设调研成果一等奖。

服务团队,做到“五必帮”:职工工作中有困难必帮,生活中有困难必帮,思想上有困惑必帮,家庭出现重大变故必帮,提高业务技能必帮。加大基础设施建设投入,办好职工食堂、单身职工宿舍、小庭院,营造良好工作生活环境。

(二)强化功能,凸显思想政治工作的主体性

通过“文化建设大家谈”活动统一全行员工的思想认识,提炼、培育和践行员工认知认同、共同遵守的价值理念,使思想政治工作由过去“找员工被动谈”转变为“员工自己上台主动讲”。一是结合实际,明确主题。针对员工队伍中存在的“庸软懒散”现象,明确“追求卓越”为“文化建设大家谈”活动主题,从谈对“追求卓越”的理解到结合实际谈自己如何追求卓越;从怎样追求卓越到强调每个人要有一种超越自我的精神,结合卓越的“四性”标准自我反省;从个人泛泛而谈到要求每个人结合自身实际,谈价值观念、经营观念、道德约束、规章制度、环境建设、传承发展等六个层面的见解。二是上下联动,全员参与。市分行在组织集中“文化建设大家谈”活动的同时,要求支行也开展“大家谈”,结合平时工作表现由行领导逐个进行点评,攒亮点、评特点、指缺点,使员工在互动中看到差距,在自动参与竞争中完善自我。全行已累计举办“大家谈”活动 30 期。三是突出重点,激发活力。“五四”青年节期间,先后开展了“主题征文、演讲比赛、青年座谈和户外拓展”四项活动。在 9 月份和 10 月份先后举办全市农发行“庆祝农发行成立 20 周年”篮球比赛和羽毛球比赛,11 月份举办全市农发行礼仪展示比赛。四是借力引智,开阔视野。组织员工收看企业文化建设专题讲座,提升员工的文化素养。五是围绕主题,总结提炼。围绕省分行党委提出的“快乐工作、健康生活、简单相处”的价值观念,结合员工的演讲内容,提炼“提倡什么、反对什么”的价值理念,弘扬主旋律,传递正能量,增强了员工对农发行的认同感和归属感。

黄冈市分行开展行长接待日活动

黄冈市分行建立并认真落实《行长接待日制度》,市分行党委班子成员每周抽出半天时间接待员工,为员工答疑解惑,一对一开展思想政治工作。做到“五了解、四观察、三必谈”,了解每一名员工的工作经历,了解每一名员工的身体情况,了解每一名员工的脾气性格,了解每一名员工的家庭状况,了解每一名员工的兴趣爱好,为开展一对一思想政治工作做好铺垫。观察每一名员工的精神状态,观察每一名员工的工作表现,观察每一名员工的日常行为,观察每一名职工工作成果,为开展一对一思想政治工作找准对象。情绪低落

者必谈,了解现实情况,排除思想障碍;工作上进者必谈,进一步激发其工作热情;受到惩处者必谈,讲清事情原因,排除心中疑虑。

图 25-1 湖北省分行党委书记、行长陈小强(前排左二)在黄冈市分行调研职工思想状况

(三)畅通渠道,凸显思想政治工作的针对性

一是建立行长包片制度,党委班子成员定期到基层行、到企业调研,增加与基层行员工、与企业的思想交流和情感交流。行领导通过检查、谈心,了解职工群众的思想动态,掌握职工群众的实际情况。二是开展行长接待日活动,分行党委班子成员每周抽出半天时间接待员工,为员工答疑解惑,一对一开展思想政治工作,为员工授业解惑、回答员工的合理诉求。三是开展思想政治工作联系行活动,发挥先进典型的示范作用和带动作用,真正做到"拨亮一盏灯,照亮一大片",英山县支行结合实际,着力开展"十星级员工"劳动竞赛,成为全省农发行思想政治工作示范行。

(四)集聚合力,凸显思想政治工作的有效性

在群众路线教育实践活动中,针对职工群众反映强烈的突出问题,黄冈市分行党委敢于动真碰硬,坚持以问题为导向,边整边改、立行立改。一是针对基层行反映强烈的"吃大锅饭"问题,对考评机制进行重大调整,出台了"四位一体"的考核办法,坚决按考核办法兑现,前三季度经营绩效考核奖金分配行际人均最大差距 5228 元。二是针对基层行员工反映强烈的执行业务经理三级转二级、二级转一级后,季度、年度奖金系数未落实的问题,市分行党委在行务工作报告中公开承诺:力争用 3 年左右的时间从增量工资中逐步加以解决。三是针对新入行学生难分配、人力资源配置不合理的问题,制定了《市分行机关及城区周边支行一般工作人员补充管理规定》,并按规定在今年春节前将去年 11 月招聘入行的 6 名大学生全部分配到工作所需支行,市分行机关和城区周边支行一

个不留。四是针对县级支行费用标准不统一、行际之间相互攀比的现象,市分行按照全市一盘棋的思路统一了有关费用标准,解决支行行长后顾之忧,让他们集中心思和精力抓发展。五是针对市分行机关部分职工长期占用公房、导致办公用房紧张的问题,修订了《市分行机关财务管理办法》,对调离、退休或内退职工占用公房限期腾退,对无房职工租用公房收取租金,不合理占用的周转用房已全部腾退。六是针对内部管理松弛、精神状态不振的问题,狠抓监督检查。充分发挥远程监控系统、CM2006 系统及劳动考勤机的功效,加大非现场监督检查力度,持续提升基础管理水平。七是针对干部提拔按资排辈、优秀青年员工成长缺少平台的问题,在全市农发行公开选拔副科级管理岗储备干部,不拘一格降人才,为年轻员工成长成才搭建了平台。

二、思想政治工作面临任务与挑战

(一)如何做到加强思想政治工作与加强领导干部思想作风建设相结合,破解"虚与实"的矛盾

思想是行动的先导。要消除员工思想上的不确定性,亟需领导干部深入的、有说服力的释疑解惑。领导干部应不断加强思想作风建设,把思想政治工作的出发点和落脚点放到"为职工办实事、做好事、解难事"上来,一要重于"情",设身处地将心比心,以情感人。二要致力"帮",帮助职工克服困难、渡过难关。三要做到"活",使思想政治工作形式活泼多样,符合时代特点、群众喜闻乐见。四要坚持"引",激发亮点、赞许优点,扬长避短,弘扬主旋律、唱响主题歌,使思想政治工作由"虚"变"实"。

图 25-2　黄冈市分行党委搭建平台,及时与职工沟通交流

（二）如何做到加强思想政治工作与健全工作动力机制相结合，破解“灌与疏”的矛盾

思想政治工作应从制度建设入手，与时俱进，堵疏结合，统筹安排，长效推进：一是要坚持“行务公开”等阳光办公制度，涉及财务费用、人员安排、资产购置、劳保福利、评先推优，真正做到“权利公平、机会公平、规则公平”。二是要坚持“职工代表大会”等民主管理制度，凡是有关本行重大改革的问题必须发动职工群众参与，方案提交职代会讨论；凡是与职工切身利益有关的制度办法必须向职代会报告，提交职代会讨论通过决定。在各项决策过程中问计于民，问需于民，问政于民，坚持民主集中制原则，接受职工群众的监督。三是坚持思想政治工作联系行制度。行领导、政工干部与基层行之间一对一结对帮扶，做到“一个全覆盖、两个在一线”，即对基层行思想动态的调研分析做到全覆盖；员工对农发行改革与发展过程中反映的正当诉求在一线及时得到反馈，员工的工作、生活疾苦在一线得到有效解决。

英山支行开展“十星级员工”劳动竞赛活动

英山县支行结合实际，自2011年以来，连续4年开展“十星级员工”劳动竞赛，设立爱岗敬业星、学习提高星、规范管理星、优质服务星、营销能手星、工作创新星、团结协作星、环境优美星、公益活动星、工作绩效星等10个星级，做到活动方案与标准上墙、自评与互评结合、民主测评与工作实绩考评相结合，真正发挥“十星级员工”劳动竞赛对工作的促进与推动作用，成为全省农发行思想政治工作示范行。

支行工会还建立了“十星级员工”档案，设立“十星级员工”工作业绩考评登记簿，序时记载每一位员工日常“星级”成绩，支行“星级”员工评价渐趋完善，由看印象评“星”向规范评价转变，由看人缘评“星”向突出工作业绩转变，由一年一评向常态化、按月考评转变，由领导主评向群众参与的广泛性转变，有效拓宽了我行“星级”员工评价的内涵，使“星级”评价真正成为促进员工“快乐工作”的动力引擎。

（三）如何做到加强思想政治工作与深度推进企业文化建设相结合，破解“言与行”的矛盾

企业文化是企业的灵魂，深度推进企业文化建设需要与思想政治工作相结合，利用思想政治工作的强大动力来深入推进企业文化建设，当企业文化建设

达到新的高度时反过来推进思想政治工作。加强思想政治工作就是要使二者深度融合。

（四）如何做到加强思想政治工作与关心职工困难、办实事、解难事相结合，破解“情与理”的矛盾

各级行党组织要始终把重视人的全面发展和健康成长放在突出位置，把关心人、爱护人、激励人、培养人、塑造人的理念贯穿于思想政治工作的全过程，有效调动员工的积极性和创造性。思想政治工作要按照贴近发展实际、贴近员工生活、贴近思想动态、贴近岗位工作的“四贴近”方针，准确把握员工的所思、所想、所愿、所作，因人制宜，注重实效，把解决思想问题与解决实际问题相结合，做到既讲道理，又办实事。

三、思想政治工作“老题”亟待“新解”

习近平总书记10月8日在党的群众路线教育活动总结大会上的讲话中指出：“现在，一个比较明显的问题就是轻视思想政治工作，以为定了制度、有了规章就万事大吉了，有的甚至已经不大会或不大习惯于做认真细致的思想政治工作了，有的甚至认为组织找自己谈话是多此一举。”日前在古田会议旧址召开的全军政治工作会议上，习近平同志强调要充分发挥思想政治工作的“生命线”作用，为我们加强和创新思想政治工作指明了方向。为贯彻国务院第63次常务会议精神，加快农业政策性金融改革发展步伐，向加强和创新思想政治工作提出了全新的课题。思想政治工作创新的一个重要趋势是越来越强调思想政治教育的预置性、超前性，做到“虚”功“实”做、老题新解。

（一）选准切入点，增强思想政治工作“源动力”

人具有双重本性，要求我们必须加强对员工及其行为的引导、教育。一是要发挥教育优势，加强对员工心理方面的培训，提供专业的心理疏导和人文关怀，增强员工的心理感受能力，思想政治工作者要放下身价，用咨询的语言、关心的话语、平等的交流，拉近彼此之间的感情，打开沟通的大门，切忌用命令、生硬式的谈话语气。二是发挥组织优势，通过职工书屋、兴趣小组、演讲比赛、知识竞赛等形式，引导员工与书交友，拜书为师，在书香中积累知识、开拓视野。

（二）搭建平台，增强思想政治工作辐射力

一是关注个性需求，搭建成长平台。推行中层干部竞争上岗、市分行机关双向选择、竞争上岗，把合适的人放在合适的岗位，为有能力、有抱负的同志提

供施展才华的舞台和实现自我价值的机会。二是关注思想状况，建立和完善思想动态分析平台。通过设立行长接待日、意见箱，建立职工思想状况定期调查分析制度，开展经常性的谈心活动，构筑沟通交流的绿色通道。三是关注心理诉求，建立和完善诉求表达平台。通过建立完善行务公开制度，落实一对一谈话、合理化建议制度、职代会代表提案制度等，不断完善员工的诉求表达机制。四是关注职工疾苦，建立和完善员工关爱平台。通过建立每年常态化的职工健康体检制度、女职工的特殊关怀制度，多渠道开展重大节目慰问、建立各种扶助、奖励基金、大病救助机制等，时刻将关爱员工的理念与行动渗透到工作、生活的方方面面。

浠水支行积极开展“六个一”思想政治工作示范行活动

办好“一堂”：开展“道德讲堂”活动，对职工进行家庭美德、职业道德、社会公德教育活动。建好“一队”：成立青年志愿服务队，经常参加扶贫助学帮困、捐款献爱心、义务劳动活动，近两年来，支行先后组织职工向灾区、贫困山区和残疾人捐款捐物共计2万多元，履行农发行的社会责任。树好“一牌”：落实好思想道德建设公益广告宣传牌，践行社会主义核心价值观，弘扬中华优秀传统文化。做到“一桌“：实行文明餐桌行动，倡导勤俭节约、光盘行动。做好“一传播”：开展思想政治工作宣传调研活动，宣传农发行，树立了农发行良好形象，先后在《农业发展与金融》杂志、《农村金融时报》、新华网等多媒体发表文章多篇。做好“一帮扶”，开展岗位练兵活动，以老带新，以熟带生，让老员工和年轻员工结成师徒对子，使他们取长短，共同提高。

在企业文化的熏陶下，该行年轻同志朝气蓬勃，2014年先后有3名同志加入中国共产党，4人参加全市农发行副科级储备干部选拔，4人进入面试，3人最后进入市分行后备干部储备库。中壮年同志锐气不减，各自在岗位上辛勤耕耘，老骥伏枥，志在千里。

（三）正面激励，增强思想政治工作鞭策力

一是注重典型引路，以践行社会主义核心价值观为主题，深入开展身边的先进典型的学习宣传活动，用身边的人、身边的事影响和教育员工。二是用好文化园地、员工论坛、内部网站、刊物，鼓励员工撰文，让员工在横向沟通中，培养积极的态度、豁达的心胸和正确的价值取向。三是围绕实现员工自身价值，开展演讲比赛、业务技能比赛、“服务明星”、“岗位能手”、评比活动，拓宽员工成长通道,为优秀员工脱颖而出营造浓厚氛围。

(四)文化引领,增强思想政治工作感染力

企业文化建设和思想政治工作是一个企业软实力的重要体现,是企业发展不可或缺的精神动力。做好思想政治工作必须发挥好企业文化的引领作用。一是灵活运用各种载体。唱响培育和践行社会主义核心价值观的主旋律、最强音,借助文化载体拓展思想政治工作的空间,寓教育于各种丰富、形象、高雅的文化活动之中,努力提高员工思想工作的文化含量。二是讲求思想政治工作艺术性。领导要以德服人、言行一致、客观公正、以信取人、平易近人、坦诚待人、以情感人;多从正面肯定员工长处,体谅员工的难处,千方百计为他们排忧解难,让他们始终觉得有奔头、有想头、有盼头。三是在到位、认同、管用上下工夫,摸实情、出实招、求实效,及时提出对策、化解矛盾、谋求共识,使思想政治工作真正有所作为,起到办实事、解难题、暖人心、聚人气的作用。达到"快乐工作,健康生活"的效果,让"风正、气顺、心齐、劲足、绩优"的和谐局面落地。

(五)完善机制,增强思想政治工作渗透力

一是建立信息反馈机制。这里的信息反馈主要包括正反馈和负反馈,作为思想政治工作者不仅要关注正反馈,更应该关注负反馈,因为负反馈更容易加剧职工的情感激荡、思想困惑、行为混乱,致使有的职工借助某些不良行为不定期宣泄情感上的苦闷、思想上的困惑,填补心灵上的空虚。这就需要思想政治工作者及时捕捉到这些信息,并反馈到领导那里,确保信息的上下畅通。二是建立和完善员工思想的诉求表达机制,打通上下沟通的渠道,保障职工的知情权、参与权、监督权和表达权。三是建立和完善人文关怀的管理机制,把人文关怀和心理疏导有效贯穿、渗透到单位管理、文化建设、党建工作的全过程。四是建立和完善职工思想动态分析、心理危机预警和干预机制,有针对性地开展思想政治工作,促进职工情绪交流渠道畅通,避免不良心态积累恶变。

商业银行员工道德操守教育国际国内经验借鉴与思考

中国建设银行天津市分行课题组*

1995年英国巴林银行倒闭以来，操作风险与信用风险、市场风险并重，引起各国银行业重检与重视，不断推进了外部监管和内控机制的优化和完善。然而2008年法国兴业银行和近几年来国内银行业大案要案，特别是直接盗用款项等案件的发生，再一次警示我们，任何制度约束都有滞后性，都有可能被作案者窥视到薄弱环节，都有可能被管理者失职渎职而形同虚设，道德约束越来越还原为决定性因素。但是由于实际工作中存在诸多困惑和难度，本来相辅相成的两种约束出现了失衡，过分倚重制度约束，将道德操守教育看成"唠唠叨叨"、"走走形式"的虚活儿。其实，这不是道德操守教育本身的问题，而是其呆板低效等方法问题，导致员工缺乏认同感和归属感，难以形成共同的价值取向，甚至产生抵触情绪。近年来银行业面对市场竞争、薪酬改革、机构调整、服务优化等方面的综合压力，很可能造成部分员工心理失衡，思想产生极大波动，如不及时加以疏导，这种情绪将不断累积甚至激化，从而埋下道德风险的祸根。为此，我们借鉴国内外经验和启示，围绕如何克服困惑、坚定信心、不断提高道德操守教育效能，进行了以下探讨与思考：

一、化解各种工作困惑，深刻把握道德约束不可替性

国外社会心理学有这样一个试验，组织三组学生进行考试并根据成绩颁发奖金。第一组学生需交回答案由组织者判分，由于没有作弊的可能性，结果平均答对3道题；第二组学生不需要交回答案，只要告诉组织者自评分数即可获

* 课题组成员：李军、高英、张军、赵昕、徐冬雪、王朝阳。本文获2014年全国金融系统思想政治工作和企业文化建设调研成果一等奖。

得奖金,由于可以自己改分而不会被发现,结果平均答对5.5道题;第三组学生也不需交回答案自我打分,但要签署“我同意本次测验结果纳入道德记录”,结果居然也和第一组学生一样平均答对3道题。可见,仅仅承诺遵守道德约束就阻止了一些学生的作弊行为。

长期以来,建设银行以及国内同业围绕职业道德建设做了大量工作,但实际工作中的困惑还比较突出,比如,基于道德约束不好量化而认为其不科学;基于人心叵测而认为其不可靠;基于需要因人施教而认为其费力不讨好;基于效果参差不齐而认为其事倍功半;基于需要纳入日常管理而认为是婆婆妈妈;基于上级有要求而搞点形式应付差事等等。于是产生了各种替代现象,一是制度替代。当前风险控制理论和信息技术手段不断发展,寄希望于建立一种无论员工品行好坏都没有能力作案的内控制度或IT系统。二是薪酬替代。囿于传统文化“仓廪实而知礼节,衣食足而知荣辱”的影响,偏重业务发展,不情愿拿出足够的时间、精力和资源来研究和深化道德操守建设,寄希望于业务发展、收入提高能解决员工思想问题。三是环境替代。仰慕市场经济发达国家诚信文化比较成熟,将国内银行业发生的案件和违规行为归咎于“大环境”,寄希望于整个社会诚信程度的不断改善等等。

实事求是地说,上述一些做法无疑也是必要的,但道德约束的基础性地位是不可替代的。首先,制度约束或者技术防控是需要投入大量资金成本的,同时还有在一定程度上牺牲效率等非资金成本,相对来说道德约束才是低成本的监督制约。其次,制度约束相对于作案手段具有滞后性,不可能事先覆盖所有死角,同时还存在一个是否执行到位的问题。即使事前从技术上屏蔽了一个漏洞,作案者还会寻找下一个漏洞,即使事后检查发现了案件风险,但巨额损失可能已无法弥补。而岗位人员和监督制衡人员基于道德约束而严格履行职责,才是制度约束得到落实,使作案者不敢轻举妄动的保障。第三,良好的激励约束机制能够满足诚实劳动员工的合理需求,道德约束是其第一道心理防线;当员工由于各种因素必须通过非法手段获取利益才能满足其膨胀的私欲时,道德约束则是其最后一道心理防线。第四,实际上市场经济发达国家成熟的诚信文化也是从不成熟发展起来的,我们围绕员工诚信文化建设还大有文章可作。当然,虽然道德约束不可替代,但是简单的说教达不到理想的效果,需要坚定信心和改进方法。

二、适应社会发展方向,进一步坚定操守教育的信心

俗话说“知人知面不知心”。道德操守教育要达到入脑入心的效果确实非常困难,所以常常被绕着走过去了。邓小平同志早就指出:“我们的最大失误在教育,对年轻娃娃、青年学生教育不够。控制通货膨胀可以很快见效,而教育的失误补起来困难得多”。逆水行舟不进则退,所以能不能克服困扰、进一步坚定道德操守教育的信心十分重要。从世界范围看,不仅市场经济尚不发达的国家需要深化道德教育,市场经济发达的国家在其发展进程中也始终重视并重道德教育,并呈现日趋社会化的发展方向,而企业道德约束的完善是整个社会诚信度不断提高的基石。

一方面始终致力于把道德约束融入日常经济生活之中。在发达国家银行业竞争更加激烈,既有新的银行主体进入市场,也有银行摘牌倒闭,但竞争规则相对成熟。目前我国银行业出现的高息揽储、争抢时点、买卖客户等饮鸩止渴式的无序竞争虽然在发达国家银行历史上也曾经出现过,但现今则普遍认为是不道德、没有远见的。美国银行同业公会围绕“对同业的责任”制定了许多条约规章,促进互助合作、互利互惠。英国是银行业的发源地,政府对银行业的监管着眼于宏观,但市场竞争有条不紊的一个重要因素就是从业人员和企业经营者公平自律意识比较强。

另一方面始终致力于把道德约束与企业社会责任有机联系起来。在美国,一些大型公司注重自身行为规范,更注重符合公众利益和意愿。其动力一是来自民众发现公司背德行为直接施压,经媒体报道后促其改变政策。二是来自一些机构抛售股票的压力。尤其是一些州政府使用雇员退休金、保险金投资企业,如果发现某企业背德行为,则通过抛售影响其决策。三是来自政府选择性购买的压力。美国联邦政府、州政府、地方政府是企业最大的采购商,可根据企业操守情况通过选择性购买左右企业决策。四是来自一些社会责任投资基金的压力。基金往往通过购买企业股票,对热心公益的企业进行投资奖励。这类基金规模越来越大,也直接影响企业的决策。所以公司企业特别是跨国公司越来越多地注重自我约束和承担社会责任,也成为美国反腐的一支重要力量。

当前我国正处于社会转型的关键时期,“财富效应”使道德风险无处不在。各级政府和企业大力推进廉政文化建设,更加注重道德操守教育的群众性,增强民众和商界的诚信意识和遵纪守法的自觉性。建设银行也始终致力于成为履行企业公民责任的典范,必须顺应构建诚信社会的发展方向,坚定成为道德

教育重要推动者的信心。积极探索激励与约束并重的施教措施,防止和化解“业绩冲动”带来潜在的道德风险,以及同业恶性竞争积聚的行业道德风险。

三、找准时机和切入点,不断提升操守教育的感召力

人的思想是活跃的,选择合适的时机和切入点直接影响教育效果。国际国内这方面的经验做法很值得我们结合实际研究运用。

(一)从抓早抓小方面入手

所谓抓早就是从入行抓起。如花旗银行和美国银行新入行人员或新提拔人员必须要通过一个阶段的入职培训,重在理解企业精神、融入企业文化、掌握企业规章,通过考核后还要申明认同,为其今后合规履职奠定坚实基础。所以结合我行实际,一是要把好入口关,严格进行多维度的背景审查,包括其聘用前工作学习情况、操守信用情况,还要与其所在地公安部门和监管部门了解其是否有不良记录。二是建立道德契约观念,人员录用后要签订内容具体全面的人事合同,列明工作要求、工作条件、工作纪律、操守规定以及相关权利义务、薪酬待遇等,并签字认可。三是根据员工学历、专业实施个性化培养计划,适当延长培训期限,有针对性地提高其在某领域的专业水平和道德水准,并在一定时期内进行不同岗位和不同机构轮岗,根据其实际能力和诚信表现委派岗位。

所谓抓小就是预防第一次。国内外犯罪心理学研究表明,职务犯罪尤其是贪财型职务犯罪,都不属于激情为之或一时糊涂,当事人都反复经历过自我心理解释的过程。第一次是贪或不贪的抉择,也是“练胆”的尝试。所以在员工岗位调整、晋级升职及婚丧生育等关键时段,必须及时跟进操守教育。比如在员工新婚生子或亲人逝世时,除正常的祝贺或悼念外,加上一句“让配偶孩子跟你平平安安”、“让亲人在天之灵安心放心”的话语,对在场的人也是一种心灵的净化。另外,注意通过观察员工的生活水平,看其收入情况是否与职位相符;通过媒体监测、信访举报、员工反映等发现是否有可疑行为;通过工作中的表现来观察员工八小时外的生活状态,如私人电话多、思想不集中、经常请假、交友复杂、投诉增多等现象,必须核查是否有异常情况发生。这些措施和手段在实践中被证明是行之有效和有威慑力的,对于帮助员工特别是领导人员筑牢心理防线至关重要。

（二）从入心入脑方面着眼

在西方社会，道德观念多源于宗教信仰中的惩恶扬善，职业操守教育也由此出发。同时由于英美法系采取判例法，其在职业操守教育中也多采用案例分析的形式，能明显地增加员工对制度规定的理解。而中国人有着强烈的亲情意识，因此职业操守教育要围绕亲情并辅以相关案例，必然会达到入心入脑的效果。

所谓入心是指中国人历来重视眼见为实，因此要更多地引入正反两方面鲜活的案例剖析，以情打动人心、震撼心灵。所谓入脑是指将职业生涯的健康发展与其家庭生活幸福联系起来，一方面通过谈心家访将其亲属带入员工职业道德教育过程中，以期引起家庭的共鸣；一方面要强调违规悖德行为对家族和亲人的影响，引导员工算清几笔违规违纪的“家庭账”。比如：名誉账——对金钱的贪欲落得身败名裂、自毁前程、亲人蒙羞；经济账——倾家荡产方知靠合法收入也能营造一个幸福家庭；亲情账——众叛亲离，无法面对和照顾父母、子女、亲朋；健康账——寝食不安、身心交瘁甚至身陷牢笼，才真正体会失去健康和自由的痛苦等等。促进员工增强合法经营、合规操作意识并转化为自觉行动。也许会有员工认为这是老生常谈，那么最受欢迎的哈佛大学公开课《幸福的方法》中的一段话对我们很有启发：有时候确实需要靠一些东西来提醒我们很多已经知道或是似曾相识而忘记了的事情，希望你对它的反应是：“哦！我知道这个，很高兴你提醒了我”。我们要将这一理念传递给管理人员和全体员工，大家就会理解常点常醒、入脑入心的道理，从而自觉施教、自觉受教，而不是当作一种游离于业务发展之外的“负担”。

为此，依托 95533 和企业网络建立操守热线和线上操守培训系统非常必要。一是利用热线接受员工操守问题咨询和抽验员工操守知识掌握情况，并如实记录；二是要求员工每年两次参加在线学习，设置三级递进题目，点击学习一级内容后就会进入小测验，只有达到 90 分才能继续下一级的学习。三级通过后系统自动跳出一份承诺书，由员工打印签字交由所在单位人力部门，与其他操守考核一起纳入人事信息管理。对未上线或未达标的员工及时进行提醒谈话，同时也要记入人事信息。

（三）从理性受托方面抓起

中国人比较看重人情面子，往往容易为了人情而放弃原则。无论国内国外，从银行案件形成类型上看，首要的是内部员工的道德风险。除直接挪用或侵占资金外，也可能会出现员工为获取好处而“搭车骑驴”等寻租现象，比如协助客户拒绝或拖延偿还贷款,恶意逃避银行债务;或伪造变造遗失客户资料,增加处置难度甚至拖延处置,以损失银行利益为代价减低客户损失;或放松审核标准,协助关系人集中开卡套现;或透露标底和第三方报价,为请托人违反公平原则获取服务资格等等。从中不难发现,内部人员主观恶意都需有客户、关系人、请托人等提供不正当利益方能达成默契。所以必须关注以下几种外部道德风险:一是债务人的道德风险。不良债务人串谋内部人员逃废债务的预期不可忽视;二是供应商的道德风险。不良供应商拉拢内部人员获取利益的预期不可忽视;三是其他关系人、请托人的道德风险。包括内部辞职辞退人员以及日常与员工有接触较多的外部人员等,他们对员工行为的影响也不可忽视。

人是有感情的,但感情具有非理性的特征,其价值观和行为导向容易受周围环境影响。而银行员工更是不法分子侵蚀的对象,各方面诱惑也会随之而来,而请托人往往是以交朋友的面貌出现的,并许以或大或小或即期或远期的个人"利益",其中有的是与建设银行利益相违背的,就是我们所说的"利益冲突"。如何应对"熟人请托"是每一位员工经常面对的问题。因此在全行倡导理性看待"熟人请托"活动十分必要,引导大家面对这些问题时要分析对方利益动机和自身违规后果,识得破圈套、认得清陷阱,向其晓以利害、婉言相拒,必要时要向组织报告,更不得变通操作或降低业务标准。让大家不仅要交好朋友,还要做好朋友,不被累害也不害人。

(四)在违规告知方面警示

近年来全行上下为增强操守教育的针对性,在案例分析教育方面做了大量工作,但是对于多年未发生案件的机构,不容易产生感同身受般的共鸣。而日常检查发现的违规问题,往往是即发现即整改即问责,员工对自己一段时间内多次违规没有总体认识,于是形成屡查屡犯。所以我们认为,应充分利用各类检查发现违规问题这一"负向记录",试行《屡查屡犯问题警示》机制,归纳梳理、集中告知员工自己和条线人员三年内屡查屡犯问题,旨在告诫员工违规就在身边,不能及时整改就有可能引发案件。比如,可将屡查屡犯问题明确为近3年内外部审计、监管以及分、支行业务检查发现问题中多次发生的,或虽零星发生但性质较为严重、存在较大风险隐患的违规问题,告知相关员工承诺不得前查后犯或此查彼犯,否则即是明知故犯将从重问责。一是由相关员工个人自行梳理,同时所在机构业务条线管理部门进行梳理,相互对照交流,实施第一次教育过程;二是由相关员工自行分析主客观原因,业务条线管理部门进行帮辅,实施第二次教育过程;三是对屡查屡犯共性问题涉及相关制度、流程、系统等方面缺陷因素,要由业务主管部门统一整改。

(五)在细化规定方面完善

美国相关银行员工行为准则都提出了细化的限制性规定。如明确员工不能接受与银行活动有利益冲突的单位赠送的礼品,涉及具有货币价值的东西包括服务、交通、住宿等均为礼品等。上级不能收受下级员工的礼物,特别情况下低于价值20美元的礼物可以接受,但一年内累计不能接受超过50美元。员工不能被请吃饭,特殊情况下可被请吃一次但费用不能超过20美元。严禁以职权、客户信息、公司财物为自己办事,禁止用公司电脑从事炒股、利用职权推荐工作等。而英国金融服务局认为,员工参加有些工作午餐或人数众多的大型宴会也有利于与被监管机构建立良好的工作关系、拓展交际面,因而也是可以的,但是不能频繁接受或过于奢华,而且金融服务局方面被邀请参加的人数不能少于2人,对方不能少于6~8人。一般情况下所有员工在公务行动中都不得接受礼物和款待,但是对低于一定价值或普通的接待,可以在报告的基础上接受。蒙特利尔银行也要求员工的很多外部行为需得到公司合规部门的认可。

比较而言,我国商业银行业在行为操守规定方面虽然政出多门、制度不少但执行不力。建议从以下两个方面不断完善:一是合理设限,诚实报告。建立全员重要事项报告制度,明确低于一定价值或普通的接待,可以在报告的基础上接受,否则按照操守失范严肃问责;二是关注亲属,约束下级。不仅明确约束员工行为的量化标准,还要明确约束其配偶、子女等亲属以及下级的相关量化标准,为员工创造一个合规守信的整体氛围。

(六)在违规成本方面加力

美国、新加坡、香港等金融业发达地区,对从业人员有违职业操守的惩处近乎严苛。如在美国,当发现员工出现违纪行为,一般会在第一时间通知其离岗,并在3天内做出是否解雇的决定。香港金融管理局规定,对员工违反《行为守则》的不当行为的指控进行内部调查,并采取纪律处分或其他管理层决定的行动。即使员工被廉政公署、警方等相关执法机构裁定没有触犯刑律,金管局也会根据实际情况,对其采取纪律处分。同时银行业间员工流动均采取保荐制,有的要求推荐人要达到3名。因此那些有职业操守污点的员工,一定年限内很难在同业间继续谋职。很多银行还设有对退休员工的奖励制度,对于违纪人员则采取减免政策,有效控制所谓“59岁现象”。上述规定无疑都增加了员工的违规成本。

近年来,国内商业银行对违规人员也加大了惩处力度,但多数银行都存在

"自扫门前雪"的现象,对于没有触犯刑律的违规行为,只要能将违规人员清除本行,往往会以"留饭碗"为由大事化小、小事化无,不给其留下任何违规记录,使其有可能继续混迹在同业中,从而给他行带来隐患。随着员工流动性的加大,这种情况屡见不鲜,不利于银行业整体健康发展。因此,首先要强力推进对违规责任人严肃问责,坚决落实谁检查谁进行责任认定、谁提出问责意见的规定,对无须问责的由检查人员和其单位领导签字确认备查。同时加强行业自律尤为重要,特别是如实反映调动人员职业操守和违纪情况应成为行业共识。总之,要为职业道德存有问题的人设下一道壕沟,充分发挥问责惩戒的警示预防潜能。

(七)从心理契约方面引导

最好的行为管理是员工自觉的自我的管理。因此持续加强心理引导,激发正能量,帮助员工开启自我发展之门至关重要。心理契约和归因理论研究表明,员工与组织除了经济契约外还隐含着对于相互之间责任和义务的期望,即心理契约。心理契约破裂会导致员工对组织的信任感、责任感和忠诚度下降,极端的情况下还会出现消极怠工、偷窃、攻击行为等。而人们对自己或别人的行为做出评价时往往存在归因自利性偏向,将成功归结为自己的能力和努力,而将失败归因于运气不好或任务难度、外部环境等。为此,世界500强90%以上实行了员工心理援助项目(简称EAP),全面帮助员工解决思想问题。荷兰管理学家兰佩萨德还基于充分考虑员工个人抱负,提出了个人平衡记分卡管理工具。这些方法我们都可以尝试借鉴,以有针对性地引导员工思想和行为。

一是开展需求调查,规范心理契约。聘请专业机构从心理契约角度对建行和员工双方职责和义务进行全面调查和规划设计。了解差异、相互改进、达成一致,对不合理预期加以引导,对重点人群给予关注,尽可能减少心理契约中的理解歧义。

二是拓展员工心理援助项目。启动前由相关专家配合进行宣传推广,使员工克服隐私顾虑,并了解职业心理方面的知识。实施中除组织多方面培训外,还要落实员工及其直系亲属与专家面对面或网上咨询。项目中期和结束时由专家评估效果,使员工及银行对EAP帮助既有感性体会又有量化判断。

三是通过个人平衡记分卡,增强员工自我认知能力。从财务(个人需求和稳定性)、外部(亲朋、雇主、同事等关系)、内部(身体和精神状态)、知识和学习(技能和提升打算)四个视角,描述个人使命、愿景、核心角色、关键成功因素、目标、绩效测评指标及改进措施,并通过"计划—实施—改进—挑战"的循环过程,不断自我完善，快乐地投入生活和工作，达到个人抱负与组织抱负之间的有效平衡。

（八）在道德资本方面探索

国内外许多有远见的企业家都坚持职业道德也是效益并能够创造效益的观点。将一个员工的贡献归纳为：业务能力×职业道德（爱岗敬业＋承担责任）。新加坡银行业绩效考核指标分成三大类：非量化指标、量化指标和操守指标（遵守内部规条，严禁违规，奉行了解客户背景的要求，严绝内幕交易，执行大公无私原则，禁止私相授受，杜绝偏私歧视等）。上海也有家商场结合经营实际，对职工的工资构成进行大胆改革，其中包含“道德工资”。

基于员工既是社会人又是经济人的考虑，要使员工将道德操守养成良好习惯，必须探索与其经济利益挂钩。当然，是否一定要单列一项“道德工资”，则可见仁见智、形式多样。但“道德也是效益”，这是勿庸置疑的，必须广泛宣传达成共识，探索出一套符合实际的考核体系。

四、围绕诚信这一核心，教会员工面对诱惑如何选择

东西方文化有着一定的差异，西方国家基于契约观念，要求雇佣双方严格按照合同规定履行义务和享受权利。而我国传统文化基于人初性善，倡导恪尽职守、敬业守诚是人生立身之本，也是强者立业的根本风范。虽然各有特点，但培养员工诚信精神是共同的目标。然而由于道德风险所具有的隐蔽性、突发性以及造成后果的不可确定性，银行人员经常要面对一些道德两难情况做出抉择，确实不是一件容易的事情。有的员工还耍“小聪明”，采取“半作为”的方法，既不得罪请托人，又为事发后寻找借口，比如只要求请托人要件齐全，但对其真伪不予深究，一旦被查出往往以自己经验不足来抵赖。所以2001年出版的香港《银行界专业道德实务指引》直截了当地为银行员工提供了一套面对利益冲突时的思考程序和准则。主要内容包括：弄清事情缘由，看其中是否涉及道德问题；列出所有利益相关者，考虑自己的选择可能产生的各种后果；综合个人价值观和法律、制度要求及咨询法规制定部门和相关人士，进行阳光测试并做出判断等。

因此，操守教育最根本的是教会员工处理道德难题时如何正确判断，及时打消侥幸心理。近年来总、分行先后制定了员工行为准则、职业操守、从业禁止规定和其他具体业务禁令，开展了各种案例分析宣讲，绝大部分员工都能理解其核心要义，但常常是最有可能出现问题的员工往往会抱怨内容太多而听不进

去。本着消除短板的“木桶法则”,有必要浓缩操守教育内涵,并归纳出面对两难选择时的应对方法,以求开宗明义、入脑入心:银行价值观、诚信永远是银行业务经营的基础,希望所有员工在工作中按照职业最高准则行事,尊重员工合理需求和潜能并奖罚分明,以追求卓越的竞争优势。员工价值观,诚信是员工所有决策和行动的出发点,必须时刻牢记对客户的责任、对彼此的责任、对银行的责任、对股东的责任、对家庭的责任、对社会的责任,提升个人素质,了解单位发展,把握合理需求,以主人翁的姿态,追求成为卓越的员工。如何决策和行动,知悉并恪守最高标准,判断并确保正确行事,咨询并举报可疑行为,追求职业生涯健康发展。特别提示,单位不可能罗列你可能遇到的所有问题,能否公开讨论你遇到的事并问心无愧地披露你的决定是判断方法之一,如果你感觉某些事情可能导致操守失范,事实可能就是如此,不得试错试法。以上除组织员工掌握外,还可以公开发送给客户和员工亲友,形成良好的互动氛围。

总之,道德风险是人类灵魂中丑陋消极之处的行为表现,不能期望在没有道德约束的作用下,人们能够彻底铲除自身的劣根。任何银行案件的发生都无外乎以下两种因素叠加,使一些看似风险监控机制严密的大型国际银行集团也不可幸免。一是作案人员职业操守失范,但找到了制度漏洞;二是岗位制衡人员使作案人有机可乘,管理人员发现异常情况不予深究,从执行制度角度看,也属于职业操守失范。所以没有制度约束,道德约束则是无的放矢;没有道德约束,制度约束则是形同虚设;二者不可偏废,但道德约束是制度约束得以落实的保障。

让我们在道德操守教育中积极探索,确保我国商业银行在现代化进程中长治久安。

全面深化改革的新形势下金融企业思想政治工作重要作用和方式、方法创新的研究

——关于建立大数据驱动型思想政治工作模式的调查研究

武连成　常庆斌　王玉明*

大数据和云计算是当前具有代表性的两种新技术,这两种技术的发展和运用深刻地影响着社会生产生活,也为全面深化改革的新形势下创新银行思想政治工作开辟了广阔空间。众所周知,大数据自身所具备的规模性、多样性、实时性、价值性等属性,使其具备了运用于各项工作的规律性和普适性。当前,80后、90后逐步成为银行员工的主体,日益开放的社会生活环境与工作环境不断受到多元价值观的冲击,80后、90后员工思想受到的侵袭比以往任何时候都要多。如何通过强有力的思想政治工作使80后、90后员工聚焦我行打造区域最好银行目标、献身"二次创业"实践,是摆在我行思想政治工作者面前的一大现实课题。本课题通过问卷调查、座谈访谈、典型案例等方式,了解运用大数据与新媒体技术创新思想政治工作的现状,分析存在的问题,并提出建立大数据驱动型思想政治工作模式的对策与建议。

2014年7月中旬,中国建设银行黑龙江省分行武连成、常庆斌、王玉明组成课题组,围绕"大数据、新媒体在思想政治工作中应用"为题,深入全省2个市地分行、10余个支行,开展问卷调查、走访座谈等调研活动。其间,共发放调查问卷500份,收回有效问卷453份,回收率为90.6%。听取基层行党组织负责人、干部和党员以及员工的意见建议,访谈党员干部和群众65人次,召开座谈会4次。经过大量的研究调查分析,我们认为,大数据与新媒体技术的出现,为思想

* 中国建设银行黑龙江省分行;本文获2014年全国金融系统思想政治工作和企业文化建设调研成果一等奖。

政治工作转型提供了契机,或将引发思想政治工作领域从观念到手段、方式和方法全方位的变革,使其有利于推进工作质量和效益提升,同时,一些行思想政治工作“生命线”在引入大数据驱动型模式之后,也焕发出了新光彩。还有,我们通过在全行系统开展问卷调查显示,在问及“您认为思想政治工作中采用大数据、新媒体技术应该起到哪些作用”时,受访者选择排名前三的分别是:舆论引导,60.2%;助推思想政治工作方式转变,48.1%;评价反馈,40.7%。因此,必须抓紧建立大数据驱动型思想政治工作模式,为我行打造区域最好银行目标、推进“二次创业”凝聚力量。

中国建设银行黑龙江省分行

中国建设银行股份有限公司黑龙江省分行是中国建设银行股份有限公司所属的一级分行营业网点覆盖全省12个经济行政区域,可以经办《商业银行法》准许开办的所有商业银行金融业务。

图27-1　中国建设银行黑龙江省分行办公楼

一、大数据驱动型思想政治工作模式的初步界定与特征描述

大数据驱动型思想政治工作模式就是要求我行思想政治工作者树立数据思维,挖掘数据资源,善用数据分析,在规划制定方面,能够推动定性决策向定量决策转变,提升计划的科学性;在工作推进方面,能够实现大众教育向分众教育转变,提高思想教育的效益性;在受众对象方面,能够促使无的放矢向对症下药转变,确保思想教育的实效性;在效果评估方面,能够推进感性认知向理性分析转变,契合发展规律性。思想政治工作是在人的脑子里搞建设,传统手段拼

凑随意、搭建粗放，而在“大数据”背景下，则能较好地实现按图施工、科学管理、动态调整、精准操控。

大数据驱动型思想政治工作模式具有以下特征：

1. 思想政治工作领域引入“大数据”具有天然优势与本质的契合性。思想政治工作的对象是人，辐射人的工作、生活的全部，这与大数据的数据是核心的本质契合，本源相通。思想政治工作领域本身创造数据内容，这些数据具有较高的利用价值，再加上每个人都有接受知识、沟通交流和思想教育需求，用户资源雄厚，基于庞大的对象群体进行数据分析，将大大提升决策科学性，最大限度地保证思想教育服务和产品实现供需之间的无缝对接。

大数据

所谓“大数据”，是指所涉及的信息量规模巨大到无法通过目前主流软件在合理时间内达到撷取、管理、处理、并整理成为帮助企业和其他组织决策更积极目的的资讯。大数据的“大”主要指的是：一是在线，二是海量，三是多样（包括结构与非结构），四是高速，五是精准分析的能力，六是价值，即蕴含的商机和效益。云计算就是互联网，把你需要的所有数据、软件都存放在互联网上和您的网络账户里，不需要随身带着笔记本或者 U 盘，任何终端设备都可以连上，最终取代个人电脑的全部功能。云计算技术的发展导致了大数据时代的来临，云计算的设计将每一个地区个别数字储存成一个大的数据库，通过搜索引擎可以将数据迅速检索。电子商务网站的交易记录、传感器上的读数、手机 GPS 信号等都是大数据的先驱。个人电脑向互联网迁移为社交网络提供了空前庞大的用户群体，这几年来异常火爆的社交网络，如 Facebook 和 Twitter、网络日志、短信、微博、微信和音频影像等都成为新的数据源。搜索引擎、物联网和电子商务逐渐将人们的兴趣爱好、购物习惯等生活模式加入到庞大的个人信息库中，而包括微信、微博在内的社交网站将人们之间的人脉关系、情绪变化、心理波动以及各种经历一网打尽，在这个每个人都成为行走着的数据源的时代，多样化的数据将何人发生何事以及在哪里发生等基础信息连接到一起。对大数据的应用将深刻影响银行思想政治工作的思维、方式、方法的改变，从而推进政治工作质量效益的提升。

2. 可使思想政治工作者较全面地掌握员工思想动态的即时变化，建立真实可信有说服力的“思想动态数据库”。大数据关注全部而非局部，强调不留盲区死角。作为思想政治工作者，我们面对的是员工随时在变化在跳跃的“活思想”,应尽可能做到全面深入细致,开展思想调研要面向全体员工,不漏一人地进行深入持久的调查。大数据的末梢能深入思想政治工作的方方面面、各个角落,依托其全面、分析、共享和预测的特性,可较全面地掌握员工思想动态的即时变化,建立真实可信、有说服力的“思想动态数据库”,为提高政治工作针对性提供真实有效的依据参考,成为及时反映员工活思想的“晴雨表”。

3. 可为思想政治工作者提供一种全面的感知参考、科学预判和科学决策的方法。随着管理决策越来越受预测性分析和大数据的影响和控制,由经验和直觉做决定的方式将会被彻底改变。对于银行思想政治工作者而言,“大数据”将使其工作决策从“经验依赖”向“数据依据”转化,将利用大数据工具,在深入了解和把握受众对象真实思想动态的基础上,将数据力量、预测力量和决策力量有机结合,对员工思想可能发生的变化进行细致分析、综合研判,对可能发生的倾向性问题做到未雨绸缪,及时跟进解读,第一时间掌握员工所关注话题议题的话语权,将“恶之花”止于未发,开展针对性较强的、行之有效的思想政治工作,激发二次创业的不竭动力。

4. 可为员工提供一个释放自我、主动受教育的数据平台。伴随着大数据时代呼啸而来的是各种新兴媒体广泛融入大众生活与工作之中,特别是80后、90后员工更是离不开微博、微信、QQ、易信等新技术去获取知识、加强交流。通过完善微博、微信、QQ、易信、论坛和建言献策等平台,适度进行引导介入,把握正确的舆论导向,使员工在学习、娱乐中受到潜移默化的熏陶,使教育内容在信息交流互动中得以入脑入心。

5. 可提供一种定量化与精细化管理水平以及一种高效率、高产出的工作方式。大数据的背后是人,数据记录的背后是人,数据记录的是人的各种相关信息,而大规模、成批量、海量化地分析这些数据,就能掌握数据背后各类人群的兴趣喜好、生活习性、思想倾向以及政治态度,甚至可以细分掌握每个人的概略情况。这些资源,反映所有对象的真实动向,以往需要投入大量的物力和人力也掌握不到的,这就为思想政治工作节约了大量物力与人力资源,也为改变以往思想政治工作“大锅饭、一勺烩”、“全覆盖、无重点”、“一阵风、缺效果”等弊病,从而提高思想政治工作效率和效果提供了可能,同时还可实现供需之间的无缝对接。

6. 大数据与互联网、手机和数字电视等新媒介技术的有机融合是大数据驱动型思想政治工作模式的核心。新媒体是产生大数据的技术基础。思想政治工作者可以充分利用各种新媒体,以更短时间、更低成本将思想政治工作动态信息等传达、发布到各基层党组织乃至员工党员中，切实提高传播效率；其次，新媒介平台重视互动，强调受众的平等参与，有助于激发80后、90后员工的参与热情；最后，微博、微信等媒介手段的社会应用性为我行思想政治工作走出单位、发挥社会效益提供了实现途径，从而达到增强思想政治工作互动性、针对性和实效性的最终目的。

二、推行大数据驱动型思想政治工作模式的必要性与紧迫性

（一）大数据时代80后、90后员工对利用新兴媒体技术获取知识、加强交流的新要求，迫切要求推进大数据驱动型思想政治工作模式。当前，互联网进入了新时代的显著标志就是以宽带传输、移动互联、云计算、大数据、搜索引擎和社交网络的发展，大大拉近了人与人、商家与客户的距离，大大缓解了信息不充分、不对称的影响，深刻改变着人们的生产、生活方式和社会组织与商业运作模式。员工特别是80后、90后员工客户对获取知识、加强交流的需求也发生如下变化：一是要求思想教育更加“随时”。微博、微信、易信等新技术的应用，使得“线上线下”概念更加模糊，“随时在线”成为现实。二是要求思想教育更加“随地”。随着移动通信技术的发展，电视、平板电脑、手机等都成为上网终端，使得随地上网成为可能。三是要求思想教育更加“随心”。依据开放式平台、大数据和云计算的广泛应用，互联网以其开放性、共享性和交互性特征，决定了网络环境中的每个个体都有可能根据自己的意愿，构建更加个性化和差异化地获取知识、加强交流的服务。需求新变化必然带来新的变革，客户的新需求将推动银行思想政治工作理论和实践发生革命性变革，大大拓展思想政治工作的广度和深度，正视新变革、跟进员工需求，主动调整工作方式方法，就能取得很高效率和良好的效益。

（二）全面深化改革与推进银行转型发展的新形势、新任务，要求大力推行大数据驱动型思想政治工作模式。在调处和化解在我行全面深化改革阶段出现的矛盾及问题，进而推动二次创业，是新形势下员工思想政治工作的新课题。例如，在机构改革中，由于沟通不到位，一些员工产生了悲观失望的离散型、碌碌无为的混岗型、无可奈何的坚守型和同业争抢的跳槽型等消极现象。信息时代，员工越来越关注能否真正享受平等、民主的权利，行里也架设了许多上下沟通、民主参与、信息共享等便于了解行务、上下互动的平台和桥梁。但是由于信息不对称，员工希望了解和关心的事项，往往无法通过畅通的渠道获得，以致员工没能真正理解和领会行里对重要事项决策的意图。员工的真实想法和思想

疙瘩,没能得到正常的表达和释放。久而久之,员工的思想可能会出现大面积信任危机和精神疲惫。如果及时建立大数据驱动型思想政治工作模式,搭建与员工互动平台、组织员工思想座谈、开设“心贴心”微博、QQ等,向员工进行面对面、零距离的沟通交流,掌握员工真实思想动态,并科学引导不同身份的员工转变思想,正确认识银行的有关做法,正视理想与现实的矛盾,进一步改变员工心智;更为重要的是,给员工提供直接倾诉想法和正确认识自我的机会,就能有效地缓解员工思想矛盾。

(三)通过有效的思想政治工作弘扬核心价值观、凝聚“中国梦”和我行“二次创业”的强大合力,更需要推行大数据驱动型思想政治工作模式。在大数据时代,有效整合员工思想意识,有意识地引导员工思想,进而实现凝心聚力、团结奋进目标,已经呈现出一条科学精准、客观量化的全新路径。引导思想、凝聚共识的前提是掌握员工的思想现状,明确员工的精神需求,了解员工的基本诉求。传统做法偏重演绎逻辑,从预设结果出发反向求证,由总体到个体、抽象到具象推演,难免失之偏颇、囿于主观。当前宣传教育“难以入心”,宣传材料“乏人问津”、教育活动“自娱自乐”等现象都是传统操作逻辑的表现。而通过“大数据”技术,则实现归纳逻辑,通过各种途径搜集汇总民意,进而技术化归类分析,其过程是由个体到总体、具象到抽象正向提炼,自然接地气、顺人心。在此基础上,进行主题策划、内容设计、形式选择、载体创设,就自然起到了事半功倍的效果,有利于核心价值观、中国梦、建行梦以及“二次创业”等正能量的自然融入、春风化雨。

三、运用大数据等技术加强思想政治工作建设的现状及存在的问题

(一)主要做法

通过调查发现,各级党组织利用大数据与新媒体技术在基层组织建设、党员教育管理、领导班子建设、干部考核、干部廉洁自律教育、员工思想教育等工作方式进行了有效的创新。例如,省行纪检监察部设立了CCB_HLJ_JJJC微信廉洁自律教育平台,组织各级机构一把手建立微信课堂,包括集体讨论、情况通报、廉洁提示等内容,发挥微信传播快、点对点直接教育的优势,提升教育效果。工会设立员工意见邮箱,党委宣传部在企业网首页开设了“推进分行二次创业、打造区域最好银行”专栏(后更名为“建行宣传园地”),许多基层行党支部建立了“e支部”等平台。

“推进分行二次创业,打造区域最好银行”专栏

中国建设银行黑龙江省分行新一届党委提出发扬真拼实干、奋勇争先的进取精神,举全行之力把我行打造成“系统内具有涉农特色和特点的分行”,争做“区域内最好的银行”。为了给省行党委中心工作提供强大的舆论支持,省分行党委办公室、党委宣传部在省分行信息门户网站首页开辟了“推进分行二次创业,打造区域最好银行”专栏,以摄影图片、文字报导的形式,集中重点记录并展示全省各分支机构领导班子、广大员工推进“二次创业”,打造涉农特色、最好银行的动员部署、主要措施、营销成果、经验做法、真实事例、感人故事、思考感悟等栏目。

图 27-2　中国建设银行黑龙江省分行门户网站

(二)存在的问题与成因

1. 对运用大数据与新媒体创新思想政治工作的重视程度不够。主要表现在四个方面:一是一些思想政治工作者数据意识比较淡薄,缺乏“用数据决策、凭数据说话”的理念。调查发现,一些基层行党组织和党员干部对大数据与新媒体缺乏科学认识,运用大数据与新媒体加强思想政治工作的主动性不够。调查数据显示,认为利用大数据与新媒体开展思想政治工作重要的占22%、比较重要的占25%、不重要的占53%。二是开发工作没有跟上。大部分行没有建立开发规划,设立专门机构、人员,更没有将利用大数据与新媒体运用到思想政治工作中的想法与要求。由于缺乏统筹规划,不少应用系统之间没有统一的技术和数据标准,数据不能自动传递,缺乏有效的关联和共享,从而形成“数据孤岛”。大数据是一个综合性课题,需要不同层级的人才,当前在思想政治部门中这类人才还比较匮乏,特别是有的职能部室只是“单兵匹马”。三是工作机制、

制度不健全。一些单位还没有建立健全利用大数据与新媒体加强思想政治工作、舆情应对和处置预案等机制和配套的制度,对制度的落实没有形成常态化。遇到网上突发性舆情,只好“临时抱佛脚”。四是工作经费不足。调查数据显示,大部分单位反映经费不足。

2. 运用大数据与新媒体创新思想政治工作的力量偏弱。主要表现在以下三个方面:一是大数据与新媒体普及率不高。作为主流意识形态传播平台的网站、微信、微博、QQ数量比较少且影响有限;二是拥有大数据与新媒体的资源不平衡,特别是网点员工反映,互联网未对他们开通,数据不能共享;三是使用新媒体形式单一、使用率较低。大多数党组织利用新媒体主要是党建网站、手机短信、QQ群、楼宇视频等,但在博客、微博、微信、手机、网上即时通讯群组、虚拟社区等先进传播方式上,使用率较低。

3. 运用大数据与新媒体创新思想政治工作方法力度不够。一些行党组织和领导干部不善于研究大数据与新媒体舆论传播的规律,不屑于发挥大数据与新媒体的优势开展基层思想政治工作,不注重思想政治工作方法上的创新。调查数据显示,在选择通过哪种形式开展思想教育和培训的选项中,选择传统授课的占14%、自学的占20%、外出参观学习的占34%、网络在线学习的占42%。在选择哪种方式反映思想困惑问题的选项中,选择到主管部门反映的占6%、信函的占11%、电话(手机)的占31%、网络举报的占52%。由此可见,大多数党员干部和群众愿意使用网络、手机等新媒体进行交流,加强与党组织的沟通联系。

4. 思想政治工作者自觉运用大数据与新媒体的能力有待提高。一些行党员干部的自身素质与大数据和新媒体的迅速发展不适应,难以有效地利用互联网来解决问题,引导舆论。调查对象对舆情的掌握有较明显欠缺,仅9.6%的党员干部学过有关大数据与新媒体方面的课程或书籍,35.7%的党员干部参加过网络知识、舆情应对处置的培训。有的干部把网络仅仅看作是传声筒,不注重研究网络给思想政治工作带来的新情况、新问题;有的干部对网民提出的意见、建议不能及时充分地回应,导致员工产生这样那样的想法,甚至是偏激情绪;有的干部不能正确引导舆情,对待网络信息简单地删、封、堵,特别是在处置突发公共事件时,不能及时公布事实真相,不能与网络民意形成良性互动,导致个别问题扩大化、简单问题复杂化、局部问题全局化,给我行形象带来负面影响。

此外,数据安全问题也成为建立数据驱动型思想政治工作模式的一个较大的阻碍。利用云计算对海量数据资源进行整合,使其从分散变得集中,增加了数据存储的安全风险。

三、对策及建议

（一）在数据“整合”上下工夫，充分利用数据平台，形成集思想政治工作、业务发展服务、三务（党务、政务、财务）公开等多功能于一体的“大数据”思想政治工作格局

在大数据时代，我行要加快步伐，在数据“整合”上下工夫，实现数据互联互通和充分共享，为大数据时代的思想政治工作提供一流技术平台。必须坚持统一领导、统一规划、统一标准、统一建设；同时遵循以“需求为导向，应用促发展”的工作思路，推进信息共享、互联、互通平台建设与应用同步建设。具体建议如下：

1. 构建“数据”中枢，使思想政治工作服务业务发展做到零距离。大数据时代，需要一个数据处理中枢，我们建设银行的大数据思想政治工作，也应该有一个数据处理中心，依据专业数据收集团队，以建立结构化数据、非结构化数据、流动数据三类数据为基本方法，通过“整群”与“抽样”的不同方式，充分发掘“经营数据、人事数据、管理数据”等数据资源，进而收集在建设银行业务发展、经营管理、人员结构、思想状态、组织建设、综合管理等各方面的数据情况，搭建起覆盖面广、信息多源的数据架构。

2. 科学分析“数据”，管理打包精细化，从粗放式管理向精细化管理转变。当前，大家普遍都认识到了思想政治工作服务业务发展的重要性，但准确地把握业务发展需求，有针对性地优化服务的方法手段还不多。通过数据可轻松梳理出业务流程、管理流程的内在需求。通过建立数据思维，挖掘数据资源，合理数据分析，我行就可以广泛征求意见建议，对业务发展关注度高、需求度大的项目进行梳理和分析，优先打包对整个数据全集直接进行存储和管理分析。为此，要求我行的专业数据团队打破以往的“收集、清理、存储、分析”的滞后手段，针对实际数据分析使用的需求，对静态的结构化数据以业务报表的形式进行数据挖掘；对于非结构化数据建立非结构的数据平台，开展经营分析、管理分析等；对流动的数据进行实时的监测、监控，开展显性的实时提供。采用类比法、定性评价法等不同方法，以动态的绩效评估推进团队和个人在业务经营中发挥作用。从数据分析中发现管理中潜在的问题的风险，以便尽早采取相应措施，保证事态处于有效控制之下。

3. 开启“大数据”时代服务型思想政治工作的组织机构建设。“让数据说话、听数据指挥”是数据驱动型思想政治工作的显著特点。思想政治工作即面向业务发展,面向员工,对象是人。这与“大数据”本质契合,本源相通。数据的背后是人,数据记录的是人的各种相关信息,而成批量地分析这些数据,就能掌握数据背后各类人群的喜好、习性、思想倾向以及政治态度,改变当前党建思想政治工作“大锅饭、一勺烩”、“全覆盖、无重点”、“一阵风、缺效果”等弊病。我行可通过数据思维,在业务发展规划制定方面,推动定性决策向定量决策转变,提升计划的科学性;在思想政治工作方面,能实现面向大众工作向面向分众工作的转变,提高思想政治工作的效益性;在研究对策方面,能够促使无的放矢向对症下药转变,确保思想政治工作的时效性;在效果评估方面,推进感性认知向理性分析转变,契合我行发展思路和发展规划。思想政治工作是在人的脑子里搞建设,在“大数据”背景下,则能够较好地按图施工、科学管理,动态调整、精准操控。这就要求我行的各级思想政治职能部门要广泛利用各种新媒体,如通过微信平台、先进党员工作站等平台,实施“微思想政治”,针对三务公开,提供制度法规查询、党组织架构、党建学习资料等功能,形成一个从群众出发、到群众结束的“回路”。

(二)充分利用大数据与新媒体的优势,创新思想政治工作方式

1. 运用大数据与新媒体技术推进思想政治工作向现代方式转变。利用互联网信息化工作平台,创新基层组织设置模式、党员动态管理机制。探索建立“网络党支部”、“短信党课”教育平台,开设官方微信、微博、手机报等,开展网络思想政治工作。在“网下”,进行集中学习和党内事务讨论;在“网上”,开展网络互动,推动党员干部的自学和交流,形成统一的信息化党建管理网络,实现党建工作全覆盖。

2. 运用新媒体创新教育形式。利用新媒体不受时间、空间限制的特点,借助互联网、手机、数字电视等新媒体终端,使党员干部随时随地学习,快捷、高效地获取知识。

3. 运用新媒体创新联系群众方式。利用新媒体搭建起党与人民群众之间交流的平台,传递党的声音,通达行情民意,把党的声音和群众的声音统一起来,形成和谐的党群关系、干群关系。

4. 利用新媒体积极推进党务公开。通过开设门户网站或开办专题网页、开通电子信箱,拓展党务公开渠道。及时发布需要党务信息,澄清涉及党的工作的各种误解和疑虑,消除不实或歪曲报道的影响。

5. 运用新媒体开拓舆论监督及反腐倡廉新领域。发挥新媒体在弘扬正义、鞭挞腐败、威慑犯罪、曝光丑闻等方面起到的独特作用，充分利用广大网民的信息源，整合社会各方面反腐倡廉资源，及时公布反腐倡廉舆情动态，不断扩大反腐倡廉的影响，推进反腐倡廉建设。

（三）加强融合，充分发挥新媒体与传统媒体服务思想政治工作的双重作用

互联网、手机、数字电视等新媒体是当今的媒介产物，是对报纸、电视、电台等传统媒体在传播方式和内容的创新发展，但传统媒体的独特优势是新媒体不可替代的。为此，要切忌顾此失彼，只强调新媒体的优势，忽视传统媒体的作用，切忌“赶时髦、追风、作秀”，在最大限度地发挥新媒体的优势、服务于党建工作的同时，要注意运用传统媒体开展党的宣传、服务思想政治工作，形成新媒体与传统媒体互融互补、推进思想政治工作向科学化发展的工作格局。

（四）提高党员干部大数据思维和媒介素养，成为大数据时代合格的思想政治工作者

在大数据与新媒体时代，思想政治工作者要不断提高大数据与媒介素养，增强运用大数据与新媒体的能力，成为大数据时代合格的思想政治工作者。

1. 用大数据思维来开展思想政治工作。随着信息技术的飞速发展，具备良好数据意识和数据素养，将成为思想政治工作者做好大数据时代思想政治工作的关键。“除了上帝，其他任何人都必须用数据说话”。“大数据”革命必将颠覆银行传统观念和经营模式。要强化“数据开展思想政治工作”理念，建立分析数据的习惯，重视“大数据”开发利用，提升思想政治工作的效率效果管理、数据管理，真正做到“人人心中有数”，让思想政治工作更加贴近员工真实思想，更加贴近业务发展。

2. 加速培养相关人才。大数据时代人还是关键的决定性因素，应对这个浪潮，需要加速培养相关人才，提高思想政治工作条线的员工的大数据应用技能。一是要着力造就一支数量充足、结构合理、素质优良、表现卓越的数据分析师专业队伍；二是积极借用外脑，建立智囊团。聘请政府部门、科研机构和企业的专家作为我们的智囊，加强与同行的交流、研究和合作，借助“外脑”发展业务；三是要加强对提高全体思想政治工作战线的员工的大数据应用能力的培训。要把大数据专业知识列入各级思想政治干部教育培训和年度考核；其次，举办各类讲座和学术报告，普及大数据知识；第三，利用报刊、广播、电视和网络等媒体开辟专栏，宣传相关知识。

3. 积极接受媒介素养教育。思想政治工作者要认识到培养媒介素养的重要性,通过提高媒介素养,了解掌握新媒体语言、新媒体技术,懂得新媒体再现现实的特性,分析新媒体组织和传播影响及效果,努力把网络运用转化为一种工作方式、生活习惯和修养途径。其次,培养与新媒体打交道的能力。思想政治工作者要注重培养与新媒体打交道的四种能力,即利用网络搜集和把握社情民意的能力;利用网络与各方面互动的能力;对于网络的明鉴力、包容力和引导力;接受网络监督的自觉性、主动性的能力。

(五)建立长效机制,为大数据与新媒体服务思想政治工作提供保障

1. 在组织保障方面。上级主管部门应对各地利用大数据与新媒体开展思想政治工作的领导机构、职能、人员配备等方面提出明确要求,形成党委统一领导,组织、纪检、宣传、党办等部门分工负责、密切配合、协调联动的工作格局;选拔政治理论水平高、数据思维强、媒体素养高、工作能力强的同志,充实到思想政治工作队伍中,努力建设一支适应大数据与新媒体技术发展和熟悉党务工作业务的思想政治工作骨干队伍。

2. 在制度保障方面。探索建立网络宣传骨干培训考核、思想政治网站管理、舆情应对处置预案等制度。比如,建立思想教育信息管理系统,及时掌握员工的思想动态,实时监控、科学评估员工的思想教育情况。

3. 在经费保障方面。实行经费预算制度,建立经费投入、党费补助、相关部门支持的运行经费投入机制,确保大数据与新媒体更好地服务于思想政治工作,为创新思想政治工作提供保障。

(六)在"防范"上下工夫,保护数据安全和员工隐私,为大数据时代的思想政治工作提供可靠的网络环境

我行在开展员工思想教育、做好思想政治工作时,要特别注重对数据安全和员工个人隐私的保护。第一,将个人信息保护纳入开发规划的重要环节,保护员工隐私;第二,加快个人隐私保护立法,加大对侵害隐私等行为的打击力度;第三,加强对隐私保护的行政监管,建立保护隐私的测评机制;第四,加强对隐私权的技术保护,利用技术手段来保障员工的隐私安全和合法权益。

银行员工心理健康调查分析与方法评估

中国光大银行党务工作部*

当前,我国银行员工心理健康状况总体较好,但也存在一些问题:有的银行员工心理状况不适应所在岗位、责任及任务,主要表现在:不同程度的工作倦怠,部分人还会呈现出焦虑甚至抑郁状态;心理差异性特征明显;由心理痛苦引发精神和身体不适的趋向日益加重,若不能有效排解,可能导致对工作的兴趣减弱、敷衍、推诿、破坏等,效率不高,工作失误增加,病假较多等问题。

EAP(Employee Assistance Program)即员工帮助计划,是由企业为其员工提供的一套系统的、长期的福利项目,通过专业人员对员工提供的专业指导、培训、体验和咨询,帮助解决员工的各种心理和行为问题,提高员工在企业中的工作绩效。EAP 能够很好地体现人本精神:关注、尊重、体现人的价值,帮助人应对危机、激发潜能以及保持人的心智健康等。

研究显示,90% 以上的《财富》世界 500 强企业都使用 EAP 对员工进行心智管理。在员工人数超过 1000 人的美国公司中,有 76% 的企业设置了 EAP,在人数超过 50 人的企业中,有 73% 的企业提供 EAP 服务,55% 的劳动力可以寻求 EAP 服务。通过改善员工的职业心理健康状况,EAP 能给企业带来巨大的经济效益。美国一家公司研究表明,花在 EAP 上的 1 美元资金可以得到 17 美元的回报。据美国通用汽车公司的研究显示,该企业使用 EAP 后,工时损失降低 40% ,疾病及意外事故的补助减少 60% ;员工申诉案件减少 50% ;企业灾害降低 50% 。

中国已经开始重视大众的心理问题,中央在党的十八届三中全会上首次提出建立心理干预机制:“建立畅通有序的诉求表达、心理干预机制,使群众问题

* 本文获 2014 年全国金融系统思想政治工作和企业文化建设调研成果一等奖。

能反映、矛盾能化解、权益有保障”。

习近平总书记高度重视心理学的发展:“2014 年 9 月 9 日,习近平来到北师大心理学院,走进团队行为、学习困难评估、学习能力提升等实验室,仔细观看科学仪器上显示的参试者脑电波等的图像和数据,了解学校心理学科发展以及在灾后心理重建、航天员选拔、南极科考等领域转化运用心理学的情况。”

中国正处于改革变动时期,建设企业文化、缓解员工心理压力,是实现中国梦的总体要求和现实需要。显而易见,加速建立心理干预机制,探索建立符合银行的员工帮助计划,十分必要且迫在眉睫。

光大银行调研工作成绩斐然

2013 年,光大银行党务工作部的《大数据时代银行企业文化面临的挑战与对策》荣获 2013 年全国金融系统思想政治工作和企业文化建设调研成果一等奖,文中的部分内容在以下媒体发表:《学习时报》、《中国人民大学复印资料·金融与保险》、《中国金融》、《中国金融思想政治工作研究》、《清华金融评论》、《中国信用卡》、《当代金融家》、《银行界》、《光大报》、《光大家园》、思想政治工作网、求是理论网、中国社会科学网等。2014 年,光大银行党务工作部的《银行员工心理健康的调查分析与方法评估》荣获 2014 年全国金融系统思想政治工作和企业文化建设调研成果一等奖,文中内容在《国际金融》发表。

一、调查分析方法与数据来源

(一)问卷设计

问卷以“员工帮助计划”为主题,探讨银行员工在工作中涉及的一些主要的心理影响因素及其重要性排序。研究划分为三个层次:第一层为决策层,即为员工帮助计划的决策。第二层是中间层,把影响员工帮助计划决策的因素分为三大类:(1)员工心理疏导,主要指的是在员工未遇到工作压力前的心理预防和防范,其子要素包括:心理咨询、心理健康宣传、心理健康评估、员工职业规划、压力管理培训。(2)员工压力管理,主要是指银行员工面对来自工作的压力时的应对方法,银行应尽可能及时发现问题、解决问题。(3)提升员工心理资本,该要素是指除了压力预防和应对之外,员工自身的心理建设。其中,心理资本是指个体在成长和发展过程中表现出来的一种积极心理状态,是超越人力资本和社会资本的一种核心心理要素，其子要素具体包括：企业文化、归属感、员工培训、福利管理、以微信倡导。第三层包括：绩效考核、工作负荷、工作环境变化、人际关系、工作家庭平衡。

问卷根据层次分析法（AHP）的形式设计。“层级分析法”是一种定性和定量结合的、系统化的分析方法，该方法由美国运筹学家托马斯·塞蒂（T. L. Saaty）在20世纪70年代中期提出，它是把影响决策的相关因素分解为若干层次，并在此基础上进行定性和定量分析的决策方法，能将复杂的问题系统化，具有很高的实用性和有效性。该方法的基本思路是把一个需要做出决策的问题分解为不同层级，并通过数据进行量化处理，得出相应指标的权重，根据其权重排序对各影响因素进行综合评估，得出具有参考价值的决策建议。问卷根据受访者的选择，对所列要素按重要性进行排序，用数字从小到大表示其重要程度。

（二）问卷发放与回收

本次调查问卷共发出50份，收回50份。样本选取了三家银行，其中普通员工34人，支行部门经理（副经理）4人，支行行长（副行长）7人，总、分行行长（副行长）5人；其中男28人，女22人，平均年龄34岁。经过对回收的问卷调查进行统计，50份调查问卷内容全部有效，有效率达100%。

二、方法评估的层次模型构建

本文采用yaahp层次分析法辅助软件，解决模型构造、计算和分析等。

（一）常用指标与权重方法的选择

员工帮助计划（EAP）主要涉及员工的心理方面。本文采用的层次分析法（AHP）在定性分析的基础上进行定量计算，在一定程度上保证了结果的准确性和可靠性。

本文选择从员工心理疏导、员工压力管理和提升员工心理资本三个方面构建银行员工帮助计划指标体系，每一个指标下又有五个子指标。指标权重的判定方法采用德菲尔法，又称专家意见打分法，即向一些具有代表性的银行员工和管理者发放问卷调查，综合考虑这些员工的意见，两两比较得出各要素的重要性，通过yaahp软件计算出相应权重。在确定指标时选择了以“压力”为关键词的切入角度，可分为压力前疏导、压力中应对和压力后提升。银行员工帮助计划指标体系框架如表28－1。

表 28－1 银行员工帮助计划指标体系框架

主评层指标	子指标标号	(次评层)指标名称
员工心理疏导 X_1	X_{11}	心理健康评估
	X_{12}	心理健康宣传
	X_{13}	员工职业规划
	X_{14}	压力管理培训
	X_{15}	心理咨询
员工压力管理 X_2	X_{21}	绩效考核
	X_{22}	环境变化
	X_{23}	工作负荷
	X_{24}	人际关系
	X_{25}	工作家庭平衡
提升员工心理资本 X_3	X_{31}	企业文化
	X_{32}	员工培训
	X_{33}	归属感
	X_{34}	福利管理
	X_{35}	以微信倡导

(二)绘制层次结构图

用 yaahp 软件构建层次结构图(见图 28－1):第一层,决策目标层,为“银行员工帮助计划”;第二层,中间要素层,又称准则层,为员工心理疏导、员工压力管理和提升员工心理资本;第三层同样为中间要素层或称子准则层,是在第二层每一项要素下又分解为五个子要素,并受上一层要素支配;最后一层,备选方案层,是在层次分析法后提供的方案建议。

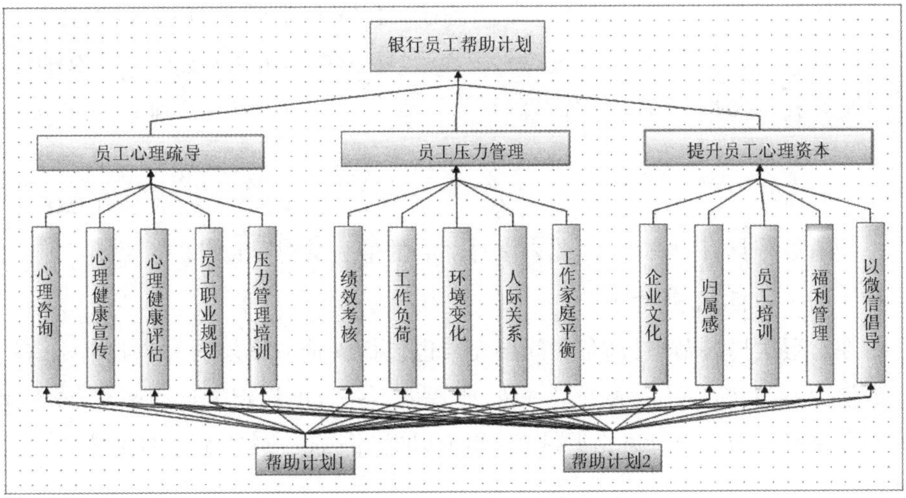

图 28-1　银行员工帮助计划层级结构图

（三）构造判断矩阵

在确定层次模型后，通过 yaahp 软件进行生成判断矩阵。根据回收问卷统计结果构造的判断矩阵如下：

$$员工帮助计划判断矩阵\ P_x = \begin{bmatrix} 1.0000 & 1.1477 & 0.9099 \\ 0.8713 & 1.0000 & 0.7928 \\ 1.0990 & 1.2614 & 1.0000 \end{bmatrix}$$

$$员工心理疏导判断矩阵\ P_{x1} = \begin{bmatrix} 1.0000 & 1.0775 & 0.8176 & 0.8373 & 0.8742 \\ & 1.0000 & 0.7588 & 0.7771 & 0.8113 \\ & & 1.0000 & 1.0241 & 1.0692 \\ & & & 1.0000 & 1.0440 \\ & & & & 1.0000 \end{bmatrix}$$

$$员工压力管理判断矩阵\ P_{x2} = \begin{bmatrix} 1.0000 & 1.6818 & 1.3406 & 1.0082 & 1.2416 \\ & 1.0000 & 0.7971 & 0.6471 & 0.7383 \\ & & 1.0000 & 0.8118 & 0.9262 \\ & & & 1.0000 & 1.1409 \\ & & & & 1.0000 \end{bmatrix}$$

$$
\text{提升员工心理资本判断矩阵 } P_{x3} = \begin{bmatrix} 1.0000 & 1.4069 & 1.5224 & 1.5938 & 1.4167 \\ & 1.0000 & 1.0821 & 1.1328 & 1.0069 \\ & & 1.0000 & 1.0469 & 0.9306 \\ & & & 1.0000 & 0.8889 \\ & & & & 1.0000 \end{bmatrix}
$$

判断矩阵具有对称性,因此未填写部分的值为其对称部分的倒数。

(四)目标权重计算

在对层次树各节点,即各中间层要素也包括备选方案层的对应判断矩阵输入数值后,若判断矩阵完整并且一致,或者虽不一致但设定了自动调整,或者矩阵不完整但设定了自动补全残缺项,就可以通过 yaahp 软件显示各要素权重计算结果。

三、结果分析

(一)第一层中间要素层(主评层)结果分析

表 28 -2　第一层要素(主评层)权重及排序

主评层要素	员工压力管理	提升员工心理资本	员工心理疏导
W_i 权重	0.2933	0.3700	0.3367
排序	3	1	2

从表 28 -2 中可以得出结论,受访的 50 位银行各级员工认为,在给定的关于银行员工帮助计划的要素中提升员工心理资本所占权重最高,而员工压力管理权重最低。这个结果说明了大部分银行员工与眼前的压力相比更加看重其长远的发展,而不是仅仅将目光局限在眼前的状态。从本次问卷调查得出的结论恰恰反映了银行员工的真正诉求。因此,为了使银行取得更大的收益和更长久的发展,作为银行管理者有必要对该结论有所反思并采取正确行动,带领银行团队在残酷的竞争中脱颖而出。

(二)第二层中间要素层(次评层)结果分析

本层要素指标是上一层要素的展开,即将上述三个指标每一个分解为并列的五个子要素。这样做的好处是将影响员工帮助计划的三个主要方面分别细分开来,更深入、清晰、具体地展示其影响因素。以下是分别对主评层三个要素的结果分析(见表28－3)。

表28－3　员工心理疏导指标子要素的权重及排序

员工心理疏导	心理健康评估	健康宣传	职业规划	管理培训	心理咨询
W_i 权重	0.1822	0.1691	0.2228	0.2176	0.2084
排序	4	5	1	2	3

本构面是将员工心理疏导要素具体细分为五个子方面，从而避免了心理疏导比较抽象从而导致研究结果较肤浅的弊端。从计算结果可以看出，权重最高的一项为职业规划，说明在受访者群体中大部分员工更加关注其整个职业规划，这刚好和上一层要素中提升心理资本权重最高形成呼应，显示了银行员工更加关注长远发展，而不局限于眼前利益。对银行而言，如果银行员工有一个好的职业生涯规划，那么在员工之间将会形成一个良好的竞争氛围、员工的工作效率将会更高，银行也会因此受益。对个人而言，一个好的职业生涯规划能够影响员工个人成就和未来的发展。权重最低的是心理健康宣传，这并不说明其不重要，实际上是由于银行员工具有高学历和年轻化特点，他们具有较强的学习能力。

员工压力管理指标模块是对员工压力管理要素的细分，压力管理主要是指银行员工在工作中可能会遇到的压力以及面对压力的反应。具体可以分为绩效考核、环境变化、工作负荷、人际关系和工作家庭平衡五个方面。其中：权重最高的是绩效考核，权重最低的是环境变化，这说明银行员工的压力来自于绩效考核。绩效考核的设计初衷是为了鼓励员工努力工作、奖优罚劣，但是，绩效考核俨然已经构成员工最大的心理负担，对此，银行管理者应有所警觉(见表28－4)。

表28－4　员工压力管理指标子要素权重及排序

员工压力管理	绩效考核	环境变化	工作负荷	人际关系	工作家庭平衡
W_i 权重	0.2423	0.1463	0.1836	0.2296	0.1982
排序	1	5	4	2	3

提升员工心理资本指标模块是第一层要素中权重最高的一个准则，其实也是三个要素中最抽象的一个，从其子要素中就可见其端倪。从权重排序可以看出，权重最高的子要素是企业文化，这是一个积极的信号，说明银行员工高度认同企业文化的重要性，因此，对志存高远的银行管理者来说，企业文化是不容忽

视的(见表28－5)。

表28－5 提升员工心理资本指标子要素权重及排序

提升心理资本	企业文化	员工培训	归属感	福利管理	以微信倡导
W_i 权重	0.2702	0.1463	0.1836	0.2296	0.1982
排序	1	5	4	2	3

(三)要素整体准则权重的计算结果

要素的整体准则权重结果如表28－6所示。

表28－6 员工帮助计划整体准则权重及排序

准则层一级指标	权重Ⅰ	准则层二级指标	权重Ⅱ	整体权重	整体排序
员工心理疏导	0.3367	心理健康评估	0.1822	0.0613	11
		心理健康宣传	0.1691	0.0569	13
		员工职业规划	0.2228	0.0750	2
		压力管理培训	0.2176	0.0732	3
		心理咨询	0.2084	0.0702	7
员工压力管理	0.2933	绩效考核	0.2423	0.0711	4
		环境变化	0.1463	0.0429	15
		工作负荷	0.1836	0.0538	14
		人际关系	0.2296	0.0673	8
		工作家庭平衡	0.1982	0.0581	12
提升员工心理资本	0.3700	企业文化	0.2702	0.1000	1
		员工培训	0.1921	0.0711	4
		归属感	0.1775	0.0657	9
		福利管理	0.1695	0.0627	10
		以微信倡导	0.1907	0.0706	6

从表28－6中15个子要素的整体权重排序情况可以看出,整体权重排名前三的分别是企业文化、员工职业规划和压力管理培训。其中企业文化权重位居第一、也是得益于其上一层的要素,说明提升员工心理资本在其要素层中的重要性。员工职业规划权重排序第二位。整体权重排在第三位的是压力管理培训,说明银行员工对待压力的态度比较认真,希望能够获得控制和管理压力

的能力，这与排在前两位的要素相比具有很强的实用性。整体权重排在最后三位的是心理健康宣传、工作负荷和环境变化。工作负荷排在倒数第二位可以看出，现在大部分银行员工认为银行工作量整体上处于可接受的范围，超负荷工作情况并不常见，银行员工的压力主要是来自心理上的压力，而非身体上的压力。排在最后一位的是环境变化，说明银行员工具有较强的适应能力。

钟南山院士谈心理平衡

在决定人的健康程度因素中，遗传因素和环境因素只占15%和17%，医疗条件占8%，而生活态度、生活方式占了60%。人体健康有五大基石，分别是合理膳食、适量运动、戒烟限酒、心理平衡、充足睡眠。心理平衡最为重要。养生第一要义就是心理平衡，这是最重要也最难做到的一点。人们往往被忧虑、惧怕、贪求、怯懦、嫉妒和憎恨等不良情绪所困扰。科学研究显示，情绪低落时人体的抗癌功能会衰退20%以上。

图28－2　钟南山院士

四、总结与讨论

本文从员工心理疏导、压力管理和提升心理资本三个方面，分两个层面十五个要素，构建了银行员工帮助计划评估体系。运用层级分析法对其分析后，得出以下结论：

第一，弘扬企业文化。企业文化是银行的灵魂，是连接银行和员工的纽带，是银行发展的不竭动力。

第二,重视员工职业规划。员工的职业规划与银行的发展是相辅相成的,一个好的职业规划有利于实现员工与银行的双赢。

第三,积极做好员工压力管理培训工作。有压力才有动力,但是如果员工不会自我管理,工作压力有可能会成为其生命中不能承受之重,那么其带来的后果也是不言而喻的。

第四,重视常规心理健康工作,建立心理干预机制。如心理咨询、健康宣传、人际关系管理、员工培训等,这些内容都可以通过微信平台开展,既方便又快捷,微信是未来心理沟通的主渠道,员工在社交及沟通方面大约80%以上的内容是利用微信来进行的。

“党建云”平台——新媒体环境下思想政治工作的创新路径

徐琰　张炜　王喆*

新媒体的涌现,使媒体传播“舆论引导”的方向由原来单向传播转为双向传播,在很大程度上改变着传媒政治环境。新的传播方式带来了多元化社会思潮,这对思想政治工作提出了新的要求和挑战。在虚拟空间多元意识形态相互冲撞的时代背景下,构建基层党组织稳固的共同价值观,必须利用先进的信息技术,增强党的思想文化整合功能,占领网络高地,把握舆论主动权,积极传播党的理论、方针、政策,广泛凝聚党员和群众。作为央企,做好思想政治工作是公司的优良传统和政治优势,也是公司改革和发展的生命线。在新形势下,光大证券党委通过引入“党建云”工作平台,创新了思想政治工作方式,增强基层党组织的生机活力,将党政治优势转化为企业的发展优势,通过党建文化建设融入公司的企业文化建设,为公司的持续发展提供精神支柱和动力源泉。

一、采用新媒体技术加强思想政治工作的紧迫性和必要性

新媒体时代输出的多元化价值观,对思想政治工作提出了新的要求,需要不断研究新情况、解决新问题。“人人都拥有麦克风,人人都是记者”,每个人都可以发出自己的声音。个性的张扬、对权威的抵制、对主导的漠视无形中削弱了社会主义核心价值观对党员精神世界的影响。

运用新媒体技术开展思想政治工作是时代发展的需求。信息时代,谁抢占了现代科技的制高点,谁就能立于不败之地。党的十八大报告指出要创新基层

*　光大证券股份有限公司;本文获2014年全国金融系统思想政治工作和企业文化建设调研成果一等奖。

党建工作,夯实党的组织基础。党的十八届三中全会强调推动全面深化改革,各级党委必须创新基层党建工作,健全党的基层组织体系,充分发挥基层党组织的战斗堡垒作用。习近平指出:"借鉴和运用现代管理学、组织学、心理学等科学方法及信息网络等现代科技手段,不断推进党的建设工作的内容、形式、载体的创新。"运用新媒体技术开展党建工作正是顺应了时代发展趋势的要求,党员干部如果不掌握网络技术便会成为新时代的文盲与低效的工作者,党务工作如果不融入网络元素,将无法适应现代党务工作的需求。

运用新媒体技术是提高思想政治工作质量和水平的必然要求。随着现代社会科技进步,诸如微博、微信等网络新媒体的发展,公司传统的思想政治工作正面临着一系列考验。第一,采用传统的人工手段管理党员的组织信息,公司营业网点分布于全国各地,造成总部与营业部、各地营业部之间联系较少,公司党员分散性大的局面,传统的管理手段速度慢、效率低,已经难以适应时代需求。第二,传统党务宣传的主要模式是逐级按文件下传,党员群众只能被动接受,缺乏反馈渠道和沟通机制,呈现"单边灌输"的态势。第三,传统的党员学习方式,往往依靠统一组织和筹划,通过学习文件、读文献、教室课堂、集中讨论等方式进行,呈现出容量有限、内容枯燥、受众面窄等消极特征。第四,党组织活动普遍是自上而下、预先设定的,党员群众的意见建议不便收集和汇总,党员与党组织之间缺乏充分的沟通和交流,从而造成覆盖面窄、信息渠道少、监督不充分的局面。面对诸多挑战,必须以改革创新的精神来探索思想政治工作的新方法、新模式,不断提高党建水平。

二、"党建云"平台的应用

面对新媒体时代的诸多挑战,光大证券党委结合基层党建工作和党员群众最关心、最突出、最迫切需要解决的难题需求,引入了"党建云"工作平台,为公司基层党组织构建了基于网络的工作平台、学习平台、管理平台和交流平台。

"党建云"平台是遵循《中国共产党章程》、党内相关规章制度及管理办法,结合基层党建工作实际,利用现代信息技术对传统的党建工作在信息搜集、信息管理、信息传播、信息沟通等方面工作所进行的一种创新、拓展和延伸,目的是将这一现代化的工具引入党建工作的各个领域,为党的各级基层党组织和广大党员提供的工作管理平台及党员、党务工作者、基层党支部、基层党委的工作、学习和交流社区(见图 29-1)。

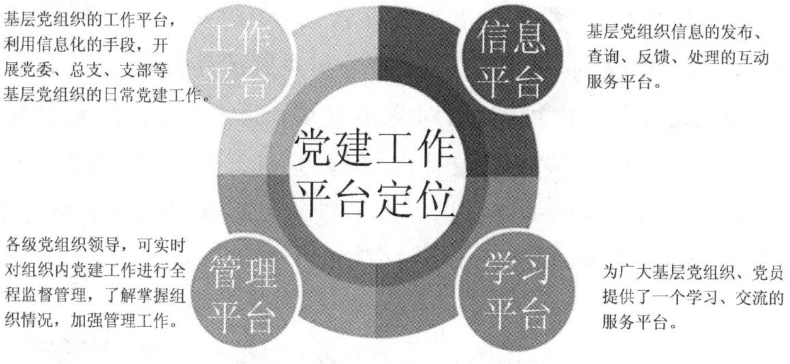

图 29-1 “党建云”平台定位

1. 开展便捷式党务管理

“党建云”工作平台将公司党委对基层党建工作相关内容的标准和规范加以信息化、流程化，建立健全网上组织管理、党员发展、党费缴纳等规章制度，使工作有依据、考核有标准，为每一位党员建立属于自己的“党建工作台账”，改善了传统党建工作中存在的标准不统一、制度不明确、考核不严谨等现象。

“党建云”平台完善了公司基层党建组织网格化布局。在“党建云”平台上，通过组织架构的分层，落实到了最基层的部门、营业部。在“党组织管理”模块中以中共中央组织部编订的“组织代码”为标准进行分类，构建起党组织完整的组织结构树，实现党组织的分层设置和分级管理（见图 29-2）。

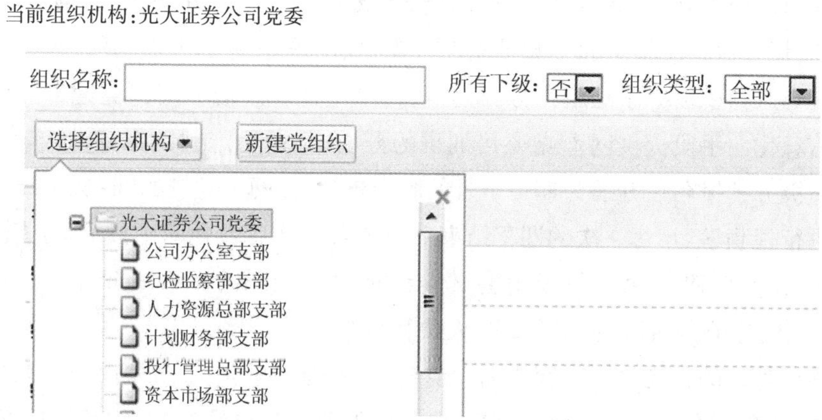

图 29-2 组织结构树

“党建云”平台提供了科学化、规范化、程序化的组织转接管理。“党建云”平台切实加强了党员队伍建设，确保每位党员及时编入党组织，参加组织生活，接受党的教育、管理和监督。

“党建云”平台规范了党员发展流程。根据《中国共产党章程》以及《中国共产党党员发展工作细则》的要求,平台将党员发展留存分解为4大环节,19项业务流程,同时结合实际执行情况,对党员发展流程进行管理,包括申请人管理、入党积极分子管理、拟发展对象管理、预备党员管理等,实现了入党全过程在党建云上的全程记录和全程办理,提高了党员发展和管理工作科学化水平,为公司的稳定发展提供坚强有力的组织保障(见图29-3)。

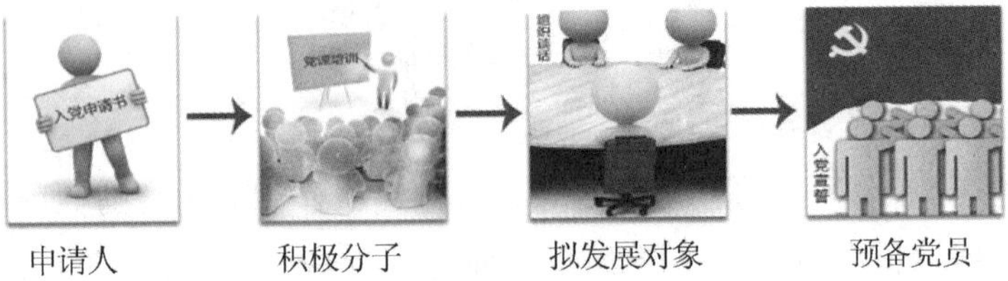

图29-3　党员发展流程

2. 搭建网上党校

为解决公司各营业部地域分布广、岗位编制紧凑、人员脱产难、集中培训难等实际问题,公司党委利用“党建云”平台开展培训教育工作,在平台上开设了党建理论课程专栏、党建视频专区以及入党积极分子培训班等模块。“网上党校”按照党员、入党积极分子和普通群众不同身份设定了学习内容,对学习的侧重点和内容分类划分,既达到了“网上党校”传播党的基础知识,吸引群众了解认识的目的,也切实担负起了党员党性教育和培训的任务。

在对入党积极分子的培训方面,公司每年举办一期培训班,“党建云”平台运用信息化的手段提供网上党课培训班的开设,个性化定制党课培训内容,在入党积极分子报名后开展为期一个月的脱产自学,在网上党校的“视频考试”课程中进行视频学习,每一次的课程结束系统会自动从后台题库中抽取试题生成考卷进行考试,确保每一位考生的试卷都是独一无二的。2009年至今,共有354名积极分子参加培训,其中259人顺利结业。

在对党员的日常培训教育方面,“党建云”平台有效扩大了党组织建设的辐射功能,实现了互联网络延伸到哪里,党员学习就开展到哪里,组织活动就联通到哪里。促先进、督后进、求同进,平台的建设提升了党建工作科学化管理的水平,让基层党支部“动”了起来。

“党建云”平台为支部提供支部党员大会、支部委员会、党小组会以及党课的相关功能。通过“党建云”平台支部可以以邮件的形式通知参会人员,平台可以记录会议的内容、决议、开会时间、参会人员、列席人员、评论留言等。这种形式一方面方便了一些不能到会的党员及时了解会议的情况，加强与党组织的联系；另一方面，做到了向公司党委报备，方便日后的整理统计工作（见图 29－4）。

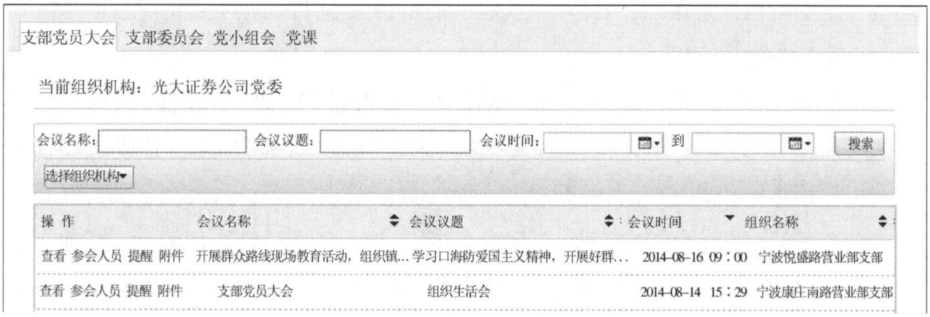

图 29－4　三会一课内容简报

3. 强化党务公开

公司通过“党建云”平台的“党建动态”、“党建园地”、“主题活动”等固定栏目和浮动飘窗等临时栏目，积极向党员群众宣传公司的思想政治工作，积极联系党员和群众，为公司“二次创业”、转型发展提供思想保证（见图 29－5）。

图 29－5　“党建云”平台主页面

结合公司群众路线教育实践活动的开展情况,公司党委在“党建云”平台设立专题板块,陆续上传张贴有关政策动态、组织领导和学习资料,将公司开展教育实践活动的情况第一时间分布在板块中,让群众知晓、接受群众监督。到目前为止,公司在“党建云”工作平台上共张贴各类文件、学习资料、交流材料65份,编制工作简报24篇。

“党建云”平台充分发挥网络互动优势,通过公告、通知、邮件、消息提醒等多种便捷有效的沟通方式构建纵横交错、内外互动、异地联动的开放式交流平台,拓宽了党员和基层组织的交流渠道。通过“党建云”平台邮件系统,党员可以通过“书记信箱”直接向党委书记和纪检书记反映情况、提出意见,畅通了党内民主渠道。“党建云”平台提供了待办提醒和消息提醒功能,用于提醒委员和管理员一些党务工作尚未完成,防止遗漏一些关键性的工作,使党务工作更加科学化、信息化、人性化。

4. 实现科学化党委决策

“党建云”平台实现了党员、支部资料信息化存储,方便了日常的整理统计工作,有助于实现党委决策的科学化。

“党建云”平台的信息化存储包括两方面:一方面是党员电子档案资料的存储,能够为党员建立电子档案资料,实时更新,永久存储,随时查看;另一方面是组织工作的存储,“党建云”平台为组织留存工作的档案材料,及时记录工作情况,过程可控,查询快捷。

在信息化存储的基础上,党务工作者可以利用“党建云”平台实时进行党组织的基本信息统计、工作办理情况统计、党费缴纳统计、组织活动开展情况统计等,及时了解和掌握基层党组织的工作情况。

三、“党建云”平台在思想政治工作方面发挥的功能

公司高度重视新媒体技术为思想政治工作带来的机遇,在运用网络技术开展党建工作方面进行了积极探索,取得了显著成绩。“党建云”平台构建了网上共产党员阵地,充分发挥了其网上办公、宣传鼓舞、学习教育、互动交流的功能,将其打造成为组织建设的“新堡垒”,形成了与传统党建工作资源共享、优势互补、相互融合、协调发展的工作格局。

(1)发挥了网上办公作用,推动思想政治工作从传统到现代的转变。一是建立健全党员动态管理机制,通过互联网整合资源,提高思想政治工作水平。

"党建云"平台为党员在网络上"安家",定期开展在线学习、网上组织生活、网上"三会一课"、网上谈心等,把网上活动与现实活动结合起来,实现党员动态管理。二是无纸化办公节约了管理成本。不同层级的操作者将有关通知文件、活动开展情况和工作简报等上传到党建平台,各党支部和党员通过登录平台下载相关材料,有效地提高了办文、办事的质量和效率,更好地践行中央要求厉行节约、反对浪费的方针,符合大力推行办公自动化及无纸化办公的精神,降低了日常办公费用。三是思想政治工作电子化提高了工作效率。在党建平台上,除公布公司党委的重要活动、党建工作成果、重大工作部署、发展对象公示之外,还将大量的党务日常管理工作以数字化、程序化的方式进行,促进了思想政治工作的标准化和规范化,提高了工作效率,进一步增强了党组织的凝聚力、创造力和战斗力。

(2)发挥了宣传鼓舞作用,推动了思想政治工作由单边到互动转变。"党建云"平台作为新闻宣传与思想教育的重要渠道和重要阵地,起着"舆论领袖"的作用,党务工作者在通过"党建云"平台积极倡导主旋律的同时,还借此收集民情民意,做到"上传下达",保证党务信息的顺畅流通。传播学两级传播理论认为,大众传播中的信息和舆论并不是直接流向一般受众,而是先经过"舆论领袖"这个中间环节"二次传播"给受众。在"党建云"平台中,党务工作者就扮演着"舆论领袖"的角色,以平台上的"党建动态"、"党建园地"为主要阵地,积极弘扬主旋律,传播正能量,做好"三个宣传"的工作(见图 29 - 6)。一是宣传中央和集团的政策,及时宣传党和国家的方针政策,以及集团的部署和要求。二是宣传公司党委工作部署,全方位宣传公司党委的工作思路、目标和措施,重点工作、重大活动、改革发展等各项工作取得的新进展,以及党建工作取得的成绩。三是宣传党支部建设的经验和做法,积极展示党支部在党建工作中的特色做法、先进集体和优秀共产党员的先进事迹,促进了向典型学习和经验交流的氛围。

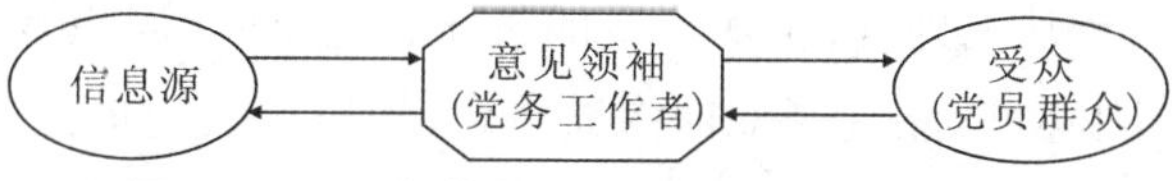

图 29 - 6　二级传播理论在党务宣传中的应用

(3)发挥了学习教育作用,推动思想政治工作由被动向主动转变。一是互联网多样的形式、丰富的内容增强了对广大党员群众的吸引力,"党建云"平台的内容资源集视频、图片、文字等为一体,提高了受众的阅读兴趣,更好地提升了党员群众参与的积极性。二是网络的即时性有助于提高学习效率,“党建云”平台相当于数据库,党员可随时获取多方面的教育资源,进一步丰富党员教育的内容和手段。党员可以随时学习党的文件精神、集团党委新闻、党建教育视频、日常活动等内容,组织资源的有效共享,提高了党的思想理论的传播效率,强化了党的思想理论的认知程度,扩大了党的思想理论的影响范围。三是“党建云”平台解决了异地学习教育的问题。对于公司分散在全国各地的党员和入党积极分子,无论他们身在何地,都可以使用电脑或手机,通过党建平台开展学习、表达诉求、汇报思想、自觉接受党的教育,真正做到了“党员在哪里,党组织就延伸到哪里”。公司利用“党建云”建立了网络学习阵地,健全了学习新机制,增强了党员学习的积极性、主动性和创造性,改变了过去被动学习的局面。

(4)发挥了互动交流作用,推动思想政治工作由封闭向开放转变。一是“党建云”平台增加了党员表达渠道和形式,畅通了党内表达。任何一位党员都可以通过平台直接对党内事务发表自己的独立看法,通过扁平化组织直接将意见反馈到公司党委。在开展党的各项活动中,公司党委可以通过党建平台的群众交流、互动交流、电子信箱等多种形式,收集多方意见和建议,真正做到“开门搞活动”,让广大党员及时了解党的工作,了解党委的决策部署,掌握思想政治工作的最新动态,有助于消除对党的工作的神秘感和陌生感。二是“党建云”平台扩大了党员和群众的知情权,并促使其直接监督党组织的活动,增强了党建工作的透明度。三是依靠“党建云”平台,思想政治工作由“单边灌输”向互动交流转变,增强了互动性,扩大了党内民主,实现了无缝对接。党建平台紧密联系和依靠群众,大力解决党员群众反映强烈的突出问题,使党组织和党员、党员和党员、党员和群众之间建起了一座沟通的桥梁,加强了基层党组织和党员、党务工作者、群众之间的互动交流。

四、新媒体环境下思想政治工作中存在的问题及发展建议

“党建云”平台从无到有,实现了质的飞跃,它在公司思想政治工作中的运用有效提高了工作效率,搭建了双向沟通平台,构筑了公司员工共同的价值观、道德观和发展观,提升了全员素质,但结合实际情况来看,公司的网络党建仍需进一步完善,主要体现在以下两方面:

(1)小部分党员对思想政治工作信息化的思想认识不够。小部分党员在思想观念上,对如何运用“党建云”平台进行网络党建缺少足够认识,突出表现为

对网络发展与思想政治工作的关系认识不足、重视不够，不会、不能、不愿、没有意识借助于“党建云”平台开展党建工作。由此造成的直接结果是工作效率较低，外界信息获取较少，与上下级沟通的渠道相对狭窄，这也为思想政治工作的深入带来了一定的困难。

（2）“党建云”平台强大的宣传教育功能尚未充分释放。一方面，“党建云”平台目前主要由公司的党务宣传部运营，负责采集党务新闻、整合党建资料，缺乏基层撰稿人。拉斯韦尔在《传播在社会中的结构与功能》中提出传播活动主要是由信源、信息、媒介、受众和效果五部分构成（见图 29－7）。在信息传递的过程中，党务新闻工作者的缺乏削弱了信源力量，同时降低了信息的编辑能力，传播效果因此减弱。另一方面，思想政治工作资源缺乏整合，尚未打通与其他党建网站内容共享的渠道。“党建云”平台目前仅与中国光大集团、共产党员网、紫光阁建立了链接，友情链接较少，未能与同类、同行的党建网站形成资源共享的平台。

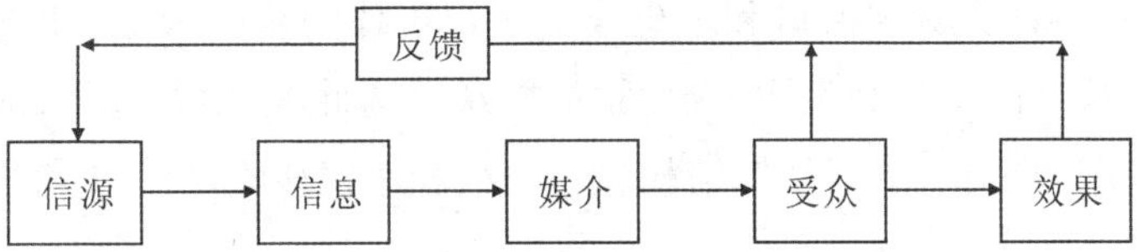

图 29－7　党务信息的传播活动示意图

针对公司在新媒体环境下思想政治工作中存在的问题和不足，笔者认为未来的工作重点有以下两点：

（1）与时俱进，更新观念。其一，思想政治工作信息化带来了组织内部权利结构、管理方式、组织方式以及党员干部思维方式的变化，特别是改变了以往科层制结构，普通党员与党员干部之间的信息不对称状态被打破，党内民主建设将得到前所未有的发展，这就需要党员改变传统的思维方式，以改革的精神适应新的环境。其二，思想政治工作信息化不仅仅是党务工作简单上网，而是对思想政治工作的优化与创新，广大党员需要树立创新意识、学习意识、安全意识和服务意识，不断学习和应用信息网络技术，充分发挥“党建云”平台的功能和作用。其三，明确主次，抓住矛盾的主要方面。在思想政治工作信息化的过程中，网络是手段，思想政治工作是实质，因此需要明确二者的主次关系，避免思想政治工作信息化仅仅流于形式。

（2）利用“党建云”平台的特点和优势，积极主动地发布党建信息，从而牢牢把握舆论的主动权,构建全面、及时、便捷的思想政治宣传的新阵地。其一,精心设置议题。李普曼在《舆论》中提出议程设置理论,即媒介对事物和意见的强调程度与受众的重视程度成正比。因此党建工作者作为党务信息的“把关人”,特别要选择一些热点或即将成为热点、党员干部普遍关心的问题来深入挖掘题材,加大信息发布力度,使信息发布更具有着力点和针对性,形成强大的舆论引导效果。其二,建立基层党宣通讯员队伍,以“贴近性”原则消除“话语鸿沟”,提升宣传效果,鼓励党宣通讯员提供贴近群众、贴近基层、贴近实际的新闻稿件,深度挖掘基层特色,用党员和群众喜闻乐见的语言和内容来增强吸引力。其三,扩大当前已有网络理论阵地的影响力,采取多种方式加大对党建工作平台的宣传、包装与推广。在内容方面,可与访问率较高的人民网、新华网等网站建立链接,丰富平台内容。在形式方面,在文章中多运用图像、声音、链接等,采取直观、形象、生动的表现手法,增强党建工作平台的感染力与吸引力。

党建工作信息化建设任重而道远,未来公司仍将不断创新党建工作,把“党建云”工作平台作为党宣窗口和思想政治教育工作的重要领域,让党建工作融入广大党员群众的工作和生活,成为党员群众表达诉求、学习进步、沟通交流的重要工具,成为党员群众行使知情权、参与权、表达权和监督权的重要渠道。

金融企业分公司文化对总公司文化的丰富和创新作用研究——以中国民生银行为例

中国民生银行品牌管理部课题组*

金融企业是一个集金融、管理、技术等要素于一体，集总公司与分公司、子公司于一体的有机系统，科学、合理、实用的企业文化则是这个系统的灵魂。当前，有关金融企业分公司文化对总公司文化丰富与创新作用的案例不胜枚举，然而，涉及分公司对总公司文化丰富与创新的理论研究成果仍然凤毛麟角。

结合我国商业银行企业文化建设实践，本文将从两方面厘清金融企业分公司文化对总公司文化的丰富与创新作用：一方面是理论研究，即明确分公司文化与总公司文化的相互作用机制，具体包括：(1)在何种意义上定位总公司文化与分公司文化；(2)总公司文化与分公司文化的互动机制为何；另一方面是案例研究，即在理论研究基础上，以民生银行的企业文化建设为例，系统分析商业银行分公司文化如何丰富、创新总公司文化。

一、商业银行总行文化与分行文化的定位

需要指出的是，商业银行总行文化并不是指总行部门的机关文化，而是在全行文化的意义上使用这一概念的。结合当前企业文化学界的研究成果以及我国银行业的文化实践，可以对商业银行总行文化与分行文化做出如下界定：

(1)商业银行企业文化是一个开放性的、动态性的系统，其内部资源与外部资源始终保持相互作用、相互交流，在开放的发展过程中保持动态的平衡。商业银行文化也是如此，在坚持其原有文化理念的基础上，随着时代背景的变化

* 课题组成员：翟兰兰、邓梅芳、张春峰、张钦红、陈丹、金美兰、李乐；本文获2014年全国金融系统思想政治工作和企业文化建设调研成果一等奖。

而变化,随着社会的不断发展而不断创新,不断地吸收其他文化中的积极因素,并且对其进行批判地继承。然而,商业银行企业文化并不会因为这种开放性而失去自身的特征,而是在一种动态发展过程中不断吸纳新的元素保持自身的特征,并实现动态的平衡。

例如,民生银行的企业文化就是一个开放的、动态的系统,并不断与外界社会文化进行信息、物质交流,保持一种动态的平衡。民生银行自 1996 年成立以来的最初十年,按中国传统的银行发展模式,依靠勇于创新、拼搏进取的"狼性文化",在激烈的市场竞争中解决了企业的生存问题。2007 年开始,民生银行走上了转型之路。2009 年,民生银行正式确定了"民营企业的银行、小微企业的银行、高端客户的银行"三大战略定位,积极响应国家支持民营经济、实体经济发展的号召,全面开拓了"小微金融"蓝海。2013 年,民生银行又以"便民、利民、惠民"为核心理念,积极响应习近平总书记全心全意为人民服务的指示精神,全力推进"小区金融"建设,为解决金融服务最后一公里距离,实现普惠金融做出重要尝试。然而,无论规模怎么扩展,时代精神如何转变,民生银行都保持了诚信、创新、专业的精神气质。

(2)商业银行总行文化与分行文化是母文化与子文化的关系。在企业文化领域,如何界定母子文化仍然莫衷一是。结合已有研究成果,本文认为,母子文化一般包括两种模式:一种是先有子公司,后有母公司的集团式的企业文化。在这种情况下,子公司已经是独立法人,只是因兼并、整合等原因与其他公司一起组成新的集团母公司。这时,子公司文化是先于母公司文化而存在的。在子公司文化的基础上,融合、吸纳优秀文化资源,形成统一价值理念,从而形成共同的母文化;另一种则是总公司在前,而分公司、子公司在后的总分公司、母子公司兼具模式的企业文化。此时,分公司不是独立法人,而是相当于总公司的分支机构,子公司是由总公司成立或控股的独立经营机构。这时,总公司文化就是分公司文化和子公司文化的源泉。

商业银行的母子文化基本以第二种模式为主。我国商业银行基本以总—分—支形成基本组织架构,此外各银行还有控股的基金、租赁、投行等境内外子公司。因此,作为母文化的总行文化就成为商业银行凝聚人心、实施文化管理的主要工具。以建设银行为例,除了遍布全国的分支行,还有建信基金、建信金融租赁等 9 家子公司。建设银行针对自身战略定位,始终坚持"诚实、公正、稳健、创造"的核心价值观,全面打造了以此为基础的协同文化、服务文化、创新文化,重点强调以团队精神、创新精神、奉献精神为核心的“家园文化”建设,使之成为各分行、子公司子文化建设的核心内容。

(3)以企业愿景、使命、核心价值观等为核心的企业核心价值理念是维系总分行一体性的重要纽带。有学者指出,商业银行总行与分行之间维系企业整体性纽带包括:资本、权力、业务以及文化。实践证明,文化纽带是其中最有韧性、最持久的纽带。就银行文化而言,以愿景、使命与核心价值观为核心的精神文化对商业银行的文化融合具有重要意义。这种文化融合本质上是借助员工对于企业核心价值理念的认同而形成的,是员工在商业银行中的“身份证”和“通行证”。银行员工对企业文化理念的认知度和认同度的提高,可以充分发挥企业文化的引导、约束、凝聚、激励、辐射、塑造功能,对内提升员工归属感和凝聚力,对外提高企业的品牌美誉度和忠诚度,最终促进银行整体发展战略的实现。

(4)总行文化与分行文化通常以“一主多元”的主亚文化建设为其重要内容。商业银行企业文化建设除了愿景、使命、核心价值观、企业精神等理念层面的内容外,一般还包括在核心价值观指导下特意强调经营管理中某一维度、某一条线的、具体的价值理念,如人本理念、创新理念、服务理念,等等。根据这些具体文化理念所形成的企业文化理论与实践活动,本文称之为亚文化。以核心价值理念为主体,以具体文化建设为羽翼的主亚文化通常是商业银行总行和分行企业文化建设的主要内容。

母子文化是根据总分行所处的地位划分的,主亚文化则是根据企业文化建设的内容划分的。分行可以有隶属于母文化的子文化体系,而子文化体系建设也可以包括主亚文化的内容(见图 30 - 1)。例如,在“工于至诚,行以致远”核心价值观的基础上,工商银行还提炼形成了包括发展、效益、风险、服务、品牌等八个方面的具体理念。工商银行也相应地在各分行开展了效益文化、家园文化等亚文化建设。又如民生银行在“诚信、专业、创新、共享”的核心价值观的指导下,全行积极推进了创新文化、家园文化、风险文化、服务文化等亚文化建设。

不同的商业银行强调的亚文化不同,同一银行侧重的亚文化也有不同。对此,可以借助美国组织行为专家奎因(Quinn)1988 年开发的竞争性文化价值模型加以梳理(见图 30 - 2)。奎因从内部运营——外部发展、过程控制——灵活自主两个维度,将企业文化分为灵活创新文化、人本支持文化、规范控制文化、目标绩效文化四种导向。

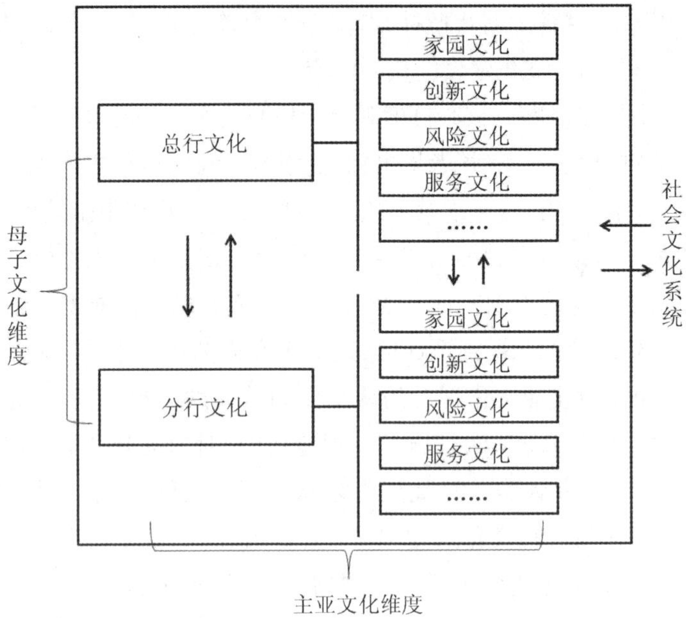

图 30－1　商业银行母子文化、主亚文化关系示意图

结合我国各商业银行的企业文化建设,本文可将商业银行亚文化系统分为四类:强调灵活创新导向的创新文化、发展文化、管理文化等;强调人本支持导向的诚信文化、家园文化、学习文化等;强调内部规范的风险文化、合规文化、廉洁文化等;强调目标绩效的绩效文化、团队文化、服务文化等。

需要注意的是,有些文化很难限定在某一象限之内。以服务文化为例,服务概念内涵的不断拓展,也要求服务文化随之变化。现代化的商业银行除了强调银行员工对于客户与社会的服务,也强调银行内部员工互为内部客户,树立对内部客户的服务意识。因此,对亚文化的理解不能教条,需要具体问题具体分析。

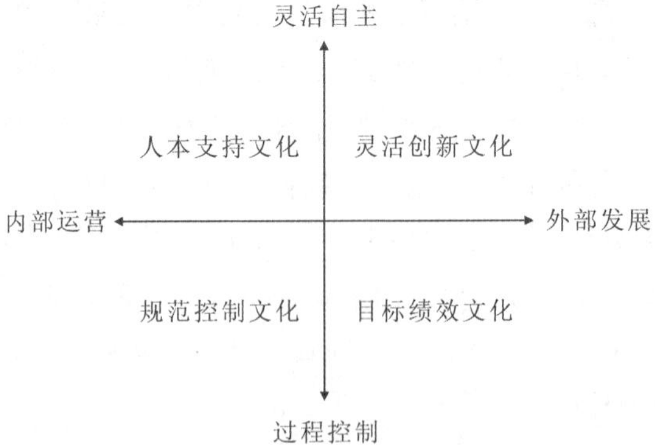

图 30－2　奎因的竞争性文化价值模型示意图

二、商业银行总行文化与分行文化的互动机制

根据前文总行文化与分行文化的相关定位，并结合学界相关理论研究，本文认为，商业银行总行文化与分行文化的互动机制包括以下几方面的内涵：

（一）总行文化对分行文化的管控机制

在商业银行企业文化系统内，总行文化相对于分行文化而言具有等级优先性。总行文化突出的是个性基础上的共性，它从整体上界定了分行文化的内涵传承。如果没有全局性价值理念体系，没有系统完善的文化管控机制，就会出现"军阀割据式"的文化生态，最终也将无法形成银行的核心竞争力。因此，总行对于分行的文化管控在商业银行总分行文化的相互作用中处于首要地位。这种文化管控主要体现在：

（1）布道，即明确包括企业使命、愿景、核心价值观、企业精神以及具体的经营管理领域的文化理念等内容的核心价值理念体系。核心价值理念体系是企业精神文化的核心，是企业全体员工共同遵守的精神信条。商业银行总行需要宏观调控，整体把握，站在全局的高度并根据分行的实际情况对全行的核心价值理念进行梳理、提炼，有序推进商业银行的制度文化、行为文化和物质文化建设。同时，总行还需要抓大放小，允许分行结合自身特点及经营管理的实际情况，在遵循总行核心价值理念的原则下进行理念创新，从而形成共性明确、个性鲜明的商业银行企业文化系统。

（2）布局，即出台全行的企业文化建设规划，包括长远规划与近期规划。长远规划可以是3～5年为一个周期的建设规划，近期规划可以是每年制定的工作计划。此外，还可以根据具体工作、具体情况出台企业文化工作的指导意见。相应地，各分行也可以根据实际情况出台相应的企业文化建设规划及指导意见等。

（3）布策，即要在全行企业文化建设理论、方法、经验、评估、考核上提供足够的指导。总行可以以同业文化交流、行内文化交流、专家交流、实地调研、文化座谈等多种方式提升全行员工企业文化建设的能力与水平。同时，制定将企业文化与全行战略相结合，制定企业文化评估工具以及考核标准，依靠定性与定量相结合的方式，强化总行母文化对分行子文化的管控。

（二）分行文化对总行文化反馈机制

在商业银行企业文化系统内，分行文化突出的是共性基础上的个性，它一方面要传承总公司的文化内涵，另一方面还要受分行具体的战略发展目标、地

方特色文化以及社会文化潮流的影响,将上述两个方面结合,才塑造了分行文化的全部内容。没有分行子文化,总行母文化就将失去源头活水,逐渐枯竭,总行母文化也将无法深植、传播到分支行基层员工的心中。分行文化对总行文化的反馈主要体现在:

(1)子文化对母文化的反馈。从母子文化的角度来说,分行文化反馈主要体现在其对总行理念文化、制度文化、行为文化以及物质文化的丰富、创新、抑制、弱化等方面的反馈。例如,理念文化的反馈回路可以表示为:总行理念文化——→分行理念文化——→员工的价值理念——→员工的工作态度和行为规范——→企业战略实施——→企业经济效益——→分行理念文化反思——→总行理念文化。

(2)分行亚文化对总行亚文化的反馈。从主亚文化的角度来说,分行文化的反馈主要体现在其对总行家园文化、学习文化、服务文化、创新文化、品牌文化、风险文化、廉洁文化等亚文化的丰富、创新、抑制、弱化等方面的反馈。例如,家园文化的反馈回路可以表示为:总行家园文化——→分行家园文化——→分行家园文化落地——→分行家园文化反思——→总行家园文化。

(三)总行文化与分行文化的协同发展机制

在企业文化系统中,建设总行文化的管控机制与分行文化的反馈机制的直接目标都是要在总行母文化的旗帜下,减少总行与分行、分行与分行之间的排异现象,促进彼此间的尊重、沟通、借鉴,实现和谐共处,协同并进,真正形成有机的企业文化系统,促进总行文化与分行文化的协同发展、螺旋上升。结合相关研究,这种协同机制可概括为三个方面:

(1)认识协同。它指的是商业银行内部总行与分行对在文化反馈基础上基于反思而形成的共识,以及在此基础上的决策与分工。没有共识,总分行的企业文化建设将缺乏合力,不同方向的牵引力将会无谓地消耗银行宝贵的时间和资源,致使目标无法实现。因此,文化协同的第一步,就是准确地理解文化反馈所得到的信息,形成共识,进而诉诸行动。

(2)组织协同。商业银行总行文化与分行文化之间不论是管控、反馈,还是协同发展,都需要坚强的组织保障。同理,认识协同得以最终诉诸行动的关键还在于组织协同。组织协同包含两层含义:一是需要全行企业文化建设的组织机构与人才队伍依靠专业化、职业化的能力将文化共识持续推进;二是需要遍布全行的企业文化建设的工作氛围,企业文化是商业银行所有部门的职责,需要各个部门、各级领导、员工共同的团队协作。

(3)行动协同。行动协同与商业银行公司价值创造活动直接相关,它需要总分行一起将文化反馈所形成的共识与决策内化到每一位员工的工作行为之中，形成言行一致、知行合一的日常行为。换句话说，没有行动协同，共识与决策只能处于空想状态。没有行动协同，总行文化与分行文化的协同发展就将是纸上谈兵，无法落实。

三、民生银行分行文化对总行文化的丰富与创新

以前文总行文化与分行文化互动机制为理论依据，并结合我行近年对企业文化现状的诊断调研，系统阐释金融企业分公司文化对总公司文化的丰富与创新作用。

民生银行简介

中国民生银行于1996年1月12日在北京正式成立，是中国首家主要由民营企业发起设立的全国性股份制商业银行，同时也是严格按照中国《公司法》和《商业银行法》设立的规范的股份制金融企业。

成立19年来，民生银行始终坚持“为客户创造价值”的经营理念（见图30－3），持续推进制度创新、体制创新、产品创新和商业模式创新，运用先进的IT技术，不断优化服务流程，通过管家式、专业化、批量化和定制化的金融服务方案，为民营企业客户、小微企业客户以及零售高端客户创造价值，推动了民生银行持续健康快速发展。

截至2014年6月末，民生银行总资产超过3.5万亿元，成为一家在中国具有较大影响力的全国性银行和全球1000家大银行中排名第47位的大型银行。

图30－3　薪火相传，创新永恒——创新是民生银行企业文化的显著特征

(一)民生银行企业文化建设现状

民生银行是我国首家主要由非公有制企业入股的股份制银行,始终承担着中国金融改革试验田的角色。19 年来,民生银行的企业文化不断因时代及社会文化潮流的变化而调整,却始终保持了"诚信、专业、创新、共享"的核心价值观,始终遵循着"服务大众、情系民生"的历史使命,为实现"百年老店"的梦想打下了坚实的基础。

在分行层面,根据近期开展的企业文化诊断分析,我行分行文化主要体现出以下特点:

(1)目标绩效导向较为突出,人本支持导向次之,灵活创新和规范控制相对较弱。这表明,目前民生银行强调竞争和对市场的适应,呈现出典型的绩效文化。各分行(管理部)整体呈现出与总行相同的文化取向和价值标准,显示出总行文化对分行的文化管控、影响力较强。

(2)与国有商业银行的平均数据对比,民生银行的文化状态更加平衡和健康,而且在创新灵活导向上,民生银行的数值(23.57)明显高于行业均值(19.59),表现出强烈的创新精神。其中,总行层面灵活创新文化导向最高,反映出民生银行很多创新和变革是自上而下发起的,分行层面则更强调各项创新的执行。

(3)与 2006 年调研数据对比可以看出,民生银行目标绩效导向有所减弱,人本支持导向得以强化,其符合当初员工期望的文化发展趋势。尤其是在 2009 年建设"民生家园"的号召提出之后,各分行更加注重员工关怀以及员工个人价值的实现,在人本文化建设方面取得了显著成效。

(二)分行子文化对于总行母文化的丰富与创新

结合我行企业文化现状的诊断分析,民生银行分行子文化对于总行母文化的丰富与创新可以归结为以下几点:

(1)企业愿景更加突出战略导向性。紧紧围绕总行及分行的发展战略,充分发挥企业文化所具有的导向、约束、凝聚及辐射等功能,以增强各级员工的执行力并确保总分行战略目标的实现,是民生银行分行企业文化建设的一个突出特点。

例如,郑州分行通过确立将郑州分行发展成为系统内领先、区域内优秀的一家特色银行、效益银行、员工幸福感突出银行的发展愿景,依靠"正直、诚信、服务客户、创新、勤奋、敬业"的价值观,实现了两个转变:一是实现经营模式转变。就是将更加注重规模式增长平滑过渡为更加注重集约、更加注重均衡、更加注重可持续的内涵式发展;二是实现增长方式转变。就是在增长中更多地追求效益,更多地追求资本的节约,更多地追求风险调整后收益的提高。通过文化引领,郑州分行制定了人才兴行等“五大战略”，完善了创新发展等“六项机制”，使郑州分行走上了全面发展之路，很好地践行了总行“特色银行、效益银行”的战略定位。

服务大众、情系民生

“服务大众，情系民生”是民生银行成立以来始终遵循的企业使命，蕴含了民生银行以人为本，以金融服务造福民生的基本价值定位（见图30－4）。

“服务大众”是民生银行打造普惠金融的自我要求。民生银行的根基在民众、价值在民众、力量在民众，坚持以“便民、利民、惠民”为核心着力创新金融产品，提升服务品质，为大众提供现代化、专业化的金融服务；

“情系民生”是民生银行安身立命、持续发展的价值原点。民生银行主动承担“中国金融改革试验田”的历史责任，坚持从最广大的民众的利益出发，响应国家号召，真诚服务社会，服务实体经济发展，为国计民生贡献最大的力量。

图30－4　服务大众、情系民生——是全体民生人与生俱来的历史使命

（2）价值引导上更加注重人本与共享。在分行价值理念更加精细化与特色化的同时，总行文化的核心价值观也随之丰富。在企业文化现状诊断调研中发现，与总体文化导向相似，绝大多数分行均呈现出“高目标绩效”的文化取向。不同的是，太原分行、石家庄分行、长春分行总体呈现出较为明显的“高人本支持”的文化取向；巧合的是，这三家分行恰好是我行员工敬业度与组织承诺度最高的三家分行，而且其分值与该分行人本支持导向的分值呈正相关分布（见表

30－1)。经过研究发现,三家分行员工感受到了浓厚的人本支持氛围,使得员工有更为强烈的归属感和主动工作的意愿。其主要精髓包括:一是强调对人的尊重,提供各种平台让员工充分展示,管理者帮助员工施展才华;二是始终保持永争第一的激情,积极进取,强调团队合作,具备简单的人际关系和组织氛围;管理者团队对于一线人员支持力度非常大,内部沟通无障碍,问题反馈、响应速度非常快;三是在注重绩效考评的同时,强调员工晋升的公平、公正和透明,为员工提供成长空间,共享企业成长带来的成果。四是构建了良好的企业文化管理体系,建立企业文化长效管理机制、制度,并真正的以人为本构建家园,关心员工健康、家庭、情感、发展等各个方面。例如,太原分行早在2005年就曾设立专职企业文化建设的部门,负责研究解决企业文化建设中的重大问题,对企业文化建设的某些重要活动做出总体部署;再如,长春分行推出“麦田计划”,初级、中级管理人员统一实行岗位竞聘制度,利用文化统驭员工队伍,为员工提供了实现自我价值的平台。

表30－1　民生银行太原、石家庄、长春分行文化诊断数据

类别 机构	文化导向				员工行为倾向	
	人本支持	灵活创新	目标绩效	规范控制	敬业度	组织承诺
总体	25.82	23.57	27.47	23.14	3.68	3.89
太原分行	27.96	22.93	24.60	24.51	3.71	4.02
石家庄分行	28.11	22.58	24.98	24.33	3.81	4.07
长春分行	30.75	21.62	24.42	23.21	3.94	4.24

目前,民生银行提出“以感情为纽带、以制度为基础”,提升民生银行的企业软实力的号召,进一步转变过去“以业绩为中心”的“利益契约”模式,致力于打造高价值、高人本的“心理契约”模式。

(3)价值理念更加注重精细化与特色化。在紧密围绕总行企业核心价值观的前提下,各分行紧密围绕自身经营管理的中心工作,将民生银行“诚信、专业、创新、共享”的核心价值观进一步精细化、特色化,深刻归纳出符合分行特色的文化价值理念。例如,太原分行提出了“合规、创新、执着、专注、善良、协作、激情、投入、和谐”十八字企业文化价值理念,将其作为积极探索新形势下分行各项工作的有效精神载体。以此为基础,重点落实了文化筑魂工程、文化强行工程、文化育人、文化塑形、文化暖心等五项文化工程,重新塑造了太原分行作为中国银行业企业文化强势品牌的优势地位。又如,北京管理部结合北京的地方特色提出了“首善之地、首善之师、首善服务、首善品牌”的“首善”文化，有效地激发了全体员工的工作热情，极大地丰富了民生银行核心价值理念的内涵。

(4)文化队伍上更加体系化、专业化。推动企业文化建设，队伍是基础，人才是关键。近年来，民生银行各分行相继完善了相应的企业文化建设的组织架构，如总行品牌管理部——分行办公室条线、总行党群工作部——分行党群工作部条线、总行工会——分行工会条线、总行团委——分行团委条线，从不同视角出发，共同推进全行企业文化建设工作的组织与管理工作。与此相应，分行企业文化建设工作也有了自己的人才队伍，专门承担在分行企业文化理念完善、文化深植与传播等工作职责。例如，深圳分行专门成立企业文化建设领导小组，由分行行长担任组长，工会主席担任副组长，党群工作部、办公室、工会办公室、人力资源部、计划财务部等12个分行管理部室作为成员单位参与讨论文化建设事宜。

(5)文化平台更加多元化。随着新媒体时代的到来，民生银行各分行充分利用现代信息技术手段，特别是微博、博客、微信等新媒体方式加强文化传播平台建设，极大地丰富了文化深植与传播的手段。这其中既包括传统的纸质报刊杂志，又包括现代的电子内宣平台；既有线上的各类宣传工具，又有线下的各类文化载体。例如，汕头分行与当地政府和广播电视台联合推出了《民声热线》栏目。分行组织相关人员现场接听并解答观众的咨询，将特色业务和优质服务进行巧妙宣传。同时，制作成文本实录上挂当地政府网站，永久供网民浏览。此外，民生银行多家分行都设立了微信公众号，将理财业务、储蓄服务、贵宾服务、生活百科、文化活动等内容集于一体，使之成为客户身边的“金融管家”。

(三)分行亚文化对于总行亚文化的丰富与创新

近年来，民生银行分行文化对总行文化的丰富和创新作用还体现在亚文化建设上。结合调研，可以归结为以下几点：

(1)为适应现代商业银行以人为本的要求，大力倡导以“共生、共融、共享”为特征的民生家园文化。民生家园是民生银行与员工之间形成的，以“利益共生、事业共融、成就共享”为核心内涵的企业与员工的命运共同体。家园文化是调节民生家园中组织与员工关系，提升员工幸福度、凝聚力和归属感，引导员工形成正确价值主张的文化要素总和。

一方面，各分行围绕总行要求，突出自身特色，从员工工作生活的细节入手，制定员工幸福计划，将员工关怀建设落到实处。例如，广州分行以“六心工程”为核心,将员工食堂打造成了一张文化品牌。另一方面,各分行着重打造相互尊重、相互关怀、相互交融的氛围,加强对员工的情感尊重和精神支持,促进员工之间坦诚、尊重、协作、和谐的职业环境。例如,南京分行倡导“能人”机制,干部能上能下、员工能进能出、收入能高能低,倡导用心做事,做出成绩,人人都有机会脱颖而出,就可以主宰自己命运的工作理念。

除此之外,分行在民生家园文化建设过程中,也用自己的实践丰富了民生家园的内涵。例如,深圳分行结合深圳市精神文明建设工作安排,号召全体员工遵守“做文明从业者、做文明城市人”的《民生家园公约》,倡导真诚善良、正义诚信、文明礼让、爱护家园的社会美德,切实将民生银行的“小家”拓展为“大家”,将民生家园的内涵拓展到了社会家园、公益家园的维度。

(2)为适应现代商业银行“以客户为中心”的要求,大力倡导精细、专业、品牌化的服务文化建设。2011 年 6 月,民生银行正式推出“小微金融服务 2.0 提升版”,从小微企业贷款转向小微企业金融服务。与“商贷通”相比,小微金融 2.0 版做出重大提升:一是全面拓展服务范围;二是进一步主动提高保证、信用等非抵押方式在贷款结构中的比重,解决小微企业缺少抵押物的困难;三是加强售后服务;四是优化贷款业务运营模式。以大连分行为例,2012 年末,大连越秀支行正式挂牌成立“海洋渔业专业支行”,为大连地区小微企业提供专业化团队服务和专业化流程操作,为特定产业的小微企业群体提供更具特色、更加专业的金融服务。又如,福州分行成立文化旅游行业金融部,负责全行文化产业推动及营销。与此配套成立了文化专业支行——三坊七巷支行。针对文化从业人员生活习惯,三坊七巷支行积极尝试“夜间银行”,为三坊七巷内游客、周边商户、寿山石工艺师等客户提供了更有针对性的服务。

(3)为适应现代商业银行平稳化运行的要求,大力倡导以底线、合规、道德为核心的风险文化建设。“风险底线不可越、合规底线不可碰、道德底线不可破”是民生银行风险文化的重要精髓,也是民生银行风险文化教育实践活动的主题。各分行以此为基础,纷纷围绕“风险管控”与“管理提升”两大主线,持续开展各项风险文化教育活动,强化全行员工的风险意识,塑造良好的风险文化。例如,西安分行以此次风险教育实践活动为契机,遵循“开动脑筋办银行、规规矩矩办银行、扎扎实实办银行”的办行原则,按照“风险管理创造价值”的理念,积极构建“全面、全员、全程”的风险文化实践,不断加强“部门有责任、岗位有制约、操作有程序、风险有控制、合规有监控、责任有追究”的全面风险内控体系建设。

(4)为适应现代商业银行面对利率市场化、互联网金融、创新挑战的要求,大力倡导主动、特色、便捷的创新文化。民生银行素来以“超常速发展”备受瞩目,然而,它的每招每式都是脚踏实地地建立主动创新基础之上的“超常速”。例如,广州分行将打造营业大厅、柜台服务作为服务体系的重中之重,凭借“智能厅堂”全方位提升客户体验。该行的智能厅堂实现了功能分区,按客户动线合理安排区域,并提供自助服务与多功能媒体服务,同时,通过集中式运营、厅堂人员动态配置、移动运营等方式分流客户交易需求,减少客户排队等候的时间。在电子银行体验区,手机、笔记本电脑、乐收银、拉卡拉、iPad 开户等电子产品让客户充分感受到科技的魅力,以及现代化智能银行的轻松与便捷。

面对移动互联网金融兴起的新形势,民生银行于 2012 年在全国推出手机银行,正式拉开移动金融建设的序幕,此后又相继推出小微、企业、信用卡、微信银行、短信银行、直销银行手机银行等移动金融产品,构建了较完善的移动金融产品体系。同时,各分行十分重视结合区域特色服务开发新产品,推出了广州“民生购”、南京青年志愿者卡、西安公积金查询等区域特色服务,满足区域客户个性化需求。

随着大数据时代的来临,各种数据挖掘技术的综合应用成为热点。北京管理部顺应时代要求,及时推出了“民生乐意贷”与“民生 e 贷”,其快捷、简便的特点获得了客户和员工的普遍青睐,成为民生银行里程碑式的产品。2014 年 8 月,昆明分行与民生加银资产管理有限公司合作完成了首笔电商平台 P2P 产品的起息工作,实现了昆明分行首笔电商平台 P2P 产品托管业务的成功落地,成为分行托管业务新增规模的重要来源之一。

在董事会的领导下,民生银行企业文化建设领域先后获得“国内企业文化示范基地”、“国际企业文化竞争力十强”等荣誉,有力地支撑了全行战略的发展。在未来,民生银行将深入借鉴国内外企业文化深植的先进经验,为建设世界一流的中国商业银行而奋斗。

建立以诚信文化为核心的保险信用体系

马　勇*

近年来,中国保监会积极践行社会主义核心价值观,构建具有时代精神和保险特色的行业文化体系,充分发挥文化在提升行业凝聚力和创造力方面的重要作用,为推动行业加快转变发展方式、不断提升行业服务能力和水平、切实保护保险消费者权益、增强行业的核心竞争力、促进保险业科学发展提供强大的精神动力和文化支撑。保监会提出的"守信用、担风险、重服务、合规范"的保险行业核心价值理念,把"守信用"放在第一位,使之成为保险行业的立业之基和文化之根,完全符合社会主义核心价值观和社会主义市场经济的基本原则。中国保险业亟需打造以诚信文化为核心的保险信用体系。

社会信用体系建设既是国家治理体系和治理能力的一个重要组成部分,同时也是国家文明程度的一个重要体现。诚信是一种重要的社会资源,是市场经济运行的基本保证,也是现代企业赖以生存和发展的基石。对于保险业而言,诚信是保险行业的核心竞争力。保险服务群体的广泛性和保险利益指向的直接性、保险事故发生的射幸性,使得保险企业自身信用指数的高低成为保险消费者在购买保险过程中最敏感的选择参数,它与产品质量和服务质量共同影响着人们的保险消费心理。因此,保险信用在社会信用体系中具有特殊的重要性,全面构建良好的保险信用体系对于整个社会的发展和进步具有深远的意义。

保险信用是指在保险经营中,以最大诚信原则为基础,在法律的框架和市场经济的原则之下,体现保险职业道德,保证保险合同得以履行的一种行业规范。保险信用是社会信用的重要组成部分,保险信用建设水平的高低直接关系

*　中国人寿上海市嘉定支公司;本文获 2014 年全国金融系统思想政治工作和企业文化建设调研成果一等奖。

到社会信用体系的健全和完善,影响经济和社会发展。随着保险业“同质化”竞争时代的来临以及“以产品为中心”到“以客户为中心”的转变,险种及价格今后并不是保险企业竞争的唯一热点,“客户”已成为企业争夺的焦点。保险业要以诚信经营为核心来提升保险公司在金融服务行业的竞争力,当务之急是贯彻落实“最大诚信原则”,保险业只有真正做到坚持最大诚信原则才能健康发展,才可以持续经营,才可能提升全行业在金融市场的竞争力。本文试图从信息不对称理论、保险定价原理及价值规律和市场需求理论来揭示保险行业适用最大诚信原则的内在动因,架起沟通保险生产经营者、消费者和监管者之间的桥梁,建立起“三位一体”的保险市场信用体系,达成保险市场三方的和谐关系,促进我国保险市场的良性竞争和保险业的持续高速发展。

一、“信息不对称”理论揭示了保险行业的诚信必然是双向的

根据20世纪70年代兴起的信息不对称理论,我们很容易理解一般企业适用的诚信原则是单向的,而保险企业是经营“风险”的特殊行业。保险含义的风险是指损失的不确定性——只有损失决无获利的可能;保险企业经营风险产品实质上是将诸多消费者面临的损失的不确定性变成自己的一种“契约性”无形服务产品,其专业性很强,保险经营活动双方交易的风险产品给双方带来的结果均是不确定的。保险产品的交易双方均处于信息不对称状态,既存在保险公司欺骗客户的状况,也存在客户欺骗保险企业的行为。保险市场不同于一般产品市场,在保险产品的销售过程中,保险企业比客户更了解自己设计的保单内容,在其产品“销售”过程中占有绝对信息优势;而投保人则比保险企业更了解自己的保险标的所面临的风险状况及其自己的责任心,在其产品“购买”过程中占有绝对信息优势。所以,保险企业适用的“最大”诚信原则必然是双向的,保险企业和客户都必须对对方极为诚信。投保人在投保时,必须履行“告之和保证”义务,如果被保险人没有遵循最大诚信原则诱使合同成立,保险企业有权解除保险合同或不负赔偿责任。而保险企业在承诺承担保险责任时,也必须履行“弃权、禁止反言”的义务,保险企业在签约时可以自愿放弃其在保险合同中可以主张的权利,但是,一经确定弃权,日后就不能再向另一方主张已放弃的权利。保险企业违背“弃权、禁止反言”规则也要承担相应的法律后果。

二、保险产品价格机制决定了保险企业的诚信必须是双向的

一般企业产品定价是充分体现价值规律及其受市场供求关系的影响,反映

的是当期产品的价值,遵循等价交换原理。保险企业经营的产品大致可以分为两类:一类是保障型产品;一类是投资型产品。投资型产品定价原理与银行、证券企业产品定价机制相同;保障型产品定价则存在其专业特殊性。

保险会计制度规定:保障型保险产品定价机制是按照概率统计中的大数法则进行精确计算的,保障型产品的价格取决于参保人数、过去若干年平均损失程度等。因此,保险产品的价格有两个特殊性:一是它反映的是过去若干年的平均损失,而不是当期损失。二是保险产品的价格不可能像一般企业或银行、证券企业产品价格那样,直接体现等价交换的原理,而是充分体现了保险价格杠杆原理——“对价交换”原理。马克思说过,只要有百分之三百的利润,资本家敢冒杀头的风险。由于购买保险产品成本与其一旦出现保险事故获得补偿的金额之间存在的成百上千倍的价值杠杆原理,极易导致投保人的逆选择与道德风险。逆选择与道德风险是保险企业之大忌,此类行为一经查出,保险企业可拒绝赔付,并主张合同无效。对于违反最大诚信原则的行为被保险企业查出后,其处理方式有三种可能性:一是投保人误告,保险企业可以做出此次事故拒绝赔偿,但保险合同继续有效的处理;二是投保人故意欺诈,保险企业可以主张合同无效,做出拒绝赔偿的处理;三是保险企业及其代理人的有意或过失行为造成被保险人的逆选择成立,一旦事故发生,保险企业则必须“禁止反言”,赔偿被保险人的损失。第三种情况的发生,对保险企业造成的后果是极其严重的,如果赔付不良投保人,将严重侵害其他合法投保人的利益;如果不赔付不良投保人,将造成保险企业违反“弃权、禁止反言”规则,失信于不良投保人,保险企业将陷于“囚徒困境”。

保险企业产品的对价交换原理,决定了保险企业的诚信必须是双向的。不难想象,如果大量投保人为不良保险标的投保,如果保险企业不及时察觉并拒绝承保,一旦事故发生,保险人不能违反“弃权、禁止反言”规则必须进行理赔,其结果一是损害了合法投保人的利益,二是保险产品的对价交换原理使得保险企业无力履行赔付义务,保险经营活动无法正常维系。如果保险企业不诚信,只收取客户保费,不履行赔付义务,又会有谁来消费保险产品呢?当前社会上对保险公司有“投保容易索赔难”一说,大多出于广大消费者不了解保险最大诚信原则与一般企业诚信原则的差异;或对保险诚信原则的具体规定理解不透彻,以为买了保险一旦出险,保险公司就必须赔付之缘故。

三、违反“最大诚信”原则将造成保险市场诚信危机

2001年诺贝尔经济学奖获得者乔治· A.阿克洛夫(George A. Akerlof)、A.迈克尔·斯宾塞(A. Michael Spence)和约瑟夫·斯蒂格利茨(Joseph E. Stiglitz)三位经济学家得出的共同结论是:在不规则的市场上,买者如果无法观察到商品的内在质量,那么卖者就会以次充好。由于信息的不对称,将最终导致高质量的产品从市场中退出,而只有低品质产品留在市场中,结果造成市场萎缩。现在我们进一步分析:由于信息不对称引发的市场萎缩在一般企业和保险企业之间有何区别。市场需求理论把市场上供消费者选择的商品分为生活必需品、奢侈品或生活必需品、替代品、互补品。保险产品属于生活奢侈品,同时又属于具有很强替代性的产品。因此相对于生活必需品而言,它的消费市场规模必然有限。众所周知,生产同类产品的企业违反市场诚信行为有两种状况:一是部分企业违反诚信原则;二是全部企业违反诚信原则。对于生产生活必需品企业而言,如果生产同类产品企业只有部分企业违反诚信原则,那么,随着市场逐渐规范,市场信息透明度逐渐增强,理性的消费者会选择诚信企业的产品进行交易。市场配置资源的自发功能会使得资金、劳动力等市场要素流向高素质的、高质量的诚信企业,不诚信的企业会逐渐消亡。如果全部企业都违反诚信原则、其结果是人们为维护正常生活不得不正视现实,购买不诚信行为相对较轻的企业的产品,慢慢淘汰不诚信企业。因此,生活必需品的属性决定了它的市场萎缩只能是“渐进性”的。保险企业是生产奢侈品、替代品的企业,当出现部分保险企业不讲诚信行为时,消费者有两种选择的可能:一是选择诚信的保险企业交易,二是根本不买保险产品,而去买它的替代品。在我国,人们对保险的认同程度远不及它的替代品——银行、证券、信托的认同度高,会出现选择后者居多的状况,这也就是我国保险发展速度很快,但保险深度、密度远不及其他国家的原因之一。如果保险企业全部不诚信,后果不难想象,保险市场诚信危机和保险业被边缘化是其唯一的选择,人们可以选择银行、证券、信托等替代产品消费。

四、履行最大诚信原则之途径是建设“三位一体”的保险诚信体系

信用制度是市场经济的基本原则和制度。市场经济是诚信经济,市场经济发展越快,诚信就越显重要,诚信是市场经济的基石。保险的实质是信用和契

约,保险市场的实质是信用市场、法制市场,保险行业是经营风险的特殊行业,同其他行业相比,保险业的信用体系建设更具有特殊的意义,对保险行业的长远发展更具有深远影响。最大诚信更是保险业生存和发展的基础。

(一)保险诚信体系建设的重大意义

(1)构建保险信用体系是防范和化解保险经营风险的重要保证。保险是现代金融的重要组成部分,保险业的经营安全对国民经济的发展和社会稳定具有重要影响。保险企业出现经营风险,将会严重损害被保险人的利益,对整个社会经济的有效运行造成严重危害,同时还会影响社会稳定,欧美金融危机给了我们前车之鉴。保险因其是以风险作为经营对象的,信用风险是保险企业最大的风险。因此,加强保险信用体系建设,提高整个保险行业的信用度,对于防范和化解经营风险、保证国家金融安全和社会稳定具有重要意义。

(2)加强保险信用体系建设是增强保险企业偿付能力的重要方面。偿付能力是衡量保险企业经营管理水平的重要指标,充足的偿付能力是保险企业信誉的根本保证。保险企业的根本职能就是履行赔付或给付保险金,如果保险企业不具有赔付和给付能力,那么信用就无从谈起。建立良好的信用可以从根本上提高保险业的偿付能力,这又会反过来促进保险企业信用的建立。开展保险信用体系建设就要求我们对客户的未来偿付负责,对公司的未来发展负责,注重偿付能力、实现稳健经营、确保经营效益,提高公司的风险承受能力,从而有效防范和化解经营风险,保证各项保险职能的充分发挥,为经济发展和社会稳定做出积极贡献。

(3)加强保险信用体系建设也是促进保险业可持续发展的必然选择。保险经营活动的特殊性决定了应遵循最大诚信原则,保险全行业良好的信用能为保险业树立良好的社会信誉,赢得更多的市场机会,打牢保险业发展、改革和创新的基础。违规失信经营可能会带来表面的、暂时的繁荣,但不能维持长久。只有严格遵守法律法规,信守合同承诺,才能从根本上提高全行业经营的质量和效益,做到速度、规模、结构、质量和效益的协调统一,实现保险业的可持续发展。全面加强保险业的信用体系建设,消除保险发展中的失信行为,规范保险业的无序竞争,提高保险业的经营管理水平,可以改善保险业在社会中的整体形象,刺激保险的社会需求,为保险业的新一轮的大发展积蓄能量。

(4)加强保险信用体系建设更是提高保险业综合竞争力的根本保证。从一个公司内部讲,相互的信用度高,内部的关系就会理顺,就能做到令行禁止,减少内耗、形成合力。从行业来讲,随着信用度的提高,交易的成本、竞争的成本会大大降低，从而增强保险行业的社会吸引力，树立行业良好的整体形象。从保险业外部讲，信用的提高也会减少纠纷、规避风险。随着保险信用建设的逐步规范化和社会化，将更加有利于投保人的意向选择，从而使保险市场的竞争逐步由无序竞争发展为有序竞争、信用竞争，成为全面提升行业综合实力的良性竞争，在更深的层次、更广的范围、更高的水平上参与金融市场的全面竞争，为保险市场对外开放和参与国际竞争取得优势。

（二）保险诚信体系建设之内涵

（1）保险经济活动对诚信的要求。诚信即诚实、诚恳、信用、信任之意。诚信一词在一般经济活动中是指交易双方要互相信任对方；在保险经济活动中则是指双方当事人不得互相隐瞒、欺骗，都必须善意地、全面地履行自己的义务。保险经济活动对诚信的理解与要求同一般经济活动有较大区别。一般经济活动对诚信的要求是单向的，只要求商品生产商、经销商对消费者诚信；保险经济活动交易双方均处于信息不对称状态，所以在保险经济活动中对诚信的要求是双向的，即强调保险公司、保险代理人、保险经纪人以及保险商品消费者都必须对交易对手极为诚信，任何一方对保险诚信的践踏，必将导致保险经济活动无法正常维系。

（2）保险诚信体系建设内容。社会信用体系包括方方面面，是一个多维概念。从横向看，社会信用体系包括公共信用体系、企业信用体系和个人信用体系。三者共同作用，构成完整的社会信用体系。一般经济活动的诚信建设只涉及商品生产厂商与经销商单方面，所以其诚信体系建设只涵盖商品生产商与经销商。保险经济活动对诚信的要求决定了保险诚信体系建设的主体必须涵盖保险经济活动交易的双方。国际通行的做法是保险业务通常由保险中介机构展业，保险公司直接展业的业务活动所占比重不大，保险公司的主要职责是保险产品的设计、开发，保险业务的承保与核赔。参与保险经济交易活动的主体较一般经济活动复杂，故保险合同相比一般经济合同牵扯到的当事人多，一份保险合同主体通常由合同当事人和合同关系人两部分组成，保险合同的当事人由保险公司、投保人组成；保险合同的关系人由保险代理人、保险经纪人、被保险人、受益人组成。参与保险经济活动交易的主体均有产生不诚信行为的动机和实施不诚信行为的可能，所以，保险诚信体系建设应该确立“以保险从业人员诚信建设为基础，以保险机构主体诚信建设为重点，以投保人、被保险人诚信建设为依托，以严厉查处失信行为入手”的指导思想，建立“保险监管信用，保险主体信用，投保人、被保险人信用”的三位一体的保险信用体系。

(三)保险监管部门在保险诚信体系建设中的地位

(1)保险诚信体系建设范围。保险诚信体系建设是一项复杂的系统工程,保险信用主体涉及到参与保险经济活动的生产商、经销商、消费者各方权益主体。保险经济活动的生产商是全国各保险公司。在国际上,保险公司虽然也直销保单,但保险代理人与保险经纪人是保险经济活动的最大经销商。在我国,保险代理人一般附属在保险公司内部运行,因此,保险公司及其保险代理人的诚信建设与管理的日常工作可由保险公司独立完成。保险经纪公司是投保人的代理人,在我国一般独立运作,但经纪公司的失信行为已经在部分地区表现较为突出,甚至扰乱了当地的保险市场次序。因为保险经纪公司也是保险经济活动交易主体之一,也存在追求公司利益最大化的问题,当其利益最大化目标受挫或出现谋取暴利机会的可能性出现,由于缺乏制度的制约,冒险动机就可能出现,由此导致失信行为发生,最终不是侵害保险公司利益就是损害客户利益。保险经济活动的消费者是一个由投保人、被保险人、受益人组成的高度相关的群体。保险经济活动中的保障型产品价格与一般经济活动中交易的产品定价机制完全不同,不可能直接体现等价交换原理,而是充分体现了保险价格杠杆原理即保险产品的"对价交换"原理。这种交换机制极易导致投保人的逆选择和道德风险,因此,对于保险经济活动的消费者群体也应该建立保险诚信体系。

(2)保险监管部门在保险诚信体系中的地位。保险经济活动对诚信的要求是双向的,因此,保险经济活动交易双方当事人对交易对手的诚信状况彼此都是有知情权的。他们如何实现自己的知情权呢?按照市场竞争规则,任何一方都只能以一种身份进入市场,而不是某一方身兼数职——既是裁判员,又是运动员。如果某一方身兼数职,这样的竞赛从一开始就违背公平、公开、公正的原则,所以,保险公司、保险经纪公司、保险代理公司、投保人、被保险人均只能以"运动员"身份参与保险经济活动。只有政府转型、监管转型,才能支撑起一个真正公平、开放、有揭示功能的有效公共信用体系,它并不仅仅是建立新的政务诚信制度,或是把数据收集在一起,而是要切实转变政府的保险监管职能。保险监管的最大责任不是政府来推动行业发展,任何一个行业的发展自有其市场发展的自身规律和动力,政府要管好"监管之手",不能缺位、失位,更不能越位、错位。只有在政府创新社会治理方式、不断转变职能、加强监管方面下功夫,才能符合诚信社会建设的要求,才能树立政府的公信力。

中国保监会是全国商业保险的主管部门,是受国务院授权履行全国保险监管的行政管理职能,依照保险法律、法规统一监管全国保险市场的政府派出机构。保险监管部门负有对保险业进行宏观调控、行业规划、政策引导、制定规章、市场监管及公共服务等职能,所以保险监管部门是保险市场活动的规则制定者而不是参与者,必须由保险监管部门来承担市场竞争"裁判员"的角色,以提高和体现保险诚信度,树立政府监管市场的公信力。

(四)保险监管部门对保险诚信体系建设的措施

保险信用体系建设是一项长期的系统工程,应本着先易后难、逐步推进的原则,分阶段稳步实施,并注意协同各方力量,在社会各界的支持下共同推动保险诚信体系建设的顺利进行,加快形成以道德为支撑、以产权为基础、以法律为保障的保险信用制度。保险监管部门应积极促进保险行业诚信体系的建设,研究制定保险诚信体系建设规划,加大信用信息披露力度,分阶段、分步骤促进保险行业诚信体系的建设。具体措施有:

(1)保险监管信用建设。保险监管信用建设指的是保险监管部门自身的诚信建设,其主要内容涉及:继续加强自身廉政建设,建立社会特约廉政监督员联系制度和廉政监督卡制度;实行监管承诺制,对依法履行监管职责、认真处理信访投诉、增强服务意识、提高审批工作效率等方面向社会公开承诺,公布举报电话,接受社会监督;推行政务公开,公开办事程序,提高政策透明度;强化保险服务,为保险业发展提供参考信息;推行文明、亮牌服务制度等(见图 31 -1)。

图 31 -1　诚信监督员寄语

(2)保险主体信用建设。保险主体信用建设是保险信用体系建设工作的重点。保险监管部门建立保险主体信用建设的主体目标是:监督保险公司、保险经纪公司、保险代理公司在其生产经营活动中是否存在对保险消费者失信行为,而不是监管其在工商、税务活动中是否诚信。鉴于此,只需设置反映保险公司、保险经纪公司、保险代理公司对保险消费者是否诚信的指标体系与建设“诚信信息网”来进行管理。

①建立反映保险主体信用状况的指标体系。例如设置失信件数、失信金额、失信件数比重、失信金额比重等指标来反映保险公司失信状况。

失信绝对指标：

失信件数。消费者关注的是保险公司、保险经纪(代理)公司在一定时期内对消费者失信过多少次,“一朝被蛇咬,十年怕井绳”,一次失信对消费者、对公司带来的负面影响都是深远的。

失信金额。各保险公司、保险经纪(代理)公司同样关注竞争对手的失信资料,但从保险公司角度来讲,其关注的是竞争对手的失信金额,因为失信金额直接与公司的经济利益挂钩。

失信相对指标：

业内人士都知道,保险公司规模有大有小,其业务量也有多有少。无论从失信次数考察还是从失信金额考察,一个小规模公司失信一次比一个大规模公司失信一次要严重的多,所以要设置以下两个相对指标反映保险公司失信程度。

失信件数比重 = 失信件数/承保业务件数

失信金额比重 = 失信金额/保险金额

保险监管部门利用上述两组指标考核各保险公司、保险经纪(代理)方显得公平、公正,既可避免保险公司“小错不断、大错不犯”——小额保单失信,大额保单不失信状况出现,又可避免“不错则已、一错惊人”——大额保单失信,小额保单不失信行为,让各保险公司心悦诚服。

②建立保险公司、保险经纪(代理)公司“诚信信息网”。出于保护保险商业秘密考虑,上述所设两组指标体系不能直接向社会公布,仅作为监管指标和保监会查处各保险公司失信行为并进行处罚的依据。保险公司、保险经纪(代理)公司在“诚信信息网”上只公布诚信指数。诚信指数的设计以失信相对指标为基础,规定失信相对指标值在某一范围以内不予公布,超过这一范围,以100%扣减其值后的余额计算。如,规定失信指标在10%以内不予公布,超过10%假定为12%时,将公布其诚信指数为98%[100% -(12% -10%)]。

③建立保险代理人(保险营销员)个人信用信息网。保险市场保险代理人(营销员)因文化素质、工薪计酬方式等原因成为保险经济活动中失信行为最严

重的群体,因此有必要建立“保险代理人(营销员)个人信用征信网”,在这个网上定期公布保险代理人(营销员)失信记录,供各家保险公司在招聘保险代理人(营销员)时参考。

(3)投保人、被保险人信用建设。保险业的主要服务对象是投保人、被保险人,投保人、被保险人的信用状况好坏直接影响整个保险业的信用制度建设。在我国投保人、被保险人欺骗保险人的事件也时常发生,因此,投保人、被保险人的信用建设是保险信用体系建设不可或缺的组成部分。在美国,由于律师费用比较昂贵,保险公司对被保险人的第一次申请小额赔偿手续非常简单,上网查询一下该被保险人以前有无赔偿记录,如果没有,无论此次索赔是否属于骗赔,保险公司对其赔偿非常迅速。但是这次赔偿信息立即被记录在案,并挂在网上,此人今后无论在任何一家保险公司再申请索赔,手续就复杂多了,如果保险公司认为其涉嫌骗赔将会起诉并基本稳操胜券。美国的这一管理经验可以直接借鉴到我国来,建议在我国建立“投保人、被保险人个人信用信息网”实行全国联网,这不仅有利培养被保险人诚信意识和信用责任感,维护经济和社会的健康发展,而且还有利于保险公司降低成本,提高经济效益。

五、建设我国保险信用体系的构想

2014 年 6 月,国务院发布了《社会信用体系建设规划纲要(2014 ~ 2020 年)》,这是中国第一部国家级社会信用体系建设专项规划。中国保险业长期存在着信用缺失,为此,只有全面积极采取有效措施,建立和健全多层次保险信用体系,才能解决影响中国保险业进一步发展的深层次问题——保险信用缺失问题。《中国保险业发展“十二五”规划纲要》将诚信立业、提升保险行业社会公信力再次提到新高度,提出要以维护保险消费者合法权益为根本,进一步改进保险服务,加强保险诚信文化建设,营造和谐发展环境,切实提升保险业社会形象。保监会提出,力争用三年左右的时间,体现保险行业核心价值理念的行业文化体系初步建立。保险行业核心价值理念逐步渗透和融入保险经营管理和服务全过程,较好地体现在各项制度和规范之中,在行业内深入人心,成为广大从业人员共同的价值追求和行为准则。文化激励约束功能有效发挥,行业凝聚力和创造力显著增强。从业人员文明程度和道德素养明显提升,队伍整体素质不断提高。保险行业服务能力和水平明显提升,人民群众对保险的认知度和满意度显著提高,保险行业形象明显改善。

保险业的发展要同经济社会发展和进步、民众保障需求的普遍提高相结合,以诚信立业、服务兴业,使社会效益和经济效益共同提高,真正树立全行业讲信用、保民生、负责任的社会形象,积极营造出“我为人人、人人为我”的和谐氛围。首先,全行业要把对保险信用和声誉风险的认识提高到事关企业生死存亡的高度,自上而下地树立信用意识、声誉风险意识,将保险信用和声誉意识贯穿于产品开发、销售、保全以及理赔等全过程和各环节,切实将保护保险消费者利益作为出发点和落脚点,加强保险从业人员诚信建设,建立以保险诚信和优良声誉为导向的企业文化,使保险信用和声誉风险防范成为全行业的自觉意识和行为。其次,防范保险信用和声誉风险必须在加强内控管理上下功夫。要将保险信用和声誉风险纳入到全面风险管理体系之中,建立保险信用和声誉风险管理的内部组织架构,实现专业化管理。在机构设置上明确保险信用和声誉风险管理的归口部门,赋予其足够的条件和权限;在职责分工上将保险信用和声誉风险防范、舆情监测与处置、新闻宣传、信息发布等职责统一授权于保险信用和声誉风险的管理部门;在队伍建设上,要加强对保险信用和声誉风险管理人员的培训,打造一支素质高、业务精、能力强的保险信用和声誉风险管理队伍。最后,防范保险信用和声誉风险必须在建立长效机制上下功夫。要建立健全舆情监测制度,强化舆情监测分析能力;完善保险风险排查制度,将保险信用和声誉风险作为重点排查对象定期排查可能存在的隐患;建立保险信用和声誉事件应急处置制度,明确风险类别和处置流程,对不同类别或级别的保险信用和声誉事件进行有效管理;完善和落实保险公司信息披露制度,确保对外信息披露的准确性、一致性和权威性。保险监管部门要加强对保险信用和声誉风险管理的督促和引导,对行业重大保险失信和声誉事件实施监测,对可能引起保险信用和声誉风险的经营行为采取严厉的监管和处罚措施。此外,还应通过加强行业自律、保险宣传、保险消费者教育等方式维护和建立全行业的良好声誉。从现在到2020年是中国现代化进程的一个关键时期,也是保险行业的转型时期,还是保险行业信用体系建设的一个十分关键的时期,事关行业的未来发展。笔者认为必须加快构建“三位一体”的三个层面的保险信用体系。

(一)打造以保险当事人为主体的基础信用体系

打造以保险当事人为主体的基础信用体系,就必须在转变保险行业经营理念上下功夫。在保险行业体制改革和机制创新中,一是要突出抓好保险诚信体系建设,建立一套能有效反映保险信用要求的经营管理体制。二是加快保险公司经营专业化建设。在目前产寿险分业经营的基础上,针对不同的细分市场和经营领域,设立更多更专业的专营火灾险、专营航运险、专营机动车险、专营农业险、专营养老险和专营健康险公司等等,提高专营效率和专业化水平;三是加快保险产品信用化建设。保险产品要占领市场只能依靠品牌、偿付和服务三位一体的产品信用化体系,其中品牌是产品信用化的前提,品牌也是信用的集中体现。偿付是产品信用化的核心,主要体现在扩大保险偿付能力上。服务是产品信用化的保障,服务既要售前服务,更要讲售中、售后服务,树立诚信无欺、安全可靠的保险产品信用化形象;四是加快经营管理机制的集约化建设。大力加强资金管理、成本管理、人力资源管理、经营风险管理和技术创新管理,达到提高行业规模集聚效应和信用度集中管理的目的。

(二)打造以法律制度、商业惯例为主线的制度信用体系

保险信用体现的是以最大诚信为基础的法律关系,因此,建立保险信用制度,根本的保障是法律制度保障。不但要在立法上体现,当前特别应从行政执法和司法上落实各项法律制度,加强执法力度、维护法律权威、惩戒失信行为,从而使法律真正成为维护保险信用关系、保护被保险人合法权益、追究违约责任的有力武器。在加强法制建设、健全相关保险信用法律体系的同时,还应建立和健全保险中介信用保障机制,为保险信用提供服务和监督。一是加强保险代理人、保险经纪人、保险公估人的法律制度建设,完善和规范保险中介市场,用制度约束规范保险代理人、保险经纪人和公估人的市场行为。二是保险产权、会计、审计、精算及律师等保险中介服务机构通过对保险当事人各种信用记录的收集,为客户提供独立的信用信息和信用交易服务,在此基础上,探索建立各种信用风险预警机制。保险监管部门要制定相应的法律法规来规范信用中介机构的运作,对信用中介的职业资格和市场准入做出严格的规定,并依法监管。

(三)打造以政府监管和行业自律为主导的监管信用体系

第一,尽快建立保险信用管理专职机构。目前对于保险业的监管是国务院直属的中国保监会及其派出的各地保监局,已经初步形成了自上而下、层层对应的监管模式。联系我国正在加快建设社会信用大环境,结合国外信用管理机构以及国内保险监管的模式,国家应在央行征信机构建设的基础上,尽快建立独立的全国性信用管理机构(美国称之为信用管理署),内部按信用主体类别划分不同的信用管理部门,如保险信用管理局)。也可在中央征信系统建设的同

时,具体针对保险信用管理在中国保监会内设保险信用管理部,各地保监局设立相应的保险信用管理处。这样,就形成了自上而下的保险信用管理机构的体系,同时纳入中央征信系统。第二,发展信用评级事业,建立保险信用社会评价体系,积极与行业协会、会计师审计师事务所、律师事务所等第三方社会中介机构一起共同对保险机构的信用等级进行量化评估,使保险消费者最大限度地了解各类保险主体的信用状况。第三,建立统一的保险信用档案和保险信用信息库,建立保险信用查询和信息披露机制。一是针对保险人及其代理人建立监管档案,并定期对外公布,接受社会各界的监督;二是对投保人、被保险人保单和信用评价状况记录在案,并实行信息共享,均可对外分级查询参考。第四,建立和完善保险从业人员信誉评价体系,重视和促进从业人员积累和提高信用资本。虽然目前国内一些保险公司在保险营销员管理上已经实行了信用评级评价制度,但评价指标和标准既不统一,也不全面,尤其是在营销员流动的情况下,无法实现信息共享。第五,大力推进行业自律建设,各地行业协会应主动配合保监会,严格行业自律、规范市场竞争,通过诚信服务来建立保险市场良好的竞争秩序。

综上所述,全面加强保险信用体系建设,消除保险发展中的失信行为,可以进一步改善保险业在社会中的整体形象,营造诚信和谐的保险市场环境,有效刺激保险的社会需求,提高保险业在 GDP 中所占的份额,促进保险业的和谐有序竞争与保险业务的可持续健康发展。

“中国梦”对金融企业文化引领作用研究

——以华融湘江银行实践为例

陈煜　黄才君*

中国梦，是中国共产党召开第十八次全国代表大会以来，习近平总书记提出的重要指导思想和执政理念。2012 年 11 月 23 日，习近平总书记在参观“复兴之路”时，第一次提出了“中国梦”的概念。习近平总书记把“中国梦”定义为“实现中华民族伟大复兴”，并表示这个梦一定能实现。党的十八大把文化建设纳入中国特色社会主义“五位一体”的总体格局，将“文化软实力显著增强”作为全面建设小康社会的新要求，也进一步确立了文化“软实力”在国家发展中的战略地位。随着经济全球化进程的加快，企业间的竞争日趋激烈，且越来越表现为文化“软实力”的竞争。以“中国梦”引领的金融企业文化建设，就是要把“中国梦”融入企业管理的方方面面，通过文化管理和价值驱动，增强正能量场，进而形成企业内生性核心竞争力，充分发挥“中国梦”对于金融企业文化建设和发展战略的引领作用，实现“中国梦”与“企业梦”、“个人梦”的融合。

一、充分认识“中国梦”引领下的金融企业文化的时代意义

“中国梦”具有独特的时代性、人民性和实践性，它是民族的梦，也是每个中国人的梦。“中国梦既是国家和民族的大义，又是老百姓实实在在的利益”，“中国梦最终落到老百姓的幸福生活上，落实到解决老百姓关心的一件一件具体事情上”。“中国梦”是国家发展梦，是民族尊严梦，是人民幸福梦，既强调实现中华民族伟大复兴，也强调企业的利益和每个人的福祉，是国家梦、企业梦和个人

*　华融湘江银行董事会办公室；本文获 2014 年全国金融系统思想政治工作和企业文化建设调研成果一等奖。

梦的综合体现,具有鲜明的时代意义。企业梦源于国家的发展与强大,植根于企业员工的“生活幸福、人生出彩”。企业梦也是员工的梦,金融企业的文化建设应在“中国梦”的引领下体现国家、企业和个人三者利益的融合。

(一)企业是实现“中国梦”的重要基石

“企业梦”是“中国梦”的重要组成部分,脱离了“企业梦”,“中国梦”就会变成空中楼阁,必然是难以实现的梦。华融湘江银行是中国华融与湖南省委、省政府开展战略合作,重组湖南原“四行一社”创建而成,是央企与地方创新合作的典范。2013 年 6 月,中国华融董事长赖小民将华融湘江银行的发展概括为“六个一”:搭建了一个好平台,创新了一个好事业,创造了一份好业绩,锻炼了一支好队伍,争得了一份好荣誉,开辟了一片好天地。华融湘江银行用速度书写了发展传奇,用专业创造了良好业绩,用服务唱响了银行品牌,用激情开启了建设“好银行”的宏伟篇章,为“中国梦”的实现进行了有效的实践和推动。

(二)员工是实现“企业梦”的核心力量

实现“中国梦”就是实现全体中国人民的梦,实现“企业梦”就是实现全体员工的梦。员工是企业的第一资源,也是第一生产力,只有员工个人梦同企业梦一致,才能推动企业不断进步;只有员工的积极性和创造性被充分发挥出来,企业才具有无限的生机与活力,才能为“中国梦”的实现贡献力量。华融湘江银行以人本理念为指导,认真为员工办实事,让员工感受到家的温暖。让员工在和谐的工作氛围中发挥主动性、积极性和创造性。关注员工成长,拓宽员工晋升通道,为员工搭建展示才能的舞台。在员工个人价值的实现过程中达到组织的目标进而提升企业的竞争力。

(三)中国梦是实现“个人梦”、“企业梦”的摇篮

叶小文认为,“我的梦”应该包含在“中国梦”中,“中国梦”的实现必然为“我的梦”的实现提供机遇和条件。中华民族的梦想与每一个群众和企业的命运息息相关。在 2013 年的“五·四”青年座谈会上,习近平总书记指出“中国梦是我们的,更是你们青年一代的”,并鼓励青年“中华民族伟大复兴终将在广大青年的接力奋斗中变为现实。”我们可以看到,“中国梦”不仅是当前凝聚全党全国各族人民团结奋斗的目标,更是引领中国青年进步的一面旗帜。华融湘江银行广大员工自觉弘扬、始终坚持“稳健、创新、和谐、发展”的核心价值观,将企业命运和国家命运承载在自己肩上,用中国梦引领华融湘江银行的文化建设,将实现中国梦与行业价值观的高度耦合,为金融行业职工思想政治工作赋予新的时代特征,注入强大动力。

二、深刻认识“中国梦”与金融企业文化建设工作内涵的一致性

企业文化是企业发展的灵魂。金融企业文化一经形成，便会成为一种强大的无形力量，对金融机构员工产生导向、凝聚、激励和控制作用，使员工的追求与金融企业的整体目标一致，自觉遵守和建设金融职业道德。如今，金融企业文化在不断完善和加强，正逐步发挥企业灵魂的功效，成为一种推动企业发展的强劲软实力。金融企业文化建设既有利于金融业自身的发展，也代表了中国先进文化的前进方向。

（一）“中国梦”为金融企业文化的发展、繁荣提供了战略契机

党的十八大强调要扎实推进社会主义文化强国建设，要兴起社会主义文化建设新高潮，提高国家文化软实力，建设面向现代化、面向世界、面向未来的，民族的科学的大众的社会主义文化。所有这些，都为金融企业文化的发展繁荣和不断迈上新的台阶提供了战略契机、创造了有利条件。在“中国梦”引领下，中国金融企业发展的外部环境和内在条件正在发生着深刻的变化，努力打造中国经济发展的升级版，中国经济奇迹将进入第二季。改革是中国最大的红利，金融改革首当其冲，党的十八大对金融体制改革作出了重要部署，金融体系正在发生积极变化，银行发展进入关键的机遇期。“中国梦”牵引“企业梦”，“企业梦”助推“中国梦”，金融企业必须紧抓机遇，进一步探索加强和改进金融文化建设的思路和对策，大力培育优秀金融文化，增强金融软实力，以金融文化的繁荣推动中国金融业的发展，为文化兴国、文化强国作出积极的贡献。

（二）金融企业文化要与社会主义核心价值观内涵的高度一致

金融企业文化具有两个属性：亚文化形态属性、管理学属性。从管理属性而言，企业文化的本质就是高境界、高层次的管理，是一种前沿的、先进的管理模式。就亚文化属性而言，社会大文化叫主流文化，如社会主义核心价值体系和“中国梦”，各种分支文化都叫业文化，金融文化就属于亚文化。亚文化具有形态特征，其担负两个责任：一是亚文化在企业中必须建立信仰体系。企业的信仰体系包括企业家事业使命、战略意识、价值观、经营哲学、思维方式、理论道德等等。二是亚文化是落实社会文化的桥梁和通道。社会主义核心价值观与华融湘江银行“稳健、创新、和谐、发展”的核心价值观的内涵高度一致。党的十八大报告在谈到加强社会主义核心价值体系建设时明确指出：“倡导富强、民

主、文明、和谐,倡导自由、平等、公正、法治,倡导爱国、敬业、诚信、友善,积极培育和践行社会主义核心价值观。"华融湘江银行的"创新,发展"价值观与社会主义核心价值观第一个倡导高度耦合。"稳健,和谐"价值观与社会主义核心价值观第二、第三个倡导是同根同源。因此,推进社会主义核心价值体系建设,形成统一指导思想、共同理想信念、强大精神力量、基本道德规范,是"中国梦"引领下企业文化建设和企业思想政治工作共同的根本任务,是传播社会主义核心价值观的有效载体。

(三)金融企业文化要坚持正确的价值驱动,增强正能量场的氛围

新时期,"中国梦"这一提法在各行各业的文化建设中都十分值得借鉴,这主要是基于"中国梦"是中华民族的共同梦想,为开拓社会主义新气象而不断努力。"中国梦"是深层次的价值观的选择,是战略的选择,是从思想层面的正本清源。要发挥"中国梦"的引领作用,就是要举起信仰的旗帜、扬起理想的风帆,企业文化就必须充分张扬价值的核心驱动力,形成一种正能量"场",让先进的管理理念被广大员工所掌握和接受。这个"场"必须是由企业价值观产生的,就像磁场是由磁铁的两极产生的一样形成强大的力量。通过文化价值驱动,让文化凝聚全体员工的力量,让员工个人梦与企业梦实现充分融合,形成共同的价值追求,自觉将其转化到日常工作之中,也就是要内化于心、外化于行,逐步使企业文化成为企业的导向机制,使员工自觉调整个人价值观和行为准则,进而为企业价值观的实现不断奉献。

三、"中国梦"引领下的华融湘江银行企业文化建设的实践与创新

华融湘江银行成立伊始,就坚持将企业文化建设作为统一思想、形成共识、凝聚意志、助推发展的强大动力,坚持以"中国梦"的内涵为引领,秉承"创造和谐企业、经营幸福人生"的宗旨,将企业文化建设作为调动员工积极性、提升企业经营管理水平、塑造企业良好形象、增强市场竞争能力的重要手段;将优良的传统与开拓创新相结合,努力培育、构建、完善和创新具有自身特色的企业文化体系;将文化"软实力"转化为凝聚力、竞争力和价值创造力,为促进华融湘江银行实现科学发展提供强大的精神动力和文化支撑。

(一)重视"中国梦"引领下的企业文化的顶层设计和全面宣导,

让文化富有品味和内涵

随着“中国梦”的提出，“价值、文化”成为了流行词汇，企业从只考虑效率问题转向更多地思考价值选择和文化建设。文化是企业的“基础”和“灵魂”，能产生巨大的凝聚力，进而转化为企业的竞争优势。企业文化是“铸魂工程”，必须加强顶层设计和全员宣导，引导员工统一认识、统一行动、统一目标，让员工有思想的认同感、自觉的责任感和内在的动力感，让文化的共鸣转化为执行力。

（1）注重顶层设计，明确工作目标。企业文化源于领导，而行于员工。领导是企业文化的总设计师、倡导者。行党委高度重视对企业文化建设工作的组织引领，成立之初就健全了机构，明确了工作目标和发展规划。一是健全组织机构。在中国华融党委和董事长赖小民的关怀指导下，在行党委和董事长刘永生的带领下，成立了企业文化建设领导小组，统筹推动企业文化建设各项工作，全行形成了总分联动、齐抓共管、全员参与的文化建设格局。二是加强支撑保障。加强了企业文化专业队伍建设，通过以会代训、专题学习、派员参加全国企业文化师培训的形式培养骨干力量。制定了《企业文化建设工作指导意见》《企业文化建设工作要点》《企业文化建设工作考评办法》。三是明确工作目标。制定了《企业文化及品牌建设五年发展规划》，明确了阶段性工作的重点、措施和目标。

（2）注重文化整合，构建理念体系。华融湘江银行携创新智慧而来，融多元文化而生。在深入领会中国华融先进文化的基础上，按照科学发展观和努力创建好银行的要求，融合“金融行业文化”和“湖湘地缘文化”的背景元素，建立了以“稳健、创新、和谐、发展”为核心价值观的企业文化体理念体系。涵括了经营、管理、创新、风险、人才、团队等方面的基本理念，既体现了对优秀文化传统的延续和继承，又体现了面向未来、与时俱进、创新发展的理念和追求。

（3）注重全员宣导，促进理念入脑。孙子曰：“上下同欲者胜”。为统一全行思想认识，形成共同的价值观，华融湘江银行通过高层推动、全员参与的方式强化文化宣导。一是丰富载体建设。组织开展企业文化座谈会、文化征文、企业文化知识抢答、司徽设计征集、行歌歌词征集、邀请专家讲课等丰富多彩的企业文化专题活动，通过载体建设营造直观的办公室文化和走廊文化。二是加强理念宣导。开展了12场企业文化理念和五年战略发展规划宣导，让银行企业愿景、企业使命、核心理念、服务理念等经营管理理念和战略规划深入人心、耳熟能详；开展了13场“清廉、务实、包容、厚德”廉政文化理念宣导，让员工树立起清廉之风、务实之举、包容之心、厚德之格。三是开展各类活动。通过组织开展登山比赛、拔河比赛、拓展训练、红色旅游等,增强员工的凝聚力,培养员工的团队意识。倡导一方有难、八方支援的奉献精神,积极为困难员工伸出援助之手,增强员工的奉献意识。

心系寒门学子　绿色助学圆梦

2014 年,华融湘江银行、共青团湖南省委、湖南省青年联合会共同主办了“华融湘江银行·绿色助学行动”活动。活动以“心系寒门学子·绿色助学圆梦”为主题,每年将对1000 名贫困学生给予经济资助,员工还自愿与学生结成互助对子,还将开展绿色公益夏令营、“三下乡”等社会实践活动,为受助学生在实习、就业等方面提供支持帮助。

图 32 -1　华融湘江银行·绿色助学行动

(二)强化“中国梦”引领下的企业文化的人文关怀和愿景激励,全面提升员工归属感、幸福感、尊严感、成就感

美好愿景是激发员工积极性的源动力。华融湘江银行成立伊始,就实施“战略先行”方略,编制了“五年三步走”发展战略,提出了建设有尊严、有价值、有内涵、有实力、有责任的“五有”现代金融企业的愿景。通过多形式、多途径的宣导,让员工知晓银行战略目标、市场定位、经营思路,发展方向、企业愿景,用“梦想”和“事业”吸引、激励员工,形成了团结干事、共谋发展的强大合力。

(1)营造“学校”文化,用“成长感”塑造员工。实施“人才兴行”战略,贯彻“培训是福利,培训普惠制,培训出干部、培训出人才”的理念,致力把华融湘江银行建设成“学习型组织”。用“讲团结、讲大局、讲纪律、讲效率、讲业绩”标准建设团队,用“想干事、能干事、会干事、干成事、不出事”的要求考验团队,打造爱岗敬业、勇于拼搏、乐于奉献的员工队伍。一是建设“学习型团队”。实行培训普惠制,通过境外培训、脱产学习、岗位交流、参与重大项目等形式加大人才培养力度。采取“请进来、走出去”的方式组织各类讲座300余场。组织高中层赴美国、加拿大等国家学习培训,组织中层及业务骨干赴香港培训,组织新进员工、营销类员工及管理类员工封闭式脱产轮训,鼓励员工参加在职学历教育和资格认证考试。二是建设“创新型团队”。坚持“因市场而变,因客户而变”的创新文化,以市场变化为导向,以客户需求为中心,鼓励创新,容忍失败,在创新中求生存,以创新求发展。建立了鼓励创新的激励约束机制,把物质奖励与精神奖励相结合,每年从董事长、行长奖励基金中拿出专项经费对创新有突出贡献的重大项目、专业人才、岗位能手等实行重奖,激励员工积极投身到改革发展的实践中。三是建设“竞争型团队”。关注员工成长,拓宽员工晋升通道,建立了管理类、专业类、营销类、运营类四条晋升通道,为员工搭建了展示才能和实现自我价值的舞台。组织“众人赛马”式的竞聘上岗,确保员工锻炼有机会、干事有舞台、发展有空间。大力实施“人才兴行”战略,积极推行“猎鹰”计划、“青苗”计划、管理培训生计划和学历再造计划,培养了一支政治素质高、业务能力强、有责任、有担当、特别能战斗的干部员工队伍,为银行创新转型发展提供了坚实的队伍保障。

(2)营造“家园”文化,用“四感”文化激励员工。建设以人为本的“家”文化,是华融湘江银行企业文化建设的核心内容。积极践行“辛苦理应得到回报,贡献理应获得表彰,成绩理应充分肯定”的关怀文化,把员工成长作为一切工作的出发点和归宿点,做到发展依靠员工、发展为了员工、发展成果与员工共享,用“四感”文化,即尊严感、幸福感、成就感、归属感激励员工。一是体现员工根本利益,是“家”文化的基石。员工的切身利益,始终是行党委的牵挂,坚持每年为员工办十件实事,不断加大员工福利保障力度。如推进企业年金制度;为员工购买补充医疗保险;建立困难员工援助基金;建立员工鼓励性培训制度;实施先进工作者、有突出贡献员工奖励性休假制度;落实员工探视慰问办法;开展“员工生日祝福”活动;为员工子女就读提供便利;协助员工以团购形式购买商品房等。二是建立员工沟通渠道,是“家”文化的精髓。沟通就是理解,沟通就是信任,沟通就是尊重,沟通就是关爱,沟通就是支持。把听取意见的工作当作头等大事来抓,建立了领导与员工、总行与分行、部门与部门、员工与员工之间的定期沟通协调机制,设立了董事长、行长信箱和接待日。员工可就自己关注的问题在定期举行的企业文化调查问卷、领导调研、工作巡视中与领导面对面的交流,员工一些好的想法、好的建议都能及时与部门、与领导沟通。三是丰富员工精神生活,是"家"文化的特色。组织春节晚会、文艺汇演、书画比赛、行歌合唱比赛、摄影比赛等形式多样的文化专题活动,提高了员工文化素养。组建"职工之家",设立了健身房,成立了摄影、文学、网球、篮球、足球、健身等兴趣小组,丰富了员工业余生活。在这个真诚、友善、和谐的大家庭里,每一位员工都以主人翁的精神,积极参与企业活动和实践,在活动中学习企业文化,在实践中领悟企业文化。

(3)营造"激励"文化,用正能量"场"规范员工。企业文化建设就是要合理设计企业的内外环境,引导员工思想,规范员工行为,定位公众对华融湘江银行的认识。一是倡导正确的用人导向。坚持政治上靠得住、工作上拿得起、廉政上过得硬、品行上行得正的用人观。让能干事者有机会,干成事者有舞台,不让老实人吃亏,不让投机钻营者得利,为每位员工提供施展才华的舞台和机会。在对待人与事的问题上力争公平、公正、公开,重人品、重能力、重业绩,让先进员工有所得,让后进员工有所失。二是制定完善的制度体系。按先进的经营管理理念对各项工作进行全面梳理,出台600多项制度,建立了较完善的制度管理体系。从《员工手册》到《"红、黄、蓝"牌处罚办法》,从《企业文化手册》到《服务规范手册》,对员工的行为都作了明确的规范,形成了"严格管理、规范运作"的良好工作秩序。三是建立科学的考核机制。坚持"以岗位定薪酬、以责任定待遇",实施"跑马式、360度"全方位考核,制定科学、合理的业绩考核方案,合理界定员工的岗位职责、业绩和风险,做到责、权、利对称,根据按贡献取酬的原则,拉大薪酬差距,运用分配杠杆激发员工工作热情。四是发挥榜样的示范作用。在中国华融先进文化理念的激励和感召下,华融湘江银行涌现出了一批先进典型和感人事例。株洲清水塘支行行长何瑞颖,以团队的力量奏出精彩乐章,该支行于2012年被全国总工会授予"工人先锋号",被中国银监协会评为"青年文明号"称号;感动中国华融十大人物左璐,热爱生活,以微笑的力量与病魔抗争,以敬业的精神书写金融风采。感人事迹激发了全行员工工作激情,全行形成了"比、学、赶、帮、超"的氛围。

(三)构筑"中国梦"引领下的企业文化的社会责任和品牌形象,展示现代金融企业良好形象

履行社会责任　服务地方经济

2014 年 3 月 15 日，华融湘江银行发起了“大爱筑绿城，全民抗雾霾”大型环保公益活动，提出了“植绿抗霾”的理念，该行股东、客户、普通市民、员工和萤火虫志愿者代表共计 300 余人参与活动。该行作为有责任、有担当、有作为的企业公民，始终坚持“立足湖南、依靠湖南、服务湖南、支持湖南”，以服务湖南经济社会发展为己任，积极履行社会责任，促进了湖南绿色发展、和谐发展。

图 32－2　“大爱筑绿城，全民抗雾霾”大型环保公益活动

强调企业社会责任感，是中国梦“社会和谐”的充分体现。华融湘江银行的社会责任不仅是商业性金融机构存在的使命，更是商业性金融机构实现可持续发展必须面对的现实；不仅是一种道德和良知的呼吁，更逐步成为道德和制度的约束；不仅是一种理念、文化，更是商业性金融机构自愿作出的承诺。面对越来越激烈的市场竞争和可持续发展的挑战，商业性金融机构的社会形象、声誉和商业性金融机构的品牌一样重要。

（1）以大力支持地方经济建设为己任。作为“湖南人自己的银行”，华融湘江银行始终根植湖南、服务湖南、奉献湖南，以服务地方经济发展为己任，与地方经济同频共振、同生共荣。在当前经济下行的形势下，该行牢牢把握金融服务实体经济的本质要求，紧紧围绕综合化经营和结构金融做文章，积极支持湖南地方经济社会发展。2014 年上半年，累计向湖南地方基础设施建设项目投放信用 272.74 亿元，向中小微企业新增贷款达到全行上半年新增贷款的 61.15%；积极响应国家武陵山片区区域发展与扶贫攻坚战略，在武陵山片区设立了3个分行,区域内旅游及旅游配套服务等行业投放信用总量194.07亿元。

(2)在服务社会公益中体现企业责任担当。积极履行社会责任,向湖南团省委捐款200万元设立“华融湘江银行青年创业就业基金”,向湖南省妇联捐资200万元设立“三湘妇女创业基金”;成功组织了两届绿色湘江论坛,在全社会倡导“两型社会”建设和绿色环保理念,积极宣传绿色金融产品和绿色金融服务;开展以“心系寒门学子·绿色助学圆梦”为主题的“华融湘江银行·绿色助学行动”,系列活动引起了全国媒体和社会各界的高度关注,树立了华融湘江银行负责任、敢担当的良好企业形象。

(3)在品牌形象宣传中彰显企业文化魅力。品牌是企业制胜的法宝。华融湘江银行品牌塑造旨在树立良好品牌形象,提高品牌知名度、美誉度和认可度,培育发展潜在及有忠诚度的客户群,为未来发展营造良好的外部环境。一是确立品牌塑造的整体目标及阶段任务。明确品牌建设的三个阶段进行,即2011年全面启动阶段,为“做响品牌”年;2012—2013年整体推进阶段,为“做好品牌”年;2014—2015年总结提升阶段,为“做大品牌”年。二是在形象宣传中彰显企业文化魅力。编制了《企业视觉形象管理手册》和《网点装修标准手册》,做到了形象标识统一规范、办公环境整洁有序。对营业网点按照“功能分区、客户分层”的理念进行重新布局和亮化,提升了服务“窗口”形象。三是加大新闻媒体宣传力度。借助新华社、经济日报、湖南日报、湖南卫视、新浪网、红网等全国30多家媒体平台,刊发重要稿件260余篇,做到了报纸上有文、广播里有声、电视上有形,立体化地宣传了银行的文化理念和服务举措,树立了良好的品牌形象。

四、“中国梦”引领下的华融湘江银行企业文化建设的收获与体会

经过四年时间的整体推进,华融湘江银行企业文化建设取得了显著成效,文化理念深入人心,品牌形象明显提升,行为规范有效践行,文化活动丰富多彩,企业文化建设的生动实践,为银行发展提供了强大的精神动力和文化支撑,给银行带来了可喜的十大变化:一是经营理念更新了;二是发展战略清晰了;三是工作导向明确了;四是员工素质提高了;五是服务质量上升了;六是品牌形象提升了;七是人文关怀增强了;八是业务连续翻番了;九是员工收入增加了;十是员工信心增强了。

文化犹如春风化雨，吹“醒”了灵魂，吹“暖”了人心，吹“绿”了企业，吹“生”了希望，实现了软实力和硬实力显著提升的良好局面。截至2014年6月末，全行资产总额达到1 477.92亿元，是成立时的3.98倍；各项存款余额1 260.45亿元，是成立时的3.38倍；各项贷款余额526.79亿元，是成立时的3.20倍，步入全国先进城商行序列。华融湘江银行企业文化建设工作得到了社会各界的充分肯定，先后获得了中国金融政研会授予的“2011—2012年全国金融系统企业文化建设先进单位”、中国企业文化研究会授予的“2012年度企业文化建设优秀单位”、湖南企业文化促进会授予的“中部地区十大企业文化示范基地”、“湖南企业文化十大创新品牌”等多项荣誉。

华融湘江银行企业文化建设的生动实践，使员工深刻感悟到做好业务其功夫在业务之外，深切地感受到企业文化的神奇魅力和灵验功效，也对企业文化建设有了更深层次的体会：一是必须坚持以人为本，提高员工满意度。以人为本，人性化管理是企业文化建设的根本点。把员工的根本利益摆在重要位置上，不断创造出“事业留人、待遇留人、感情留人”的亲情化氛围，让每一个员工都拥有自己的梦想，让员工与企业同步成长，让员工在企业有“尊严感”、“成就感”、“归属感”。二是必须坚持服从和服务于银行的发展战略。企业文化建设的目的是推动企业的长远发展，企业文化建设必须紧紧抓住发展这个第一要务，与银行的各项工作紧密结合，有的放矢地进行企业文化建设的规划和组织实施，既体现先进性、导向性要求，又要有针对性和可操作性，切实推进银行的持续协调快速发展。三是必须坚持优化服务，增加顾客满意度。在金融产品同质化严重的市场上，银行尤其需要将服务意识输入员工的脑海，提高服务技能，务实求新，立足现实条件，开展“特色服务”。坚持“因市场而变，因客户而变”的创新理念，把客户的需求作为一切工作的出发点和落脚点，把客户的满意作为衡量一切工作的标准。四是必须坚持员工广泛参与。员工的广泛、积极参与，才能保证企业文化建设的成功。要通过广泛宣传，对全体员工进行企业文化基本知识的教育，利用灵活多样的方式方法，形成强劲的企业文化建设氛围，真正提高全体员工的文化素养和综合素质。五是必须坚持常抓不懈，注重循序渐进。企业文化从深层次影响员工的观念、道德、态度、情感以及品行，文化素质的养成要靠不断的熏陶、影响、渗透，行为规范的形成绝非一时之功，需要常抓不懈、持续不断、循序渐进、日积月累。

推进新形势下银行监管机构思想政治工作载体建设

——基于江苏银监局“道德讲堂”模式的思考

江苏银监局工会*

思想政治工作过程本身是一种信息的输出和反馈,没有相应的、合适的载体,这一过程难以完成。我们过去对思想政治工作的内容比较重视,但对其内容的体现形式,即对载体建设的研究还不够,使得思想政治工作有时流于形式,无从发挥而收效甚微。随着社会利益结构的调整和信息社会的到来,传统的思想政治工作会面临许多新的挑战,如何在新形势下创新工作理念和实践途径,更好地启发、教育和引导干部职工,是我们面临的重要课题。作为一种全新的道德建设载体,江苏银监局倡导的“道德讲堂”将为我们探索思想政治工作创新开辟新的思路。

一、银行监管机构思想政治工作面临的新形势

一是思想上的趋利性和短视化。随着社会经济、生活方式的多样化,职工在价值观念、道德信仰、行为方式等方面都发生了复杂的变化。江苏银监局成立十年来,职工日益增长的物质文化需求,因受各种条件的制约而无法得到充分满足,职工原有的较高期望与现实之间产生了心理落差,职工队伍思想上出现了一些波动,银监局成立之初高涨的热情也有所衰减。职工在价值追求的趋利性影响下,也呈现出理想信念和价值追求短视化现象,对个人升迁、待遇福利的关注高,有时会与金融机构高管的待遇比较,产生心理落差和不平衡,影响了工作情绪。二是监管任务的多重性和复杂性。经济、金融的快速发展对监管理

* 调研组成员:张秀娟、叶江篱、隋姗姗;本文获2014年全国金融系统思想政治工作和企业文化建设调研成果二等奖。

念更新、监管政策前瞻性以及监管手段有效性提出了挑战。监管干部在监管理念、能力素质等各个方面必须与市场发展和监管任务变化相适应,许多干部职工感到本领恐慌、能力不足,监管压力大。这也要求思想政治工作必须围绕好中心工作,及时跟上监管形势发展。三是行为上的参与性和认同感。监管部门大多数职工愿意并能够发挥主动性和创造性,价值的自我实现意识强烈,渴望得到认可,这种主动参与意识,为思想政治工作提供了发挥作用的有利条件和广阔舞台。

二、目前思想政治工作载体存在的问题和建设的必要性

一是流于形式。思想政治工作中载体作用的发挥,不仅仅有具体载体的存在,更为关键的是载体要有思想政治工作的充实内涵,不能是形式主义的花架子。例如有些单位投入财力、物力的图书馆、健身器材长期闲置,形同虚设,没有发挥应有的作用;有些单位举办的思想政治教育讲座,听课人少,职工参与度不高。二是舍本逐末。载体是信息内容的传递者,载体的最终作用是服务思想政治工作内容的,如果滥用载体,就会存在本末倒置的形式主义。例如,有些单位存在为搞活动而搞活动的情况,活动形式没有贴近中心工作、贴近职工需求,思想政治工作与监管中心存在“两张皮”现象。三是缺乏创新。思想政治工作要入脑入心,载体就必须与时俱进。如果载体一直是一个音调、一个模子,思想政治工作就会失去吸引力。“道德讲堂”模式是跟随时代潮流的文化载体和典型载体,化虚为实,探索实践了思想政治工作的新模式。

三、以“道德讲堂”为抓手,创新思想政治工作载体

2011 年以来,江苏银监局系统将“道德讲堂”融入到监管文化建设之中,积极探索思想政治工作开展的新思路和新机制。常州分局以提升干部思想道德修养和文明素质为核心,以加强社会公德、职业道德、家庭美德和个人品德等“四德”建设为重点,积极开展了以“弘扬监管文化,践行道德规范”等主题的“道德讲堂”活动。泰州等分局借鉴常州做法,结合当地实际开展了“让服务汲取道德的力量”、“爱心无限　志愿同行”等为主题的“道德讲堂”活动。三年来,“道德讲堂”已成为江苏各分局开展文明单位创建、深化监管文化建设的一个重要载体,成为分局开展思想政治工作、凝聚全员向心力的重要抓手,成为提升干部道德修养、塑造良好监管形象、推进分局和谐发展的重要途径。

(一)在内容上,“道德讲堂”实现了对传承传统道德、建设监管文化和弘扬社会主义核心价值观的有机结合

(1)“道德讲堂”为传承传统文化注入了活力。中华民族在悠悠历史文明长河中形成了迥异于西方的文化传统,这种文化传统成为中华民族永葆生机的精神力量。常州分局的“道德讲堂”模式,充分尊重了群众的首创精神,在内容选择上体现了古今融合的特点,既突出了对中华民族传统道德资源的挖掘,又善于发现当下现实生活中的感人故事。“道德讲堂”通过“身边人讲身边事、身边人讲自己事、身边事教身边人”,着力加强社会公德、职业道德、家庭美德和个人品德等“四德”建设,倡导“爱国守法、明礼诚信、团结友善、勤俭自强、敬业奉献”等基本道德规范,增强孝老爱亲、见义勇为、助人为乐、诚实守信、敬业奉献“五类”道德精神,引导干部职工成为“积小善为大善”、“积小德为大德”的传播者,推动先进道德理念内植于心、外化于行。

(2)“道德讲堂”为弘扬监管文化搭建了平台。一是唤起职工道德良知。“道德讲堂”激发了员工的内在道德自觉和真善美,信任与关怀、包容与感恩在同事之间、部门之间流淌,大家被温暖和感动包围,“每个人都能做到积德行善,大家就能友好相处,国家才能真正和谐稳定”,“我之前一直觉得模范离我们很遥远,其实道德模范就在身边;如果我们做好分内每件事,或许我们都可以成为模范”,“孝顺父母,永远不会没有时间”,这是部分分局干部在被别人感动感化时引发的思考和感悟。二是为职工展示自我搭建舞台。道德讲堂以群众为主体,各分局成立了“道德讲堂”宣讲团,从故事撰写到讲述、从策划人到主持人,都来自于分局的职工,提高了干部职工综合素质。三是促进了单位氛围和谐。“道德讲堂”拨动了分局干部职工心灵深处的道德之弦,活动以来,大家相互包容、相互关心、相互帮助的氛围更加浓厚。分局上下道德歌曲大家唱、先进典型大家学、道德感言大家谈,营造了“崇德尚善、见贤思齐”的道德建设氛围。单位领导率领全体干部职工紧紧围绕核心监管主业,塑高效务实之风,重监管服务质效,求真、求实、求细、求新、求和,重点工作推进取得成效,单位呈现出心齐、风正、干劲足的良好风貌。

(3)“道德讲堂”为根植核心价值观提供了抓手。“道德讲堂”把社会主义核心价值体系渗透在思想道德建设的过程中,在内容上强化了人们对社会基本道德规范和价值准则的认同,引导干部职工在学习中思考、讲谈中悟道、履职中践行,以倡导“富强、民主、文明、和谐,自由、平等、公正、法制,爱国、敬业、诚信、友善”核心价值观凝聚干部职工共识,促进职工高效履职。“道德讲堂”把平凡人的故事引导转化为道德榜样的力量,引导职工正确判断行为得失、确定价值

取向、规范自身行为，自觉成为了社会文明的传播和践行者。

（二）在方法上，“道德讲堂”实现了内容立体化与形式多样化的有效整合

“道德讲堂”从内容设置和流程设计上，创设了一个道德体验、模范学习和行为反思的立体空间。通过“唱歌曲”、“诵经典”环节弘扬传统道德文化；“学模范”环节强调“身边人讲身边事”，通过有名有姓有血有肉的身边好人和一件件可亲可敬可信可学的凡人故事，深深感染每一名员工；“发善心”、“送吉祥”是道德教育的内在环节，体现了他律到自律的转化过程。除了上述基本环节，各分局还选择增加“写一张祝福卡”、“看一部短片”等环节，增强感染力。“道德讲堂”这种教育形式实现了多种教育方式的有效整合，把抽象的道德要求通俗化、具体化、形象化、生活化，起到了春风化雨、润物无声的教育效果。

（三）在效果上，“道德讲堂”实现了被动灌输到群体自觉实践的转化

“道德讲堂”克服了传统你教我学、你讲我听的单一教育模式，把传统的课堂教育优势转化为情境育人和典型育人的优势，促进了道德认知向道德认同的转化。可以说，“道德讲堂”是一个主动接收、自我反省、促成群体实践行为的过程，是用生活中的小杠杆撬动单位大能量，用最小范围内的道德规范唤醒人们最大范围的道德共鸣，引导干部职工自觉探寻自身的状态。

常州、泰州银监分局着力推进辖区银行业道德讲堂总堂建设

为有效集约资源，进一步贯彻落实教育实践活动专项整改有关要求，常州、泰州银监分局牵头开展银行业道德讲堂总堂建设，整合分局及辖区各银行机构宣讲资源，解决部分银行机构教育场所不够、职工参与率不高、吸引力不强等问题，力争做到“三个到位”：一是组织体系到位。制定印发总堂建设方案，明确管理制度、工作网络及活动记录等，做到条理清、分工明、规范有序。二是活动效果到位。活动实行承办制，分局要求承办银行机构认真准备宣讲材料，及时推广本行先进事迹和先进典型，确保活动不走过场。在讲堂开展过程中，除5个基础流程之外，鼓励增加新颖、有吸引力、易引起共鸣的其他流程形式，坚持一切形式服从于活动效果，推动道德理念更深层次地入脑入心。三是活动保障到位。分局作为牵头单位，认真做好活动场所维护、硬件配套、统筹协调和有关培训指导工作，为办好每一期讲堂做好服务保障，真正打造一个特点突出、成效明显的示范性行业总堂。

图 33-1　道德讲堂

四、几点启示

(1)“让群众成为主角”是思想政治工作的基础。思想政治工作只有贴近群众才能有生命力。“道德讲堂”的宣讲者来自于群众,所讲述的内容也来源于生活。例如干部职工讲述平凡岗位上实现自我价值的经历,讲述助人为乐的点滴小事等,改变了道德教育者“高高在上”的印象,拉近了距离。道德讲堂轻说教、重感受,轻理论、重体验,把深邃的理论用简单质朴的语言讲清楚,把深刻的道理用群众喜闻乐见的方式说明白,让典型人物和典型事例落地生根,让干部职工可学、可为、可行。同时,“道德讲堂”充分尊重群众意愿,通过设立“讲前菜单选,典型大家找,讲后一起评”等制度,提高了群众的参与度。

(2)行为感染和渗透是思想政治工作的有效形式。思想政治工作要做深做细,要渗透到内容安排、环节设置以及场景布局等方方面面的每个细节。各分局“道德讲堂”都有统一的 Logo,有“积善之家必有余庆,积恶之家必有余殃”道德格言,配以“礼、节、和、廉、仁、孝、信、义”字义图板和具有分局特色的宣传展板,营造了庄严肃穆、心灵激荡的浓厚“道德讲堂”氛围。每次走进讲堂,干部职工都会受到一次道德音乐的熏陶、道德文化的洗涤和道德故事的感悟,潜移默化,推动先进道德理念入脑入心。这种形式是通过外部力量去激发个体内部因素并实现自我净化和自觉实践,使思想政治工作入脑入心。

(3)示范引领和辐射是思想政治工作的推进机制。部分分局成立了“道德讲堂”建设工作领导小组及办公室,定期研究、部署、督促、检查“道德讲堂”建设情况。“道德讲堂”由最初典型的常州模式扩展到了泰州的“流动道德讲堂”、扬州的“银监道德微讲堂”微博话题等模式。常州、泰州等分局强力推进示范点建设,指导银行业金融机构结合自身实际开展有特色、有成效的“道德讲堂”活动。

(4)提高中心工作成效是思想政治工作的落脚点。思想政治工作不能脱离监管实际和职工需求,要把防范金融风险作为银行监管思想政治工作的重点,进一步明确为金融服务的指导思想。各分局结合年度工作策划了“我身边的监管标兵”、“监管知识送基层”等主题“道德讲堂”,指导银行开展了“合规在我心”、“服务小微明星风采”等系列道德讲堂活动,做到抓思想从监管出发,抓监管从思想入手,使思想政治工作和监管中心工作紧密结合。

国家开发银行企业文化核心价值理念浅析

——兼议国家开发银行文化基因对国开证券发展影响

孙隆新*

一个国家的文化软实力,从根本上说,取决于其核心价值观的生命力、凝聚力、感召力。中共中央总书记习近平近日强调,把培育和弘扬社会主义核心价值观作为凝魂聚气、强基固本的基础工程,以文化人,以文育人。

国家需要文化软实力,国家开发银行同样需要文化软实力。服务国家,创新发展是国家开发银行立行强行的软实力,也是国家开发银行企业文化的灵魂与精髓。

本文试梳理国家开发银行企业文化精髓中的核心价值理念,并兼议国家开发银行文化基因对国开证券发展影响。

一、国家开发银行企业文化核心价值理念形成与发展

国家开发银行发展走过20年,形成了独特的文化,而且这种文化具有强烈的导向作用,对于确立国家开发银行国家银行地位和"增强国力、改善民生"的社会责任形象,对于指导具体管理实践活动,对于锻造一支勇于担当使命、为国奉献的高素质队伍具有重要意义。

(一)国家文化的形成

1. 国务院赋权国家开发银行履行国家使命,奠定国家文化基础

服务国家之所以成为国家开发银行企业文化价值精髓。这当追溯到国家

* 国开证券有限责任公司。本文获全国金融系统思想政治工作和企业文化建设调研成果二等奖。

开发银行的使命。1994 年 3 月 17 日,《国务院关于组建国家开发银行的通知》(国发[1994]22 号文),明确了国家开发银行职能定位,强调指出,为更有效地集中资金保证国家重点建设,缓解经济发展的"瓶颈制约,增强国家对固定资产投资的宏观调控能力,进一步深化投融资体制改革,国务院决定组建国家开发银行。国家开发银行是直属国务院领导的政策性金融机构(正部级单位),对由其安排投资的国家重点建设项目,在资金总量和资金结构配置上负有宏观调控职责。由此,奠定了国家开发银行文化中服务国家的核心价值理念。

国家开发银行是中国金融机构中唯一以"国家"冠名的银行。笔者曾就国家开发银行早期筹备及国家开发银行行名来历,采访过国家开发银行第一任老行长姚振炎。姚行长介绍说,根据国务院组建国家开发银行时的职能定位,国家开发银行筹备时曾经借鉴日本政策性银行的命名,叫"长期开发信用银行"(当时简称"长开信"),后来正式向国务院申报方案时,参与筹备的原国家六大投资公司老总们一致表示,我们都是来自原国家计委,一辈子为国家做事,新成立机构更要有气魄,要突出"国家"二字,并提出了"国家开发银行"的行名方案,强调用长期信用支持开发国家急需的重点大项目,即"两基一支柱"。后来国务院 22 号文正式确认了国家开发银行的行名。1999 年 11 月,党的十四届三中全会通过的《中共中央关于建立社会主义市场经济体制若干问题的决定》中,国家开发银行的名字首次在中央决定中公开亮相。

沉甸甸的"国家"二字,宣示了国家开发银行的政府背景和政策性银行定位,确立了国务院以国家赋权的法定形式,给予国家开发银行在中长期投融资领域中的独特定位,昭示着国家开发银行服务国家发展战略的目标和宗旨,也成为国家开发银行人为国担当奉献的崇高使命与骄傲。

2. 成功发展的实践强化国家开发银行国家文化主体形象

国家开发银行人不负众望。1994—1997 年,国家开发银行组建初期,中国的宏观经济形势复杂严峻,传统投融资体制带来的"盲目扩张"、"投资饥渴"、结构失衡等顽症尤为突出。国家开发银行在国务院赋权宏观调控的基础设施、基础产业和支柱产业(简称"两基一支")领域,将有限的贷款资源投向电力、能源、交通、原材料、机电轻纺、农业和林业等国家重点领域。从支持三峡工程、京九铁路、岭澳核电等重大项目起步,倾力支持了农林、水利、铁道、交通、民航等基础设施领域项目,为我国基础设施建设与完善发挥了重要作用,初步彰显了国家队服务国家发展战略的形象。

面对风云突变的亚洲金融危机,国家开发银行在警示中瞄准了内部改革,从负债业务、信贷改革、风险控制等重大领域入手,破除"政策性银行等于亏损"的传统观念。国家开发银行要在"市场环境下、银行框架内"办好服务国家的银行,而不是躺在国家身上的"第二财政"。

2008 年,美国次贷引发的全球金融危机再次拷问各国宏观调控能力,国家开发银行积极贯彻国务院"进一步扩大内需、促进经济增长的十项措施",在 4 万亿元的经济刺激计划中,通过创新地方融资平台,加大对基础设施、民生领域等支持力度,最大限度减少国际金融危机冲击,在保持中国经济平稳较快发展中再显国家队实力。这时"增强国力、改善民生"已成为国家开发银行新时期的使命形象。国家开发银行在服务国家中一路走来,国家开发银行人在服务国家的实践中强化了服务国家的理念。

3. 服务国家使命内化为国家开发银行文化核心价值理念

支持服务国家发展战略,既是国务院组建国家开发银行时赋予国家开发银行的法定使命,同时也已成为国家开发银行人对国家开发银行文化核心价值理念的认同与共识。

继国家开发银行"增强国力、改善民生"的使命后,胡怀邦董事长进一步提出"以国为家、为国奉献"的国家开发银行精神和"国家好、民族好、国家开发银行好,每个国家开发银行人才会好"的家国情怀。

国家开发银行人以服务国家为己任,用服务国家的行动,凝炼出自己的企业文化精髓。

笔者在长期跟踪国家开发银行企业文化中记录过不少感动。

国际评级机构认同的国家银行地位。国家开发银行从 1994 年 12 月开始引入国际债信评级机构,并连续保持了与中国国家主权评级相同的债信等级。据长期参与评级工作的有关人员介绍,国际评级机构给予国家开发银行主权评级,早期主要依据是国家背景,即中央财政注入全部资本金,中央银行给予流动性支持,后期更注重"干出来的"不争事实。

三峡石和社会责任奖的见证。国家开发银行阜外办公区内,一处醒目的石柱常使人们驻足,这是三峡总公司用大坝库区深处取出的一块珍贵巨型岩铸成的石柱,是对国家开发银行人在三峡起步最艰难时独立融资支持的感谢。也是国家开发银行忠实履行国家使命、服务国家"两基一支"重点建设的见证。在国家开发银行行史记录里,分量最重的也属社会责任奖的褒奖。国家开发银行从

2006年获评“人民社会责任奖”，延续至今未断，还有“最佳社会责任银行”、“最具责任感企业奖”、“中国银行业最具社会责任金融机构奖”、“西部大开发突出贡献集体”。这些沉甸甸的荣誉，是对国家开发银行履行国家责任最高的褒奖。

几代员工的认同感。写行史时，采访过国家开发银行一位老局长、资深电力专家，他说，一辈子献身国家电力事业，尤其是到国家开发银行后亲身参与了三峡工程投融资项目，是他一生报效国家最为自豪的一段经历。青年员工为选择国家开发银行自豪。国家开发银行是年轻人追梦的高端事业平台，很多青年员工面对金融同业激烈的竞争和薪酬诱惑，坚定选择国家开发银行，他们看重的是国家开发银行事业平台高，年轻员工入职后，很快就能接触到国家重点大项目，年轻人非常珍惜国家开发银行的事业平台，他们在直接服务国家重点建设中能感受到成就和价值。

（二）创新文化的形成

创新是国家开发银行发展的不竭动力，创新也因此成为国家开发银行文化的重要内容。

前任董事长陈元同志多次强调，创新是民族进步的灵魂，是国家兴旺发达的不竭动力。开发银行之所以取得今天的成绩，重要原因在于，我们与创新型国家的目标保持高度一致，致力于建设创新型的开发性金融机构，不断通过创新来破解经济社会发展的各种难题，服务于创新型国家的发展战略和目标，并走出了一条开发性金融自主创新的路子。“国家开发银行的历史，是一部支持发展、办好银行的探索史，是一部开发性金融的实践史，是一部国家开发银行人的奋斗史”。正是这种追求卓越、敢为人先的创新精神，书写了国家开发银行最辉煌的篇章。

国家开发银行作为中国最大的政策性银行，其成立本身就是中国投融资体制改革的产物。但国家开发银行从成立的第一天起，就面对新旧两种体制的交锋，国家开发银行唯有在创新中，才能走出富有生命力的发展之路。

国家开发银行早期最重要的创新，始于解决资金来源市场化。紧接着便是信贷改革解决国家开发银行项目决策的自主权。

国家开发银行通过对开发性金融的创新，将政府的组织优势与国家开发银行的融资优势结合起来，在政府与市场之间探索出一条特色与成功发展之路。创新，使得20岁的年轻国家开发银行成为中国中长期投融资主力银行、中国最大的债券银行、最大的对外投融资合作银行、全球最大的开发性金融机构。开发性金融破解了中国经济发展中的若干难题,今天开发银行在对外国际合作舞台、在中国新型城镇化建设中,再次被国家赋予重任。国家开发银行的创新是战略发展的创新。在创新中谋生存谋发展已成为国家开发银行的核心竞争力。创新也因此成为国家开发银行文化的核心理念之一。

(三)双赢文化的形成

双赢是基于博弈论的一种规则。博弈论研究人们的行为、在直接相互作用时的决策以及决策的均衡问题。换言之,博弈论研究如何使得人们在市场经济中,自愿做出大家都遵守和实施的有效制度安排,以提高社会效益的机制。双赢是市场经济体制下一条重要规则。双赢是国家开发银行文化的又一重要理念。与重视商业利益不同的是,国家开发银行坚持在服务国家中谋求发展实现双赢。

1. 三峡案例

有人说,国家开发银行因三峡而生,虽本文不作考证,但国家开发银行独家支持三峡工程起步案例却成为双赢的典范。

1992年4月3日,第七届全国人民代表大会第五次会议审议通过了《关于兴建长江三峡工程决议》,三峡工程成为当今世界最大的水利枢纽工程和中国最大的建设项目。受制于当时的环境,三峡工程开工之初,一期融资方案遭遇前所未有的艰难。国际金融机构宣布不贷,国内金融机构担心风险也不敢涉足。国家开发银行以支持“两基一支”的政策导向和对大型水电项目行业特点的深刻认识,作出了为三峡工程提供长期贷款的决定。后又为三峡提供外汇转贷。2009年,国家开发银行牵头,工、农、中、建等13家银行,组建151亿银团支持三峡集团整体上市,充分显示了国家开发银行在三峡集团融资的主力银行地位,也为三峡工程整个融资过程画上了圆满的句号。近日,国家开发银行董事长胡怀邦又与三峡集团董事长卢纯双方签署《战略合作协议》。根据此次协议,未来五年,双方将加强规划、项目前期、金融产品及服务方面的合作,重点在大型水电、新能源项目、资产并购和国际业务开发等领域开展合作。从1994年三峡工程上马之际,国家开发银行独家提供了300亿元的中长期贷款,支持这一跨世纪工程顺利启动。截至2014年底,国家开发银行累计为三峡集团及其成员单位提供各类贷款、债券承销、保函等金融服务约1000亿元。

三峡建设案例是国家开发银行服务国家建设大局、引领市场、收获双赢的成功典范。

2. “芜湖模式”破解城建领域历史难题

国家开发银行在长期制约城镇化发展的城建领域,创造了“芜湖模式”的地方融资平台,开启了银行资金难进城建领域的破冰之旅,使得城镇化建设与银行信贷新的增长点双双受益。辽宁棚户区改造项目更是成为银政企共同解决历史欠账的成功案例。

3. 用市场化发债引领债券市场发展实现双赢

1998 年 9 月 2 日,国家开发银行成功走出了市场化发债第一步。而之前国家开发银行受制于资本市场发育程度低等历史原因,在市场与信用双重缺失中,走过了四年由央行行政派购发债筹资的艰难历程。国家开发银行成功实现市场化发债后,通过卓有成效的创新,成为引领中国债券市场发展的旗舰与领跑者,国家开发银行的双赢文化,成为国家开发银行持续稳步发展的动力。

走过 20 年的国家开发银行,文化基因梳理还可列举若干,但国家意识、创新意识、双赢意识,应当是最为核心的价值理念。

二、国家文化对国开证券发展的影响

国开证券是国家开发银行商业化改革的产物,从提出打造“中国高盛”的投行梦,到逐梦圆梦,国家开发银行人格外珍视这块来之不易的牌照,如何发展,定位也便显得尤为重要。同时,作为内地唯一一家银行全资控股的证券公司,从酝酿成立之时起,他就备受社会关注。监管部门和同业,都期待它探出一条混业经营的成功模式。

国开证券向何处去?其战略发展定位,一靠母公司顶层制度设计,二靠国家开发银行企业文化引导,且就某种意义而言,顶层制度设计要贯彻落地,必须通过文化软实力进行转化。国开证券成立四年来,国家开发银行文化基因对其发展成长产生了重要影响。

(一)国开证券早期发展困境与文化选择

获取投行牌照,用资本市场专业平台服务国家战略、完善业务功能是国家开发银行多年的目标。1998 年 4 月,陈元作为国家开发银行新一届领导班子党委书记履职时,曾胸怀抱负,要将国家开发银行办成中国的高盛,后因外部环境不具备暂缓搁置,但国家开发银行人探索用投行工具支持实体经济的实践并未停止。2010 年 8 月,国开证券收购原航空证券后正式挂牌,圆了国家开发银行多年的投行梦。国开证券作为内地唯一一家银行全资控股的证券公司,从酝酿成立之时,就备受社会关注。在钓鱼台举行的国开证券揭牌成立大会上,人民银行副行长刘士余高度评价了开发银行“一拖二”模式。他说,国开证券的设立,有利于进一步发挥开发银行在股市、债市的作用,发挥债券银行的主导特色。

尽管市场、同业和监管部门对国开证券的成立寄予厚望,但唱衰的悲观声音也不乏有之。有人叹息,国开证券生不逢时。

第一,金融环境外忧内困,投行前景如何看好?当时,外部国际金融环境刚刚经历了金融风暴,国际大投行一夜间蒸发,人们迷茫投行前景;国内,中国资本市场长期低迷,处于最困难时期。

第二,人员来自各方,亟待文化整合。国开证券组建时,人员主要来自三大部分,原国家开发银行委派员工、航空证券员工和市场招聘员工。不同阅历、不同文化背景的人,集合在国开证券旗下。期冀到新的平台大干一番事业,实现抱负者有之;憧憬投资银行家高端职业平台与极富诱惑力的体面薪酬,梦想淘金者也不乏其人。

第三,利益最大化与国家开发银行服务国家的文化直面冲突。传统观念对于投行文化的定位,多是投机文化。相比于其他类金融机构,投行的逐利性更甚于其他。一部讲述华尔街投资银行历史的影片《华尔街》中,两句不朽的经典台词"金钱永不眠"、"贪婪是好的",从一个视角为投行文化作出了注脚。

用国家开发银行主流文化导向统一思想、清晰发展目标,成为新生国开证券最为紧迫的面对。

(二)国家开发银行国家文化导向为国开证券发展定向

1. 国家开发银行服务国家文化确定国开证券定标发展的方向

2010 年末,国家开发银行投贷债租证综合金融服务格局初步形成。但如何发展和管理,却成为摆在国家开发银行党委和子公司面前的新课题。2011 年 2 月,时任国家开发银行党委书记兼董事长陈元同志听取子公司组建情况的汇报后作出重要指示:子公司要服务国家开发银行定位,与总行形成最大合力,这是我们设立子公司的根本目标。子公司要把自身业务发展和全行发展合为一体,处理好两者关系,在为全行发展做出重大、有效贡献的同时,形成对自身发展的巨大推动力。行党委的指示为子公司发展适时指明了方向。郑之杰行长也强调"集团管理要发挥品牌优势,集团作战,重点实现人力资源、客户资源、信息资源、项目资源、信贷规模和利益成果的共享",并要求子公司找准自己在全球化背景下的发展定位和目标,做好业务布局,树立市场化意识,努力做到"能引领、可导向、有特色、重创新",在各自行业领域起到特色领头羊作用。

2. 国家开发银行服务国家的辉煌历程激励国开证券感悟国家银行使命

如何将国家开发银行服务国家的文化深植于国开证券的管理中,尚需要企业文化的培育与渗透。

2014 年,恰逢国家开发银行 20 年行庆,配合全行行史教育,国开证券开展了学行史、履使命、勇创新、求发展,打造"全牌照、创新型、国际化"一流投行的教育，用国家开发银行20年服务国家战略的辉煌业绩激励教育员工。

2013年，国家开发银行副行长兼国开证券党委书记、董事长袁力上任后，即提出国开证券必须重视软实力建设。要通过对战略规划、企业文化、人才机制等建设，用战略引领发展，用文化铸魂育人，用机制激励队伍。通过组织架构优化、流程再造、体制机制调整等改革措施，将国开证券全面建设推向一个新水平。袁行长还亲自出任国开证券企业文化领导小组组长，领导并组织拟定了“国开证券企业文化建设工作方案”。在袁力副行长亲自部署下，国开证券与国内外著名咨询公司麦肯锡、IBM、BCG等进行了积极接触。并在公司OA平台开发了“企业文化”模块。国开证券始终在努力探索建设一套既能够传承国家开发银行优秀文化基因，又能够适应资本市场和公司发展特点的企业文化体系。

通过一系列行之有效的工作，如今国家开发银行服务国家的核心理念已经深植于国开证券的文化之中。大家逐步认识到，国家开发银行人为行名中冠以“国家”字样自豪，国开证券人同样为自己是国开系名下的证券公司，承担着沉甸甸的国家责任而自豪。

3. 国开证券在服务国家战略中快速发展确立市场地位

“为国家发展办投行，为实体经济助力量”成为国开证券人的共识。国开证券开始瞄准方向发力。

2010年末，国家开发银行企业债券承销业务正式移交国开证券。国开证券人明白，这绝不仅仅是业务的交接，更多是对国家开发银行20年债券银行理念的传承。2011年，国开证券成立后第一个完整年度。华尔街金融危机重创国际投行锐气，中国资本市场股市持续低迷。中国债市受美债、欧债及国内地方债信用事件累及，债市与股市双双受挫，国开证券瞄准债券承销业务定位，连续三年保持了企业债券承销第一的市场业绩。在债券业务领域，国开证券不仅力鼎国家队，全力参与央企大债承销，而且配合国家开发银行区域发展规划，倾力用直接融资支持东北老工业基地和西部发展，为区域经济做出了积极贡献。他们还紧密配合政府热点，积极用资本市场工具支持棚户区改造和保障房建设。

三、创新文化对国开证券缔造硬实力的影响

如果说，服务国家文化使国开证券在起步后迅速确立了发展战略与方向，那么，国家开发银行的创新文化则为国开证券赢得了发展的硬实力。

2009年，国开证券以11.5亿元收购航空证券全部股权，更多意义在于取得壳资源，航空证券当时只有单一经纪业务，在证券行业排行末端。

为了在激烈竞争的证券业迅速闯出一条生路，国开证券传承国家开发银行创新文化，用创新开拓出了新的业务增长点，使得创新这种文化软实力，实实在在转化为国开证券的硬实力。

国开证券三年连获“金龙奖”

2012 年以来，国开证券连续三年荣登中国金融机构金牌榜。分别获得“年度最佳企业债承销证券公司”、“年度最具创新力证券公司”，2014 年获得“年度最佳社会责任券商”、“年度最具创新力券商”。

国开证券之所以能成为年度内为数极少几家同时获得双项奖的金融机构。前者主要基于对国开证券整体业绩特别是持续领跑企业债券承销领域，支持央企、中小企业融资及致力于市场建设方面等综合业绩的肯定，突显国开证券在激烈同业竞争中与集团公司“增强国力，改善民生”共同的使命定位与形象。“年度最具创新力券商”，重点是对国开证券在资产证券化领域创新贡献度的表彰。

图 34－1　国开证券连续三年获得“金龙奖”，荣登中国金融机构金牌榜

创新铁道专项 ABS，化解铁路建设融资集中度风险

中国铁路对银行的过度依赖已经成为顽疾。铁路是关乎现代交通和国民经济的大动脉，国家银行支持责无旁贷，但是从风控角度，银行贷款在铁路融资中的比例，早已超过监管红线。面对既要保国家队正常运行，又要安全风控的两难。国开证券积极向监管部门献计建言，率先提出了用 ABS 产品为铁路建设“盘活存量，用好增量”，探索铁路建设长效融资机制的建议。创新了铁路专项资产证券化。在有关部门共同努力下，人民银行批复了 1000 亿元铁路专项资产证券化试点。国开证券获发行额度 452 亿元。

铁道专项资产证券化是多赢的创新尝试，一是解决了铁道部贷款集中度过高、流动性受限问题，提高了铁总公司的融资能力；二是为盘活铁路贷款探索了新途径；三是以证券化创新方式，有力地促进了铁路建设融资多元化；四是为投资人提供了多样化的资产证券化产品，丰富了资本市场产品结构；五是将缺乏流动性的贷款转化为可以流通的证券，实现了信贷体系与资本市场的对接，达到了盘活存量的目的。

创新债贷组合增信债券，为新型城镇化助力

地方融资平台作为破解城镇化建设融资瓶颈的重大创新，其历史作用毋庸置疑，但地方政府负债率过高，也对银行业经营风险形成潜在压力。

在新型城镇化建设中，国家开发银行积极向发改委建议，发挥债券银行优势，在信贷与债券之间走出一条新路。最终达成了创新"债贷组合"企业债，综合防范融资平台风险的共识。2013 年 9 月 24 日，国家发改委发布《关于企业债券融资支持棚户区改造有关问题的通知》，首次明确鼓励企业发行"债贷组合"债券用于棚户区改造项目。国开证券争取到承销"债贷组合"企业债的试点任务，从首单"13 岳阳城投债"开始，连续主承销 8 支债贷组合债，既协助地方政府防控债务风险，又有效引导社会资金重点支持棚改项目建设，8 支债券累计引导百亿元市场资金，助力当地棚改项目建设，惠及四省 7 市数以万计户住房困难家庭。

创新中小企业融资新品种，破解中小企业融资难题

国开证券积极配合政府解决中小企业融资难问题，先后创新了国内第一支中小企业无担保评级无增信私募债，受到监管部门、市场和发行人多方好评；配合国务院设立的温州市"金融改革综合实验区"，作为首个涉足金改区发债的券商，成功承销"12 温安居房债"，支持保障房建设面积达 32.14 万平方米，保障房建设总套数达 4554 套。对于推动温州市直接融资市场建设具有重要示范、先导意义。

2014 年 8 月 11 日，国开证券作为联席主承销商参与 2014 年宁夏自治区政府债券成功招标发行，首次涉足主承销地方政府债券。

创新文化引领市场业绩

国开证券传承国家开发银行特别能创新的企业文化特质，在 ABS 产品发行方面为公司树立了极高的市场声誉。2012 年，国家开发银行获得超百亿元 ABS 审批发行额度，国开证券承销了发行量的 80%。2013 年国开证券积极参与铁路专项资产证券化创新与发行，完成 80 亿元承销任务。国务院扩大资产支持证券试点规模以来，国开证券进一步加大资产支持证券承销力度，2014 年，累计承销 ABS 产品总计 933.08 亿元，市场占比 31.37%，全市场排名第一，圆满完成国家开发银行千亿规模的发行任务。国开证券不仅承销总量领先市场，而且单笔承销量不断刷新着由他们自己保持的市场第一记录。国开证券承销的 ABS 产品，对于支持铁路、棚户区改造等重点领域，盘活存量资产、支持实体经济发展、促进多层次资本市场建设作出了积极贡献。

图34－2　鼎力铁道债券承销，为中国高铁建设高速发展助力

图34－3　服务政府热点，支持黑龙江鹤岗保障房建设

四、奉献文化对国开证券铸魂育人的影响

用先进文化铸魂育人带队伍，是国家开发银行人20年办行经验之总结，同样也是年轻国开证券企业文化建设的重要体会。

国家开发银行服务国家的文化，不仅确立了在我国中长期信贷领域的主力银行地位，国家开发银行的国家文化，也锻造了国家开发银行人无私奉献的精神风范。国开证券在四年的发展实践中，将国家开发银行文化的核心价值观引入公司铸魂育人工程。注重用服务国家的大事业观吸引留住高端人才，用国家情怀培养年轻员工。国开证券有一流的高端客户资源，却缺乏国内外券商队伍普遍适用的薪酬激励机制。笔者在业务部门调研时，耳闻目染了数不清的感动，有数次拒绝猎头明码标价一心带队伍的管理层领导，更有这样的领导带出的年轻团队。

国开证券明显不足的内部激励机制，何以总能一次次胜出？这是笔者调研中屡屡发出的疑问。服务国家的核心文化理念和家国情怀，成就了国开证券的发展，使他们迅速脱颖而出，在中国企业债券承销市场确立绝对影响力的利剑。

笔者几次在万家灯火除夕日，看到国开证券人坚守工作岗位的身影。依稀的爆竹声已经响起，浓浓的年味悄然袭来，路上处处见返乡探亲人匆匆赶路的脚步，而为了公司新年度的业务，国开证券的领导带领团队，仍然奔波在走访客户的路上。

笔者看到一封来自新疆分行的感谢信，感谢国开证券为落实中央“稳疆兴疆、富民固边”战略，配合新疆分行开拓资本市场，为乌鲁木齐房地产开发（集团）有限公司和阿克苏绿色实业开发有限公司成功发行24亿元企业债的事迹。新疆地区资本市场发育相对较弱，辅导发行人成功发行一只债券往往要比内地多付出二至三倍的精力与工作量。尤其是阿克苏债筹备发行期间，当地刚刚发生过暴恐事件，国开证券赴疆工作团队不顾个人安危，先后20余次往返于总分行及北京与北疆、南疆之间。历经一年半时间的艰苦工作，终于成功完成了两只债券的发行任务。实现了国开证券在新疆地区独立承销企业债零的突破，所募集资金全部用于民生住房，分别建设公租房6415套、各类保障房26862套。

国开证券年轻，国开证券的队伍同样年轻，他们用青春汗水、无悔的奉献和高强度的工作量，数次创造并一次次刷新着他们引以骄傲的国开速度。外面的世界很精彩，但是国开证券服务国家使命的重任，更让他们体会到担当与青春无悔的自豪。有位才子曾经这样赋辞表达国开证券做债人的豪迈：“江城子——做债。债起英才多北上，划股忙，注出让。净利付息，募投保障房。为报优先寻增信，求担保，办他项。后辈亦敢笑孙娘，协分行，助甲方。历尽边陲，万里不由缰。百尺竿头更需力，国开债，永辉煌！”

国家开发银行的文化基因奠定并塑造了国开证券主流文化的基石，但国开证券的管理层同时也在思考，在企业文化建设中，我们不仅要有集团公司的主文化，还要逐步形成自己的亚文化。分管公司企业文化的国开证券党委副书记、监事长范珣说，亚文化不是另起炉灶，而是要结合国开证券的特色，逐步摸索出一条在国家开发银行文化主导下，既不同于高盛，也不同于国内其他券商的文化。国开证券人正在进一步探索，正视国家开发银行战略与资本市场文化的冲突，立足于资本市场，走出一条用资本市场工具，服务国家战略发展，富有国开证券特色的文化，为国开证券新一轮更大发展，提供不竭的精神动力。

用过硬的作风做好内退员工工作

——长春金融研修学院内退员工服务管理的实践与思考

陆　钦*

2013 年七月中旬,应学院内退员工的要求,我与他们进行了第一次座谈。由于之前了解到部分内退员工曾多次到总行上访,目前也仍然不很稳定,多次提出提高待遇、回岗工作等诉求,个别人多次威胁要到总行上访等情况,所以在座谈会之前,我详细了解了有关情况,认真学习了相关政策制度和学院的具体执行情况,对自己可能遇到的质问、刁难等各种情况也做了心理准备。然而,座谈会上部分内退员工的情绪激动程度远远超出了我的预期,其中两名女员工先后因情绪过于激动、旧病复发出现昏迷、抽搐,被紧急送往医院救治。座谈会从下午 2:30 一直持续到晚上 7:30,我认真听取了每位与会代表的“发言”,最后代表学院党委做了简短的表态,受到了大家的积极响应,“顺利”结束了座谈会。这次难忘的座谈会,使我更加意识到做好内退员工工作的重要性、艰巨性和复杂性,职责所系,使我开始走近这个特殊群体,了解他们的现实生活状况、心理状态,理清做好内退员工服务管理工作的思路。

长春金融研修学院简介

长春金融研修学院(简称长院)为中国工商银行总行直属、以组织行内员工开展岗位培训为主要职能的专业培训机构,1985 年 9 月成立,已有 30 年的历史。学院坚持“人才兴行,人才强行”的办学宗旨,每年为工商银行组织承办培训班 200 余期,培训各级各类人才 20000 余人次,为工商银行的教育培训和人才培养较好地发挥了主阵地和主渠道的作用。

* 中国工商银行长春金融研修学院;本文获 2014 年全国金融系统思想政治工作和企业文化建设调研成果二等奖。

图 35－1　长春金融研修学院办公楼

一、长院内退员工的历史及现实特殊性

长院内退员工数量不多，目前只有 24 人，收入水平与当地分行内退员工相比不低反高，但为什么没有当地分行内退员工稳定？除了全行内退员工所普遍存在的一些问题，学院内退员工有哪些特殊情况？只有把这些情况搞清楚，才能有针对性地做好工作，有的放矢、对症下药。

（一）内退员工相对数量大，曾经是正式员工数量的 1.5 倍

2000 年 2 月，根据国家高等院校改革精神和总行的决定，长院由学历教育向岗位培训转轨，人员编制由 153 人压缩到 49 人，需要“分流”104 人，占 68%。其中“内部退养”71 人，占全部分流人员的 68%，是学院正式员工数量的 1.5 倍。这种内退员工多、正式员工少的严重“倒挂”失衡，使得学院内退员工产生“人多势众”心理，从而更倾向于聚众联合，向学院施压。相反，正式员工在数量上的劣势，使得学院产生“寡不敌众”心理，往往采取简单的隔离躲避甚至阻止对抗的工作方法，比如对内退员工长期避而不见，学院不允许内退员工自由进入等等，从而不断积累内退员工的不满情绪，增加了做好工作的难度。

（二）大部分人内退时比较年轻，行政职务或专业技术职称高

在 71 名内退员工当中，男不满 50 岁、女不满 45 岁的 47 人，占 66%，其中年龄最小的两位女员工仅 36 岁。从行政职务看，其中处级干部 18 人，科级干部 34 人，工人身份的只有 19 人，占 26%。从专业技术职称看，其中 80% 具有中

级以上专业技术职称,拥有副教授、高级讲师等高级技术职称的21人,占30%。以管理干部和知识分子为主体的内退员工队伍,年纪不大,但离岗后难以找到合适的工作岗位,大多赋闲在家,因此心理落差更大、思想更活跃、诉求更多更高,也使学院的内退工作增加了难度。

(三)内退政策执行时采取的强制性一直不被接受

学院在2000年实行内退政策是为了执行国家高等院校改革精神、学院退出国民教育序列的要求,具有特殊的政策性。当时为了完成艰巨的分流任务,学院采取了按照工龄(男25年、女20年)进行“一刀切”的“分流”政策。虽然当时也可以选择到吉林分行营业部基层工作,但由于学院人大多不熟悉银行业务、难以适应银行工作要求等原因,为避免到银行后再次被分流,绝大多数员工不得已“选择”内退,这种“无奈的选择”使内退员工感到是“被迫”内退,对于内退是“自愿”的说法,他们一直不接受;学院在与内退员工沟通交流产生争执时,往往强调他们是“自愿”的,所以“后果自负”,很容易激化内退员工的内心“委屈”,使他们产生了向总行、向国家有关部门“讨个说法”的想法和行为。

(四)内退员工与在职员工收入差距相对较大、落差较大

内退员工与在职员工收入存在一定差距是必然的、普遍的、正常的,也是可以被内退员工所接受的。但由于特殊原因,学院内退员工与在职员工的收入差距过大。一是由于各分行内退员工主要来源于基层机构,他们的收入与其原机构员工目前的平均收入的差距基本处于“相对合理”的范围之内;但学院作为总行直属机构,近几年员工收入增长幅度相对较大,与内退员工的收入差距是比较明显的,应该说超出了“相对合理”的范围之内。二是分行基层机构工作压力相对繁重、工作环境一般,使得各分行内退员工的“感觉落差”不是很大;但学院的一些岗位,比如后勤管理岗位工作压力相对较小,很多内退员工认为他们完全有能力胜任;工作环境相对较好;内退员工的“感觉落差”是非常巨大的,因此产生的不满情绪和要求涨工资、要求回学院工作的诉求也是非常强烈的。

二、用过硬的作风做好内退员工工作

十几年来,学院党委和相关部门在加强内退员工服务与管理方面做了一些工作,保证了内退员工的基本稳定。但内退员工存在的问题仍然比较突出,比如部分员工多次到总行上访,时常威胁要赴北京上访,或者冲击学院正常工作教学秩序;个别员工成为几家机构上访员工的领头人、组织者,多次通过网络串

联内退员工进京上访；部分员工经常提出回学院工作、补偿内退以来工资“损失”、大幅度增加工资待遇等不合理诉求；个别员工多次强行占用学院公共用地、设施用做私用；等等。

为了切实做好内退员工工作，我多次与内退员工代表集体座谈或单独交流，倾听他们的心声，回应他们的诉求，推动学院采取了一系列有针对性的工作措施，努力做到对他们在“身份上认同、人格上尊重、感情上关心、生活上照顾、利益上倾斜”；同时，坚守政策底线，坚持管理上严格、“执法”上严肃；目前看收到了良好的效果，受到了内退员工的普遍欢迎，内退员工总体趋向稳定和谐（见图 35－2）。

图 35－2　内退员工座谈会

（一）领导“亲自做、带头做、主动做”，落实对内退员工身份上的认同、人格上的尊重

1. 落实对他们的权利规定，保证身份上的认同。总行《关于加强内退员工管理工作的意见》（工银发［2011］83 号）中明确规定：“内退员工是我行员工队伍的重要组成部分”。这清楚表明，必须在身份上认同内退员工是我行的正式员工，保证他们除工作权利以外的其他权利和待遇得到落实。比如，学院原来担心内退员工来学院“闹事”，不给他们办理出入学院的门禁卡，内退员工来学院办事经常受到门卫阻拦，多次发生争执，内退员工感觉身份上不被认同，意见很大。我了解情况后，当场责成相关部门为他们办理门禁卡，并承诺他们和正式员工一样进出自由，门卫不得阻拦。这一举措立即受到了内退员工的热烈鼓掌欢迎，他们说，“一张小小的门禁卡，体现的是对他们员工身份的认同，使他们感受到学院没有像以前那样像“防贼”一样对待他们”。事实上，拿到门禁卡以后，并没有内退员工来学院无理取闹，也没有直接闯进我办公室的情况发生。此外，全面落实内退人员阅

读文件、走访慰问、通报情况等制度,畅通内退人员意见表达渠道,提高对党内、院内事务的参与度,多方面改善他们的身份归属感。

2. 承认他们的历史贡献和牺牲,注重人格上的尊重。内退员工曾经为学院的建立、发展以及全行学历教育作出过突出的贡献,是他们通过“提前离岗”这种特殊方式,使学院得以顺利完成改制转轨,进而不断发展壮大到今天的现代化、综合性研修学院。对于他们的这种特殊的历史贡献和牺牲,他们是“为了学院的改革发展做出牺牲,而不是被学院淘汰”的说法,具有强烈知识分子情结和自尊心的学院内退员工非常看重,需要得到组织和学院领导、同事特别是学院领导对他们在人格上的尊重和认可。为此,我多次在与他们的座谈交流中,在党委会、院务会以及全院大会上,充分肯定他们历史上为学院所做出的贡献和牺牲,强调要在人格上尊重他们、政治上关心他们。为此,对于内退员工的事情,我尽可能“亲自做、带头做、主动做”,展示学院对他们在人格上的重视。同时,确保他们有效行使知情权、参与权。比如,通过建立与完善信息反馈制度,定期向内退人员通报各种信息;邀请内退员工代表参加全院工作会议和相关活动,让他们及时了解学院发展建设中的重要信息;及时通报和耐心解释总行有关内退人员服务管理的政策;我还把办公室电话和手机电话号码主动公布给他们,请他们有事直接和我反映联系,受到了他们的积极响应。

(二)用真心走进他们的内心世界,用耐心倾听他们的内心诉求,开展精神关怀,实施情感抚慰

(1)走进他们的内心世界,体现精神上的关怀。大多数内退员工属于典型的弱势群体,只有真心走进他们,才可能真正了解他们的真实心理。一位内退员工多次在网上串联内退员工到北京上访,还曾到陕西分行串联,在总行带头冲击总行大楼,被公安机关拘留半个月。我主动约他到我办公室谈心,试图搞清楚他带头上访的真实心理。经过将近一上午推心置腹的交流,我了解到由于大多数内退员工在离开工作岗位后没有找到合适的工作或实现理想的自主创业,长期被社会“边缘化”,感受不到组织关怀,因此很容易纠结于他们在特定时期遭遇到的特殊境遇,产生心理阴影,感到自己被社会、被单位抛弃,甚至被家人、朋友都瞧不起,内心十分苦闷。因此,很多内退员工希望通过上访来宣示他们的“存在感”和不满情绪;他个人希望通过组织内退员工上访、从大家对他“振臂一呼、应者云集”的追随中获得满足和自信。我诚恳地邀请他利用自己在内退员工中的影响力、号召力,做学院离退休内退自治管理委员会的负责人之一,做党委和内退员工的联系人,鼓励他和我们一起共同为学院内退员工服务,实

实在在为内退员工办“实事”，而不是带领大家去北京“遭罪”，重塑自己在学院的形象、重回正常“轨道”。他很受鼓舞，愉快地答应了，并在以后经常向我反映内退员工的诉求、动向，主动帮助我们做其他内退员工的工作，效果非常好。据他本人讲，今年9月11日几大行“协解”人员和内退员工集体到北京上访之前，陕西分行内退员工多次通过网络和电话联系他，让他组织学院相关人员上访，均被他拒绝。9月11日当天，部分陕西分行在京上访内退员工继续打电话让他去，被他成功劝离。近日，网络论坛里部分上访人员对他进行人身攻击，骂他是“叛徒”等，但他明确向我保证，坚决退出上访人员队伍，回归正常轨道。

(2)倾听他们的内心诉求，加强情感上的抚慰。对历史的纠结、现实的艰难和对未来的担忧，使他们的心理产生问题，希望得到组织和领导的倾听、抚慰，应该说是正常的、合理的。尽管有时他们的有些诉求近乎苛求，我们无能为力；尽管他们的态度有时有些偏激甚至蛮不讲理、恶语伤人；尽管他们的表达往往唠唠叨叨、翻来覆去不得要领；但“沟通的70%在于情绪，只有30%才在于内容”，只要用耐心去倾听，用真诚去解释，用真情去抚慰，大部分员工是能够理解的。比如，我主动向内退员工公布了我的办公室和手机电话号码，欢迎他们有事和我联系，不但没有人恶意骚扰我，个别员工反而打电话、发短信对我表示感谢慰问，说明他们是“领情”的。对内退员工要向我反映问题的见面要求，我每次都积极安排、耐心接待，对他们提出的问题和要求都开诚布公地表明我的态度，虽然大多数情况下并没有满足他们的“要求”，但也都能得到他们的理解。

(三)用同情心体会他们所面临的问题和压力，用实际行动回应或解决他们的诉求和困难

(1)体会他们的各种压力，倾注感情上的关心。现代社会中大多数人都有不小的压力，内退员工由于收入低、被边缘化等方方面面的原因，压力更大。因此，只有具备同情心，多和他们交流，才可能设身处地地体会他们的问题和压力，从而产生“移情”效果。到学院工作的半年时间里，我先后三次与内退员工代表集体座谈，多次与个别曾经赴京上访的内退员工单独交流，了解他们的生活状况、子女上学就业情况、身体健康状况等，和他们推心置腹唠家常，劝阻他们有事找院长、不要到总行，都得到了他们的积极响应。

(2)解决他们的实际困难，坚持生活上的照顾和倾斜。在合规合法的前提下，采取切实有效的措施办法去回应和解决他们的诉求和困难，让他们看到学院的诚意和行动。一位多次赴京上访的内退员工的孩子在学院后勤服务中心做临时工要辞职，我主动约他来办公室谈心，真心挽留他，令他们一家非常感

动,表示再也不到北京上访了。多名内退员工的子女没有理想的工作,希望能到学院后勤服务中心工作,我召开党委会研究决定今后后勤服务中心招聘新员工在同等条件下优先考虑内退员工子女,受到了内退员工的一致欢迎,但事实上学院后勤几次招聘新员工,主动通知他们以后,并没有人来报名。这说明,“倾述本身就是一种重要的诉求;所以倾听本身就是一种重要的回应”。此外,在特困员工救助、采暖费报销比例等方面都尽可能向内退员工倾斜,使他们感受到组织上的温暖和关怀。

(四)提升服务与严格管理并重,确保工作机制常态化

是不是强调对内退员工的理解、同情、关爱,就意味着一味迁就,满足他们的所有诉求,不敢对他们存在的违规违纪行为作出严肃处理?答案当然是否定的。

(1)坚守政策底线,坚持管理上严格。在“身份上认同、人格上尊重、感情上关心、生活上照顾、利益上倾斜”的前提下,对内退员工提出的诸如“承认内退政策违法、要求回学院工作”,“大幅度增加工资”,“提供正式员工工资明细、补偿工资损失”,“享受休假补贴、防暑降温补贴、工装费补贴等待遇”等不合理诉求,学院反复说明相关政策依据、文件规定和实际情况,做到“不松口、不妥协、不留余地”。有个内退员工多次在我面前对前任院领导进行人身攻击,我严肃警告他,可以反映问题,但不允许进行人身攻击。

(2)及时处理违规违纪,保证“执法”上严肃。一位内退员工撬开学院老干部活动室后院,要在空地上修建自家车库,学院得知后,立即派人到现场予以制止,对当事人予以劝戒,明确有关法律法规和学院的相关处罚规定。同时,为平复他十分激烈的对立情绪,通过内退员工党支部书记以及一位和他要好的内退员工,动之以情、晓之以理,最终做通了他的工作。对总行监测反馈的一位内退员工在网上串联进京上访的情况,立即与其本人取得联系,了解情况,诫勉谈话,加强对他的关注和管理。

三、几点工作体会

在内退员工服务管理工作实践中,我们的认识不断深化,积累了一些经验和做法,总结了几点体会。

(一)“主动即自由”,从被动转向主动是做好工作的关键所在

变被动为主动,很多对立情绪会主动化解,很多矛盾也会相应变得容易沟通和解决。因此,长院党委把内退工作放到建设美丽学院、幸福学院的高度去

认识,坚持把内退工作摆在党委、特别是一把手工作的重要位置,各级领导带头做、亲自做、主动做,让内退员工切实感受到党委和院领导对他们的重视、尊重和诚意,从而对学院党委和院领导从彼此对立、到互相信任、再到支持配合,很多工作就会迎刃而解、事半功倍。

(二)“心诚则灵”,用心服务,是做好内退工作的力量源泉

内退人员曾为学院改革发展作出了很大贡献,在特殊的历史时期,以特殊的方式为学院改革做出了一定的牺牲,学院现在所取得的成绩与他们所做出的牺牲是分不开的,他们大多数人目前确实处于比较困难的境地。把他们照顾好,我们责无旁贷;给他们更多的关心帮助,我们义不容辞。只有发自内心的带着感情做内退工作,才可能真正做他们的“知心人、贴心人、暖心人”;才能真正走进他们的内心,倾听他们的呼声,反映他们的愿望,关心他们的疾苦,设身处地帮助他们解决实际困难。

(三)“信任是基石”,取得信任,是做好内退工作的根本保证

“人们如果不信任你这个人,他们就不再相信你所传达的任何信息”。我们把“尽可能取得内退员工的理解、认同、信任”作为服务准则和目标,院领导和工作人员都做到多倾听、多解释、多交流,逐步取得内退员工的理解、认同和信任,原来不理解的政策就会理解,不认同的措施就会认同,不信任的说法就会信任,各个方面的工作也就好做了。

(四)“智者借力而行”,让内退员工帮我们做工作是有效方法

学院有部分内退员工政治素质好、党性原则好、个人修养好,对总行和学院的内退政策、内退工作比较认同和理解,同时他们作为内退员工的一员,对内退员工的具体情况更加了解,对内退员工的内心感受更容易体会,也更容易取得内退员工的信任和认同。特别是那些曾经上访但经过帮助教育后积极悔改的内退员工,在内退员工中有一定的影响力。充分调动他们的积极性,鼓励他们帮助我们共同做好内退员工的服务和管理工作,比如帮助我们去解释总行和学院的政策规定、工作举措,及时向我们提供内退员工的思想动态,等等,会起到事半功倍的效果。

金融思想政治工作和企业文化建设品牌案例、创新案例研究

江凌芳*

金融业经历了几千年的发展,到如今已经成为现代经济的核心,而随之发展的还有金融思想政治的内容和形式。如何在当前复杂的国际新形势和国内金融改革情形下清醒地认识金融思想政治工作的重要性,并将之与现代企业文化建设相结合,将思想政治工作融入企业文化建设中,保证金融思想政治工作的良性发展,是我们必须认识并努力贯彻实施的重要任务。本文将从金融思想政治工作的重要性、企业文化建设的构成方面阐述二者关系,并以国内商业银行为研究范围,从品牌和创新角度出发,分别选取中国银行及招商银行作为案例对象,得出品牌是企业文化建设的外在形象,创新是企业文化建设的内在源泉,二者对企业的发展至关重要的结论,并提出需要在思想政治工作和企业文化建设中加强品牌和创新能力,才能在全球金融危机发生时更具抗风险能力的建议。

一、金融思想政治工作的重要性

金融是现代经济的核心。金融业的不断发展壮大对优化资源配置、支持经济改革、促进经济平稳快速发展和维护社会稳定方面发挥了重要作用。一个国家的不断前进,不仅需要有安定的政治局势,还需要金融的稳定发展为其保驾护航,才能在日益激烈的国际竞争中不被淘汰。

中国加入 WTO 是中国金融开放的一个重要里程碑,从此中国金融业的改革和发展揭开了新的篇章;但在 2009 年,美国引发了全球经济危机,我国经济

---

* 中国银行三亚分行。本文获 2014 年全国金融系统思想政治工作和企业文化建设调研成果二等奖。

和金融业持续受其影响，金融业面临着新的发展机遇和严峻挑战。这一系列的金融环境都要求我们不能忽视时代的发展，要与时俱进，不断创新，打造特色品牌文化才能跟上时代的步伐。随着人民币存款利率市场化、人民币跨境交易、上海自贸区建立等一系列措施的开放，我国的金融业逐渐走向世界，同时也接纳了更多的外国金融机构。面对与日益增的激烈市场竞争及急需解决的自身建设问题，如何能保证金融业的健康发展至关重要，也对我国金融企业提出了巨大的挑战。这种形势下，加强思想政治工作是金融行业改革的内在要求，也是金融行业发展创新的客观需要。如何发挥思想政治工作的作用，更好地把思想政治工作融汇到金融工作中去，是金融企业必须重视的问题。

二、企业文化建设的构成

一般而言，企业的综合竞争力可分为硬实力和软实力两方面。硬实力指生产技术、机器设备、员工数量、经营效益等量化的资产，可通过财务指标反映出企业的偿债能力、营运能力、盈利能力及成长能力。软实力指企业的品牌影响、员工素质、管理水平、创新能力等不可量化资产，不能通过指标衡量，却无时不刻不影响企业的发展及成长。硬实力与软实力二者相辅相成、相互影响，必须协调好相互关系才能共同促进企业的健康发展。

在金融业中，思想政治工作和企业文化建设是有机结合的，它们都是企业的软实力，既有联系，又有区别；既可以相互促进，相得益彰，又不能相互取代。正确认识企业文化和思想政治工作的关系，对于加强企业精神文明建设，推动企业的改革与发展产生重要的作用。和谐、创新的企业文化为开创金融业思想政治工作新局面，更好地为消费者提供金融服务提供了条件，同时随着金融机构思想政治工作的改革与加强，也必将对金融机构的企业文化建设起到巨大的推动作用。

本文将从品牌及创新两方面阐述如何做好金融业中银行业的企业文化建设，细化金融思想政治工作，并选取了中国银行、招商银行作为案例研究对象，从客观公正的角度出发，本着科学评估的原则，分析如何在利用品牌及创新机制方面在企业文化建设中加强思想政治教育，以促进金融业健康良好地发展。

三、品牌案例研究

品牌是人们对一个企业及其产品、售后服务、文化价值的一种评价和认知，也是一种商品综合品质的体现和代表。当人们想到某一品牌时,总会将其与文化价值及市场价值联想在一起。企业在创造品牌时就在不断地创造企业文化;随着企业的做强做大,产品不断从低附加值转向高附加值升级,向产品开发优势、产品质量优势、文化创新优势的高层次转变,当品牌文化被市场认可接受后,品牌产生的市场价值会成倍增长。

一般来说,可从以下10个方面对品牌进行考核和量化,即品牌的长度、宽度、高度、深度、重量、质量、密度、亮度、有序度及自由度。

(1)品牌的长度:是指该品牌的历史、时间跨度和寿命等。像劳力士、杜邦等品牌已有200多年了,通用电气、可口可乐、同仁堂也已有百年,人们一听到这些企业就会产生很信任的感觉。

(2)品牌的高度:指品牌价值能垒。奥运是世界级品牌,“大红鹰”是一个企业品牌,两者高度不可比拟。但是“大红鹰”支持申奥万里行,就把大红鹰的品牌给拔高了,增加了大红鹰品牌的高度。

(3)品牌的宽度:指品牌核心区所能控制的市场范围。像大红鹰的品牌核心区主要在浙、沪、闽、粤;全聚德烤鸭由于主要集中在北京,品牌高度很高,但宽度有限。

(4)品牌的深度:指企业与消费者的关系。关系越深,深度越深,否则越浅。如新浪、搜狐、网易与消费者的深度是十分深刻的,因此,三个网站上其高层人士稍有变动就能引起许多消费者的注意。

(5)品牌的重量:品牌的智能含量越大表示品牌越重,像北京的同仁堂、张一元、吴裕泰,这些品牌尽管有的并不亮也不高,但是每一个都有相当大的能量积累,它们都是很有“重量”的。

(6)品牌的质量:品牌的质量不同于产品的质量,它是指品牌品质的高低,像可口可乐、福特汽车、北京王致和这些百年老字号,是几代人努力的结果,它们的核心能力、核心价值、抗风险能力、自修复能力相对要强大很多。

(7)品牌的密度:指品牌与消费互动的密度,这个“互动”包括传媒互动、使用互动、行销互动、公关互动等。

(8)品牌的亮度:指人们感觉中的品牌光泽度。大寨这个品牌在1964年特别是20世纪70年代初期是它最为发亮的时候,20世纪80年代、20世纪90年代就暗淡甚至生锈了。

(9)品牌有序度:品牌有序度是品牌自适应,自学习、自搜索、自调控、自繁殖、自修复功能的一个集中性指标,它反映了品牌的自我更新及适应环境的能力,是考核品牌的重要指标。

(10)品牌自由度:品牌自由度有两层意思:一是指该品牌在市场竞争中、在保持一定张力的同时,仍有相当大的回旋余地,仍能游刃有余,品牌竞争充满弹性。二是该品牌仍有许多商机,其中每一商机都有可能隐含潜力巨大的"新品牌"、"副品牌"、"子品牌"、"孙品牌"。

目前我国已经基本建立了证券、保险和银行等金融市场环境,实现了主体多元化发展,其中包括商业银行、社会保障基金、信托公司、保险公司和证券等机构。截至最新数据显示,全国共有 3 家政策性银行,425 家商业银行(包括 5 家大型国有商业银行、141 家股份制商业银行、214 家农村商业银行及 65 家外资银行),190 家农村合作银行,667 家村镇银行,1990 家农村信用联社,47 家资金互助社,69 家信托公司,134 家财务公司,18 家金融租赁公司等。其中银行业是大家最为耳熟能详的金融业,其规模最大,品牌效应也最强,因此,本部分将以四大国有银行中的中国银行为案例,从品牌的 10 个指标分析其品牌优劣势,从而为品牌的影响力和作用提供客观依据(见表 36 - 1)。

表 36 - 1　中国银行品牌维度分析

长度	1912 年成立,于 2012 年度过了百年华诞,是中国银行业中成立时间最长的银行
高度	于民国时期孙中山先生组织成立,在建国初期执行央行职能,央行成立后执行外汇管理局职能,是 2008 年北京奥运会唯一银行合作伙伴
宽度	截止 2012 年末,共有 11277 家境内外分支机构,在四大国有银行中数量是最少的,但境外分支机构数量是最多的,达到 613 家,遍布港澳台及全球 36 个国家和地区;国内东部经济发达地区、沿海地区网点布局较密,西部经济欠发达地区网点较少
深度	通过提供全方位的金融产品服务提高消费者的忠诚度,满足境内外个人及公司消费者的金融需求,并通过微信、微博等新兴网络渠道随时保持与消费者的互动
重量	2013 年将推进网络银行建设作为战略发展目标,传统金融与网络金融双轮驱动,电子银行基础不断扩大,成功投产中银开放平台,推出"微金融"、"中银易付"、"手机取款"、"签证通"等新兴产品和服务,提升消费者体验

续表

质量	2014 年 4 月,穆迪宣布将中行的财务实力评级/基础风险评估从“D/ba2”上调至“C -/baa2”,并维持“A1/P -1”的长短期信用评级和稳定的评级展望,调整后各项评级均为国内银行业最高评级,反映了穆迪对中行市场化经营机制和稳健经营业绩的认可,肯定了中行在风险管理水平、流动性状况、国际化和多元化方面的竞争优势
密度	借助北京奥运会唯一银行合作伙伴及百年中行的契机,中国银行在电视、网络、报纸等平台进行品牌宣传,并与唯品会、亚马逊网等进行合作,实现合作共赢;各一级分行还可通过当地广告牌、立交桥广告等进行主动宣传
亮度	据很多消费者反映,“中国银行”这个品牌给他们的感觉总是与央行有关,并经常与“中国人民银行”混淆,事实上二者具有完全不同的职能,因此在品牌的亮度方面需要加强引导消费者注意区分二者的区别,建立自身独具特色的品牌光泽
有序度	在日新月异的金融市场中,金融产品的差别越来越小,而服务将成为消费者选择的重点。虽然在国内银行业中,中国银行的服务不是最好的,但在四大国有银行中,中国银行的服务体系及对服务的考核机制是最严格的,在客户投诉并要求回复的情况下,需要在 24 小时内为客户解决问题并回复,坚决执行服务宗旨
自由度	一方面,中国银行“全球服务”的宣传口号不仅成功展示了该行在境外业务的优势,保持在市场竞争中与其他同业的最大区别,同时,该品牌除了涉足银行业外,还在保险、证券等其他金融领域有所建树,可见,“中国银行”一个品牌可带动其他金融机构的发展,而其他金融机构又为“中国银行”这个品牌提供源源不断的新鲜血液,保持市场竞争力

综上所述,通过从 10 个方面分析中国银行这个品牌,将品牌的抽象内容具体化,可将其内在价值展现在大众面前,从而树立起“追求卓越”的企业文化核心价值观,并建立起“诚信、绩效、责任、创新、和谐”五方面的良好企业文化核心内容。

在金融业思想政治工作中,要坚持以服务消费者为立足点和出发点,提高思想政治工作服务群众的针对性和实效性,形成以思想观念为引领、脚踏实地为作风,不断探索金融服务品牌建设,从而促进企业文化建设。只有员工思想政治工作健康发展、企业文化氛围良好,品牌才会最大发挥其市场价值,从而引导金融市场积极健康地发展。具体可从以下几个方面做起:

(1)提高对金融行业思想政治工作的认识,牢记品牌核心价值观,创造良好的企业形象。品牌是一张脸,好不好看全凭企业对待脸的保养及化妆。化妆依靠的是外在手段,通过美化及衬托即可实现;而保养则是长期工作,需要在企业内部环境中不断强化核心价值,才能焕发由内自外的美丽。在本案例中,中国银行以追求卓越为核心价值观,发挥在外汇业务领域的优势,成为北京奥运会唯一银行合作伙伴,并实现了奥运会期间零投诉率的服务,树立了良好的企业形象。这与其内部员工追求卓越服务、全心全意为消费者着想的品牌意识是分不开的。只有从思想意识上树立服务意识观念,才能在行动上切实为消费者考虑,从而打造品牌价值,维护企业形象。

(2)建立完善的金融思想政治工作制度,以网络及媒体为载体宣传金融品牌的内涵,为消费者传递正确的企业文化。长期以来对于金融机构的报道,人们关注负面报道都会比关注正面的多,如银行服务态度差、排队时间长、理财飞单,证券公司为筹集资金夸大收益,保险公司为卖保单杀熟等,反映了金融机构自身的缺陷,不仅有损品牌形象,也在一定程度上给消费者造成所有金融机构从业人员都无职业道德的误解。比如,很少有媒体报道银行柜台人员帮助消费者分辨欺诈汇款电话、阻止消费者向不法分子汇款的新闻,也很少有媒体报道银行、证券或保险为人们实际保障了资产的长期增值的消息。这不仅不利于金融机构的品牌形象,也容易使金融从业人员产生行业心理压力,不利于思想政治工作的开展。因此,在消费者日益对金融机构不满的同时,金融机构不仅需要改正自身缺点,同时也要积极宣传从业人员的职业道德,及时疏导消费者与金融业的误解,才能更好地建设品牌形象,向消费者传递金融业的正能量。

(3)金融企业加强思想政治工作要抓住工作重点,选准工作内容,在品牌建设中即要突出品牌重点和亮点,建设有特色的企业文化。以中国银行为例,从对品牌10个维度的定性分析中不难得出,中国银行的品牌特色是境外市场的领先者及百年老字号,这也同时反映在其宣传口号中:百年中行,全球服务。因此,当人们提起中国银行的时候,脑袋里就会想到这是一家全球都有分店的百年老店,而百年老店的形成是有很长的历史根源的——至少反映该企业的经营思想是稳健、诚信、责任、创新等等得到社会的认可;从而使人们一想到百年老店和境外消费的银行,也就会自然而然地想到中国银行,这种品牌和消费者的默契关系就产生在人们的意识中挥之不去了。因此,企业的思想政治工作必须要抓住重点,加强从业人员的品牌特色意识,保持企业文化的独特性,才能在日益激烈的市场竞争中长久不衰。

四、创新案例研究

当前,市场经济大潮涌动,金融改革不断深化,金融机构面临新的机遇和挑战,各种新的矛盾和问题逐步显现,思想政治工作必须坚持继承与创新并举,积极探索新途径、新方法,才能做得更加有声有色、富有成效。本部分将以招商银行为案例,阐述其如何推进思想政治工作,在与时俱进、抓住重点求实创新及具体措施方面的成就,并在激烈的市场环境中创新产品和服务,成为我国盈利能力较强的银行之一。

1. 与时俱进

有种观点认为:思想政治工作不直接创造价值,是次要的或可有可无的。这种认识是极端错误的,也否认了创新意识在企业价值创造过程中的重要地位。特别是在商业银行的改革和发展过程中,建立有效的激励和制约管理机制,化解矛盾,理顺情绪,调动职工的积极性和创造性,离不开思想政治工作。因此,在现代企业制度下,要保持商业银行的生机和活力,思想政治工作不但不能削弱或忽视,而且要与时俱进提升创新能力,不断加强和改进创新方法,以更好地适应新形势的要求。1987 年,招商银行作为中国第一家由企业创办的商业银行,成功地走在了改革开放的前沿,赶上时代前进的步伐,也为我国金融市场注入了新鲜的血液,也开创了金融企业创新的先河。

2. 抓住重点、求实创新

在改革开放不断深化、社会主义市场经济加速发展的今天,招商行思想政治工作紧跟时代发展的步伐,坚持以服务和产品为中心指导思想,重点抓住理念、品牌及文化的创新,努力在工作内容、工作方法、工作作风方面求实创新。

(1)指导思想:以服务和产品为中心。招商银行成立之初的经营理念即为"因您而变",不断创新产品与服务。其思想政治工作也以产品和服务为中心:在 20 世纪 90 年代成立之初,便以温馨的大堂布置、免费牛奶和咖啡,银行工作人员的笑脸相迎服务客户,是当时的服务创新;首推的"一卡通"、"一网通"为业内最先设立的产品,为消费者账户管理提供了大大的方便,也创造了业内的诸多标准,成为产品创新的典范。正是"因您而变"的经营理念和思想方向才产生为客户创造更多服务及产品的工作动力,在企业内部形成了勇于创新的精神文化。由此可知,思想政治工作只有渗透到业务工作的各个环节中去,才会取得成效和富有生命力;只有转变以往国企"高高在上"的观念,树立从消费者角度考虑,全心全意为消费者服务的思想政治观念才能不断促进金融业务的创新。

（2）工作重点：加强理念、品牌及文化的创新。

①以理念创新为指引。作为一家银行要想不断创新、不断发展，就要不断变革理念，甚至颠覆传统的理念。中国银行业是从传统计划经济模式过来的，四大国有银行的观念根深蒂固，而招行虽缺少市场经验，却能做到想问题都是基于速度、抢规模。如在当时许多业内人士认为信用卡没有市场的情况下，招行看到了信用卡市场的潜力，通过台湾的中国信托商业银行引进技术和后台系统，从而开发了信用卡市场。因此，想发展就要跳出旧圈子，通过正确的判断和敢于创新的勇气不断地提出一些新理念，而且把这些理念灌输到每个员工的心中，比如说“因您而变”，又比如说“1、3、5”理念等，以思维的创新引领技术发展，从而在整个企业内部形成不断开拓进取的精神文化。

②以品牌创新为手段。创新要形成品牌效应，而品牌是企业宝贵的财富。“我觉得创新必须矢志不渝，形成品牌效应。品牌魅力体现出大家的信任和满意。”前招行行长马蔚华说。很多情况下，相似的产品，客户选择的依据就是品牌的喜好。招行认识到，品牌建设不只是做广告，应从多个角度去建设，必须靠产品和服务为客户带来实实在在的价值，而且银行还要进行广泛有效的传播，让客户知道产品好在哪里。招行用各种手段来提升品牌的知名度和美誉度，八年前就在中央电视台打广告，开了金融企业在电视台上做广告的先例。品牌的作用非常明显。如一卡通是招行的一个有名的产品，多次被消费者评为最喜欢的银行卡。结果，后来别的银行再搞一卡通，往往被当成招行的一卡通，没办法只好更名。这就是品牌的魅力。

③以企业文化创新为内生动力。一谈到文化，许多管理者会感到这东西很虚。但在招行看来，文化的作用巨大。马蔚华说，治理结构和激励约束机制属于制度层面，但光有制度还不够，因为制度本身往往落后于实践，包括法律也往往落后于实践。制度是让员工必须这么做，而文化则是让员工自觉自愿地做。招行建立了员工意见反馈机制，建有专门的网站——招行文化网。员工既可以匿名、也可以实名发表各种意见。曾有一位基层员工在论坛里实名发表了一篇“招商银行向何处去?”的文章，列出了总行在管理方面可能存在的5个弊病。马蔚华看到后，马上召开了总行各个部门一把手的会议，一条条地对照检查和落实，同时对这位员工给予奖励。正是招行这种通过创新文化网来重视员工意见和建议，坚持以人为本的思想方针，才创造了良好的企业氛围，让员工敢为企业发展进言，也愿为企业作贡献。

通过对以上几个方面的创新,招商银行已成为中国第六大商业银行,跻身全球前100家大银行之列,并逐渐形成了自己的经营特色和优势。2009年以来,招商银行先后被波士顿咨询公司列为净资产收益率全球银行之首;荣膺英国《金融时报》"全球品牌100强"第81位、品牌价值增幅全球第一名,《福布斯》"全球最具声望大企业600强"第24位,以及《华尔街日报》(亚洲版)"中国最受尊敬企业前十名"的第1位;荣获《欧洲货币》、《亚洲银行家》等国内外权威媒体和机构授予的"中国最佳零售银行"、"中国最佳私人银行"、"中国最佳托管新星"等。由于秉承"因您而变"的经营理念,招商银行在金融业务、服务意识等领域不断与时俱进,从指导思想、工作重点、具体措施全方面坚持创新,坚持思想政治工作教育,并培育了开拓进取的企业文化氛围,不仅得到了国内外业界的一致好评和认可,也成为最有竞争力和发展潜力的银行之一。因此,思想政治工作决不是可有可无的事情,企业创新思维及创新能力也不能被忽视。只有在思想政治工作中融入创新思维和创新态度,才能创造全企业与时俱进的文化氛围,一个企业的未来和发展才有可能成为事实。

五、结论

通过本文对企业文化建设中品牌案例、创新案例的研究,突出了金融思想政治工作在企业文化中的重要性,也要求我们在企业文化建设中时刻牢记树立要以党的十六大倡导的"促进人的全面发展"为主题,从解放人的思想、转变人的观念入手,在开展思想政治工作中处理好虚与实、讲与做、精神与利益的关系,发挥思想政治工作的针对性、科学性和实效性,为金融机构的稳定有序发展提供良好的思想基础。品牌是企业文化建设的外在形象,创新是企业文化建设的内在源泉,二者对企业的发展至关重要。由于金融业具有牵一发而动全身、局部问题就可能引发蝴蝶效应造成全球危机的特点,我们更需要在思想政治工作和企业文化建设中加强品牌和创新能力,用品牌和创新为金融业打造一层保护伞,这样即使发生全球金融危机,也能有个软着陆,避免更大的损失。

善建者行，成其久远

——中国建设银行 60 年文化建设回顾

何小平　李锦望　张建辉　李杏*

中国建设银行（以下简称“建设银行”）自 1954 年 10 月 1 日成立以来，历经了政策性银行、专业银行、商业银行、股份制商业银行四个发展阶段。在 60 年发展历程中，建设银行“因建设而生，因建设而兴”，始终与祖国同呼吸共命运，与客户同发展共成长，积淀了深厚的文化底蕴和宝贵的精神财富。特别是股改上市以来，建设银行围绕国家“十一五”、“十二五”规划提出的目标任务，牢牢把握金融服务实体经济的本质要求，大力推进战略转型，加快发展方式转变；大力实施“综合性、多功能、集约化”的发展战略，提升综合化服务水平；大力培育和践行社会主义核心价值观，持续推进企业文化建设，“硬实力”和“软实力”同步提升，促进了企业与员工共同发展。

一、深厚的文化积淀

建设银行在 60 年改革发展的历程中，始终走在中国社会主义现代化建设的最前列，紧扣改革开放和市场经济的时代脉搏，在经营管理和改革发展中，不断继承、创新和发展优秀文化。

第一阶段（1954 年成立至 1984 年），建设银行作为国家政策性银行，主要承担服务国家大中型建设项目的使命。秉承“祖国哪里有建设，哪里就有建设银行”的理念，为国家“守计划、把口子”，随着项目走，与施工单位同吃、同住、同劳动，艰苦奋斗、无私奉献，忠实履行职责，形成了以“责任、团结、奉献”为内涵的

* 中国建设银行总行；本文获 2014 年全国金融系统思想政治工作和企业文化建设调研成果二等奖。

优秀文化。

第二阶段(1985~1994年),建设银行作为专业银行开始办理非政策性的业务,先后开办储蓄存款、流动资金贷款、固定资产贷款、国际业务等,并创立了中国投资公司、信托公司、租赁公司等非银行机构,朝着综合化经营迈进,初步形成了商业银行的基本经营管理架构,也形成了以“开拓、创新、包容”为主要内涵的文化。

第三阶段(1995~2004年),建设银行开始由专业银行向商业银行转变。在我国金融体制改革的关键阶段,建设银行正确把握商业银行改革发展方向,强化了市场竞争意识和改革创新精神。1996年,在金融系统率先导入企业识别系统(CIS),启用新的行名、行徽,确定了战略目标、核心价值观、经营理念、服务理念、社会理念及警言、座右铭、宣传口号等文化要素体系,制定了《企业理念管理手册》和《员工行为规范管理手册》。从此,建行文化实现了由自然形成向自觉设计、自我完善阶段的历史性转变,形成了以“规范、竞争、进取”为主要内涵的优秀文化。

第四阶段(2005年至今),这是建设银行实现股改上市走向现代商业银行的里程碑阶段。建设银行党委以高度的文化自觉,将企业文化建设纳入发展战略规划,在建立现代公司治理结构、推进转变经营机制的过程中,着力构建适应现代商业银行需要的企业价值理念体系。2007年领先同业出台了具有现代商业银行特征的企业文化要素体系和员工行为规范、职业操守等制度体系,明确了愿景、使命、核心价值观及其理念。“以市场为导向,以客户为中心”的经营理念、“诚实、公正、稳健、创造”的核心价值观和“为客户提供更好服务,为股东创造更大价值,为员工搭建广阔的发展平台,为社会承担全面的企业公民责任”的使命等,都充分体现了社会主义核心价值体系的内在要求和现代商业银行的本质内涵。通过着力培育全体员工的“共同价值观”,着力培育人本文化、服务文化、内控合规文化和创新文化,为建设银行改革发展提供了强大的精神动力和文化支撑。

二、主要做法与成效

(一)总行党委具有高度的文化自觉,始终把企业文化建设作为战略管理的重要内容

股改上市后,建设银行党委以高度的文化自觉,将企业文化建设作为企业“软实力”和核心竞争力纳入“十一五”、“十二五”全行发展战略规划,全面部

署，深入持续推进。

在组织领导上，建立健全党委负责、主要领导挂帅、各部门齐抓共管的企业文化建设工作机制。总行成立了由党委书记、董事长为组长的精神文明建设工作暨企业文化建设工作领导小组，公共关系与企业文化部作为领导小组的办事机构，统筹协调和整体推进全行企业文化建设。各一级分行成立公共关系与企业文化部，配备专职骨干人员；各一、二级分行均成立了企业文化建设工作领导小组，形成了一级抓一级，层层抓落实的企业文化工作格局。

在工作部署上，建设银行的每个“五年规划”，都明确提出全行企业文化建设的指导思想、基本目标、主要任务和措施要求；每年的全行工作会议、季度工作座谈会及重大任务的部署，总行领导都把思想政治工作、精神文明建设和企业文化建设等作为重要内容，与业务工作同部署、同落实、同检查，确保“硬指标”与“软实力”同步提升、协调发展。2011 年底以来，党委书记、董事长王洪章对贯彻落实党的十七届六中全会精神，加强企业文化建设，提升文化“软实力”提出要求，强调大力培育和践行社会主义核心价值观和建设银行“诚实、公正、稳健、创造”的核心价值观，要在全行推进先进典型的培育宣传引导工作，倡导一种新风，树立一种正气；通过丰富多彩的文化活动，激发职工敬业爱岗的热情。2012 年 6 月，在总行机关创先争优总结表彰大会上，王洪章董事长明确提出要努力建设“学习型、创新型、高效型、服务型、廉洁型、和谐型”总行机关，切实转变作风，为全行做出表率，更好地推动科学发展，进一步丰富了建行文化内涵。

在评价标准上，建设银行坚持以人为本，统筹兼顾。总行对各一级分行领导班子年度考核（KPI）体系，不仅要看业务指标，更要看客户满意度、员工满意度和企业可持续发展能力；培养、考察和使用干部，不仅要看业务素质，更要看思想作风、道德素养和文化自觉。全行企业文化建设工作形成了领导主抓、全员参与、全面推进的良好局面。

由于总行党委重视，“一把手”积极倡导、着力推动，建设银行企业文化建设工作许多方面走在了同业的前列：率先在总、分行成立企业文化部（2001 年），之后又率先整合公共关系和企业文化工作职能，设置公共关系与企业文化部，构建了新闻宣传、品牌管理、社会责任“三位一体”的公共关系工作格局及理论教育、文明创建、青年工作“三位一体”的党团建设工作格局；率先创建企业文化建设示范点，建立和完善企业文化建设工作评估标准体系，总结和推广文化管理的创新成果(2003 年至今);率先引进和推行“标杆管理”,培育和打造了“向党工作站”、“红梅理财中心”、“刘艳快线”等一系列金融系统乃至全国知名的文化品牌(2004 年至今);率先发布了《企业社会责任报告》(2006 年),自觉接受投资者、监管者及社会公众监督;率先推进“以客户为中心”的服务文化建设,开展“员工满意度”和“客户满意度”测评(2005 年至今);率先出台体现现代商业银行要求的建设银行价值理念体系(2007 年),并持续深入开展“内化于心,外化于行”的落地工作;率先构建了人本文化、服务文化、合规文化、信贷文化、创新文化、品牌文化“六位一体”的建行文化体系(2008 年至今);率先落实银监会等五部委《企业内部控制规范》要求,开展企业文化评估(2010 年至今),探索建立企业文化考评工作机制;率先编写《企业文化培训教材》(2011 年),并纳入全行员工培训教材体系等。

(二)坚持文化引领,在服务发展战略和融入中心工作中培育具有自身特色的企业文化体系

在建设银行每一次转型飞跃和创新发展中,企业文化始终定位服务战略,引领发展,为建设银行的一次次腾飞注入了强大的精神动力,建行文化在长期的传承创新发展中也形成了自身特色的文化体系和优势。

(1)文化建设起步较早,基础深厚。早在 1996 年,建设银行党委在金融系统率先导入企业识别系统(CIS),确定了发展目标、主理念、经营理念、作风、警言、座右铭及形象宣传用语等文化要素体系,印发了《中国建设银行企业理念管理手册》和《中国建设银行员工行为规范管理手册》,并在全行广泛开展了文化要素和员工行为规范的学习实践活动,为建设银行由国有专业银行向国有商业银行转轨奠定了坚实基础,建行文化从此迈进自觉设计、逐步深化和创新发展的新阶段。2004 ~ 2005 年,在股改上市的历史性变革时期,建设银行党委从战略发展与战略管理的需要出发,动员全行 30 多万员工积极参与构建适应现代商业银行要求的愿景、使命、核心价值观、经营理念等要素体系,重塑和提升建行文化。并将企业文化建设纳入《中国建设银行业务发展战略纲要》,按计划、分步骤推进实施,把富有现代商业银行特征的建行文化推进到一个崭新的发展阶段。

(2)价值理念体系完整,个性鲜明。企业文化是一个完整的企业管理理论体系,企业文化建设又是一项系统工程。2007 年 7 月,建设银行向行内外公布《建行文化要素体系》,开创了我国大型商业银行企业文化创新与发展的先声,

构建了愿景、使命、核心价值观、经营理念、服务理念、风险理念、人才理念、作风、警言、宣传口号等基本要素，形成了一个比较完整的企业文化要素体系，为制度文化和物质文化建设奠定了基础。在建设银行价值理念统领下，先后制定了《中国建设银行员工行为规范》、《中国建设银行员工职业操守》、《中国建设银行员工合规要求》、《中国建设银行视觉识别管理手册》以及各个岗位准则、操作规程和规章制度等一系列制度规范，形成了与价值理念相互匹配、相互支撑的制度体系，从而形成了精神文化、制度文化和物质文化有机统一、特色鲜明的完整的建行文化体系。

该体系充分体现了科学发展观的基本要求和现代商业银行的本质内涵。既放眼世界、立意高远，又脚踏实地、富有个性。建设银行价值理念体系是我国金融企业文化新的发展成就，体现了中国金融企业的文化自觉和文化自信。

(3)建行文化内容丰富，“六位一体”。股改上市后，建设银行积极探索建行文化内容构成，抓住银行本质，确定分支文化作为融入经营和业务发展的切入点，经过大量研讨和实践探索，在建设银行“十一五”和“十二五”规划纲要中确定了“人本文化、服务文化、内控合规文化、信贷文化、创新文化、品牌文化”“六位一体”的建行文化。

①人本文化建设。通过深入学习教育，提升各级领导对文化管理重要性的认识，增强价值认同和文化自觉，提升人本管理能力。加强员工价值观管理，教育引导员工自觉践行社会主义核心价值观和建设银行价值理念；实施员工“五关爱”举措，加强和改进思想政治工作，学习李红英事迹，培养典型群体，弘扬正气；关心员工全面发展，提升员工成长发展空间，增强员工的归属感和主动意识。

②服务文化建设。着力推进“六型”总行建设(学习型、创新型、高效型、服务型、廉洁型、和谐型)，以总行机关的表率作用带动全行，祛除官商作风，培育现代银行服务文化。强化“以客户为中心”的理念，树立全行一盘棋的大服务意识，提升集团综合服务水平。结合网点“三综合”建设，依托新的服务机制和服务流程创新，丰富服务文化内涵，增进客户的情感认同和忠诚度。

③合规文化建设。坚持稳健经营，践行全员全面风险管理理念和“内控促发展、合规创价值”的内控合规理念。针对新的风险变化趋势，倡导平衡风险收益，强化“三个不放过”、“零容忍”的制度要求，主动管控风险。完善各机构、条线、人员“一岗双责”的制度机制，树立尽职尽责的职业信念，不断丰富合规文化

内涵。

④信贷文化建设。倡导“诚实、责任、审慎、稳健”的信贷理念,建立与战略转型要求相匹配的信贷经营模式,建立与“三授信”和“三结合”要求相符合的信贷服务机制,建立与全员全面风险管理要求相符合的信贷风险体系。树立信贷综合经营意识和平衡风险收益的价值取向,优化授信审批流程,改进信贷全程管理,强化风险防控。打造专业专注、廉洁自律的信贷队伍。

⑤创新文化建设。从战略高度推动自主创新,培育创新理念和创新思维,完善创新的激励机制,给予创新合理的“试错”空间和容忍度,保护员工创新积极性。培育“鼓励、开放、宽容、审慎、进取”的创新文化,营造全员参与的创新氛围,以此推动全行的理念创新、管理创新、技术创新和服务创新。

⑥品牌文化建设。增强全员品牌形象意识,实施全球统一品牌战略,规范标准化机构网点形象。加强和改进对外宣传工作,加强投资者沟通和股票市值管理,强化建行“善建者行,成其久远”和“国内最佳、国际一流”的最具价值创造力的现代商业银行的企业形象,增进公众和投资者对建行品牌认知度和满意度,不断提升品牌价值,扩大品牌影响力。

(三)坚持品牌战略,把提升建设银行品牌价值作为企业文化建设的重要目标

建设银行认为,文化是品牌的内涵和生命,品牌是文化的载体和表现。在品牌创建过程中,文化起着催化剂作用,使品牌更具意蕴;在品牌传播过程中,文化的支撑则让客户牢记品牌,从而提高品牌知名度和美誉度。

(1)加强品牌形象建设与传播。建设银行注重弘扬建行精神,传播优秀文化。为表达建设银行与客户同发展,建立一个长远的合作共赢的伙伴关系,确立了新的主宣传用语“善建者行,成其久远”。“善建者行,成其久远”,不仅彰显了建行卓越的价值追求,传承了建行优秀的文化基因,也凝炼了建行独特的文化精髓。“善”是“善于”、“擅长”之义;“建”是“建设”、“建立”、“创造”之义。“善建”是“久远”的前提和基础,“久远”是“善建”的必然结果。“善建者行,成其久远”意指建设银行善创新、创造,并据此实现基业长青;同时,建设银行也是为善于创新、创造的客户服务的银行,帮助客户永续发展。具体解读为“善建者行”有三个价值追求维度:一是彰显了建行是敢于创新、善于创造价值的银行;二是彰显了建行的员工是勇于创新、追求卓越的员工;三是彰显了建行对股东、客户、员工、社会的责任感和使命感。“成其久远”则包含了五个层次的含义:一

是成就客户事业发展的久远；二是成就股东投资价值的久远；三是成就员工个人价值和事业发展的久远；四是成就社会发展进步的久远；五是成就建行自身发展和基业常青的久远。

此外，建设银行在全行持续开展商誉、品牌标识和产品品牌教育，引导员工以提升客户服务质量效率为根本，以产品创新和品牌建设、防范声誉风险、营造良好舆论氛围为手段，扎实推进新闻宣传、声誉风险管理、产品及品牌形象建设、履行企业社会责任等各项工作，努力使“国内最佳、国际一流的最具价值创造力的现代商业银行”的价值追求和“善建者行，成其久远”的品牌意识深入人心。

(2)积极履行企业社会责任。建设银行秉承“努力成为服务大众的银行、促进民生的银行、低碳环保的银行、可持续发展的银行”的社会责任理念，教育广大员工热爱祖国、心系人民、关心社会，使热爱公益、扶危济困、奉献社会成为全行员工的自觉行动；全行积极参加抗震救灾、服务奥运、服务世博等重大社会公益活动，创造出许多感人事迹和鲜活案例。截至2013年末，累计援建建行希望小学达41所；累计资助西藏地区的贫困学生570人次；累计资助少数民族地区贫困大学生1.7万名，发放奖(助)学金4700万元；累计资助贫困高中生8万名，发放资助款1.2亿元；累计资助贫困英模母亲11000人，发放资助款2827万元。2013年，建设银行实施了13个公益项目，其中“母亲健康快车——建设银行资助计划”，向中国妇女发展基金会捐款1500万元，捐助车辆101台。该项目与“中国贫困英模母亲”资助计划项目在民政部举办的第七届“中华慈善奖”评比中，被评为“最具影响力慈善项目奖”。

(3)以可持续发展提升品牌价值。建设银行自2005年上市以来，平均资产回报率和平均股东权益回报率连续9年居全球大银行前列，出色业绩和良好表现受到投资者及社会各界的充分肯定。2013年，在英国《银行家》杂志世界银行品牌500强品牌排名列第10位，全球银行1000强排名列第9位；在《财富》全球500强排名升至50位，中国企业社会责任100强排行榜列银行业第2位；在《福布斯》发布的“全球上市公司2000强”排名列第2位；中国企业联合会发布的中国企业500强排名第5位；美国《环球金融》“中国最佳银行奖”、《欧洲货币》杂志“中国最佳私人银行奖”、中国《金融时报》“年度商业银行奖”、《亚洲银行家》“中国最佳流动性管理银行”。被中国银行业协会评为2013年度最具社会责任金融机构。2013年在中国企业社会责任年会获评“中国企业社会责任评选年度最佳企业”。

(四)坚持典型示范,把培育和打造先进典型、文化品牌作为企业文化建设的重要方法

建设银行注重发挥先进典型的示范引领作用,坚持分类选树、多元宣传、学用结合,形成老典型和老品牌历久弥新、新典型和新品牌层出不穷的生动局面。这些典型和品牌是广大员工践行建行核心价值观的生动写照,也是文化传播的重要载体。

(1)培育和打造了独具建设银行特色的“文化品牌”。在组织开展好各级各类先进典型的评选表彰的基础上,建设银行突出银行特色,积极培育打造了包括服务团队、管理模式、服务模式、服务渠道等不同类型的文化品牌。多年来,先后培育打造了154个在当地或同业知名的文化品牌,包括:“向党工作站”(新疆分行)、“红梅理财中心”(山西分行)、“刘艳快线”(北京分行)、“红英绽放”(山西分行)、南大支行(湖南分行)、何晓工作法(山东分行)、天龙在线(浙江分行)、“百步亭社区银行”(湖北分行)、“文化领航”(湖北分行)、“一创带六进”(上海分行)、“小刘理财”(江西分行)、“金丹银燕”(福建分行)、“四海一家”(福建分行)、“科技金融”(北京分行)、“五心服务”(北京分行)、“花韵书香”(甘肃分行)、“阿珊私人银行”(广东分行)、“师徒制”(安徽分行)、“三优品质”(安徽分行)、“一汽银桥”(吉林分行)、“温馨家园”(深圳分行)、“笑梅工作法”(陕西分行)等。其中“向党工作站”的李向党、“红梅理财中心”的王红梅、“刘艳快线”的刘艳分别当选为党的十六大、十七大、十七大代表。

(2)创建企业文化建设示范单位。这是建设银行企业文化建设的又一重要载体和创新举措。2003年确定第一批10个二级分支行为“总行级企业文化示范点”,2012年,变更名称为“总行级企业文化建设示范单位”。截至2012年,先后完成了四期审核考评,新增50个,淘汰12个,目前共有48个示范单位。近年来,各“示范单位”积极探索创新,总结经验,提炼成果,示范推广,很好地发挥了企业文化建设的排头兵和试验田作用,在服务营销、产品创新、内控合规、人本管理、文化传播等各个方面创造了一系列具有示范推广价值的模式、方法、途径和手段。主要包括:北京东四支行“五心服务、四级党员责任区”模式、厦门分行“网点服务质量考核体系”、湖南郴州分行“南大支行精细化服务模式”、辽宁朝阳分行“零态文化管理模式”、江西南昌洪都支行“精细高效经营管理系统”、河南洛阳华山路支行“合规文化管理系统”。

(3)持续开展“员工故事”宣讲活动。从2011年至今,全行深入基层挖掘,推动典型引导,先后以“寻找在平凡中坚守的普通员工”、“讲员工身边故事”、“最具影响力员工故事评选”等为主题,深入开展员工讲故事活动,共组织故事会、报告会数百场,超过11万人参加,全行挖掘员工故事超过13000多篇,仅湖南分行就在报纸、电视、网络等媒体宣传了3760余篇员工故事,全行呈现出“故事大家讲、人物大家荐、感动大家评、体会大家谈、事迹大家学”的生动局面。2013年总行从分行上报的1000余篇员工故事中,挖掘了陕西汉中分行8年36万笔业务无差错的服务客户典型吴笑梅,吉林长春一汽支行每天处理各类票据500~600笔无差错、被誉为“具有德国式的国际标准”的客户经理朴玉今,安徽分行不畏病魔、顽强拼搏创造一流业绩的爱岗敬业典型刘丽,宁波分行为挽回客户资金损失而主动选择业务差错的柜员常波,河北分行坚持几十年照顾患病妻子的安喜来,天津宝坻支行66次义务献血5万毫升无私奉献的魏广碧等34个重点员工故事。尤其是发挖了“五个没有”的山西临汾分行员工李红英,是新时期建行员工爱岗敬业、奉献担当的表率。王洪章董事长指出:“虽无惊天伟业,看似事迹平平,但本人承载的分量和持之以恒的‘五个没有’工作业绩,难以不让人赞叹和感动。这是建设银行员工的优秀代表,是践行社会主义核心价值观的生动写照。”这些都是建行员工身边的故事、身边的典型,可见、可敬、可学。为扩大典型带动效应,建设银行还利用报纸、电视等行内外媒体广泛宣传,以普通建行人的爱岗敬业、服务客户、拼搏进取、奉献社会的感人事迹感动了社会和客户,展现了建设银行的良好形象。由于讲员工故事成效突出,建设银行还在中国政研会组织的全国思想政治工作研讨会上做了典型发言和经验介绍。

(五)坚持遵循规律,把制度机制和文化载体建设作为推进企业文化建设的有力保障

(1)建立健全企业文化建设管理制度。总行先后出台了中心组学习管理、思想政治工作和文明创建管理、企业文化示范单位管理、新闻宣传与声誉风险管理、产品和品牌形象建设管理、公益捐赠项目管理等制度办法和指导意见,形成科学的管理机制和工作标准。企业文化条线内各项工作相融共进、相互促进。思想政治工作和文明创建都把培育和践行社会主义核心价值观作为重要内容;在推进核心价值理念的学习实践上,又注意发掘和运用思想政治工作、文明创建的资源优势,既鼓励先进,又兼顾多数;既统一思想,又尊重差异;既解决思想问题,又解决实际问题。

(2)探索建立企业文化工作检查考评标准。建设银行以中国思想政治工作研究会组织开展的“企业文化建设示范单位”创建活动为契机,认真贯彻落实《企业文化建设评价指标体系纲要》和《国有及国有控股企业企业文化建设工作评价指标体系实施细则》,结合建设银行《全行企业文化示范单位考核标准及细则》,积极探索建立企业文化建设考评机制,努力使检查考核突出导向性,体现科学性,具有操作性,不断提升企业文化工作的科学化水平。

(3)建立健全企业文化建设工作评估机制。认真落实银监会等五部委关于企业内控管理要求,2011 年启动总行及分行的企业文化评估,根据建设银行“综合性、多功能、集约化”的发展战略,结合业务创新发展,建立企业文化评估指标体系和模型,通过对干部、员工、客户个别访谈,现场调研,网上问卷等形式,评估建行价值理念与发展战略、服务营销、制度机制、员工行为的匹配度、相关度和实效度,识别并校正文化引领与实践活动的偏差,为管理创新、服务创新、产品创新、文化创新提供有价值的参考。

(4)以主题活动为载体深化企业文化建设。从 2007 年开始,建设银行围绕培育和践行“诚实、公正、稳健、创造”的核心价值观,坚持价值引领、突出特色、促进发展,将文化建设融入中心工作,每年组织开展一个主题系列活动,积极促进核心价值理念转化。从 2007 年的“抓服务、讲合规、促发展”主题活动到 2013 年的“知行合一,实干兴行”主题活动,都突出科学发展的主题,坚持以核心价值理念为统领,围绕建设银行改革发展的重点和难点,深化改革创新,科学调整组织结构,优化资源配置,推进精细化管理,再造流程银行,坚决破除一切制约建设银行科学发展的思想观念和体制机制,使企业文化、制度机制与“国内最佳、国际一流的最具价值创造力的现代商业银行”的战略目标相匹配,真正使文化“软实力”成为解决问题、促进发展的“硬实力”。

(5)建立健全企业文化培训体系和文化传播网络。2011 年,领先同业组织编写了《中国建设银行企业文化培训教材》,制作现场讲座系列课件(5 个)和远程自学电子课件(10 个),纳入全行教育培训课程体系,培训了 100 名讲解员,30 多万员工参加网上“建行文化 100 题问答”活动。在总行信息网建立了“总行企业文化园地”、互联网上设立“企业文化”专栏、建立了“文化建行”微信公众平台,把企业文化建设的成果转化为文化产品,通过各类文化活动、报刊、网络、视频、手机等载体广泛传播建行文化,为促进建设银行科学发展提供精神动力、舆论支持和文化氛围。

三、充满希望的未来

进入“十二五”，建设银行以科学发展为主题，坚持以人为本，强化创新驱动，深化转型发展，面对新的形势和新的任务，进一步明确和完善了发展蓝图。

从发展战略层面，提出了“综合性、多功能、集约化”的发展战略，明确了建设“国内最佳、国际一流的现代化大银行”的战略目标。从经营管理层面，大力推进创新驱动和转型发展，提出加强客户营销战略，加快网点“三综合”建设和转型，加快电子银行等战略新兴业务发展、加强产品创新及IT信息技术建设要求。从文化管理层面，提出要进一步完善和发展建设银行特有的文化理念，大力培育创新文化，加强信贷文化和内控合规文化建设；提出了创建“学习型、创新型、高效型、服务型、廉洁型、和谐型”总行机关等要求。从服务战略转型的角度，建设银行的企业文化面临着在继承中创新、在创新中发展的内在要求。

展望未来，建设银行在推进创新发展和战略转型中，将进一步加强企业文化建设，把社会主义核心价值观作为建行文化之“魂”，把促进建设银行可持续发展作为企业文化建设的首要任务，把践行社会主义核心价值观和建行价值理念作为企业文化建设的核心，把建设银行、客户与员工的共同发展作为企业文化建设的出发点和落脚点，把有效解决实际问题作为企业文化建设工作的着力点，把提升建设银行“善建者行、成其久远”品牌形象和价值作为企业文化建设的重要目标，把工作机制和文化载体建设作为推进企业文化建设的有力保障，积极适应集团化管理、综合化经营、全球化发展、全球化服务、海内外联动中跨文化管理的需要，培育具有建设银行特色的优秀企业文化，将“建行梦”融入“中国梦”，为建设“国内最佳，国际一流的现代化大银行”提供强大的精神动力和文化支撑。

中国建设银行湖南省分行“社会主义核心价值观融入金融文化路径研究”

中国建设银行湖南省分行*

党的十八大报告指出:“倡导富强、民主、文明、和谐,倡导自由、平等、公正、法治,倡导爱国、敬业、诚信、友善,积极培育和践行社会主义核心价值观。”这是我党在准确把握社会主义初级阶段基本国情、继承传统文化基础上凝炼和概括出来的,也是第一次用通俗、精辟的语言从国家、社会和个人三个层面阐述了社会主义核心价值观的具体内涵。无论是大力加强社会主义核心价值体系建设的倡导,还是培育践行社会主义核心价值观的新要求的提出,都体现了党对社会主义认识新的理论自觉和文化自信。

本文将以认同理论、文化冲突理论、文化整合理论为基础,结合当代金融文化的特征以及企业并购过程中的文化整合研究成果,深入探讨核心价值观的内化机理,科学规划导入体系;准确把握金融文化与践行核心价值观的辩证互动关系,探索和寻求社会主义核心价值观融入金融文化的科学路径,为社会主义核心价值观进企业、进产业、进行业,进而为促进社会主义核心价值观宣贯工作的创新发展,提供清晰的思路、途径、切入点以及切实可行的方法体系。

一、理论基础

(一)文化认同

一般意义上,文化认同是指人们在社会实践活动中将某种价值观念作为自身的行为准则和目标追求,并能自觉地将某一价值观念内化为自己的价值取向并外化为自己的行为。

---

* 本文获2014年全国金融系统思想政治工作和企业文化建设调研成果二等奖。

作为一个动态的过程，文化认同一般可分为价值认知、价值共识、心理认同和认同实践四个阶段。其中，价值认知是前提，价值共识是基础，心理认同是关键，认同实践是核心。可以看出，将社会主义核心价值观融入金融文化建设，认同的主体是广大金融从业者，认同的内容是社会主义核心价值观，认同的目标在于将社会主义核心价值观与行业文化、企业文化有机融合，形成强大的国家和民族凝聚力。

（二）文化冲突

文化冲突，是指不同形态的文化或文化要素之间由于存在较大差异而导致相互对立、相互排斥的过程。处于冲突之中的文化，可能是文化的整体，也可能只是整个文化构架的一个部分或某些因素，而且文化整体之间的冲突是通过文化的各个部分或因素之间的冲突来实现的。

本文所讨论的文化冲突主要指金融行业中不同企业的文化要素与社会主义核心价值观之间的冲突。

（三）文化整合

企业文化整合就是指不同文化背景的金融企业在与社会主义核心价值观经历相互接触、交流、吸收、渗透、适应、认同后形成一种和谐、协调的文化体系，从而塑造成新的符合社会主义核心价值观要求的企业文化的过程。

企业往往对自己的文化习以为常，平时感觉不到企业文化的存在，只有在与另一种文化短兵相接时，特别是存在文化冲突的文化整合过程中，企业文化才凸显出来；社会主义核心价值观与金融文化的整合就是对社会主义核心价值观融入金融文化过程中的文化冲突进行管理，是金融文化从冲突到认同再到协调乃至重塑的过程。

二、当代金融文化的特征

（一）主导性与多元化的辩证统一

改革开放以来，随着社会结构、经营模式的复杂化以及全球化交往的深化，金融行业的价值观念日趋多元化，传统价值观、西方价值观、社会主义价值观错综并存，当代金融企业的企业文化也体现为多元化特征。自觉地接受社会主义核心价值观，与此同时，又保有自身企业文化的差异性，体现了不同金融企业间价值观差异性和社会主义核心价值观主导性的有机统一。

(二)崇高性与大众化的辩证统一

社会主义核心价值观宣贯的目的在于从抽象的崇高的理论形态转化为普通大众头脑中的价值观念。金融文化中的社会主义核心价值观宣贯目前仍处于从崇高性走向大众化的阶段,认知程度和认同度也亟待提升。其崇高性主要指反映市场经济基本规律和中国特色社会主义价值追求,在追逐利润实现企业自身成长的过程中,积极承担社会责任,实现企业、员工、社会的共同发展;其大众化则是指社会主义核心价值观完成从抽象的理论走向普遍化的价值观念的过程,大多数金融企业自觉接受和认同社会主义核心价值观。

(三)稳定性与时代化的辩证统一

当代金融文化的内在本质及竞争格局决定了其具有开放性的时代化特征。信息化、网络化、市场化、全球化是社会主义核心价值观培育的重要时代境遇,也是金融文化中社会主义核心价值观培育的客观环境。伴随全球化和市场经济的发展,金融行业不仅感受到利益格局的变化,也受到自由主义、功利主义、消费主义、拜金主义等思潮的影响,从而形成了复杂多样的企业文化。社会主义核心价值观融入金融文化不仅是要金融企业完全认同社会主义核心价值观的基本思想,而且要坚持以开放包容的态度形成以社会主义核心价值观为内核的价值氛围,在开放的态度中提升金融文化中社会主义核心价值观的科学性、稳定性与建设性。

三、社会主义核心价值观融入金融文化的路径选择

将社会主义核心价值观融入金融文化并不是强行将社会主义核心价值观与金融文化进行叠加,我们所要做的是在两者间寻找能够促进其相互融合的接洽点。通过融合点,不断地加强两种文化在核心层面上的兼容性及在非核心层面上的融合性。

(一)文化整合模式选择

(1)同化模式:指的是金融企业在进行文化整合过程中完全认同社会主义核心价值观,以社会主义核心价值观的"优势"文化改造自身的"劣势"文化。同化模式的前提是金融企业文化对社会主义核心价值观的完全认同(见图38-1)。

社会主义核心价值观 ⇨ 金融企业文化 ⇨ 社会主义核心价值观

图38-1 认同式文化整合模型

(2)融合模式:就是把金融企业文化与社会主义核心价值观通过一定方式的有效融合,从而促使达到一种新文化的形成。在这种模式下,文化的双方会出现某些要素上的相互渗透和共享,虽然在整合后的新企业文化中我们还是可以找到原有企业文化的一些痕迹。但是,这种新的文化与原有的文化相比,已经是两种截然不同的企业文化了(见图 38 -2)。

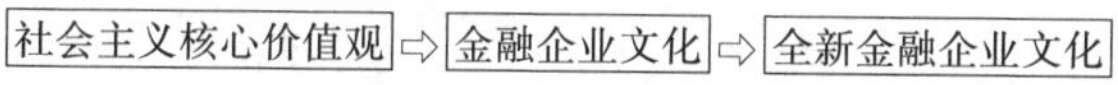

图 38 -2　融合式文化整合模型

(3)隔离模式:在金融企业希望保留其原有的文化因素,以保持其自身的企业个性和独立性时,通常在实施文化整合的过程中就会促使隔离模式的形成。在这种模式下,金融企业的员工们拒绝社会主义核心价值观对自己企业文化的同化,他们希望自己可以作为一个独立的文化实体在社会主义核心价值观的大环境下得以继续生存与发展。因此,在隔离模式下,金融企业与社会主义核心价值观在文化上的接触和交换较少,且文化冲突较多(见图 38 -3)。

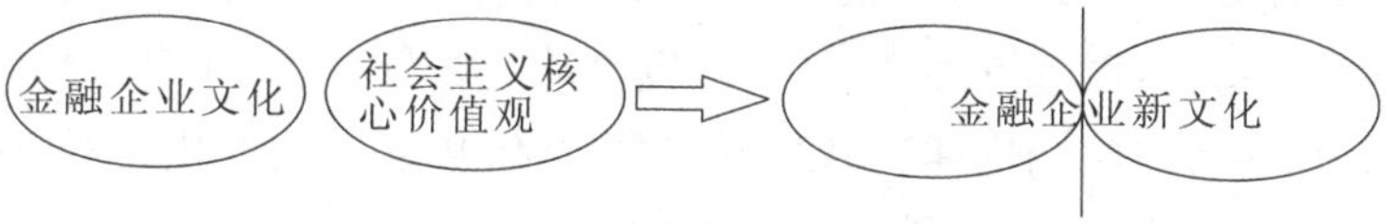

图 38 -3　隔离式文化整合模型

(4)破坏模式:就是社会主义核心价值观对金融企业文化产生了根本冲击,并对其原有个性造成了破坏,但金融企业仍然拒绝对社会主义核心价值观的接纳。在这种整合模式下,金融企业会同时出现大量的个性损失、孤立感和所谓的文化适应压力。

(二)冲突管理策略

关于冲突管理的基本策略,管理学者和专家提出了不同的模式,其中影响较大、应用最广的是美国行为科学家托马斯(K · W · Thomas)的二维模式。同样,这种模式也可用于文化冲突管理基本策略的分析。托马斯模式中的横坐标纬度"关心他人"表示冲突主体在追求自身利益过程中与对方的合作程度,也就是其试图使他人的关心点得到满足的程度;纵坐标纬度"关心自己"表示冲突主体在追求自己利益过程中的武断程度,也就是试图使自己的关心点得到满足或坚持己见的程度。托马斯以冲突主体的潜在行为意向为基础,通过这样的纵、横坐标轴,定义了如图所示的冲突行为的二维空间,并组合形成了通用的五种文化冲突管理基本策略(见图 38 -4)。

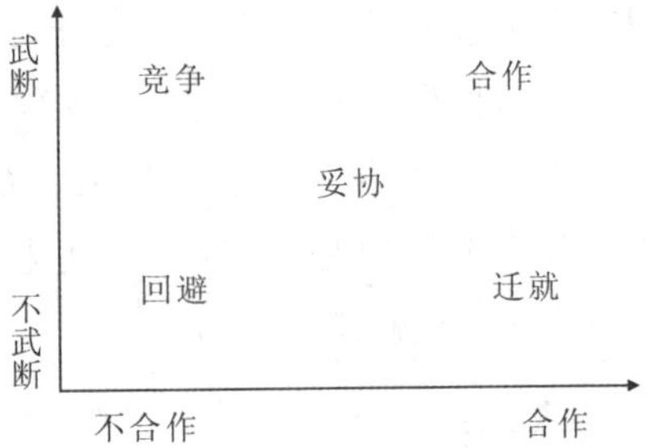

图38-4　美国行为科学家托马斯冲突模式

(1)竞争策略:又被称为强制策略,是一种"我赢你输"、武断不合作的冲突管理策略。运用这种策略时,冲突一方往往努力通过自身权力、地位、资源、信息等优势向对方施加压力,迫使对方退让、放弃或失败;或试图向对方证实自己的观点是正确的,对方是错误的;或努力超过对方并压制对方,以牺牲对方的代价达到自己的目标等。

(2)回避策略:是指既不合作又不武断,既不满足自身利益又不满足对方利益的冲突管理策略。奉行这一策略者无视双方之间的差异、分歧或矛盾对立,或保持中立姿态,试图远离冲突、将自己置身冲突之外,放任冲突自然发展或自生自灭,希望随着时间的推移,问题能得到自行解决和自然淡化;或回避冲突的紧张和挫折局面,以"退避三舍"、"难得糊涂"的方式处理冲突问题。

(3)合作策略:是指在高度合作精神和武断的情况下,尽可能地满足冲突主体各方利益的冲突管理策略模式,是一种富有建设性、双赢的冲突解决方式。这种策略要求双方开诚布公地进行讨论,积极倾听并理解双方差异;既考虑自己关心点满足的程度,又考虑使他人关心点得到满足的程度;尽可能地扩大合作利益,追求冲突解决的"双赢"局面。

(4)迁就策略:又被称为克制策略或迎合策略,指的是一种高度合作且武断程度较低(不坚持己见),当事者主要考虑对方的利益、要求,或屈从对方意愿,压制或牺牲自己的利益及意愿的冲突管理策略。

(5)妥协策略:指的是一种合作性和武断性均处于中间状态的策略,它既不追求自己利益的最大满足,也不全部满足对方的利益要求,而是冲突双方通过一系列的谈判、让步、讨价还价后寻找一种权宜的可被接受的解决方法,使双方获益在现有条件下达到最大。

(三)整合路径选择

(1)企业文化整合分析,识别金融企业文化对社会主义核心价值观的认同与冲突程度。模型中企业文化整合的前三个阶段,即认识自身企业文化对社会主义核心价值观的认同与冲突程度、确定冲突解决策略与整合模式的选择。在这个时期应当全面地考察金融企业的文化状况，分析其与社会主义核心价值观的差异及冲突的可能，充分地认识到促进和制约社会主义核心价值观融入企业文化的各种力量，科学地制定出文化整合的合适模式以及整合方案。

（2）社会主义核心价值观融入金融企业文化的实施与推进。在这一阶段，金融企业可以通过多种多样的途径来整合社会主义核心价值观，在实施过程中需要注意每个渠道对于文化整合的作用是不尽相同的，大概有以下途径：一是企业文化培训传播；二是企业文化考核；三是企业文化研讨会；四是主题活动；五是非正式组织传播；六是媒体传播；七是将企业文化用语录、标语、标记、口号、雕塑的形式表达出来，将有助于强化人们对新的企业文化的印象；八是管理者的意识、行为、作风、要求，换言之他们的个人示范作用和对下属的要求，也构成企业行为文化整合过程中的重要途径；九是企业考核、晋升制度等制度规章；十是企业工作环境的设计。

（3）社会主义核心价值观融入金融企业文化成果测评。最终的整合测评是企业文化整合的重要一环，直接指导着企业下个阶段的整合工作。测评应该围绕整合前制定的整合目标，抓住企业文化的五个要素，即价值观、行为规范、环境适应性、企业形象、文化网络来进行。同时，评价手段应多样化，可采用问卷调查、员工行为方式考查、业绩分析、企业员工评价等方式。如果测评结果未达到整合目标，则应该重新思考企业文化整合模式是否合适？企业整合计划是否需要调整？推进过程是否有失误？若达到了整合目标，则应该在对整合途径的重要性排序进行微调的基础上，重复推进与实施的过程，直到社会主义核心价值观成为员工的切实行动并不断巩固。详细路径请见图 38－5。

四、建行湖南省分行内化社会主义核心价值观案例分析

中国建设银行近年来以“诚实 公正 稳健 创造”的核心价值观统领着自身企业文化，成效显著。建行湖南省分行作为中国建设银行下辖一级分行在积极培育和践行建行企业文化的同时，有步骤、有计划、有方法地将社会主义核心价值观内化到自身企业文化建设当中，使得该行核心竞争力得以显著提升。

在经营业绩方面，全行连续八年存款、贷款、中间业务等主要业务指标保持了同业领先的地位。特别是该行各项贷款余额 2007 年突破 1000 亿元、2011 年突破 2000 亿元，2014 年突破 3000 亿元，被誉为“三湘金融领头羊”以及“湖南最具影响力金融机构”。

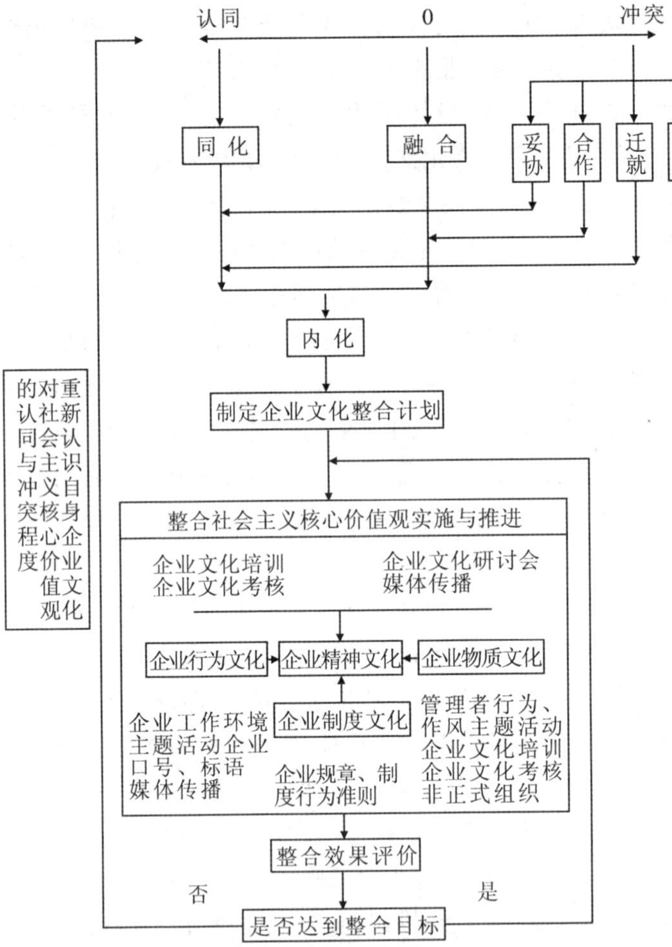

图 38－5　社会主义核心价值观融入金融企业文化的整合测评

在优质服务方面,分行先后有 30 多家网点被评为“中国银行业文明规范服务示范单位”,省行营业部被湖南省评为“文明示范服务标兵单位”,桐梓坡路支行被评为“全国银行业千佳网点”,逐步形成了清晰的“上级行为下级行服务、中后台为前台服务、前台为客户服务、全行为客户服务”的服务理念。

在精神文明建设方面,分行现有总行级文明单位 12 个,省级文明单位 16 个,地市级文明单位 62 个。省分行本部被评为“省级文明单位”,省分行团委成为湖南金融行业唯一获得“五四红旗团委”荣誉的金融单位团组织。其下辖的郴州分行成功打造出了“南大品牌”,并连年获得省市文明单位称号和“总行级企业文化建设示范单位”;长沙天心支行自成立以来,连续 20 年被湖南省委、省政府授予“文明单位”,2008 年更被中央文明委评为“全国精神文明建设工作先进单位”。

同时,湖南建行还先后获得湖南省“抗冰救灾”先进集体、“湖南慈善奖”、湖南省“红十字爱心单位”、“首届湖南省扶贫助学”先进单位等众多荣誉称号。

(一)将社会主义核心价值观内化到企业精神文化

(1)深入市场,打造以诚信为主要内涵的服务文化。践行“构和谐、谋发展、保平安”办行思路的建行湖南省分行,仅仅几年时间,就在三湘大地迅速崛起,成功的秘诀之一,就是其以诚信为核心的金牌服务。一方面,企业高度重视市场需求的调查,对顾客的本能需求进行分析,考察顾客的基本需要和最终诉求,并着眼于自身产品的内涵和外延,全面满足客户的现实与潜在需求;另一方面,该行以推进基层与基础管理为抓手,强化精细化管理,为客户做小事,通过从做计划“大事”到做市场“细事”的转变,以及领导干部带头做细节人,坚持以市场为导向,以客户为中心,以效益为目标,为客户创造良好的服务体验,不断提高客户的满意度与忠诚度,从而牢固地把握住市场与客户。

(2)以人为本,构建以公平为重要准则的和谐文化。以人为本,构建和谐文化,不仅是我国社会主义核心价值观的要求与体现,更有利于企业吸引和留住最优秀的人才,使企业人力资源的得到有效的利用与激活。建行湖南省分行尊重每位员工,坚持靠人而不是仅仅依靠产品与对手竞争。

尊重。尊重员工,为员工创造良好的工作环境,加强与员工的情感沟通,使员工始终保持愉快的心情、满腔的工作热情,给每个员工以实现自身价值和展示才能的舞台。

培育。建行湖南省分行设立了自身的培训中心,并建立专业的兼职培训队伍,通过完善的培训制度,把对员工培训作为企业的责任,把员工能力的成长视为企业最大的财富。

重用。以公平、公正、公开为原则,建行湖南省分行建立了科学、完善的选人用人机制,做到能者上、庸者下。通过在全行实行全面绩效管理与员工一起制定工作目标,并将绩效考核结果及时反馈给本人,帮助他们制定绩效改进计划,极大地提高了员工的工作积极性与企业依恋感,使其产生与企业难以分割的感情。

激励。该行通过建立科学的员工绩效评估机制,把员工对企业的贡献与待遇公平合理地联系起来,让员工既能看到自己的待遇,又能看到自己对企业的贡献,从而可以使员工保持积极的心态。激励包括经济激励、荣誉激励、深造激励和成就激励等。

(3)防范风险,构筑以稳健为主要特征合规文化。建行湖南省分行在构筑合规文化方面有着丰富的经验,包括推行合规监察员制度,寓合规监督于经营管理中;开展正反面典型宣传,寓合规教育于警示学习中;创新积分管理手段,寓违规整改于齐抓共管中。将积分落实工作和内外部检查发现问题整改情况与省行部门年度考核挂钩,同时对内外部检查监管机构发现严重违规、屡查屡犯、不予整改等问题实行“处罚性积分”,与各二级分支行“KPI”考核挂钩。

(4)相互融通,弘扬地域特色。湖湘文化源远流长,以“忠诚、担当、求是、图强”为核心的湖南精神,体现了湖南人共有的气质和追求。建行湖南省分行营业网点分布在全省14个市州,将社会主义核心价值观内化到企业文化中就做到了“三贴近”,即贴近湖南发展需要,贴近湖南文化基因需求,贴近湖南民众的实际需要。

《湖湘蓝韵》

《湖湘蓝韵》电子杂志是中国建设银行湖南省分行传播建行企业文化、展现员工精神风貌、宣传建行金融产品、提升建行品牌形象的载体,是大力宣传全行改革发展成果、交流工作经验的平台,也是增进员工之间、员工与管理者之间、机关与基层之间的思想情感和工作交流的桥梁,更是员工之间展示工作感受、生活点滴、自我价值、心路历程的阵地。该刊物自2014年1月6日创刊以来,至今共发行了27期,对推动全行精神文明建设起到了重要的作用。

(二)将社会主义核心价值观内化到企业物质文化

(1)强化内外部形象管理,营造良好氛围。一是塑造客户至上的金融形象和品牌。通过强化内外部形象管理,进行准确的市场定位和形象定位,强化对金融产品和服务的创新,并辅之以现代市场营销和公共关系手段,打造良好的国有商业银行品牌和形象。

二是加强企业文化宣传与管理。一是实施以政策、舆论、理论、价值、生活方式等全方位导向来提高员工的思想素质,并通过多角度、多侧面、多层次、多方法的全方位渗透来引导员工认同企业核心价值观。二是采用全方位激励方式,把企业核心价值观贯彻到员工的工作学习生活中,并灵活运用灌输引导与自我教育相结合、思想教育与行为规范约束相结合、情与理相结合、社会塑造与自我塑造相结合等方式,形成全方位融合态势,升华员工情操、提高员工素养。

2014年中国建设银行湖南省分行组织全行党委中心组学习活动15次,其中扩大到二级分支行的视频学习7次。学习人员多、范围广、纪律严,通过学习,有效提高了全行理论修养、统一了思想认识、转变了工作作风(见图38-6)。

图 38－6　中国建设银行湖南省分行视频学习

(2)构建内外部宣传平台,加强正面引导。企业是由怀着不同追求、有着不同的背景、不同的区域的员工所组成的,这就决定了员工的个人价值观有所不同。如果任由不同价值观发展与蔓延,或者无视这种差别的存在,那么企业就会陷入价值混乱。因而,建行湖南省分行通过构建内外部宣传平台对企业员工的思想进行教育与引导,使其能更好地接受社会主义核心价值观。

一是建立内部沟通交流的平台。通过建立企业网、企业邮箱、QQ 平台、微信平台以及开展调查问卷等多种方式,全方位构筑员工交流与信息反馈的平台,实现企业动态、员工思想以及管理信息的无障碍流动。

二是持之以恒的培训。建立内部的学校和培训中心对员工进行分阶段、层次的培训,反复灌输社会主义核心价值观。在培训过程中,通过专题讲座、宣传教育活动、反映社会主义核心价值观的生动案例、经常性文化载体等多种方式进行多渠道的学习与渲染,形成强有力的社会主义核心价值观氛围。

三是重视榜样的作用。"榜样的力量是无穷的",该行通过开展先进个人、杰出青年等评选活动,广泛宣传先进事迹,为广大员工提供可以效法的具体典型,带动员工的工作积极性,共同践行社会主义核心价值观(见图 38－7)。

图 38－7　中国建设银行湖南省分行对全行年度先进集体、先进工作者暨第三届十大杰出青年进行现场表彰

(3)物质保障,固化内化成效。物质保障是内化社会主义核心价值观中最直观的部分。通过系统化的设计,物质文化能够向内外部传达企业内化社会主义核心价值观的相关信息,帮助企业在社会上树立正面的企业形象。同时,为确保相关举措的落实到位,该行还建立广泛、畅通的信息收集与反馈渠道,实时掌握内化社会主义核心价值观的问题及现状,从而进行不断的调整。

(三)将社会主义核心价值观内化到企业行为文化

(1)领导垂范,坚持全员参与。成功地将社会主义核心价值观融入到金融企业的文化中,领导者的作用至关重要,因而企业领导者应从思想到行动上重视本企业社会主义核心价值观的培育与践行。

第一,领导者的软示范。领导者应是社会主义核心价值观的践行先锋,他们的言谈举止对全体员工起着潜移默化的作用。如果连领导者都不坚守社会主义核心价值观,员工就将缺乏信任感,企业所倡导的社会主义核心价值观就不能在员工中扎根。

建设银行湖南省分行员工故事会

3 770 多篇员工故事,860 多个鲜活人物,不仅在建行湖南省分行内部的员工故事会、员工演讲赛等活动中精彩呈现,而且通过外部的网络、报刊、电视等新闻媒体广为传播,使建行的员工故事会成为宣传建行的“形象大使”,促进了社会和客户对建行文化的了解,湖南省分行用一个个生动的典型故事打造了建行的企业文化品牌。

图 38-8　员工故事会

第二,领导者的硬措施。领导者应重视社会主义核心价值观的内化工作,在体现社会主义核心价值观的基础上制定严格的企业规章制度。在制订企业当前的业务计划与未来的战略规划时,要充分考虑与社会主义核心价值观的契合程度，通过领导者自身的管理思想与人格魅力引导员工践行社会主义核心价值观。

（2）团队建设，激发员工活力。企业通过团队建设来践行社会主义核心价值观，从而获得持续竞争优势，关键在于培养集体学习能力，创建学习型团队。现代企业管理研究表明，建立学习型团队是增强企业领导层管理和决策能力，提高员工科研和开发能力、处理信息能力、团队合作能力、竞争能力和沟通能力，扩展创造未来能量的先决条件。因此，企业应当建立起多元回馈和开放的学习系统，形成学习共享与互动的组织氛围，从而使企业不断创新发展。

（3）开展阶段性主题活动，强化宣贯效果。企业在采取一系列社会主义核心价值观宣贯手段后，应及时开展阶段性的总结、评比、表彰等主题活动强化宣贯效果。这是巩固与深化社会主义核心价值观的客观规律，同时也是检验与提升的有效平台。通过举办企业文化专题讲座、规范价值理念的认知宣讲、经营创新交流研讨以及"树标杆、学标杆、创佳绩"等活动，集中解决宣贯过程中暴露的矛盾与问题，并全面推广成功经验与成果。

"履岗尽职"大讨论活动

"履岗尽职"大讨论活动作为中国建设银行湖南省分行机关作风建设的一项重要工作，主要内容包括动员、学习讨论、撰写心得体会、举办先进典型宣讲会、落实整改措施、总结推广等，主要目的是通过大讨论活动，让省行本部员工明白什么是"履岗尽职"，如何解决履岗尽职不足的问题。大讨论活动为期两个月，由机关党委牵头，以支部（总支）为单位组织开展。

图 38－9 "履岗尽职"大讨论

(四)将社会主义核心价值观内化到企业制度文化

社会主义核心价值观能否最终落实到企业的行为中,而不是停留在纸上或贴在墙上成为口号与标语,关键在于企业的制度设计,在保障组织成员的行为符合社会主义核心价值观要求的同时,使企业文化建设有制度、有措施、可规范、可考核。

一是完善激励机制,确立公平的奖惩制度。对社会主义核心价值观的优秀遵守者进行表彰、奖励;对那些违反社会主义核心价值观的员工进行惩处。在不断的奖惩过程中,强化社会主义核心价值观。

二是注重以社会主义核心价值观为基础的选人、用人制度的建设。企业的选人、用人必须要以社会主义核心价值观为基础,选拔和重用那些认同社会主义核心价值观的人员。只有这样,才能保证被选拔任用的员工能在企业的经营实践中自觉维护社会主义核心价值观,也才能使社会主义核心价值观真正内化到企业文化中。

三是建立科学的考评体系。践行社会主义核心价值观是行为转变与固化的过程,这不仅需要很长的时间,而且需要给予不断的强化,并针对社会主义核心价值观内化至企业文化中的具体化和形象化进行考评。首先,应具有针对性,使被强化者能从中体会到更深更广的意义,例如,合理行为被肯定,也就是得到了社会的承认,被强化者就会有一种成就感,激励他行为的再生。其次,考虑反馈的获得,也就是强化预测,同时注意强化的时效性,要及时强化。最后强化手段的选择要因人而异。把精神激励与物质激励结合起来,充分考虑到被强化者的需求。

体面劳动:全球化视野与价值观视角

何成钢*

最近,中央专题研究了“规范国有企业收入分配秩序”问题。一段时间来,坊间盛传某些国有金融机构高管年薪近千万的消息,给人的印象似乎银行员工都是高薪的,体面劳动更不在话下。殊不知,同在银行工作,不同区域、不同职级、不同岗位的职员,薪酬差距则判若霄壤。“新华视点”记者调查发现,被视为最赚钱的垄断金融机构收入“鸿沟”巨大,“高管干一天,柜员干仨月”,有的月入过十万,有的靠数百元度日。一些银行柜员工作辛苦却收入微薄,但要整天与高端客户打交道,心理感受可想而知,也就更谈不上体面劳动了。在全球化背景下,中国金融企业并未独善其身,其从业者同样面临体面劳动问题。本文试图揭示当下金融从业者面临的体面劳动问题的成因,论证解决体面劳动问题的国际共识和中国价值,探求实现体面劳动的当下路径,从而为中国企业乃至外部世界实现体面劳动提供有价值的借鉴。

一、体面劳动提出的国内外背景

20 世纪 80 年代,正当中国改革开放、全力以赴谋发展之时,世界开始渐渐进入全球化时代。体面劳动既是应对经济全球化社会层面问题的产物,更是以发展中国家和发达国家都能接受的方式提出的。

进入新世纪前后,中国社会正处在一个“千年未有之变局”之中,具体表现为从计划经济向市场经济的转化,从农业文明、半工业文明向工业文明、信息文明转化,从封闭社会向开放社会的转化,从一元社会向多元社会的转化,从低度分层和凝固的社会结构向高度分层和流动的社会结构的转化,从等级身份社会

* 交通银行上海市分行;本文获 2014 年全国金融系统思想政治工作和企业文化建设调研成果二等奖。

向平等契约社会的转化,从政府集权社会向公民权利社会的转化,从权治社会向法制社会的转化。要言之,就是中国正在完成从传统社会向现代社会根本转型。在这个激烈的社会转型过程中,中国劳动者和工会面临着前所未有的挑战和机遇:一是市场经济对劳动者和工会的挑战和机遇,包括产权关系的变化和劳动关系的变化所带来的挑战机遇;二是工业化和信息化对劳动者和工会的双重挑战和机遇;三是社会结构的分化和演变对劳动者和工会的挑战和机遇;四是经济全球化对劳动者和工会的挑战和机遇;五是建设社会主义法治国家对劳动者和工会的挑战和机遇。

与此同时,全球发生了福利国家转型、经济全球化加快、信息化革命到来以及老龄化等一系列经济社会变迁。全球经济一体化加速,资本和劳动力的跨国流动加速,使人类社会进入一个不同以往的风险社会,"充分就业"的时代结束了。在绝大多数的国家,越来越多的人担心失去工作,就业保障与就业质量高度相关的话题日渐成为公众关心和研究者关注的话题。

1999 年 6 月,胡安·索马维亚就任国际劳工组织主席,他在第 87 届国际劳工大会上首次提出"体面劳动"的概念,明确指出所谓"体面劳动"意味着生产性的劳动,包括劳动者的权利得到保护,有足够的收入、充分的社会保护和足够的工作岗位。为了保证"体面劳动"这一战略目标的实现,必须从整体上达到"促进工作中的基本原则和权利"、"就业"、"社会保护"、"社会对话"四个目标。中国党和国家领导人胡锦涛、习近平也先后就实现体面劳动作出重要承诺并提出工作要求。在上述背景下,让劳动者"体面劳动"并获得"体面收入",已成为人们实现"体面生活"的前提条件和内在要求,也是中国实现科学发展、构建和谐社会、实现中国梦的关键。

二、体面劳动背后的价值诉求

价值,又被叫做效用、意义或财富,是社会科学和人文科学中被广泛使用的概念。研究体面劳动问题,迎头就碰上价值问题。体面劳动对于劳动者的生存和发展具有什么作用和意义?体面劳动为我们的生活提供了什么有价值的东西?国内外不同意识形态及专家学者围绕体面劳动议题的主要见解如何?一句话,劳动价值论是一个绕不过去的问题。

(一)体面劳动是核心价值的应有之义

2013 年 4 月 28 日,习近平在与全国劳动模范代表座谈时指出:"要坚持社会公平正义,努力让劳动者实现体面劳动、全面发展。”

体面劳动不仅仅是一个经济范畴的议题,它同时还是一个政治、社会、文化等领域的重要议题,关乎社会公平正义,关乎人的全面发展。三个倡导,特别是第二个层次对“自由、平等、公正、法治”的倡导,从字面上看对接了西方的所谓“普世价值”。社会主义核心价值观具有崇高性、理想性和先进性,是对人类社会以往任何类型社会核心价值观的超越。在这种超越里,既包括反对,也包括汲取,用哲学的话讲,就是扬弃。采取这样一种开放性的表述方式,体现了马克思主义与时俱进的时代特色,有利于推动社会主义核心价值体系建设,又为实践的发展留有充分余地。

资本主义社会很难实现它允诺的平等的民主权利。在这里,财产权是关键,西方法律上的人人平等,由于现实中的财产权的不平等就变成了空话,财产权是一切权利的基础。正是在这一点上,社会主义与资本主义区别开来。在社会主义社会,平等不再仅仅是法权的抽象平等,而是人与人之间经济、政治、社会、文化等诸多方面的全面的平等。社会主义的民主也不再是资产阶级政党之间的轮流坐庄,而是规定着人人平等、共同富裕,反映社会主义本质的核心价值观。

让广大劳动者实现体面劳动,是以人为本的要求,是时代精神的体现,也是尊重和保障人权的重要内容。维护劳动者权益是工会的神圣职责。工会要积极为广大劳动者说话办事,特别是要致力于改善广大劳动者的劳动条件、劳动收入、劳动保障、生活质量,让广大劳动者更多分享经济社会发展成果。如果撇开了从空想社会主义到科学社会主义再到现实社会主义的整个历史进程,撇开了其中一以贯之的价值诉求和历史经验,而是仅仅以现在的一时感想和愿望为根据,那么,这样表述出来的价值观,必然脱离社会主义的“实然”面貌,讲出来的东西多半与社会主义无关。

社会主义核心价值观必须体现社会主义的本质规定。也就是说,它必须以马克思主义科学理论为理论基础。马克思主义的指导思想规定了社会主义核心价值观的世界观、方法论基础应当不丢弃老祖宗。中国特色社会主义既超越了传统的苏联社会主义模式,又不同于民主社会主义和西方的一套,在坚持了科学社会主义基本原则的同时又赋予了其鲜明的中国特色。实现体面劳动,必须以社会主义核心价值观为指导,创造性结合当下深化改革和转型发展的火热实践,走出一条自己的路来。

(二)体面劳动是劳动解放的本质要求

人的全面发展包括作为社会整体人的全面发展和作为个体人的全面发展,也包括现代人的全面发展和将来人的全面发展。就金融职工个体而言,实现体面劳动,要求人的全面发展,就是要满足人生存的需要、发展的需要和享受的需要。现在前两者强调的较多,而后者则往往被忽视。

习近平指出,劳动是财富的源泉,也是幸福的源泉。"享受的需要"之于人的体面劳动为什么重要?马克思认为,人的真正的解放是劳动的解放,也就是使劳动真正地成为目的,而不是手段。马克思关于劳动对人生的意义、特别对人生享受之意义的阐述,贯穿于他的全部一生的理论研究和斗争实践之中。资本主义社会所造成的人的功能与动物的功能颠倒,使人们在观念上形成了"只是在消费领域而不是在生产领域寻求满足"的误解,人的异化在当今社会愈演愈烈。因此,企业普遍把工作当成手段,不重视快乐工作,加班加点毫无节制,人际关系空前紧张,下岗失业大有人在。作为报复,人们便疯狂地追求消费以宣泄对劳动的不满。当代生态学马克思主义理论提出了"人的满足最终在于生产活动而不在于消费活动"的著名命题,对实现金融从业者的体面劳动,构建以人为本的金融文化,可谓深重肯綮。

人不是机器,没有保质期和零故障率一说,情绪、感知都在变化。实现体面劳动,就必须正视人性化的管理。美国席尔士公司的一项研究表明:压力管理的绩效高峰不在顶点,压力过度将导致疲劳、耗竭乃至崩溃,便无幸福而言。反之压力适度可增加劳动者体面感,将改善员工满意度。员工满意度提高5%,会连带提升1.3%的顾客满意度,同时也因此提高0.5%的企业绩效。这就要求我们倡导快乐工作,保障体面劳动,加强员工对待压力的心理情绪疏导,大力健全和完善员工利益的各项机制,建立起"规范有序、公正合理、互利共赢、和谐稳定"的新型劳动关系,以劳动关系的和谐促进金融稳定,通过体面劳动达到体面生活。中国企业的好多高管也讲以人为本,实际上是以利润为本、以骨干为本,问题还是出在了把劳动者当工具而不是目的,从而曲解了以人为本的本意,背离了体面劳动要求。我们是要同时提升人的价值,通过解放人实现体面劳动,这是社会主义中国研究体面劳动的一个很大的特点。

(三)体面劳动是经济民主的必然结果

中国特色社会主义共同理想规定了社会主义核心价值观的主体应当从活生生的实践出发。体面劳动不仅体现在经济方面,而且还体现在政治、社会、文化等领域。社会主义民主建设是实现体面劳动的客观要求。经济民主就是要超越政治民主,在广度与深度上将民主进一步延伸。之所以要争取经济民主是因为,权力不仅存在于政治制度中,也存在于经济制度中。只要求制约政治权力,不要求制约经济权力是毫无道理的。那些借口保护私有产权而反对将民主延伸至经济领域的人,不可能是真正的民主派。罗伯特·达尔指出,凡是其决策影响人们切身利益的团体都应该服从民主决策的原则。大多数人在大多数时间里的生活与这些组织息息相关,这些组织的决策凭什么不民主化呢?没有经济上的民主,不可能有真正的民主,也就不可能实现劳动者真正的体面生活。

更重要的是,实现民主要求所有人都具备大致同等的能力,这就要求每个人占有的资源不能太悬殊,虽然不可能完全平均,但是也应该缩小差距,做到大致平等。总之,经济民主超越了政治领域的民主,是真正的民主。普通劳动者参与公司管理不仅是民主政治建设的需要,更是中国特色社会主义及实现体面劳动的题中应有之义。资本的逻辑决定其不可能兑现经济民主,而经济民主恰恰是国有控股企业的根本要求,也是社会主义民主的本质特征。

(四)体面劳动是群众观点的根本要求

一切为了群众,一切依靠群众,从群众中来,到群众中去,是中央对群众路线的定型表述,也是一种决策模式。群众路线模式的首要条件是决策者具有群众观点,通过深入群众培植群众观点,拉近与群众的距离,使群众感受到自己的人格是被人尊重的,工作是体面的。

在毛泽东看来,"人民,只有人民,才是创造世界历史的动力"。基于这个判断,他告诫各级领导干部,"群众是真正的英雄,而我们自己则往往是幼稚可笑的,不了解这一点,就不能得到最起码的知识"。毛泽东要求领导干部经常下基层,并在下基层时实行"三同",即与人民群众同吃、同住、同劳动。20 世纪 70 年代前还形成制度,定期将领导机构的干部下放到农村、车间、连队,直接参加体力劳动,与人民群众同甘苦、共患难,就是要求领导牢固树立起一切从人民的利益出发的群众观点,从精神层面尊重群众,使其得到体面工作。

友善是中国优秀的传统文化,是社会主义核心价值观的重要一项,也是全面实现体面劳动的重要价值观。以中国近代银行家为例,中国银行上海分行总经理张公权,每逢周末在中行别业(旧中国银行的员工宿舍)附近的中国银行俱乐部轮流请中下级职员聚餐,借以熟悉员工、亲近员工、凝聚员工。上海银行总经理陈光甫有每星期四组织一次同仁聚会的习惯。他说聚会目的在于:"一方面应以求相互认识,一方面亦以鄙人责任太重,欲藉此聚餐以引起同仁之同情心,冀收通力合作之功,分担责任”。时任上海银行总经理陈光甫一直提倡“行即是我,我即是行”,允许职工购买银行股票,并为员工提供银行界的最佳福利待遇。员工有集体宿舍、来回班车、免费午餐,即便是初入银行的小职员,待遇也在30~40元,足够养活一家五六口人。陈光甫深信:“有人才,虽衰必盛;无人才,虽盛必衰”。中国民族资本家友善员工、亲近员工的一系列举措,有效拉近了劳资距离,以至于体面的银行工作被社会广泛称誉为“金饭碗”。

习近平在党的群众路线教育实践活动中指出:“人民群众是我们力量的源泉。我们深深知道,每个人的力量是有限的,我们一定要始终与人民心心相印、与人民同甘共苦、与人民团结奋斗,夙夜在公,勤勉工作,努力向历史、向人民交出一份合格的答卷。”党的群众路线和群众观点,是一份不应淡忘的丰厚遗产,为实现劳动者体面劳动提供了独特的精神资源。

三、实现体面劳动的中国道路

让劳动者实现体面劳动,不仅意味着合理的薪酬、完善的保障、精神的尊重和心理的关怀,还体现在能够平等地与企业沟通,对企业的经营状况有知情权,对企业大事有参与权,对自身利益有话语权。所有这些,需要有一揽子政策体系才便于问题的解决。

(一)通过优化治理结构实现体面劳动

有怎么样的“公司目标”,就会采用怎么样的公司治理结构,而公司治理结构则关乎劳动者体面劳动。公司目标是一个“非常多样的、包容的、广泛而无限度的”概念。问题在于“我们对于公司法定目标缺乏清晰的界定”。目前国内外关于公司治理的著作不少,但几乎都没有脱离对股东利益至上和利益相关者这两个理论模式的演绎。

如果从股东利益至上理论的角度出发,公司管理者应该以股东为核心,将股东利益置于其他团体利益之上,努力实现股东利益的最大化。如果从利益相关者理论出发,公司管理者则需要考虑所有者利益的拓展,而应该平衡多方利益相关者之间的利益。这两种理论都存在缺乏执行力的情况,各有其固有缺点。进入新世纪以来,特别是从美国金融危机带来的恶果看,前者的弊端尤重。

凯伊教授在新近出版的《公司目标》一书中,指出了上述两种理论的发展瓶颈,然后推陈出新,提出实体最大化及永续模式(EMS)。EMS立足于公司的长远发展，因而通常显得更加公平，尽管某些投资者利益在短期内不能得到满足。该模式的目的在于使公司满足其自身需求，并且尽可能成长壮大。EMS 能够带来的现实意义显著，因为实现长远目标意味着管理层要避免采取某些急功近利的措施，如压缩劳动力成本、削减关于健康及安全事务的开支。这种模式允许管理者在研究调查及发展上多做投资、对劳动者进行培训，吸纳劳动者参与公司管理，保持长久的发展。德国式的共同决策制和日本式的终身雇员制与其有异曲同工之处。在德国，雇员数量超过 2 000 名的公司必须成立一个双层董事会，在高层管理机构或监事会中，也必须要有一半的席位由工人代表担任。代表广大车间工人利益的工会组织，也是德国公司治理的一个强制性要求。在日本，大多数企业对一些雇员实行终身雇佣制，并让一些高级雇员进入公司董事会中。这也有助于在公司董事会的核心决策中把雇员的利益也考虑进去。

在中国，"两参一改三结合"借助于先进的生产经营方式、科学的管理方法又一次在宝钢、海尔等企业焕发出新的活力，紧跟乃至超越发达国家的生产管理水平，基本实现了科学民主管理。像海尔在管理方式、组织结构上进行了"市场链"、"业务流程再造"的创新，运用信息化工具在企业内部建立"模拟市场"，每个人、每个部门、每个单位之间互为市场，让企业内的每个人都直接面对市场，促使每个员工都成为战略经营单位（SBU），每个员工把自己的业务当作独立运作、自负盈亏的微型企业，以一个"微型公司"经营者的意识和方式进行日常工作，就如张瑞敏所提倡的"海尔人人成为老板，海尔人人成为经理"，从而建立起扁平化的矩阵式组织。海尔的成功在于发挥每个员工的最大潜力，为实现体面劳动、自我管理、一专多能作出了良好的开端，为经济民主在微观领域的具体实现指明了方向。

（二）通过混合所有制改革实现体面劳动

在收入差距过大的公司，是不可能真正实现劳动者体面劳动的。要做到资源占用的大致平等，就需要在生产资料所有制上做文章。党的十七大报告首次提出："创造条件让更多群众拥有资产性收入。"我国建立的是社会主义市场经济，即全体人民都能够分享所有权的市场经济，而西方国家所建立的是基本上少数人独占所有权的、资本主义性质的市场经济。

"劳者有其股"要对现行《公司法》进行以人为本、更符合社会主义性质的修改和完善。新的《公司法》要根据宪法按劳分配的精神、遵循马克思主义劳动价值理论、按照经济民主原则、总结升华海尔等国企"劳者有其股"的做法、学习以工业为主体的农村集体经济制度、借鉴国外的“期权制”和“职工劳动股权计划”,充分发挥职工代表大会和工会的监督制衡作用,明确“老三会”、“新三会”的公司治理地位,保障职工的民主管理权利,保护小股东的权益,规定公司成立后新员工在工作满一定年限后可以获得股东地位,无疑这些举措对于发挥中国特色社会主义体制优势、实现劳动者的体面劳动,有着重要的战略意义。

资本主义社会很难实现它允诺的平等的民主权利。在这里,财产权是关键,西方法律上的人人平等,由于现实中的财产权的不平等就变成了空话,财产权是一切权利的基础。而社会主义的民主则规定着人人平等、共同富裕,反映社会主义本质的核心价值观。诺贝尔经济学奖得主詹姆斯米德,在其1964年出版的《效率、平等和财产所有权》一书中提出了“财产拥有民主”的概念。所谓“财产拥有民主”就是让所有人都能公平地享有生产资料所有权。米德主张的并不是生产资料公有制,而是生产资料私有产权的平等分布。在他看来,只有在“财产拥有民主”的体制下,人们才能摆脱对权力(包括公权力与私权力)滥用的恐惧,真正当家做主。西方最著名的政治哲学家罗尔斯在晚年十分认可米德的想法。西方学者的研究成果对我们实现劳动者体面劳动,是深具启悟的。

《中共中央关于全面深化改革若干重大问题的决定》提出“允许混合所有制经济实行企业员工持股,形成资本所有者和劳动者利益共同体。”员工持股是社会生产力发展到相当高度后必然出现的经济现象,应该在全社会范围里提倡。实际上,自“十五大”提出“可以大胆利用”股份制、国企普遍进行股份制改革后,许多地方都开始了员工持股的试点。从股份制发展的历史进程来看,它最初是因为某些大型工程如修铁路、开展航运、造船等,单个资本家无力承担,才出现联合私人资本的股份制。持有股份的出资者已经远不止是资本家,而且有大量普通劳动者。现在的许多上市公司,就属于股份制的第二阶段。再进一步就是员工持股的第三阶段。资本与劳动的融合过程就是相互渗透、相互转化的过程。

由员工持有部分股权,到企业全部产权归员工所有,使资本的剥削性、私人性由逐步削弱到最终消除。当然,企业员工由持有部分股权到占有全部产权,将是一个缓慢而漫长的过程。它的进程在很大程度上取决于生产的高度发展和员工的高度文明。随着员工股权的不断扩大,他们在企业里的其他权利和作用也将日益增加,使他们不仅在物质利益上接近资本所有者和经营管理者,而且在知识、文化、生活方式等方面的巨大差别,也将逐渐消除,这就为社会公平化创造了良好的条件。员工持股也使他们劳动的性质产生质的变化,由雇佣劳动转变为自由劳动,从而在真正意义上实现其体面劳动。

目前,大多数人对实行混合所有制的意义认识不足,只是从增强企业活力的经济视角看问题,而忽视了对员工持股重要的人文意义的认识。员工持股已被写进《决定》,为了切实履行这个承诺,很有必要在理论上提高对员工持股的认识,以免走上歧途。

根据我国《工会法》第六条规定:"维护职工合法权益是工会的基本职责。"《中国工会章程》总则规定:"中国工会的基本职责是维护职工合法权益。"所谓"职工合法权益",包括狭义和广义两个方面,广义"职工合法权益"包括经济权益、政治权益、文化权益和社会权益。劳动权益固然是一种经济权益,但经济权益还包括更为重要和根本的产权权益。不论是马克思主义政治经济学还是西方经济学,都认为产权比劳权、产权关系比劳动关系更重要和根本。财产权和产权是最基本的人权和公民权利。我国改革的目标之一,就是要使在产权关系中处于弱势一方的普通劳动者也成为所有者和产权主体,使我国广大劳动者成为有产者和体面的"中等收入者",从而实现社会主义"共同富裕"的庄严承诺。中国工会比西方工会肩负着更为艰巨的任务,这也正是中国特色社会主义工会建设及其维权理论的重要内容之一。

(三)通过工会改革确保职工体面劳动

习近平强调,工会工作要顺应时代要求、适应社会变化,善于创造科学有效的工作方法,把竭诚为职工群众服务作为工会一切工作的出发点和落脚点,全心全意为广大职工群众服务,让职工群众真正感受到工会是"职工之家",工会干部是最可信赖的"娘家人"。长期以来,我国的工会制度在计划经济体制下形成了一系列的相关内容,但这些制度在市场经济体制和条件下却呈现出诸多不适应和不合理之处,工会基本职能因受到其他职能的拖累而被削弱,工会组织体系的行政化,工会维权手段过于疲软而不能有效发挥效用。作为总体的工人阶级在法律和意识形态上的地位极高,但每一个个体劳动者在实际上不过是高度依附于国家的雇员。

根据《中国工会章程》的规定,中国工会的主要社会职能包括维权职能、生产建设职能、民主职能、教育职能,我国的《工会法》关于工会的职能也有类似的内容。工会承担这么多重要职能,在大一统的计划经济条件下具有合理性,而在当前市场经济条件下必然会在现实生活中发生碰撞。比如维权职能和生产建设职能经常会发生矛盾,因为前者要求工会维护职工的利益,追求公平,而后者要求工会教育职工进行生产,实现利润,追求效率。虽然《工会法》第6条中规定“维护职工合法权益是工会的基本职责”,但同时还要求工会在维护职工合法权益时还要考虑“维护全国人民的总体利益”。当一家基层工会为了维权决定采取集体行动时,它要考虑这件事可能会影响社会稳定、交通秩序这些全国人民的总体利益,那么工会的行动就要取消,维护职工的合法权益就无从实现。

由此生发出一个亟待解决的问题——工会组织的去行政化问题。其主要表现为运行模式的行政化和工作方式的机关化。这种特点最大的弊端是背离了工会作为一种社会组织的功能的有效发挥。工会与行政机构是完全不同的,韦伯曾经概括了现代科层组织的六大基本特征:专门化、等级制、规则化、非人性化、技术化和公私分明化。尤其是等级制和规则化的特征使工会脱离了职工群众,不了解劳动者的合理要求,而是等、靠、要,或一等、二看、三琢磨,它就会失去劳动者的信任,劳动者就会像一盘散沙,无法以集体行动的力量弥补个体力量的不足,就会越来越处于弱势,社会的贫富分化、不公正、非正义就会愈演愈烈,最终必然会引发剧烈的社会动荡。近几年发生的重大劳资争议事件中很难发现工会的影子就说明了这一点。为此,工会法规需要修改完善,工会独立维权势在必行。首先工会维权要经济独立,要求专职工会干部和专业人员的工资待遇由工会自行支付,而不能由政府或企业管理层支付,或者虽然由后者支付,但法律严格保护工会的干部职员的相关权益不受雇主的侵犯。其次是工会维权要组织独立,要求各级工会干部由会员以无记名投票方式民主选举产生,不受任何其他机构的委派和任命。有人说,“工会维权独立”必将导致工会脱离共产党的领导,这是杞人忧天之说。中国不必照搬西方工会的组织模式,用宪法、劳动法、工会法可以有效治理工会,没有必要由执政党来直接领导工会,其政治诉求主要通过共产党组织得以传递和体现。总之,工会只有真正独立开展维权,才能有效发挥其社会职能,从而无可替代地担当起保障劳动者体面劳动代言人的作用。

建设学习型、服务型、创新型党组织为国有企业改革发展提供坚强保证

中信集团直属机关党委*

党的十八大报告强调“建设学习型、服务型、创新型的马克思主义执政党，确保党始终成为中国特色社会主义事业的坚强领导核心”。这是我们党科学把握国内外形势、现实挑战、历史经验和未来发展，对新形势下加强党的建设作出的重大理论创新。

建设学习型、服务型、创新型党组织也为新时期国有企业党的建设指明了方向。国有企业是国民经济的重要支柱，是全面建成小康社会的中坚力量，是我们党重要的执政基础。把国有企业党组织建设成为学习型、服务型、创新型党组织，有助于充分发挥国有企业的政治优势、组织优势和群众工作优势，引领和带动企业的改革创新，激发企业深层发展活力，为全面建设小康社会作出更大贡献。

一、从战略高度认识国有企业建设学习型、服务型、创新型党组织的重大实践意义

善于学习、勤于服务、勇于创新，是我们党 90 多年来一以贯之的优良传统，是党始终走在时代前列、引领中国发展进步的决定性因素。在党的十七届四中全会提出建设学习型政党的基础上，党的“十八大”提出建设学习型、服务型、创新型马克思主义执政党的要求，不仅对于巩固党的执政基础，提高党的执政能力具有重大意义，而且对于提高企业党的建设科学化水平，更好地履行国有企业肩负的使命具有重大实践意义。

---

* 执笔：高怀、朱安谧；本文获 2014 年全国金融系统思想政治工作和企业文化建设调研成果二等奖。

(一)建设学习型、服务型、创新型党组织是提高企业党组织的创造力、凝聚力和战斗力的固本之举

当今世界正处于大发展大变革大调整时期,世界多极化和经济全球化迅猛发展,科学技术日新月异,知识经济迅猛发展,创新能力成为衡量综合国力和国际竞争力的核心因素。我国已经进入全面建成小康社会的决定性阶段,处于改革发展的攻坚期和社会矛盾的凸显期,国有企业所肩负的任务十分艰巨和复杂,所面临的困难和风险前所未有。企业党组织和党员干部只有不断学习,才能在思想和素质上适应时代要求,积极应对国内外经济技术的挑战,不断提高贯彻落实科学发展观的能力,驾驭企业全局的能力,解决各种复杂问题的能力,应对各种风险的能力。建设学习型、服务型、创新型党组织也是加强和改进国有企业党的建设工作的现实课题。当前,国有企业党组织建设的总状况是好的,但是,通过调查我们也发现,一些基层党组织建设中还存在一些亟待解决的问题。如有少数党组织和党员在学习方面紧迫感不强,认为企业以盈利为目的,没有时间抓学习,存在重任务、轻学习和重业务学习、轻理论学习的倾向,工作中的事务主义,凭经验办事的问题比较严重。有的基层党组织和党员宗旨意识淡化,工作中的形式主义、官僚主义滋长,把工作重心放在应付领导、应付上级上,工作作风飘浮,为基层和职工服务的意识不强。有的围绕企业发展的重大问题进行团队学习、系统思考、创新思维不够,不能深入实际调查研究破解工作难题,工作打不开局面。有的党员干部精神懈怠、斗志衰退,贪图享乐、奢侈浪费、滥用职权,甚至走上违法犯罪道路。事实证明,加强学习、提高思想政治素质是对党员干部政治上的关心爱护。建设学习型、服务型、创新型党组织,有助党员干部在潜移默化中实现自我净化、自我完善、自我革新、自我提高,不断强化服务意识和创新意识,进而增强党组织的创造力、凝聚力和战斗力,带领职工攻坚克难,开创企业改革发展新局面。

(二)建设学习型、服务型、创新型党组织是加强企业人才队伍建设的重要途径

现代管理大师彼得·德鲁克曾说“企业只有一项真正的资源,就是人。”在现代市场经济条件下,一切竞争说到底是人才的竞争,国有企业要不断提高核心竞争力,必须把人才队伍建设作为重大战略任务来抓。在国有企业中,党员占了职工总数的很大比例,集中了绝大多数的优秀分子。加强企业人才队伍建设,就必须紧紧抓住党员队伍建设这个根本。建设学习型、服务型、创新型党组织,为国有企业人才队伍建设提供了新的重要途径。只有着眼知识经济时代发

展大势，引导党员学习马克思主义理论，学习现代科学文化知识，学习履行职责、推动企业发展所需的一切知识，才能不断提高知识素养，开阔心胸视野、升华思想境界；只有践行党的宗旨和国有企业的使命责任，不断密切同群众的血肉联系，才能使为民服务的观念不断巩固、本领不断增强；只有充分认识企业改革发展的复杂性、艰巨性，才能不断推进企业创新，使企业的综合竞争力不断提升。

（三）建设学习型、服务型、创新型党组织是促进企业科学发展的根本保证

党的十八届三中全会吹响了全面深化改革的号角，国有企业改革是重中之重。国有企业改革涉及产权结构、治理结构、企业制度等许多领域的深层次变革，涉及思想观念、体制机制、利益格局的深度调整。转变发展方式、实施创新驱动发展、打造中国经济升级版的任务十分繁重，迫切需要深入推进学习型、服务型、创新型党组织建设，进一步解放思想，以科学发展观为指导，创新发展理念，提高领导科学发展的能力，以更大的智慧和勇气深化改革，破除一切落后观念和体制机制弊端，推进战略性结构调整，提升在全球产业链和价值链中的位置，为全面建成小康社会作出更大贡献。

二、建立党组织学习常态机制，确保学习持续有效开展

建设学习型、服务型、创新型党组织首先应具有健全的学习机制，以良好的引领功能，促进学习的持久开展。结合中信集团的实践，我们认为建设常态化学习机制应从以下方面着手：

（一）打造多层次的学习体系

（1）逐步完善领导干部的“顶层”学习体系。领导班子和领导干部是国有企业党组织的中坚力量，也是学习型党组织建设的组织者、实践者、推动者，在学习型党组织建设中，发挥着重要的示范引领作用。要逐步完善领导干部学习的“顶层”设计，把党委中心组打造成学习型党组织建设的“示范班”。要发挥领导干部带学、促学的作用，倡导领导干部带头讲党课、带头作学习辅导、带头解疑释难，形成一级带一级、层层抓学习的良好局面。

（2）重点打造中青年党员干部的“进阶”学习体系。国有企业中青年党员干部是联系领导班子和职工、群众的桥梁、纽带，是企业改革发展的关键执行者和后备人才，在学习型党组织建设中起着承上启下的作用。应加强对中青年党

员干部的培训,充分利用党校、干部管理学院和高校等教育资源,组织形式多样、内容丰富的党员干部轮训、中青年干部培训和各类专业培训,丰富教育手段,提高培训效果,以适应企业发展和人才成长的需要。

(3)积极营造全员参与的“共享”学习体系。企业职工是推动企业发展的主体,企业集中的优质学习资源应由员工共享。企业党组织要以加强人才培养、打造高绩效团队、实现个人能力和团队价值共同提升作为党组织建设的重要职责。中信集团根据集团国际化程度高,经营领域广,很多子公司兼有资本密集型、知识密集型和技术密集型的特点,于2009年起发起了“学知识、强素质、促成才”群众性读书活动。集团每年下发读书计划,根据形势变化、企业任务和职工关注的热点确定读书重点内容和主题,6年来向党员、职工推荐了72本优秀图书。集团领导带头为职工荐书寄语,举办“中信读书讲坛”,在集团总部办公楼设立中信书店。在世界读书日举办读书系列活动,如表彰读书活动先进单位和个人、交流读书心得体会、集团领导为基层组织授书等。这一活动得到了广大员工的广泛欢迎和积极参与。中信集团“学知识　强素质　促成才”群众性读书活动被评为“中央国家机关十大学习品牌”,中央电视台“焦点访谈”作了专题报道。

中信读书讲坛

为打造全员共享的学习体系,中信集团于2009年起在全系统开展了“学知识、强素质、促成才”群众性读书活动。集团党委把读书活动作为培育优秀人才、增强综合优势的一项基础性工程摆在重要战略地位,强调重视学习是中信集团的传统和成功发展的经验,要求党员领导干部做学习的倡导者、示范者和推动者,使学习能力成为集团持久的竞争力。党的工作部门每年下发读书计划,6年多来向党员、职工推荐了《之江新语》《论中国》《邓小平时代》《公正》《改革的逻辑》《中国文脉》等72本优秀图书。集团党委书记、董事长常振明为《追逐日光》《峭壁边缘》《超越金融》《再造卓越》等30多本图书专门撰写了推荐语。为深入推进读书活动,2012年,集团企业文化部与中信出版社联合举办“中信读书讲坛”,邀请吴晓波、周其仁、金灿荣、王缉思、康震、何帆、迈克尔·桑德尔等一批国内外知名专家学者作主题演讲,与职工现场互动,畅谈读书心得。“中信读书讲坛”至今已举办12期,参与人数近万人,深受广大职工喜爱。

图 40－1　每场中信读书讲坛都为参与活动职工配发学习书籍

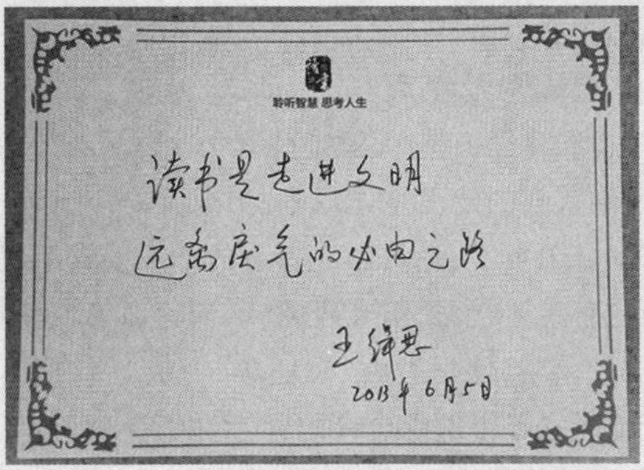

图 40－2　历次演讲嘉宾寄语中信读书讲坛

（二）设置科学的学习内容

作为国有企业党组织，要重点组织党员干部学习以下内容：

（1）学习政治理论和党的路线方针政策。引导党员干部有针对性地选读和重温马克思主义经典理论，研读毛泽东思想、邓小平理论、“三个代表”重要思想、科学发展观和习近平同志的一系列重要讲话精神，着力解决好世界观、人生观、价值观的总开关问题，增强运用科学理论分析解决实际问题的能力。学习中国特色社会主义理论体系和党的基本理论、基本路线、基本纲领、基本经验，学习党章党纪和法律法规的，坚定中国特色社会主义的道路自信、理论自信、制度自信，坚定实现中国梦的伟大理想，为推动企业健康可持续发展贡献力量。

（2）掌握企业经营管理知识。着眼于企业发展和做好本职工作需要，引导党员干部广泛学习企业经营管理所需要的金融、法律、财务、管理、信息技术和企业文化等内容，学习国外先进的管理思想、管理方法，掌握有关的国际知识和国际规则,站在现代科技发展的最前沿,成为工作上的行家里手。

(3)从历史文化知识中汲取营养。要组织党员干部有重点地阅读中外历史文化经典,阅读党史读物,明晰历史经验中蕴含着的社会发展规律,知史察今、鉴往知来。同时阅读一些哲学、党建、道德、文化、艺术类书籍,提高文化修养,涵养道德情操。

(4)向实践学习、向群众学习。实践是最生动的课堂,是一切科学认识、正确思想的源泉。要引导党员干部通过课题调研、挂职锻炼、对口指导、工作考察等方式,既向书本学习,又向实践学习,向基层群众学习,向基层的先进典型学习。特别是企业领导人员要深入调查研究,总结基层改革发展的宝贵经验,倾听基层群众的呼声,拓展工作思路。

(三)建立科学的学习制度

抓好学习型党组织建设工作,关键是要有一套行之有效的制度。要把学习型党组织制度建设纳入党的建设总体规划,形成党委统一领导、党的工作部门牵头组织、相关部门分工负责、党员广泛参与的学习型党组织建设格局。要认真总结经验,不断完善集体学习、调查研究、培训轮训等各种制度,更好地用制度来保证学习任务的落实,使学习由"软任务"变成"硬约束"。要强化检查和考核,把学习情况纳入领导干部综合评价体系和领导班子建设目标管理体系,列为干部素质评价和绩效考核的内容,作为考核领导班子和选拔任用干部的重要依据,形成良好的用人导向。

(四)构建丰富的学习载体

随着信息化的发展,学习的方式愈发多样、灵活,信息式、开放式、实践式的学习载体越来越受到党员干部的青睐。要重视利用各种资源,开发学习载体,拓展学习阵地。加强与培训机构的合作,组织素质拓展等团队训练,增强团队学习能力。把企业报刊、广播、电视、专栏和图书室、"职工之家"打造成为学习园地,设置有深度、有分量的学习内容,宣传推广学习心得、学习经验和学习品牌。注重发挥互联网和手机等新兴媒体的独特优势,建好教育培训网,运用网上党校、手机报、微博、学习软件等形式,形成覆盖全系统的开放式学习平台,实现学习资源共享。依托党课教育、专题辅导、读书讲座、荐书赠书、征文评比、知识竞赛等活动形式,增强学习的吸引力。以党和国家重大政策出台、重大活动开展和重大节庆纪念等为契机,开展主题教育,搭建实践式学习平台。

三、全面提升党组织的服务水平，增强党组织的感召力和凝聚力

建设学习型、服务型、创新型党组织要坚持围绕中心、服务大局、拓宽领域、强化功能，充分发挥基层党组织推动发展、服务群众、凝聚人心、促进和谐的作用。

（一）服务企业发展战略，确保实现企业的目标愿景

要紧密结合企业所处行业和业务特点，把学习型、服务型、创新型党组织建设与经营管理工作结合起来，更好地促进学用结合，学以致用。一是党委中心组带头学理论、议大事、转观念、出思路、促发展。把理论学习与研究企业重大问题相结合，进行系统思考，不断研究新情况，解决新问题，提升经营管理水平。近年来，中信集团党委以扩大的中心组学习方式，围绕公司治理、风险管理、商业模式、创新发展、企业文化等方面，举办专家讲座，组织专题研讨，掌握先进的经营管理理念，系统提升了领导水平和决策能力。二是开展全员研讨，集思广益，深化对发展战略和经营管理策略的认知、传导和执行。围绕建立科学的商业模式和经营体制，实现企业发展的速度与效益、规模与质量协调发展的重大问题，中信集团在内联网上开设了“企业内部控制体系的实施与评价”“集团管控与信息化”等180余门管理与文化类课程，根据集团整体改制的要求组织发展战略、内控等管理培训60余项，促进了各级党员干部对集团发展战略的理解，增强了执行力和整体协同效应。中信建设有限责任公司以打造一流国际工程承包商为目标，启动提升管理成效计划，组织国际EPC工程运作、绩效管理、商务管理等研讨；针对工程项目多数分布于海外的特点，创办了手机报，把企业的经营管理决策和文化信息及时传导到海外员工中，保证了项目施工的顺利实施。

（二）服务员工成长成才，加强人才队伍建设

一是服务战略型经营管理人才队伍成长。把抓好学习型、服务型、创新型党组织建设纳入“四好”领导班子创建，积极探索战略型经营管理人才培养方式，把理论教学、专题研讨、案例教学和实地考察等多种方式相结合，搭建经验共享、思维碰撞、启迪智慧、提升自我的互动学习平台。近年来，中信集团以工商管理经典课程为基本框架，对部门、子公司领导进行大规模的集中轮训，组织领导干部赴英国、新加坡进行培训，学习战略管理、创新政策、创新与创新文化、商业模式创新和领导力等方面的新理论、新思想，开阔国际视野。集团与清华

大学合作举办中青年骨干培训班,系统学习发展战略、企业文化等课程。建立了专家和领导上讲台制度,邀请20余名集团职能部门和子公司领导担任兼职教员,把学习成果和实践经验与大家分享。二是服务创新型人才队伍的培养。结合企业发展对高素质复合型技能人才的新要求,广泛开展"创建学习型企业,争做知识型员工"活动,以提高职业素质为核心的多工种、多层次、多渠道的岗位练兵、技能培训、技能大赛,切实把各类技能人员培养成为本专业本岗位的行家里手。

(三)服务基层生产经营活动,关心爱护广大职工

以"谋发展、聚人心、促和谐"为目标,围绕企业生产经营、企业文化、关爱职工的主题,广泛开展"党员先锋队""党员示范岗""党员责任区"及"亮身份、树形象、当先锋"等主题的创先争优活动,充分发挥党组织的战斗堡垒作用和党员的先锋模范作用,让党员在生产经营岗位上为普通职工树旗帜做表率,为推动企业实现跨越发展做贡献。加强对职工特别是困难职工的人文关怀,开展"服务职工、服务党员、服务特殊人群"活动,主动听取员工的呼声,帮助困难员工解决实际生活。发挥工会组织的作用,抓好凝聚力工程建设,维护职工权益,加强思想政治工作,着力关心关爱职工成长。

(四)服务和谐稳定发展,发挥党对全面深化改革的领导作用

企业的和谐稳定发展是一个政治问题,作为国有企业党组织,要通过学习型、服务型、创新型党组织建设,强化"四个"意识。一是强化大局意识。引导党员干部准确把握党中央关于全面深化改革的总体思路、目标任务和重大举措,把思想统一到中央的决策部署上来,坚决维护中央权威,保证政令畅通。二是强化竞争意识。积极推进人事制度改革,完善绩效考核体系,建立中长期激励机制。深化企业内部管理人员能上能下、职工能进能退、收入能增能减的制度改革,增强企业活力。三是强化和谐意识。树立"企业发展,和谐为本"的思想,在深化企业改革中既坚持效率优先,又要兼顾公平,把改革的速度和力度与群众可承受的程度结合起来考虑,努力实现包容性增长。四是强化社会责任意识。把创建三型党组织活动与履行社会责任结合起来,深入探讨国有企业如何提高履职尽责、服务社会的能力,教育引导党员干部增强社会责任感,结合工作实践,发挥支援国家经济建设,促进社会分配公平,加强资源节约和环境保护,支持社会公益事业等方面的作用。

四、把学习成果转化为创新能力

（一）不断解放思想，创新发展理念

党的十八届三中全会上，习近平总书记在论及改革条件和目的时，把“解放思想”列于首要位置，强调要进一步解放思想、解放和发展社会生产力、解放和增强社会活力。十八届三中全会作出了全面深化改革的重大决策，有很多新亮点、新突破，要将方案转化为行动、将蓝图转变为现实，解放思想是基本前提。一是要通过系统学习马克思主义理论中国化的最新成果，冲破思想观念障碍，破解发展难题，促进经营管理体制创新。按照习近平总书记提出的“四个只要有利于”，即只要有利于解放和发展社会生产力，只要有利于推动经济社会持续健康发展，只要有利于实现好、维护好、发展好最广大人民根本利益，只要有利于巩固党的执政基础和执政地位，就要大胆试、大胆闯，就要坚决破、坚决改的要求，不断焕发国有企业的生机活力。二是要突破利益固化藩篱。全面深化改革要面对现实的利益博弈，“触动利益比触动灵魂还难”。要通过组织利益关系调整大讨论，引导党员干部强化大局观念，克服既得利益的羁绊，摆脱局部利益的狭隘，穿透个人利益的短视迷雾，坚定对社会公平正义的追求，以实际行动支持和拥护改革。

（二）促进经营管理体制创新，积极破解发展难题

改革已进入攻坚期、深水区，每走一步都会遇到许多障碍。要把推动学习型、服务型、创新型党组织建设与经营管理体制创新结合起来，努力革除一切体制机制的弊端，不断增强改革的系统性、整体性、协同性，形成有利于创新的企业机制和环境，焕发党员干部的创造激情和创造活力。就中信集团而言，要认真贯彻党的十八届三中全会精神，进一步清晰集团战略定位，按照现代企业制度的要求，理顺公司治理，探索和建立综合性企业集团的管控模式，实现从战略指导型向集权与分权相结合的分级分类管理转变，既强化集团总部的管控和配置资源的能力，又发挥各子公司的积极性，激发其内在活力。

（三）推动企业转型升级，实施创新驱动发展

要坚持以学习型、服务型、创新型党组织为依托，实现以转型促学习、以学习助转型。一是明确转型的目标和方向。以党委中心组学习和党组织“三会一课”等多种方式和途径，传达中央的决策战略部署，宣传贯彻国家出台的关于调整经济结构，转变发展方式，节能减排，科技创新等最新的方针政策，转变发展

理念,树立由传统产业向战略性新型转变,由分散发展向集约发展转变,由资源消耗型向资源节约型转变。要紧紧围绕转型的目标、方向、路径、模式,以科学发展观为指导,走出去学先进经验,坐下来开展讨论,沉下去调研问计,达成高度共识,描绘崭新蓝图。中信重工机械股份有限公司的前身是洛阳矿山机器厂,在 1996 ~ 2003 年间,企业生产经营举步维艰,职工曾累计 19 个月发不出工资,一度濒临破产。他们通过学习型、服务型、创新型党组织建设积极转变观念,抓住国家振兴装备制造业和世界制造业产业转移的重大战略机遇,强力推进企业战略转型,大力实施以高端技术支撑高端产品、以高端产品赢取高端客户、以高端客户占领高端市场的战略,实现了"由工厂制到公司制""由生产型到研发型""由内向型到国际化"的重大转变,成为具有核心竞争力的世界级重型装备研发制造基地,被业界称为"中信重工现象"。二是提高转型发展的水平和能力。要结合学习型、服务型、创新型党组织建设,组织党员干部学习市场经济知识和国际经济规则,强化对国家行业、产业政策的学习,把握政策机遇,把学习的过程转化为解决难题、提高本领、科学发展的过程,增强协调发展的本领、集聚优势的本领、科技创新的本领。中信集团作为一家国际化的跨国企业集团,也是目前国内最大的综合性企业集团,要通过学习贯彻十八届三中全会精神,进一步强化市场在资源配置中起决定性作用的理念,坚持金融服务与实业投资并举的战略方向,加快改革、整合的步伐,做国家战略的践行者,充分利用国家发展混合所有制经济,积极探索与民营资本合作的模式,发展战略性新兴产业,在国家倡导的文化传媒产业、医疗健康产业、环保产业、旅游产业、通用航空产业、物流服务产业等领域加大投入,做强做优。进一步完善集团投资决策体系,搭建科学化管理平台,为转型发展提供有力支持。

新形势下商业银行思想政治工作研究

田军东*

经济金融全球化的不断发展，银行业作为最具开放性的领域之一，员工面临的人文环境、道德观念、思想意识、价值信仰等更趋多元化，员工思想工作面临更复杂、更新型的问题。1929年古田会议，毛泽东同志确立了“思想上建党、政治上建军”的根本方向，解决了把一支以农民为主要成分的军队，建设成为共产党领导下的新型人民军队的问题，为后来的革命成功奠定了坚实基础。对商业银行来说，思想政治工作同样是队伍建设的核心。在新形势下，商业银行思想政治工作只能加强，不能削弱。但是同时，新的形势也要求商业银行思想政治工作必须注入新的内容和新的方法，只有通过思想政治工作的不断创新，才能更好地增强团队凝聚力与竞争力，为商业银行持续健康发展提供强大的思想保证。笔者想结合自身的经历和管理体验，谈谈对商业银行思想政治工作的几点粗浅认识。

一、当前商业银行员工思想上存在的突出问题

做好新形势下的商业银行员工思想政治工作，离不开对银行员工思想现状的准确分析与把握。以笔者的体验和观察，当前商业银行员工在思想上主要存在以下10个方面的突出问题：

（一）信仰缺失，三观不正

信仰缺失，缺乏共同的理想和精神追求，世界观、人生观、价值观偏离，是当前很多中国人的普遍问题，商业银行员工也不例外。许多员工没有真正明白

* 中国光大银行合肥分行；本文获2014年全国金融系统思想政治工作和企业文化建设调研成果二等奖。

“人为什么活着,应该怎样活”“作为人,何为正确?”的问题。有的一味追求个人利益、追求金钱、名位,追求享乐,缺乏牺牲精神和奉献精神,没有感恩之心。有的模糊了善恶是非的标准,不知道到底什么是对,什么是错。有的弄虚作假,不讲诚信,品德败坏,从而导致行为的偏差,这也是银行案件屡禁不止的根本原因。

(二)好高骛远,言行浮躁

近年来,商业银行年轻员工大量增加,“80后”开始成为骨干力量,“90后”员工开始入职。这一群体有着良好的教育背景,有活力,富于开创精神。但同时也存在对自己缺乏正确的认识,缺乏“自知之明”,不够谦虚,普遍存在眼高手低的现实问题。年轻员工多是独生子女,成长过程中多是衣来伸手、饭来张口地生活,吃苦精神、抗压能力普遍较差。有的心高气傲,希望银行能够为其提供优越的工作条件、待遇和发展空间,想“一朝冲天”,对工作没有发自内心的热爱,更缺乏脚踏实地、吃苦耐劳的精神,不努力以自己的品行、能力和业绩来争取收入和晋升。有的缺乏服务意识,对客户没有真诚的感情和热情,态度冷淡,更不能热情帮助客户解决实际问题,不想着为客户创造价值。有些干部员工工作浮于表面,在业务营销上沉不下心气,放不下身段,缺乏深入市场的行动。有的干部唯数字为文化,一味追求短期业绩,急功近利,业务难以可持续发展。

(三)盲目攀比,心态失衡

银行直接与财富、金钱打交道,员工思想和行为方式也不同程度受到这一特殊工作环境的影响。加之年轻人对流行文化比较崇尚,一些员工在吃、穿、住、行、用等方面追求高档次、盲目攀比、爱慕虚荣,并以此作为衡量个人价值的尺度,有“不知足”的心态。一些员工不比贡献,比收入;不比品行能力,比职位高低。发工资、发奖金后,到处打听,若发现比别人少,就心态失衡,觉得“不公平”。主要精力不放在扎扎实实做好本职工作,不想着为银行多做贡献上,而是先考虑个人利益,待遇向高标准看齐,工作向低标准看齐。一些员工不能客观地分析对待工作中遇到的问题,遇到一点不如意、不顺心的事,就抱怨,发牢骚,讲怪话,制造负能量。

(四)自我主义,不顾大局

现在很多年轻人比较自我,个人主义、自由主义盛行,看不起别人的长处,看不到自身的缺点。恨不得“万事皆备于我”“万人皆顺于我”,总是要求别人来适应自己,而不是想着去体谅别人,改变自己以适应环境。工作以个人利益为出发点，缺乏团队协作精神，对他人利益、对团队整体利益漠然视之。有的对同事说话行事不友好、伤和气，损害团队。工作上不能互相帮助、共同成长、共同进步。有的心胸狭窄，没有容人容事之量，遇事斤斤计较，不会换位思考。有的员工和同事有点矛盾，总是心存芥蒂，不能自我开解、主动化解，不能开诚布公、坦诚交流，当面不说，背后乱说。

（五）缺乏专注，无所用心

有的员工上班，不知道“该干什么，怎么去干”，整天迷迷糊糊。在工作上不用心，不投入，不专注，没有钻研精神，没有钉子精神。工作没有章法，没有思路，“脚踩西瓜皮”，像“无头苍蝇”乱飞。不能自我思考，不会自我安排工作，做事不靠谱，工作没效能。有的员工看起来很忙，而且抱怨很累，但就是没有成果。

（六）内心脆弱，不能抗压

一些员工内心脆弱，遇到一点挫折、困难和压力，如项目没通过审批，业务拓展受阻，客户不理睬，领导批评几句，工作任务稍重一点，就牢骚、抱怨、赌气，消沉对待，动不动就说“我不想干了”“我要辞职”。没有积极的人生态度，更没有将困难和挫折视作锻炼和考验自己的机会。一些员工在压力面前，没有信心，没有主意，讲一些丧气话，讲一些抱怨的话，还向别人传播。有的员工只能听得了表扬，接受不了批评，上级或主管讲几句，就抹鼻涕，淌眼泪，闹情绪。有的在业务营销、工作开展上没有坚韧的毅力，遇到一点阻力和挫折就畏缩不前，打退堂鼓。有的员工情绪不稳，一下兴奋，一下消沉，心理素质不成熟。

（七）缺乏担当，低效执行

一些员工不能愉快接受组织和领导交付的工作，更不要说主动承担艰巨任务。有的执行任务讨价还价，推三阻四，“能少干尽量少干，能不干尽量不干”，根本不懂“多干活，多成长”的道理。有的行动慢，效率低，拖拉成习惯。有的对领导和组织交付的工作，不认真落实，不去想方设法去完成，不及时向领导汇报进展情况。

（八）胸无大志，自甘落后

一方面是有的员工好高骛远，言行浮躁；另一方面，有的员工是理想缺失，胸无大志，没有追求，不愿上进。很多员工根本就没有认真思考过“我的一生该如何度过”“我的职业生涯该如何发展”“我要成为一个什么样的人”等大问题。很多员工根本没有主动学习、自我成长的意识，更没有自己培养自己的思想和计划,压着学都不学,压着干都不干。有的懒散成性,得过且过,甘于平庸,犬儒主义。

(九)思维定势,坐井观天

这主要表现在一些老员工身上。有的老员工总是抱着旧的思维、老的经验看待处理事务,自以为是,动不动就说“我以前怎么样”,没有开放学习的胸怀,缺少宽广的视野,如井底之蛙。有的干部员工不注意了解新业务、新思想、新事物,不注意倾听同事、客户的意见,不能博采众长、集思广益,不能抓住闪光的思想,不能把最好的想法和创意付诸行动。更没有开辟新思路、新方法,开创最佳实践经验,创造工作亮点的态度。

(十)官僚习气,不会领导

这主要表现在一些管理者身上。领导领导,一方面是带领,另一方面还要引导、辅导、疏导。一些管理者习惯于发号施令,不了解和掌握实际情况,盲目决策,瞎乱指挥。有的作风专断,阻塞意见建议的正常输送,降低了团队的凝聚力和向心力。有的管理者对培养教育员工缺乏耐心,忽视员工思想和情绪波动,完全让员工“自生自灭”,不能及时理顺情绪,激发干劲。有的对员工的不足、缺点和做得不对的地方,不及时提醒指正,不能举一反三,听之任之,放任自流,不负责任。有的干部批评员工不注意方式,不会语重心长,不懂得运用“团结—批评—团结”、“肯定—指正—鼓励”等有效批评方法,批评员工不能让员工真正改变、真正进步、更加努力。

二、加强和改进商业银行思想政治工作的对策

针对商业银行员工思想上存在的问题,个人提出以下几点粗浅对策:

(一)选好一把手,带好一班人

选人用人问题是关系人才和事业能否兴旺发达的根本性问题,用人导向是最重要的导向。选什么样的人、怎样选人,不仅决定着人才的成长道路和努力方向,而且从根本上影响着人心向背和事业成败。孔子讲“举直错诸枉,能使枉者直”。要真正按照“德才兼备、以德为先,业绩突出、群众公认”的原则,通过公平、公正、竞争、择优的选拔方式,选拔政治可靠、作风端正、群众信任、善于经营管理的好干部当一把手。一把手的人品更显重要,选的好、选的对,才能起到“种子”“发动机”“传播者”“净化器”的作用,才能带好一班人。“其身正,不令而行;其身不正,虽令不从”;“为政以德,譬如北辰,居其所而众星共之”。身教

始终重于言教。要加强对领导干部尤其是一把手的教育,增强其自律意识和表率意识,增强其人格影响力。有了好的一把手,有了好的干部队伍,思想政治工作就有水到渠成、轻而易举之势。

(二)把好招聘选拔关,注重人品考察

银行业是经营风险的特殊行业,对员工道德操守有着较高的要求。而且,从人力资源工作实践看,选人用人历来是准入容易退出难。对甄选新员工、选拔新干部要高度重视把好"准入关"。既重视专业技能,更要重视道德素养,既重视智商,也重视情商、逆商。要扩大人才选择范围,深入考察,选人品好、悟性高、有激情、能吃苦、有潜力、可塑造、爱学习、身体好的"好苗子"。

(三)重视用中华文化的精髓教育员工,引导员工树立正确的世界观和人生观

中国几千年文化,有诸多精华。如"修身、齐家、治国、平天下""自强不息""慎独""内圣外王""经世致用""知行合一""为人民服务"等等。尤其是修身至关重要。要引导员工经常对自己进行反省和自新。"吾日三省吾身",哪些做得对,哪些不对,自己存在哪些问题和不足,要努力发扬自身的优点和长处,克服自身的缺点和不足,使自己不断进步,做到"涤旧立新""每变益上"。

自然界和社会的规则是物竞天择,适者生存,强者发展。"落后就要挨打,就会被歧视,被淘汰"。当前社会思潮、价值观多元化,这是好事,但我们一定要有鉴别力、判断力,要给员工正确的引导。要积极引导员工把握人生的辩证法:积极进取,又能淡泊名利;力争上游,又能谦虚谨慎;艰苦奋斗,又能体会快乐;尽心尽力,又能劳逸结合;勤勉工作,又会享受生活;勇于竞争,又要行德守法;立世红尘,又能保持本真;脚踏实地,又能善用智慧;努力表现,又不哗众取宠。

(四)坚定不移地推进企业文化建设,培育企业核心精神

杰克·韦尔奇曾经说过:"在我看来,实现高生产力的唯一途径就是让雇员全身心地投入工作之中并且能够对工作产生兴奋感。"让员工全身心地投入工作并有兴奋感,不仅要靠物质和机制,更要靠文化和精神。

要开展诚信、自律、团队、敬业、担当等核心精神的培育,并将核心精神转化为明确清晰的员工行为准则,使员工的日常言行真正体现核心价值观的要求。同时,要引导员工把振兴中华与做好本职工作有机地结合起来,把个人的价值与国家的命运前途结合起来;要引导员工善于从工作当中寻找意义和快乐,要使员工发现工作的乐趣在于"攻艰克难",在于"专业解决",在于"客户满意",

在于"领导赞赏",在于"团结协作",在于"真诚奉献";要引导员工懂得忠诚和感恩。现代企业普遍面临员工忠诚度下降,跳槽频繁等问题,这一方面要求我们改进管理,提高凝聚力,另一方面也要抓员工的主人翁意识和职业道德教育,引导员工树立敬业、奉献、忠诚、感恩的思想。

培育十字文化　重塑员工精神

在传承和发扬总行及本行原有企业文化的基础上,中国光大银行合肥分行根据社会主义核心价值观和新的发展形势,提出了"诚信、自律、团队、敬业、担当"十字文化理念,并对"十字文化"内涵进行了深入解释,把"十字文化"转换为员工行为准则、管理机制。

图 41-1　十字文化理念

(五)大力提升管理者思想政治工作能力,高度重视发挥党团工会组织的作用

思想政治工作能力、激励员工的能力,是干部领导水平的重要方面。各级管理者要深刻认识到,"有人就有思想,所以有人的地方就有思想工作""不会做思想工作,就不是一名合格的管理者。"要认识到做好员工思想工作是自己义不容辞的责任和义务,从而增强思想政治工作的自觉性和主动性。要研究思想政治工作的有效方法,总结推广有益经验,把思想政治工作渗透到经营管理的各个环节、各个层面。

中国共产党在 90 多年的发展历程中,积累了宝贵的思想政治工作经验和机制。但令人担忧的是,一些很好的做法,如"三会一课""批评与自我批评""民主集中制"等,开始流于形式,起不到应有的效果。银行各级党组织、共青团要努力传承和发扬党的思想政治工作优良传统,创新思想工作方法,积极发挥作用。要赋予工会在做思想政治工作方面的职能,交任务,压担子,使工会有思想政治工作的规划，有任务，为其发挥作用创造条件。要选配一些热爱群众工作、擅长思想政治工作的人员进入工会工作，通过定期组织开展一些有创意的活动，寓教于乐，弘扬正气，宣传正面典型，凝聚力量，使银行思想政治工作不间断，有针对性。各级领导要支持工会工作，带头参加工会组织的各项活动，为工会在思想政治工作方面的作用发挥提供有力支持(见图41 –2)。

图41 –2　中国光大银行合肥分行组织党员干部赴古田会议旧址接受思想教育

(六)完善考核激励机制

考核激励机制是导航仪和指挥棒，“考核什么，如何考核，如何激励”，直接引导着员工的思想和行为。目前，银行对干部员工的考核过于偏重短期业绩，忽视对干部员工品德修养、学习成长、长期表现的考察，导致很多短期化的行为和风险事件的发生。

在干部员工的考核中，要高度重视运用群众民主评议的工具，要通过群众评议，征求意见，从“德、能、勤、绩”等多个维度，来全面认识和考察干部员工。

例如对干部的考核，可以设定以下几个方面的评价维度，分别确定不同的权重：业务指标完成情况，风险防控情况，带头及带领员工开展工作情况，工作思路、工作部署的科学性及推动效果，工作的激情、魄力、决心，对员工辅导、激励、沟通、传帮带情况，领导艺术等。评价维度应根据银行的战略要求进行设计，保持稳定而又能动态调整。

(七)加强员工职业生涯辅导和人才梯队建设

要把企业发展规划与员工职业生涯规划结合起来，从思想上和实际行动上，增强员工的归属感和忠诚度。要引导每位员工制订出自己的《职业生涯发展计划书》，分析自己的优势、不足，确立自己的发展目标，制订具体可行的工作、学习、成长计划。在《职业生涯发展计划书》的基础上，上级管理者要加强对员工有针对性的辅导,帮助员工补短扬长。要着力培养人才梯队,通过多岗位锻炼、传帮带培养等,为年轻人成长创造更多的机会。对优秀员工和核心骨干要畅通其晋升通道,着力提高其忠诚度,而对工作态度、工作能力、工作业绩差的干部员工,则要强化退出机制建设。

(八)注意人岗匹配,发挥每个人的长处

思想政治工作最根本的就是调动人的积极性,人的积极性发挥,一个重要条件就是为其提供一个可以发挥其长处、“干的有劲”的工作岗位。要在人员与岗位之间进行优化,努力把工作岗位与个人的兴趣、爱好、特长、优势、性格结合起来。霍兰德职业兴趣理论,将人的职业兴趣分为社会型、企业型、常规型、实际型、调研型、艺术型六类,而每类都有适应其发挥的职业。从银行的职业特点来看,我们着力培养的总体文化气质应是一种“开放而又不失沉稳、活泼而又不失严肃、灵活而又不失原则”的气质。但由于各岗位的工作内容不同,对人员素质也应有所区别,有所侧重。如营销人员、窗口人员应更多地侧重开放、活泼、灵活,同时兼有沉稳、严肃和原则性。而会计、财务、文秘、审查、内务等岗位,则可能需要侧重沉稳、严肃、原则性,同时兼有开放、活泼和灵活性。当然,人岗匹配也不是绝对的,人的能力、特长甚至性格都是可以改变的。曾国藩讲“世上事有所激、有所逼而成者居其半”,只要员工有敬业奉献、专注投入的精神,各岗位的工作都是可以胜任的。

(九)高度重视借助员工智慧,让员工参与管理

群众的智慧是无穷的。现在一些单位也搞征求意见,但越搞员工越没有积极性,提意见和建议时应付了事,意见和建议的质量也不断下降。原因在于员工正确的意见得不到尊重、肯定和采纳,错误的意见得不到反馈和解释。征求意见的方法很多,如开展合理化建议活动、金点子行动、无记名问卷、座谈会、头脑风暴、网上论坛、领导信箱等等。合理的意见要积极采纳,并在全行通报表扬;不合理要加以教育引导,有疑问的要解释说明。员工参与管理,就要真正赋予员工知情权、建议权、监督权、评议权和投票权。

(十)进一步改进培训工作

目前,商业银行的员工培训很多,但也有许多误区。有的重业务培训,轻思想辅导,重知识灌输,轻方法传授,员工对培训没有兴趣,甚至反感。对员工进行培训,要达到“育道德、理思想、传知识、提能力”的目的。在抓好业务培训的同时,要加强对员工的世界观、人生观、价值观的引导,加强新理论和新理念的

教育，加强观察问题、分析问题的立场、方式、方法的培训，教育员工掌握正确的为人处事方法，努力使员工在思想意识、行为方式、思维模式等方面不断突破。要将激发员工潜能作为培训的重要目标。要通过培训，点燃员工自我成才、自求进步的动力之火。要提高培训工作的针对性和适用性。要根据本行发展的战略要求和工作重点，将所要解决的问题转化为培训目标，有针对性地制定培训计划和培训方案，提高培训的效果。以营销人员培训为例：要有机结合年度任务予以展开，让营销人员通过培训，明白自己"该干什么，如何去干"、"重点营销什么业务，如何去营销，目标客户在哪里，如何防范风险，如何打动客户"等，切忌泛泛而谈；要改进培训的方法，突破单纯讲授式的培训方法，注意结合工作中的实际问题和具体事例，围绕重点、要点、难点、热点，深入剖析，开展讨论，激发思考，开阔思路，创新方法，以提高培训效果。

创新培训方式　努力培养人才

近年来，中国光大银行合肥分行提出"打造特种部队"的人才理念，将创新培训方式、提高培训实效作为一项重点工作来抓。分行根据战略规划和工作需要，制定针对性的培训计划，组织开展"大学习、大练兵、大提高"活动、新员工入职培训、客户经理转岗培训考试、业务大讲堂等系列培训；打破传统授课方式，将集中授课、分组讨论、随时提问、课后测试、实践检测相结合，着力激发员工热情、开拓工作思路、提高培训成效。将思想政治工作与业务培训相结合，通过对社会主义核心价值观及合肥分行"十字"企业文化的宣讲，传播正能量，引导员工树立积极向上的人生观、价值观，逐步培育出了一支"德才兼备""勤勉智慧"的员工队伍。

图 41-3　中国光大银行合肥分行员工培训

三、做好思想政治工作的十大方法

做好思想政治工作,除组织一般的学习、宣传、教育活动外,还要适应现代商业银行经营和员工思想的特点,积极创新方式方法,务求实际效果。笔者在具体的思想政治工作实践中,觉得以下10大方法比较有效。

(一)谈心沟通法

面对面谈心,是最直接、最具亲和力的沟通方式。管理者要提高谈心艺术,使谈心这一传统思想政治工作方法在新形势下发挥更大的作用。上级应主动找员工多谈心,并做到作风民主、平易近人,虚心听取意见并接受合理观点。同时,写信谈心也是一个很好的方法。领导给员工写信,可以更加准确地传达管理层的思想。

(二)及时教育法

随时随地发现问题,随时随地对员工进行辅导和引导,比搞几次专题思想讲座、运动式的教育,效果要更好。“小王,刚才我发现你与客户交谈得很好,但有几点仍要注意一下……”;“小李,我感到你今天心情不太好,可有什么困难和问题吗?”;“小张,我听说你刚才在办公室发牢骚,这不符合我们的文化,到底是怎么回事?”;“今天开会,我要讲一讲近期发现的一些不好的现象,希望每个人引起高度重视,有些问题我们将严肃处理”;“今天,我要热情表扬一名员工,他在业务营销上……”。优秀的管理者,就是要善于不断地发现问题,及时解决问题,不停地举一反三,不停地抑恶扬善,不停地处理解决不符合银行思想文化的现象和问题,一段时间坚持下来,就能收到很好的效果。

(三)实例剖析法

也就是“解剖麻雀”的方法。共性寓于个性之中,“麻雀虽小,五脏俱全”,解剖几只麻雀,可以从中得到对所有麻雀共同本质的认识。要善于发现工作中有教育意义的真实事例,通过会议、培训等渠道,进行“解剖麻雀”,以身边的人,身边的事进行剖析教育。例如,当发现某位员工思想波动,想跳槽,就找这位员工及有关人员深入谈心,了解真实情况,作出挽留或同意辞职的决定。进而反思员工管理、员工教育上存在的问题,提出管理对策。同时,要通过更大范围内的会议、培训,进行教育引导,并进一步从机制层面进行完善,努力把坏事变成好事。

（四）典型引导法

既要注意学习社会上的先进典型，更要注意发现银行内部和员工身边的先进典型。好人好事和闪光点，要及时通过宣传手段，让员工知晓，让员工知道银行在倡导什么，鼓励什么，以发挥激励效应。运用典型引导法，要本着事实求是的态度，坚持走群众路线，绝不能人为地虚构所谓的先进事迹，搞没有公信力的典型，这样做的结果，只会适得其反。

（五）活动促进法

要经常组织丰富多彩、健康向上的文化、体育及体验式活动，来促使员工提高认识，转变观念，加强交流，陶冶情操。如举办报告会、演讲比赛、员工讲坛、金点子行动、技能大赛、看电影、征文、主题讨论以及各种文体活动等。要重视“在做中学”，通过劳动竞赛、业务比拼，给员工真实的体验，激发员工的行动，转变其思想。

（六）民主评议法

管理者一个人不可能发现所有问题，必须善于走群众路线，借助群众的力量。通过员工民主评议，可以发现人才，了解那些工作中和干部员工身上可能存在的问题，起到“照镜子”的效果。评分高的，是什么原因，评分低的，又是什么原因，群众有哪些意见等。

（七）正向激励法

戴尔·卡耐基研究认为，人在情感上是需要得到表扬和激励的，特别是他们的上级和父母在正面表扬或激励他们时，他们的创造力会比平常提高80%。哈佛大学教授康特说：“薪资报酬是一种权利，只有肯定才是一个礼物。”管理者要学会肯定、赞赏下属，以激发其潜能和热情。还可以通过授予荣誉，在行内建立荣誉墙等形式，激发员工，引导员工。

（八）负向激将法

对有的心高气傲、不甘落后的员工，要善于用激将法。“这项工作太难了，你干不了；你能干吗，要不干给我看看！”对有的屡教不改员工要用“不教而教”的方法，“对你讲了没用，我再也不讲你了”。

（九）警示教育法

思想政治工作既要注意以先进典型引导员工应该做什么、应该怎么做，也要通过反面的案件，也警示员工不该做什么，做了违规违法的事会造成哪些不良后果,对员工自身、对家庭、对前途有哪些害处。要注意搜集银行系统内和社会上的典型案例,及时在全行组织学习讨论,引导大家进行反思,进行风险提示、警示教育和职业道德教育,以案说法。

(十)区别对待法

思想政治工作常疏忽的一个问题,就是忽视员工之间的差别,导致思想政治工作缺乏针对性。每个员工内心的需求、面临的问题、性格特征都有很大不同。这就要求我们能因人、因时、因场合而异,找准症结,对不同的人、不同的思想问题,用不同的方法来解决。急则用缓,刚则用柔,骄傲者戒以虚心,自卑者鼓其士气,乱纪者警以法度;对自尊心、自觉性强的,用"和风细雨",对不自觉、不上进的,用"暴风骤雨";有时以"雷霆",严厉批评;有时以"雨露",谆谆教诲。同时,要善于综合运用思想政治工作的各种方法,防止简单化。

毛泽东同志说过:"我们的工作首先是战争,其次是生产,其次是文化。没有文化的军队是愚蠢的军队,而愚蠢的军队是不能战胜敌人的。"商业银行的思想政治工作要解决文化问题,要解决员工的世界观、人生观、价值观的问题。中国银行业只有在队伍建设上确立了思想文化的正确导向,银行业的可持续发展、中国金融的振兴才可能有根本长远的保证。

金融企业深植企业文化、践行文化管理、提高企业竞争力研究

李　丹*

企业文化是20世纪80年代产生于西方的"管理文化",它对促进企业生产经营起到巨大作用。先进的企业文化,是企业持续发展的精神支柱和动力源泉,是企业核心竞争力的重要组成部分,是企业深化改革、加快发展、做大做强的迫切需要。而金融企业的行业属性和对国家发展的至关重要性决定了金融企业在发展中必须比其他的行业更加重视企业文化建设、践行企业文化管理、发挥企业文化的教化、导向与凝聚作用。

企业文化理论毕竟是舶来品,要在我们的金融企业中发挥作用就必须做到"实现一个本土化""体现一个差异性"。特别是近年来随着世界金融格局、我国经济形势以及80后、90后员工生活环境的大变化,金融企业员工的精神状态、逻辑思维和生活方式不断地发生变化,它产生的独立性、自主性、多样性尤为突出,金融企业如何在企业文化建设中努力做到把握规律性、体现时代性和赋予创造性显得至关重要。企业员工不仅是企业文化的创造者,而且是企业文化的承载者和实践者,唯有实现员工价值观与企业价值观的和谐统一,才是依靠企业文化建设提升企业核心竞争力,推进企业持续、快速、稳健发展的重要途径。

招商银行沈阳分行是招商银行系统内东北地区设立的第一家分行,植根和服务辽沈大地20年里,以卓有成效的经营管理和独具特色的文化建设,在激烈的市场竞争中实现了持续健康的发展。本文以沈阳分行企业文化建设"再造一个优势、营造一个氛围、创造一条道路、构造一道防线、打造一支队伍"——"五个一"工程为例,研究企业文化建设对提高企业核心竞争力的积极推动作用。

*　招商银行沈阳分行;本文获2014年全国金融系统思想政治工作和企业文化建设调研成果二等奖。

一、再造一个优势——以外部服务为源,从"辉煌成绩"到"重新出发"的服务文化

沈阳分行始终将服务作为银行经营的本质职能,恪守服务本分。作为"牛奶、咖啡"服务的发源地,在系统内和当地同业中都是服务的一面旗帜。"服务看招行,招行看沈阳",服务已经成为根植于沈阳分行现在和未来发展生命线中不可或缺的软实力。

过去,服务一直都是分行引以为傲的竞争优势。然而,在客户需求不断提升、同业追赶日益加快、标准化和基础化服务几近雷同的今天,客户服务已远不是单纯的规范和标准,微笑和环境等基础服务项目。新形势下的服务,是要体现出不间断的、更高层次的服务品质的升华,具体说就是要么解决客户的需求,要么给客户与众不同的体验,要么为客户创造独特的价值,固守着原有的服务模式而忽视突破,将会使分行的服务丧失独特的竞争优势而难以为继。如何让这种服务文化传承并发扬光大,是分行需要不断思考和解决的问题,服务文化的时代性要求服务文化翻开新的一页,收藏过去的荣誉,再出发。

(一)强化服务文化的培植和宣扬,传播"服务正能量"

分行积极营造向上的服务文化氛围,弘扬"拼搏奋斗"的展业文化精神,鼓励员工立足岗位、展现拼搏精神。并通过各类评选活动等及多种载体,为传播优质服务文化搭建广阔舞台,同时通过广泛搜集各营业网点典型的服务案例、"超值体验"活动、先进管理经验、服务创新举措等,实现全行资源共享,营造充满正能量的服务文化氛围。一是推动"招行好体验、温暖随手发"等系列活动,通过贴心服务细节的改善,为客户创造惊喜体验。二是组织各营业机构服务管理人员到获得"中国银行业文明规范服务百佳示范单位"的支行和同业参观体验,通过体验标杆,学习和汲取先进的服务做法。三是树立先进服务典型,通过评选服务标兵、微笑大使等活动,形成以点带面的效应,有效激发员工服务热情。四是加强了服务文化的宣传,内部出版《服务直通车》,促进分行服务经验和服务文化的交流与分享,营造良好的服务文化氛围。

(二)强调履职意识、充实管理力量,构建完整的"全员化"服务格局

分行明确服务是一种责任,是所有人的事,要求各级管理人员承担管理职责,做到有研究、有举措、有突破。一方面各级领导反复灌输,强调危机感,服务创造价值,"因您而变"的理念。各机构的一把手和服务的分管行长建立"行长

体验”制度，以客户的身份体验本网点的服务，通过办理业务等方式发现问题，督促相关专业改进提升；另一方面各机构设立服务主管岗位，经过严格的选聘和系统的培训，建立一支业务技能过硬、服务经验丰富的服务主管队伍。通过发挥服务主管的职能作用，创造性地开展本单位服务监督、考核、创新、评比等工作，全面提升各机构的服务质量，既要管理过程，更要对结果负责。

（三）完善管理制度、创新管理模式，建立“以客户为中心全流程”服务体系

一是紧密围绕“以客户为中心”的服务理念，制定《招商银行沈阳分行客户服务考核办法》、《招商银行沈阳分行客户服务管理办法》及《招商银行沈阳分行客户投诉管理实施细则》；二是开发服务考核评价系统，充分运用分行综合信息管理网站平台，将服务管理迈向电子化。在实现提升服务管理效率、系统监督服务工作的同时使服务考核更加公正、客观、透明。三是全面改善和提升客户服务体验，制定分行全流程客户服务指引，推动全流程客户服务体系的初步建立。通过服务流程的精细化管理，简化并规范服务流程，给员工最便捷和直接的工作手册，给客户最满意和愉悦的服务体验。

正是始终秉承这种传承、发扬并不断光大的服务文化，沈阳分行获得了源源不断的发展动力；也正是得益于深入人心的服务文化和优质高效的服务供给，沈阳分行获得了客户、监管机构和媒体的高度认可。2008 年辖属 17 个网点全部获得“中国银行业文明规范服务示范单位”称号，占全省银行业的 43.6%，占总行系统的 36.2%，开创了中国银行业先河。同时也成功树立了地区一流的金融服务品牌形象，获得社会各界和广大客户的广泛认可。多次被授予“年度客户最满意银行”称号，已连续四年荣膺“沈阳榜样领袖大奖”，成为沈阳地区同业中唯一获得此奖项的金融机构。

传播服务文化　提升客户体验

在体验经济的今天，互联网金融正为我们生动而又形象地诠释着“极致体验”带来的变化和创造的价值，互联网与金融的深度碰撞，电子媒介与金融的渗透融合已然成为现代金融业不可逆转的发展趋势，金融服务正在从柜台走向指尖。而如何在体验上赢回我们的优势，纵然需要产品的创新、流程的高效、价值的提升……但服务却是这其中最不可或缺的、影响客户体验的关键因素，有时候甚至可以弥补产品、流程等方面的不足，做到先入为主、抢占先机；分享互动、挖掘需求；调和矛盾、化解危机。今天，我们的目标就通过为客户带来适配的、超值的、惊喜的服务项目，最终实现为客户提供极致的服务体验。

图 42－1 "传播服务文化,提升客户体验"服务专题培训会

二、营造一个氛围——以内部服务为轴,从"管理输出"到"服务输送"的作风文化

沈阳分行把自己比作一台机器,把每一名干部员工比作机器上的细小零件,机器的运作,既需要每一个零件都坚守岗位、发挥作用,更离不开零件之间相互的支持和配合,而内部服务就是这个联系着整台机器和每一个零件之间的"轴"。内部服务流程的顺畅与否,将直接影响对外部客户的服务态度、服务质量和服务效率,只有正确处理好内部客户关系,基层和一线才能更好地为外部客户服务。

为此,分行提出并深入推进"服务型分行"体系建设,把内部服务模式从"管理输出"调整到"服务输送"。通过完善以"主动、灵活、高效、合规"为主要特点的经营管理运行机制,为基层和一线提供全方位服务,并最终实现"客户满意"的终极目标。通过营造一个机关为一线、干部为员工、分行为支行服务的内部服务氛围,"服务型分行"的管理和服务理念也正逐渐成为沈阳分行不断发展中的又一核心竞争优势。

(一)知行合一,强调"服务型分行"的执行力

"服务型分行"就是为内部客户(既员工)建立一个保证利益、保证健康和保证发展的工作环境,让分行每名干部员工都能体会到"因您而变"的服务宗旨,让每个人都把自觉、主动做好内部服务工作作为发自内心的观念和愿望,作为本能和习惯。分行各部室结合自身职能提出对应一线的服务承诺,并通过对总体经营目标的逐层分解,转化为部室干部员工在内部服务内容、内部服务时间、内部服务效率以及内部服务质量方面的目标,并将这些目标分解到部门和

岗位，使各部门和岗位明确其应该做什么、应该怎么做、应该做到什么程度，通过可量化的行动指引把服务承诺变为服务行动。

（二）提升能力，强调“服务型分行”的前瞻性

打造“服务型分行”不仅仅是简单的处理投诉、答疑解惑和保证审批顺畅，更重要的是对基层单位的正确指导和方向指引。要求各级管理部门要具有准确研判形势发展的能力，从容面对复杂局面的能力，切实解决实际问题的能力和举纲目张、抓住本质的能力。要加大现代化管理工具的研发使用力度，开发、整合和优化各类管理系统，减轻基层和一线的操作和工作负担，形成前方士兵突击，后方参谋部研究、后勤部补给、司令部号令的正规化作战模式。

（三）加大问责，强调“服务型分行”的责任制

打造“服务型分行”的精髓，就在于要树立起“一个银行”的理念，要把分行作为一个利益共同体来看待，才能谋求发展。坚决抵制部室之间相互掣肘、拖沓推诿的工作作风，彻底打破部室之间的横向协调壁垒，积极主动地开展跨专业、跨部门的协作和联动工作，深入研究基层和一线所提出的本专业业务需求，解决问题。在对“服务型分行”的考核和问责上要像外部服务一样，实行“连坐制”，本部室经办员没处理好的，要问责其主管领导和部室一把手，部门间没有协作好的，要主、协办部门一同问责，切实发挥考核作用，把“服务型分行”工作落到实处。

三、创造一条道路——以创新管理为径，从“千篇一律”到“百家争鸣”的创新文化

沈阳分行自2004年开展创新活动以来，广开言路、博采众长，通过制度的推动、系统的建设、氛围的营造，进一步点燃员工热情、调动员工思维、发挥员工才智；广泛收集员工声音，通过层层传递、逐层审批，把一线的声音传递到管理部门、传递给分行领导，实现了员工一个建议，行长一笔审批，开启了分行创新工作上“传声筒+助推器”的声音工程，并在倾听创新声音的基础上，“创”以致用，将创新思维有效地转化为生产力，形成分行持续发展的内生力和竞争力。

（一）一个思路、一片天地——系统内首开同业跨系统邮储柜面通合作（2006年）

为弥补分行物理网点的不足，扩大分行业务辐射范围，2006年分行与沈阳邮政储汇局正式开展“邮储柜面通”合作。陆续与邮储84家网点合作开展柜面存取款、信用卡还款互为代理业务，既有效地弥补了我行因网点分布不足、“一

卡通”客户办理业务不便的问题，也缓解了邮储网点资金量小、“绿卡”大额存取款业务办理不便的问题。

“邮储柜面通”业务对分行优化网点资源、提升客户满意度等方面起到了越来越重要的作用。邮储代理业务年交易量已达到分行两家中等规模网点交易量。

(二)一个动作、一笔财富——调整分行自助设备代理他行卡单笔取款限额(2009 年)

经同业对比，分行卡在他行的取款限额绝大部分被限定为单笔最大支取 2000 元，而他行卡在我行自助设备上取款没有严格的限制，最大单笔可支取 10000 元。根据银联的规定，银行间互为代理银行卡取款，开卡行应按交易次数支付手续费，这将直接加大我行费用支出。为此，分行将他行卡在我行设备上取款的最高限额调整为每笔 2000 元，将我行卡在他行取款的最低限额为 200 元。

以创新建议提出和采纳的 2009 年完整年度测算，分行仅调整自助设备取现限额一个小动作，即可实现全年增收 153 万元。

(三)一个声音、一份关爱——减少周末人工服务网点，实行周六、周日网点轮休制(2010 年)

经交易量统计，周末、周日来行办理业务的客户数量较少，且多为现金存、取款、缴费、信用卡还款等可通过自助设备完成的简单业务。数据显示：分行工作日日均业务总量为 20923 笔，节假日日均业务总量为 11804 笔，节假日仅占工作日日均业务总量的 56.41%。从客户区域分布来看，节假日普卡及金卡区日均业务总量为 9819 笔，金葵花区日均业务总量为 1985 笔，金葵花区业务总量仅占全部区域的 16.82%。为此，分行积极响应员工诉求，推行营业网点轮休制度。

实行轮休制当年，分行 11 家支行全年共计减少营业天数 50 余天，平均累计节约水、电、煤气、取暖、员工就餐等其他营业费用约 150 万元。共计节省柜员 18 人、厅堂服务人员 10 余人，节省出的员工一是在工作日期间增加营业窗口和厅堂服务人员，减少了客户等待时间、提升客户体验；二是加快了向高价值岗位输送的速度，形成了更为合理、充足和梯度成长的人才储备与培育；三是轮休保证了一线员工周末休息的诉求，得到了广大员工的欢迎和好评。

(四)一个举措、一项创新——在东北地区和总行系统内最先启动了真正意义上的自助设备维护管理外包和自助银行管理体系改革(2010 年)

2000年，分行建立了东北首家离行式自助银行，率先开展了24小时金融体验店式的全功能自助银行推广，并在后续管理上率先采取自助设备集中清机管理、自助银行厅长驻点服务等措施，优化和强化对自助银行的服务和管理，自助设备的布设速度和规模位居地区同业前列。然而，随着二次转型的不断深化，对自助银行管理工作的精细化、集约化要求日益明显，如何更能突出自助银行的效能管理，进一步降低自助银行的营运成本，并最终提升客户端感受，成为摆在分行面前的一个突出问题。为此，分行于2010年在东北地区和总行系统内启动了真正意义上的自助设备维护管理外包和自助银行管理体系改革工作，将362台自助设备全部移交清机外包方。

运营当年，累计节省人力39人，节约维护资金投入800余万元。从根本上解决了高成本的正式员工与琐碎的基本操作之间投入产出"不划算"的矛盾；解决了客户及时交易需求与设备故障维护时效性之间服务响应"不及时"的矛盾；解决了分行管机员频繁流动与业务培训不及时之间风险敞口"不稳定"的矛盾。

（五）一个系统，一种模式——探索反洗钱集中监测分析管理模式（2011—2012年）

2011年沈阳分行顺利完成"反洗钱集中监测分析管理模式改造"工作，率先实现系统内分行层级反洗钱集中监测分析管理，使反洗钱工作由原来的"单一人工"判断变为"人脑+系统"精确分析。

集中监测后，工作人员由分散模式下的18人集约为集中模式下的3人，人工效能提高6倍，初算年度直接节约费用500余万元。上线一年内即实现月度可疑交易报送率下降50.68%，可疑交易迟报率下降1.07%，接近零迟报的管理目标。在反洗钱工作上实现了节约成本和提高报告质量的双重目标。

（六）一个办法，一次尝试——建立"两小"企业贷款账户风险监测系统（2013年）

为解决"两小"企业贷款业务量与日俱增和"两小"企业贷后管理难之间日益凸显的矛盾，2013年分行尝试开展"两小"企业贷款账户风险监测工作，实现对"两小"企业贷款客户风险的必要监测，实现对"两小"企业信贷资金使用情况及账户资金流动情况的实时掌控，控制"两小"企业贷款资金、政策风险。依托系统风险预警、风险任务反馈机制，提高对两小企业贷款风险的实际控制能力。

上线初期，确认风险数据6笔，涉及贷款金额200余万元；生成"进账资金可疑来源"风险任务403条，近20笔进账来源为"小额贷款公司"、"担保公司"的交易被预警。

四、构造一道防线——以合规管理为本,形成“稳中求进”、“凸显价值”的合规文化

20年来,沈阳分行在不断强化内控管理理念和方法下,形成了良好的合规文化氛围,内控和合规工作已逐步走上科学、规范、自律性轨道。严谨的合规理念、审慎的内控管理构成了分行健康、可持续发展最牢固的基石和最坚实的核心竞争力。

(一)培育良好的合规文化

分行始终秉承“全员利益共同体”理念,“行兴我兴、行衰我耻”,提出了包括“违规就是制造风险,违规就是制造案件”、“严格管理必须严格处理”、“加大处罚力度,提高违规成本”、“业绩不仅仅是指标,也包括管理”、“内控人人有责”、“管理面前人人平等”在内的一系列管理标准和管理要求,以及“管理好不一定成事,管理不好一定败事”的管理学成事定律。

在合规文化培育上,围绕全员合规、内控优先的教育理念,不断增强员工合规意识,将合规管理转化为干部员工的自觉、自愿、自律性行为。一方面要求管理者坚守合规底线,严格践行“任何人都没有超越内控约束的权力”的管理要求,坚持将审慎经营和防范风险放在第一位,做到经得起诱惑、顶得住压力、耐得住寂寞、受得了委屈,该退出的坚决退出,待介入的审慎介入,理性地看待市场、理性地看待客户、理性地看待同业,稳步推进业务发展。另一方面持续教育宣导,深植合规基因。多年来分行开展了“学、查、改”、“回头看”、警示教育、管理反思等一系列教育宣导活动,把合规意识就像DNA一样深深植入全体干部员工的体内,将合规成为一种自觉意识和行为习惯,实现了从“要我合规”向“我要合规”的转变。

(二)形成完善的体系建设

一方面是制度体系建设。分行形成了“有业务就有制度覆盖,有制度就有检查覆盖,有检查就有责任覆盖,有责任就有奖惩覆盖”的四个覆盖内控工作要求,并建立起了一整套涉及组织框架、日常履职、考核评价等在内的风险管理制度体系,把内控合规管理融入到日常经营活动当中。

另一方面是考核体系建设。分行坚持合规管理同机构考核挂钩、同干部任免挂钩、同员工发展挂钩、同年终奖金挂钩的“四挂钩”考核机制。推行规范化的合规评级制度,科学评价机构、干部、员工合规管理情况,并将合规考核作为

转岗、竞聘、晋升的重要依据，每年根据机构、人员合规管理情况实施差异化奖励。

（三）覆盖全员的行为管理

分行坚持将风险关口前移，由注重员工异常行为管理逐步延伸到覆盖全体干部和员工的行为管理，将行为分析会议，“三必访、四必谈”变成日常管理的长效机制。一是按季度组织召开分行层面的干部员工队伍管理工作会议和支行层面的员工思想状况与行为表现分析会议，专题研究员工队伍建设、思想教育和员工行为管理状况。二是始终坚持员工行为管理“三必访、四必谈”制度。“三必访”，即新入行员工必须家访；员工家庭有重大事项（婚丧、住院等）必须家访；员工出现异常行为必须家访。“四必谈”，即员工出现思想波动必须谈话；经常出现业务差错必须谈话；员工工作岗位变动必须谈话；向员工反馈考核意见必须谈话。及时了解员工思想状况，解决员工思想问题，加强员工行为管理。三是建立与员工家属（长）定期联系制度，召开员工家属（长）会，关心员工生活，加强员工八小时之外的行为管理工作。四是建立健全全员监督机制。营造全员关注异常行为，防范道德风险氛围，通过行长信箱、举报电话和内部邮箱，建立健全员工异常行为和要害人员管理报告制度和信息反映渠道，保证信息的有效传递和行为的全员管理。并借助外力，通过公安网、反洗钱系统等实现员工异常行为的早发现、早管理。

五、打造一支队伍——以员工成长为任，共创“快乐进取”、“平等互信”、“和谐向上”的关爱文化

员工是企业精神的体现者、企业价值观的折射者。打造一支优秀的、崇尚文化的团队是企业成长和健康发展的灵魂，是企业的竞争优势的长久支撑，是企业最宝贵和独具特色的无形资产。

（一）关爱员工，身体力行，创建分行“和谐家园”

分行制定并不断完善《招商银行沈阳分行对员工探望慰问工作规范》，对慰问的人员范围、慰问标准等内容根据实际情况及时进行细化和规范，将慰问工作纳入工会日常工作当中。积极关注员工身心健康，关心员工工作生活，在对结婚、生育、住院等员工慰问基础上，开展更加有针对性的员工生日庆祝、节日慰问等关怀慰问活动。建立困难员工档案，逐年进行走访慰问，传递组织温暖和分行大家庭的友爱与支持。

（二）贴近生活，走近员工，打造温馨“职工之家”

分行高度重视“职工之家”建设工作，努力打造员工可信赖、可依赖的“职工之家”，创新工作思路，贴近员工生活，将职工之家“搬”到员工身边，在各机构挂牌建立“职工之家”，率先建立“移动图书馆”、“运动角”、“茶歇区”等多功能服务机制，配备相应的设施与设备，精心美化职工之家服务环境，全方位满足员工学习、阅读、运动和交流等需求。并根据《招商银行沈阳分行开展建设“职工之家”活动实施细则》开展“职工之家”评比工作，分为“合格职工之家”、“先进职工之家”和“模范职工之家”，切实为员工服务。

打造职工的和谐、温馨、成长之家

“移动图书馆”由书店提供图书借阅上门服务，按季度把畅销书和员工们喜欢的书籍全部摆进“移动图书馆”，并根据员工提交的阅读需求随时提供个性化读书服务，满足员工专业知识获取和业余阅读的需要，分行平均年阅读量已达到1.16万册，相当于每年人均读书7.7本，在分行阅读已蔚然成风，形成“悦”读风。“运动角”设置动感单车、美腰机、踏步机、哑铃车等多种运动设施，并每半年进行一次调查，更换和添置更加符合员工需求的设备，鼓励员工利用班前、班后时间加强体育锻炼，为身体充电。“茶歇区”配备简单饮品和饼干，在员工活动区域的一角营造出家的温馨，使一线员工能够在繁忙的工作之余来到这里补充体力，缓解压力。

图42-2　职工之家

（三）文体兼备，全面发展，丰富员工业余生活

在每年举办综合性运动会，羽毛球、乒乓球、排球比赛，春、秋两季度健步走等积极健康的体育活动的同时，分行大力支持民间俱乐部发展，先后成立了网

羽乒俱乐部、瑜伽健身俱乐部、篮球俱乐部、自行车俱乐部、摄影俱乐部，并结合银行女员工多的特点，从关爱女性出发，组织成立了分行女性俱乐部，专为女员工开设各类文化艺术课程，加强女员工之间交流，解决生活上的问题和心理上的压力。

（四）提升能力、多元发展，努力实现共同成长

一方面是把“提升能力”作为对员工最大的关爱。一是分行自2007年起每年组织全员脱产培训，以“提升能力、强化管理，加快变革、追求卓越”为目标，聘请外部专家、分行讲师、优秀代表开展培训，全员参与、知识共享。二是分行根据客户经理层级设定不同的培训计划，针对客户经理所处序列等级、从业年限等实际情况制定差别化的培训项目和培训课程，通过讲解、交流、情景演练、实战等多种形式相结合的培训方式，有的放矢、提升能力。三是加强基层工作指导，传授员工科学的工作方法，形成条线培训、支行培训以及跨专业交叉培训体系，全面提升员工综合能力，帮助员工看到希望、找到方向，走向未来更广阔的职业舞台。

另一方面是把“适才适能”作为给员工最好的发展。一是推行干部任用选拔制度，形成储备充足的分行后备干部人才库，为有条件、有才干、有胆识、有创新活力的年轻员工提供锻炼和发展的平台，做到人尽其才。二是将员工职业发展由以行政任职为主转为双通道发展，为员工提供了更加广阔的职业发展空间，加大高价值岗位人才的储备、培养和配置力度，建立市场导向型岗位价值体系，鼓励员工成为专家。三是加快畅通员工专业序列发展路径，让合适的人在合适的岗位上工作，并通过能力和业绩的积累实现个人职业生涯的持续发展，推动员工与企业共同成长。

现代管理学中有一句经典名言，“理念决定行动，行动决定命运”，深刻地揭示了理念对企业发展的决定性作用。而企业文化正是这种理念，是一种现代企业管理理论和管理方式，是提高企业综合竞争实力的重要管理手段和精神力量。今天，面对纷繁复杂的外部环境、日新月异的时代变迁，企业如果单纯依靠“硬”管理，将难以达到发展中的精密与准确，只有依靠“软”文化的力量才能实现发展的健康和可持续。“五个一”工程正是沈阳分行在多年工作中不断磨合、修正、总结并提炼出的特色企业文化，它发挥凝聚作用，推进“物质文化”建设；发挥导向作用，优化“行为文化”建设；发挥约束作用，深化“制度文化”建设；发挥激励作用，推动“精神文化”建设。未来，这股向前、向上的企业文化力量必将持续推动着沈阳分行在发展的道路上不断强化和提升核心竞争力，展现更加旺盛、蓬勃的生命力。

寿险企业文化思考及现实推广的创新路径初探

欧　伟*

一、寿险公司进行企业文化建设的迫切性与思辨性

企业文化是企业为解决生存和发展的问题而树立形成的,被组织成员认为有效而共享,并共同遵循的基本信念和认知。企业文化作为舶来品,从20世纪80年代初期被引入我国,不仅为理论界所关注,更为企业界所认同践行,这绝不是偶然的。与一种社会主义经济体系的变革相契合,应接城市经济体制改革的历史呼唤,与其说认证了我国走向社会主义市场经济体制理论认识的不断深化,不如说是市场经济发展后其市场主体对企业内在需求的渴望,这使得企业经历的初创时期,即能人发展时期、制度发展时期,进而向文化发展时期演进,成为显著特点。企业文化在30多年的改革开放进程中,对企业自身的生存与发展发挥了不可忽视的作用,顺理成章地使企业特别是以生产物质财富的企业受了益。

我国恢复保险业的历史阶段,恰与我国以经济建设为中心的历史转型期相接驳。但它与工业、商业体系不同的是,保险业作为我国金融体系的重要组成部分,由于历史因素和行业传统的羁绊,企业文化植入的时间要晚一些,既有历史的原因,也有自身建设的原因:

一是从寿险文化形态的历史源流来看,尽管我国处在半殖民地、半封建的社会历史阶段,西方保险业对我国市场的渐进渗透,使保险文化西风东渐的痕迹明显。但由于其萌芽阶段与中国自给自足的经济发展矛盾,因而发育不良,

* 中国人寿保险股份有限公司辽宁省分公司党委书记、总经理;本文获2014年全国金融系统思想政治工作和企业文化建设调研成果二等奖。

保险业也主要停留于我国沿海城市及人口稠密地区,保险文化融合基础不牢。

二是从寿险业历史中断的坎坷历程来看,从保险业在新中国成立到"大跃进"时代被停业,反映出因这一经济形态被历史误读所出现的保险文化断流现象,也直接影响特别是寿险文化的传承提升。从当今寿险文化内质就不难发现,其中资公司的文化发展较为滞后,文化形态较为传统。

三是从寿险公司经营的特点及外部环境看,寿险行业发展模式粗放,产品种类不丰富,不能满足人民各类保障需求,行业主体增多,过度追求规模,行业理论研究人才不足,重视程度不够。加上近年来受国际金融危机影响,行业在内外双重问题作用下,由快速发展期进入增速放缓期。行业服务水平及销售人员素质不高等导致出现行业口碑不佳的尴尬局面。

上述三个方面的分析,引发了笔者的深入思考,既然我国寿险公司存在先天不足,那么就更需要启动辩证思维,搞好其企业文化的"普世性"与实践性的辩证统一,抓好企业文化的理性指导。

一是内涵的普世性离不开专业化指导。企业文化集中体现了一个企业经营管理的核心主张,以及由此产生的组织行为,本质上是通过企业制度的严格执行衍生而成,制度上的强制或激励最终促使群体产生某一行为自觉,这一群体的行为自觉便形成了企业文化。寿险公司的企业文化建设不但要研究企业文化的普世性,更要研究本行业企业文化的实践性。因为企业文化没有现成的内容可以套用,适用于别的企业的企业文化不一定适合寿险企业,别的企业的企业精神、管理理念和员工行为规范,不能照抄照搬。这些都与一个企业的历史背景、成长过程和发展历程以及团队构成直接相关,只有把企业文化的实践性研究透了,才能够建立起真正适用于企业发展的文化体系。否则,即使形式上建立了企业文化,不论语言听起来多美好,用词看起来多华丽,也只能是表面文章、形式而已。

二是专业化指导离不开内涵的普世性实践。无论在这个时代我们多么认同一个好的企业文化所带来的积极向上的作用,但首先企业是一个以追求利益为核心理念的团体,效益是一个企业进行一切活动的根本。企业文化的形成不是凭空产生的,很多优秀的企业文化往往是在一个特殊的时期里,在一个偶然的契机下从复杂的人文精神中传承下来的。海尔集团的例证就有一定的借鉴作用。海尔电器的优良的企业文化基础的构成,最早就是1984年张瑞敏带队到西德和意大利考察,在学习先进技术的同时把当地严谨的工作作风学习过来形成的,这中间包含着二战之后意大利和西德为迅速恢复快速发展的强烈欲望以及当地人极致认真和重视工作程序的作风。可以说,海尔企业文化的形成过程中,西德和意大利电器企业成功实践的启示功不可没。一个企业自身文化的成功,往往要经过几十年上百年的实践才能证明。而一个企业在建设自身文化的同时,往往刚刚起步,必定要借鉴同行业先进的经验和人文精神,再糅合自身的特点逐步形成。闭门造车往往是不可取的,也是不可能成功的。

三是企业文化的普世性与内涵的实践性沿着螺旋性上升的轨迹发展。企业文化的普世性和内涵的实践性是紧密相连的,离开了普世性,实践性失去了企业文化的价值精髓;离开了实践性,普世性也失去了存在的意义。每一个企业在建立企业文化的过程中,所面临的实践性是不同的,一定要认真研究,既充分体现实践性,又充分彰显普世性。如寿险公司属于金融服务类行业,所建立的企业文化一定要包括专业、诚信、服务优质等元素。海尔的精神和作风是在不同的时期有不同的表述,也印证了这一点。海尔在第一个十年因为比较困难,海尔的精神是“无私奉献,追求卓越”,海尔的作风是“迅速反应,马上行动”;第二个十年,海尔的精神是“敬业报国、追求卓越”,作风是“迅速反应,马上行动”;第三个十年,到了信息化时代,海尔的精神是“创造资源,美誉全球”,作风是“人单合一,速决速胜”。总的看,健康有力的企业文化,其建设过程中,内涵的普世性和内涵的实践性应该沿着螺旋性上升的轨迹发展。

二、寿险企业推行企业文化的现实状态

(一)认识性与落实性在现实中的偏差

中国的寿险企业刚刚经历了第一个高速发展的十年,在行业发展速度逐渐变缓,由粗放型向集约型转变的过程中,很多人都意识到推行企业文化的重要性,然而往往在落实上存在偏差。如,寿险公司目前在新人培训、各种会议和活动中都把提高服务质量和避免销售误导的话题挂在嘴边,但往往真正取得的效果不明显。又如寿险公司的管理者们都在报告和口号中强调建设企业文化的重要性,却往往在实际工作中选择性忽视,只顾眼前利益,不顾长远发展。

近年来寿险市场的激烈竞争和严格的监管环境催生了发展层次的提升,公司日常运营、制度体系、服务平台、风险控制建设任务日益繁重。面对新形势、新变化,要求我们必须用先进的文化来引导发展、培养人才、提高核心竞争力。

通过将先进的文化渗透在公司经营的全过程,实现支持系统由物质激励向制度体制规范、实现共同目标转变,使公司成为一个有机联系、协调运转、分工合作、利益与共的整体。

(二)内涵性与区别性在理解上的偏差

寿险行业的业内人士很多人把构建企业文化简单理解为增加举办文体活动的次数,如何在表层上形成冲击力强的活动模式,如开会、搞宣传、做演讲,卡拉 OK、棋类比赛等,这是对企业文化概念和常识缺乏了解的想当然的理解,这本身其实是一种误区。诚然,这些活动是企业文化的组成部分,但绝不是企业文化的本质内涵,也不应以此取代企业文化应有的本质属性和特征。构建企业文化的关键在于明确公司的事业发展关键在人。企业文化的根本是以人为本。所以员工的素质极为重要。通过企业文化的建设不能提升员工知识文化素质,但可以帮助员工形成正确良好的发展观和事业观,从而促进公司良好风气的形成与和谐氛围的营造,为发展目标的时限奠定基础。所以一切活动都应以此为准则,才能走上构建企业文化的正确的道路。

(三)硬实力与软实力在重视上的偏差

要理解软实力的概念和重要性。这个概念最早是由美国哈佛大学教授约瑟夫·奈尔提出来的,根据他的说法,硬实力是一国利用其军事力量强迫、经济实力收买的能力。软实力则是一国通过吸引和说服力,从而达成目标的能力,后扩展到企业管理领域。硬实力是企业发展必不可少的物质基础,企业只要注入大量的资金,搬用易如反掌,而复制一个企业的文化和思维方式则极为困难,软实力无法用钱置换,它对企业的长期经营业绩具有重大作用,是企业发展的关键因素。习总书记所提出的“中国梦”的概念也代表着新一届中央领导集体提升中国软实力的决心。无论是一个国家,还是一个企业,都要重视软实力的提升,不然就无法实现持续健康发展。

(四)口号性与文化性在形态上的偏差

把企业文化等同于空洞的口号,缺乏企业的个性特色,连企业的决策者本身都说不清楚其所代表的具象表现,对员工自然无法起到强烈的凝聚力和向心力作用。一些企业认为提一些年度的口号,就可代替文化的导入。在一般经营年份,使用一些简短、凝练的语句或口号,振奋员工队伍无可厚非,但是否具有文化性的感召功能,值得推敲和评估,以口号代替文化建设,在企业文化建设上的偏差值得注意。

(五)经营性与实用性在推行上的偏差

企业所推行的企业文化往往是以经营性为前提,却忽视了实用性,过分强调经营性是一种只顾眼前利益的做法,企业文化的构建不是一朝一夕完成的,但却是对企业长远发展有益的,它所代表的行为规范、价值观、理念信仰是短时间内不可见的,就如吉登斯悖论所阐述的那样,短时间内可能没有什么效果,但如果长时间忽视对企业的影响将是巨大的。

三、寿险公司创新推行企业文化的现实路径

(一)纠正认同性与落实性上的偏差,普及企业文化原理知识,在营造企业文化氛围上下功夫

一是要在员工方面落实。寿险企业要让全体员工对文化理念普遍了解并广泛认同,需要建立有效的宣传教育机制,有目的地进行引导,提高员工的认识水平,进而影响他们的价值理念和日常行为。

二是要在管理层落实。企业领导干部要有建设企业文化的自觉意识。现阶段,寿险企业处于非完全竞争市场之中,只靠从经验出发或自身的管理习惯做起,已不能完成寿险企业应当担负的使命,启动文化兴司战略,充分认识企业文化建设的重要意义,把握企业文化建设工作的内在规律,带头践行企业文化理念,为员工当好表率,才是企业经营者管理的应有之义。

三是在企业形象方面的落实。企业文化管理中形成的企业形象是指企业自己在自己的价值观和经营理念的指导下,为适应社会公众和消费者的需要,按照一定的标准和要求,综合运用一系列的手段和工具,把以企业价值观为基础的经营理念和产品服务特色,展示给社会公众和目标消费者,使他们对企业产生良好的形象和认同感,并转化为响应的基本信念和综合评价,从而为企业创造一种理想的经营环境。

四是在物质层面的落实。寿险企业文化的推行,企业没有一定的人员管理和资金保障,企业文化建设工作就难以开展。虽然对企业文化建设的投入在短期内难以得到明显的经济收益,但企业领导干部要从提高对企业文化重要性的高度认识,树立对企业文化投入就是对企业发展投入、对企业未来投入的理念。“磨刀不误砍柴工”。适当的物质投入是企业文化建设得到开展的必要条件,也是收获成果的前提基础。

（二）纠正内涵性与区别性上的偏差，在文化实践上与文体活动区别开来，在边际定位与整合推进上下功夫

寿险企业文化实践与并不等同于文体活动。目前，寿险企业在表层文化层面举办的文体活动往往很多，但要成为对构建企业文化有利的文化实践需要满足几个原则：要成为宣传企业文化的良好形式；要成为提高员工思想道德品质的良好载体；要成为培养员工竞争和危机意识的良好途径；要成为激发员工积极性的有效渠道。寿险的企业文化实践应既清晰对位，又因势利导，在整合推进与发展上下功夫。

（三）纠正硬任务与软文化上的偏差，实行两个目标双下达的绩效考核机制，在软资源撬动硬目标上下功夫

企业文化建设是一种长期持续的管理行为，也是对团队润物无声的陶冶过程。企业的文化建设需要与企业的日常经营管理紧密相连，形成工作上的捆绑效应、实施中的策应效应、灵魂中的牵动效应、目标中的催化效应。要达到这种境界和效果，需要实行两个目标的绩效考核机制，这里要突出在软资源撬动硬指标上的特殊功能。在硬指标遇到硬困难的关头，往往团队的文化会起到坚定信念、排除万难的意志统领作用，这种作用会无坚不摧。

（四）纠正口号性与文化性上的偏差，在表现形态上注重区别开来，在精神层面改造上下功夫

要让寿险企业文化建设不只停留在表面的口号或墙上的标语，就要在精神层面改造上下功夫，就要了解员工的心理。按照马斯洛的需求层次理论分析，企业文化之所以能被企业员工普遍认同并自觉遵循，是因为他所涉及的理念和行为体现了员工高层次的需要，体现了员工进入企业后关于生存与安全感，归属与共享，自我发展和自我实现这几种需要，一种好的企业文化一方面建立了良好的工作氛围，提高了效益，另一方面又满足了员工高层次的需要。这两者并不矛盾，且相辅相成。

在寿险公司员工的归属需要方面，可以用“社会认同”这一心理机制来阐释。不同的企业把人们分成一个个不同小群体，人们非常愿意从自己所属的那一类特殊社会群体中获得自尊感，寿险企业也是这样。

改革开放以来，我国保费收入以年均26.09%的百分比增长，远远高于同期GDP年均9.5%的增长率，1988年我国保险深度和保险密度分别为0.73%和

9.97元/人,2007年这两个数字已分别改写为2.85%和533元/人,20年间分别增长了2.9倍和52.5倍,可以说,保险是国民经济中发展最快的行业之一。然而,中国保险行业目前面临着经济体制和宏观环境多重影响下产生的各类问题,包括市场规模偏小,发展不均衡、资金运用渠道相对狭窄,收益偏低等,以至于保险功能和作用还没有充分发挥。保险在国民经济中的地位不高及近年来存在的一些关于销售误导的案例导致行业的口碑受到很大影响,要让员工对行业有归属感,只有不断调整战略,树立良好企业形象,使员工树立信心,满足共享需要。

在寿险公司员工自我发展和自我实现的需要方面,自我发展和自我实现是人们"巅峰级"的需要。员工所追求的往往不仅仅是工作本身,除了从工作中获得报酬得以谋生以外,更希望从工作中找到人生的目的和意义。

中国保险监管部门给保险定义为三大功能,即经济保障、资金融通、社会管理。分开来说有六大意义:一是抵御不测灾难,转嫁人生风险。二是积聚闲散资金,支援国家建设。三是为国创收利税,增强综合实力。四是提供就业途径,保障职工生活。五是提高文明程度,造就社会贤才。六是提高全民素质,促进社会发展。这六大意义,要使员工充分认识到,保险是一项值得为之终身奋斗的事业;不仅仅是为客户本人送去保障,更是为全社会作出贡献。同时,客户为自己购买到保险的同时,也间接为全社会作出了贡献。

(五)纠正经营性与实用性上的偏差,在文化推行上强化适用性,在具体工作践行上下功夫

企业经营性的本质是为社会创造财富,同时实现企业和员工自身价值,并获得相应的物质和精神回报。企业在日常的经营活动中更加重视实用性,而企业文化在建设过程中,应在制度层面的内涵上反映企业的规则特色、反映管理者的文化规范,员工在制度的要求下自觉按照规则规范自己的行为,这种行为文化最终使制度转化为文化形态。

在这方面,惠普公司的做法值得推崇。这家企业十分注重营造一种家的感觉,鼓励员工友好相处。公司的工会组织很活跃,主要工作是关心员工生活,丰富大家的业余时间。当公司规模不大时,公司就给每个结婚的员工买一件礼物,给每个生孩子的员工送一条婴儿毛毯,还每年为全体员工及家属举行一次盛大的野餐,其目的就是通过这些方式把大家凝聚在一起。这比整天口头上提倡团队精神来的自然,是一种水到渠成的过程。此外,每一个人,包括最高主

管，都是在没有隔墙、没有门户的敞开式办公室里工作，各部门之间只有矮屏分隔，除会议室、会客室外，任何人都不单独设办公室，也不称呼职位，连董事长也不例外。虽然这种方式有一定的弊端，但在惠普公司，其带来的好处远远多于其不利之处。

四、寿险公司在创新企业文化路径选择上要注意的问题

（一）注重金融行业的特殊性，符合员工行为特点

企业文化的内容是十分广泛的，但其中最主要的应包括经营哲学、价值观念、企业精神、企业道德、团体意识和企业形象等。对金融行业来说，经营哲学应具有本行业的特点。

寿险行业发展路径的关键最终一定体现在什么样的人推行什么样的文化。如中国人寿吸收了中国儒家优秀文化元素，融合当代全球视野，形成了自身的文化体系，确立“成己为人，成人达己”的“双成”核心理念的公司文化宝典，让客户“相知多年，值得托付”，使公司始终处在寿险行业中流砥柱的地位，符合员工的使命感、责任感、归属感和成就感。

（二）注重外部环境的影响性，符合金融形势变化

寿险公司经营形势的好与坏，很大程度上由外部的金融形势变化引导，金融形势好可能给公司带来不断扩张的市场机遇，形势不好则可能导致相反的结果，同时国家税率、利率和汇率和相关政策等方面的改变也可能通过市场对寿险公司的管理变革和文化变革施加影响，由于我国早已加入世贸组织，国内很多寿险公司已经在多地上市，受经济全球化和区域经济一体化的影响越来越大，导致寿险公司必须不断根据国际金融形势调整自己的战略和文化，以适应一个又一个接踵而来的挑战。

（三）注重文化导入的差异性，符合企业价值认同

企业文化建设因行业特色、产品种类的差异，因而形成了区别感较强的文化特质，这是正常的。但文化导入的差异性，不应成为文化推行的羁绊，符合企业价值的认同是企业的安身立命之本。如，海尔集团在建设企业文化活动中重视继承传统文化，“大学之道，在明明德，在止于至善。”儒家的思想等对海尔员工价值观的形成有很大的帮助。海尔集团在内部报纸上引用了陆游一句诗，“能追无尽景，始见不凡人”，就是员工能实践不可能实现的目标，那么他就是不

平凡的人,每一个人必须把细节做到位。海尔集团的经验为寿险企业提供了可资借鉴的范本。

(四)注重时代精神的创新性,符合现实规制诉求

近年来,社会影响力投资这一概念逐渐被提出,当可持续发展和包容性增长日益成为社会发展的趋势,当社会贫富差距日益显著、环境问题逐渐恶化,可以实现正面社会和环境效益的社会影响力投资正成为一股卓有成效的创新力量,摩根大通和洛克菲勒基金会联合发布的《影响力投资:新兴的资产类别》报告预测在未来10年中,全球范围内影响力投资预计达到4000亿到10000亿美元。

一种良好的企业文化能吸引大量人才,同样的,文化引领也是企业创新发展的动力之源。企业文化在企业成长中始终处于一种与时代相生相随的互动交融,而这种文化的内在属性和外在形式不能不打上时代的烙印以及社会规制演变的痕迹,寿险企业的经营者要抓住这种变化的契机,杜绝销售误导,丰富产品种类,获得良好的口碑,最终进入良性发展的佳境,并将创新因素植入其中,这是理性的寿险企业从容应对各类风险和挑战的必然要求,也是自身依托诚信文化赢得客户和市场,使企业处在时代前沿的终极归宿。

一个充满责任感的寿险企业,应以自身对寿险企业文化思考及现实推广的创新路径的探索为起点,在践行"中国梦"的时代节拍中,积极推进企业文化建设,为建成小康社会做出新的更大的贡献。

紧随“中国梦”的步伐
铸就“长城梦”的精彩

中国长城资产管理公司办公室课题组*

十八大以来,“实现中华民族伟大复兴”的“中国梦”已成为凝聚亿万人民的伟大梦想。习近平总书记提出,要实现中国梦,必须“坚定中国道路、弘扬中国精神、凝聚中国力量”,并对各行各业都提出了期望要求。作为金融企业,如何将自身发展融入到国民经济发展大局之中,担当起回馈社会、造福民生的重任;如何凝聚本企业员工的智慧和力量,为实现“中国梦”提供助力、发挥作用等等,都是值得认真思考的问题。中国长城资产围绕国家改革发展战略,以“中国梦”为引领,提出了“打造百年金融老店”的“长城梦”,并立足“三个层面的融合”,发挥“中国梦”对企业价值观和发展战略的引领、激励作用,取得了良好成效,连续两年被中国银行业协会、中国企业文化研究会分别授予“年度最佳社会责任实践案例奖”、“全国企业文化建设优秀单位”,公司的使命感、竞争力、凝聚力得到明显提升。

一、责任为先,促进“中国梦”与“长城梦”在公司使命层面的融合

党的“十八大”提出了“两个一百年”的奋斗目标,要实现这个目标,就必须推动经济持续健康发展,筑牢国家繁荣富强、人民幸福安康、社会和谐稳定的物质基础;而金融是现代经济的“血脉”,要保持经济的持续健康发展,就离不开金融的服务和保障。因此,中国长城资产作为金融企业,始终坚持将“长城梦”融入“中国梦”,时刻牢记公司使命,积极履行社会责任,在促进经济发展、推动结

* 调研组成员:王彤、申希国、高建武、龚实愚;本文获2014年全国金融系统思想政治工作和企业文化建设调研成果二等奖。

构调整、服务中小企业、惠及社会民生等方面发挥了积极作用。

(一)牢记使命不动摇

中国长城资产成立以来,先后经历了政策性处置和商业化转型两个阶段。无论哪个阶段,始终以服务国家经济发展大局为己任,将自身使命与国家战略相融合。成立之初,公司担负着“化解金融风险,支持国有银行和国企改革,最大限度保全资产、减少损失”的历史使命,积极投身不良资产经营处置工作,圆满完成了国务院下达的政策性处置任务。此后,又按照“一司一策”、差异化发展的思路,加快向商业化转型,努力构建集资产管理、金融租赁、保险、信托、基金、投资、担保、评估咨询等多种平台于一体的多元化经营格局,进一步增强服务实体经济的能力。针对新的形势变化,中国长城资产把时不我待的紧迫感、舍我其谁的使命感、兴业报国的责任感注入企业文化中,对原来的公司使命进行了扩充,提出以“化解金融风险,提升资产价值,服务经济发展”为新的使命,以兴业报国为理想,积极打造“以资产经营管理为核心,以重点服务中小企业为特色,以多种综合金融服务为手段”的现代金融服务企业。中期目标是成为功能多元、特色鲜明、品牌一流的金融资产服务商和在国内金融市场具有一定影响力的公众公司,最终目标是打造成为具有国际影响的百年老店。当前,在中国经济进入“新常态”的形势下,新经济呼唤新金融,中国长城资产将围绕新的使命砥砺前行,为服务经济发展做出更大贡献。

打造长城特色　服务中小企业

中国长城资产管理公司在商业化业务拓展过程中,坚持以中小企业综合金融服务为特色,着力打造以“融资增信、融资担保、融资租赁、融资咨询、股权融资”等五大业务为支柱的中小企业综合金融服务体系,针对不同成长阶段、不同行业特点的中小企业发展需求,全力提供“一条龙、一站式、全生命周期”的综合金融服务和专业化、个性化的金融解决方案。2013—2014年,中国长城资产管理公司连续两届应邀参展“中国中小企业投融资交易会”。图为2014年7月7日,公司总裁张晓松等公司领导参观第二届“中国中小企业投融资交易会”长城公司展台。

图 44－1　中国长城资产管理公司团队

（二）践行使命不松懈

要服务经济发展，必须要准确把握当前国内经济发展的脉络，找到 AMC 的发力点。对中国长城资产来讲，重点要发挥“四个作用”。一是借助不良资产经营的功能优势，发挥“金融稳定器”的作用。化解金融风险是 AMC 的“老本行”。中国长城资产十多年来，已累计收购运作了金融不良资产近 8000 亿元，积累了丰富的实践经验和专业技术，能够在维护金融体系稳定运行中起到“安全网”和“稳定器”作用。二是借助并购重组等投行手段，发挥“资源优化器”的作用。国家经济周期变化、产业结构调整以及全面改革不断深化，给中国长城资产开展并购重组等投行业务带来了广阔空间。一方面，通过介入淘汰落后产能，优化产业布局，整合行业上下游产业链等，推进经济转型升级；另一方面，加大对节能环保、高端装备制造、新能源、新材料等战略性新兴产业的扶持力度，为优化资源配置提供有力支持。三是借助集团综合经营的协同优势，发挥“经济助推器”的作用。综合经营是我国金融业的改革方向和大势所趋。目前，中国长城资产辖属金融服务类、中间业务类、辅助业务类平台公司共 11 家，具有多元化的金融服务手段，借助集团协同、打“组合拳”的优势，可以满足客户一揽子、全生命周期的综合金融服务需求，为实体经济发展增添助力。四是坚持重点服务中小企业的经营定位，发挥“企业孵化器”的作用。李克强总理在政府报告中指出，让金融成为一池活水，更好地浇灌小微企业、“三农”等实体经济之树。中国长城资产是唯一一家把“重点服务中小企业”作为公司定位的 AMC，始终支持符合国家产业政策、具有成长潜力的中小企业做大做强。目前服务的中小企业已超过1270家,是中国中小企业协会副会长单位,还被相关机构评为“最佳中小企业金融服务机构”和“中小企业优秀综合金融服务商”。

(三)履行社会责任不旁贷

中国长城资产在抓好自身的经营的同时,始终不忘中央金融企业担负的社会责任,积极响应并参与国家西部大开发战略和扶贫攻坚计划,服务社会民生。自国务院扶贫办将陕西省陇县确定为中国长城资产结对扶贫地区以来,累计投入资金和各类物资约500万元,派出数百人次实地调查走访,制定科学合理的扶贫计划,并通过多种渠道和办法帮助对口帮扶地区摆脱贫困面貌,受到了相关国家部委、地方政府和人民群众的高度肯定,国务院扶贫办在《中国扶贫》做了宣传报道,并先后被陕西省、宝鸡市人民政府评为“中央部委驻陕定点扶贫先进单位”。一是发挥主业优势,推动“金融扶贫”。中国长城资产积极发挥自身专业优势,充分运用国务院赋予的政策手段,争取上级支持,先后减免扶贫地区的企业债务近3000万元,大大减轻了企业和县财政的包袱。同时通过公开拍卖方式处置2200多万元呆账贷款,有效盘活当地闲置国有资产,激发企业发展活力,加快了企业重组改制步伐,更好地促进了当地经济的持续健康发展。二是坚持人本理念,开展“教育扶贫”。“扶贫先扶智,治贫先治愚”,中国长城资产紧密结合贫困地区经济社会发展现状,确定了“教育先行”的扶贫工作方针,先后累计投入200多万元,援建了包括陇县一中、二中、火烧寨中学、河北乡中学、老虎沟希望小学、关山管委会店子小学、温水镇中心幼儿园等多所教育机构的基础设施;累计捐赠图书1万余册、各类电脑等学习用品价值30多万元;累计捐款资助优秀贫困中小学生1200人次,为从根本上解决落后地区的贫困状况打下良好的人本基础,彰显了中央金融企业的良好社会责任。

二、实干为先,促进“中国梦”与“长城梦”在战略发展规划层面的融合

梦想的实现不可能一蹴而就。无论是实现“中华民族伟大复兴”的“中国梦”,还是实现“百年金融老店”的“长城梦”,都需要科学的规划、清晰的目标、有力的保障,把梦想做实,让梦想成真,一步一步扎实推进。

(一)化大为小,保证战略规划的科学性

从国家战略来讲,为了保证政策制定的科学性、实效性,从 1953 年开始以五年一个时间段来做国家的中短期规划,目前已经进入"十二五"规划。规划中关于深化金融体制改革的相关内容,如"继续深化国家控股的大型金融机构改革,完善现代金融企业制度,强化内部治理和风险管理,提高创新发展能力和国际竞争力","促进金融资产管理公司商业化转型","积极稳妥推进金融业综合经营试点"等等,为中国长城资产落实国家战略、加快改革发展指明了方向。从公司战略来讲,我们在 2012 年正式推出了《2012—2016 年中期战略发展规划》,提出了"五年两步走":第一步,用两年时间(2012—2013)"打基础、建机制",加快各类商业化业务发展和配套机制构建,形成较为完善的业务体系、盈利模式和风险管控机制。第二步,用三年时间(2014—2016)"上台阶、创品牌",提升核心技术,打造长城品牌,并通过股改、引战、上市和国际化发展,推动现代金融企业制度的建立。到 2013 年底,中期战略规划第一步"打基础、建机制"的工作目标圆满完成,取得了阶段性成果;2014 年公司又出台了第二步"上台阶、创品牌"的规划实施细则,提出要进一步优化业务结构、加快产品创新、改革体制机制、完善盈利模式,推动集团"规模做大、利润做实、资本做强、结构做优、风控做牢、品牌做响",持续提升核心竞争力与内涵价值,打造公司转型发展的"升级版"。

(二)化整为零,保证发展目标的可行性

从国家战略来讲,"两个一百年"是"中国梦"的总体发展目标。为了做到与总体目标的紧密衔接,国家"十二五"规划提出了"经济平稳较快发展"等七项阶段性发展目标,通过全面分解、落实,更好地促进和保障总体发展目标的实现。从公司战略来讲,围绕"打造百年金融老店"这个最终发展目标,我们将中国长城 2012—2016 中期战略发展目标分解为三项:一是财务目标。未来五年,集团整体的利润增速保持在 25% 以上,2016 年底集团净利润确保 100 亿元,力争达到 130 亿元,在财政部绩效考评中力争达到中等偏上水平,个别考核指标达到同行业先进水平。二是业务发展目标。未来五年,集团将致力于构建综合经营、协同发展的金融业务体系,加快推进各类业务的快速协调发展,到 2016 年,集团的总资产规模确保 1500 亿元,力争 2000 亿元。考虑若搭建新的银行平台,集团总资产规模力争达万亿。三是体制改革目标。未来五年,集团将完成股份制改革,设立股份公司,并完善治理结构,建立现代金融企业制度,引进战略投资者,力争 2016 年底之前实现上市。同时,集团将优化组织结构,实现

集团总部和办事处、平台公司互动改革和协同发展目标。上述目标的订立,使中国长城资产中期战略发展蓝图的规划更加清晰,为评价各项重要工作实施效果、适时调整工作思路提供了参照依据。

(三)化虚为实,保证具体措施的有效性

要实现梦想,必须以有效的措施作为保障。对国家战略来讲,开展政治、经济、文化、社会、生态文明"五位一体"建设,就是实现"中国梦"的实施手段,也是最重要的保障措施。通过上述领域的措施构建,为"中国梦"的灵魂注入了实实在在的"血肉"。对公司战略来讲,立足当前的资源、业务、队伍现状,我们提出7大类、共20项的具体措施,包括客户基础保障、资金实力保障、人才队伍保障、风险防控保障、企业文化保障和信息技术保障等。从实施效果来看,作用非常显著:一是对外合作不断扩大。目前我们已与全国20余家省市政府建立了战略合作关系;授信金融机构达到55家,授信总规模3414亿元;累计合作客户达到5218户,其中战略客户902户、重点客户1547户。二是经营效益大幅提升。至2013年末,集团总资产已达1544亿元,提前三年完成规划确保目标;拨备前利润已达93.57亿元,提前三年完成规划力争目标;集团净资产已达269亿元,比规划期初增长60.5%;主营业务收入占比均达到50%以上且逐年提高。三是风险管控成效突出。近年来,公司的不良资产比率每年都控制在2%以内;资本充足率、杠杆率、流动比率等主要风险指标也均在监管限额内;集团运行情况总体稳健良好,没有出现影响全局的重大违法、违纪案件。

三、人本为先,促进"中国梦"与"长城梦"在实践主体层面的融合

习近平总书记明确指出,"中国梦归根到底是人民的梦,必须紧紧依靠人民来实现,必须不断为人民造福。"在中国长城资产打造"百年金融老店"的逐梦之旅中,也始终尊重员工的主体地位,始终做到"三个重视",最大限度地调动员工的积极性、主动性和创造性,凝心聚力,众志成城,为实现"长城梦"奠定坚实的人本基础。

(一)重视企业文化建设,引导员工勇于作为

中国长城资产高度重视企业文化,先后构建了包括公司誓词、企业精神、团队理念、核心价值观等一系列理念在内的企业文化体系,并强调以"内化于心、

外化于行、固化于制、优化于效”为目标，持续推进公司企业文化“落地深植”。通过组织开展各种形式的劳动竞赛、“长城梦·劳动美·我与改革创新”主题演讲、“感动在长城”劳模座谈会、“唱响司歌”歌咏比赛、“长城十五年”成就展等系列活动，号召全员发扬团结、拼搏、求实、创新的长城精神；通过开展“两优一先”等优秀员工评选活动，加强典型选树，营造比学赶帮超的浓厚氛围。根据2013年对系统全体员工思想问卷的调查结果，在回答“您认为本单位员工中主流思想倾向是什么”问题时，选择“团结拼搏”、“求实创新”、“爱岗敬业”的分别占答卷总人数的80%、73%和74%。

加强企业文化建设　提升发展软实力

中国长城资产管理公司高度重视企业文化建设，着力提升公司发展软实力。特别是自2010年起，全面启动了新时期企业文化建设，至2011年7月形成包含公司使命、发展愿景、企业精神、核心价值观，以及经营、管理、创新、风险、人才、团队等基本理念和员工誓词及对外传播语在内的、富有长城特色的完整企业文化理念体系并正式发布；随后以“内化于心、固化于制、优化于效”为目标，持续推进落地深植，使之成为引领全体长城人团结奋进的不竭精神动力。2011～2012年，中国长城资产管理公司连续两年被中国企业文化研究会评为“企业文化建设优秀单位”；并被中国金融思想政治工作研究会、中国金融企业文化促进会评为“2011～2012年全国金融系统企业文化建设先进单位”。

（二）重视科学民主管理，引导员工积极作为

中国长城资产坚持推行和完善民主、科学的决策机制，认真贯彻执行“三重一大”决策制度和“集体领导、民主集中、个别酝酿、会议决定”的党内议事决策基本制度，并通过职工代表大会，让员工参与到重大经营管理活动中来。各级领导班子还以党的群众路线教育实践活动为契机，进一步加强与基层员工的沟通联系，加大工作力度，适时深入基层、深入一线，倾听员工意见和呼声，了解员工思想动态。通过“问计于民”，进一步激发员工的主人翁意识，引导员工积极为公司改革发展建言献策，在构建可持续业务发展模式、创新服务产品、强化风险管控、提升队伍素质等方面提出新点子、做出新例子、取得新实效，主动自觉地与长城事业同呼吸、共命运，齐心协力朝着既定目标共同前进。

(三)重视考核激励机制,引导员工有效作为

实现“长城梦”,既需要决心和态度,也需要方式和方法;既要有精神层面的引领,又要有现实层面的激励。在选人用人方面,我们坚持用人唯贤,把“想干事、能干事、干成事、不出事”的优秀年轻干部选拔到各级领导岗位上来,用好的干部带动形成好的团队。在收入分配方面,坚持“以效益定奖励”的分配导向,实行以平衡计分卡为主要计量工具的综合考评方式,多角度激发人才效能,鼓励员工多劳多得。

图 44-2　中国长城资产管理公司网络大学于 2014 年正式成立

在人才培养方面,坚持以新业务、新技能培训为重点,持续加大培训力度,不断提升员工队伍适应公司转型发展的能力。2013 年公司成立了博士后工作站,2014 年成功筹建“中国长城资产网络大学”(见图 44-2),将通过培训和考试,对重要业务和管理岗位的员工实行持证上岗,真正提升员工的基本综合素质和价值创造能力。

开启长城特色文化管理新篇章

中国长城资产管理公司工会工作委员会*

随着我国金融体制改革的不断深化和市场经济体制的不断完善，金融业的竞争正从产品和生产要素的竞争升级为文化和管理的竞争。诞生于亚洲金融危机的四家资产管理公司已经完成了政策性资产处置任务，正陆续迈入商业化经营新阶段。在此背景下，创造卓越的企业文化，实施一流的文化管理成为资产管理公司迈向发展新阶段的重要保证。中国长城资产管理公司自成立以来高度重视企业文化建设，在15年的发展历程中积累形成了优秀的长城文化理念，并将企业文化与公司经营管理相融合，积极践行文化管理，为推动公司可持续发展提供了重要动力。

一、资产管理公司实施企业文化管理的重要意义

文化管理就是从文化的高度来管理企业，以文化为基础，强调人的能动作用，以及团队精神和情感管理，管理的重点在于人的思想和观念。现代管理学研究表明，管理的发展主要经历了经验管理、科学管理和文化管理三个阶段。对于正在建设现代化金融服务企业的道路上大步前行的资产管理公司而言，实施文化管理的紧迫性和必要性显得更加突出。

（一）助推完成国家交办的政策性资产处置任务

1998～1999年四家资产管理公司在亚洲金融危机的背景下诞生，肩负着“防范化解金融风险，推动国有银行和国企改革，最大限度减少损失、保全资产”的使命，通过处置四大国有银行剥离的不良资产，为国有商业银行上市和国家

---

* 本文获2014年全国金融系统思想政治工作和企业文化建设调研成果二等奖。

金融体制改革做出了重大贡献。四家公司中,以对接处置中国农业银行不良资产的长城公司面临的任务最艰巨、难度最大。面对困难,当时成立不久的长城资产就提出过一整套企业文化理念,比如公司使命是“化解金融风险,保全国有资产,促进国有企业改革和发展”;发展愿景是“加快资产处置,拓展业务领域,做好人才储备,实现战略转型”,对当时公司不辱使命、搞好经营管理,起到了很好的助推作用,并最终向国家交上了满意的答卷。

(二)引领转型发展的正确方向

在圆满完成政策性资产处置任务后,四家公司开始全面向商业化转型,对未来发展的战略目标进行了积极的探索。随着国家对资产管理公司“一司一策”改革指导原则和“突出主业、多元发展”总体要求的提出,资产公司的转型步伐明显加快,企业文化也随之进行了调整。信达提出了“防范化解金融风险,促进国有企业改革发展,探索符合中国国情的资产管理之路,为加快金融体制改革和国民经济持续健康发展做出贡献”的使命;华融提出了建设“治理科学、管控有序、主业突出、综合经营、业绩优良的一流资产管理公司”的目标;东方提出了建设“领先的全价值链金融服务集团”的愿景;长城公司于 2009 年正式启动企业文化建设,经过多次反复修改提炼,提出了“成为功能多元、特色鲜明、品牌一流的金融资产服务商”愿景。在全新的企业文化引领下,信达于 2013 年 12 月在香港上市;华融于 2012 年完成股改后,2014 年 8 月再次成功引战 8 家机构;长城、东方先后向财政部递交了股改方案,即将踏上股改—引战—上市的新征程。

(三)增强可持续发展的核心竞争力

作为经营不良资产收购的资产管理公司,其主营业务特点决定了它风险大、规范性强,并且蕴含着很大的道德风险。因此深化企业文化建设,实施文化管理,是有效防范风险,实现可持续发展的关键。另一方面,企业管理最终是人的管理,资产管理公司是典型的高度知识密集型企业,随着企业规模的扩大,员工年龄、知识、地域结构发生了巨大变化。在这种背景下,通过企业文化来影响员工的思想管理,使员工产生深刻的认同感,从而充分调动员工的能动性、积极性和创造性,成为资产管理公司在激烈的市场化竞争中立于不败之地的重要法宝。

二、长城资产深植企业文化，实施文化管理的实践

实施文化管理是一项系统工程，涵盖了企业建设和管理的方方面面。近年来长城公司以长城文化理念体系为指引，在新时期发展战略的引导下，通过优化组织架构、创新管理方式、深化制度改革，实现了从科学管理向文化管理的转型升级，探索形成了实施文化管理的有效途径。

（一）构建长城特色企业文化理念体系是实施文化管理的基础

长城公司党委一直高度重视企业文化建设工作，2007 年以来，针对公司商业化转型发展的新形势，多次召开专题会议，对企业文化建设工作进行研究、动员和部署。2010 年制定了公司企业文化建设三年规划和年度工作实施方案，并将企业文化建设纳入年度工作考核。组织全员对公司成立以来的文化现象进行了全面梳理，公司党委亲自研究审定。经过一年多的反复研究和修改，2011 年 7 月《中国长城资产管理公司企业文化理念体系》手册在全国总经理工作会议上正式发布。该手册详细阐述了长城公司的企业使命、发展愿景，所秉承的企业精神与核心价值观，在经营、管理、创新、风险、人才、团队等方面的基本理念，以及员工誓词和对外传播语，从而形成了适应公司商业化发展要求、富有长城特色、丰富完整的企业文化理念体系。

（二）构筑领先的发展战略是实施文化管理的保障

实施文化管理必须有领先的战略作为引领，使文化管理服从和服务于公司发展战略。根据“化解金融风险、提升资产价值、服务经济发展”的企业使命，长城公司确立了“以资产经营管理为核心，以重点服务中小企业为特色，以多种综合金融服务为手段的现代金融服务企业”发展定位。2013 年“五年两步走”第一步“打基础、建机制”顺利收官，中期战略规划的主要经营目标提前超额完成。今年以来，第二步“上台阶、创品牌”工作全面开局，这一阶段公司将重点在经营规模、服务功能与公司治理三个方面“上台阶”、在特色业务与良好社会形象两个方面“创品牌”，努力把公司打造成“治理科学、管理规范、服务专业、品牌一流”的现代金融服务企业，实现打造百年金融老店的“长城梦。”

中国长城资产管理公司积极创建模范职工之家

为进一步加强职工之家建设,4月份公司工会印发了《中国长城资产管理公司"职工之家"创建活动方案》,要求各单位工会围绕"学习型、服务型、创新型"要求,力争把公司"职工之家"建设成为"民主建设之家、学习提高之家、文体活动之家,人文关怀之家"。各单位工会积极响应,制定了相应的活动方案,并积极开展登山、健步走、演讲比赛等丰富多彩的职工文体活动,展现了长城员工积极向上的精神风貌。公司机关工会完善了"职工之家"功能,在进一步完善健身房功能、健全基础设施的基础上,重点做好医务室的功能设计和基础建设,2014年11月公司机关工会获得了中华全国总工会表彰的"会员评议职工之家示范单位"称号,成为金融系统获得此项荣誉的为数不多的单位之一,中国金融工会常务副主席张东风一行专程来公司颁奖并指导工作。

图45-1　2014年12月12日中国金融工会常务副主席张东风一行到公司为机关工会颁发由全国总工会授予的"会员评议职工之家示范单位"证书

(三)文化和管理互相融合是实施文化管理的途径

要成为一流的现代金融服务企业,仅靠传统的经验管理和行政式管理难以实现,运用共同价值观为核心的企业文化来推动管理变革与升级成为系统上下的普遍共识。

一是夯实文化管理制度。为了落实理念文化,公司印发了《企业文化宣贯推广及落地深植工作方案》,举办了系统各经营单位代表参加的企业文化宣讲员培训班，对后续配套工作进行了全面部署。对接行为文化，对 ISO9001 质量管理体系进行了全面整合升级，将企业文化理念逐一落实到各项规章制度中。制定发布了《员工行为规范手册》，以统一的文化理念指导和规范员工的日常行为，凡新员工入司，必须首先接受公司企业文化培训。

二是加强风险管理。加强风险管理对于推动资产管理公司健康发展至关重要。2014 年公司风险管理工作会议第一次明确提出，将风险文化的培育作为企业文化建设的重要组成部分来抓，要求在坚持“决策科学、管控到位、经营合规”的风险理念基础上，重点深化和培育“底限思维”和“担责精神”，推进理念提升和落地深植，深化“四个共同”团队理念。

三是培育民主管理文化。2009 年长城公司在资产管理公司中率先开展职代会制度试点，经过 5 年努力，系统 27 家单位已经建立了职代会制度，公司系统首届职工代表大会正在积极筹备中，民主制度建设取得了阶段的成果。随着职代会制度建设的深入推进，公司民主管理水平得到了显著提升，员工利益诉求和表达渠道更加畅通，对实现公司科学决策，实现持续发展提供了重要保障。

四是塑造长城品牌。打造视觉文化，自上而下开展了“四统一”活动，即统一企业文化标识、统一企业文化用品、统一重大文化活动、统一对外形象宣传，积极推进 VI 手册的全面升级换版，实现了企业文化在公司总部和各经营单位的统一上墙和户外传播，并完成了办事处子网站建设，使集团公司网站、办事处子网站、平台公司网站形成统一的文化形象。

（四）以人为本培育共同的价值理念是实施文化管理的灵魂

文化管理的起点和目标是人，在践行文化管理中，公司坚持以人为本，积极培育共同的价值理念，为“内化于心”打下坚实的基础。

一是用核心价值观教育统领企业文化建设。公司一直高度重视核心价值观在企业文化建设中的统领作用，去年以来在系统积极开展党的群众路线教育实践活动，查摆梳理了 10 大整改任务，36 项具体整改内容及措施，作风建设有了新成效。开展了“中国梦 · 长城梦 · 劳动美”主题宣传活动，举办了“感动在长城”劳模座谈会，公司领导班子与劳模先进代表面对面谈心交流，畅谈公司发展美好未来。每年开展公司系统评先活动，向中国金融工会推荐优秀员工代表，年底开展系统“十佳项目经理”评选活动，选树一批为公司发展做出突出贡献的先进典型，在全系统树立劳动光荣、知识崇高、人才宝贵、创造伟大的新风尚。

二是企业文化深植载体多样化。近年来公司坚持以活动为载体，不断创新企业文化落地深植形式,先后开展了“我心中的长城文化”主题演讲以及“我与长城共成长”征文活动,召开了公司系统首届职工运动会,开展了“长城梦·劳动美·我与改革创新”演讲活动,结合公司股改在系统大力唱响司歌《巍巍长城是脊梁》。这些活动覆盖面广、参与度高、影响力大,员工在亲身参与的过程中感悟长城文化、体验长城精神,对公司的认同感和归属感进一步增强。

唱司歌凝聚正能量,育文化筑就长城梦

2014 年是中国长城资产管理公司成立十五周年,公司工会以“长城十五年”为主题举办了系列活动:一是积极响应金融工会号召在系统开展“中国梦·劳动美·我与改革创新”演讲活动,在各经营单位精心准备和推送的基础上推选了 10 名优秀选手,召开了视频大会,从不同的视角讲述 15 年来长城人创业拼搏和创新发展的故事与感悟,展望了公司发展的美好未来。二是举办了“长城十五年”系统员工书法、摄影、诗歌、散文、长城故事有奖征集及展览活动,共收集整理书法作品 25 件,摄影作品 61 件,诗歌、散文、长城故事 43 篇,展示了长城员工对公司的深情、对事业的追求、对生活的热爱。三是在公司掀起了“唱响司歌”的热潮。配合公司股改,在系统征集司歌歌词的基础上,邀请知名作曲家完成了司歌《巍巍长城是脊梁》的创作。为了进一步唱响司歌,公司工会在内网开辟了“企业文化”——司歌专栏,并印发了《关于组织公司系统全体员工唱响司歌的通知》。公司领导带头唱司歌,总部各部门及各单位工会积极响应,展示长城员工的精神风貌,凝聚发展正能量。

图 45-2　2014 年 10 月 16 日“长城十五年”司庆活动公司领导与总部员工合唱司歌

三是构建富有特色的职工文化。加强职工文化建设是形成企业凝聚力的重要途径,也是企业文化建设中最生动的部分。公司围绕“学习型、服务型、创

新型”目标，结合实际制定《中国长城资产管理公司“职工之家”创建活动方案》，系统各单位积极响应，组织职工开展足球、羽毛球、乒乓球、登山等各种文体活动，组建员工兴趣活动小组。公司总部二层成立了“职工之家”，购买了健身器材，设置了乒乓球、台球区、阅览室，为员工提供了更加宽敞明亮的健身和学习场所，在公司营造了积极向上、愉快工作的良好氛围。

三、当前存在的问题

虽然长城公司多年来在深植企业文化方面做了许多努力和尝试，但是调研中我们也发现现阶段存在的一些问题，概括起来有“三难”。

（一）融合难：如何实现主营业务与企业文化的互相融合促进

近年来，在中国经济进入结构大调整和金融市场加速改革的大背景下，在商业化发展中摸索前进的资产管理公司面临着更加激烈的竞争。作为经营风险的资产管理公司，要在未知领域中收获利润的同时有效规避风险，就要更加重视企业文化与主营业务的融合。虽然近年来公司企业文化建设开展了一些工作，但是集中在开展员工文体活动、视觉文化建设等“有形”方面，对于文化理念与业务经营融合的“无形”方面落实得不够，经营理念、管理理念、风险理念还没有有效的深植载体，企业文化还没有完全融入公司经营管理全流程中，企业文化对业务发展的促进作用还有待加强。

（二）内化难：如何进一步提升员工对公司企业文化的认同感

长城文化是公司持续发展的基础，体现了全体员工对公司发展的期许和追求，唯有“内化于心”才能成为全公司的共同意志和行动指南。“内化于心”，必须经历从认识、认知到认同的过程。应该说，大部分经营管理层和普通员工都能够自觉践行公司文化，但是随着公司的发展，各地分支机构数量和类型的增多，员工年龄、学历背景等结构多元化，带来多元化的文化价值观，导致在实施文化管理时，有时会出现“水土不服”的情况。这种情况下，一方面既需要管理者适时调整管理策略，同时也需要员工及时调整个人工作方式、思维习惯，而习惯的转变、内心的认同往往需要一个过程，这对于我们如何采取更加灵活的措施提升员工对公司的认同感提出了挑战。

（三）落地难：如何创新现有的企业文化建设载体

企业管理要达到文化管理的层次和水平，企业文化落地深植工作也要与时俱进、不断创新,将外在的、被动的刚性管理转化为内在的、自主的企业文化,使企业文化成为公司发展的强大动力。而目前少数单位和员工还存在着把企业文化建设简单等同于思想政治工作或者文体活动的思想,认为开展几次体育比赛就完成了企业文化建设;有的对企业文化建设停留在上级布置什么就做什么,没有结合实际情况因地制宜的开展活动,企业文化落地深植还缺少更加有实效性、创新性的载体。

四、关于做好企业文化建设、践行文化管理的几点建议

中共十八届三中全会提出了"完善国有资产管理体制、推进国企改革"的意见,中国工会十六大明确提出了"推进企业文化和职工文化建设"的主题。长城公司在向商业化、市场化经营的现代金融服务企业迈进的过程中,必须紧扣实际,找准突破口,以优秀的企业文化底蕴助推可持续发展。

(一)着眼于顶层设计,引领公司改革发展

一是明确顶层设计方案。企业文化建设是一个没有终点的持续完善的动态过程,随着公司进入改革发展关键期,企业文化建设也要做到与时俱进、紧扣实际、加快研究和推进企业文化建设顶层设计,将未来三到五年企业文化建设工作思路融入到公司发展蓝图中,在管理实践中推动文化的持续完善,以文化的落地深植支撑企业管理的升级,推动公司建设现代金融服务企业。

二是营造企业文化建设氛围。企业领导者是企业精神的代表,也是企业文化建设的带头人。公司企业文化建设,需要各经营单位的高度重视,将企业文化作为"一把手工程"来抓,领导班子要坚持身体力行,积极推进创新,创造良好条件,从而引导广大职工关注企业文化,参与企业文化建设,形成全员参与的良好氛围。

三是强化文化管理意识。公司自上而下都要将企业文化建设与日常管理结合起来,将核心理念分配到各个管理模块中去,在岗位上体现,在流程中沉淀,在细节、行为习惯上表现出来;坚持将企业文化作为员工日常学习、新员工岗前培训、干部任职的必修课程,确保所有员工对企业文化理念耳熟能详、铭记于心。通过营造健康和谐的文化氛围,使员工对公司的制度安排及战略目标给予积极认同,进而变被动管理为自我约束,自觉自愿地融入公司。

(二)着眼于以人为本,推动实现文化管理

一是重视文化理念在业务经营中的运用。企业文化不是"虚"的东西,而是

贯穿业务经营始终“实”的指挥棒。在公司改革发展逐步深化的关键阶段，要更加重视经营、管理、创新、风险等理念在经营管理中的重要作用，在管理中融入经营文化，在工作中牢记风险文化，在项目开发中结合创新文化。当前中国经济正处于逆周期，经济结构正处于深刻调整阶段，公司在面临重要发展机遇的同时，来自各方面的市场风险和企业信用风险也随之增大，因此更要重视风险文化的培育，弘扬“四个共同”，尤其是“共同承担”的意识，牢牢绷紧风险防控这根弦，促进公司健康发展。

二是坚持以人为本的核心理念。文化管理的特点是从对物的重视转向对人的重视，尊重人、关心人、塑造人。因此在文化管理过程中要把“以人为本”作为核心指导思想，一方面对内尊重员工、依靠员工，通过充分发挥员工的积极性、主动性和创造性，并为员工提供实现个人价值的广阔舞台，实现公司发展与员工成长的有机统一。另一方面对外坚持以市场为导向，充分满足客户多样化、个性化的服务需求；同时带动自身的产品创新、服务创新、管理创新和机制创新，实现服务客户与自身发展的有机统一。

三是建设高素质员工队伍。企业的竞争是资本实力的竞争，是服务管理的竞争，但归根结底是人才的竞争。因此我们要围绕提高员工队伍素质这一目标，以教育培训为抓手，加强对员工的多层次、多角度培训，尽快完成网络大学的建设，打造员工学习知识、提升素质的平台，通过学习考试，逐步实现对审核、评估、法律、风险等重要岗位持证上岗，建设更加专业化的员工队伍。

（三）着眼于落地深植，创新活动载体

一是构建富有特色、充满活力的职工文化。在系统继续开展“职工之家”建设，鼓励各单位工会组织各种员工兴趣活动小组，积极开展形式多样的文体活动，营造积极向上、愉快工作的良好氛围；探索利用公司内网论坛、微博、微信等新媒体手段，建立线上线下互动的立体交流模式，提高员工、特别是新员工参与文化建设和管理的活力与动力；为“职工之家”建设提供场所、设备、经费等物质保障，力争把公司“职工之家”建设成为“民主建设之家、学习提高之家、文体活动之家，人文关怀之家”。

二是弘扬四个“共同”理念。要围绕公司业务发展核心任务持续开展劳动竞赛，以竞赛促发展、以竞赛拓业务。通过开展“十佳项目经理”、“全国金融五

一劳动奖章、奖状”的评选,选树一批为公司发展做出突出贡献的先进典型,发挥典型引路作用,增强荣誉感,激发正能量,动员员工为公司发展建功立业。要倡导“主人翁”精神,切实推进民主管理,畅通员工提案沟通反馈渠道。以公司股改为契机,全面完善职工代表大会运行机制,提升民主管理水平。

三是党建团建齐抓共管。要坚定不移地走好中国特色社会主义工会道路,充分发挥党组织的战斗堡垒作用,实现公司业务发展到哪里,党的组织就建设到那里、覆盖到那里。针对青年员工要以团委工作为抓手,迅速完善机构,倡导“青年强、长城兴”,把青年人才的培养作为推动公司长远发展的重要措施,为员工开辟多种成长通道,从贴近实际、贴近生活、贴近群众入手,及时了解青年员工工作动态和生活状况,关心他们的衣、食、住、行,让越来越多的青年员工积极投身长城事业,共享公司经营发展的成果。

(四)着眼于制度建设,形成立体运行机制

一是强化组织领导机构建设。进一步强调公司企业文化建设领导小组的领导职能和核心地位,为企业文化建设的总体方向提供支持和指引。各级经营单位要高度重视,把企业文化建设作为“一把手”工程来抓负责,并注重充分调动全体员工的积极性,提高员工参与度和覆盖面。总部党群工作部作为职能部门,要注重结合实际制定切实可行的落地深植方案,创新工作思路,通过各种载体认真组织协调,确保活动效果。

图45-3　2014年5月16日公司机关工会在园博园举办“长城向前走——我健康,我快乐”健步走活动

二是落实配套的考核、激励以及保障措施。将企业文化建设情况纳入对经营单位领导班子的考核内容,从工作措施和效果两个方面,对企业文化建设情况以及实际效果等方面进行检查,对于工作开展得较好的单位要大力宣传表彰,充分发挥示范带动作用。建立财务保障机制,将经费纳入年度预算,对企业文化建设给予必要的资金支持和物质保障。

(五)着眼于品牌宣传,提升社会影响力

一是对内继续做好视觉形象的统一。继续开展好“唱响司歌”活动,并尽快完成司旗创作,作为公司的重要标识普遍使用。原则上凡参加公司系统召开的重要会议以及重要接待活动必须佩带司徽,重要公开场合必须升司旗,合唱或演奏司歌,新员工入司必须庄严宣读公司誓词。积极推进 VI 手册的全面升级换版,规范办公事务类、会议事务类、奖励事务类等方面的文化用品,公开场合统一着装,对外宣传口径一致。

二是对外树立“财通天下、智融长城”的鲜明品牌形象。充分利用公司内网、内刊、广告机位,以及外部媒体资源,加大公司宣传力度,在各种场合主动推介公司产品,宣传公司“化解金融风险、提升资产价值、服务经济发展”的使命,提升公司在政府、监管机构、客户、广大员工和社会舆论中的公信度和美誉度。

在长城文化的引领下,已经走过 15 年不平凡历程的中国长城资产管理公司,正在现代化金融服务企业的道路上大步前行。历史承载价值,创新开启未来,我们继续深植“以人为本”的长城企业文化,积极践行文化管理,助推实现打造百年金融老店的“长城梦”。

践行文化管理提高企业竞争力研究

陈丽国*

企业文化的文化属性和管理学范畴决定了我们对企业文化的研究不能停留在静态属性的研究或单纯的功能价值研究的任何一个方面。企业文化的识别是进一步研究属性和功能的基础,识别的基础是企业文化的要素构成和各要素间的动态关系。在识别的基础上掌握企业文化现状以及企业文化自身存在的优势和不足,进而更好地改进和优化企业文化,提高企业文化水平,深入挖掘企业文化在企业发展中的内在动力源泉,建立动态的观测模型,在企业文化和企业竞争力之间找到必然的联系桥梁,找出二者之间的逻辑关系,通过企业内部文化和企业运行机制优化提高企业的"自生能力"和抗风险能力,增强企业竞争力,使研究的落脚点符合企业持续健康发展的根本要求。

一、企业文化的识别

(一)企业文化概述

从企业文化的文化属性和管理学范畴来讲,企业文化既是一种文化现象,同时又是一种企业管理模式的具体体现,二者的区别只是表象和内在机制的不同表现形式而已。本文认为企业文化是在企业形成和不断发展过程中,根据企业经营状况和企业定位,除企业经营状况外的企业外部形象和内部机制(愿景、战略和管理体制等)的综合。企业文化始终处于一个动态发展过程,要适合企业发展现状和企业所面临的外部经济环境。企业文化的内部机制决定了企业文化的外部表现,群体对企业文化外部表现的具体反馈(认可与不认可)又作为

* 中国信达资产管理股份有限公司甘肃省分公司;本文获 2014 年全国金融系统思想政治工作和企业文化建设调研成果二等奖。

内部机制是否合理的评判标准。

（二）企业文化的构成要素

从企业文化外部表现和内部运行机制两个维度入手，对企业文化构成要素进行归纳，具体要素分类如表46－1所示。

表46－1　企业文化构成要素

一级维度	二级维度	指标
企业外部表现		企业标志（logo）的形象程度和代表性
	网络平台建设情况	网络平台设计是否新颖、美观、大气
		网络平台信息发布的全面性
		网络平台信息更新的及时性
		企业对外宣传是否到位
		企业对外形象
		企业员工对外形象
企业内部运行机制	企业愿景和发展战略	企业发展愿景和发展战略是否清新
		企业发展愿景和发展战略与企业发展现状匹配情况
		企业发展愿景和发展战略的可实现性
		企业发展愿景和发展战略实现的保障措施是否到位
	企业管理体制	企业组织管理结构是否合理
		企业员工的年龄结构
		企业员工的学历结构
		企业员工的性别结构
		员工流动情况
		员工晋升渠道是否畅通
		员工晋升的条线安排是否明晰
		员工培训安排是否到位
		决策机制是否合理
		内部授权制度是否健全

续表

一级维度	二级维度	指标
企业内部运行机制	领导力	领导人个人魅力
		领导人企业管理能力
		领导人领导风格的认同度
		领导人对待责任的态度
	个人与组织的互动	员工为企业发展献计献策
		企业对员工工作、生活和学习的关注情况
		管理层对员工提出的建议和意见的重视情况
		员工工资、奖金和培训等支出与企业净利润比例
	企业内部协调发展	企业业务部门与后台部门协调合作程度
		企业业务部门与后台部门绩效分配制度的合理性
		企业内部(集团与子公司、子公司与子公司、子公司与分公司、分公司与分公司)协调合作程度
		企业内部(集团与子公司、子公司与子公司、子公司与分公司、分公司与分公司)绩效分配制度的合理性
	创新、市场与客户	企业的创新意识
		员工的创新意识
		对内部创新的鼓励和支持制度是否健全
		企业发展的市场化程度
		企业发展中的客户开发和客户维护是否到位

(1)企业对外形象。企业对外形象包括7个具体指标,分别是企业标志(logo)设计是否形象和具有代表性、网络平台建设情况、企业对外宣传是否到位、企业组织和个人对企业形象形成的固有认识、外部组织和个人对企业员工的总体印象和评价。

(2)企业愿景和发展战略。企业发展愿景和战略是对企业未来发展前景的良好愿望及发展路径和模式的选择,但是我们认为这种良好预期具有不确定性,不确定性具体表现在由于外部经济环境的变化、企业自身发展所受的内部约束以及自身发展所采取的措施、路径和模式选择是否到位导致的未来发展预期与实际情况之间的差距。

(3)企业管理体制。根据本文的研究重点,我们只涉及企业管理体制的三个方面,即企业组织管理结构(层级结构)、人力资源管理制度和决策机制。人力资源包括人力资源结构和人力资源管理制度两部分,人力资源结构包括员工的年龄结构、学历结构和性别结构。人力资源管理制度主要包括培训和晋升两部分。决策机制包括决策机制是否合理和是否有明确的内部授权制度。

(4)领导力。优秀的领导人是企业的核心,可以在关键时刻抓住企业发展的机遇,从而实现企业的跨越式发展,对企业领导力的考察我们设定了四个指标,分别是领导人个人魅力、领导人企业管理能力、领导人领导风格被认可情况和领导对责任承担的态度。

(5)个人与组织的互动。个人与组织互动的终极目标和理想状态可以用"员工发展企业负责,企业发展员工负责"来形容。企业与组织的互动主要指员工与管理层之间的互动,互动的内容包括但不限于员工对企业发展中相关问题的建议和思考,企业对员工工作、生活和学习情况的关心和支持,企业管理层对员工提出建议的重视程度等。员工工资、奖金和培训等支出与企业净利润的比例是一个定量指标,反映了企业股东与企业员工的利益分配情况,是否体现了经营成果共享的原则。

(6)企业内部协调。对企业内部协调情况我们设定四个指标予以衡量,两个相对主观指标,两个相对客观指标。分别从企业内部业务部门与后台部门的协调情况和集团类企业内部各独立主体之间协调合作情况两个方面衡量企业内部协调状况。

(7)创新、市场和客户。在日益激烈的市场竞争中,创新是企业发展源源不断的动力,创新包括制度创新、产品创新以及商业模式创新等。创新有个人创新和企业层面的创新,创新往往需要制度和物质方面的保障,在创新方面选取了企业创新意识、员工创新意识和对内部创新的鼓励和支持制度是否健全三个指标。

(三)企业文化的评价方法

按照不同的评价方法和对事物评价的不同层次来分,可以将评价方法分为定性和定量评价。定性评价侧重于经验和主观感受,没有明确的"度"来衡量优与劣,也缺乏作为事物之间比较的客观依据。但是企业文化构成要素中的某些要素本身具有的主观性和不可统计性必然要求在企业文化评价中将定性评价和定量评价有机结合,定性评价主要适用于企业文化要素评价阶段,而在获取了要素评价结果之后可以通过科学的统计学方法和数学模型对整个企业文化建设水平得出明确的得分数据。

(1)随机调查法。根据企业所在行业、自身经营特点、主要业务类型和客户群体可以在特定群体采用随机调查方法,将取得的调查结果进行整理归类,我们对每个评价结果进行赋值,优=10,良=5,差=0。对所有调查问卷结果进行赋值后得出算术平均数作为该项的得分。该方法适合企业外部形象类要素评价。

(2)特殊人群调查法。结合企业内部和企业外部共同的力量来确定,外部力量包括同行业企业的领导、行业研究专家,内部包括企业领导和普通员工以及企业的老领导和老员工等。对以上四个指标的调查结果同样进行分类赋值,最后得出算术平均数。适合企业愿景和发展战略以及领导力等要素评价。

(3)行业平均值法。人力资源结构、个人与组织互动、企业内部协调发展等要素可以参照行业的平均水平来衡量,优于平均值为正,劣于平均值为负。随着现代企业信息透明化程度日益增强,行业中代表性企业的平均水平具有较强的可比性和可操作性。

(4)内部统计数据分析法。现代企业规范运行的基本前提是企业组织架构完整、各层级分工明确,一般情况下对内部信息统计较为完整和及时,如公司员工信息、绩效分配、互动信息等均可以通过企业内部统计信息获取,结合行业平均水平做出对比分析。

二、企业文化改进与优化

企业文化识别的目的是找出企业在自身企业文化建设方面存在的优势和不足,通过继续优化和持续改进提升企业自身企业文化水平。企业文化改进和优化基本遵从文化识别—找差距—填空白—调结构—促发展的路径选择。从企业文化改进和优化的动力来源角度来看,企业文化改进和优化模式主要有两种:自发性优化和强制性优化。

(一)自发性改进与优化

企业文化是随着企业发展逐步形成的,伴随企业发展的整个过程。通常情况下在企业成立之初企业文化的形成具有自发性和偶然性。因为管理层或企业所有者迫于生存压力没有更多的精力去关注企业文化建设。但是这并不能阻止企业文化在企业内部的生根发芽,此时关于企业文化的改进和优化一般具有自发性和偶然性。自发性优化主要依赖于企业的核心精英或核心团队。

之所以成为企业的核心精英,必然对企业的发展起关键作用,其他人员围绕精英人物或者精英人物的重点关注点开展工作。这时精英人物的个人魅力、行事风格、个人理想、决策方法以及对其他人员的管理模式以及号召力构成最初的企业文化。个体特征具有的灵活多变性决定这种企业文化具有不稳定性和不可持续性,随着精英人物个人特征的变化和精英人物的更替,企业文化也是逐渐变化的。但是在企业的持续发展过程中,某些个体特征的传承和取长补短会使某些企业文化要素特征固化,逐渐形成较为稳定的企业文化要素支撑。

核心团队是企业发展的重要动力和依赖,核心团队在整个企业中占主导地位,其他人员围绕和配合核心团队开展工作,核心团队是企业盈利的主要贡献者,不论是管理层还是企业其他人员,对核心团队的重视、推崇甚至是利益倾斜都是非常明显的,在利益(获得的尊重、物质激励、升职机会等)面前,对进入核心团队的诉求和模仿造成整个企业的价值趋同,即核心团队的团队精神构成企业文化的核心内容。团队精神中的团结协作、创新进取、团队价值趋向、团队精神面貌等构成最初的企业文化要素。这时的企业文化随着核心团队的团队精神固化而持续强化,但是前提是核心团队的核心地位没有动摇,同时核心团队的团队精神有利于企业长期健康发展,这种团队精神对企业文化的引领和主导基于团队精神长期的自我优化和基于自我优化创造的企业价值的被认可度。

从长远来看,基于核心精英人物或核心团队形成和发展的企业文化不具有持续性特征,个体和组织中团队的高流动性决定了某种文化进入和流出的偶然性,没有强有力的制度和机制保障的自发形成的或被带入的文化要素只是企业发展特定阶段的企业文化现象。

(二)强制性改进与优化

与企业文化的自发性改进与优化不同,强制性改进与优化的主要动力来自于企业本身,或者说来自于企业管理层。企业发展到一定阶段,培育企业特有的企业文化成为管理层的首要任务,培育企业文化从优化外部识别和提升内部运行机制两个目标入手,但是不管是“外修”还是“内修”,都是企业寻求提升核心竞争力、保证企业持续健康发展的内在要求。

国内外市场的激烈竞争是当代世界经济的主要现象之一。面对激烈的市场竞争和日益复杂的市场环境,内外部经营压力促使企业通过各种方式提高自己的内部凝聚力和外部竞争力,从而谋求在新形势下的生存和发展。从目前国内外企业普遍做法来看,创造强有力的企业文化成为重要的举措,创造强有力的企业文化与优化产品(服务)结构、提高产品科技水平等举措配套实施来实现这一目标。企业文化已成为企业各项改革的基础和协调各种改革(制度组织设计、改革营销策略、更新人员配置)的首要条件。企业文化应作为确立进一步变革的思想,理顺各种问题的指导思想,从而推动企业的全面改革与发展。

企业认识到企业文化对企业增强市场竞争力、保证企业持续健康发展的重要意义后,由企业管理层主导的企业文化建设工作排上工作日程,一般会抽调公司骨干力量或聘用外部专业机构通过内外部调研全面梳理企业文化要素,从各个条线归纳总结,结合国内外竞争环境、企业的现状及发展战略等,确定企业文化建设内容。使企业文化建设的内容与企业的战略目标相一致,并通过强化企业文化来促进企业的发展。

三、基于提高企业竞争力视角的企业文化功能定位

(一)企业文化功能定位

越来越多的事例证明,企业文化建设日益受到企业管理层的重视,企业文化建设几乎成为大中型企业发展到一定阶段的必经环节,另外,企业文化类策划咨询机构发展如火如荼,从另一方面印证了该行业广阔的发展前景。究其原因,是企业文化的"正能量"被逐步挖掘并被企业管理层重视,并且在"成本—收益"权衡中对企业文化价值的认可。

良好的企业文化表现在良好的企业外部形象、切实可行的企业愿景和发展规划、有效的企业管理体制和领导力、个人与组织间的良性互动、企业内部各个部门的协调发展和企业积极的创新精神、对市场和客户的高度重视等。也就是说企业文化的功能主要是通过对企业外部形象和企业内部运行机制的影响发挥作用,这种影响贯穿于企业经营活动的各个环节。

(二)企业竞争力及其表现形式

(1)企业竞争力。竞争力是企业现有的生存能力、未来的盈利能力和企业发展中抗风险能力的综合。在市场经济中,企业的竞争力的基础是资源,而且是不能轻易被其他企业复制和低价购买到的核心资源。正是这种不可复制性和不可交易性带给了企业相对于竞争对手的市场势力,从而形成了企业的竞争优势。

(2)企业竞争力表现形式。企业竞争力是动态发展的过程,企业竞争力受内外部经济环境以及企业自身发展策略等诸多因素影响。企业竞争力的表现形式可以从多角度观察和考量。简单来说,企业竞争力在静态控制、过程监控和经营成果三个方面均有所表现。静态控制和过程监控贯穿于企业生产、管理

以及参与市场竞争的过程,是生产要素和过程的统一体,不同的生产要素与不同的过程要素结合可以产生若干不同的经营成果,具有竞争优势的生产要素和良好的过程要素结合产生良好的经营成果。相反,不具优势的生产要素或过程要素与另一优势要素结合,经营结果就出现了不确定性。企业是否有竞争力,关键考量标准是经营成果,生产要素和过程要素是前提条件和方法,经营成果是落脚点,是企业竞争力的最终衡量标准。

从静态控制角度来看,企业是否具有核心资源和优质资源,企业控制核心资源和优质资源的数量以及这些资源的利用情况都可以作为企业竞争力的表现形式,这些核心资源和优质资源既包括企业控制的有形资源,也包括企业控制或企业发展过程中形成的无形资产,如生产技术等。另外还包括企业核心生产基地、主要原料供应地、主要产品市场、劳动力市场方面占有的区位优势和非生产领域的成本优势,如交通成本优势、政策优势等。短期来看,企业拥有的这些竞争优势可以使企业获得较强的市场竞争力;但是从长期来看,这类要素均不足以支撑企业形成持续的核心竞争力。

从过程监控角度来看,健全的管理体制、高效的决策—执行机制、科学的发展规划等都是企业竞争力的具体表现。这些脱离于资源以外的"路径"要素对企业充分发挥资源优势、增大资源的边际产出和节约运营成本等发挥重要作用,从一个侧面反映了企业竞争力。这类竞争优势不容易被系统地梳理和归纳,很多时候甚至容易被企业忽视,从而在不知不觉中丧失,失去使企业做大做强的机会。

经营结果是衡量企业整体运行状况的结果指标,是企业运行效率的最终体现,是考量企业资源转化能力的最直接标准,同时也是是否具有竞争力的最可靠和直观的判断依据。同样,经营结果有静态经营结果和动态经营结果之分。静态经营结果包括企业的盈利情况、资产收益率状况、资本周转情况、资本积累情况以及流动资金充足情况等,可以用某一时点或特定时期的经营成果数据反映;动态经营结果是对速度和增量的反映,包括若干区间之间盈利能力的变化、资产收益率的变化、资本周转的变化、资本积累的变化和企业流动性变化等相对指标。通过从静态和动态角度对企业经营结果的评价可比较直观和精确地反映和衡量企业竞争力。

(三)企业竞争力评价方法

从企业竞争力的表现形式分析我们可以看出,企业竞争力主要体现在静态控制、过程监控和经营结果三个方面。静态控制包括企业控制的各种有形和无形资产,某些资产可以通过市场公允价值得出较为准确的价值数据,但是某些资产却无法在市场上成功询价,即使资产价值可以通过货币计量方法统一单位,但是资产本身具有的“特质”、对互补资源的苛刻要求以及不同的资产组合可能产生的差异化要素贡献率使我们通过企业控制的资产判断企业竞争力具有偏面和“短期”的特点;从过程监控角度来看,管理体制、决策机制、企业的发展规划是否健全、科学和合理需要一个长期的检测过程,孰优孰劣从短期和长期不同的角度考量往往会得到不同的结论,只能说“顺势则立、逆势则破”,但是“势”的趋势又是瞬息万变的,所以从过程监控角度评价企业竞争力缺乏合理的前提假设和实践基础;不论是动静态经营结果还是动态经营结果都是一个确定的值,不论是相对值还是绝对值。

(1)基本假设:

①企业竞争力具有产出效应,且产出效应可以通过企业经营结果完全反应。

②企业经营结果只与企业具有的稳定的企业竞争力相关,与外部经济环境无关。

(2)评级指标体系构建。企业经营结果体现在若干不同的方面,包括盈利能力、成长能力、营运能力、偿债及资本结构、市场占有率和行业地位等等方面,本文对企业竞争力评价指标体系构建正是基于企业经营结果的以上几个方面。

①一般企业经营结果指标体系,如表46-2所示。

表46-2 企业经营结果指标体系

一级指标	二级指标
盈利能力	主营业务利润率
	净资产收益率
	总资产利润率
成长能力	主营业务收入增长率
	净利润增长率
	净资产增长率
	总资产增长率
营运能力	总资产周转率
	流动资产周转率
	股东权益周转率

续表

一级指标	二级指标
偿债及资本结构	速动比率
	股东权益比率
	长期负债比率
	资产负债率
	资本化比率
	负债与所有者权益比率
行业地位	主营业务规模市场份额
	主营业务利润市场份额
	主营业务规模市场占有率增长率
	主营业务利润市场份额增长率

企业盈利能力包括主营业务利润率、净资产收益率和总资产利润率三个指标。主营业务利润率反映了企业主营业务的获利能力;净资产收益率反映股东权益的收益水平,用以衡量公司运用自有资本的效率;总资产收益率从整体上反映了企业资产的利用效果,可用来说明企业运用其全部资产获取利润的能力。

企业成长能力指标包括主营业收入增长率、净利润增长率、净资产增长率和总资产增长率。反映企业成长能力指标涵盖主营业收入、净利润、净资产和总资产四个方面,均以增长率纵向比值表现,可以被认为是动态指标。动态指标反映企业成长的动态过程中的竞争能力变化。

营运能力包括总资产周转率、流动资产周转率和股东权益周转率。总资产周转率综合评价企业全部资产的经营质量和利用效率的重要指标;流动资产周转率反映流动资产周转速度和流动资产利用效率;股东权益周转率衡量公司运用所有制资产的效率。

偿债及资本结构包括速动比率、长期负债比率、资产负债率、负债与所有者权益比率、股东权益比率和资本化比率。

行业地位包括主营业务规模市场份额、主营业务利润市场份额、主营业务规模市场占有率增长率和主营业务利润市场份额增长率四个指标,对企业行业地位的评价采用静态指标和动态指标结合的方法,静态指标包括主营业务规模市场份额和营业务利润市场份额,动态指标包括主营业务规模市场占有率增长率和主营业务利润市场份额增长率。

②金融类企业经营结果指标。金融类企业因其经营"产品"的特殊性,我们在评价其经营结果时不同于一般性企业,但是并不能否定一般企业经营结果评价指标体系,只是在不同方面设置适合于金融类企业的"个性化"指标。金融类企业,以银行和类银行金融机构为例,其经营的直接标的是货币,其实质是流动性和风险。所以在金融类企业经营结果评价指标体系设置时更侧重于流动性和风险防控层面。在一般性企业基础上增加以下指标,如表46-3所示。

表46-3　金融类企业经营结果评价指标体系增加的指标

指标	备注
资本充足率	资本总额与风险加权资产总额的比例,主要衡量其实力和抵御风险的能力
存贷款比率	从总体上控制资金来源和资金占用情况的指标
中长期贷款比率	反映资产流动性的强弱,比例越低,资产的流动性越强
资产流动性比率	反映银行支付能力的一个重要指标,也是保证银行清偿能力的控制指标。资产流动性比例=流动性资产旬末平均余额/流动性负债旬末平均余额×100%
备付金比例	揭示银行对存款支取的保证程度,也是反映银行支付能力的重要指标
单个贷款比率	单个贷款比例是对同一客户的贷款余额与银行资本总额的比例和对前10家最大客户的贷款总额与资本总额的比例
拆借资金比率	拆入资金比例=拆入资金平均余额/各项存款平均余额×100%
贷款质量比率	逾期贷款、呆滞贷款、呆账贷款与各项贷款余额的比例
风险权重资产比率	风险权重资产比例=各项风险权重资产余额/总资产余额×100%
资金损失比例	逾期贷款报告期各项资金损失之和÷同期各项资产总数
负债成本比例	负债成本比例=报告期各项成本÷同期负债总额,反映银行吸收各项存款所支付的成本高低
资产变现率	反映企业可立即变现资产所占的比例,变现率=现金及各项存放款÷流动负债合计×100%,对无储蓄存款业务的金融企业来说,用该指标不适宜

续表

指标	备注
独立性	比值较高说明银行发展能力有可能较快，同时说明企业存款业务开展的不理想，但是如果低于5%，则表示资产调度余地很小。独立性指标=所有者权益合计÷资产总额×100%
资信评级	评级指标通常由评级机构自己设计，一般包括信用指标、财务指标和发展能力指标三大类
资产规模	资产规模反映金融类企业的融资能力和为市场提供资金的能力
净资产	反映企业的整体实力和对外负债的偿付保证能力
营业网点	在传统金融市场环境中，营业网点直接决定企业业务开展情况，特别是个人业务的发展

(3)企业竞争力评价。指标体系中的指标可以分为以下两类：有参照标准值指标和可直接比较类指标。有参照标准值指标如资产负债率、资本化比率、资本充足率和存贷比等，这类指标在不同行业企业之间或者全球范围内有公认的参照数据；可直接比较类指标如盈利情况、增长速度、市场占有率和贷款质量比率等，这类指标具有可直接比较的特点，可直接比较类指标又可以分为正向比较指标和逆向比较指标。

①指标数据标准化。有参照标准值类指标可以通过与标准值进行比较，假设指标观测值为 a_i，标准值为 a，则该指标得分 $p_i=1-|a_i-a|/a_i$；可直接比较类指标又可分为正向比较指标和逆向比较指标。正向比较指标即越大越好，逆向比较指标即越小越好，对正向比较指标采用 MAX 标准法，假设最大值为 a_{max}，观测值为 a_i，则该指标得分为 $1-(a_{max}-a_i)/a_{max}$；对逆向比较指标采用 MIN 标准法，假设最大值为 a_{min}，观测值为 a_i，则指标得分为 $1-(a_i-a_{min})/a_{min}$。

②指标得分加总。简单地将各指标得分可以得出确定的数值，不同的企业之间可以以该数值的大小直接来做比较，但是进一步对同行业企业进行分类和定档显得有难度，所有企业的竞争力得分缺乏确定的区间，而且往往区间较大，不便于分析。所以在各企业竞争力水平得出加总结果后，再对各企业得分进行标准化：

$a=\sum_{1}^{n}a_i=a_1+a_2+\cdots+a_n$——各企业各自竞争力评价得分

假设 a、b、$c\cdots$为同一行业各企业的竞争力评价得分,则标准化的最后得分为:

$$p_i=i/(a+b+c+\cdots) \qquad (i=a、b、c\cdots)$$

③从上面的公式可以看出,企业竞争力评价结果,即从企业经营结果角度计算出的企业竞争力得分是一个确定数值,该数值在区间 0~1 之间。

(四)企业文化与企业竞争力因果关系分析

(1)相关性分析:

①相关性分析基本概念。相关性分析是指对两个或多个具备相关性的变量元素进行分析,从而衡量两个变量因素的相关密切程度。变量之间按相关程度分类可分为完全相关、不完全相关和不相关;按相关方向分类,可分为正相关和负相关;按相关形式分类分为线性相关和非线性相关。相关程度和相关方向是相关性分析的结果,只有得出找出变量之间的相关关系,用简单直观的方法表现出来才能看出相关程度和相关方向。而线性相关和非线性相关是分析变量相关性的关键,对于变量之间是线性相关还是非线性相关必须在深入研究相关性之前通过尝试和观察的方法确定,在确定的基础上通过建立变量之间的函数关系,从而较为精确地表现变量之间的关系。

②结果分析。相关系数是变量之间相关程度的指标。样本相关系数用 r 表示,相关系数的取值一般介于 $-1\sim1$ 之间。当 $r>0$ 时,表示两变量正相关;当 $r<0$ 时,表示两变量为负相关。当 $|r|=1$ 时,表示两变量为完全线性相关即函数关系。当 $r=1$ 时,称为完全正相关,而当 $r=-1$ 时,称为完全负相关。当 $r=0$ 时,表示两变量间无线性相关关系。

相关系数只是两个变量之间相关关系的一个度量。相关关系和因果关系具有本质的区别,具有因果关系的变量之间一定具有数学上的相关关系,而具有相关关系的变量之间并不一定具有因果关系。

(2)企业文化与企业竞争力因果关系检测。因果关系检测的基础是相关性分析,具有较强的正相关或负相关的变量之间才能有因果关系。在具有较强相关性的基础上通过动态时间序列方法判断变量之间的因果关系,即变量 $x_i(T_1)$ 与 $y_i(T_2)(T_1<T_2)$ 亦保持高度的相关性,在满足该条件的基础上,T_2-T_1 区间内,自变量 x 对变量 y 的作用会出现有规律的均匀的变化过程,在最强相关的 T_1 时刻,自变量 x 对未来 T_2 时刻 y 的形成和变化其关键作用,称为"作用力时

差”或“反映滞后”。

四、企业文化对企业竞争力作用力模型

实证研究方法有广义实证研究方法和狭义实证研究方法之分。广义实证研究方法泛指所有的经验型分析方法，包括逻辑推理法和统计分析法等；狭义实证分析方法是指利用统计和计量分析方法，对经济活动中的数据信息进行数量分析，从数理角度研究变量之间相互影响极其影响方式的研究方法，即平常所说的统计分析法。所以狭义实证分析方法只是实证分析方法的一种方法。

本文第三部分第四节对企业文化与企业竞争力因果关系的研究属于狭义实证分析，是以大量的统计数据和数理方法为基础的，只是从树立角度获得变量之间的因果关系，但是变量之间如何作用却没有直观显现。本文从企业文化功能入手，以企业品牌效应、内部生产力和可持续发展为落脚点研究企业文化如何作用于企业使其拥有竞争力。

（一）企业文化功能

从企业文化功能的表现形式和作用力方向来看，企业文化的功能分为外向型功能和内向型功能，企业文化的外向型功能指企业文化在企业对外形象方面的功能，企业文化的内向性功能集中体现了企业文化在企业内部运行中发挥的作用。

（1）企业文化的外向型功能。企业文化的外向型功能有利于企业外部形象塑造，增强外部对企业整体形象的感知和认可，这种外部形象包括企业的社会贡献、价值取向、市场化程度、行业地位、创新意识和对客户的态度等。企业对外形象的被感知和认可有效提高了企业的品牌效应。在市场中赢得良好的声誉，为企业市场开拓、资源整合以及潜在客户的培育等方面都有积极意义。品牌效应不只是企业形象的外部表现，从企业发展角度来说，品牌效应更是企业发展的无形资产。

（2）企业文化内向型功能。企业文化的内向型功能主要体现在内部管理与协调和企业发展方向两个方面。企业内部管理与协调又包括内部管理体系、领导力和个人与组织关系三个方面；企业发展方向包括企业愿景和发展战略。

高效的内部管理体系和运行机制、高超的领导能力和领导者魅力以及个人与组织的融洽关系作用在劳动者（员工）身上引起生产率的提高，这种生产率的提高不只是表现在员工的工作尽职与完成领导交予员工的工作任务，更重要的

是激发员工的积极性,使员工产生对企业的归属感和责任感,充分发挥员工的主观能动性、创造性的开展工作,并将创新与主人翁意识贯穿于整个工作过程中,从而实现员工"创造力"的爆发,使企业生产力大幅提高。

企业愿景和发展战略是企业发展的方向和为实现这一目标而采取的一系列措施。企业没有确定的发展方向,即发展愿景朝令夕改或者为企业发展战略时常发生变化,不利于企业形成持续稳定的发展路径,而且这种不稳定造成大量投入的夭折和成本沉淀;企业没有正确的发展方向往往会使企业陷入发展危机,没有目标的发展带来的盲目性是企业很难在某一领域形成规模、业务和产品优势。

企业具有明确的企业愿景和正确的发展战略保证了企业运营的持续性,企业运营的持续性包括经营的持续性、盈利的持续性和存续的持续性。

(二)企业文化功能要素与企业竞争力

(1)企业竞争力的核心——资源。从企业文化的外向型功能和内向型功能入手,经过各个环节的梳理,最后确定企业文化的功能要素为品牌效应、生产力(创造力)和持续性三个方面。本文对企业竞争力的定义为:在市场经济中,企业的竞争力的基础是资源,而且是不能轻易被其他企业复制和低价购买到的核心资源。正是这种不可复制性和不可交易性带给了企业相对于竞争对手的市场势力,从而形成了企业的竞争优势。从定义可以看出,企业竞争力的基础是资源,这些资源的不可复制和不可交易性带给力企业相对于竞争对手的市场势力(见图46-1)。

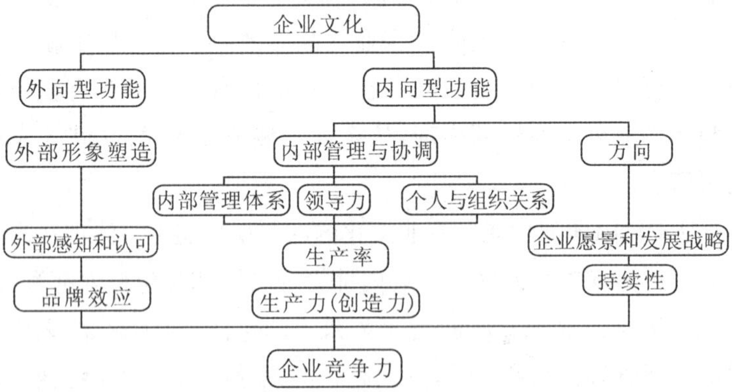

图46-1 企业文化功能要素与企业竞争力

什么是资源？从经济学角度来看，按性质分类，资源分为自然资源和社会经济资源。

在此不对自然资源做进一步讨论，企业前期对自然资源的控制具有短期性和偶然性，在企业短期发展过程中会产生重大推动作用，但是企业控制的自然资源的有限性决定了先期所控制自然资源对企业长期发展贡献的有限性，所以本文对企业先期获得的自然资源也不做进一步说明。

（2）社会经济资源的主要类型。依据当代经济理论和生产实践所达到的认识水平，社会经济资源主要包括人力资源、组织制度资源（包括管理体制）、知识资源和其他资源。对企业而言，助推企业发展的资源除了上面提到的人力资源、组织制度资源、知识资源外还应该包括企业发展过程中形成的品牌效应和作为企业发展强大的基础性资源——持续经营保障。

（3）社会经济资源功能及相互关系。人力资源是一种特殊而又重要的资源，是各种生产力要素中最具有活力和弹性的部分。人力资源的能动性是指人力资源是体力与智力的结合，具有主观能动性，具有不断开发的潜力。人力资源的能动性与再生性结合决定了人力资源的创造力除受生物规律支配外，还受到人类自身意识、意志的支配，这种意识和意志的培养与企业的组织制度紧密相关，与有效的企业组织制度框架（激励机制、约束机制、领导策略和领导人个人魅力、个人与组织的互动机制）等息息相关，企业发展中离不开作为劳动力主导因素的“人”的关键作用，一切制度的建立都为了更好地激发劳动者的“创造力”，实现生产力的“爆发”。知识资源与企业文化无关，属于技术层面的问题，但是知识资源的更新、创新和“产出最大化”的实现必须借助人力资源良好匹配和人的主观能动性的充分发挥。如果将企业控制的知识资源和其他资源看作“生产对象”，那么生产力中的“劳动者”及其掌握的“劳动工具”是“生产对象”实现价值创造和增值的关键。

人力资源、管理制度资源、知识资源等都属于内涵式资源，存在于企业生产和经营过程中，直接参与企业资源的内部循环，但是企业的品牌效应（品牌资源）和持续经营保障作为这些资源发挥作用的补充和基础。品牌效应由品牌为企业带来效应，品牌可以是企业、可以是商品、可以是服务，也可以是一种管理模式等。它是商业社会中企业价值的延续，在当前品牌先导商业模式中，意味着商品定位、经营模式、消费族群和利润回报。树立企业品牌需要企业有很强的资源统合能力，将企业本质一面通过品牌展示给世人，使整个市场认识企业、了解企业、认同企业，并在此基础上与企业建立良好的合作关系。持续性保障是基础，任何企业发展壮大都需要一个慢长的过程,在这个漫长的过程中完成资本积累、品牌树立以及经营模式的探索和优化。

(4)小结。决定企业市场竞争力的资源要素包括各类自然资源和社会经济资源,社会经济资源遍布社会经济活动各个环节。人力资源、管理制度资源、知识资源等内涵式资源与企业品牌效应、持续经营保障等补充资源共同作用形成企业竞争力。企业文化功能渗透于上述资源形成和发挥作用的各个环节,通过资源这一纽带实现与企业竞争力的有机结合。

五、企业文化功能视角下对提高企业竞争力的建议

(一)制定明确的企业发展战略,确定企业发展方向

持续经营是企业发展的基础,同时也是终极目标,持续经营需要企业制定明确的发展战略,确定企业发展方向。但是对发展方向的把控和发展战略的具体实践基于企业具体经营策略的落实,首先是经营理念。是充分参与市场竞争,在市场竞争中夯实自己的行业地位还是依赖自身在某些方面的优势通过获得“政策红利”和垄断获得非持续性的发展;是尊重市场规律,在“风险—收益”均衡框架下实现合理收益还是在短期的市场扭曲引发的“外部性”中获得“非正常收益”;是开发和丰富新产品或新服务,在多样化和均衡发展中增强企业抗风险能力还是将所有希望寄托于某种特定的业务模式上。

明确的企业发展战略和确定的企业发展方向是建立在强大的企业“自生能力”基础上的,是摆脱于对外部经济政策和某种特定资源的绝对依赖性基础上的。所以,建立具有独立性和多元化特征的发展战略至关重要。

(二)加大宣传力度、塑造良好的企业外部形象

参与市场化竞争,需要让企业的客户或潜在客户,以及潜在的投资或其他类型的合作伙伴知晓企业和了解企业,对企业有较为直观的认知。直接面向公众类企业在产品和企业宣传方面投入较多,如简洁的logo、响亮的口号、狂轰乱炸的媒体广告等。但是非直接面向公众类企业在对外宣传和企业公众形象塑造方面显得差强人意,特别是某些传统国企或行政色彩较浓的企业一般会忽略对外宣传问题,在公众和整个市场眼里具有一定的神秘色彩。但是此类企业不论直接面对的是组织还是普通公众,外界对其的认知和了解都非常重要,经济活动中的直接参与者、决策者以及信息收集者均是具有直接感官判断力的个

人,所以企业外部形象的塑造有利于被发现、被感知、被认知和被接受,从而起到信息发布和信息传递的作用。

(三)建立健全企业内部管理体系,增强企业运行效率,激发人力资源创造力

图 46-2　中国信达甘肃分公司送温暖、献爱心活动

企业内部管理制度涉及面很广,包括经营企业管理制度、组织机构管理制度、财务管理制度、人事管理制度、员工福利管理制度等。企业各项规章制度就是企业的法律法规,制定企业各项规章制度,完善企业管理体系,实际上就是进行企业内部“立法”和建立组织架构。如果没有一套科学、民主和严密的规章制度,而是部分当权人士就能随意或擅自决定企业重大事项,一方面由于缺乏约束机制和集体决策机制,容易导致人为的或有目的性的“决策失误”;另一方面权力频繁的更换,容易导致管理缺乏连续性。企业制度作为企业的运营行为规范,必须包容和涵盖企业管理行为的各个方面,这样才能确保企业所有经营管理行为处于全方位的受控状态,能够实现持续发展。从企业文化功能角度来说,健全的内控体系主要在提高企业运行效率和激发人力资源创造力两个方面发挥作用。有效的决策机制既避免领导者的独断专行也避免领导因个人能力局限造成的决策失误,同时有效提高决策效率;有效的人力资源管理制度和员工福利制度有利于协调企业和员工的关系,激发员工的创造力和对企业的归属感,从而提高人力资源产出效率。

期货市场与中国梦想

——“中国梦”对期货行业核心价值观引领作用研究

侯苏庆 林韵然 刘慧*

一、从甲午战争的反思说起

2012年11月,习近平总书记在参观《复兴之路》展览时指出,实现中华民族伟大复兴的中国梦,是近代以来中华民族的夙愿。这是中国领导人第一次以“中国梦”的提法,把国家的追求、民族的向往、人民的期盼融为一体,将全体中华儿女团结凝聚到实现伟大梦想的理想信念上,为中华民族创造美好明天指明了前进方向。人若无理想无追求,就好比缺少灵魂和脊梁;一个国家、民族若无理想无信念,则如同一盘散沙,何谈进步与发展——古往今来皆是如此。中国传统文化历来重视理想信念的作用。三国时期军事家、诗人曹操曾写下“老骥伏枥,志在千里;烈士暮年,壮心不已”的传世名言。《后汉书》曰:“精诚所至,金石为开。”清代袁枚《随园诗话》有云:“世上无难事,只怕有心人。”今日,为实现中华民族伟大复兴的中国梦,重温这些古诗古训,显得尤为重要。

今岁又逢甲午,反思120年前那场改变近代中国命运的战争,中国究竟因何而败?日本到底凭借什么取胜?这看似简单、实则复杂的命题,百年来引发无数专家学者的论争。深入剖析中日双方在领袖、民心、资本等方面的一系列对比,事实证明,整个中华民族对于理想信念的缺失,恐怕是埋下北洋水师全面溃败伏笔的最关键因素。

---

* 中国期货业协会;本文获2014年全国金融系统思想政治工作和企业文化建设调研成果二等奖。

二、发展期货市场对于"中国梦"的重要意义

习近平总书记明确指出，实现"中国梦"，就是要实现国家富强、民族振兴、人民幸福。改革开放三十多年来，我国经济实力、综合国力大大增强，人民生活显著改善，中国的国际地位和影响力空前提升。但是，经济大国并不等于经济强国。要由"中国制造"走向"中国创造"，由经济大国转变为经济强国，真正实现国家富强、民族振兴、人民幸福，金融是其中的一个关键因素。

纵观当今世界竞争格局，金融的战略地位和作用不可替代。在所谓的"后殖民地时代"，西方国家往往运用成熟的金融市场和工具，掌控着世界经济的命脉，对发展中国家的财富进行隐性掠夺。就中国情况而言，我国资本市场的发展程度同经济发展水平极不相称，期货及衍生品行业更是落后西方国家数十年。以这样的发展水平同发达国家竞争，非但不具备任何优势，而且改革开放多年辛苦积累的成果很有可能被掠夺殆尽。鉴于此，在实现中华民族伟大复兴的"中国梦"的引领下，加快发展完善包括期货及衍生品市场在内的中国资本市场，争夺金融领域的高地和竞争主动权，对于我国未来的经济社会发展有着极为重要的战略意义。

（一）期货市场的功能作用

一般认为，较为规范的期货交易产生于美国。19 世纪三四十年代，芝加哥作为连接美国中西部产粮区与东部消费市场的粮食集散地，成为了当时全美最大的谷物集散中心。随着交易量的不断增大，同时由于农产品生产的季节性特点、交通不便和仓储能力不足，供求矛盾日益突出。出于规避价格波动风险的需要，美国芝加哥期货交易所（CBOT）于 1848 年正式成立，标志着期货交易的开始。自此开始，期货市场逐步发展壮大，现已成为现代经济体系不可或缺的组成部分。

总的来说，期货市场具有其他金融市场难以替代的功能和作用。价格发现和规避风险是期货市场的两大基本功能。同时随着市场经济的不断发展，期货市场作用于经济社会的广度和深度也在不断扩展延伸。

价格发现：期货市场能够预期未来现货价格的变动，发现未来的现货价格，因此可以作为未来一段时间现货价格变动趋势的"晴雨表"。由于期货市场是一种接近于完全竞争市场的高度组织化和规范化的市场，其价格形成机制较为

成熟和完善,因此这种机制下形成的价格具有公开性、连续性、预测性等特点。鉴于上述特点,期货价格往往被视为一种权威价格,通过期货市场形成的期货价格,被广泛用于农业、工业、贸易、金融和宏观经济,指导政府宏观政策和企业微观经营。

规避风险:期货市场能够规避现货价格波动的风险,这是期货市场的参与者通过套期保值交易实现的。举例来说,对于现货市场未来要销售的一批商品,企业可通过预先在期货市场卖出该商品的期货合约进行套期保值。当现货价格下跌,导致现货商品销售收入减少时,期货合约由于价格下跌而赢利,两者存在抵消的关系;当现货价格上涨,现货商品销售收入增加,而期货合约由于价格上涨而亏损,两者仍存在抵消关系。这样,无论价格走势如何,套期保值的操作都能在期、现货两个市场之间实现抵消,从而规避现货市场价格波动可能存在的风险。

财富管理:期货市场不仅是一个风险管理市场,它还是一个财富管理市场。改革开放以来,随着我国经济持续高速增长,机构和个人投资者的财富不断增加,但实现资产保值增值的手段则相对有限,财富管理行业迫切需要期货及衍生品市场。一方面,衍生品工具为财富管理行业提供更大的产品设计空间;另一方面,通过参与衍生品市场,能够更好规避境内外经济发展中出现的不确定风险,以及市场本身所产生的波动风险。近年来,银行、证券、保险以及基金等机构纷纷参与期货市场,在利用期货进行风险管理的同时,通过开发多样化的金融产品,创新交易方式,为机构及个人投资者提供多样化的财富管理服务。

环境治理:近年来,能源消耗引发的温室效应、环境恶化和全球生态系统退化等问题,已受到国际社会的广泛关注。如果单靠政府运用行政手段进行节能减排,既容易滋生腐败,又无法调动市场参与主体的积极性。相比之下,建立在"总量控制和排放权交易"理论基础上的期货交易,将环境外部成本内化为市场主体的生产成本,能够比行政手段发挥更大的激励效果和效率弹性,因此得到了世界各国的普通认可。目前在芝加哥期货市场公开挂牌交易的碳排放指标,每年交易额高达10亿美元。

综上,由于期货市场具有价格发现、规避风险、财富管理、环境治理等基本功能,充分发挥期货市场功能作用将有利于健全我国的市场经济体系、提高经济运行效率、增强国家综合竞争力、维护国家经济安全。假如我们将目光转向美国,就会发现,"拯救美元危机"、"亚洲金融危机"、"次贷危机"等一系列案例已充分证明，发达国家在自身经济建设和发展过程中，已经将期货市场提升到国家战略层面予以高度重视。期货及衍生品市场在美国实现称霸全球的“美国梦”的过程中扮演着举足轻重的角色。

（二）拯救美元危机背后的期货力量

第二次世界大战结束时，作为这场战争的最大赢家，美国于1944年7月召集44国政府代表在布雷顿森林举行会议，建立了以美元为中心的国际货币体系（也就是所谓的“布雷顿森林体系”），正式确立了美国在全球的经济霸主地位。然而好景不长，由于金汇兑制自身缺陷、储备制度不稳定等内在因素，再加上越南战争等外在因素引发的美元危机，1971年8月，尼克松总统宣布实行“新经济政策”，中止美元兑换黄金，布雷顿体系轰然倒塌。美国迫切需要新的金融工具和手段继续树立其世界霸权地位。

通过石油期货把握世界经济主导权。1973年爆发的第一次石油危机使得原油等重要能源产品价格剧烈波动，在给世界石油市场带来巨大冲击的同时，也为此时霸权地位正岌岌可危的美国迎来了难得的机遇。1974年，美国政府说服沙特等主要石油输出国采用美元作为唯一的结算货币，使得美元在国际石油交易计价货币中处于垄断地位。与此同时，纽约商业交易所（NYMEX）于1974年尝试推出燃油期货，1978年第二次石油危机时又推出了取暖油期货，世界各大石油现货企业纷纷利用石油期货规避价格风险，石油期货的交易量迅速暴涨。在这样的背景下，石油期货市场得到了迅速发展，不仅远期、期权、掉期等交易工具陆续推出和流行，而且石油市场的参与者也不再限于石油开采、冶炼、贸易等相关企业，对冲基金、私募基金、投资银行、保险公司等众多金融机构亦涉足石油领域，并发挥着极为重要的作用。可以说，随着大量金融机构的加入和参与，以及石油金融衍生品的开发和交易，国际石油市场的“金融属性”已经越来越明显，石油期货市场已成为石油市场不可或缺的一部分。比如在世界上最具影响力的能源期货交易所——纽约商业交易所（NYMEX），其上市的西得克萨斯中质原油（WTI）成为了全球石油市场最重要的定价基准之一。正是通过构建成熟完备的石油期货交易体系，美国及其资本集团牢牢掌控着国际油价定价权，其操控下的国际金融市场的一举一动都对国际石油市场产生了重大的影响。

利用金融期货巩固经济霸权地位。布雷顿森林体系崩溃后，浮动汇率制取代了固定汇率制,世界各国立刻面临着巨大的外汇风险规避需求。与此同时,严重的经济滞胀局面使得各国相继放松利率管制,把利率作为国家实施宏观调控的重要工具,这就使得利率波动日益剧烈,利率风险成为各大经济主体、尤其是各金融机构面临的主要金融风险。美国敏锐地察觉到风险背后蕴含的巨大机遇,芝加哥商业交易所成立了国际货币市场分部(IMM),于1972年首次推出包括英镑、加元、日元等在内的7种外汇期货合约。1975年,芝加哥期货交易所推出国民抵押协会债券期货合约,标志着第一个利率期货诞生。继推出外汇和利率两大金融工具之后,到了20世纪80年代,美国又开发了专门针对股票市场的风险管理工具——1982年,美国堪萨斯期货交易所开发了价值线综合指数期货合约;同年4月,芝加哥商业交易所推出标普500指数期货;5月,纽约期货交易所(NYBOT)推出纽约证券交易所综合指数期货。这一系列金融工具的推出成功引发了全球期货的交易热潮,以美元交易的期货市场为强化和维持美元的全球经济霸权地位立下了汗马功劳。

(三)两次金融危机幕后的期货推手

1997年前后,东南亚金融市场经历了一场暴风骤雨式的袭击。是年7月,泰国央行率先宣布放弃长达13年之久的泰铢与美元挂钩的汇率制;8月,42家泰国金融机构被迫关闭,泰铢全面失守。紧接着,菲律宾、马来西亚、印尼等国家的汇市、股市和楼市狂跌,猛烈的金融风暴不但将这些国家多年苦心经营取得的发展成果席卷一空,而且对整个国家的经济基础造成了毁灭性打击。时任马来西亚总理马哈蒂尔为此强烈谴责这场灾难的始作俑者——国际金融大鳄乔治·索罗斯,称其为"魔鬼"和"强盗"。索罗斯本人则辩解说,"如果不是我们,照样会有人做。苍蝇不叮无缝的蛋,市场留有投机空间,那是你们的过错。"在这一场场惊心动魄的货币战争背后,期货及衍生品市场的影响不容小觑。

运用期货工具打响的"香港金融保卫战"。1998年8月28日,这也许是香港自有股市以来最漫长的一天。就在这一天,以索罗斯为首的国际投机炒家倾巢出动,对香港金融市场发动全面攻击,而中国内地政府力挺下的港府则将所有的卖单照单全收死守股市,当天港股的成交金额达790亿港币,创下香港市场单日最高交易纪录。虽然没有刀光剑影,也看不见硝烟弥漫,但这场金融保卫战的惨烈程度及其对经济社会的影响一点不亚于真正的战争。正是这场无形之战,让国人第一次见识到索罗斯的量子基金、朱利安·罗伯森的老虎基金等等一批美国对冲基金的巨大威力,也见识到期货市场蕴含的足以撼动一个国家经济储备乃至政权基石的强大力量。由于在对一个国家的金融市场进行掠夺时,拥有庞大资金的对冲基金往往利用期货、期权等金融衍生产品进行实买空卖、风险对冲的投机活动,凭借期货等衍生品工具的杠杆效应,这些资金常常能够在国际金融市场上撬动比其自身大几十倍的资产,所以一个国家政府即使倾其所有外汇储备有时也难以与之抗衡。设想,倘若没有香港和内地充足的外汇储备作为坚强后盾,没有政府不惜一切代价保卫香港的决心,没有香港金融市场熟练运用金融衍生工具予以反击的专业能力,没有时任香港财政司司长曾荫权、香港金融管理局总裁任志刚等一批资深人士的精准判断和果断决策,香港的命运很有可能如菲律宾、印尼等国家一样,不但经济发展倒退几十年,而且至今一蹶不振,经济结构的调整和金融体系的改革仍然滞后。

通过期货市场转嫁的"次贷危机"。期货市场既是美国大肆掠夺其他国家经济成果的重要工具,同时也是其转嫁金融风险的有效手段——2008 年发生的全球金融危机就是一个很好的例子。此次危机的根源在于美国在衍生品市场盲目创新,脱离了实体经济的需求,由此酿成了极为严重的后果。据国际货币基金组织(IMF)估算,这场危机给全球金融系统造成了大约 2.8 万亿美元的损失。如果这些损失完全由美国承担,将对美国的全球经济霸主地位带来毁灭性的打击。但令人吃惊的是,作为这场灾难的始作俑者,尽管雷曼兄弟、美林证券等一批华尔街金融巨头纷纷宣布破产,尽管标准普尔下调了美国债信评级展望,美国仍能依靠以期货为主力的资本市场成功回收了全球过剩流动性,迅速摆脱了金融危机的泥沼,经济稳健复苏;相较之下,由于购买并持有大量美国次贷衍生产品,英国、德国、瑞士、法国、荷兰等欧洲国家不仅最早受到危机的冲击,而且范围最广、影响最深,受损情况要严重的多。事实证明,成熟的期货市场提高了美国经济的市场化程度和灵敏度,进一步增强了其宏观预警能力和利用市场工具应对经济波动风险的能力,美国经济没有因为 2008 年金融危机出现大萧条、大衰退,期货市场的风险对冲、风险转移的宏观经济"稳定器"作用不可低估。

三、"中国梦"引领期货行业核心价值观

1990 年 10 月,郑州粮食批发市场正式成立,标志着我国商品期货市场正式

诞生。历经二十多年的发展,我国期货市场从无到有,从小到大,从无序逐步走向有序,服务实体经济的广度和深度不断拓展。截至2013年底,我国期货市场共上市40个品种,覆盖了农产品、金属、能源和化工等主要产业领域以及股指、国债等金融领域;全行业代理客户保证金1 988亿元,净资产522.14亿元,行业净利润35.55亿元;成交金额由2000年的1.6万亿元增长到2013年的267.47万亿元;已经成为全球最大的商品期货交易市场、全球第一大农产品期货交易市场。

然而,就总体情况而言,由于我国期货市场发展的基础较为薄弱,期、现货市场发育不够匹配,场内、外市场发展不够协调,金融期货与商品期货发展不够平衡,与实体经济的需求相比还有较大的差距。尤其是目前国内期货市场在国际市场上的影响相对有限,许多大宗商品的定价权并不掌握在我们手中。作为大宗商品的进口大国,我国常常只能被动接受其他国家制定的价格,也因此付出了沉重的代价。从维护国家经济安全的战略考虑出发,必须切实发展完善我国期货市场,不断提高中国在大宗商品国际定价中的话语权,以此减少企业参与国际采购的操作风险,降低政府监管成本,确保国民经济平稳安全运行。

(一)十八届三中全会为期货市场提供发展空间

党的十八届三中全会对于未来一段时期我国经济领域的深化改革进行了全面部署,提出使市场在资源配置中起决定性作用。发挥期货市场的功能作用,能够提高市场的透明度和流动性,促进市场化定价体系形成,管理和对冲市场化改革风险,保护国家经济安全,从而进一步发挥市场效力,提高资源配置效率,推动产业转型升级。

市场化改革需要期货市场完善价格形成机制。市场对资源的配置主要通过价格、竞争和供求等手段来实现,要使市场在资源配置中起决定性作用,应充分发挥价格、竞争、供求关系在经济运行中的重要作用。而期货市场天然具备的价格发现功能恰好符合上述要求。与现货市场相比,期货市场发现的远期价格具有连续性、前瞻性和权威性,能够比较真实地反映商品和金融资产未来价格变动趋势,发挥“指挥棒”的作用,优化社会资源配置。同时,期货市场具有集中、公开、透明的交易机制,通过连续不断报价和良好的流动性,为市场经济活动提供透明、连续和即时传播的价格和供求信息,服务于国民经济活动的方方面面。我国有色金属行业20多年来的发展实践证明,期货价格的广泛运用有力推动了有色金属从政府定价向市场化定价的转变,极大提升了有色金属行业的市场化改革进程。当前我国更是迫切需要依靠期货及衍生品市场,推进水、石油、天然气、电力、交通、电信等领域价格改革,完善农产品价格形成机制。

市场化改革需要期货市场进行风险管理。目前,我国正处于调整经济结构、转变发展方式的关键时期,而现阶段极其复杂的国内外环境决定了调结构、转方式的过程中蕴含着极大的风险。如果没有合理有效的风险管理工具,实现从经济大国到经济强国的成功转变不容乐观。从企业层面看,企业面临的市场风险需要被合理管理与化解,期货市场作为一个理想的风险管理工具,可以被企业利用来进行风险管理,提高市场化管理水平;从产业层面看,期货市场既可以运用其价格发现功能引导产业发展、优化产业结构,又可以凭借其规避风险功能克服产业链上下游价格波动带来的风险,增强产业发展稳定性;从国家层面看,期货市场能够对国家宏观调控政策的制定提供重要的信息参考,还可以为国家实施宏观调控政策措施充当有力工具。

市场化改革需要期货市场提供安全保障。经济全球化促进了生产要素的全球流动,同时也大大增强了一国或地区金融风险外逸和转移的可能。2008 年金融危机以来,全球经济及金融市场进入了一个较长的震荡时期,各国都高度重视并积极构建能够对冲风险的衍生品市场,争取定价话语权,以维护本国经济金融安全。随着我国实体经济全球化发展的不断深化,充分利用境内外期货及衍生品市场进行风险管理的需求将不断加大。也就是说,在开放市场经济条件下,期货市场将承担着保护国家经济安全的任务,在大宗商品定价和金融安全领域发挥重要作用,保证在我国经济发展方式转变的过程中国家经济安全,化解外部负面影响冲击带来的风险。

(二)“新国九条”出台为期货市场勾勒发展蓝图

2014 年 5 月,国务院发布实施《关于进一步促进资本市场健康发展的若干意见》(以下简称“新国九条”),从经济社会发展全局的高度,对新时期资本市场的改革发展进行了统筹规划和总体部署。新“国九条”为我国期货市场勾勒的发展蓝图,是要建立一个商品期货与金融期货协调发展、场内市场与场外市场共同发展以及与中国经济实力相匹配的具有国际定价权的国际化期货及衍生品市场。以此为契机,我国期货及衍生品市场将迎来创新发展的新时代。

建设与我国经济发展相匹配的期货及衍生品市场。“新国九条”从“发展商品期货市场”和“建设金融期货市场”两个方面,对未来中国期货市场发展进行了规划,表明我国期货及衍生品市场已进入战略发展关键期,并将面临四个方面的重大转变:一是从以商品期货为主的产品结构转变为商品期货和金融期货协调发展,二是从完全的场内衍生品市场转为场内场外市场共同发展,三是从单纯的国内期货市场转变为具有国际定价权的国际化期货及衍生品市场,四是从以散户为主的投资者结构向散户机构化转变。

建立开放包容多元的现代期货及衍生品服务行业。“新国九条”明确提出,要实施公开透明、进退有序的证券期货业务牌照管理制度,引导证券期货互联网业务有序发展,逐步提高证券期货行业对外开放水平等等,这将吸引更多具有实力的境内外金融机构进入期货市场,推动形成开放、包容、多元的行业新格局。为贯彻落实“新国九条”精神,中国证监会2014年9月发布《关于进一步推进期货经营机构创新发展的意见》,致力放宽行业准入,推动证券、银行、基金等公司逐步介入期货市场,鼓励各类期货经营机构走差异化竞争和专业化发展的道路;积极推动期货经营机构产品业务创新,努力打造一批具有国际竞争力、以风险管理和资产定价服务为核心业务的衍生品服务集团;加快发展场外衍生品市场,积极发挥期货经营机构作为场外衍生品市场创新主体的作用;推动对外开放,提升期货经营机构国际竞争力。

(三)政府监管转型为期货市场带来发展机遇

我国期货市场在发展初期,曾出现盲目无序的混乱局面,国务院为此开展两轮全面治理整顿,并颁布了一系列法规,不断加强对期货市场的监管力度,确保期货市场步入规范有序的发展轨道。然而,在经历了长时期的清理整顿后,现行期货市场的监管法规体系很多延续了当时较为严格的监管规定,存在管制过多、监管过严等问题,已经不能完全适应期货行业下一步创新发展的需要。在新形势下,亟需进一步推进监管转型,清理现行规章、规范性文件,取消对期货市场不必要的管制,为行业创新发展提供一个相对宽松的环境。

加快转变政府职能,深化行政体制改革,是党的十八大、十八届二中、三中全会作出的重大决策,是处理好政府与市场、政府与社会关系的必然要求,是发挥市场在资源配置中决定性作用、增强经济社会发展内生动力的必由之路。中国证监会主席肖钢同志在2014年全国证券期货监管工作会议上指出,推进监管转型是进一步发挥资本市场功能、激发经济活力的迫切需要,是促进资本市场长期稳定健康发展的内在要求，是全面增强证券期货服务业竞争力的重要举措，也是提升监管效能、切实履行政府核心职责的现实选择。为此，肖钢同志提出在监管理念、监管模式和监管方法三个方面都要进行革新和转变，要实现监管取向、监管重心、监管方法、监管模式、监管手段、监管运行等的“六个转变”。可以肯定的是，在“简政放权”和“放松管制、加强监管”的总体思路指引下，行政审批备案登记等事项将得到进一步精简，产业客户尤其国有企业运用风险管理工具的限制规定将进一步清理取消，对证券期货经营机构具体业务活动的限制和管束将进一步合理放宽，期货市场在国民经济中的作用将能够更好发挥，从而为实现“中国梦”贡献应有的力量。

（四）树立行业核心价值观为期货市场发展保驾护航

党的十八大报告提出要“倡导富强、民主、文明、和谐，倡导自由、平等、公正、法治，倡导爱国、敬业、诚信、友善，积极培育和践行社会主义核心价值观。”实现中华民族伟大复兴的中国梦，离不开以社会主义价值观为核心的文化软实力。对于期货行业来说，经过二十余年的发展，期货行业法规制度逐步完善，合规经营意识不断增强，行业诚信水平明显提升。然而，随着期货行业竞争日益激烈，在前所未有的机遇与挑战面前，一些市场主体不诚信、不守法、有违市场秩序的行为仍然存在。回顾我国期货市场在发展初期曾因理想信念缺位而经历的重创，我们再也不能重蹈覆辙，树立并不断巩固行业核心价值观势在必行。

为贯彻落实党中央、国务院、中国证监会对资本市场核心价值观的总体部署和要求，进一步规范期货市场秩序，营造良好发展环境，中国期货业协会作为我国期货行业的自律组织，将树立行业核心价值观作为重点工作，坚持市场化、法治化、国际化的改革导向，按照服务实体经济发展的根本要求，以自律规则体系建设为基础，以完善诚信体系建设为关键，以投资者保护和风险防范为着力点，积极营造“合规守信、勤勉尽责”的行业文化理念和氛围，在全行业树立了如下核心价值观：紧密围绕服务实体经济的核心理念，弘扬和培育合规守法、诚实守信、勤勉尽责的行业精神，以保护投资者合法权益和提高市场运作效率为出发点，以道德为基础、法制为保障，采取各种有效措施，优化软环境，提升软实力，推进期货市场的健康长期持续发展，为实现国富民强、民族振兴的“中国梦”做出积极贡献。以此为指导，中国期货业协会致力发动行业各方力量，整合资源，加强引导，进行了卓有成效的探索和实践，为有效发挥我国期货市场的功能作用提供了有力保障。

四、中国期货业协会构建行业核心价值观的探索与实践

(一)坚持市场化方向,树立服务实体经济的核心理念

来自实体经济多样化、差异化的需求是期货市场创新发展的不竭源泉。协会坚持引导会员从实体经济中汲取发展动力,积极搭建期、现货行业沟通交流的平台,在推动行业开展风险管理公司试点工作等创新业务时,注重引导其围绕中小微和涉农等实体企业创新业务模式,开展差异化、个性化经营;坚持市场化理念,注重激发行业和会员创新热情,更多从引导、服务、支持等角度参与创新,致力于为行业营造创新发展的良好政策和制度环境;坚持积极审慎推进,在大力推动行业创新发展的同时,坚持底线原则,深入分析可能存在的风险,通过先行试点、总结经验后再行推广的方式,避免出现系统性和区域性风险。经过一段时间的摸索,协会已经初步形成了配合监管、研究先行、专家参与、行业共议、规则明确、流程清晰、边试边改、总结推广的工作机制,有效发挥了期货市场在服务实体经济中的积极作用,赢得了监管部门和行业的充分认可。

(二)坚持规范化发展,塑就诚实守信的行业文化

市场经济是信用经济,社会信用体系是市场经济体制的重要制度安排。党中央、国务院高度重视社会信用体系建设工作,党的十八大报告提出要“加强政务诚信、商务诚信、社会诚信和司法公信建设”,诚信成为构建社会主义核心价值体系的重要道德支撑。对于期货行业来说,由于期货市场实行的是保证金交易,信用程度较高,因此必须建立健全期货行业诚信体系,以诚实守信的行业文化为发展期货金融、实现中国梦想保驾护航。

2011 年,协会结合期货行业发展实际,着眼于诚信建设制度的创新和完善,制定出台了《期货业诚信建设实施指导意见》。在《意见》指导下,协会坚持“重在宣传教育,重在从我做起,重在健全法制,重在失信惩戒,重在统筹持续”的工作理念,制定了行业诚信建设工作方案,组织会员在全国开展了“诚信宣传月”活动,编辑出版《期货行业警示录》,开展了诚信“三论”、“诚信从我做起征文”等系列专题活动,探索建立了诚信评价指标体系和评价机制,不断提升行业诚信水平。截至目前,已初步建立了制度规范、失信惩戒、诚信记录、信用服务为主要内容的期货行业诚信体系,形成了以诚信合规为核心的行业自律文化和约

束机制，确保市场整体稳定健康运行。鉴于此，协会于2012年获得了由中央政法委等多部委颁发的“全国诚信制度创新优秀事例奖”。

（三）坚持法治化方向，形成有法必依违法必究的有效机制

近年来，随着政府行政体制改革的不断深化，行业协会作为现代市场经济体系的组成部分和介于政府、市场之间的桥梁纽带，正发挥着日益重要的作用。《全面深化改革若干重大问题的决定》指出：“正确处理政府和社会关系，加快实施政社分开，推进社会组织明确权责、依法自治、发挥作用。”“新国九条”也指出，要“支持市场自律组织履行职能”。由于期货等金融衍生品市场作为一个高风险、专业化的市场的特殊性，为保证期货市场的稳定发展，世界各国政府都非常重视发挥行业协会在自律管理方面的积极作用。

自律管理是市场机制发挥作用的基础和前提。协会始终坚持自律标准的底线要严于法律法规，积极引导会员遵守国家法律法规和监管要求，在触碰法律法规和行政监管“红线”的行为发生之前，及时予以提醒、警示和惩戒。自2010年至2013年底，协会先后三次对期货从业人员执业行为进行了现场检查，两次对手续费不正当竞争行为进行调查处理，累计对10家公司、71名从业人员进行了纪律惩戒，对46家期货公司采取了约见高管谈话措施，向21家期货公司发出了警示函。协会坚持民主协商，尊重会员权利让渡的自愿性，在制订自律规则时广泛听取会员以及行业各方意见，在调查处理和纪律惩戒时充分发挥纪律和申诉两个专业委员会的作用；坚持自律与他律的有机配合，切实围绕证监会“两维护一促进”目标，维护行业公开公平公正，维护投资者合法权益，实现自律管理与行政监管的协调发展。经过多年的不懈努力，协会自律管理职能不断充实，内容不断深化，方式不断健全，切实提升了期货行业的自律水平，充分发挥了在“公司自治、行业自律、政府监管、社会监督”的共同治理新格局中的积极作用。

（四）坚持维护社会稳定，构建风险防范和权益保护体系

期货市场是一个相对专业化程度较高、风险也较高的资本市场。期货投资者必须具备一定的专业知识和风险承受能力。为贯彻落实《国务院办公厅关于进一步加强资本市场中小投资者合法权益保护工作的意见》，协会参与起草证券期货投资者适当性标准，制定发布资产管理、金融期货投资者适当性管理规则；举办期货投资者保护研讨会暨专题培训班，编写投资者保护与维权手册，组织会员单位共同策划系列投资者保护宣传活动；畅通投资者网上投诉渠道，处

理投资者咨询投诉,探索建立行业性仲裁机构的可行性。通过上述举措,进一步强化了会员单位的风险意识和投保责任,在全行业树立了“买者自负、卖者有责”的理念,加强了对投资者特别是中小投资者的保护力度。

协会投教产品

为了把适当的产品卖给适当的投资者,协会设立投资者教育专项基金,通过编写投资者教育丛书(6册金融衍生品系列丛书和22册期货投资者教育系列丛书)、录制视频课程和宣传片(20门金融衍生品系列、14门服务产企和三农系列视频课程)、开展投教活动(“我的期货故事”征文大赛、期货市场公益广告征集活动等)等多种方式,向全社会普及期货基础知识。近年来共发放各类期货普及性书籍、光盘等出版物40余万册(张),引导投资者树立牢固的风险防范意识,理性参与期货交易。

图47-1　金融衍生品系列丛书

(五)坚持从市场中来、到市场中去,秉承群众路线的良好作风

习近平总书记在党的群众路线教育实践活动工作会议上指出,要实现党的十八大确定的奋斗目标和“中国梦”,必须紧紧依靠人民,充分调动最广大人民的积极性、主动性、创造性。也就是说,要实现中国梦,必须深入群众,坚持从群众中来、到群众中去,将群众的诉求和期待作为我们工作的目标。在带领期货行业创新发展的过程中,协会始终尊重市场首创精神,注重按照市场规律办事,从市场中来,到市场中去,秉承并不断发扬群众路线的良好作风。

在面对行业普遍关注的热点焦点问题时,协会坚持深入会员,广开言路,耐心倾听,平等对待,及时了解不同规模、类型和地区的会员的诉求;在涉及行业发展的大事、要事面前,协会坚持依靠会员、相信会员,充分调动理事、专业委员会委员的积极性,做到问题从行业中来、办法从行业中出;在解决会员提出的需求、反映的情况时,协会坚持办实事求实效,能够解决的马上解决,一时难以解决的尽快创造条件解决,协会自身难以解决的积极推动解决;在市场资源和客观条件有限的条件下,协会立足对行业的战略思考和长远布局,加强对人才培养、投资者教育、信息技术等事关行业长远发展工作的投入力度;在反映会员和行业诉求的同时,协会还注重将监管部门的政策导向、监管意图及时传导给行业,并加强宣传和解读,促进会员对法律法规和政策意图的理解。

五、结语

实现中华民族伟大复兴的“中国梦”,是全体中华儿女数千年来的共同夙愿,也是后危机时代中华民族能否屹立于世界之林的关键所在。要实现“中国梦”,就应充分重视并发挥好期货及衍生品市场的功能作用,以促进经济快速、稳定、可持续增长。当今发达国家无一例外将金融工具作为保证经济发展的推进器和有效保障,尤其注重运用成熟的期货市场来优化资源配置、对冲经济风险。随着全球经济一体化和“中国创造”进程的不断加快,我国更有必要进一步大力发展期货市场,有效利用期货投资工具,不断健全我国的市场经济体系,提高经济运行效率,增强国家综合竞争力,维护国家经济安全。

党的十八大和十八届三中全会关于全面深化改革的决定,特别是要发挥市场在资源配置中的决定性作用的指导思想,以及当前大宗商品和金融资产价格波动频繁、各类机构、企业和人民群众财富管理需求呈现多样性、多层次性和多变性等特征,为我国期货及衍生品行业发展提供了前所未有的历史机遇。今年5月份,国务院发布实施的“新国九条”,从经济社会发展全局的高度,对新时期资本市场的改革发展进行了统筹规划和总体部署,明确提出了“推进期货市场建设”、“提高证券期货服务业的竞争力”的要求。以此为契机,我国期货及衍生品市场将迎来创新发展的新时代。在新的历史机遇和时代背景下,在实现“中国梦”的精神引领下,构建合规守法、诚实守信、勤勉尽责的行业文化和以服务实体经济为核心的价值理念,对于我国期货行业来说,既是当务之急,又是长远大计。

牢记甲午耻,实现中国梦——这是华夏儿女的共同心声,更是广大期货人的共同诉求。在中国梦想的引领和指导下,我国期货市场将充分借鉴国外成熟市场经验,继续保持规范发展和自身特色,逐步探索出符合我国国情和资本市场特点的发展道路。

2014 年全国金融系统
思想政治工作和企业文化建设
优秀调研成果获奖名单

▶优秀组织奖 10 家

中国证券监督管理委员会

国家开发银行

中国工商银行

中国农业银行

中国建设银行

中国光大(集团)总公司

中国人寿保险集团公司

中国证券业协会

中国信达资产管理股份有限公司

杭州银行

▶一等奖 20 项(篇)

1. 新形势下加强和改进基层银监机构思想政治工作研究

中国银监会工会调研组:吴国荣、李洪、黎嫵、刘露曦、简金泉

2. 新形势下青年干部思想政治状况调查研究报告

天津证监局团支部课题组

3. 金融企业党员干部示范效应调研报告——以中国进出口银行浙江省分行为例

中国进出口银行　徐建华、李悦、杨辰

4. 思想政治工作的实践与创新路径

中国农业发展银行湖北省分行课题组

5. 金融企业“80 后、90 后”青年员工思想政治工作调查研究

中国工商银行湖北分行　熊婉芳、张帆

6. 员工职业压力评估与 EAP 路径探索

中国工商银行软件开发中心杭州行政部

7. 注重人文关怀　加强心理疏导　完善和创新中国农业银行思想政治工作

中国农业银行北京分行课题组

8. 当前农行员工的思想特点和幸福农行建设的研究与思考

中国农业银行山东分行课题组

9. 浅谈如何做好金融行业“80 后、90 后”青年思想政治工作

中国银行河北省分行办公室　郄振雷

10. 基于微博的中行品牌宣传

中国银行苏州工业园区支行 2013 年新员工课题调研组

11. 商业银行员工道德操守教育国际国内经验借鉴与思考

中国建设银行天津分行　李军、高英、张军、赵昕、徐冬雪、王朝阳

12. 全面深化改革的新形势下金融企业思想政治工作重要作用和方式、方法创新的研究——关于建立大数据驱动型思想政治工作模式的调查研究

中国建设银行黑龙江分行　武连成、常庆斌、王玉明

13. 交通银行女员工思想发展状况调研分析报告

交通银行工会委员会

14. 银行员工心理健康的调查分析与方法评估

中国光大银行党务工作部

15. “党建云”平台——新媒体环境下思想政治工作的创新路径

光大证券　徐琰、张炜、王喆

16. 招商银行一线员工人文环境状态与工作满意度相关研究

招商银行培训中心　罗开位、成龙

17. 金融企业分公司文化对总公司文化的丰富和创新作用研究——以民生银行为例

中国民生银行品牌管理部课题组

18. 建立以最大诚信为行业核心文化的保险信用体系

中国人寿保险股份有限公司上海市嘉定支公司　马勇

19. 企业员工忠诚度影响因素的实证研究

中国信达天津分公司　可钦锋、曾凯、张旭、王介奎

20. “中国梦”对金融企业文化引领作用研究——以华融湘江银行实践为例

华融湘江银行　陈煜、黄才君

▶二等奖30项(篇)

1. 推进新形势下银行监管机构思想政治工作载体建设——基于江苏银监局“道德讲堂”模式的思考

江苏银监局　张秀娟、叶江篱、隋姗姗

2. 把握形势,转变思路,开创思想政治工作新局面——宁波证监局思想政治工作研究报告

宁波证监局课题组

3. 国家开发银行青年思想引导手册

国家开发银行团委　陈雷、朱芸、董明心、崔巍

4. 开行企业文化核心价值理念浅析——兼议开行文化基因对国开证券发展影响

国开证券　孙隆新

5. 银行基层员工思想行为调研报告

中国工商银行湖北分行　施光军、郑斯文、廖超国、程长乐

6. 对一线员工思想动态调查与加强思想政治工作的思考

中国工商银行四川内江分行　熊亚彬

7. 用过硬的作风做好内退员工工作

中国工商银行长春金融研修学院　陆钦

8. 数据中心(北京)青年员工归属感调研报告

中国工商银行数据中心(北京)　徐冰雪、徐行、王亿挥

9. 新形势下农业银行思想政治工作研究报告

中国农业银行政研会课题组

10. 金融思想政治工作和企业文化建设品牌案例、创新案例研究

中国银行三亚分行　江凌芳

11. 如何把社会主义核心价值观融入金融企业文化建设

中国银行江西省分行　刘崇泗

12. 善建者行,成其久远——中国建设银行企业文化建设实践案例研究

中国建设银行企业文化部　何小平、李锦望、张建辉、李杏

13. 中国建设银行深圳市分行80后、90后青年员工心理现状浅析及建议

中国建设银行深圳市分行团委

14. “社会主义核心价值观融入金融文化路径研究”企业文化建设课题研究成果报告

中国建设银行湖南省分行

15. 体面劳动:全球化视野与价值观视角

交通银行上海市分行　何成钢

16. 建设学习型、服务型、创新型党组织为国有企业改革发展提供坚强保证

中国中信集团　高怀、朱安谧

17. 新形势下商业银行思想政治工作研究

中国光大银行合肥分行　田军东

18. 金融企业深植企业文化践行文化管理　提高企业竞争力研究

招商银行沈阳分行办公室　李丹

19. 招商银行成都分行80后、90后思想教育工作调查研究

招商银行成都分行团委

20. 企业文化建设创新案例研究——以中国民生银行深圳分行为例

中国民生银行深圳分行　邓少光、袁志虹、梁歆梧

21. 寿险企业文化思考及现实推广的创新路径初探

中国人寿保险股份有限公司辽宁省分公司　欧伟

22. 关注员工　关爱员工　聚合正能量　提振精气神

中国华融重庆分公司综合管理部　牟祖珍、苗永萍

23. 紧随“中国梦”的步伐　铸就“长城梦”的精彩——中国长城资产管理公司对“中国梦”引领企业价值观、发展战略的实践与思考

中国长城资产管理公司办公室课题组

24. 深植长城特色企业文化,开启文化管理新篇章

中国长城资产管理公司工会课题组

25. 金融企业深植企业文化,践行文化管理,提高企业竞争力研究—基于企业文化与企业竞争力相互关系视角的实证分析

中国信达甘肃分公司　陈丽国

26.“80 后、90 后”青年员工思想政治工作调研

太平资产管理有限公司　徐一鸣

27. 期货市场与中国梦想——“中国梦”对期货行业核心价值观引领作用研究

中国期货业协会　侯苏庆、林韵然、刘慧

28.“无形”与“有形”的企业文化之道——兴业证券企业文化建设探索与实践研究

兴业证券　黄德康

29. 杭州银行培育和践行社会主义核心价值观的调查与思考

杭州银行风险管理部　黄龙

30. 新媒体时代银行业思想政治工作方式创新探究

西安银行　李富国

▶三等奖 110 项(篇)

1. 新形势下加强和改进金融监管部门思想政治工作的思考

辽宁银监局　高瑜

2. 扬州银监分局监管文化创新案例探究

江苏银监局　刘彬彬、陈修俊

3. 基层银监部门思想政治工作现状及政策建议——以达州银监分局为例

四川银监局　郭宏

4. 对新疆银监局系统基层职工工作环境、心理需求及收入状况、社会保障情况的调查

新疆银监局课题组

5. 大连银监局关于新形势下如何进一步加强和改进员工思想政治工作的调研报告

大连银监局　韩俊

6. 浅谈监管转型时域下的机关文化建设——以浙江证监局机关文化建设实践经验为例

浙江证监局　徐璟

7. 新形势下证券期货监管系统青年干部思想政治工作对策探索

黑龙江证监局　张旭

8. 践行社会主义核心价值观　确立资本市场基本价值取向

广东证监局　侯外林

9. 证券经纪从业人员诚信建设面临的问题及改进建议

广东证监局　范若飞

10. 证券期货一线监管机构践行党的群众路线现状分析及现实目标

陕西证监局　王宏斌、李立国、钟翔宇

11. 小议如何进一步推进金融业的诚信建设

甘肃证监局　梁从伟

12. 发挥机关文化建设优势 开拓思想政治工作新局面

江苏证监局课题组

13. 市场发展 诚信为先——从上市公司承诺履行浅谈市场诚信建设

安徽证监局　郑美兰

14. 多措并举扎实推进诚信建设 深入营造诚信守法市场环境——深圳证监局关于推进诚信建设的探索和实践

深圳证监局　王波、刘涵

15. 关于互联网金融诚信建设的几点思考

云南证监局　唐纯月

16. 湖北期货市场诚信建设五年实践与理论思考

湖北证监局　光明、屈伟、夏良平

17. 将社会主义核心价值观融入投保基金公司文化建设

中国证券投资者保护基金有限责任公司　付治宽

18. 加强监管机关文化建设　积极推动辖区资本市场健康发展

北京证监局

19. 夯实法制教育基础　构建常态机关法治文化——北京证监局法制教育工作实践探析

北京证监局　侯凤坤、杨城

20. 关于社会主义核心价值观融入开发性金融文化的思考

国家开发银行政策研究室　金融文化研究组

21. 开行为我　我为开行——从马斯洛需求层次理论看国开行分行的人本文化建设

国家开发银行浙江分行　夏文超、贺劲松、朱烽枫

22. 全面深化改革新形势下金融行业企业思想政治工作重要作用和方式、方法创新研究——基于国家开发银行实践的思考与启示

国家开发银行规划局　赵亮

23. 村镇银行一线员工人文工作环境、心理需求、职业生涯调研报告

北京通州国开村镇银行人文工作环境调研课题组

24. 加强反腐机制创新　推进廉政文化建设——河南分行以“四项要求”开创党风廉政建设新局面

国家开发银行河南分行　安林波

25. 强化认同、贯通和融通，深植企业文化

中国进出口银行　张金香

26. 企业文化：核心价值观建设的实践与思考

中国农业发展银行湖北省分行课题组

27. 和谐文化建设的实践与思考——以南平市分行为例

中国农业发展银行福建省南平市分行　吴莉婵、梅李军、吴颖

28. 推进工行企业文化在基层传播、落地的实践与思考

中国工商银行吉林松原分行　潘砾华、方雪冬

29. 合乎工商银行未来发展的企业文化

中国工商银行天津市分行办公室　孔平

30. 银行一线员工人文环境调查研究

中国工商银行四川绵阳分行　王涛

31. 关于黑龙江黑河分行以“珠峰文化”提升核心竞争力的调查与思考

中国工商银行黑龙江分行企业文化部　宋宝昌

32. 青年员工思想政治工作调研报告

中国工商银行上海市徐汇支行　崔善烨、马挺、戴邦国

33. 转型期银行基层网点员工的心理压力状况调查

中国工商银行浙江杭州城站支行　吕晓倩、张芸芸

34. 指尖上的正能量— 微信能够在金融宣传中发挥出很大的优势

中国工商银行安徽安庆分行　杨峰

35. 推进员工思想宣传工作创新改进的调查思考

中国工商银行江西赣州分行课题组

36. 关于增强存量员工“续航力”的调研与思考

中国工商银行山东德州分行　宋开峰、齐建军

37. 青年员工思想政治教育及职业发展调查分析报告

中国工商银行山东分行青年职业发展课题调研组

38. 弘扬新时期工行精神的正能量

中国工商银行湖南分行　桂立新

39. 深植"动车文化",提高企业竞争力

中国工商银行重庆渝中支行　聂云川、张典

40. 关于新形势下金融一线员工社会心态及思想状况的调研报告

中国工商银行宁夏银川中山北街支行　周晓瑾

41. 员工能力提升与价值认同——基层银行员工激励管理的探索与展望

中国工商银行深圳新沙支行　林武杰、谢勇、吕斌伟

42. 新形势下做好县域支行员工思想政治工作的实践与思考

中国农业银行辽宁凤城支行课题组

43. 对新形势下农业银行加强干部员工理想信念教育问题的理论与实务研究

中国农业银行江苏分行课题组

44. 新形势　新动态 新机制 做好农行思想政治工作的对策与措施研究

中国农业银行浙江分行政研会课题组

45. 构建农行思想政治工作责任体系和保障机制的调研报告

中国农业银行江西分行政研会课题组

46. 对河南农行注重人文关怀和心理疏导 提高思想政治工作水平的调查和思考

中国农业银行河南分行思想政治工作课题组

47. 把握新形势 应对新变化 提升新时期农行思想政治工作水平

中国农业银行湖南分行课题组

48. 对建立健全农业银行思想政治工作的责任体系和保障机制的思考

中国农业银行广东分行课题组

49. 山西分行"注重人文关怀 关爱基层员工"调研报告

中国农业银行山西分行课题组

50. 新时期农业银行思想政治工作创新发展的思考与建议——实施 EAP 员工帮助计划促进农行绩效提升的调研报告

中国农业银行黑龙江分行课题组

51. 银行80后、90后青年员工思想政治工作实践与思考

中国银行长沙市蔡锷支行　徐曼、钟欣

52. 最好的员工成就最好的银行——中国银行启东支行基层一线员工看企业文化建设之调研

中国银行江苏省南通启东支行　狄思宇、王健

53. 完善金融行业思想政治工作 提升人力资源战略管理水平

中国银行深圳市分行人力资源部 张桂华

54. 关于金融企业一线员工人文成长环境状况调查报告

中国银行苏州高新区支行　姜娅娅

55. 建行北京市分行80后、90后员工思想现状与思考

中国建设银行北京分行　黄明睿、盛威、霍允萍

56. “科技金融”服务品牌案例研究

中国建设银行北京中关村分行　刘惠斌、徐哲、李艳锋、于洪启、赵贵兴

57. 围绕中心建功立业 服务青年成长成才

中国建设银行辽宁分行 郭丹

58. 把握网络平台思政工作“新常态”—新形势下网络思想政治工作的探索与实践

中国建设银行湖南分行　朱怀伟、涂红晖、谭建衡

59. 基层行企业文化体系建设的实践与研究

中国建设银行广东分行 张真理

60. 如何把社会主义核心价值观融入金融文化建设

中国建设银行广西分行　苏榕、罗真、覃善翩

61. 加强人文关怀和心理疏导做好员工思想政治工作

中国建设银行新疆分行 韩勇、曾慧兰、陈庆明、海海·海热、汪俊生

62. 加强新形势下思想政治工作的人文关怀——苏州分行开展‘关心身边人,传递正能量’活动探析

中国建设银行苏州分行　方丽洁、吕伟民、胡明月、丁薇、冯长捷

63. 经济新常态下银行员工思想状况及对策研究

中国建设银行浙江分行　申可善、张悦、李斌

64. 社会主义核心价值观与金融企业文化建设——建设银行的实践与探索管窥

中国建设银行常培中心　庄晓方、王莺、申晓峰、李一倩

65. 践行核心价值观　聚焦“三民”着力点　努力实现金融企业职工体面劳动

交通银行上海市分行　张瑞龙

66. 大型客服中心“90 后”员工培养的探索与实践

中国光大银行电子银行部　熊福林

67. 银行转型发展期迫切需要新的企业文化——以 xx 银行 xx 支行调查为例

中国光大银行阳泉支行　申毅刚

68. 银行员工工作投入现状及其影响因素调查

招商银行合肥分行　刘朝辉

69. 问需于员工,服务于员工

招商银行零售网络银行部远程银行中心　杨思萩

70. 金融企业 80 后、90 后青年思想政治工作调查研究——以中国民生银行深圳分行为例

中国民生银行深圳分行 梁歆梧

71. 坚信文化的力量——中国人保财险江苏省分公司深植企业文化践行文化管理纪实

中国人保财险江苏省分公司 陈璟菁

72. 丰富企业文化内涵 推动经营管理转型 实现辽宁人保财险科学发展——中国人保财险辽宁省分公司企业创新案例研究

中国人保财险辽宁省分公司企业文化建设委员会

73. 加强云南人保系统企业廉洁文化建设的实践与思考

中国人保财险云南省分公司监察审计部　李晓梅

74. 保险业诚信体系建设思考

中国人保财险甘肃省分公司 屈洁

75. 创新文化建设研究　提升行业社会形象 进一步加强党组织在保险企业文化建设中的引领作用

中国人寿保险(集团)公司办公室　黄立军

76. 深植中心文化　践行中心文化　提升中心竞争力

中国人寿保险股份北京研发中心　刘英杰

77. 心理需求是期望 人文关怀是要素 收入待遇是根本——浅谈保险行业员工成长

中国人寿财险深圳市分公司罗湖支公司　李募嵩

78. 中国人寿电商公司企业文化建设研究

中国人寿电子商务有限公司综合部　任甘华

79. 国有金融企业学习贯彻习近平总书记系列重要讲话精神应突出十大重点主题

中国出口信用保险公司办公室　卢锐锋

80. 在融合中丰富，在创新中统一——子公司文化对中国华融企业文化的作用研究

华融渝富股权投资基金管理有限公司　刘曲

81. 刍议公司宣传思想和企业文化建设工作保障机制的构建

中国信达内蒙古分公司　张芳、李威夷

82. 做好金融行业 80 后、90 后青年思想政治工作调查研究

信达财险公司　谷焱绯、贺志峰、安亮、康园园

83. 扎实推进企业文化建设为思想政治工作发展提供动力支撑——中国银河金控企业文化建设的调研报告

中国银河金融控股有限责任公司　崔巍

84. 把握文化建设大势　力促企业文化落地——以民生保险企业文化建设的探索与实践为例

民生人寿保险股份有限公司　孙翠翠

85. 金融企业深植企业文化，践行文化管理，提高企业竞争力研究

太平养老保险股份有限公司天津分公司　温喆

86. 金融企业子公司文化对集团公司文化的丰富和创新作用研究

太平人寿保险有限公司日照中心支公司　吴葛

87. 上市证券公司企业文化管理与传播策略探索——以国海证券尊文化实践为例

国海证券 漆祥毅、郭毅、刘峻

88. 树立科学发展价值观　践行资本市场"中国梦"——"中国梦"对证券行业价值观引领、发展战略引领作用研究

首创证券　高文斌、何峰、曾燕

89. 证券公司企业文化建设案例研究——以兴业证券创业 20 周年为例

兴业证券　李韦薇

90. 做好金融企业 80 后、90 后青年员工思想政治工作调查研究

中国证券登记结算公司党委办公室

91. 新形势下国有金融企业文化建设的价值和思考——兼谈上交所在企业文化建设方面的探索和实践

上海证券交易所

92. 郑商所研究所公司员工调查问卷分析报告

郑州商品交易所　汪琛德、王蕊

93. 发挥工会工作优势推进企业文化建设——金融思想政治工作和企业文化建设典型案例调查研究

中国金融期货交易所　刘景、付蓉

94. 让我们悉心浇灌梦想的种子

南证期货 刘玥

95. 对新形势下如何提升金融机构基层青年员工服务水平的研究

广西兴安农村合作银行　阳原、熊青、刘奕呈

96. 关于国有商业银行构建基层党建工作考核评价机制的探析

中国邮政储蓄银行重庆市分行党委

97. 品牌时代的邮储银行企业文化建设策略初探

中国邮政储蓄银行广东省分行党委

98. 大连银行开展金融思想政治工作调研情况

大连银行

99. 上海银行基层党支部组织生活质量的调研与思考

上海银行党委办公室

100. 学习型组织理论视野下的金融企业文化建设——以南京银行为研究样本

南京银行党群监察部　张杰

101. 银行柜员工作现状分析及幸福感提升策略的探讨——以杭州银行深圳分行为例

杭州银行深圳分行　李嘉文、傅青

102. 金融思想政治工作和企业文化建设品牌创新案例研究——以青岛银行为例

青岛银行

103. 党员干部及管理人员在培育和践行银行价值观、发展战略中的示范引领效应之强力总行建设

郑州银行　赵丹丹

104. 创建文明单位，切实推进金融机构思想政治工作和企业文化建设

富滇银行总行企业文化部

105. 树立群众观点　践行群众路线　在奋力打造“三区”中发挥地方银行的作用

青海银行党委书记、董事长 王丽

106. 运用新兴媒体开展思想政治工作的调研

上海农商银行长宁支行　王欣

107. 尧都农商银行核心价值观建塑的探索与研究

尧都农商银行　张朝芳

108. 充分发挥思想政治工作核心作用助力新形势下金融行业健康发展

吉林银行　张光华、金丹

109. 加强国有企业青年员工思想政治工作，为公司创新发展凝心聚力——信达投资有限公司“80后、90后”青年思想政治工作调查

信达投资有限公司　张树民、李君强

110. 农银人寿企业文化建设调查与思考——金融企业子公司企业文化对集团公司企业文化的丰富和创新

农银人寿保险股份有限公司　李杰

▶优秀奖130项(篇)

1. 科学监管：引领法人银行构建特色企业文化——对泰州市法人银行企业文化建设的调查与思考

江苏银监局　陈洪

2. 新形势下如何加强和改进基层银监机构的思想政治工作

江西上饶银监分局课题组

3. 新形势下基层监管分局思想政治工作现状与改进建议

江西新余银监分局课题组

4. “四两”拨“千斤”——鹰潭分局创新思想政治工作的实践与思考

江西鹰潭银监分局课题组

5. 创建基层金融监管机构思想政治工作新模式

湖北银监局　陈钧

6. 以“七化”为目标　做好基层银行业监管机构思想政治工作

中国银监会黔江银监分局课题组

7. 四川银监局系统青年员工思想状况调查及对策建议

四川银监局　张琳

8. 加强心理健康教育是促进金融文化建设的新途径

甘肃银监局　于红、陈新勇

9. 如何把社会主义核心价值观融入金融文化建设

黑龙江证监局　刘伟

10. 红色资源在证监系统青年干部思想政治教育中的运用研究

大连证监局　邵慧芳

11. 资本市场服务战略性新兴产业研究——一个基于深圳地区样本的分析

深圳证监局战略性新兴产业研究课题组

12. 凝聚文化,制度先行——中证监测以制度建设为抓手积极开展企业文化建设

中证资本市场运行统计监测中心　张粲、赵若含

13. "中国梦"对金融企业发展战略引领作用研究

国家开发银行董事会办公室　韩莹

14. 如何把社会主义核心价值观融入金融文化建设

国家开发银行信贷管理局　李楠、郝丽英、薛泽祯

15. "中国梦"与开发性金融安徽分行四支部

国家开发银行安徽省分行第四党支部

16. 关于国开行广东省分行国际业务一线员工人文工作环境、心理需求、职业生涯、社会保障、收入状况等调查研究

国家开发银行广东分行　晏灵轩

17. 金融助力"中国梦"的思考——以开发性金融为例

国家开发银行甘肃分行　朱琛、王科、张振兴

18. 做好青年思想政治工作,助力"两优"业务健康发展

中国进出口银行优惠贷款部　曾鸣

19. 运用评审沙龙构建中国进出口银行评估审部评审文化的探索与实践

中国进出口银行评估审查部　张亦驰、钟蔓桃

20. 如何把社会主义核心价值观融入金融文化建设

中国进出口银行福建省分行　张裕

21. 农发行企业文化落地路径的探索——以河南省分行为例

中国农业发展银行河南省南阳市分行　张绍波、熊磊

22. 深化文化建设　助推六个提升——福建省分行企业文化建设工作纪实

中国农业发展银行福建省分行　张晓景

23. 农发行企业文化建设“落地”的思考——以泉州分行企业文化建设为例

中国农业发展银行福建省安溪县支行　谢晓琳

24. 培育和践行社会主义核心价值观　为推进四个发展提供不竭动力

中国工商银行安徽黄山分行　许胜聪

25. 关于对我行一线员工思想状况的调查与思考

中国工商银行山东分行营业部　姚雪梅

26. 用社会主义核心价值观统领工商银行湖北省分行企业文化建设实践

中国工商银行湖北分行　易必新、沈飞

27. 致力员工同心的研究

中国工商银行湖北分行　施光军

28. 关注思想政治教育，助力青年员工成长成才——以中国工商银行广西区分行营业部新城支行为例

中国工商银行广西分行营业部新城支行课题组

29. 从南充分行80后、90后员工调查看金融业青年员工思想政治工作发展路径

中国工商银行四川南充分行　梁尹

30. 新形势下银行基层的思想政治发展

中国工商银行贵州关岭支行　史萌

31. “中国梦”对金融行业企业价值观引领、发展战略引领作用研究

中国工商银行贵州六盘水分行　项秋婕

32. 新形势下基层企业文化建设发展及研究

中国工商银行云南德宏分行　杨景琳

33. 提升企业文化与经营融合度的探索与实践

中国工商银行陕西省分行　杨军、董永涛、崔存良

34. 关于金融行业一线员工的工作环境、心理需求、思想状况、社会心态的调查报告

中国工商银行西安韩森寨支行课题组

35. 关于金融企业一线员工人文工作环境　心理需求　思想状况　社会心态调查研究

中国工商银行新疆昌吉州长宁路支行　杨姗

36. 有效疏导员工压力　形成推进工作整体合力

中国工商银行新疆阿克苏分行办公室　何军、吴艺

37. 杭院青年职业发展诉求调研报告

中国工商银行杭州金融研修学院办公室党委工作部　陈蔚

38. 运营一部对成都中心 80 后、90 后成长机制的调研报告

工行信用卡中心(成都)　胡为、郑宇苏、黑德龙、邓淑君、姚国琼

39. 倾听青年心声　把握新生力量—金融企业 80 后、90 后青年思想政治工作调研

中国工商银行票据营业部郑州分部　王茜

40. 金融科技服务部门子文化的形成与对集团公司文化的丰富和创新

中国工商银行软件开发中心广州开发四部　朱永忠、叶剑文

41. 企业文化建设在农业银行思想政治工作中的意义与实践

中国农业银行天津分行课题组

42. 思想政治工作要注重人文关怀和心理疏导

中国农业银行吉林市分行课题组

43. 传播正能量　建设大银行

中国农业银行安徽分行课题组

44. 把握当前形势　搞好五大创新　深入推进基层农行思想政治工作有效开展——关于基层农行思想政治工作创新问题研究

中国农业银行湖北荆州分行课题组

45. 全方位激发员工奋进正能量　根除服务异化问题

中国农业银行云南彝良县支行课题组

46. 农行思想政治工作理念、途径、方法、载体和机制创新

中国农业银行陕西分行课题组

47. 农行培养和践行社会主义核心价值观的路径探析

中国农业银行宁夏分行课题组

48. 关于培育和践行社会主义核心价值观的调查与分析

中国农业银行新疆生产建设兵团分行课题组

49. 加强人文关怀和心理疏导　提高基层员工思想政治工作科学化水平

中国农业银行长春培训学院分行课题组

50. 践行文化管理、提高企业竞争力研究

中国银行邢台宁晋支行　冯旭光

51. 浅析中国银行长沙市麓谷支行企业文化建设

中国银行长沙市麓谷支行　戴超锋

52. 江苏中行授信业务中后台部门“思想文化特色工作法”调研成果报告——“431”工作法分析与实践成果

中国银行江苏省分行　孔韵、袁达超

53. 关于深植企业文化，践行文化管理，提升商业银行竞争力的研究

中国银行深圳沙井支行　胡江凤

54. 关于中国梦引领金融行业价值观作用的研究

中国银行深圳龙华支行营业部　杨铭

55. 浅议如何将社会主义核心价值观融入建行企业文化建设

中国建设银行河北分行　李海涛、褚小芹

56. 试论如何将社会主义核心价值观融入金融文化建设——以建设银行邢台分行为例

中国建设银行河北分行　刘晓方

57. 商业银行利用信息网络技术开展宣传思想工作的思考

中国建设银行黑龙江分行　武连成

58. 关于服务品牌建设的实践与思考

中国建设银行山东分行　张恒、尹士凯、刘钰

59. 建行长沙芙蓉支行营业部“芙蓉鑫”企业文化建设课题研究成果报告

中国建设银行湖南长沙芙蓉支行营业部

60. 山区城市银行业80后、90后青年思想动态分析及工作对策

中国建设银行广东分行　吴远峰

61. 金融企业子公司文化对集团公司文化的丰富和创新作用研究

中国建设银行广西分行　廖春萍

62. 基层共青团组织如何赢得“80后、90后”青年员工

中国建设银行四川分行　高贺军

63. 基层行企业文化建设研究——结合苏州吴中支行文明单位创建的实践初探

中国建设银行苏州分行　周玲玲、顾永明、孙明新、胡雨欣

64. 坚持以人为本　增强建行竞争力——从职业生涯发展管理看员工队伍建设

中国建设银行常培中心　赵余分、吴杰、杨保生、李一倩

65. 加强企业核心价值观宣传,进一步坚定转型发展的信心

交通银行湖北省荆州分行营运管理部　何毅

66. 新时代银行行长最要重视的"十大文化"

中国光大银行党务工作部　王衍行

67. 股份制基层行员工发展状况调查——以某全国性股份制银行台州支行为考察对象

中国光大银行台州支行　吴杰、喻崇银

68. 如何深植企业文化　践行文化管理,提高市场竞争力

中国光大银行重庆分行　黄健

69. 构建先进企业文化　提升金融企业竞争力

光大证券股份有限公司　曾红

70. "文化引路　践行承诺"中小型寿险企业分公司企业文化建设探索——以光大永明人寿湖南分公司为例

光大永明人寿保险有限公司湖南分公司　周明强

71. 金融企业子公司文化对集团公司文化的丰富与创新作用研究

光大金控资产管理有限公司　杨卓、张小凡、于玥

72. 打造企业文化,优化工作流程,营造良好氛围——上海光大会展中心有限公司物业分公司员工人文工作环境、心理需求、职业生涯、社会保障、收入状况等调研报告

上海光大会展中心有限公司物业分公司　袁国平、施采采

73. "家园文化"促进企业可持续发展

光大置业有限公司综合管理部　宋岗、葛菁华、高靓

74. 浅谈金融企业思想政治工作创新

中国光大投资管理公司第一党支部　徐媛

75. 从理念到行为习惯——招商银行佛山分行深植企业文化,践行文化管理,提升分行竞争力

招商银行佛山分行　何方、蓝敏

76. 招商银行分支机构思想政治工作研究

招商银行合肥分行　李萌

77. 做好金融企业80后、90后青年思想政治工作调研报告

中国民生银行福州莆田分行　朱瑞珍、黄芳、林碧玉、许伟

78. 关于新形势下商业银行基层党委思想政治工作方法的研究

中共中国民生银行审计部委员会课题组

79. 金融企业一线员工人文工作环境、心理需求、职业生涯等调查研究

北京西长安街八十八号发展有限公司　孙健健

80. 牢固树立社会主义核心价值观　打造特色的保险文化　实现公司又好又快发展

中国人保财险徐州市分公司　何伟、胡冬梅

81. 论社会主义核心价值观引领人保财险黄石市分公司企业文化建设

中国人保财险湖北黄石市分公司　彭琳

82. 以社会主义核心价值观为指导　助推金融文化建设

中国人保财险办公室　宋扬

83. 共生视角下的基层青年员工职业生涯规划研究——以J公司为例

中国人保财险湖北省荆门市分公司　宋婧

84. 文化引领、实战检验，打造保险业一流服务团队——人保财险理赔文化建设成果调研报告

中国人民财产保险股份有限公司理赔事业部

85. 金融企业子公司文化对集团公司文化的丰富和创新作用研究——以中国人民财产保险股份有限公司为例

中国人保财险唐山市分公司　吴淑丽

86. 群众工作在保险企业的认识与实践

中国人保财险河南省分公司　陈妍琰

87. 公司党员干部特别是党员领导干部坚持党的群众路线、培育和践行社会主义核心价值观示范效应调查研究

中国人保财险湖北省咸宁市分公司　张静

88. 80后、90后青年员工思想政治工作调查研究

中国人保财险湖北省宜昌市分公司　孟秀杰

89. 论企业文化在企业发展中的重要作用

中国人民健康保险股份有限公司江苏分公司　夏莉

90. 做好职工思想政治工作对于推动公司企业文化的重要意义

中国人民健康保险股份有限公司辽宁分公司　郝玲晔

91. 金融思想政治工作和企业文化建设有机结合的研究

中国人民健康保险股份有限公司山东分公司　师蕴真

92. 浅谈金融企业子公司文化对集团公司文化的丰富和创新作用

中国人保资产管理股份有限公司　叶一非

93. 充分发挥职代会在企业文化建设中的重要作用

中国人保资产管理股份有限公司　张伟洁

94. 根植文化铸就中国保险强国梦

中国人寿保险股份有限公司福州分公司　姚颖

95. 以深植企业文化、践行文化管理为推手提升保险公司企业竞争力

中国人寿保险股份有限公司河源市分公司　肖旭敏

96. 保险企业基层单位深植企业文化提高企业竞争力实例研究

中国人寿保险股份有限公司河北省分公司　张斌

97. 全面深化改革阶段国有金融企业思想政治教育工作研究

中国人寿保险股份有限公司湖北省分公司　王吉山

98. 奉献,让服务更精彩

中国人寿保险股份有限公司常德分公司　朱元斌

99. 用工体制多元化背景下的基层党建探索

中国人寿保险股份有限公司上海市松江支公司　马秋君

100. 用文化管理为“国寿梦”插上腾飞的翅膀——对保险企业践行文化管理助力企业发展的几点思考

中国人寿财产保险股份有限公司深圳市分公司　文家俊

101. 浅谈如何把社会主义核心价值观融入到金融文化建设

中国人寿财产保险股份有限公司张家口市中心支公司　王斌

102. 关于海外中资企业提升文化竞争力研究——以中国人寿保险海外股份有限公司为例

中国人寿保险海外股份有限公司　李杨

103. 让青年与华融共奋进　促青年为华融添光彩——华融广东省分公司80后、90后青年员工思想动态调研报告

中国华融广东省分公司团委

104. 员工思想工作生活状况调研报告

中国华融湖北省分公司　龙志林、袁波、刘蕾、闵松

105. 企业文化建设与核心竞争力:华融文化在华融证券的实践与发展

华融证券　周悦、汤平、王宇

106. 加强领导班子建设　带动党员干部提高素质

中国华融吉林省分公司　赵春辉

107. 坚持求真务实　搞好调查研究

中国信达公司总部　牛珍、罗静

108. 青年员工生活、工作、事业发展状况与利益诉求问题研究

中国信达天津分公司　黄界平、温美玲、陈小虹、张亮亮

109. 发挥公司“一对一”传帮带优势助力青年员工健康快速成长

中国信达湖北分公司　程莉、贺浪浪、张四维

110. 思想政治工作要在“实”和“细”上下功夫

太平财产保险有限公司湖南分公司　文良智

111. 保险公司企业文化建设与工会在企业文化建设中所发挥的作用

太平人寿保险有限公司深圳分公司　满晓舟

112. 思想政治创新路,企业文化新征程

太平人寿保险有限公司湖北分公司　李鹏

113. 卓有成效开展中管金融企业青年员工思想政治工作

太平人寿保险有限公司深圳分公司　赵鑫

114. 2013 年公司青年员工职业发展调研报告

国泰君安证券　单丹、唐珏、孙全钜、倪韬雍、李文蕴、郑小婧、许高杰

115. 证券行业诚信建设的构想与实践

辽宁证券业协会　高旭、王立华

116. 以人为本塑文化　发展创新赢未来

日信证券有限责任公司　王知白

117. 在社会主义核心价值观体系下推进金融文化可持续发展

南京证券连云港分公司　闻长兵

118. 浅析如何践行企业文化管理提高农村合作银行企业竞争力——以广西灵川农村合作银行为例

广西灵川农村合作银行　李冬林

119. 改进农信社思想政治工作圆农信梦

陆川县农村信用合作联社　谢浩、梁群

120. 同心共筑中国梦,谱写农合新篇章

广西兴业县农村信用合作联社　廖冬莉

121. 新时期基层员工思想状况调查分析与对策思考

中国邮政储蓄银行武汉市分行党委

122. 坚持党的群众路线　推进普惠金融发展

中国邮政储蓄银行江西省分行党委

123. 浅谈如何构建具有邮储特色的企业文化

中国邮政储蓄银行厦门市分行党委

124. 加强思想政治工作,促企业和谐发展

上海银行深圳分行

125. 3W"解读中国梦——杭州银行文创支行青年员工价值观引领工作初探

杭州银行杭州文创支行　王小平

126. 城市商业银行核心竞争力提升与企业文化建设内在关联的思考——以杭州银行为例

杭州银行国际业务部　袁澄澄

127. 创先争优助力杭银转型发展

杭州银行金融市场部　黄颖

128. 凝聚文化之力　增强企业软实力　促进青海银行全面健康可持续发展

青海银行党委书记、董事长 王丽

129. 发挥人文关怀和心理疏导在群众思想工作中重要作用的调研

上海农商银行浦东凌桥支行　黄萍、严丹

130. 运用新兴媒体开展思想政治工作的调研

上海农商银行浦东三林支行　谢晓雯

《全国金融系统思想政治工作和企业文化建设优秀调研成果》

编　委　会

后　　记

按照中宣部中国政研会2014年有关调研工作与课题研究的通知要求和中国金融政研会年度工作计划，2014年4月中国金融政研会印发《关于开展2014年全国金融系统思想政治工作和企业文化建设课题研究的通知》，开展金融思想政治工作和企业文化建设调研活动，得到了各会员单位的积极参与和大力支持。各会员单位高度重视，充分调动相关力量，广泛开展了调查研究。各金融机构经过逐级推报，优中选优推报了本单位、本系统的优秀调研成果。活动共收到会员单位报送的调研成果（论文）816项（篇），其中银行业589项（篇），证券业99项（篇），保险业128项（篇）。在金融政研会秘书处进行一审、二审的基础上，经专家评审委员会评审，评出了一等奖20项（篇），二等奖30项（篇），三等奖110项（篇），优秀奖130项（篇）。10家会员单位获得优秀组织奖。

2014年12月19日，《金融时报》发布了2014年全国金融系统思想政治工作和企业文化建设优秀调研成果获奖名单。12月29日，中国金融政研会正式印发《关于表彰2014年全国金融系统思想政治工作和企业文化建设优秀调查成果的通报》（金政研发［2014］8号）对获奖单位、作者和调研成果进行通报表彰。

2014年12月，我们择优推荐部分调研成果参加中宣部中国政研会2014年课题研究成果评选表彰活动。经中国政研会评定，全国金融系统共有3项（篇）成果获评一等奖，3项（篇）成果获评二等奖，2项（篇）成果获评三等奖。中国金融政研会获优秀组织奖。

2014年调研成果有如下特点：一是反映和传播金融行业的正能量，积极推动社会主义核心价值观的培育和践行；二是重视当前经济社会发展新常态下金融系统思想政治工作和企业文化建设的创新研究；三是问题导向，关注金融系统一线、关注基层员工，着力解决实际问题；四是注重对思想政治工作和企业文化建设品牌、创新案例的归纳总结；五是广泛运用统计数据分析、理论模型构建等方式、方法开展思想政治工作和企业文化建设研究。这批成果基本反映了当前金融系统思想政治工作研究和企业文化建设的总体水平，展示了金融思想政治工作和企业文化建设发展新成果、新发展。本书收录编辑了荣获得一、二等奖的调研成果。

本书编辑主要对文中明显的错误进行修改，并对标题风格进行了统一和调整，但由于水平所限，疏漏之处在所难免，敬请大家谅解。

中国金融思想政治工作研究会

中国金融企业文化促进会